MEIKEL-IMHOF-RIEDEL

Grundbuchrecht

Kommentar zur Grundbuchordnung

6., neubearbeitete Auflage

von

Dr. Wilhelm Imhof
Staatsbankdirektor i. R.
in München

und

Dr. Hermann Riedel
Landgerichtsrat a. D.
in München

Band IV

Ergänzungen und Berichtigungen, Anhang,
Nachtrag, Gesetzesregister, Sachregister

1971

J. SCHWEITZER VERLAG · BERLIN

ISBN 3 8059 0230 1

Satz, Druck und Bindearbeiten: Druckhaus Sellier OHG Freising
vormals Dr. F. P. Datterer & Cie.

Inhaltsverzeichnis
zu Band IV

Kommentar zur Grundbuchordnung

Ergänzungen und Berichtigungen
(ErgVerz)

Ergänzungen und Berichtigungen

(ErgVerz)

Stand 1. Januar 1971 bzw. Nachtrag 1. April 1971

Diese Übersicht über Ergänzungen und Berichtigungen berücksichtigt die frühere Übersicht S 1012ff.; die Zusammenfassung erscheint zweckmäßig, um ein Nebeneinander von 2 Übersichten zu vermeiden. Erfolgten Hinweisen, auch in Besprechungen des Kommentars, für die gedankt wird, wurde gefolgt und es wurden entsprechende Ergänzungen eingefügt. Besonderer Dank gebührt Herrn Notar *Haegele* für seine Anregungen.

Ergänzungen während des Drucks befinden sich im *Nachtrag* Seite 3898ff.

Band I Grundbuchrecht

Abkürzungsverzeichnis

Seite VII ff. —	(*AbkVerz*)
Seite VII —	**A**
AGJJ-Mitt	Mitteilungen der Arbeitsgemeinschaft für Jugendpflege und Jugendfürsorge
Seite VIII —	**B**
BeurkG	Beurkundungsgesetz vom 28. August 1969 BGBl I 1513 = SaBl 1810/27. Juni 1970 BGBl I 911 = SaBl 1491
Seite IX	
BMB	Bundesminister(ium) für innerdeutsche Beziehungen
BMJFG	Bundesminister(ium) für Jugend, Familie und Gesundheit
BMP	Bundesminister(ium) für das Post- und Fernmeldewesen
BMSt	Bundesminister(ium) für Städtebau und Wohnungswesen
BMV	Bundesminister(ium) für Verkehr

Fußn 1

Neufassung der Abkürzungsbezeichnungen für die Verfassungsorgane, die obersten Bundesbehörden und die obersten Bundesgerichtshöfe durch BekMBI vom 2. März 1970 GMBl 112 ; dazu für Rheinland-Pfalz AVJM vom 27. April 1970 JBl 94 unter Aufhebung der früheren AVJM vom 21. Februar 1962 JBl 35/25. April 1963 JBl 99/31. März 1966 JBl 51 (*§ 2 Bem 42*)

Seite XI — **D**

DRpflZ	Deutsche Rechtspfleger — Zeitschrift
DWW	Deutsche Wohnwirtschaft (Zeitschrift)

Seite XIII — **H**

HFR	Höchstrichterliche Finanzrechtsprechung

J

JB	Justizbehörde

Seite XV — **N**

NichtehelG	Gesetz über die rechtliche Stellung der nichtehelichen Kinder vom 19. August 1969 BGBl I 1243 = SaBl 1663

Seite XVI — **R**

RpflG	Rechtspflegergesetz

Seite XIX — Abkürzungshinweise

Dieser Kommentar **Meikel-Imhof-Riedel** GBO kann entsprechend der bereits vielfach gebrauchten Praxis mit **MIR** zitiert werden

Seite 2ff.

Inhaltsübersicht

Seite 2 Nordrhein-Westfalen GBOGeschO (*GT 15a*)

Seite 5ff. — **GBO** (*GT 1*) **Grundbuchordnung**

Seite 10/11 — **§ 29 GBO**

Nach § 57 Abs 6 BeurkG wurde § 29 GBO idF vom 20. Mai 1898 RGBl I 369, 754 dahin geändert, daß im Satz 1 die Worte *vor dem Grundbuchamt zu Protokoll gegeben oder* gestrichen wurden.

§ 29 GBO idF vom 5. August 1935 RGBl I 1073 wurde durch § 57 Abs 7 BeurkG dahin geändert, daß in Abs 1 Satz 1 die Worte *vor dem Grundbuchamt zur Niederschrift des Grundbuchrichters abgegeben oder* gestrichen wurden und daß Abs 2 in Wegfall kam.

Die Texte dieser Vorschriften lauten daher in der Fassung des BeurkG:

GBOaF *1898* idF des BeurkG **§ 29**

Eine Eintragung soll nur erfolgen, wenn die Eintragungsbewilligung oder die sonstigen zu der Eintragung erforderlichen Erklärungen durch öffentliche oder öffentlich beglaubigte Urkunden nachgewiesen werden. Andere Voraussetzungen der Eintragung bedürfen, soweit sie nicht bei dem Grundbuchamt offenkundig sind, des Nachweises durch öffentliche Urkunden.

GBOnF 1935 idF des BeurkG **§ 29**

(1) Eine Eintragung soll nur vorgenommen werden, wenn die Eintragungsbewilligung oder die sonstigen zu der Eintragung erforderlichen Erklärungen durch öffentliche oder öffentlich beglaubigte Urkunden nachgewiesen werden. Andere Voraussetzungen der Eintragung bedürfen, soweit sie nicht bei dem Grundbuchamt offenkundig sind, des Nachweises durch öffentliche Urkunden.

(2) . . . . .

(3) Erklärungen oder Ersuchen einer Behörde, auf Grund deren eine Eintragung vorgenommen werden soll, sind zu unterschreiben und mit Siegel oder Stempel zu versehen.

Ergänzungen und Berichtigungen zu Band I

Seite 36ff. — **GBOAVO** (*GT 3*) **AusführungsVO**

Seite 39 — Kolumnentitel
Ausführungsverordnung (anstatt GBVfg)

Seite 40ff. — **GBVfg** (*GT 4*) **Grundbuchverfügung**

Zu Änderungen E 26/*ErgVerz*

Seite 40 — Kolumnentitel
Grundbuchverfügung (*berichtigt* anstatt AusfVO)

Seite 41 — **§ 6 GBVfg**

Seite 1012 Änderung; zum Vollzug dieser Änderung § 3 Bem 161ff./*ErgVerz*

Die Änderung bezieht sich auf § 6 Abs 3 (a) Z 3 durch Anfügung von S 3.

Durch **VO BJM zur Änderung des § 6 GBVfg vom 10. Juni 1969** BAnz Nr 105 wurde folgender Abs 3 (b) neu eingefügt:

b) Soweit das Grundbuch in Loseblattform mit einer Vordruckgröße vom 210×297 mm (DIN A 4) geführt wird, kann die Landesjustizverwaltung abweichend von den Bestimmungen unter Buchst a) und von den Mustern in der Anlage zu dieser Verfügung anordnen, daß

1. die Unterspalten a und b der Spalte 3 in der Weise zusammengelegt werden, daß die vermessungstechnische Bezeichnung des Grundstücks unterhalb der Bezeichnung der Gemarkung oder des sonstigen vermessungstechnischen Bezirks einzutragen ist;
2. die Unterspalten c und d der Spalte 3 weggelassen werden und die für die Eintragung der Wirtschaftsart des Grundstücks und der Lage bestimmte Unterspalte e der Spalte 3 durch den Buchstaben c bezeichnet wird.

Der bisherige Unterabsatz *b*) wird Unterabsatz *c*).

Seite 44 — **§ 13 GBVfg**

Änderung S 1012/1013

Seite 54 — **§ 53 GBVfg**

Änderung S 1013, 2379

Seite 127ff. — **GBOGeschO** (*GT 15*) **Geschäftsordnung für die Grundbuchämter**

Weitere landesrechtliche Ergänzungen erfolgten; dazu auch E 26/*ErgVerz*. Neufassungen bestehen für

Hessen RdErlJM vom 18. April 1967 JMBl 150. Änderung und Neufassung der Bestimmungen über die geschäftliche Behandlung der Grundbuchsachen, RdErlJM vom 18. April 1967 JMBl 150 GBOGeschO Neufassung,

Niedersachsen AVJM vom 3. November 1967 — abgedruckt in der AktO amtliche Ausgabe als AV 2; dazu AVJM vom 9. Juli 1969 NdsRpfl 172 und

Nordrhein-Westfalen AVJM vom 14. Oktober 1970 JMBlNRW 253 mit Anlage (Neufassung), *GT 15a/ErgVerz*.

Seite 128 — **§ 3 GBOGeschO** (*GT 15*)

Rheinland-Pfalz

§ 3 Abs 1, 2 GBOGeschO erhielten im Jahre 1967 folgende Neufassung; dazu AVJM vom 16. November 1967 rhpfJBl 1967, 196:

(1) Die Verteilung der richterlichen Geschäfte und die Regelung der Vertretung der Richter bestimmen sich nach §§ 22b, 22c des Gerichtsverfassungsgesetzes. Nach diesen Vorschriften ist auch bei den nur mit einem Richter besetzten Amtsgerichten zu verfahren.

(2) Wegen der Rechtspfleger bewendet es bei den bestehenden Vorschriften (§ 5 VO zur Ausführung der GBO vom 8. August 1935 RGBl I 1089, Gesetz über Maßnahmen auf dem Gebiete der Gerichtsverfassung und des Verfahrensrechts — Rechtspflegergesetz).

Seite 130 — **§ 10 GBOGeschO**

Bayern

Bei § 10 Abs 2 S 2 GBOGeschO erfolgte folgende Neufassung; dazu BekJM vom 24. April 1968 bayJMBl 1968, 55:

Die Entscheidung über die Genehmigung wird den Landgerichtspräsidenten und den Amtsgerichtspräsidenten übertragen.

Hessen

§ 10 Abs 2 GBOGeschO gilt in folgender Neufassung; dazu RdErlJM vom 31. Juli 1970 JMBl 618:

(2) Der Druck von Eintragungen richtet sich in den Fällen, in denen er mit einer Offsetdruckmaschine in noch nicht mit Eintragungen versehenen Einlagebogen des Loseblatt-Grundbuchs vorgenommen werden soll, nach dem RdErl vom 8. August 1969 JMBl 1349. Die Entscheidung darüber, ob Eintragungen in anderer Weise gedruckt oder durch die Verwendung von Stempeln vollzogen werden können, übertrage ich dem Präsidenten des Oberlandesgerichts. Werden Grundbucheintragungen gedruckt oder durch die Verwendung von Stempeln vollzogen, so darf auch das Handblatt entsprechend beschriftet werden.

Seite 131 — **§ 12 GBOGeschO**

Rheinland-Pfalz

§ 12 Abs 2 GBOGeschO wurde durch AVJM vom 29. Dezember 1967 JBl 1968, 21 Unterbringung der Grundbuchämter gestrichen.

Bayern, Hessen und Nordrhein-Westfalen sowie Rheinland-Pfalz

§ 12 GBOGeschO wurde im Jahre 1967 dahin geändert, daß Abs 3 S 2 aaO gestrichen wurde; dazu Bayern BekJM vom 20. Dezember 1967 bayJMBl 1968, 7 (zu BayBSVJu Bd III Abschn D 1), Nordrhein-Westfalen AVJM vom 23. Januar 1968 JMBlNRW 38, Rheinland-Pfalz AVJM vom 16. November 1967 JBl 196, 29. Dezember 1967 JBl 1968, 21

§ 13 GBOGeschO

Rheinland-Pfalz — dazu AVJM vom 19. Februar 1968 JBl 77 rhpfJBl 1968, 77:

Das Grundbuch darf nur mit Genehmigung des Oberlandesgerichtspräsidenten von der Amtsstelle entfernt werden. Die Genehmigung ist nur zu erteilen, wenn notwendig gewordene Buchbinderarbeiten an beschädigten Bänden nicht an der Amtsstelle durchgeführt werden können.

Seite 132 — **§ 17 GBOGeschO**

In Abs 6 tritt an die Stelle des BMJ der Landesminister der Justiz, da für den BMJ die Zuständigkeit entfällt. Die Landesrechte haben es teilweise schon ausdrücklich ausgesprochen, so Hessen und Nordrhein-Westfalen.

Seite 134 — **§ 21 GBOGeschO**

§ 21 GBOGeschO wurde im Jahre 1969 von den Landesjustizverwaltungen bundeseinheitlich dahin abgeändert, daß Abs 2(a) neu S 5 hinzugefügt wurde; dazu Bayern BekJM vom 29. Juli 1969 JMBl 156 (zu BayBSVJu Bd III Abschn D 1), Hamburg AVJB vom 25. August 1969 JVBl 75, Hessen RdErlJM vom 31. Juli 1970 JMBl 618, Niedersachsen AVJM vom 9. Juli 1969 NdsRpfl 172, Nordrhein-Westfalen AVJM vom 17. April 1969 JMBlNRW 109, Rheinland-Pfalz AVJM vom 23. Mai 1969 JBl 93, Schleswig-Holstein AVJM vom 15. Juli 1969 SchlHA 138:

> Bei Anträgen auf Änderung oder Ergänzung von Grundpfandbriefen, für die mehrere Grundbuchämter zuständig sind, ist nach § 37 Abs 2 Buchst d zu verfahren.

§ 22 GBOGeschO

Bayern, Nordrhein-Westfalen und Rheinland-Pfalz

§ 22 GBOGeschO erhielt im Jahre 1967/1968 folgende Neufassung; dazu Bayern BekJM vom 20. Dezember 1967 bayJMBl 1967, 7 (zu BayBSVJu Bd III Abschn D 1), Nordrhein-Westfalen AVJM vom 23. Januar 1968 JMBlNRW 38, Rheinland-Pfalz AVJM vom 16. November 1967 JBl 196:

> **Hat ein Amtsgericht eine Zweigstelle, die Grundbuchsachen bearbeitet und die Grundbücher für ihren Bezirk verwahrt, so sind Eintragungsanträge oder -ersuchen, die sich auf diese Grundbücher beziehen und bei der Hauptstelle eingehen, unverzüglich der Zweigstelle zu übersenden; der Eingang und sein Zeitpunkt ist der Zweigstelle sofort fernmündlich mitzuteilen. Betrifft der Antrag oder das Ersuchen sowohl Grundstücke, die bei der Hauptstelle, als auch solche, die bei der Zweigstelle bearbeitet werden, so ist nach § 20 Abs 2 zu verfahren. 1 Halbsatz 2 gilt entsprechend.**

Auch Hessen hat sich an diese Fassung im Jahre 1970 angeschlossen; dazu RdErlJM vom 31. Juli 1970 JMBl 618.

Seite 134/135 **§ 23 GBOGeschO**

§ 23 Abs 1 GBOGeschO gilt landesrechtlich in folgenden Fassungen:

Hessen — Fassung von 1967

> Für die Behandlung und Aufbewahrung von Urkunden, die nicht zu den Grundakten genommen werden, gelten die Bestimmungen über die Aufbewahrung der vorübergehend in amtlichen Gewahrsam genommenen Sachen (Verwahrsachenanweisung — VwAnw, RdErl vom 24. November 1966 JMBl 1967, 26).

Rheinland-Pfalz — dazu AVJM vom 16. November 1967 rhpfJBl 1967, 196:

> Für die Behandlung und Aufbewahrung von Urkunden, die nicht zu den Grundakten genommen werden, gilt die Anweisung für die Behandlung der in amtlichen Gewahrsam gelangten Gegenstände — AV vom 21. April 1967 (1454-I 23/67) JBl 65.

Bayern (zu Seite 135) BekJM vom 3. November 1970 JMBl 139 (zu BayBESVJu Bd III Abschn D 1) Es erfolgen folgende Änderungen:

In Satz 1 wird „vom 6. 11. 1956 (BayBSVJu I 283)" ersetzt durch „vom 16. September 1970 (JMBl 130)".

In Satz 2 wird „6. 11. 1956" ersetzt durch „16. September 1970".

Seite 136 — **§ 27 GBOGeschO**

§ 27 Abs 1 GBOGeschO wurde bundeseinheitlich von den Landesjustizverwaltungen 1965/1966 neugefaßt; dazu Baden-Württemberg AVJM vom 20. Dezember 1965 Justiz 1966, 11, Bayern BekJM vom 10. Dezember 1965 bay JMBl 1966, 3 (zu BayBSVJu Bd III Abschn D 1), Hamburg AVJV vom 14. Januar 1966 JBVBl 11, Hessen RdErlJM vom 8. Dezember 1965 JMBl 1966, 9, Niedersachsen AVJM vom 23. Dezember 1965 NdsRpfl 1966, 6, Nordrhein-Westfalen AVJM vom 15. Dezember 1965 JMBlNRW 1966, 2, Rheinland-Pfalz AVJM vom 7. Dezember 1965 JBl 243, Saarland AVJM vom 23. Dezember 1965 JBl 1966, 24, Schleswig-Holstein AVJM vom 28. Dezember 1965 SchlHA 1966, 34:

(1) Zu den Eintragungen in das Grundbuch ist eine kräftige, nicht verblassende Tinte zu gebrauchen. Zur Leistung von Unterschriften und zum Einfügen des Eintragungstages (§ 28 Abs 2) können Kugelschreiber mit schwarzer Pastentinte, zur Vornahme von Rötungen Kugelschreiber mit roter Pastentinte verwendet werden. Die Pastentinten müssen den Anforderungen der DIN 16554 entsprechen.

Bayern

Zu § 27 Abs 3 GBOGeschO erfolgte im Jahre 1968 eine Neufassung; dazu AVJM vom 24. April 1968 bay JMBl 1968, 55:

Über die Genehmigung zur Verwendung von Stempeln für Eintragungen in das Grundbuch (§ 21 Abs 2 der Grundbuchverfügung) entscheidet der Landgerichtspräsident, bei den mit einem Präsidenten besetzten Amtsgerichten der Amtsgerichtspräsident. Die Genehmigung darf nur erteilt werden, wenn die Vollständigkeit der Eintragung durch die Stempelverwendung nicht gefährdet wird. Die Stempel müssen die Herstellung eines sauberen, gleichmäßigen und deutlich lesbaren Schriftbildes (Schriftgrad mindestens 10 Punkte) gewährleisten. Aus diesem Grunde dürfen nur Stempel mit einer einwandfreien Ausprägung der einzelnen Buchstaben benutzt werden. Es ist nur lichtechte schwarze Stempelfarbe zu verwenden, die auf dem Papier sicher haftet und sich durch chemische Mittel nicht entfernen läßt.

Seite 173 — **§ 29 GBOGeschO**

Es erfolgte bundeseinheitlich durch die Landesjustizminister 1966/1967 eine Änderung der Vorschrift; dazu Baden-Württemberg AVJM vom 8. Dezember 1966 Justiz 1967, 4, Bayern BekJM vom 14. Dezember 1966 JMBl 1967, 2, Hamburg AVLJV vom 1. Dezember 1966 JVBl 106, Hessen Rd ErlJM vom 8. Dezember 1965 JMBl 1966, 9, geändert durch die Neufassung 1967, Niedersachsen AVJM vom 25. November 1966 NdsRpfl 259, Nordrhein-Westfalen AVJM vom 11. November 1966 JMBlNRW 268, Rheinland-Pfalz AVJM vom 28. November 1966 JBl 277, Saarland AVJM vom 4. Januar 1967 JBl 19, Schleswig-Holstein AVJM vom 30. November 1966 SchlHA 1967, 14.

In § 29 GBOGeschO wurde folgender Abs 1 aaO neu eingefügt:

(1) Bei noch nicht unterschriebenen Maschineneintragungen können Schreibfehler, die den Sinn der Eintragung nicht verändern, dadurch berichtigt werden, daß die fehlerhaften Worte, Buchstaben oder Zeichen durchgestrichen und — soweit erforderlich — in richtiger Schreibweise wiederholt werden. Die Berichtigung kann entweder unmittelbar bei der Streichung oder unter Verwendung von Einschaltezeichen an geeigneter Stelle außerhalb des Eintragungstextes erfolgen. Die unrichtig geschriebenen Worte, Buchstaben oder Zeichen müssen lesbar bleiben. Die Beachtung dieser Vorschriften ist von den Beamten, die die Eintragung unterzeichnen, zu überprüfen.

Die bisherigen Abs 1 und 2 werden Abs 2 und 3; der neue Abs 2 wird durch die Worte *Sonstige Schreibversehen* eingeleitet.

§ 30 GBOGeschO

§ 30 Abs 1 GBOGeschO wurde im Jahre 1957 bundeseinheitlich von den Landesjustizverwaltungen neu gefaßt; dazu *§ 55 Bem 1.*

Seite 138 —

§ 32 GBOGeschO

Für Hessen und Nordrhein-Westfalen wird die Vorschrift für gegenstandslos erklärt; dazu Hessen Fassung von 1967, Nordrhein-Westfalen Fassung von 1970.

Seite 139 —

§ 36 GBOGeschO

Für Hessen entfallen in Abs 2 die Worte „des Reichsministers der Justiz; dazu Hessen Fassung von 1967.

Seite 139 —

§ 37 GBOGeschO

§ 37 Abs 2 GBOGeschO wurde im Jahre 1969/1970 in mehreren Ländern durch Anfügung von Buchst d) ergänzt; dazu Bayern, Hamburg, Hessen Niedersachsen, Nordrhein-Westfalen, Rheinland-Pfalz und Schleswig-Holstein wie bei GBOGeschO § 21/*ErgVerz* sowie Berlin AV vom 25. September 1969 ABl 1016:

d) Bei Änderungen oder Ergänzungen von Briefen, für die weitere Grundbuchämter zuständig sind, hat das Grundbuchamt, bei dem der Brief eingereicht wird, die Briefverbindung zu lösen und die einzelnen Briefe unter Hinweis auf den Antrag oder das Ersuchen mit einer Bescheinigung der Vollzähligkeit des Gesamtbriefes sowie ggf mit den in § 21 Abs 2 Buchst a bezeichneten Unterlagen an die beteiligten Grundbuchämter zu übersenden. Diese Grundbuchämter senden nach der Änderung oder Ergänzung der Einzelbriefe diese an das absendende Grundbuchamt zum Zwecke der Wiederherstellung des Gesamtbriefes zurück. Sind nur 2 Grundbuchämter zuständig, so hat das zuerst mit der Sache befaßte Grundbuchamt nach Ergänzung oder Änderung seines Einzelbriefes die Vorgänge ohne Verbindung der Briefe an das andere Grundbuchamt zur weiteren Bearbeitung und Wiederherstellung des Gesamtbriefes zu senden.

Seite 140 —

§ 38 GBOGeschO

§ 38 GBOGeschO erhielt im Jahre 1969/1970 in Bayern, Hessen und Niedersachsen folgende Neufassung; dazu bei GBOGeschO § 21/*ErgVerz:*

Bayern

(1) Über die Aushändigung neuer Briefe und die Rückgabe vorgelegter Briefe muß sich ein Nachweis bei den Grundakten befinden. Die Aushändigung an der Amtsstelle oder durch Vermittlung des Gerichtswachtmeisters erfolgt gegen schriftliches Empfangsbekenntnis des Empfängers, die Übersendung durch die Post als Einschreibesendung gegen Rückschein. Auf dem Umschlag und auf dem Rückschein ist die Geschäftsnummer anzugeben.

(2) Sind dem Empfänger mehrere Briefe zu übersenden, so können diese zu einer Sendung vereinigt werden. Auf dem Umschlag und auf dem Rückschein sind sämtliche Geschäftsnummern zu vermerken. Der vom Empfänger vollzogene Rück-

schein ist zu den Grundakten eines der beteiligten Grundbuchblätter zu nehmen, in den anderen Grundakten ist auf die Stelle zu verweisen, an der sich der Rückschein befindet.

Hessen

(1) Über die Aushändigung neuer Briefe und die Rückgabe vorgelegter Briefe muß sich ein Nachweis bei den Grundakten befinden. Die Aushändigung an der Amtsstelle oder durch Vermittlung des Gerichtswachtmeisters erfolgt gegen schriftliches Emfangsbekenntnis des Empfängers, die Übersendung durch die Post als Einschreibesendung gegen Rückschein. Auf dem Umschlag und auf dem Rückschein ist die Geschäftsnummer anzugeben.

(2) Sind dem Empfänger mehrere Briefe zu übersenden, so können diese zu einer Sendung vereinigt werden. Auf dem Umschlag und auf dem Rückschein sind sämtliche Geschäftsnummern zu vermerken. Der vom Empfänger vollzogene Rückschein ist zu den Grundakten eines der beteiligten Grundbuchblätter zu nehmen, in den anderen Grundakten ist auf die Stelle zu verweisen, an der sich der Rückschein befindet.

Niedersachsen

(1) Über die Aushändigung neuer Briefe und die Rückgabe vorgelegter Briefe an den Empfangsberechtigten muß sich ein Nachweis bei den Grundakten befinden. Die Aushändigung an der Amtsstelle oder durch Vermittlung des Gerichtswachtmeisters erfolgt gegen schriftliches Empfangsbekenntnis, die Übersendung durch die Post als Einschreiben gegen Rückschein. Der Umschlag soll die Geschäftsnummer tragen.

(2) Sind dem Empfänger regelmäßig an einem Tage mehrere Briefe zu übersenden, so sollen sie gesammelt und zu einer Sendung vereinigt werden. Auf dem Rückschein sind sämtliche Geschäftsnummern zu vermerken. Der vom Empfänger vollzogene Rückschein ist zu den Grundakten eines der beteiligten Grundbuchblätter zu nehmen; in den anderen Grundakten ist auf die Stelle zu verweisen, an der sich der Rückschein befindet.

Seite 140 — **§ 39 GBOGschO**

Für Hessen wird die Vorschrift als gegenstandslos erklärt; dazu Hessen Fassung von 1967. In Nordrhein-Westfalen wird lediglich Abs 1 für gegenstandslos bezeichnet; dazu Nordrhein-Westfalen Neufassung von 1970.

§ 40 GBOGeschO

Fassung für Hessen nach der Neufassung von 1967:

Der Oberlandesgerichtspräsident ist ermächtigt, ergänzende Vorschriften über die geschäftliche Behandlung der Grundbuchsachen zu erlassen, soweit solche nach den örtlichen Verhältnissen seines Bezirks erforderlich sind. Solche Vorschriften sind vor ihrem Erlaß dem Minister der Justiz vorzulegen.

Nordrhein-Westfalen **GT 15a**

Geschäftliche Behandlung der Grundbuchsachen

AVJM vom 14. Oktober 1970 JMBlNRW 253

Die Allgemeine Verfügung über die geschäftliche Behandlung der Grundbuchsachen vom 25. Februar 1936 (Deutsche Justiz 350) erhält die aus der Anlage ersichtliche Fassung.

Mit dieser Neubekanntmachung treten außer Kraft:

1. die AV vom 25. Feburar 1936 DJ 350 in ihrer ursprünglichen Fassung,
2. die zu dieser AV ergangenen Änderungsvorschriften, nämlich
a) die AV vom 23. Dezember 1937 DJ 1938, 33,
b) die AV vom 27. Januar 1939 DJ 224,
c) die AV vom 20. Oktober 1941 DJ 1022,
d) die AV vom 7. Feburar 1956 JMBlNRW 50,
e) die AV vom 18. August 1956 JMBlNRW 207,
f) die AV vom 10. Januar 1958 JMBlNRW 37,
g) die AV vom 4. April 1959 JMBlNRW 100,
h) die AV vom 17. 11. 1959 JMBlNRW 274,
i) die AV vom 11. März 1960 JMBlNRW 75,
k) die AV vom 15. Dezember 1965 JMBlNRW 1966, 2,
l) die AV vom 11. November 1966 JMBlNRW 268,
m) die AV vom 30. Oktober 1967 JMBlNRW 253,
n) die AV vom 23. Januar 1968 JMBlNRW 38,
o) die AV vom 17. April 1969 JMBlNRW 109;
3. folgende weitere Verwaltungsvorschriften:
a) die AV vom 5. Juli 1937 DJ 1029,
b) die RV vom 9. Juni 1960 (3851 — I B. 10),
c) die RV vom 1. Juli 1960 (3851 — I B. 9).

Anlage zur AV vom 14. Oktober 1970 (3851 — I B. 24)
Geschäftliche Behandlung der Grundbuchsachen
(Grundbuchgeschäftsanweisung — GBGA)

AV vom 25. Februar 1936 idF vom 14. Oktober 1970 (3851 — I B. 24)

A. Grundbuchamt

I. Bezeichnung des Grundbuchamts; Siegel, Stempel

§ 1

(1) Das Grundbuchamt führt die Bezeichnung des Amtsgerichts, zu dem es gehört, ohne den Zusatz „Grundbuchamt".

(2) a) Das Grundbuchamt führt Siegel und Stempel des Amtsgerichts.

b) Soweit Siegel vorgeschrieben sind, genügt nicht die Verwendung des Stempels (vgl insbesondere §§ 56, 61, 62, 70 GBO, § 50 der Grundbuchverfügung).

c) Für die Herstellung von Siegeln empfiehlt sich statt der Verwendung von Siegellack und Petschaft die Verwendung von Siegelsternen mit Oblaten. In den aus dem Siegelstern und der Oblate bestehenden Siegelstoff ist das Siegel einzudrücken. Der Siegelaufdruck soll möglichst nicht nur auf dem Siegelstoff, sondern auch auf dem Papier der Urkunde deutlich sichtbar sein.

II. Geschäftszeit, Verkehr der Rechtsuchenden

§ 2

(1) Die Dienststunden des Grundbuchamts sind die gleichen wie die des Amtsgerichts.

(2) a) Für den Verkehr der Rechtsuchenden mit dem Rechtspfleger und den Geschäftsstellen, insbesondere für die Aufnahme von Anträgen und Erklärungen, können bestimmte Tagesstunden — für die Geschäftsstellen nicht weniger als arbeitstäglich

drei — festgesetzt werden. Es können auch besondere Sprechtage eingerichtet werden. Soweit es der Geschäftsgang gestattet oder in dringenden Fällen ist auf Anliegen der Rechtsuchenden auch außerhalb der festgesetzten Tage und Stunden einzugehen.

b) Die Anordnungen trifft der Behördenleiter.

c) Die Anordnungen sind durch Anschläge im Eingangsraum der Gerichtsgebäude und an sonst geeigneten Stellen, insbesondere an den Türen der in Betracht kommenden Geschäftsräume, bekanntzumachen.

d) Die Beschränkung des Verkehrs in der Geschäftsstelle gilt nicht für Rechtsanwälte, Notare und Vertreter öffentlicher Behörden oder öffentlich-rechtlicher Körperschaften und Anstalten. Sie gilt auch nicht für die Einsicht in das Grundbuch oder in die Grundakten.

e) Diese Vorschriften sind auf die ordentlichen Gerichtstage entsprechend anzuwenden.

III. Geschäftsverteilung

§ 3

Der Behördenleiter weist dem Grundbuchamt die erforderlichen Rechtspfleger und das sonst notwendige Personal zu. Er regelt durch schriftliche Anordnung die Geschäftsverteilung und die Vertretung. Unberührt bleiben die Vorschriften darüber, welche Gruppen von Beamten oder Angestellten mit den einzelnen Geschäften betraut werden können oder zu betrauen sind.

§ 4

Der Behördenleiter hat für die Entgegennahme von Eintragungsanträgen und -ersuchen sowie für die Beurkundung des Zeitpunkts ihres Eingangs beim Grundbuchamt die — neben dem Rechtspfleger — zuständigen Beamten (Angestellten) der Geschäftsstelle zu bestellen. Ob er einen Bediensteten für das ganze Grundbuchamt bestellt oder Bedienstete für die einzelnen Abteilungen, oder ob er beide Möglichkeiten nebeneinander verwendet, richtet sich nach den örtlichen Verhältnissen; doch ist es erwünscht, den Kreis möglichst eng zu ziehen. Auf bestimmte Gruppen der Beamten (Angestellten) der Geschäftsstelle ist die Auswahl nicht beschränkt; insbesondere ist es nicht erforderlich, den mit der Führung des Grundbuchs, dh mit der Unterzeichnung oder Mitunterzeichnung der Eintragungen ins Grundbuch betrauten Bediensteten zu bestellen. Vielfach wird sich empfehlen, den für die Rechtsuchenden am leichtesten erreichbaren Bediensteten, insbesondere den Registrator, zu bestellen.

§ 5

In den Geschäftsverteilungsplänen, der Amtsgerichte und der Geschäftsstellen ist vorzusehen, daß Eintragungsanträge und -ersuchen, die sich auf mehrere Grundstücke desselben Grundbuchamts beziehen, in ein und derselben Grundbuchabteilung (zB derjenigen, zu der das im Antrag oder Ersuchen zuerst genannte Grundbuchblatt gehört) erleidgt werden, und zwar sowohl vom Rechtspfleger als auch geschäftsstellen- und kanzleimäßig.

B. Grundbuchgeschäfte

I. Allgemeines

1. Allgemeine Vorschriften über die Geschäftsbehandlung

§ 6

Die für das Amtsgericht allgemein bestehenden Vorschriften über die Geschäftsbehandlung (Geschäftsordnung u dergl) gelten auch für die zur Zuständigkeit des Grundbuchamts gehörigen Angelegenheiten, soweit nichts anderes bestimmt ist. Entsprechendes gilt, wenn für die geschäftliche Behandlung der Angelegenheiten der freiwilligen Gerichtsbarkeit allgemeine Vorschriften bestehen.

2. Sammelakten, Generalakten

§ 7

(1) Bei den gemäß § 1 Abs 6 der Aktenordnung zu haltenden Sammelakten ist in übersichtlicher Form auch ein Verzeichnis der Bediensteten (einschließlich ihrer Vertreter) zu führen, die zur Entgegennahme von Eintragungsanträgen und -ersuchen zuständig sind (§ 4). Anzugeben ist dabei der Anfangs- und Endtag der Zuständigkeit sowie, wenn mehrere Abteilungen des Grundbuchamts bestehen, der Geschäftskreis jedes Bediensteten.

(2) Für die Generalakten gilt die Generalaktenverfügung mit dem Generalaktenplan.

II. Grundbücher und Grundakten

1. Grundbücher

§ 8

(1) Die Grundbücher müssen dauerhaft eingebunden sein und sind möglichst mit Sprungrücken zu versehen.

(2) Für die Vordrucke zu den Grundbuchblättern ist Papier der Sorte Normal 2a zu verwenden. Die Vordrucke dürfen, abgesehen von der Aufschrift, liniiert sein.

(3) Jeder Grundbuchband beginnt mit einem Titelblatt, auf dem der Name des Amtsgerichts, der Grundbuchbezirk („Grundbuch von ...") und beim Vorhandensein mehrerer Bände für den gleichen Grundbuchbezirk seine Numer anzugeben sind. Außerdem enthält das Titelblatt die Bescheinigung über die Seitenzahl des Bandes (unten Abs 5).

(4) Auf dem Rücken jedes Bandes ist ein Schild anzubringen, auf dem der Grundbuchbezirk, die Nummer des Bandes und die Nummern der darin enthaltenen Grundbuchblätter angegeben werden.

(5) a) Wird ein neuer Grundbuchband in Benutzung genommen, so sind seine Seiten durch den ganzen Band hindurch an den oberen Ecken mit fortlaufenden Zahlen zu versehen, sofern der Band nicht bereits mit Seitenzahlen geliefert wird. Auf dem Titelblatt ist zu bescheinigen, wie viele Seiten der Band enthält. Die Bescheinigung ist mit Angabe des Tages ihrer Ausstellung und dem Stempel des Amtsgerichts zu versehen sowie vom Rechtspfleger und vom Urkundsbeamten der Geschäftsstelle zu unterzeichnen.

b) Ferner sind alsbald die Grundbuchblätter mit den ihnen zukommenden Blattnummern (§ 3 der Grundbuchverfügung) zu versehen. Auf diese Weise wird erreicht, daß im Falle der Führung mehrerer Grundbuchbände für den gleichen Grundbuchbezirk (vgl insbesondere § 3 Abs 2 der Grundbuchverfügung) immer alsbald die Nummer feststeht, die das erste Blatt eines weiteren in Benutzung zu nehmenden Grundbuchbandes zu erhalten hat (§ 3 Abs 1 Satz 2 der Grundbuchverfügung).

c) Ein Nachheften von Einlagebogen in den Grundbuchband ist unzulässig. Ausnahmen bedürfen der vorherigen Zustimmung des Land- oder Amtsgerichtspräsidenten; sie darf nur in Notfällen erteilt werden. Das Nachheften der Einlagebogen ist auf dem Titelblatt in entsprechender Anwednung der Vorschriften in Abs 5a Satz 2, 3 zu bescheinigen; die einzelnen Seiten der Einlagebogen enthalten, die Zahl der Seite, hinter der sie eingeheftet sind, unter Hinzufügung lateinischer Buchstaben, z.B. 16 A, 16 B usw.

§ 9

(1) Zu den Vordrucken für die Grundbuchblätter dürfen nur DIN-Formate der Reihe A verwendet werden. Zu verwenden ist regelmäßig das Normformat A 2 = 420 × 594 mm aus Rohbogen 430 × 610 mm, so daß die einzelne Seite des Grundbuchblatts die Größe 297 × 420 mm hat. Ein anderes Normformat darf nur verwendet werden, wenn die Größe der für die Unterbringung der Grundbücher bestimmten Behältnisse (vgl § 12) dies nötig macht, ihre Änderung auch nicht oder nur mit unverhältnismäßigen Kosten möglich ist. Dann kann das Normformat A 3 = 297 × 420 mm aus Rohbogen 305 × 430 mm (Seitengröße also 210 × 297 mm) angewendet werden. Andere Normformate sollen nicht benutzt werden.

(2) Die in Abschnitt I der RV vom 3. August 1956 (1414 — I B. 49) über Grundbuchvordrucke für das Buchschreibverfahren getroffenen besonderen Bestimmungen bleiben unberührt.

§ 10

(1) a) Der Umfang des einzelnen Grundbuchblatts soll im allgemeinen auf 5 Bogen (= 10 Blätter = 20 Seiten) bemessen werden. Die Unterteilung kann nach den örtlichen Verhältnissen verschieden sein. Regelmäßig sollen 1 Seite auf die Aufschrift, 4 Seiten auf das Bestandsverzeichnis, 2 Seiten auf die 1. Abteilung, 4 Seiten auf die 2. Abteilung und 8 Seiten auf die 3. Abteilung entfallen, doch kann es auch geboten sein, eine Abteilung zugunsten der anderen zu verkürzen. Die letzte Seite bleibt leer.

b) Ist vorauszusehen, daß Grundbuchblätter eines Bezirks — insbesondere auch nach der Umschreibung — nicht den Umfang von 5 Bogen erfordern werden, so kann der Umfang auf weniger, etwa auf 3 Bogen (= 6 Blätter = 12 Seiten) bemessen werden, wovon beispielsweise auf die Aufschrift 1 Seite, auf das Bestandsverzeichnis, die 1. und 2. Abteilung je 2 Seiten und auf die 3. Abteilung 4 Seiten entfielen. Öfter werden jedoch auch Blätter mit einem größeren Umfang als 5 Bogen vorzusehen sein.

c) Nach § 3 Abs 2 der Grundbuchverfügung können für einen Grundbuchbezirk mehrere Bände je mit verschiedenem Umfang der darin enthaltenen Grundbuchblätter geführt werden. Von dieser Möglichkeit ist im Bedarfsfall Gebrauch zu machen, indem neben dem regelmäßigen Grundbuch (Abs 1 a) zB etwa auch ein Band mit dreibogigen Blättern und ein weiterer mit mehr als 5 Begen umfassenden Grundbuchblättern angelegt werden; doch muß Rücksicht auf Wirtschaftlichkeit und Raumersparnis genommen werden.

d) Aus letzterem Grunde wird in erweiterter Auslegung des § 3 Abs 2 der Grundbuchverfügung auch zugelassen, daß in einem Bande Blätter verschiedenen Umfangs vorgesehen werden. Hiervon soll nur ausnahmsweise und nur dann Gebrauch gemacht werden, wenn die Zahl der Grundbuchblätter, deren Umfang von dem im Grundbuchbezirk sonst üblichen abweicht, voraussichtlich so gering ist, daß die Anlegung besonderer Bände für sie sich wirtschaftlich nicht rechtfertigen läßt. Es ist sorgfältig darauf zu achten, daß der bei diesem Verfahren gegebenenfalls in der Mitte des Bandes zunächst offenbleibende Raum bei der Neuanlegung oder Umschreibung von Grundbuchblättern nachträglich ausgefüllt wird. Grundbuchbände mit Blättern verschiedenen Umfangs sind dadurch zu kennzeichnen, daß auf dem Rücken des Bandes zusätzlich (vgl § 8 Abs 4) eine auf die Ausgestaltung des Bandes hinweisende Aufschrift angebracht wird. Auf der Innenseite des vorderen Einbanddeckels sind die Nummern der in Gebrauch genommenen Blätter zu vermerken.

e) . . . . *(gegenstandslos)*.

(2) Der Druck von Eintragungen richtet sich in den Fällen, in denen er mit der Offsetdruckmaschine einer Justizbehörde auf noch nicht mit Eintragungen versehene Einlegebogen des Loseblatt-Grundbuchs vorgenommen werden soll, nach der RV vom

2. März 1967 (3851 — I B. 14) in ihrer jeweils geltenden Fassung. Die Entscheidung darüber, ob in anderen Fällen Eintragungen gedruckt werden können, wird den Oberlandesgerichtspräsidenten übertragen. Werden die Grundbucheintragungen gedruckt, so darf auch das Handblatt gedruckt werden.

(3) Die Grundbücher dürfen im Interesse der Haltbarkeit und Handlichkeit nicht zu stark sein. Mehr als 150 Bogen (= Blätter = 600 Seiten) sollen die Bände nicht enthalten. Im Regelfall (Abs 1a) wird somit ein Grundbuchband höchstens 30 Blätter enthalten.

§ 11

(1) Die näheren Bestimmungen über die Beschaffung der Grundbücher und der für die Grundbuchblätter erforderlichen Vordrucke, über das Einbinden der Grundbücher sowie — im Rahmen der §§ 9, 10 — über die Größe und den Umfang der Grundbuchblätter und Grundbuchbände trifft der Oberlandesgerichtspräsident. Hierbei sind bis zu einer allgemeinen Regelung die in den einzelnen Bezirken bisher geltenden Vorschriften zu beachten.

(2) a) Die Vordrucke für die Grundbuchblätter müssen in gleicher Weise, wie es die Muster zur Grundbuchverfügung ergeben, die ganze Breite des aufgeschlagenen Grundbuchs (Bestandsverzeichnis, 2. und 3. Abteilung) oder nur eine Seite (Aufschrift, 1. Abteilung) einehmen. Sie müssen auch, wie die Muster, beiderseitig (Vorder- und Rückseite) bedruckt sein.

b) Der Gestaltung der einzelnen Druckbogen muß sorgfältige Aufmerksamkeit gewidmet werden, damit aus ihnen das Grundbuchblatt richtig zusammengestellt werden kann.

c) Geringfügige Änderungen an den Mustern können die Oberoandesgerichtspräsidenten bei örtlichem Bedürfnis verfügen, jedoch nur, soweit sie die Breite der einzelnen Spalten betreffen.

§ 11a

Für die Grundbücher mit herausnehmbaren Einlegebogen (Loseblattgrundbuch) gelten die insoweit erlassenen besonderen Bestimmungen, insbesondere die AV über Einrichtung und Führung des Loseblattgrundbuchs vom 8. Dezember 1961 (3850 — I B. 8/JMBlNRW 292) in ihrer jeweils geltenden Fassung.

§ 12

(1) Die Grundbuchämter haben die Grundbücher so zu verwahren, daß sie von Unberufenen nicht eingesehen werden können.

(2) Die Grundbücher sollen in einem sicheren Raum, insbesondere feuersicher, aufbewahrt werden. Damit bei Feuersgefahr ein Eindringen in den Aufbewahrungsraum möglich ist, sollen seine Fenster nicht vergittert und nicht mit eisernen Rolläden verschlossen sein; vorhandene Klappläden (eiserne oder eisenummantelte) sollen nach innen schlagen und mit einem Verschluß versehen sein, der bei Anwendung mäßiger Gewalt von außen her nachgibt. Es ist darauf zu achten, daß die Grundbücher nicht an Orten verwahrt werden, wo sie der Feuchtigkeit oder im besonderen Maße der Sonnenhitze, dem Staub oder dem Einfluß der Heizung ausgesetzt sind.

(3) Im Falle eines Brandes gehören die Grundbücher zu dem Schriftgut, das bevorzugt in Sicherheit zu bringen ist.

(4) Beim Umgang mit Gegenständen, die eine Brandgefahr auslösen können ist in den Räumen des Grundbuchamts besondere Vorsicht anzuwenden.

(5) Die Grundbücher sind pfleglich zu behandeln. Es ist auch bei der Vorlegung an andere darauf zu achten, daß dies geschieht. Die Einsicht darf nur in Anwesenheit eines Bediensteten des Grundbuchamts geschehen.

§ 13

Das Grundbuch darf nicht von der Amtsstelle entfernt werden.

2. Grundakten

§ 14

(1) Die Anlegung und Führung von Grundakten ist in der Aktenordnung (insbesondere in ihrem § 21) geregelt.

(2) Urkunden, die Anlaß zu Eintragungen in das Grundbuch geben, brauchen einschließlich der darauf ergangenen Verfügungen erst nach Erledigung der Angelegenheit in die Grundakten geheftet zu werden. Über ihren Verbleib ist sorgfältig zu wachen (vgl § 5 Abs 1 der Aktenordnung), insbesondere wenn Einsicht in sie begehrt wird (vgl auch § 16).

(3) Eine Urkunde, auf die sich Eintragungen auf mehreren Grundbuchblättern gründen, soll endgültig zu den Grundakten genommen werden, bei denen sie ihre erste Ordnungsnummer erhalten hat (§ 20 Abs 2a).

(4) Über ein gemeinschaftliches Grundbuchblatt (§ 4 GBO) wird nur ein Grundaktenstück geführt.

§ 15

Von der Schuldurkunde, die nach § 58 Abs 1 GBO mit dem Hypothekenbrief verbunden wird, ist eine beglaubigte Abschrift zu den Grundakten zu bringen.

§ 16

Die Vorschriften in § 12 Abs 3 bis 5 sind auch hinsichtlich der Grundakten zu beachten. Die lose bei den Grundakten befindlichen Urkunden (vgl § 14 Abs 2) dürfen ebenfalls nur in Gegenwart eines Bediensteten des Grundbuchamts eingesehen werden.

§ 17

(1) Die Grundakten sollen möglichst in den Geschäftsräumen des Grundbuchamts bleiben; sie dürfen nur nach Maßgabe der nachstehenden Vorschriften herausgegeben werden.

(2) a) An deutsche Justizbehörden können die Grundakten übersandt werden.

b) Vorschriften, nach denen andere deutsche Stellen ein Recht auf Übersendung der Grundakten haben bleiben unberührt.

c) Soweit ein solches Recht nicht ausdrücklich anerkannt ist, sind Übersendungsersuchen von Behörden unter dem Gesichtspunkt zu prüfen, daß die Einheitlichkeit des Staatswesens grundsätzlich die gegenseitige Unterstützung der Justiz- und Verwaltungsbehörden bei der Erledigung der ihnen obliegenden Geschäfte innerhalb ihres Geschäftskreises erfordert.

(3) Die Übersendung der Grundakten an die in Abs 2 genannten Stellen soll jedoch nach Möglichkeit eingeschränkt werden, da erwartet werden kann, daß die Ersuchen mit Rücksicht auf die Bedeutung der Grundakten und ihre Unentbehrlichkeit für den täglichen Grundbuchverkehr nur in den ubndedingt notwendigen Fällen gestellt oder aufrechterhalten werden. Werden Grundakten übersandt, so ist ihre baldige Rücksendung zu fordern und zu überwachen.

(4) Ersuchen um Übersendung der Grundakten sind abzulehnen, wenn und solange durch die Versendung Amtsgeschäfte des Grundbuchamts verzögert würden.

(5) Die Versendung nach auswärts erfolgt als eingeschriebener Brief, als eingeschriebenes Päckchen oder als unversiegeltes Wertpaket, jeweils mit Rückschein.

(6) Ersuchen ausländischer Behörden um Übersendung von Grundakten sind dem Justizminister vorzulegen.

(7) Zu den Gerichtstagen dürfen Grundakten mitgenommen werden.

III. Einzelne Grundbuchgeschäfte

1. Behandlung der Eingänge

§ 18

(1) Die für das Amtsgericht allgemein bestehenden Bestimmungen über die Annahme und Behandlung eingehender Schriftstücke und Sendungen gelten unbeschadet des § 19 auch für die zur Zuständigkeit des Grundbuchamts gehörenden Angelegenheiten.

(2) Ist im Gerichtsgebäude ein Briefkasten zum Einwerfen von Schriftstücken angebracht, so soll seine Aufschrift den Hinweis enthalten, daß Schriftstücke in Grundbuchsachen zur Vermeidung von Nachteilen nicht einzuwerfen, sondern in der Geschäftsstelle abzugeben sind.

§ 19

(1) Hinsichtlich der Anträge auf Eintragung in das Grundbuch ist der Zeitpunkt ihres Eingangs beim Grundbuchamt (nicht bei dem Amtsgericht als solchem) von erheblicher rechtlicher Bedeutung. Der Antrag ist bei dem Grundbuchamt eingegangen, wenn er einem zur Entgegennahme zuständigen Bediensteten vorgelegt ist. Zuständig für die Entgegennahme und für die Beurkundung des Zeitpunkts des Eingangs sind nur der mit der Führung des Grundbuchs über das betroffene Grundstück beauftragte Rechtspfleger und der vom Behördenleiter für das ganze Grundbuchamt oder die in Betracht kommende Abteilung bestellte Beamte (Angestellte) der Geschäftsstelle. Bezieht sich der Antrag auf mehrere Grundstücke in verschiedenen Geschäftsbereichen desselben Grundbuchamts, so ist jeder nach dem Vorstehenden in Frage kommende Bedienstete zuständig (§ 13 Abs 1 GBO; § 1 der VO zur Ausführung der GBO vom 8. August 1935 sowie oben §§ 3, 4).

(2) a) Der 1. der nach Abs 1 zuständigen Bediensteten, dem der Antrag vorgelegt wird, hat ihn mit dem Eingangsvermerk zu versehen. Der Eingangsvermerk soll neben der Bezeugung des Eingangs beim Grundbuchamt dessen Zeitpunkt nach Tag, Stunde und Minute angeben und von dem Bediensteten mit dem ausgeschriebenen Namen unterzeichnet werden. Die Verwendung eines Datumstempels ist zulässig; Stunde und Minute sind gegebenenfalls handschriftlich einzufügen.

b) Entscheidend für den Zeitpunkt des Eingangs ist die Vorlegung bei dem zuständigen Bediensteten dh der Zeitpunkt, zu dem der Antrag in seinen Besitz kommt. Nicht maßgebend ist darnach zB der Zeitpunkt, in dem der Bedienstete eine ihm verschlossen vorgelegte Sendung eröffnet oder von dem Inhalte der Urkunde Kenntnis nimmt oder den Eingangsvermerk anbringt. Mehrere gleichzeitig vorgelegte Anträge erhalten den gleichen Eingangsvermerk. Außerhalb des Dienstes, z. B. in der Wohnung, kann und soll der Bedienstete die Entgegennahme von Anträgen ablehnen.

c) Der Eingangsvermerk soll auf den Antrag, und zwar möglichst in die rechte obere Ecke der ersten Seite, gesetz werden. Er soll auch die Zahl etwaiger Anlagen des Antrags angeben.

(3) Wird ein Antrag auf Eintragung ins Grundbuch zur Niederschrift eines nach Abs 1 zuständigen Bediensteten gestellt, so ist er mit dem Abschluß der Niederschrift bei dem Grundbuchamt eingegangen (§ 13 Abs 1 Satz 4 GBO). Auch in diesem Falle bedarf es des Eingangsvermerks; er hat den Zeitpunkt des völligen Abschlusses der Niederschrift anzugeben, zu dem auch die Unterschrift des aufnehmenden Bediensteten gehört.

(4) Die vorstehenden Vorschriften gelten entsprechend für Ersuchen um Eintragungen in das Grundbuch.

(5) Wird ein Schriftstück, das den Eingangsvermerk trägt, herausgegeben, so ist der Eingangsvermerk auf die zurückbehaltene beglaubigte Abschrift (§ 10 Abs 1 Satz 2 GBO) beglaubigt mit zu übertragen.

(6) Gelangen nach den für das Amtsgericht bestehenden allgemeinen Bestimmungen (§ 18) Anträge oder Ersuchen auf Eintragungen in das Grundbuch nicht unmittelbar an einen zuständigen Bediensteten im Sinne des Abs 1, so sind sie von dem annehmenden Bediensteten unverzüglich dahin abzugeben. Das gilt entsprechend, wenn in einer gerichtlichen Verhandlung, insbesondere der freiwilligen Gerichtsbarkeit, Anträge auf Eintragung in das Grundbuch gestellt werden oder wenn solche Anträge mit einem in anderer Angelegenheit an das Amtsgericht gerichteten Gesuch verbunden sind.

(7) Bei der Auswahl der auf Gerichtstagen tätigen Personen ist darauf zu achten, daß möglichst einer der in Abs 1 genannten Bediensteten anwesend ist.

§ 20

(1) Nachdem das den Antrag oder das Ersuchen enthaltende Schriftstück mit dem Eingangsvermerk versehen ist (§ 19), ist es unverzüglich vor Eintritt in die sachliche Bearbeitung an den Registrator der zuständigen Grundbuchabteilung abzugeben; die Grundakten sind beizufügen, wenn sie sich etwa bei dem Bediensteten befinden, der den Eingangsvermerk angebracht hat. Der Registrator stellt — nachdem das Schriftstück die Ordnungsnummer erhalten hat (§ 21 Abs 1, 2 der Aktenordnung) — fest, ob noch andere dasselbe Grundstück betreffende Anträge oder Ersuchen eingegangen sind und macht über die Feststellung einen Vermerk, darüber, in welcher Weise der Registrator diese Feststellung trifft, sowie über Form und Inhalt des Vermerks kann der Oberlandesgerichtspräsident nähere Bestimmungen erlassen. Sodann legt der Registrator alle Anträge und Ersuchen mit den Grundakten oder dem Kontrollblatt (§ 5 Abs 2 der Aktenordnung) dem für die Erledigung zuständigen Rechtspfleger oder Urkundsbeamten der Geschäftsstelle vor.

(2) a) Bezieht sich der Antrag oder das Ersuchen auf mehrere im Bezirk des Grundbuchamts gelegene Grundstücke, so gibt der Registrator unverzüglich, nachdem das Schriftstück seine Ordnungsnummer bei einem der beteiligten Grundstücke erhalten hat, zu den Grundakten der übrigen Grundstücke Nachricht durch ein Merkblatt, auf dem der Zeitpunkt des Eingangs und der Verbleib des Antrags oder Ersuchens vermerkt ist. Das Merkblatt erhält bei den Grundakten, für die es bestimmt ist, eine besondere Ordnungsnummer. Sodann finden die Vorschriften des Abs 1 Satz 2, 3 sinngemäß Anwendung. Wegen der Zuständigkeit für die sachliche Bearbeitung vgl. § 5.

b) Das Merkblatt wird bis zur Erledigung des Antrags oder Ersuchens unter dem Deckel der Grundakten, zu denen es gehört, aufbewahrt; darnach ist es in die Grundakten einzuheften (vgl § 14 Abs 2). Es dient auch für die Verweisung auf die Grundakten, in denen sich die Eintragungsunterlagen und die Eintragungsverfügung befinden (§ 25 Abs 3; § 24 Abs 2 der Grundbuchverfügung).

§ 21

(1) Enthält ein beim Grundbuchamt eingegangenes Schriftstück nur Anträge oder Ersuchen, für die ein anderes Grundbuchamt zuständig ist, so soll unter Benachrichtigung der Beteiligten nach § 8 Abs 2 der Aktenordnung verfahren werden. Doch bleibt die Befugnis unberührt, Anträge oder Ersuchen mangels örtlicher Zuständigkeit zurückzuweisen.

(2) a) Enthält ein beim Grundbuchamt eingegangenes Schriftstück Anträge oder Ersuchen, für deren Erledigung neben dem angegangenen Grundbuchamt auch noch ein anderes Grundbuchamt oder mehrere andere Grundbuchämter zuständig sind, so

erledigt zunächst das angegangene Grundbuchamt die in seine Zuständigkeit fallenden Anträge oder Ersuchen. Darnach übersendet es das Schriftstück, gegebenenfalls eine Ausfertigung oder beglaubigte Abschrift davon, dem anderen oder einem der anderen beteiligten Grundbuchämter; es bleibt seinem Ermessen überlassen, ob es auch eine Abschrift seiner Verfügung mitteilt. Die anderen Grundbuchämter verfahren entsprechend wie das zuerst angegangene Grundbuchamt. Abs 1 Satz 2 gilt auch hier. Bei Anträgen auf Änderung oder Ergänzung von Grundpfandbriefen, für die mehrere Grundbuchämter zuständig sind, ist nach § 37 Abs 2 Buchst d zu verfahren.

b) Sofern das Schriftstück nicht ergibt oder sonst nicht bekannt ist, daß die Anträge oder Ersuchen bereits bei jedem beteiligten Grundbuchamt gesondert gestellt sind oder werden, soll das angegangene Grundbuchamt den Antragsteller darauf hinweisen, daß es das unter a vorgesehene Verfahren einschlagen werde.

§ 22

Hat ein Amtsgericht eine Zweigstelle, die Grundbuchsachen bearbeitet und die Grundbücher für ihren Bezirk verwahrt, so sind Eintragungsanträge oder -ersuchen, die sich auf diese Grundbücher beziehen und bei der Hauptstelle eingehen, unverzüglich der Zweigstelle zu übersenden; der Eingang und sein Zeitpunkt ist der Zweistelle sofort fernmündlich mitzuteilen. Betrifft der Antrag oder das Ersuchen sowohl Grundstücke, die bei der Hauptstelle, als auch solche, die bei der Zweigstelle bearbeitet werden, so ist nach § 20 Abs 2 zu verfahren. Satz 1 Halbsatz 2 gilt entsprechend.

§ 23

(1) Für die Behandlung und Aufbewahrung von Urkunden, die nicht zu den Grundakten genommen werden, gilt die Anweisung für die Behandlung der in amtlichen Gewahrsam gelangten Gegenstände (Gewahrsamssachenanweisung) vom 2. Januar 1967 (1454 — I B. 153/JMBlNRW 13) in ihrer jeweils geltenden Fassung. Für die Dauer einer Zwischenverfügung oder sonstigen Befristung ist auch bei Urkunden, die eines besonderen Schutzes gegen Verlust oder Beschädigung bedürfen, die einfache Aufbewahrung nach Abschnitt B der Gewahrsamssachenanweisung ausreichend, sofern nicht der Sachbearbeiter im Einzelfall wegen des hohen Werts der Urkunde oder wegen der längeren Dauer der Bearbeitung oder aus anderen wichtigen Gründen die besondsrs gesicherte Aufbewahrung anordnet.

(2) Dem Einlieferer einer Urkunde, auch zB eines Eintragungsantrags, ist von der Geschäftsstelle auf Verlangen eine Empfangsbescheinigung zu erteilen, wenn zugleich mit der Urkunde der Entwurf einer solchen, der nur durch Einfügen des Kalendertags und die Unterschrift zu ergänzen ist, oder ein entsprechend eingerichtetes Quittungsbuch vorgelegt wird. Bei Personen, die selten und nicht geschäftsmäßig Schriften einliefern, soll die Erteilung der Empfangsbescheinigung nicht von der Vorlage eines Entwurfs abhängig gemacht werden. Wird die Urkunde zurückgegeben, so ist die Rückgabe der Empfangsbescheinigung zu fordern.

2. Eintragungsverfügung

§ 24

(1) Die Eintragung in das Grundbuch soll der Rechtspfleger regelmäßig unter Angabe des Wortlauts verfügen.

(2) a) Die Eintragungsverfügung ist urschriftlich zu dem die Eintragung veranlassenden Schriftstück, gegebenenfalls seiner beglaubigten Abschrift (§ 10 Abs 1 Satz 2 GBO) zu nehmen.

b) Die Angabe des Wortlauts der Eintragung erfolgt entweder in der Eintragungsverfügung oder im Handblatt. Die Angabe der Zeit der Eintragung ist offen zu lassen. Wird der Wortlaut in der Eintragungsverfügung angegeben, so ist in ihr auch die Eintragungsstelle genau zu bezeichnen. Erfolgt die Angabe des Wortlauts im Handblatt, so kann sich die Eintragungsverfügung auf die Anordnung beschränken: „Einzutragen . . . (Bezeichnung der Stelle der vorzunehmenden Eintragung) . . . wie im Handblatt."

(3) Wird eine Eintragungsvoraussetzung als offenkundig behandelt (§ 29 Abs 1 Satz 2 GBO), so soll dies aktenkundig gemacht werden.

(4) Ist die Eintragung erfolgt, so ist von der Geschäftsstelle das Handblatt zu vervollständigen und zu der Eintragungsverfügung der Tag der Eintragung zu vermerken.

§ 25

(1) Wegen der Zuständigkeit für die Sachbearbeitung im Falle der Beteiligung mehrerer Grundstücke des gleichen Grundbuchamts vgl § 5.

(2) Die Eintragungsverfügung soll für alle beteiligten Blätter zu den Grundakten genommen werden, in denen das die Eintragung veranlassende Schriftstück endgültig verbleibt (vgl § 14 Abs 3). Die Eintragungsverfügung durch Bezugnahme auf das Handblatt (§ 24 Abs 2 b Satz 4) ist dann auch hinsichtlich der anderen Grundbuchblätter zulässig. Der Rechtspfleger ist jedoch nicht gehindert. für jedes einzelne Grundstück eine besondere Eintragungsverfügung zu erlassen und sie zu den zugehörigen Grundakten zu nehmen, sofern dies im Einzelfall zweckmäßig erscheint.

(3) Abschriften der Eintragungsverfügungen sind grundsätzlich zu den Grundakten, in denen sich die Urschrift nicht befindet, nicht zu geben. Es ist aber in diesen Akten auf die Stelle zu verweisen, wo sich die Eintragungsverfügung befindet. Für diesen Hinweis kann gegebenenfalls das Merkblatt (§ 20 Abs 2) verwendet werden; auf ihm ist auch der Tag der Eintragung zu vermerken (vgl § 24 Abs. 4).

§ 26

Die Vorschriften der §§ 24, 25 gelten auch für den Urkundsbeamten der Geschäftsstelle in den Fällen des § 4 Abs 2b, c, d der VO zur Ausführung der GBO vom 8. August 1935.

3. Eintragungen

§ 27

(1) Für handschriftliche Eintragungen in das Grundbuch, insbesondere zur Leistung von Unterschriften und zum Einfügen des Eintragungstages (§ 28 Abs. 2) ist entweder eine kräftige, nicht verblassende Tinte oder ein Kugelschreiber mit schwarzer Pastentinte zu verwenden. Für Rötungen kann ebenfalls ein Kugelschreiber benutzt werden. Die schwarzen oder roten Pastentinten der Kugelschreiber müssen den Anforderungen der DIN 16554 entsprechen.

(2) Bei Eintragungen mit der Schreibmaschine dürfen nur Farbbänder verwendet werden, die eine haltbare, für Urkunden geeignete Schrift liefern und auf das Vorhandensein dieser Eigenschaft tunlichst von einer dafür zuständigen Behörde geprüft worden sind. Es ist darauf zu achten, daß möglichst frische Farbbänder benutzt werden.

(3) Wird bei Eintragungen mit der Buchschreibmaschine die Eintragung im Grundbuch als Durchschlag hergestellt, so ist hierfür Kohlepapier zu verwenden, das eine sofort wischfeste Schrift liefert.

(4) Über die Genehmigung zur Verwendung von Stempeln für Eintragungen in das Grundbuch (§ 21 Abs 2 der Grundbuchverfügung) entscheidet der Behördenleiter. Die Genehmigung darf nur erteilt werden, wenn die Vollständigkeit der Eintragung durch

die Stempelverwendung nicht gefährdet wird. Die Stempel müssen die Herstellung eines sauberen, gleichmäßigen und deutlich lesbaren Schriftbildes (Schriftgrad mindestens 10 Punkte) gewährleisten. Aus diesem Grunde dürfen nur Stempel mit einer einwandfreien Ausprägung der einzelnen Buchstaben benutzt werden. Es ist nur lichtechte schwarze Stempelfarbe zu verwenden, die auf dem Papier sicher haftet und sich durch chemische Mittel nicht entfernen läßt.

§ 28

(1) Die Eintragungen in das Grundbuch und ihre Unterzeichnung sind möglichst zu beschleunigen.

(2) Als Tag der Eintragung in das Grundbuch ist der Tag anzusehen, an dem die Eintragung von den zur Unterzeichnung zuständigen Personen unterschrieben wird. Bei der Einschreibung ist deshalb der Eintragungstag zunächst offen zu lassen.

§ 29

(1) Bei noch nicht unterschriebenen Maschineneintragungen können Schreibfehler, die den Sinn der Eintragung nicht verändern, dadurch berichtigt werden, daß die fehlerhaften Worte, Buchstaben oder Zeichen durchgestrichen und — soweit erforderlich — in richtiger Schreibweise wiederholt werden. Die Berichtigung kann entweder unmittelbar bei der Streichung oder unter Verwendung von Einschaltzeichen angeeigneter Stelle außerhalb des Eintragungstextes erfolgen. Die unrichtig geschriebenen Worte, Buchstaben oder Zeichen müssen lesbar bleiben. Die Beachtung dieser Vorschriften ist von den Personen, die die Eintragung unterzeichnen, zu überprüfen.

(2) Sonstige Schreibversehen, die vor dem Unterschreiben bemerkt werden, können mit Genehmigung des Rechtspflegers oder Urkundsbeamten der Geschäftsstelle, der die Eintragung verfügt hat, durch Verbesserung des Eintrags berichtigt werden, wenn dadurch der ursprüngliche Eintrag nicht unleserlich oder unübersichtlich wird. Die Berichtigung der Eintragung ist an deren Schluß als solche zu bescheinigen.

(3) Ergibt sich sonst Anlaß zur Berichtigung von Schreibversehen, so ist die Sache dem Rechtspfleger zur Entscheidung vorzulegen. Das gilt auch, wenn eine versehentlich erfolgte rote Unterstreichung beseitigt werden soll. Die Beseitigung erfolgt in der Weise, daß der rote Strich durch kleine schwarze Striche durchkreuzt wird.

§ 30

(1) Zur Durchführung der Vorschriften in § 48 GBO bewirkt das Grundbuchamt, sofern es nicht selbst alle beteiligten Grundbuchblätter bearbeiset, zu den Grundakten der beteiligten Grundstücke die in XVIII/5 der Anordnung über Mitteilungen in Zivilsachen (MiZi angeordneten Mitteilungen.

(2) a) Bearbeitet das Grundbuchamt nicht selbst alle beteiligten Grundbuchblätter, so soll die Mithaft der Grundstücke, deren Grundbuchblätter es nicht führt, zugleich mit der Eintragung des Rechts auf den von ihm geführten Grundbuchblättern eingetragen werden, ohne Rücksicht darauf, ob die Eintragung auf den anderen Blättern bereits erfolgt ist. Die mitbelasteten Grundstücke sind durch Hinweis auf das Grundbuchblatt und Angabe ihrer Nummer im Bestandsverzeichnis zu kennzeichnen.

b) Das Grundbuchamt soll vor der Eintragung tunlichst bei den anderen beteiligten Grundbuchämtern anfragen, ob die beteiligten Grundstücke in den Eintragungsunterlagen grundbuchmäßig richtig bezeichnet sind.

c) Das Grundbuchamt hat die Bezeichnung der mitbelasteten Grundstücke mit den gemäß Abs 1 eingehenden Mitteilungen der anderen Grundbuchämter zu vergleichen und gegebenenfalls von Amts wegen richtigzustellen.

d) Sofern das angegangene Grundbuchamt nicht nach § 21 Abs. 2a verfährt, hat es in geeigneter Weise zu überwachen, ob der Antrag oder das Ersuchen auch bei den anderen beteiligten Grundbuchämtern gestellt wird, und gegebenenfalls dem Antragsteller eine angemessene Frist hierzu zu setzen. Wird der Antrag innerhalb der Frist nicht gestellt, so ist anzunehmen, daß er nicht gestellt werden soll. Vor der Fristsetzung soll das Grundbuchamt sich mit den anderen beteiligten Grundbuchämtern über das Vorgehen verständigen.

§ 31

(1) Wird nach § 6 Abs 4 Satz 1,2 der Grundbuchverfügung verfahren, so ist der beglaubigte Auszug aus dem maßgebenden amtlichen Verzeichnis mit dem Handblatt zu verbinden.

(2) Der Urkundsbeamte der Geschästsstelle hat im Rahmen von § 4 Abs. 2b der VO zur Ausführung der GBO vom 8. August 1935 und von § 6 Abs 4 der Grundbuchverfügung dafür zu sorgen, daß der Auszug auf dem laufenden gehalten wird. Nach den insoweit bestehenbleibenden landesrechtlichen Vorschriften richtet sich, ob er hierzu die das Verzeichnis führende Behörde zu ersuchen hat oder ob er selbständig tätig wird, sowie, wer die Beglaubigung des Auszugs oder der Nachträge zu bewirken hat.

(3) Enthält ein Grundbuchblatt mehrere Grundstücke (§ 4 GBO), so ist der beglaubigte Auszug für jedes Grundstück getrennt zu halten.

4. Schließung des Grundbuchblatts

§ 32

. . . . *(gegenstandslos)*

5. Bekanntmachung, Mitteilungen

§ 33

(1) Die Bekanntmachung der Eintragungen (§ 55 GBO, §§ 39—42 der Grundbuchverfügung) wird vom Rechtspfleger und im Falle des § 26 von dem Urkundsbeamten der Geschäftsstelle verfügt und von der Geschäftsstelle ausgeführt.

(2) a) Die Bekanntmachung erfolgt durch Übersendung einer Abschrift der Eintragung. Die Abschrift soll neben der Stelle der Eintragung im Grundbuch auch den Namen des Grundstückseigentümers, bei einem Eigentumswechsel auch den des bisherigen Eigentümers und, sofern bekannt, die Wohnung des neuen Eigentümers angeben.

b) Wird zu der Mitteilung ein Vordruck verwendet, so bedarf es keines Entwurfs zu den Grundakten. In jedem Falle ist aber zu den Grundakten zu vermerken, welche Eintragungen bekanntgemacht worden sind, sowie an wen und wann die Bekanntmachung erfolgt ist; bei Verwendung eines Vordrucks ist auch seine Bezeichnung (Nummer) anzugeben.

c) Besondere Vorschriften über die Form der Bekanntmachungen in den Fällen des § 39 Abs 4 der Grundbuchverfügung bleiben unberührt.

(3) Der Erlaß der Bekanntmachungen ist möglichst zu beschleunigen.

§ 34

Inwieweit das Grundbuchamt zu weiteren Mitteilungen verpflichtet ist, ergibt sich aus der Anordnung über Mitteilungen in Zivilsachen (MiZi).

6. Einsicht in Grundbücher und Grundakten

§ 35

Anträge von Privatpersonen, ihnen im Verwaltungswege die Einsicht in einzelne bestimmt bezeichnete Grundbücher oder Grundakten oder bestimmte Gruppen von solchen zu gestatten, sind dem Land- oder Amtsgerichtspräsidenten zur Entschließung vorzulegen. Dem Antrag kann unter dem Vorbehalt jederzeitigen Widerrufs stattgegeben werden, wenn dargelegt wird, daß dadurch unterstützungswürdige Zwecke, insbesondere Studien geschichtlicher oder volkswirtschaftlicher Art gefördert, die Belange der Grundstückseigentümer oder der sonst Beteiligten nicht beeinträchtigt werden und wenn sichergestellt ist, daß die entnommenen Nachrichten nicht mißbraucht werden. Auch darf der Geschäftsgang des Grundbuchamts nicht ungebührlich belastet werden.

7. Hypotheken-, Grundschuld- und Rentenschuldbriefe

§ 36

(1) Die Hypotheken-, Grundschuld- und Rentenschuldbriefe sind zunächst zu entwerfen; der Entwurf bleibt bei den Grundakten. Die Übertragung in die Ausfertigung darf erst erfolgen, nachdem der Rechtspfleger den Entwurf zum Zeichen der Billigung mit seinem Namenszeichen versehen hat. Falls der Entwurf Bezugnahmen auf andere Schriftstücke und daher nicht den vollen Wortlaut des Briefes enthält, ist eine Durchschrift des Briefes zu den Grundakten zu nehmen. Entsprechendes gilt für nachträgliche Vermerke auf den Briefen.

(2) a) Wegen der für die Ausfertigung zu verwendenden Vordrucke und das Verfahren mit diesen vgl. § 52 Abs 2 der Grundbuchverfügung in Verbindung mit den dazu ergangenen Anweisungen.

b) Für die Beschriftung der Ausfersigungsvordrucke mit der Schreibmaschine gilt § 27 Abs 2 sinngemäß. Bei Schreibversehen ist nicht zu radieren, sondern ein neuer Vordruck zu verwenden. Schreibversehen in nachträglichen Vermerken auf Briefen sind zu berichtigen; der ursprüngliche Text muß jedoch leserlich bleiben; die Berichtigung ist am Schluß des Vermerks zu bescheinigen.

c) Muß zur Bewirkung der Eintragungen auf dem Briefe mit dem Ausfertigungsvordruck ein besonderer Bogen verbunden werden (vgl. insbesondere § 49 der Grundbuchverfügung), so steht hierfür die zu den Ausfertigungsvordrucken verwendete Papiersorte nicht zur Verfügung. In diesen Fällen ist für die Ausfertigung der Ein- oder Anlagebogen Papier der Sorte Normal 2a zu verwenden.

(3) Die Geschäftsnummer ist auf den Briefen nicht anzugeben. Auch sind auf ihnen keine Vermerke über die geschäftliche Erledigung (Absendungsvermerke, Postgebühren ua) anzubringen.

§ 37

(1) Zu der in § 50 der Grundbuchverfügung vorgeschriebenen Verbindung von Urkunden ist Schnur in den Farben Grün-Weiß-Rot zu verwenden.

(2) a) Wegen der nach § 59 Abs 2 GBO erforderlichen Verbindung der von verschiedenen Grundbuchämtern ausgestellten Briefe empfiehlt es sich im allgemeinen, die einzelnen Briefe erst auszustellen, nachdem die Eintragungen auf sämtlichen beteiligten Blättern übereinstimmend vollzogen sind; doch kann im Einzelfall ein anderes Verfahren geboten sein.

b) Darüber, welches Grundbuchamt die Verbindung zu bewirken hat, läßt sich eine allgemeine Regel nicht aufstellen. Die beteiligten Grundbuchämter haben durch gegenseitige Verständigung dafür zu sorgen, daß die Verbindung in der dem Einzelfall entsprechenden Weise durchgeführt wird.

c) Wird erst nach der Erteilung des Briefes mit dem Rechte noch ein im Bezirk eines anderen Grundbuchamts liegendes Grundstück belastet, so ist die Verbindung der Briefe von diesem Grundbuchamt vorzunehmen.

d) Bei Änderungen oder Ergänzungen von Briefen, für die mehrere Grundbuchämter zuständig sind, hat das Grundbuchamt, bei dem der Brief eingereicht wird, die Briefverbindung zu lösen und die einzelnen Briefe unter Hinweis auf den Antrag oder das Ersuchen mit einer Bescheinigung der Vollzähligkeit des Gesamtbriefes sowie ggf mit den in § 21 Abs 2 Buchst a bezeichneten Unterlagen an die beteiligten Grundbuchämter zu übersenden. Diese Grundbuchämter senden nach der Änderung oder Ergänzung der Einzelbriefe diese an das absendende Grundbuchamt zum Zwecke der Wiederherstellung des Gesamtbriefes zurück. Sind nur 2 Grundbuchämter zuständig, so hat das zuerst mit der Sache befaßte Grundbuchamt nach Ergänzung oder Änderung seines Einzelbriefes die Vorgänge ohne Verbindung der Briefe an das andere Grundbuchamt zur weiteren Bearbeitung und Wiederherstellung des Gesamtbriefes zu senden.

(3) Urkunden, die lediglich eine Abtretungserklärung enthalten, werden mit dem Brief nicht verbunden.

§ 38

Über die Aushändigung der Briefe (§ 60 GBO) muß sich ein Nachweis bei den Grundakten befinden. Die Aushändigung an der Amtsstelle erfolgt gegen Quittung, die Übersendung durch die Post als Einschreibesendung gegen Rückschein, die Aushändigung durch Vermittlung des Gerichtswachtmeisters gegen schriftliches Empfangsbekenntnis des Empfängers. Der Umschlag soll die Geschäftsnummer tragen.

C. Schlußbestimmungen

§ 39

(1) . . . . *(gegenstandslos)*

(2) Soweit die ehemals reichsrechtlichen Grundbuchvorschriften landesrechtliche Regelungen aufrechterhalten, gilt dies auch für besondere Vorschriften über die geschäftliche Behandlung auf diesen Gebieten (vgl insbesondere § 117 GBO, §§ 6, 20 der VO zur Ausführung der GBO vom 8. August 1935, §§ 67—69, 72 der Grundvuchverfügung).

§ 40

Die Oberlandesgerichtspräsidenten sind ermächtigt, ergänzende Vorschriften über die geschäftliche Behandlung der Grundbuchsachen zu erlassen, soweit dies nach den örtlichen Verhältnissen ihrer Bezirke erforderlich ist. Solche Vorschriften sind vor ihrem Erlaß dem Justizminister vorzulegen.

Seite 140ff.

Ausfertigung der Hypotheken-, Grundschuld- und Rentenschuldbriefe (*GT 16, 17*)

Dazu die landesrechtlichen Änderungen und Ergänzungen E 26/*ErgVerz* und *§ 56 Bem 19ff.* mit *ErgVerz.*

Seite 147ff. — **Baden-Württemberg** Landesrecht (*GT 18*)

Seite 147ff. — **LFGG** (*GT 18*)

Baden

Landesgesetz über die Freiwillige Gerichtsbarkeit §§ 25, 26 LFGG wurden durch das Ges vom 30. Juni 1970 bawüGBl 289 = SaBl 1906 wie folgt neugefaßt:

§ 25

(1) Die Notare sind zuständig, Bescheinigungen über eine Vertretungsberechtigung auszustellen, sofern sich diese aus einer Eintragung im Handelsregister oder einem ähnlichen Register ergibt.

(2) Der Notar darf die Bescheinigung nur ausstellen, wenn er zuvor das Register oder eine beglaubigte Abschrift desselben eingesehen hat. Er hat den Tag der Einsichtnahme des Registers oder den Tag der Ausstellung der Abschrift in der Bescheinigung anzugeben.

§ 26

(1) Der Notar kann Bescheinigungen über das Bestehen oder den Sitz einer juristischen Person oder Handelsgesellschaft, die Firmenänderung, eine Verschmelzung oder sonstige rechtserhebliche Umstände ausstellen, wenn sich diese aus einem öffentlichen Register ergeben.

(2) Der Notar darf die Bescheinigung nur erteilen, wenn dargelegt wird, daß sie im Ausland verwendet werden soll.

Württemberg

Seite 166ff. — **wüAGBGB** (*GT 22*)

Ausführungsgesetz zum BGB und anderen Justizgesetzen

Über die geänderten Vorschriften § 1 Bem 76m/*ErgVerz* und § 71 Vorbem 6ff./*ErgVerz*; bez der abgedruckten Vorschriften erfolgt hier Richtigstellung.

Art 2

idF vom 30. Juni 1970 GBl 289 = SaBl 1604

(1) Die Abänderung einer Entscheidung eines Grundbuchamts, eines ordentlichen Vormundschafts- oder Nachlaßgerichts ist bei dem übergeordneten Amtsgericht nachzusuchen.

(2) Auf das Verfahren findet § 11 Abs 1 Satz 2, Abs 2 bis 4, Abs 5 Satz 1 des Rechtspflegergesetzes vom 5. November 1969 BGBl I 2065 entsprechende Anwendung.

Art 32

Abs 2 S 1 und Abs 3 entfallen

Art 37

entfällt ganz.

Art 106

Abs 2 entfällt.

Art 108 bis 111

teilweise aufgehoben, nämlich soweit in diesen Vorschriften das Verfahren bei der öffentlichen Beurkundung geregelt ist.

Art 112 bis 114

entfallen ganz.

Art 116

Abs 1 und 3 entfallen; Abs 2 bleibt aufrechterhalten.

Art 118

entfällt teilweise, nämlich, soweit nach dieser Vorschrift andere Urkundspersonen als die Ratschreiber oder deren Amtsverweser oder Stellvertreter für die öffentliche Beglaubigung einer Unterschrift zuständig sind.

Seite 179 — Kolumnentitel
GT 22 (richtig)

Seite 181 ff. — **GBVO** (*GT 24*)
VO über das Grundbuchwesen

5. Register

§ 48

Grundstücksregister[1])

(1) Für jeden Grundbuchbezirk ist über die sämtlichen in dem Grundbuch eingetragenen Grundstücke ein Grundstücksregister nach dem amtlichen Muster zu führen. Änderungen sind alsbald nachzutragen. Bei der Führung ist die dem Register vorgedruckte Anleitung zu beachten. Die Bildung weiterer Unterabteilungen des Registers, zB für Straßen und Wege, Flüsse und Bäche, ist nicht ausgeschlossen. Umfaßt der Grundbuchbezirk mehrere Markungen, so ist das Register zugleich nach Markungen abzuteilen.

(2) Hat eine durchgreifende Neunumerierung der Gebäude stattgefunden, so ist dieser Teil des Registers neu anzulegen. Das bisherige Grundstücksregister ist unter Vermerk der Neuanlegung und Angabe des Tages zu schließen und diese Schließung durch rote Schrägstriche ersichtlich zu machen.

§ 49

Eigentümerregister

(1) Für jeden Grundbuchbezirk ist ein Eigentümerregister zu führen, in das die sämtlichen in den laufenden Grundbuchheften aufgeführten Eigentümer unter Hinweis auf die zugehörigen Grundbuchhefte in der Reihenfolge der Anfangsbuchstaben einzutragen sind. Bei natürlichen Personen ist der Familien- und Vornahme, der Stand oder das Gewerbe und, wenn sie auswärts wohnen, auch der Wohnort anzugeben. Ehefrauen sind zugleich mit Angabe ihres Geburtsnamens unter dem Namen des Ehemanns aufzuführen. Änderungen sind alsbald nachzutragen.

(2) Im Falle eines Bedürfnisses kann das Eigentümerregister als Kartei geführt werden. Die Karteiblätter erhalten die Größe Dinformat A 6 (105 : 148 mm) und sind aus holzfreiem Registerkarteikarton im Gewicht von 280 g/qm, Farbe Chamois bedeckt, herzustellen. Einleitung und Vordruck der Karten ergibt sich aus **Beilage 1.**

---

[1]) Zum GrstRegister § 3 Bem 203 / *ErgReg*

Beilage 1 zu § 49 JMinVO

Eigentümerregister

Karteiblatt

(Dinformat A 6 zu 105 : 148mm) [1]

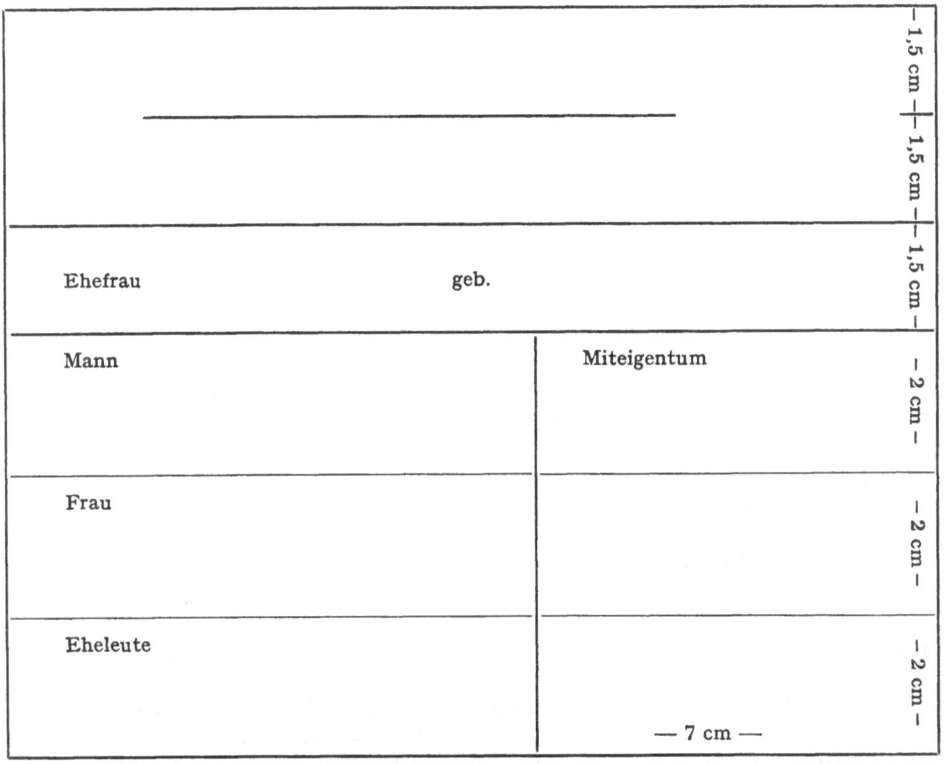

[1]) Die Zahlen im Muster dienen zur Verdeutlichung der Größenverhältnisse.

Seite 211 ff. — **Einleitung** (*E*)

Seite 214 ff. **Geltungsbereich** (*E 2ff.*)

Seite 216 — **Gebietsveränderungen** S 1013

Art 29 GG idF vom 19. August 1969 BGBl I 1241 = SaBl 1662 über die Neugliederung des Bundesgebiets sieht vor, daß das Bundesgebiet unter Berücksichtigung der landsmannschaftlichen Verbundenheit, der geschichtlichen und kulturellen Zusammenhänge, der wirtschaftlichen Zweckmäßigkeit und des sozialen Gefüges durch Bundesgesetz neu gegliedert wird; die Neugliederung soll Länder schaffen, die nach Größe und Leistungsfähigkeit die ihnen obliegenden Aufgaben wirksam erfüllen können. In Gebietsteilen, die bei der Neubildung der Länder nach dem 8. Mai 1945 ohne Volksentscheid ihre Landeszugehörigkeit geändert haben, kann durch Volksentscheid innerhalb eines Jahres nach Inkrafttreten des Grundgesetzes durch Volksbegehren eine bestimmte Änderung gefordert werden. Die näheren Einzelheiten hierzu sind in dem Ges über Volksbegehren und Volksentscheid bei Neugliederung des Bundesgebietes nach Art 29

Abs 2 bis 6 GG vom 23. Dezember 1955 BGBl I 835 = SaBl 1956, 17 idF vom 26. Februar 1970 BGBl I 204 = SaBl 690 enthalten. Für Baden-Württemberg kommt das Ges über den Volksentscheid im Gebietsteil Baden des Landes Baden-Württemberg gem Art 29 Abs 3 GG vom 26. Februar 1970 BGBl I 201 = SaBl 689 in Betracht.

Es ist darauf hinzuweisen, daß im Land **Baden-Württemberg** das ehemalige Land Baden mit dem OLGBezirk Karlsruhe und das ehemalige Land Württemberg mit dem OLG Bezirk Stuttgart identisch ist. Diese praktische Gebieteeinteilung wird auch vom Gesetzgeber angewendet; dazu *§ 1 Bem 75a.*

Zu Hessen ist hinzuweisen auf die Neuauflage von *Brockhaus* Enzyklopädie Bd 8.
Seite 291 — **Gesetz über Maßnahmen auf dem Gebiete des Grundbuchwesens** (*E 21*) Abs 1 Zeile 2: 4 SaBl 1964, 135 (*richtig*).

Seite 238ff. — **Ergänzungsrecht** (*E 25ff.*)

Durch die zahlreichen Gesetzesänderungen der letzten Jahre wurde die GBO als formelles Gesetz wenig berührt. Die wichtigste Änderung beim formellen Recht ist die Änderung des § 29 GBO durch das BeurkG (*Anh 63*); dazu GT 1 § 29/*ErgVerz.* Für die **Beurkundungen** ist nunmehr das BeurkG vom 28. August 1969 BGBl I 1513 = SaBl 1810/27. Juni 1970 BGBl I 911 = SaBl 1491 (*Anh 63* mit *Erg Verz*) maßgebend; dazu § 1 Bem 74ff., § 29 Bem 1ff./*Erg Verz,* bez weiterer Einzelheiten *Riedel-Feil* BeurkG (Kommentar Deutscher Fachschriftenverlag Braun & Co oHG Wiesbaden-Dotzheim 1970), ferner DBR *Riedel* II F 12 BeurkG Erläuterung.

Die **Zuständigkeit des Rechtspflegers,** die bisher im Bereich der GBO teilweise sehr problematisch war, ist durch das Rechtspflegergesetz — RpflG 1969/1970 vom 5. November 1969 BGBl I 2065 = SaBl 1974/27. Juni 1970 BGBl I 911 = SaBl 1491 (*Anh 137* mit *ErgVerz*)vereinfacht worden, da nunmehr der RPfleger die GBSachen in voller Zuständigkeit hat, also Vollübertragung erfolgte. In BTDrS V/4341 S 2 wird darauf hingewiesen, daß Richtervorbehalte entbehrlich erscheinen, da in Fällen bei auftretenden rechtlichen Schwierigkeiten die Vorlagepflicht nach § 5 RpflG (*Anh 137*) genüge.

Da das GBRecht viele Gebiete berührt, die für das GB als Ergänzungsrecht in Betracht kommen, wie bürgerliches Recht, Handelsrecht, Vormundschaftsrecht, Zwangsversteigerungs- und Zwangsverwaltungssachen, Handels- und Registersachen usw (*E 25ff.*), haben die Änderungen des RpflG auch insoweit für das GBRecht Bedeutung. Es ist besonders darauf hinzuweisen, daß das Rechtsmittelverfahren der Erinnerung nach § 11 RpflG (*Anh 137*) neu geregelt wurde; dazu § 1 Bem 77, § 71 Bem 6/*ErgVerz.*

Die wichtigsten Hinweise zum RpflG sind in § 1 Bem 77ff./*ErgVerz* aufgeführt, im übrigen wird bei den einzelnen einschlägigen Stellen der Kommentierung die Zuständigkeit des RPflegers nach dem neuen RpflG erwähnt. Bez näherer Einzelheiten wird verwiesen auf *Eickmann-Riedel* RpflG-Kommentar, Sonderdruck aus *Eickmann-Haegele-Riedel* Kommentar zum RpflG und Handbuch für den Rechtspfleger/3. Aufl (Deutscher Fachschriftenverlag Braun & Co oHG Wiesbaden-Dotzheim 1970) sowie *Arnold/Meyer-Stolze* RpflG 1970-Kommentar (Gieseking Verlag Bielefeld).

Gesetzesänderungen größeren Umfangs enthalten insbes

das **Gesetz über die rechtliche Stellung der nichtehelichen Kinder** — NichtehelG — vom 19. August 1969 BGBl I 1243 = SaBl 1663, das Änderungen von BGB, EheG, HO, GVG, ZPO, KO, FGG, PStG und Kostenvorschriften enthält; dazu *Deisenhofer* Neues Recht für das nichteheliche Kind UJ 1970, 15, 66, 117, *Firsching* NichtehelG Rpfleger 1970, 8, 41, *Lange,* Das neue Nichtehelichenrecht NJW 1970, 297, *Odersky* Nichtehelichengesetz/Kommentar

(Giesenking Verlag Bielefeld), *Niclas* Die Durchsetzung des Unterhaltsanspruchs nach dem Nichtehelichenrecht ZBl 1970, 10, Vatersch8ftsanerkenntnis und Unterhaltsverpflichtung Minderjähriger aaO 43, *Richter* Grundzüge des Nichtehelichenrechts BWNotZ 1970, 1, *Rüdiger* Überblick über das neue Recht der nichtehelichen Kinder JuWo 1970, 45, *Schnitzerling* Das Recht des nichtehelichen Kindes ab 1. Juli 1970 (Luchterhand Verlag Neuwied), *Schramm* Die Auswirkungen des neuen Nichtehelichenrechts im Erbrecht BWNotZ 1970, 9, zur Reform *Jansen-Knöpfel* Das neue Unehelichengesetz (Gesetzesvorlage der Bundesregierung, amtliche Begründung, Erläuterungen)/Alfred Metzner Verlag Frankfurt aM/Berlin 1967.

In der BekBMJ BAnz 1970 Nr 111 = SaBl 1477 Neues Recht für nichteheliche Kinder wird ausgeführt:

Zum Inkrafttreten des neuen Nichtehelichenrechts am 1. Juli 1970 gab BMJ Gerhard Jahn folgende Erklärung ab:

„Am 1. Juli 1970 tritt das Gesetz über die rechtliche Stellung der nichtehelichen Kinder in Kraft. Damit wird endlich — nach über 20 Jahren — der Auftrag des Grundgesetzes erfüllt, den nichtehelichen Kindern die gleichen Bedingungen für ihre leibliche und seelische Entwicklung und ihre Stellung in der Gesellschaft zu verschaffen wie den ehelichen Kindern. Unsere Demokratie hat endlich Schluß gemacht mit dem Makel, der der unehelichen Geburt im Rechtsleben anhing.

Die wichtigsten Gedanken des neuen Rechts, von dem ab dem 1. Juli 1970 sehr viele Familien betroffen sein werden, lassen sich in Punkten zusammenfassen.

1. Die alte Bestimmung, nach der das nichteheliche Kind und sein Vater nicht als verwandt gelten, wird ersatzlos gestrichen.

2. Das nichteheliche Kind erhält den Namen den die Mutter zur Zeit der Geburt des Kindes führt.

3. Die Mutter bekommt die elterliche Gewalt. Wenn sie nichts anderes beantragt, erhält das Kind nur noch in 3 Fällen einen Pfleger: bei der Vaterschaftsfeststellung, bei der Regelung des Unterhalts und bei der Regelung des Erbrechts.

4. Der Vater kann die elterliche Gewalt im Wege der Ehelichkeitserklärung erhalten. Er kann auch die Möglichkeit bekommen, das Kind regelmäßig zu besuchen.

5. Das Unterhaltsrecht für nichteheliche und eheliche Kinder wird weitgehend angeglichen. Nach geltendem Recht hatte das nichteheliche Kind gegen seinen Vater im allgemeinen nur bis zur Vollendung des 18. Lebensjahres einen Anspruch auf Unterhalt. Diese Altersgrenze entfällt. Für die Unterhaltshöhe hat die Bundesregierung in einer Verordnung Regelsätze festgesetzt: für Kinder bis zur Vollendung des 6. Lebensjahres auf 108 DM, für Kinder vom 7. bis zum vollendeten 12. Lebensjahr auf 132 DM und für Kinder vom 13. bis zum vollendeten 18. Lebensjahr 156 DM monatlich. Diese Regelsätze werden alle 2 Jahre überprüft werden.

6. Auch im Erbrecht wird das nichteheliche Kind wirtschaftlich einem ehelichen gleichgestellt. Hinterläßt der Vater eine eheliche Familie, so erhält es einen Geldanspruch, den sog Erbersatzanspruch, der im Verhältnis zu den ehelichen Erben gleichwertig ist. Ein nichteheliches

Kind zwischen 21 und 27 Jahren kann von seinem Vater einen vorzeitigen Erbausgleich in Geld verlangen.

7. Das neue Recht gilt ab 1. Juli 1970 auch für die bereits lebenden nichtehelichen Kinder, allerdings mit einer Ausnahme; die Neuregelung für das Erbrecht kommt nur dann zum Zunge, wenn die nichtehelichen Kinder nach dem 30. Juni 1949 geboren sind.

Ich hoffe zuversichtlich, daß durch das neue Recht nun endlich die notwendige Klarheit in die Rechtsbeziehungen der nichtehelichen Kinder kommt, daß die neuen Bestimmungen die erhoffte Gleichberechtigung, die erforderliche Chancengleichheit schaffen, ohne die der Rechtsfrieden beeinträchtigt wäre."

Im übrigen bez der gesetzlichen Neuregelung § 18 Bem 111/*ErgVerz* sowie *Riedel* Jugendwohlfahrtsrecht 7. Aufl/Beck-Verlag 1971.

Durch das Ges zur Änderung des JWG vom 27. Juni 1970 BGBl I 920 = SaBl 1532 wurde das **JWG** an die neue Rechtslage angeglichen. Der Gewetzestext des JWG wurde in Neufassung vom 6. August 1970 bekanntgegeben, BGBl I 1197 = SaBl 1756; dazu *Riedel* Jugendwohlfahrtsrecht 7. Aufl/Beck-Verlag München 1971 mit Darstellung des neuen Rechts und *Riedel* JWG Kommentar 5. Aufl/Neuauflage in Vorbereitung Schweitzer Verlag. Zur Reform ist hinzuweisen auf BTDrS VI/674 und VI/864, wonach als wesentliche Gesichtspunkte hervorgehoben werden, daß an die Stelle der bisherigen Amtsvormundschaft des Jugendamts grundsätzlich die Amtspflegschaft des Jugendamts tritt und daß die gesetzliche Amtsvormundschaft auf die Fälle der Minderjährigkeit der nichtehelichen Mutter beschränkt wird. Dazu auch *Riedel* Das JWG 1970 Rpfleger 1971, 53 sowie 18 Bem 111/*Erg Verz*.

Gesetzesänderungen wurden weiter herbeigeführt durch

das bereits erwähnte **BeurkG** (*Anh 63*), das die Doppelzuständigkeit zwischen Gericht und Notar weitgehendst beseitigte und auch sonst die Zuständigkeit des Notars erweiterte. Es wurden daher zahlreiche Vorschriften geändert, insbes des Bundesrechts, wie AktG, BGB, FlBG, FGG, GmbHG, HGB, HO, KostO, ZPO, und des Landesrechts; dazu nähere Einzelheiten *Riedel-Feil* BeurkG § 55 Vorbem 2, ferner die Erläuterungen zu §§ 55 ff., *Haegele* BeurkG (Textausgabe — Walhalla u Praetoria Verlag Regensburg S. 207 ff.,

das Ges zur Änderung des **RpflG, des BeurkG und zur Umwandlung des Offenbarungseides in eine eidesstattliche Versicherung** vom 27. Juni 1970 BGBl I 911 = SaBl 1491 brachte die Umwandlung des Offenbarungseides und des Eides nach § 69 Abs 2 VerglO in eine eidesstattliche Versicherung, und zwar bez des verfahrensrechtlichen wie des materiellrechtlichen Offenbarungseides; dazu BTDrS VI/289 S 3, 4, 6, VI/874 S 1/2, 4, 8 ff., auch *Eickmann-Riedel* RpflG § 3 Bem 5a, § 20 Bem 13ca, cb, db, auch § 1 Bem 78/*ErgVerz*,

das Ges zur Durchführung der 1. Richtlinie des Rates der **EWG** zur Koordinierung des Gesellschaftsrechts vom 15. August 1969 BGBl I 1146 = SaBl 1956, wonach Änderungen von HGB, AktG, FGG, VersAufsG und KostO erfolgten, und

das Ges zur Ergänzung der handelsrechtlichen Vorschriften über die **Änderung der Unternehmensform** vom 15. August 1969 BGBl I 1171 = SaBl 1602, das Änderungen von AktG, VersAufsG und Ges über die Umwandlung von Kapitalgesellschaften und bergwerklichen Gewerkschaften vornahm.

Seite 239 ff. — **Formelles Ergänzungsrecht** (*E 26*)

Seite 239 ff. — **GBVfg** (*GT 4*) Weitere Änderungen:

VOBMJ zur Änderung der §§ 6, 13 und 53 GBVfg vom 2. November 1964 BAnz Nr 209 = SaBl 1584; dazu S 1012/1013 mit Hinweisen auf Bek in Landesrecht, auch für Bayern BekJM vom 10. November 1964 JMBl 147 (zu BayBSVJu Bd III Abschn D 1)

VOBMJ zur Änderung des § 6 GBVfg vom 10. Juni 1969 BAnz Nr 105 (Hinweis DNotZ 1969, 456); dazu Anh 44 Fußn 1 S 2864/2865, ferner für Baden-Württemberg AVJM vom 23. Juni 1959 Justiz 157, Bayern BekJM vom 16. Juni 1969 JMBl 143, Hessen Bek JMBl 1969, 1042, Niedersachsen BekJM vom 19. September 1969 NdsRpfl 224, Nordrhein-Westfalen S 1013, Rheinland-Pfalz BekJM vom 14. August 1969 JBl 133

Seite 241/242

GBOGeschO (*GT 15*) Weitere Änderungen, und zwar bundeseinheitlich von den Landesjustizministern zu § 21 Abs 2 (a Satz 5), § 27 Abs 1, § 29 Abs 1 und § 30 Abs 1 aaO:

Baden-Württemberg AVJM vom 20. Dezember 1965 Justiz 1966, 11 (Änderung des § 27), AVJM vom 8. Dezember 1966 Justiz 1967, 4 (Änderung des § 29), AVJM vom 1. Oktober 1967 Justiz 236 (Änderung des § 30)

Bayern BekJM vom 10. Dezember 1965 JMBl 1966, 3 (Änderung des § 27), BekJM vom 14. Dezember 1966 JMBl 1967, 2 (Änderung des § 29), BekJM vom 1. Oktober 1967 JMBl 125 (Änderung des § 30), BekJM vom 20. Dezember 1967 JMBl 1968, 7 (Stteichung des § 12 Abs 3 S 2, Neufassung des § 22), BekJM vom 24. April 1968 JMBl 55 (Änderung der §§ 10, 22) BekJM vom 29. Juli 1969 JMBl 156 (Änderung der §§ 21, 37, 38) zu BayBSVJu Bd III Abschn D 1

Hamburg AVLJV vom 30. Juni 1964 JVBl 45 (Änderung des § 10), AVJLV vom 14. Januar 1966 JVBl 11 (Änderung des § 27), AVLJV vom 1. Dezember 1966 JVBl 106 (Änderung des § 29), AVJB vom 1. Oktober 1967 JVBl 115 (Änderung des § 30), AVJB vom 25. August 1969 JVBl 75 (Änderung der §§ 21, 37)

Hessen RdErl vom 8. Dezember 1965 JMBl 1966, 9 (Änderung des § 27), RdErlJM vom 18. April 1967 JMBl 150 (Neufassung der GBOGeschO), RdErlJM vom 18. Oktober 1967 JMBl 514 (Änderung des § 30), RdErlJM vom 31. Juli 1970 (Änderung der §§ 10, 21, 37, Neufassung der §§.22, 38)

Niedersachsen AVJM vom 23. Dezember 1965 NdsRpfl 1966, 6 (Änderung des § 27), AVJM vom 25. November 1966 NdsRpfl 259 (Änderung des § 29), AVJM vom 1. November 1967 NdsRpfl 250 (Änderung des § 30), AVJM vom 3. November 1967 — abgedruckt in der AktO amtliche Ausgabe als AV 2, AVJM vom 9. Juli 1969 NdsRpfl 172 (Änderung der §§ 21, 37, 38)

Nordrhein-Westfalen AVJM vom 16. Dezember 1965 JMBlNRW 1966, 2 (Änderung des § 29), AVJM vom 11. November 1966 JMBlNRW 268 (Änderung des § 29), AVJM vom 30. Oktober 1967 JMBlNRW 253 (Änderung des § 30), AVJM vom 23. Januar 1968 JMBlNRW 38 (Streichung des § 12 Abs 3 S 2, Neufassung des § 22), AVJM vom 17. April 1969 JMBINRW 109 (Änderung der §§ 21, 37). AVJM vom 14. Oktober 1970 JMBlNRW 253 mit Anlage (Neufassung) — *GT* 15 a/*ErgVerz.*

Rheinland-Pfalz AVJM vom 7. Dezember 1965 JBl 243 (Änderung des § 27), AVJM vom 28. November 1966 JBl 277 (Änderung des § 29), AVJM vom 16. November 1967 JBl 196 (Änderung der §§ 3, 12, 22, 23, 30), 29. Dezember 1967 JBl 1968, 21 (Änderung des § 12), AVJM vom 19. Februar 1968 JBl 77 (Änderung des § 13), AVJM vom 23. Mai 1969 JBl 93 (Änderung der §§ 21, 37)

Saarland LVJM vom 23. Dezember 1965 JBl Saar 1966, 24 (Änderung des § 27), AVJM vom 4. Januar 1967 JBl Saar 19 (Änderung des § 29)

Schleswig-Holstein AVJM vom 28. Dezember 1965 SchlHA 1966, 34 (Änderung des § 27), AVJM vom 30. November 1966 SchlHA 1967, 14 (Änderung des § 29), AVJM vom 25. Oktober 1967 SchlHA 314/1968, 14 (Änderung des § 30), AVJM vom 15. Juli 1969 SchlHA 138 (Änderung der §§ 21, 37)

Seite 242

Ausfertigung der Hypotheken-, Grundschuld- und Rentenschuldbriefe AVRJM vom 20. Juli 1936 DJ 1103 (*GT 16, 17*)

Dazu neues Landesrecht *§ 56 Bem 19ff.* mit *ErgVerz*

Baden-Würtemberg	§ 56 Bem 20/*Erg Verz*
Bayern	§ 56 Bem 21/*ErgVerz*
Hessen	§ 56 Bem 21/1/*ErgVerz*
Niedersachsen	**§ 56 Bem 21/2/*ErgVerz***
Nordrhein-Westfalen	§ 56 Bem 21a/*ErgVerz*
Rheinland-Pfalz	§ 56 Bem 21b/*ErgVerz*
Schleswig-Holstein	§ 56 Bem 21c/*ErgVerz.*

Seite 242/243 — **Landesrecht**

Baden

LFGG (*GT 18*), Änderung durch das Ges vom 30. Juni 1970 bawüGBl 289, und zwar der §§ 25, 26; dazu GT 18/*ErgVerz*

GBAusführungsgesetz (*GT 19*); dazu zur Zuständigkeit der GBBeamten § 1 Bem 55, 76 m/*Erg Verz*

Württemberg

AGBGB (*GT 22*) Änderungen durch das BeurkG (*Anh 63*) und durch das Ges vom 30. Juni 1970 bawüGBl 289 = SaBl 1604; dazu zur Zuständigkeit des GB-Beamten GT 22 sowie § 1 Bem 56, 76 m/*ErgVerz*, auch GBl 1971, 96

Justizverwaltungsvorschriften Niedersachsen AVJM vom 3. März 1970 NdsRflp 52 Verzeichnis der nds JVVorschriften (Hinweis) / AVJM vom 5. Januar 1971 NdsRpfl 1971, 5 Fortschreibung des Verzeichnisses der nds JVVorschriften (mit Übersicht), Nordrhein-Westfalen AVJM vom 9. Januar 1969 JMBlNRW 25 / 2. Juli 1970 JMBlNRW 193 Bereinigung der JVVorschriften, Rheinland-Pfalz AVJM vom 30. Juni 1966 JBl 130 Bereinigung der JVVorschriften

Seite 245ff.

Kommentierung

§ 1 Grundbuchamt, Grundbuchbeamter

Seite 246ff.

Seite 246 — Übersicht

Z 5 Einrichtung und Führung der Grundbücher (*29*)

Seite 247 — **§ 1 Bem 1**

Allgemeines

Da das **RPflG** und das **BeurkG** wesentliche Neuerungen brachten, wird insoweit bez Zuständigkeit der RPflegers und Beurkundung auf E 25ff., § 1 Bem § 31ff./*Erg Verz* und das *Sachregister* (Beurkundungsgesetz, Rechtspfleger) verwiesen; es wird daher davon abgesehen im einzelnen hierauf zu verweisen.

Seite 248 — **§ 1 Bem 3**

Grundbuchamt als Behörde

Seite 248 — **§ 1 Bem 3a**

Es ist hierzu auf *§ 1 Bem 8ff.* und § 6 GBOGeschO (*GT 15, 15a/Erg Verz*) zu verweisen.

Seite 248 — **Landesrecht** **§ 1 Bem 3b**

Baden AVJM Baden-Württemberg vom 14. Oktober 1968 Justiz 300 Verpflichtung der Gemeinden in Baden zur Tragung der Sachausgaben der GBÄmter
hier Übertragung von Zuständigkeiten auf das OLG — Verwaltungsabteilung — Karlsruhe (gilt nur für OLG Karlsruhe)
Die Übertragung der Zuständigkeit bezieht sich auf die Entscheidungen, welche die von Gemeinden in Einzelfällen zu zahlenden Entschädigungen betreffen, wobei Fälle von grundsätzlicher oder allgemeiner Bedeutung und solche, bei denen eine Beteiligung des FM erforderlich ist, ausgenommen sind

Rheinland-Pfalz AVJM vom 12. Mai 1970 JBl 104 Bezeichnung von Behörden und Behördenleitern

Seite 250ff. — **§ 1 Bem 6,7**

Grundbuchbeamter

Seite 250 — **§ 1 Bem 6**

Für Bayern ist das AGGVG vom 17. November 1956 BayBS III 3 = SaBl 1216 durch Ges vom 25. Juli 1969 GVBl 182 = SaBl 1743 geändert worden.

Für den **Rechtspfleger** entfällt der frühere Richtervorbehalt, da nunmehr Vollübertragung besteht, § 3 Z 1 (h) RpflG; dazu E 25ff./*Erg Verz* sowie *Eickmann-Riedel* RpflG (E 25ff./*Erg Verz*) § 3 Bem 3, 11

Seite 251/252 — **§ 1 Bem 7c**

Die Frage, was Maßnahmen der **Dienstaufsicht** iSd § 26 DRiG bedeutet, ist strittig; es erfolgt weite Auslegung. Dazu *Niehuus* Die ministerielle Dienstaufsicht über Richter in SchlH, SchlHA 1970, 25.

Seite 252/253 **§ 1 Bem 8**

Verfahren im allgemeinen Es ist auf *§ 1 Bem 3a* mit *Erg Verz* zu verweisen.

Seite 254ff. — **§ 1 Bem 9**

Rechtshilfe

Neuhaus Zur internationalen Zuständigkeit in der freiwilligen Gerichtsbarkeit NJW 1967, 1167

BGH BGHZ 51, 193 = MDR 1969, 398 = Rpfleger 1969, 87 = LM § 25 DRiG Nr 1 (*Baldus*), § 26 DRiG Nr 6 Ls zur Auskunft über schwebende Verfahren

Seite 255ff. — **§ 1 Bem 9b**

ZRHO Weitere Ergänzungen; dazu *Piller-Hermann* Justizverwaltungsvorschriften ZRHO 3g:

6. Ergänzungslieferung; dazu Baden-Württemberg AVJM vom 9. Januar 1964 Justiz 23, Bayern BekJM vom 22. April 1964 JMBl 74, Hamburg AVLJV vom 9. Januar 1964 JVBl 2, Nordrhein-Westfalen AVJM vom 12. Februar 1964 JMBlNRW 66, Rhein-

land-Pfalz AVJM vom 24. Mörz 1964 JBl 74, Saarland LVJM vom 23. Januar 1964 JBl Saar 38, Schleswig-Holstein BekJM vom 13. Januar 1964 SchHA 40

7. Ergänzungslieferung; dazu Baden-Württemberg AVJM vom 8. Januar 1965 Justiz 48, Bayern BekJM vom 29. März 1965 JMBl 35, Hamburg AVLJV vom 17. Dezember 1964 JVBl 1965, 4, Nordrhein-Westfalen AVJM vom 8. Januar 1965 JMBlNRW 26, Rheinland-Pfalz AVJM vom 19. März 1965 JBl 75, Schleswig-Holstein BekJM vom 31. Dezember 1964 SchlHA 1965, 31

8. Ergänzungslieferung; dazu Baden-Württemberg AVJM vom 2. Mai 1966 Justiz 142, Hamburg AVLJV vom 14. April 1966 JVBl 18, Nordrhein-Westfalen AVJM vom 20. April 1966 JMBlNRW 109, Rheinland-Pfalz AVJM vom 7. Juli 1966 JBl 135, Schleswig-Holstein BekJM vom 19. April 1966 SchlHA 105

9. Ergänzungslieferung; dazu Baden-Württemberg AVJM vom 27. Februar 1967 Justiz 85, Bayern BekJM vom 14. Juni 1967 JMBl 70, Hamburg AVJB vom 22. Februar 1967 JVBl 21, Niedersachsen AVJM vom 23. Februar 1967 NdsRpfl 54, Rheinland-Pfalz AVJM vom 10. April 1967 JBl 54, Schleswig-Holstein BekJM vom 10. März 1967 SchlHA 104

10. Ergänzungslieferung; dazu Baden-Württemberg AVJM vom 18. März 1968 Justiz 118, Bayern BekJM vom 8. April 1968 JMBl 49, Hamburg AVJB vom 22. März 1968 JVBl 27, Niedersachsen AVJM vom 21. März 1968 NdsRpfl 75, Rheinland-Pfalz AVJM vom 17. Mai 1968 JBl 97, Schleswig-Holstein BekJM vom 21. März 1968 SchlHA 99

11. Ergänzungslieferung; dazu Baden-Württemberg AVJM vom 27. Februar 1969 Justiz 61, Bayern BekJM vom 18. März 1969 JMBl 88, Hamburg AVJB vom 24. Februar 1969 JVBl 27, Hessen Rechtshilfeordnung für Zivilsachen idF vom 1. Oktober 1968 RdErlJM vom 19. September 1969 JMBl 1113, Nordrhein-Westfalen AVJM vom 24. März 1969 JMBlNRW 87, Schleswig-Holstein BekJM vom 20. Februar 1969 SchlHA 56

12. Ergänzungslieferung Stand vom 1. Oktober 1969; dazu Baden-Württemberg AVJM vom 1. April 1970 Justiz 168, Bayern BekJM vom 28. April 1970 JMBl 46 (zu BayBSV Ju Bd II Abschn A 3), Hamburg AVJB vom 2. April 1970 JVBl 37, Hessen RdErlJM vom 2. April 1970 JMBl 379, Niedersachsen AVJM vom 2. April 1970 NdsRpfl 86, Rheinland-Pfalz AVJM vom 24. Juni 1970 JBl 134, Schleswig-Holstein BdkJM vom 7. April 1970 SchlHA 98

13. Ergänzungslieferung Stand vom 1. Januar 1971; dazu Bayern BekJM vom 22. Dezember 1970 (zu BayBSVJu Bd II Abschn A 3) JMBl 1971, 1, Hessen RdErlJM vom 15. Dezember 1970 JMBl 1031, Niedersachsen AVJM vom 17. November 1970 NdsRpfl 277, Nordrhein-Westfalen AVJM vom 26. November 1970 JMBlNRW 192, Rheinland-Pfalz AVJM vom 28. Dezember 1970 JBl 1971, 10; dazu auch *Nachtrag*

Seite 256 — Zeile 18 von unten: Ergänzung Seite 1013

Weiteres Landrecht

Baden-Württemberg AVJM vom 16. September 1968 Justiz 297 Tagebuch für Rechtshilfesachen (ZRHO)

BekJM vom 24. April 1970 Justiz 177 Deutschtunesischer Vertrag über Rechtsschutz und Rechtshilfe, die Anerkennung und Vollstreckung gerichtlicher Entscheidungen in Zivil- und Handelssachen sowie über die Handelsgerichtsbarkeit

Bayern BekJM vom 21. Dezember 1967 JMBl 1968, 1/22. Dezember 1970 JMBl 1971, 4 (zu BayBSVJu Bd II Abschn A 3) Ergänzungsvorschriften zur Rechtshilfeordnung für Zivilsachen (ErgZRHO)

BekJM über die Zuständigkeiten der Amtsgerichte Hamburg, Berlin-Schöneberg und Berlin-Tiergarten in Rechtshilfeangelegenheiten nach dem GVG und im internationalen Rechtsverkehr vom 28. April 1965 JMBl 48/31. August 1965 JMBl 97/6. Februar JMBl 30

BekJM über Vorrechte und Befreiungen exterritorialer und anderer Bevorrechtigter vom 3. November 1966 JMBl 126/22. März 1968 JMBl 38

Hessen RdErlJM vom 6. Mai 1965 JMBl 251/8. März 1968 JMBl 141 Rechtshilfeersuchen an Amtsgerichte in Berlin

RdErlJM vom 6. Juni 1968 JMBl 290 Rechtshilfeverkehr mit dem Ausland

RdErlJM vom 19. September 1969 JMBl 1113/5. November 1969 JMBl 1413 Rechtshilfeordnung für Zivilsachen (ZRHO) in der ab 1. Oktober 1969 gültigen Fassung

RdErlJM vom 23. Dezember 1970 JMBl 1971, 51 Rechtshilfeverkehr in Zivil- und Handelssachen mit Beligien, hier Verzicht auf die Erstattung von Dolmetscherkosten

Niedersachsen AVJM vom 10. Februar 1967 NdsRpfl 54 Registerführung der mit dem Rechtshilfeverkehr mit dem Ausland in Zivilsachen befaßten Prüfungsstellen (§ 9 ZRHO) unter Aufhebung der AVJM vom 22. Juni 1962 NdsRpfl 146

BekJM vom 14. April 1969 NdsRpfl 101 Beschaffung von Personenstandsurkunden und anderen Personalunterlagen aus der UdSSR (Hinweis und Veröffentlichung des RdSchreibens BMI GMBl 1969, 128 mit Fragebogen)

Rheinland-Pfalz AVJM vom 2. September 1964 JBl 199 und vom 26. April 1965 JBl 86 Amtlicher Verkehr in das Ausland und mit ausländischen Stellen im Inland

AVJM vom 26. April 1965 JBl 89 Rechtshilfeersuchen an Berliner Gerichte

Seite 257 — Gebührenzuschläge

Niedersachsen BekJM vom 29. Oktober 1962 NdsRpfl 275/ 14. April 1964 NdRpfl 102/19. Januar 1965 NdsRpfl 34/16. August 1965 NdsRpfl 194/26. Mai 1966 NdsRpfl. 112 Zuschläge zu den Gebühren der Auslandsvertretungen im Rechtshilfeverkehr

Nach § 29 RpflG 1969/1970, (*Anh 137*) ist der **Rechtspfleger** für die Ausführung ausländischer Zustellungsanträge zuständig; dazu *Eickmann-Riedel* RpflG (§ 1 Bem 6, 7/*ErgVerz*) § 29 Bem. 2ff.

Seite 269ff. — **§ 1 Bem 19**

Beweisaufnahme

Bei der Durchführung des Beweisverfahrens ist es von Bedeutung, in welchem Umfange die formale Beweisführung im Interesse der Rechtsgarantie des Verfahrens Platz zu greifen hat; dazu *Richter* Strengbeweis und Freibeweis im Verfahren der freiwilligen Gerichtsbarkeit Rpfleger 1969, 261.

In der Zeugenladung ist die Angabe des Gegenstandes der Vernehmung entbehrlich, wenn die Ladung die Bezeichnung der Angelegenheit enthält und der Zeuge nach seiner Kenntnis der Verhältnisse über den Vernehmungsgegenstand nicht im Zweifel sein kann, **OLG Hamm** OLGZ 1968, 344. Das Ges über die Entschädigung von Zeugen und Sachverständigen-GGebZS gilt idF vom 1. Oktober 1969 BGBl I 1757 = SaBl 1893.

Bei dem Sachverständigen kommt neben Ablehnung wegen Befangenheit nach § 408 ZPO Selbstablehnung bzw Gutachtensverweigerung nur in Betracht, wenn Gründe vorliegen, die einen Zeugen zur Zeugnisverweigerung berechtigen. § 48 ZPO gilt nur für Richter, dagegen nicht für den Sachverständigen, auch nicht entsprechend.

Im Gegensatz zu den im Zivilprozeß geltenden Grundsätzen hängt im FGGVerfahren die förmliche Vernehmung von Beteiligten in entsprechender Anwendung des § 448 ZPO nicht davon ab, daß bereits ein gewisser Anfangsbeweis erbracht ist dh eine gewisse Wahrscheinlichkeit für die Richtigkeit der Behauptungen besteht, **BayObLG** NJW 1970, 2300.

Seite 274/275 — **§ 1 Bem 21**

Fristen

Bei den gesetzlichen Feiertagen, insbes bei den sog staatlich anerkannten Feiertagen, gehen die Bestrebungen auf Einschränkung; über die nähere gesetzliche Regelung *Sommer* GesW unter „Feiertage".

Landesrechtliche Vorschriften aus neuerer Zeit: Bayern Gesetz über den Schutz der Sonn- und Feiertage (FTG) idF vom 14. August 1970 GVBl 422 = SaBl 2110, Rheinland-Pfalz Landesgesetz über den Schutz der Sonn- und Feiertage (LFG) idF vom 15. Juli 1970 GVBl 225 = SaBl 1862, Schleswig-Holstein Ges über Sonn- und Feiertage idF vom 30. Juni 1969 GVBl 112 = SaBl 1797; dazu auch *Nachtrag*

Seite 275/276 — **§ 1 Bem 22**

Änderung von Verfügungen

Berichtigung offenbarer Unrichtigkeiten nach § 319 ZPO ist bei einem Gerichtsbeschluß im Entscheidungssatz und in den Gründen zulässig; dazu **SchlHOLG** SchlHA 1968, 123 = DRspr IV (470) 119a—d.

Der Rechtspfleger ist zum Erlaß von Änderungen einer Verfügung zuständig, § 3 Z 1 (h), § 4 RpflG; dazu *Eickmann-Riedel* RpflG (E 25ff./*ErgVerz*) § 3 Bem 3, 11, § 4 Bem 2ff. Ein Richtervorbehalt engt die Verfügungsbefugnis des Rechtspflegers nicht mehr ein.

Ist eine Beschwerde im Verfahren der freiwilligen Gerichtsbarkeit zurückgewiesen worden und werden in einem neuen Verfahren die Gerichte mit derselben Sache befaßt, dann ist nicht nur das AG, sondern auch das Beschwerdegericht und das Gericht an die frühere Beschwerdeentscheidung gebunden; die Bindung entfällt nur, wenn sich seitdem die Sachlage geändert hat, **OLG Hamm** NJW 1970, 2118 = MDR 1970, 1020.

Seite 277ff. — **§ Bem 23**

Beschwerdeverfahren Dazu *Habscheid* Fehlerhafte Entscheidungen im Verfahren der freiwilligen Gerichtsbarkeit NJW 1966, 1787

Seite 278 — **§ 1 Bem 23b**

Die Rechtsmittel gegen Verfügungen und Entscheidungen des Rechtspflegers sind in § 11 RpflG (*Anh 137*) neu geregelt; dazu § 71 Vorbem. 6ff., Bem 5, 6/*ErgVerz.*

Seite 282ff. **§ 1 Bem 25**

Zwangsmittel

§ 33 Abs 2 Satz 5, 6 FGG (*Anh 58*) wurde durch Art 2 § 5 Z 1 Ges zur Änderung des RpflG ua vom 27. Juni 1970 BGBl I 911 = SaBl 1491 abgeändert, da der Offenbarungseid durch eidesstattliche Versicherung ersetzt wurde; dazu Anh 58/*ErgVerz* sowie *Eickmann-Riedel* RpflG (§ 1 Bem 22/*ErgVerz*) § 4 Bem 6.

Seite 285 — **§ 1 Bem 26**

Einsicht in Akten S 1013

Seite 285 — **§ 1 Bem 27**

Beurkundungen

Die Beurkundungsvorschriften des 10. Abschnitts des FGG, die §§ 167ff. aaO, wurden durch das BeurkG (*Anh 63*) aufgehoben; dazu *Anh 58* S 2938 Fußn 1, Seite 2943 Fußn 8 sowie E 25ff./*ErgVerz*, § 29 Bem 1ff./*ErgVerz*.

Seite 285 **§ 1 Bem 28**

Kosten

Zu den Kosten ist hinzuweisen auf

§ 13a FGG (*Anh 58*); dazu *§ 1 Bem 23c*, *§ 13 Vorbem 195*

§ 20a FGG (*Anh 58*); dazu *§ 1 Bem 23c*, *§ 13 Vorbem 212*

Das GGebZS (dazu auch Seite 1013) wurde 1969 neu gefaßt; dazu § 1 Bem 18/*ErgVerz*

Seite 285/286 **§ 1 Bem 29**

Einrichtung und Führung der Grundbücher — Unterbringung der Grundbuchämter/Landesrecht

Hessen RdErlJM vom 21. Oktober 1968 JMBl 458 Feuerschutz in Gebäuden und Anlagen der Justizverwaltung.

Niedersachsen AVJM vom 27. Januar 1964 NdsRpfl 27 Feuerschutz und Brandverhütung.

Rheinland-Pfalz AVJM vom 28. Dezember 1967 JBl 1968, 21 Unterbringung der GBÄmter

Seite 287ff. **§ 1 Bem 31ff.**

Sachliche Zuständigkeit

Es sind Änderungen erfolgt durch das BeurkG und RpflG; dazu E 25ff./*ErgVerz* sowie *Sachregister* (Beurkundungsgesetz, Rechtspfleger).

Seite 290ff. **§ 1 Bem 36ff.**

Seite 291 — **§ 1 Bem 37**

Grundbuchrichter richterlicher Beamter

Wer nach Bestehen der 1. juristischen Prüfung den Vorbereitungsdienst in kürzerer Dauer, als er nach § 2 Abs 3 GVG erforderlich war, im Gebiet der SBZ abgeleistet und darauf seine juristische Ausbildung mit der Abschlußprüfung beendet hat, die der Anordnung des JM der DDR vom 18. Dezember 1952 MinBl 226 entspricht, besitzt in der BRD nicht die Befähigung zum Richteramt, **BGH** NJW 1968, 1047

Seite 292 — **§ 1 Bem 39**

Entgegennahme des Eintragungsantrags

Zuständig ist der RPfleger, doch ist die Entgegennahme durch den Richter unschädlich; dazu *§ 13 Bem 26* mit § 13 Bem 25ff./ *ErgVerz*

Seite 292/293 — **§ 1 Bem 40**

Richtervorbehalt

Der Richtervorbehalt ist für GBSachen durch das RpflG 1969/1970 in Wegfall gekommen, § 3 Z 1 (h) RpflG; dazu E 26ff./*ErgVerz*, § 1 Bem 43ff./*ErgVerz* sowie *Eickmann-Riedel* RpflG (E 25ff./*ErgVerz*) § 3 Bem 3,11

Seite 293ff. — **§ 1 Bem 43ff.**

Die **Zuständigkeit des Rechtspflegers** in GBSachen richtet sich nach § 3 Z 1 (h) RpflG; dazu § 1 Bem 40/*ErgVerz*. In Urkundssachen nach dem BeurkG ist ebenfalls der Rechtspfleger zuständig, § 3 Z 1 (f) RpflG; dazu *Eickmann-Riedel* RpflG (E 25ff./*ErgVerz*) § 3 Bem 3, 9 sowie *Riedel-Feil* BeurkG (E 25ff./*ErgVerz*) § 1 Bem 9ff.

Die vorbereitende Tätigkeit kann dem RPfleger nach § 25 RpflG (*Anh 137*) durch die Landesjustizverwaltungen übertragen werden, soweit sie ihm nicht ohnedies zusteht, weil sie unter keinen Richtervorbehalt fällt, §§ 3, 4 RpflG (*Anh 137*); dazu *Eickmann-Riedel* aaO § 3 Bem 2b, § 20 Vorbem 1, § 25 Bem 2ff.

Im übrigen ist bez RPfleger im einzelnen auf *§ 1 Bem 77ff.* mit *ErgVerz* zu verweisen.

Seite 300/301 — **§ 1 Bem 54ff.**

Baden-Württemberg Für den Zuständigkeitsbereich von Vorschriften wird vielfach in gesetzlichen Vorschriften
anstatt Baden der OLGBezirk Karlsruhe und
anstatt Württemberg der OLGBezirk Stuttgart bezeichnet

Seite 300 — **§ 1 Bem 55**

GBBeamter in Baden S 1014

Über die Zuständigkeiten unter Berücksichtigung des BeurkG (*Anh 63*) § 61 Abs 4 aaO, *Riedel-Feil* BeurkG (E 25ff./*ErgVerz*) § 61 Bem 14 sowie ausführlich *Haegele* Merkbuch 8ff., 19, 149ff., auch § 20 Bem 47/*ErgVerz*

Der Ratschreiber ist zuständig für Unterschriftsbeglaubigungen, Beurkundungen, unter bestimmten Voraussetzungen in GBSachen, Nachlaß- und Vormundschaftssachen

Über die besondere Regelung im früheren Hohenzollern *Haegele* aaO 10ff.

Seite 300/301 — **§ 1 Bem 56**

GBBeamter in Württemberg § 1 Bem 55/*ErgVerz*

Seite 304 — **§ 1 Bem 57ff.**

Örtliche Zuständigkeit

Nunmehr ist das OLG Zweibrücken anstelle des OLG Neustadt zuständig; dazu *79 § Bem 2.*

Seite 310ff. — **§ 1 Bem 71**

Internationales Recht

Das Ges über den ehelichen Güterstand von Vertriebenen und Flüchtlingen vom 4. August 1969 BGBl I 1067 = SaBl 1372 bereinigt die unbillige Lösung der obersten Rspr; dazu *§ 79 Bem 4,* BTDrS V/3242 sowie *Bürgel* Die Neuregelung des ehelichen Güterstandes von Vertriebenen und Flüchtlingen NJW 1969, 1838, *Firsching* Zum

Entwurf eines Gesetzes über das auf den ehelichen Güterstand anzuwendende Recht FamRZ 1968, 631, *Haegele* Ges über den ehelichen Güterstand von Vertriebenen und Flüchtlingen Rpfleger 1969, 325, *Herz* Das Ges über den ehelichen Güterstand von Vertriebenen und Flüchtlingen DNotZ 1970, 134, *Neuhaus* Postmortaler Wechsel des Güterstandes?/Zeitschrift für ausländisches und internationales Privatrecht Bd 32, 542, *Oswald* Der eherechtliche Güterstand der Sowjetzonenflüchtlinge und der sudetendeutschen Vertriebenen JR 1967, 58, ferner Ges über den Güterstand von Vertriebenen und Flüchtlingen DNotZ 1969, 590, Güterstand von Vertriebenen und Flüchtlingen JP 18. Jahrgang 1969 Heft 163/164 S 7. Es ist bedauerlich, daß die oberste Rspr immer wieder formal und lebensfremd entscheidet und solche Mängel erst durch Gesetz ausgeglichen werden müssen, weil die untergeordneten Gerichte ihren praktischen Rechtsstandpunkt nicht durchsetzen können

Dazu Baden-Württemberg AVJM vom 29. August 1969 Justiz 233, Bayern BekJM vom 7. August 1969 JMBl 176 (zu BayBSVJu Bd V Abschn A), Hamburg AVJB vom 5. November 1969 JVBl 95, Hessen RdErl vom 13. August 1969 JMBl 1096, Nordrhein-Westfalen AVJM vom 14. August 1969 JMBlNRW 193, Rheinland-Pfalz AVJM vom 22. August 1969 JBl 136, Schleswig-Holstein AVJM vom 25. November 1969 SchlHA 1970, 14 Geschäftliche Behandlung der Erklärungen nach §§ 2 und 3 des Ges über den ehelichen Güterstand von Vertriebenen und Flüchtlingen.

Das Güterrechtsstatut gilt für alle zu dem Vermögen der Ehegatten gehörenden Gegenstände, Art 15 EGBGB; dazu **BGH** NJW 1969, 369 = MDR 1969, 126 = DNotZ 1969, 368 = Rpfleger 1969, 15 = LM Art 15 EGBGB Nr 3

Die Einbürgerung ausländischer Ehegatten deutscher Staatsangehöriger ergibt sich aus dem RuStAG, das neuerdings am 8. September 1969 geändert wurde, BGBl I 1581 = SaBl 1869; dazu *Bröll* Die Einbürgerung ausländischer Ehegatten deutscher Staatsangehöriger NJW 1969, 1520, *Kanein* Die Novelle zum Staatsangehörigkeitsrecht vom 8. September 1969 NJW 1970, 545, *Ruhle* Die Einbürgerung ausländischer Ehegatten deutscher Staatsangehörigkeit NJW 1970, 984

Seite 312ff. — **§ 1 Bem 72**

Interzonales Recht

Während früher der Ausdruck DDR vermieden wurde und von SBZ oder Mitteldeutschland gesprochen wurde, vermeidet man neuerdings mit Rücksicht auf die Bestrebungen, mit dem Osten in gute politische Beziehungen zu kommen, die Bezeichnung DDR nicht mehr

Seite 313 Kolumnentitel: **§ 1** (*berichtigt*)

Seite 315ff. — **§ 1 Anh I Bem 74ff.**

Notariat

Seite 316 — **§ 1 Bem 74**

Bundesnotarordnung (*Anh 61*) vom 24. Februar 1961 BGBl I 97 = SaBl 333/ 8. September 1961 BGBl I 1665 = SaBl 1701/Stand 31. Dezember 1962 BGBl III 303-1/28. August 1969 BGBl I 1513 = SaBl 1810 (Änderung der §§ 15, 16, 17, 21, 22, 25, 41, Neueinfügung des § 22a, Streichung der §§ 26 bis 37), dazu *Riedel-Feil* BeurkG (E 25ff./*ErgVerz*) § 57 Bem 14 zu § 57 Abs 17 BeurkG (*Anh 63*)
Dienstordnung für Notare (*Anh 62*) bundeseinheitliche Änderung in den Ländern (§§ 16, 25):

Baden-Württemberg AVJM 15. Dezember 1965 Justiz 1966, 9
Bayern BekJM vom 22. März 1961 JMBl 36 Neufassung — zu BayBSVJu Bd III Abt K/2. Dezember 1965 JMBl 149
Hessen RdErlJM vom 31. Oktober 1968 JMBl 533 Neuabdruck der DONot RdErlJM vom 31. Oktober 1968 JMBl 554 DONot in der am 1. Oktober 1968 geltenden Fassung
Niedersachsen AVJM vom 6. März 1961 NdsRpfl 42 — VorschrVerz 13—51/26. März 1963 NdsRpfl 76 — VorschrVerz 13/51 / 30. November 1965 NdsRpfl 265
Nordrhein-Westfalen AVJM vom 30. November 1965 JMBlNRW 277
Rheinland-Pfalz AVJM vom 1. Dezember 1965 JBl 233 AVJM vom 16. April 1970 JBl 87
Saarland LVJM vom 28. November 1965 JBl Saar 1966, 4
Schleswig-Holstein AVJM vom 31. Dezember 1965 SchlHA 1966, 9
Landesrechtliches Ergänzungsrecht dazu:
Niedersachsen AVJM vom 30. März 1961 NdsRpfl 70 — VorschrVerz 13—52/20. Juni 1968 NdsRpfl 148 AV über Angelegenheiten der Notare
Nordrhein-Westfalen AVJM vom 11. April 1961 JMBlNRW 97/24. Januar 1968 JMBlNRW 38 Angelegenheiten der Notare (AVNot)
Rheinland-Pfalz AVJM vom 16. April 1970 JBl 87
Saarland LVJM vom 6. März 1961 JBl Saar 55/26. November 1965 JBl Saar 1966, 4

Dienstordnung für Notare in bundeseinheitlicher **Neufassung** (Anh 62/*ErgVerz*) auf Grund eines Beschlusses der Landesjustizverwaltungen unter Außerkraftsetzung der bisherigen Fassung:

Baden-Württemberg AVJM vom 23. Juni 1970 Justiz 218
Bayern BekJM vom 9. Juli 1970 JMBl 67 Anlage 68 — zu BayBSVJu Bd III Abschn K
Berlin AV vom 21. Juli 1970 ABl 823
Bremen AV vom 10. Juli 1970 ABl 261
Hamburg AVJB vom 21. Juli 1970 JBl 71
Hessen RdErlJM vom 30. Juni 1970 JMBl 504
Niedersachsen AVJM vom 23. Juni 1970 NdsRpfl 151
Nordrhein-Westfalen AVJM vom 9. Juli 1970 JMBlNRW 177 Anlage
Rheinland-Pfalz AVJM vom 24. Juni 1970 JBl 115
Saarland AVJM vom 27. Juli 1970 GMBl 531
Schleswig-Holstein AVJM vom 27. Juli 1970 SchlHA 173
Landesrechtliches Ergänzungsrecht dazu Anh 62ff./*ErgVerz* sowie DNotZ 1970 579
Baden-Württemberg AVJM vom 23. Juni 1970 Justiz 218 — Anh 62a/*ErgVerz*
Bayern BekJM vom 9. Juli 1970 JMBl 67 unter Aufhebung der BekJM vom 22. März 1961 JMBl 65 sowie 21. Januar 1964 JMBl 37 und 27. November 1969 JMBl 216 zu BayBSVJu Bd III Abschn K — Anh 62b/*ErgVerz*
Berlin AV vom 21. Juli 1970 ABl 823
Bremen AV vom 10. Juli 1970 ABl 251
Hamburg AVJB vom 21. Juli 1970 JBl 71 — Anh 62c/*ErgVerz*
Hessen RdErlJM vom 30. Juni 1970 JMBl 504 Fußnoten zu §§ 2, 3, 23 und § 29 *Anh 62d/ErgVerz*
Niedersachsen AVJM vom 23. Juni 1970 NdsRpfl 151 unter Aufhebung der AVJM vom 6. März 1961 NdsRpfl 42/26. März 1963 NdsRpfl 76/30. November 1965 NdsRpfl 265 — Anh 62e/*ErgVerz*
Nordrhein-Westfalen AVJM vom 9. Juli 1970 JMBlNRW 177 unter Aufhebung fer AVJM vom 7. März 1961 und 30. November 1965 — Anh 62f/*ErgVerz*

Rheinland-Pfalz AVJM vom 24. Juni 1970 JBl 115 unter Aufhebung der AVJM vom 9. März 1961 JBl 37/1. Dezember 1965 JBl 233 — Anh 62g/*ErgVerz*
Saarland AVJM vom 27. Juli 1960 GMBl 531–Anh 62 i/*ErgVerz*
Schleswig-Holstein AVJM vom 27. Juli 1970 SchlHA 173–Anh 62 k/*ErgVerz*

Seite 316ff. **§ 1 Bem 74**

Sonstiges Landesrecht Ergänzungen

Baden-Württemberg; dazu auch *Nachtrag*

AVJM 6. Mai 1963 S 1014
BekJM vom 5. März 1964 Justiz 77 Aufteilung des Bezirksnotariats Leonberg in 2 Geschäftsteile
BekJM vom 5. März 1964 Justiz 77 Einrichtung des Bezirksnotariats Aldingen
BekJM vom 26. November 1964 Justiz 1965, 4 Einrichtung des Bezirksnotariats Großengstingen
BekJM vom 9. Juni 1965 Justiz 192 Einrichtung des Bezirksnotariats Bissingen an der Enz
BekJM vom 5. Oktober 1965 Justiz 314 Einrichtung des Bezirksnotariats Bernhausen
AVJM vom 25. Oktober 1965 Justiz 327 Beschäftigungsvergütung und Trennungsentschädigung der Beamten des gehobenen Dienstes bei den Bezirksnotariaten im OLGBezirk Stuttgart
BekJM vom 3. September 1965 Justiz 289 Umbenennung der Bezirksnotariate Calw I und II
BekJM vom 15. November 1965 Justiz 340 Änderung der Bezirksnotariate Ravensburg II und III
BekJM vom 14. April 1966 Justiz 114 Änderung der Notariatsbezirke Schwenningen II und Trossingen
AVJM vom 20. September 1966 Justiz 275 Gebührenanteile der Notare (gilt nur für OLGBezirk Karlsruhe)
BekJM vom 28. Oktober 1966 Justiz 320 Einrichtung eines weiteren Geschäftsteils beim Bezirksnotariat Sindelfingen
AVJM vom 9. November 1966 Justiz 322 Vereinfachung auf dem Gebiet des Kassen- und Rechnungswesens der Bezirksnotariate, hier Verzicht auf die Führung von Kontobüchern und des Schecküberwachungsbuches
BekJM vom 4. Januar 1967 Justiz 46 Aufteilung des Bezirksnotariats Wendlingen (Neckar) in 2 Geschäftsteile
AVJM vom 25. Januar 1967 Justiz 47 Kassenbestand der Zahlstellen bei den Bezirksnotariaten
BekJM vom 28. September 1967 Justiz 253 Einrichtung eines weiteren Geschäftsteils beim Bezirksnotariat Ellwangen (Jagst)
BekJM vom 16. Dezember 1968 Justiz 1969, 10 Änderung von Notariatsbezirken
BekJM vom 4. Februar 1969 Justiz 60 Änderung der Notariatsbezirke Herrlingen und Ulm IV
BekJM vom 26. März 1969 Justiz 113 Umbenennung des Bezirksnotariats Dusslingen
AVJM vom 23. Juni 1969 Justiz 157 Reisekostenrechtliche Abfindung der Bezirksnotare und sonstigen Bediensteten der Bezirksnotariate
VOJM über die Änderung der Notariatsbezirke Nordheim und Heilbronn II vom 19. Dezember 1969 GBl 1970, 14 = SaBl 490
BekJM vom 13. April 1970 Justiz 171 Änderung der Notariatsbezirke Heilbronn IV, Schwaigern und Bad Wimpfen

Mit Rücksicht auf das BeurkG (dazu *E 25ff.*) wurden für Baden §§ 25, 26 LFGG (*GT 18*) geändert; dazu GT 18/*ErgVerz.*

BekJM vom 1. September 1970 Verlegung des Sitzes des Bezirksnotariats Urach III nach Dettingen an der Ems Justiz 319

VOJM vom 3. Oktober 1970 GBl 494 = SaBl 1971, 9 Einrichtung des Bezirksnotariats Bonlanden

VOJM vom 7. Oktober 1970 GBl 495 = SaBl 1971, 9 Einrichtung eines Bezirksnotariats in Stuttgart-Stammheim

Bayern

BekJM vom 22. März 1961 JMBl 35/21. Januar 1964 JMBl 37 Bek über die DONot

BekJM vom 21. August 1969 JMBl 172 (zu BayBSVJu Bd III Abt K) Angelegenheiten der Notare unter Aufhebung der BekJM vom 31. Mai 1957 BayBSVJu Bd III S 310 und der BekJM vom 22. Juli 1960 JMBl 101 Besetzung freier Notarstellen sowie der AVRJM vom 3. September 1938 BayBSVJu Bd III S 306 Aufbewahrung von Siegeln und Stempeln der Notariatsverweser durch die Amtsgerichte (dazu DNotZ 1969, 649)

Hamburg

AVJB vom 20. März 1953 JVBl 2/14. Juli 1970 JHBl 71 Amtsschilder der Notare

AVLJV vom 18. April 1961 JVBl 48/3. Dezember 1964 JVBl 1965, 4 Angelegenheit der Notare

AVLJV vom 27. September 1963 (berichtigt) JVBl 54 Richtlinien für die Amtsausübung der Notare

AVLJV vom 30. Dezember 1964 JVBl 1965, 5, 17 Aufbewahrung und Vernichtung des Schriftgutes der Notare

Hessen

RdErl vom 27. April 1961 JMBl 57/13. Juli 1961 JMBl 93/21. Juli 1965 JMBl 340 Angelegenheiten der Notare

RdErl vom 14. Februar 1967 JMBl 78 Ehrung der Notare

Niedersachsen

AVJM vom 30. März 1961 NdsRpfl 70 (VorschrVerz 13, 62)/20. Juni 1968 NdsRpfl 148/ 22. Januar 1970 NdsRpfl 31 Angelegenheiten der Notare

AVJM vom 1. November 1967 NdsRpfl 246 (VorschrVerz 1430 Nr. 5)/31. Mai 1686 NdsRpfl 126 (VV 3831 Nr 1)/28. Juli 1970 NdsRpfl 172 Mitteilungspflichten der Notare in Angelegenheiten der vorsorgenden Rechtspflege

Nordrhein-Westfalen

AVJM vom 11. April 1961 JMBlNRW 97/5. Februar 1963 JMBlNRW 51/24. Januar 1968 JMBlNRW 38/21. April 1970 JMBlNRW 117/30. September 1970 JMBlNRW 243

Rheinland-Pfalz

LGesetz über die Errichtung der Notarversorgungskasse Koblenz vom 14. Juni 1962 GVBl 53

BekJM vom 25. Juli 1962 JBl 119/17. August 1970 JBl 178 Satzung der Notarversorgungskasse Koblenz

AVJM vom 8. Mai 1964 JBl 126 Übertragung von Aufgaben der Notarkammer Pfalz und die Notarkasse

BekJM vom 2. Februar 1970 JBl 24 Satzung der Notarkammer Koblenz

AVJM vom 16. April 1970 JBl 87 DONot — Anh 62h/*ErgVerz*

Saarland

LVJM vom 15. Dezember 1965 JBl Saar 1966, 4 Änderung der Dienst- und Vollzugsordnung (bundeseinheitlich)

Schleswig-Holstein

AVJM vom 10. Januar 1967 SchlHA 42/3. Juli 1970 SchlHA 156 Angelegenheiten der Notare — AVNot

AVJM vom 24. Mai 1967 SchlHA 147 Übergangsregelung

AVJM vom 10. August 1967 SchlHA 234 Geschäftliche Behandlung der gerichtlichen Verfahren vor dem SchlOLG nach der NotO

Satzung der Schleswig-Holsteinschen Notarkammer vom 8. Juli 1961 SchlHA 1961, 340/11. September 1965 SchlHA 274/5. November 1970 SchlHA 1971, 15

Durch das BeurkG (*Anh 63*) wurde auch überholtes Landesrecht aufgehoben, § 29 Bem 52/*ErgVerz*; dazu § 55 Z 12 (RhPf), § 60 Z 7 (Bay), Z 48 (RhPf) BeurkG. Nach § 55 Z 13 aaO wurden Art 7, 12 Abs 2 NotMG (*Anh 60*) aufgehoben und damit dem einschlägigen Landesrecht die Grundlage entzogen. Für Baden-Württemberg wurden in § 61 Abs 4 und § 64 BeurkG der frühere Rechtszustand im wesentlichen aufrecht erhalten; dazu *Riedel-Feil* BeurkG (E 25ff./*ErgVerz*) § 61 Bem 14, § 64 Bem 1,2.

Durch das BeurkG wurde das **Beurkundungswesen** zugunsten der Notariate auf eine neue Grundlage gestellt; dazu insbes E 25 ff., § 20 Bem 1 ff./*ErgVerz*. Eine umfassende Besprechung würde den Rahmen ergänzender Hinweise übersteigen. Daher wird auf die eingehende Kommentierung *Riedel-Feil* BeurkG (E 25 ff./*ErgVerz*) verwiesen, der auf diesen Kommentar zur GBO Bezug nimmt und so die Verbindung zum GBRecht aufzeigt, ferner auf DBR *Riedel* II F 12 BeurkG Erläuterung. Die Hauptgrundsätze des BeurkG sind bei § 29 Bem 1 ff./*ErgVerz* zusammengefaßt. Zur Reform BTDrS V/3282 Regierungsentwurf-Gesetzesbegründung, BTDrS V/4014 schriftlicher Bericht des Rechtsausschusses

Seite 330 ff. **§ 1 Bem 75**

Amt des Notars

LitHinweise *Kanzleiter* Die Neufassung der DONot DNotZ 1980, 581, *Kehrer-Bühler-Tröster* Notar und Grundbuch (1970 Kohlhammer Verlag), *Riedel-Feil* Beurkundungsgesetz (1970 Deutscher Fachschriftenverlag Braun & Co oHG Wiesbaden-Dotzheim), *Rohs* Die Geschäftsordnung der Notare (5. Aufl 1969 R v Decker's Verlag G Schenk Hamburg)

Seite 321 ff. — **§ 1 Bem 75b**

Amtsstellung des Notars

Bei der Frage der Bestellung eines Notars ist die Frage des Bedürfnisses nach dem Zeitpunkt der Entscheidung der LJVerwaltung zu entscheiden, **OLG Celle** NdsRpfl 1968, 225 = DNotZ 1969, 181 = DRspr IV (485) 75a. Ein Rechtsanwalt ist nicht schon deshalb von der Bestellung zum Anwaltsnotar ausgeschlossen, weil er zugleich Steuerberater ist, **BGH** BGHZ 53, 103 = NJW 1970, 425 = MDR 1970, 323 = DNotZ 1970, 252 = BB 1970, 232 = LM § 3 BNotO Nr 3 (*Börtzler*) = DRspr IV (485) 81a. Die Bestellung zum Notar darf einem Bewerber verweigert werden, der während der Herrschaft des Nationalsozialismus schuldhaft nicht nur geringfügig gegen die Grundsätze der Menschlichkeit und Rechtsstaatlichkeit verstoßen hat, **BGH** BGHZ 53, 95 = NJW 1970, 427, 427 = MDR 1970, 323= LM § 6 NotO Nr 2 (*Börtzler*), § 111 Nr 5 BNotO (*Börtzler*). Im Beschwerdeverfahren nach § 111 BNotO (*Anh 61*) haben die Beteiligten eine gewisse Dispositionsbefugnis und können das Beschwerdeverfahren derart beschränken, daß der BGH auf die Beschwerde nur über die rechtliche Bedeutung des vom OLG festgestellten und nicht mehr beanstandeten Sachverhalts zu entscheiden hat, **BGH** aaO. Zur Anrechnung einer für Frauen bis 1945 bestehenden Berufsbeschränkung bez einer Rechtsanwältin auf die Wartefrist für die Ernennung zur Natrin in Niedersachsen **BGH** DNotZ 1970, 314 = DRprs IV (485) 81b. Ablehnung der widerruflichen Erteilung der Genehmigung zum Eintritt eines Notars in den Aufsichtsrat einer Volksbank eGmbH mit der Auflage, jede Beurkundungstätigkeit für die Volksbank und für Rechtssuchende zugunsten der Volksbank zu unterlassen, kann rechtsfehlerhafte Ermessensentscheidung sein, da die etwaigen Bedenken ausgeräumt werden, wenn der Notar sich verpflichtet, keine Beurkundungen iSd §§ 20 bis 22 BNotO (*Anh 61*) zugunsten der Volksbank oder für Rechtssuchende zugunsten der Volksbank vorzunehmen, **BGH** DNotZ 1969, 312 = DRspr IV (485) 75b

Gemeinsame Berufsausübung durch Nur-Notare bedarf nach § 9 Abs BNotO (*Anh 61*), soweit Landesrecht es anordnet, der Genehmigung, auf deren Erteilung kein Rechtsanspruch besteht; dazu **BGH** BGHZ 64, 29 = NJW 1966, 925 = MDR 1966, 925 = BB 1966, 1000 = DNotZ 1966, 759 = JVBl 1966, 250 = LM § 9 BNotO Nr 1 (*Börtzler*). Beantragt ein Anwaltsnotar die Zulassung, so hat eine landesrechtliche Vorschrift die Voraussetzungen des § 4 Abs 2 BNotO (*Anh 61*) zu beachten; dazu **BGH** MDR 1964, 755 = LM § 4 BNotO Nr 4.

Seite 324/325 — **§ 1 Bem 75d**

Im **Disziplinarverfahren** kann gegen einen Anwaltsnotar ein Berufs- oder Vertretungsverbot nach § 54 Abs 3 BNotO (*Anh 61*) regelmäßig nur verhängt werden, wenn nach Einleitung des Disziplinarverfahrens wegen der ihm zur Last gelegten Verfehlungen seins Amts vorläufig enthoben ist, **BGH** NJW 1968, 682 = MDR 1968, 435 = DNotZ 1968, 501, **aA** (überholt) **OLG Celle** NdsRpfl 1968, 88 = NJW 1968, 164 = DNotZ 1967, 776.

Seite 325/326 **§ 1 Bem 75e**

Bei **Ausübung des Amtes** ist dem Notar jede Werbung für seine Person untersagt, **BGH** DNotZ 1966, 410. Andererseits ist es nicht seine Aufgabe, in Streitfällen gegenüber anderen Personen die bestrittenen oder zweifelhaften Interessen oder Rechte einer Partei wahrzunehmen, **BGH** aaO; er darf aber im Verfahren der freiwilligen Gerichtsbarkeit nicht als Verfahrensbevollmächtigter eines Beteiligten tätig werden, wenn andere Beteiligte mit gegensätzlichen Interessen privater Art im Verfahren auftreten, auch bei einem ZwVerstVerfahren nach §§ 180ff. ZVG, **BGH** BGHZ 51, 301 = NJW 1969, 929 = MDR 1969, 572 = DNotZ 1969, 503 = DB 1969, 656 = LM § 24 BNotO Nr 2 (*Börtzler*) = DRspr IV (485) 74a—e. Ein Notar, der im Wege der Abtretung Gläubiger einer durch ihn errichteten vollstreckbaren Urkunde geworden ist, darf sich nicht selbst die Vollstreckungsklausel erteilen; er ist nach § 3 BeurkG (*Anh 63*), § 16 BNotO (*Anh 61*) von der Amtsübung ausgeschlossen mit der Wirkung, daß eine trotzdem erteilte Vollstreckungsklausel zwar wirksam ist, aber nach §§ 797, 732 ZPO für unzulässig erklärt werden kann, **LG Dortmund** NJW 1967, 1570.

Seite 326/327 — **§ 1 Bem 75f**

Eine **Amtspflichtverletzung** nach § 19 BNotO (*Anh 61*) liegt vor, wenn ein Notar Bedenken gegen die Wirksamkeit von zu beurkundenden Erklärungen hat und er die Beteiligten nicht darauf hinweist, **BGH** LM § 19 BNotO Nr 1. Die Überprüfung wichtiger rechtlicher Fragen muß der Notar selbst vornehmen und darf sie nicht seinem

Personal überlassen; tut er dies, so haftet er für Fehler, etwa wenn er die Feststellung der Rechtsform bei Auftrag zur Beurkundung einer Grundschuldbestellung dem Bürovorsteher überträgt, **OLG Bremen** DNotZ 1965, 566 = DRspr IV (496) 37a. Eine Verletzung der Amtspflicht liegt auch vor bei Amtshandlungen außerhalb der Amtsgrenzen entgegen § 11 BNotO (*Anh 61*); dazu **BGH** MDR 1966, 523 = DNotZ 1966, 410 = LM § 11 BNotO Nr 1 Ls, [StS] § 11 BNotO Nr 1. Dasselbe gilt bei Nichtaufnahme einer eidesstattlichen Versicherung in einen Erbscheinsantrag, **OLG Frankfurt aM** MDR 1964, 844 = DNotZ 1965, 174 = DRspr IV (485) 41bc. Eine Amtspflicht (dazu *§ 11 Bem 39*) besteht bei einem Grundstückskaufvertrag bez der den Vertragsparteien bekannten GrstLasten nicht gegenüber am Vertrag nicht beteiligten Dritten, wie etwa einem Kreditinstitut, **BGH** MDR 1969, 383 = DNotZ 1969, 317 = WM 1969, 532 = VersR 1969, 374 = BB 1969, 294 = DB 1969, 658 = DRspr IV (485) 72ab. Die Frage, wem gegenüber eine Amtspflicht besteht, ist lebhaft umstritten; dazu eingehend *Reithmann* Wem gegenüber obliegen dem Notar Amtspflichten? DNotZ 1970, 5. Der Notar begeht eine Amtspflichtverletzung, wenn er die Einreichung einer von ihm beurkundeten Vormerkungsbewilligung dem Hausmakler überläßt; auf eine dahingehende Verkehrssitte kann er sich nicht berufen, **OLG Hamburg** MDR 1969, 842. Begrenzung der anderweitigen Ersatzmöglichkeit als Haftungsausschluß bei fahrlässiger Amtspflichtverletzung besteht insofern, als der Geschädigte als negative Anspruchsvoraussetzung nur solche Ersatzmöglichkeiten in Betracht ziehen muß, die sich aus dem Sachverhalt selbst ergeben, demselben Tatsachenkreis entsprungen sind, aus dem sich die Haftung des Notars ergibt, und begründete Aussicht auf baldige Verwirklichung bieten, **BGH** BB 1969, 736 = DB 1969, 788 = DRspr IV (485) 75c. Zur Frage der anderweiten Ersatzmöglichkeit, wenn die Haftung des Justiziars eines Unternehmens in Frage kommt, da dieser für verschuldeten Schaden dem Betrieb haftet, **BGH** NJW 1970, 34 = MDR 1970, 37.

Nach § 19 Abs 1 Satz 4 BNotO (*Anh 61*) besteht keine Staatshaftung für Amtspflichtverletzungen des Notars. Eine Ausnahme gilt für die beamteten Notare in Baden und die Bezirksnotare in Württemberg, für die nach §§ 114, 115 BNotO (*Anh 61*) diese Regelung nicht anzuwenden ist. Dazu *Seybold-Hornig* BNotO (4. Aufl) § 19 Bem 55, 56.

Seite 329 — **§ 1 Bem 76b**

Die **sachliche Zuständigkeit** des Notariats wurde durch das neue BeurkG (*Anh 63*) gestärkt, in dem die Beurkundung durch andere Behörden und Stellen wesentlich eingeschränkt wurde, insbes auch im Bereich der Landesgesetzgebung. Es wurden die §§ 21, 25, BNotO (*Anh 61*) geändert, §§ 26 bis 37 aaO aufgehoben, ferner wurde § 22a aaO neu eingefügt. Soweit Aufhebungen erfolgten, gelten die einschlägigen Vorschriften des BeurkG (*Anh 63*); denn das BeurkG faßt die Vorschriften, die für öffentliche Beurkundungen durch den Notar gelten, in einer bundesrechtlichen Kodifikation zusammen, wie die Regierungsbegründung BRDrS V/3282 S 26 sagt. Dazu zur Neuregelung BNotO *Anh 61* mit *ErgVerz* sowie *Riedel-Feil* BeurkG (E 25ff./*ErgVerz*) E 2ff., § 1 Bem 5ff.

Seite 330 — **§ 1 Bem 76d**

Vertretungsbescheinigungen können nach § 21 BNotOnF (*Anh 61*) nunmehr auch dann ausgestellt werden, wenn sie mit dem Beurkundungsvorgang nicht in Zusammenhang stehen. Insofern wurde der Aufgabenbereich erweitert. Dazu *Riedel-Feil* aaO § 1 Bem 7, § 57 Bem 14, auch *§ 32 Bem 40* mit *ErgVerz*.

Die Notare waren auch zuständig für die Ausstellung einer Bescheinigung, die nach der Übergangsvorschrift des Art 8 § 1 Ges zur Durchführung der 1. Richtlinie des

Rates der EWG zur Koordinierung des Gesellschaftsrechts vom 15. August 1969 BGBl I 1146 = SaBl 1596 von AG, KGaA und GmbH beim Handelsregister bez der Satzung bzw des Gesellschaftsvertrages bis 31. Dezember 1970 vorzulegen war. Dazu *Röll* Die Bescheinigung des Notars über den Wortlaut des Gesellschaftsvertrags einer GmbH DNotZ 1970, 337.

Seite 330/331 — **§ 1 Bem 76g**

Die **sonstige Betreuung und Vertretung Beteiligter** ist in § 24 BNotO (*Anh 61*) geregelt. Durch § 22a aaO wurde der Aufgabenbereich dahin erweitert, daß der Notar für die Verwendung im Ausland Bescheinigungen über das Bestehen oder den Sitz einer juristischen Person oder Handelsgesellschaft, die Firmenänderung, eine Verschmelzung oder sonstige rechtserhebliche Umstände ausstellen darf, wenn sich diese aus einem öffentlichen Register ergeben. Bei der Kreditsicherung durch GBEintragungen hat die Notarbestätigung große Bedeutung für die Praxis, wobei eine **Tatsachenbescheinigung nach § 20 Abs 1 S 2 BNotO (*Anh 61*) oder eine gutachtliche** Äußerung zur Beratung der Beteiligten nach § 24 Abs 1 S 1 aaO in Betracht kommt; dazu *Ertl* Kreditsicherung durch Notarbestätigung? DNotZ 1969, 650.

Seite 331ff. — **§ 1 Bem 76i, k, l**

Die **Prüfungs- und Belehrungspflicht des Notars** war bisher in §§ 26ff. BNotO geregelt. Diese Vorschriften wurden durch das BeurkG (*Anh 63*) aufgehoben, da dafür jetzt die einschlägigen gesetzlichen Bestimmungen des BeurkG (*Anh 63*) maßgebend sind, nämlich die §§ 17ff. aaO. Diese Neuregelung schließt sich an die bisherige der BNotO an, wie auch in der Gesetzesbegründung BTDrS V/3282 S 32/33 ausgeführt wird. § 17 Abs 1, 2 BeurkG (*Anh 63*) übernimmt die Grundsätze der §§ 26 und 31 BNotO, während Abs 3 aaO klarstellt — um die Haftung des Notars nicht zu sehr auszuweiten —, daß Belehrung über ausländisches Recht nicht erfolgen muß, daß vielmehr ein Hinweis auf die Anwendung oder mögliche Anwendung ausländischen Rechts genügt, weil es dann den Beteiligten selbst überlassen bleibt, die etwa notwendigen Beurkundigungen einzuziehen; denn bei ihnen verbleibt das Risiko.

§ 18 BeurkG (*Anh 63*) über die Genehmigungserfordernisse entspricht dem bisherigen § 30 BNotO; dazu auch § 31 DONot (Anh 62/*ErgVerz*). § 19 BeurkG (*Anh 63*) bez der Unbedenklichkeitsbescheinigung schließt sich an § 34 BNotO bisheriger Fassung an. § 20 BeurkG (*Anh 63*), der sich auf das gesetzliche Vorkaufsrecht bezieht, hat den bisherigen § 33 BNotO zum Vorbild. § 21 BeurkG (*Anh 63*) geht auf §§ 35, 36 BNotOaF zurück. Es ist also der Anschluß an die bisherige bewährte Praxis gewahrt und deshalb können auch die Auslegungen und Handhabungen der Rspr und Literatur auf die Auslegung der neuen Vorschriften herangezogen werden. Zum BeurkG wird bez Einzelheiten auf die Ausführungen bei *Riedel-Feil* BeurkG (E 25ff./*ErgVerz*) §§ 17ff. und die Vordruck-Muster verwiesen. Zur Mitwirkung des Notars bei der Bildung des rechtsgeschäftlichen Willens *Schollen* DNotZ 1969 Sonderdruck Notartag 51, auch *Flume* Die Vertragsfreiheit — Möglichkeiten und Grenzen — aus der Sicht der Kautelarjurisprudenz aaO 30.

In der Praxis kommt es häufig vor, daß An-, Zu- oder Ausbauten durch Dritte vorgenommen werden und daß hierzu Beurkundungen erfolgen; dazu *Oswald* Absetzung gemäß § 7b EStG bei An-, Zu- oder Ausbauten durch Dritte BWNotZ 1970, 84. **Lehnt der Notar** gegenüber dem Abtretenden **ab,** bei einer Herstellung einer Urkunde über die Abtretung einer Grundschuld mitzuwirken, so ist er in der Regel nicht gehalten, dem als Abtretungsempfänger Vorgesehenen, der mit ihm nicht in Verbindung getreten ist, hiervon Kenntnis zu geben, **BGH** DNotZ 1970, 444 = BWNotZ 1970, 88.

Seite 333/334 **§ 1 Bem 761**

Die **Belehrungspflicht** des Notars erstreckt sich in der Regel nicht auf die wirtschaftlichen Folgen des zu beurkundenden Geschäfts, **BGH** MDR 1965, 121 = DNotZ 1965, 115 = WM 1964, 1213 = BB 1964, 1322 = DB 1964, 1624; andererseits kann aber eine Aufklärungspflicht sich dann ergeben, wenn aus der rechtlichen Anlage des vom Notar beurkundeten Vertragswerks einer Partei eine wirtschaftliche Gefahr erwächst, wie etwa die Gefährlichkeit einer Vorauszahlung des vollen oder teilweisen Kaufpreises durch den GrstKäufer vor dem Eigentumsübergang oder Eintragung einer Auflassungsvormerkung, **BGH** BB 1967, 513 = DB 1967, 727 = WM 1967, 215 = VersR 1967, 187 = BWNotZ 1967, 83 Ls, *Reithmann* Belehrungspflicht, Beratung und Betreuung bei der Beurkundung von GrstKaufverträgen DNotZ 1969, 70. In notarielle Kaufurkunden wird regelmäßig aufgenommen, daß eine Vorleistung des Kaufpreises vor Eintragung einer Auflassungsvormerkung Vertrauenssache ist. Der Notar ist in der Regel nicht verpflichtet, einen Beteiligten über Bedenken aufzuklären, die gegen die Zuverlässigkeit des gewählten Vertragspartners bestehen können, etwa über eine Betrugsvorstrafe eines Architekten, **BGH** NJW 1967, 931 = MDR 1967, 207 = BB 1967, 59 = LM § 26 BNotO Nr 1. Bei Beurkundung eines Erbanteilskaufes muß der Notar auf das Vorkaufsrecht der Miterben hinweisen, **BGH** MDR 1968, 1002 = BB 1968, 1016 = WM 1968, 1042 = VersR 1968, 1059 = BWNotZ 1968, 265 Ls. Über die Aufklärungspflicht bei Auflassung **SchlHOLG** SchlHA 1968, 147 = JurBüro, 1966, 582, über Auflassungsvormerkung und lastenfreien GrstErwerb **BGH** DNotZ 1969, 496 = WM 1969, 534 = VersR 1969, 422 = DRspr IV (485) 74f, über gesamtschuldnerische Kostenhaftung **KG** DNotZ 1969, 245 = WM 1969, 134 = VersR 1969, 138 = DRspr IV (485) 72c. Dazu *Riedel-Feil* BeurkG (E 25ff./*ErgVerz*) § **17** Bem 6(e).

Von einem Notar wird verlangt, daß er, soweit es sich um Rechtsfragen handelt, sich über die einschlägige Literatur und Rspr informiert, damit er gegebenenfalls hiernach seine Belehrungen erteilt, insbes auf Zweifelsfragen hinwies; dazu **BGH** MDR 1970, 998, auch § 13 Vorbem 43ff./*ErgVerz*.

Seite 334ff. — **§ 1 Bem 76m**

Baden-Württemberg Im Landesteil Württemberg kann nach § 114 Abs 3 BNotO (*Anh 61*) eine Anstellung nur erfolgen, wenn der Bewerber die Prüfung für Bezirksnotare abgelegt hat und daneben die beamtenrechtlichen Voraussetzungen erfüllt, **BGH** DNotZ 1969, 510.

In Baden-Württemberg wurde das Landesrecht im Rahmen der § 61 Abs 4 und § 64 BeurkG (*Anh 63*) aufrechterhalten; dazu *Riedel-Feil* BeurkG (E 25ff./*ErgVerz*) § 61 Bem 14, § 64 Bem 1, 2.

Durch § 60 Z 68 BeurkG wurde das wüAGBGB (*GT 22*) geändert; dazu *Riedel-Feil* aaO § 60 Bem 2. Es wurden aufgehoben

Art 3 Abs 1 teilweise, Abs 2,
Art 30, 32 Abs 2 S 1, Abs 3, Art 37, 106 Abs 2,
Art 108 bis 111 teilweise,
Art 112 bis 114,
Art 116 Abs 1, 3,
Art 118 teilweise.

In § 61 Abs 4 S 1 BeurkG werden als gültig angeführt

für Baden § 6 AGGBO (*GT 19*),
für Württemberg Art 32 Abs 1, Art 33, 34 AGBGB (*GT 22*).

Mit Rücksicht auf das neue Nichtehelichenrecht wurden durch Ges vom 30. Juni 1970 GBl 289 = SaBl 1604 im wüAGBGB (*GT 22*) weiter folgende Vorschriften geändert:

Art 2 neu gefaßt,
Art 68, geändert,
Art 91, neu gefaßt.

Dazu auch GR 19 und 22/*ErgVerz.*

Seite 339 ff. — **§ 1 Anh II Bem 77 ff.**

Rechtspfleger

Seite 339 ff. — Stelle 1 (77)

Das neue **RpflG 1969/1970** (dazu E 25 ff./*ErgVerz*) bedeutet einen erheblichen Fortschritt, da es die Befugnisse des Rechtspflegers gegenüber früher, insbes gegenüber dem RpflG 1957 (*Anh 138*) erheblich erweitert, zumal die Novelle 1970 — Ges vom 27. Juni 1970 BGBl I 911 = SaBl 1491 — noch ausgleichend berücksichtigt, worüber der frühere Bundestag sich nicht schlüssig wurde und daher eine Änderung zugunsten der Rechtspfleger unterließ. Es werden im folgenden wie wichtigsten Grundsätze aufgezeigt, im übrigen wird verwiesen auf *Eickmann-Riedel* RpflG Kommentar (E 25 ff./*ErgVerz*) sowie *Arnold/Meyer-Stolte* RpflG 1970.

Das **RpflG 1957** (*Anh 138*) wurde durch § 38 Abs 1 Z 1 RpflG 1969/1970 (*Anh 137*) aufgehoben, und zwar in der zuletzt geltenden Fassung (insofern ist der Gesetzestext über die Aufhebung bei der Zitierung ungenau):

RpflG 1957 vom 8. Februar 1957 BGBl I 18, 44 = SaBl 249, 317 mit Änderungen vom

18. Juni 1957 BGBl I 603 = SaBl 721 — §§ 12, 18a
26. Juli 1957 BGBl I 861 = SaBl 1277 — § 10
26. Februar 1959 BGBl I 57, 233 = SaBl 265, 455 — §§ 3, 18a
11. August 1961 BGBl I 1221 = SaBl 1416 — §§ 12, 19a
Stand vom 31. Dezember 1962 BGBl III 302—2
6. September 1965 BGBl I 1185 = SaBl 1395 — § 15
15. August 1969 BGBl I 1143 = SaBl 1593 — § 12
15. August 1969 BGBl I 1146 = SaBl 1596 — § 15
28. August 1969 BGBl I 1513 = SaBl 1811 — §§ 3, 23, 33

LitHinweise *Brüggemann* Bemerkungen zur Eigenständigkeit des RPflegerAmtes JR 1965, 81, *Habscheid* RPfleger und freiwillige Gerichtsbarkeit Rpfleger 1967, 317, Der RPfleger in der Gerichtsorganisation Rpfleger 1968, 237, *Hülle* RPfleger und gesetzlicher Richter JVBl 1967, 193, *Kohleiß* Die Auswahl des RPflegerNachwuchses in Baden-Württemberg Justiz 1965, 35, *Weber* 10 Jahre RpflG Rpfleger 1967, 251

Zur Reform

BTDrS V/3134 Regierungsentwurf — Gesetzesbegründung, V/3441 schriftlicher Bericht des Rechtsausschusses, V/4583 Einberufung des Vermittlungsausschusses, BTDrS VI/289 Gesetzesbegründung zur Novelle 1970 BTDrS VI/874 schriftlicher Bericht des Rechtsausschusses des Bundestags,

Dinslage Zur Reform des Rechtspflegerrechts NJW 1966, 1954, *Kern* Zur Stellung des RPflegers bei der großen Justizreform Rpfleger 1962, 197, *Lappe* Die Ausgestaltung des RPflegerAmtes JVBl 1963, 150

Zur Neufassung 1969/1970

RPflG vom BT verabschiedet RpflBl 1969, 53, *Reischl* Das neue RPflG und seine Probleme aaO 29,

Briegleb Der RPfleger in Vormundschaftssachen Minderjähriger ZBl 1970, 89, *Engler* Das Berufsbild der RPflegers RpflBl 1970, 57, *Habscheid* Das neue RpflG — eine Zwischenbilanz RpflBl 1970, 5, Zur Stellung des RPflegers nach dem neuen RpflG NJW 1970, 1775 (dazu RpflBl 1970, 113), *Hoffmann* Unklarheiten beim Richtervorbehalt im neuen RpflG Rpfleger 1970, 273, *Marquardt* Das RpflG 1969 Rpfleger 1970, 8, *Meyer-Stolte* Der RPfleger in Familienrechtssachen Rpfleger 1970, 302, *Müller* Zur Prüfungspflicht des Handeslregisterrichters und -rechtspflegers Rpfleger 1970, 375, *Neuberger* Justizreform und RPfleger (von der kleinen zur großen Justizreform) RpflBl 1970, 52, *Niederee* Das RpflG 1969 DRpflZ 1970, 33, *Pohlmann* Änderungen der StVollstrO aus Anlaß das 1. StrRG, des neuen RpflG und des Ges zur allgemeinen Einführung eines 2. Rechtszuges in Staatsschutzstrafsachen Rpfleger 1970, 265, *Stöcker* Änderung des RpflG JP Heft 165 Nov/Dez 1969 S 9, *Unger* Zwischenbilanz (RPfleger und RPflegerbund nach dem 1. Juli 1970) RpflBl 1970, 81, *Weber* Das neue RpflBl und seine Novelle RpflBl 1970, 51, *Weiß* Sofortige Neuregelung der Besoldung für den Rpfleger dringend geboten RpflBl 1970, 82, *Zimmermann* Das neue RpflG NJW 1970, 1357; dazu auch *Nachtrag*

Kommentare
Eickmann-Riedel RpflG und *Arnold/Meyer-Stolte* RpflG (E. 25ff./*ErgVerz*).

Österreich

Klecatsky Die Rechtsstellung des RPflegers in Österreich Rpfleger 1967, 249.

Das **RpflG 1969/1970** bedeutet einen Markstein in der Entwicklung des RPfleger-Berufes und seines Aufgabenkreises und damit auch eine Entlastung des Richters. Das Ziel, das angestrebt wird, ist noch nicht erreicht; die Reform geht daher weiter. Insbes wurde abweichend von den Planungen in einigen Punkten der neue Aufgabenbereich einengend geregelt und es wird einer weiteren Reform vorbehalten bleiben, die noch bestehenden Einengungen des Aufgabenkreises fallen zu lassen.

Zur Konzeption des neuen RpflG wird in der Gesetzesbegründung ausgeführt; dazu BTDrS V/3134 S 13:

„Eine grundsätzliche Überprüfung des gesamten Rechtspflegerrechts konnte ... erst eingeleitet werden, nachdem feststand, daß das RpflG **1957** sich über längere Zeit bewährt hatte und insbes die personellen und ausbildungsmäßigen Vorbedingungen für eine Erweiterung der Aufgaben des Rechtspflegers gegeben waren. Diese Voraussetzungen sind nunmehr erfüllt.

Der Entwurf strebt in erster Linie an, den Kreis der auf den Rechtspfleger übertragenen Geschäfte zu vergrößern. Von einer grundlegenden Änderung der Stellung des Rechtspflegers sieht er ab. Diese Frage muß den weiteren Erörterungen über eine umfassende Reform der Zivilgerichtsbarkeit überlassen bleiben. Der Rechtspfleger bleibt damit Beamter des Justizdienstes. Er entscheidet bei den ihm zugewiesenen Aufgaben selbständig dh in sachlicher Unabhängigkeit. Eine persönliche Unabhängigkeit besitzt er nicht. Der Rechtspfleger ist somit nicht Richter iSd GG.

Darnach sind bei der Übertragung von Geschäften auf den Rechtspfleger auch weiterhin die Grenzen des Art 92 GG, nach dem die rechtsprechende Gewalt dem Richter anvertraut ist, zu wahren. Das RpflG 1957 hatte von der Übertragung aber auch solche Geschäfte ausgenommen, die einen schwerwiegenden Eingriff in die Interessen eines Beteiligten enthalten oder über den Rahmen eines mehr technisch-formalen Geschäftes hinausgehen. Diese beiden Ausnahmen können nach den Erfahrungen mit der RpflG 1957 aufgegeben oder jedenfalls stark eingeschränkt werden.

Wenn auch die generelle Einordnung des Rechtspflegers im Grundsatz unverändert bleiben soll, so sieht der Entwurf doch einzelne, nicht unwesentliche Änderungen in den allgemeinen Bestimmungen über die Stellung dieses Organs der Gerichtsverfassung vor. Insbes wird die Ausbildung des Rechtspflegers dadurch verbessert, daß die Dauer des fachwissenschaftlichen Lehrgangs von bisher mindestens 9 Monaten auf mindestens 1 Jahr verlängert und die Vorbildung des RechtspflegerAnwärters bundesrechtlich näher geregelt wird. Von einer Verlängerung der Zeit des gesamten Vorbereitungsdienstes sieht der Entwurf dagegen ab.

Ferner soll an die Stelle des bisherigen Rechtsbehelfsverfahrens, das im Wege der Erinnerung grundsätzlich nur zur Entscheidung des dem Rechtspfleger übergeordneten Richters desselben Gerichts führte, die sog. Durchgriffserinnerung treten. Will der Richter der Erinnerung nicht abhelfen, so hat er sie von sich aus dem Rechtsmittelgericht vorzulegen, ohne daß es noch . . . eines besonderen Antrages der Partei oder des Beteiligten bedarf."

Die Abweichungen des neuen Rechts gegenüber dem bisherigen sind aus dem Abdruck des RpflG 1957 und des RpflG 1969/1970 ersichtlich; dazu *Anh 137/138* mit *ErgVerz*. Außerdem sind bei dem RpflG 1969 in Klammern die entsprechenden Bestimmungen des RpflG 1957 zu ersehen. Soweit daher in diesem Kommentar nicht ausdrücklich im *ErgVerz* die entsprechenden neuen Vorschriften aufgeführt werden, kann hiernach jederzeit leicht festgestellt werden, welches die entsprechende neue Vorschrift ist.

Das RpflG 1969/1970 steht in Zusammenhang mit dem **BeurkG** (*Anh 63*); dazu § 1 Bem 74ff./*ErgVerz*. Mit der Konzentrierung der Beurkundungstätigkeit auf das Notariat wurde auch die gerichtliche Beurkundung eingeschränkt, und damit auch die Beurkundung durch den RPfleger.

Landesrecht; dazu *Piller-Hermann* Justizverwaltungsvorschriften RPflV 3 — Rechtspflegervorschriften

Baden-Württemberg VOJM über die Ausbildung und Prüfung der RPfleger (RpflAO) vom 1. August 1968 GBl 331 = SaBl 1282

AVJM vom 22. August 1969 Justiz 269 Ausbildung der RPfleger zur Durchführung der §§ 4, 7 Abs 1, (§ 9, 10 RpflAO unter Aufhebung der AVJM vom 31. Juli 1956 Justiz 224/23. Juli 1960 Justiz 176 und AVJM vom 30. Juli 1957 Justiz 346

Bayern Ausbildungs- und Prüfungsordnung für RPfleger (RPflAO) vom 30. Dezember 1965 GVBl 1966, 2 = SaBl 1966, 559/17. Februar 1969 GVBl 62 = SaBl 499

BekJM vom 5. Dezember 1968 JMBl 1969, 1/29. Oktober 1969 JMBl 198 Vollzug des RpflG (zu BayBSVJu Bd I Abschn A 1)

Niedersachsen AVJM vom 30. Juni 1969 NdsRpfl 148 Ausbildungsordnung für die Rpfleger (RpflAO)

Nordrhein-Westfalen AVJM vom 27. Januar 1953 JMBlNRW 299/9. August 1968 JMBlNRW 194/7. Mai 1968 JMBl NRW 121 Übertragung von Geschäften des gehobenen Justizdienstes auf den mittleren Justizdienst

AVJM vom 21. Dezember 1970 JMBlNRW 1971, 19 Anordnung über die Mitwirkung des Rechtspflegers in Konkurs- und Vergleichsverfahren

Rheinland-Pfalz AVJM vom 16. Dezember 1964 JBl 1965, 1 Vollzug der LVO über die Ausbildung der RPfleger (RpflAO)

LVO vom 30. Januar 1967 GVBl 50 = SaBl 559/4. Dezember 1968 GVBl 257 über die Ausbildung und Prüfung für die Laufbahn des gehobenen Justizdienstes (RPflegerausbildungsordnung/RpflAO)

AVJM vom 7. Januar 1970 JBl 12 Rechtspflegerzulage

AVJM vom 19. Juni 1970 JBl 132 Aufgabenbereich der Amtsinspektoren und Justizhauptsekretäre

AVJM vom 20. Juli 1970 JBl 153 Kennzeichnung der Richter- und Rechtspflegergeschäfte in einigen Aktenregistern (nicht in der Sammlung JVVRPf) unter Aufhebung der RVJM vom 2. Juli 1957 JBl 81

AVJM vom 1. September 1970 JBl 105 unter Aufhebung der AVJM vom 25. Juni 1957 Nr 16 JVBl 17/5. November 1957 Nr 27 JVBl 30/3. April 1958 Nr 11 JVBl 7 Vollzug des RpflG

Saarland LVJM vom 3. April 1964 JBl Saar 1964, 74/17. Dezember 1965 JBl Saar 1966, 24 RPfleger-Zulage.

VO vom 22. Mai 1964 ABl Saar 559/19. März 1969 ABl Saar 194 = SaBl620 über die Ausbildung und Prüfung der Beamten des gehobenen Justizdienstes (RPflegerausbildungsordnung/RpflAO)

AVJM vom 12. August 1970 GMBl 431 Stellenzulage für Beamte des Strafvollzugsaufsichts- und Werkdienstes und für RPfleger

Seite 342ff. — **§ 1 Bem 78**

Zum **Amt des Rechtspflegers** entspricht § 9 RpflG 1969/1970 (*Anh 137*) dem § 8 RpflG 1957 (*Anh 138*). Der RPfleger hat sachliche Unabhängigkeit, er übt richterliche Aufgaben aus, soweit es sich nicht um Rechtspflegeaufgaben handelt; dazu *Eickmann-Riedel* RpflG (E 25ff./*ErgVerz*) Einl E 1ff., auch zu der Frage der Vereinbarkeit der neuen Regelung in dem GG. Zur Frage der Ausschließung und Ablehnung des RPflegers ist durch die Neufassung des RpflG keine Änderung eingetreten; dazu § 10 RpflG 1969/1970 (*Anh 137*) und § 9 RpflG 1957 (*Anh 138*). Das Verhältnis des RPflegers zum UrkBdGeschSt ist durch die Reform weiter klargestellt worden; dazu § 26 RpflG 1969/1970 (*Anh 137*) und § 25 RpflG 1957 (*Anh 138*). Wie bisher können einem RPfleger auch andere Dienstaufgaben übertragen werden; dazu § 27 RpflG 1969/1970 (*Anh 137*) und § 26 RpflG 1957 (*Anh 138*). Der RPfleger gebraucht im Dienstverkehr nach Maßgabe des § 12 RpflG 1969/1970 (*Anh 137*) die Bezeichnung Rechtspfleger; dazu zum bisherigen Recht § 11 RpflG 1957 (*Anh 138*). Über weitere Einzelheiten zu den angeführten Vorschriften bei *Eickmann-Riedel* RpflG (E 25ff./*ErgVerz*) die Erläuterungen hierzu.

Baden-Württemberg hat auch nach dem neuen Recht eine Sonderstellung, § 33 Abs 2, §§ 35, 36 RpflG (*Anh 137*) im Anschluß an die bisherige Regelung in §§ 33, 34 RpflG 1957 (*Anh 138*).

Die **übertragenen Aufgaben** im neu festgesetzten Umfang ergeben sich aus § 3 mit §§ 14ff. RpflG (*Anh 137*). Die sog Fakultativübertragung ist auf das Konkurs- und Vergleichsverfahren beschränkt, §§ 18, 19 RpflG (*Anh 137*); gegen die Art dieser Neuregelung (dazu § 13 Vorbem 133ff., 136/*ErgVerz*) bestehen verfassungsmäßige Bedenken, *Eickmann-Riedel* RpflG (E 25ff./*ErgVerz*) § 1 Bem 5, § 18 Bem 4, § 19 Bem 5. Bei einer zukünftigen Gesetzgebung bedarf es bei Aufgaben des RPflegers einer besonderen Regelung nur, wenn Einzelaufgaben übertragen werden, nicht aber wenn es sich um Aufgaben handelt, die im Bereich der Vollübertragung oder der Vorbehaltsübertragung liegen, da hier die Einordnung ohne weiteres möglich ist; dazu *Eickmann-Riedel* RpflG aaO § 3 Bem 1c. Das Landesrecht kann eine vorbereitende Tätigkeit dem RPfleger übertragen, § 25 RpflG 1969/1970 (*Anh 137*); zum früheren Recht § 24 RpflG 1957 (*Anh 138*).

Der **Umfang** der übertragenen Aufgaben ergibt sich aus § 4 RpflG 1969/1970 (*Anh 137*), der § 4 RpflG 1957 (*Anh 138*) zum Vorbild hat. Bei einer übertragenen Aufgabe umfaßt diese alle dazugehörigen Maßnahmen ohne besondere Übertragung. Der RPfleger darf aber die in § 4 Abs 2 RpflG 1969/1970 (*Anh 137*) aufgeführten Geschäfte nicht selbst ausführen, sondern hat sie nach Abs 3 aaO dem Richter vorzulegen; dazu *Eickmann-Riedel* aaO § 4 Bem 2ff. Hiernach ist insbes auch die Beeidigung ausgeschlossen. Ein gewisser Ausgleich wurde dadurch geschaffen, daß in weitem Umfange an die Stelle von Eiden die eidesstattliche Versicherung getreten ist; dazu *Eickmann-Riedel* aaO § 3 Bem 5a, § 20 Bem 13ca, cb, db, auch E 25ff./*ErgVerz*. Wenn über die Änderung von Entscheidungen des UrkBdGeschSt zu entscheiden ist, so obliegt dies dem Richter nicht dem RPfleger. Ist ein Beamter des gehobenen Dienstes nach dem Geschäftsverteilungsplan nicht mit Rechtspflegeraufgaben iSd §§ 2ff. RpflG (*Anh 137*) betraut, so übt er keine Tätigkeit als RPfleger aus; dazu **OLG Frankfurt aM** JVBl 1968, 122 = NJW 1968, 1289 = DRspr IV (485) 67a. Ist eine dem RPfleger übertragene Aufgabe Gegenstand des Verfahrens, so setzt die Entscheidung des Abgabestreits nicht voraus, daß über die Ablehnungsverfügung des RPflegers ein Erinnerungsverfahren stattgefunden hat, **BayObLG** Rpfleger 1970, 428. §§ 11, 21 RpflG gelten nicht für die Festsetzung von Armenrechtsgebühren durch den UrkBdGeschSt nach § 128 BRAGebO, **OLG Hamm** Rpfleger 1970, 431.

Die Vorlage von Akten an den Richter seitens des RPflegers ist in § 5 RpflG geregelt; dazu § 5 RpflGnF bzw aF (*Anh 137, 138*); dazu *Eickmann-Riedel* RpflG (E 25ff./*ErgVerz*) § 5 Bem 2ff. Es besteht eine Vorlagepflicht, wenn die gesetzlichen Voraussetzungen vorliegen; daher wird im Gesetzestext nunmehr gesagt, daß der RPfleger die Akten vorzulegen *hat*, während die frühere Fassung mit dem Wort *soll* Zweifel für die Auslegung gab. Liegen die Voraussetzungen zur Vorlage an den Richter nicht vor, erfolgt aber Vorlage und der Richter gibt die Akten nicht zurück, sondern bearbeitet sie, so ist dies unschädlich, wie sich aus § 8 Abs 1 RpflG 1969/1970 (*Anh 137*) ergibt, da die Rechtshandlungen des Richters stets wirksam sind; dazu *Eickmann-Riedel* aaO § 8 Bem 2ff. Hat der Richter die Sachbearbeitung, ohne daß die Voraussetzungen des § 5 aaO vorliegen, so kommt auch § 5 Abs 2 aaO nicht zur Anwendung, insbes nicht die Bindung des RPflegers an eine mitgeteilte Rechtsauffassung desselben; er kann in diesem Falle also, wenn ihm dadurch die richterliche Rechtsauffassung zu einer Frage bekannt geworden ist, nach § 5 Abs 1 Z 1 aaO die Sache erneut vorlegen, da es sich in Wirklichkeit um eine 1. Vorlage iSd Vorschrift handelt. Nimmt aber der Richter eine Sache unter den Voraussetzungen des § 5 aaO in Bearbeitung, so darf er sie solange behalten, als er es für richtig findet und kann dann bei der Abgabe zu einer oder zu mehreren Fragen bzw Punkten seine Rechtsauffassung angeben, die dann für den RPfleger bindend ist. Der RPfleger darf also hiervon nicht abweichen, insbes nicht nach § 5 Abs 1 Z 1 aaO an den Richter erneut vorlegen mit dem Bemerken, daß er von dieser Rechtsauffassung abweichen will; dazu **BGH** WM 1969, 68 = VersR 1968, 1186 = DRspr IV (485) 73c. Eine Verletzung dieser Vorschrift kann zu Verzögerungen und damit zu Schadenersatzansprüchen führen, wenn sie durch eine solche Amtspflichtverletzung entstanden sind. Diese Weisung gilt nur für den betreffenden Einzelfall, nicht darüber hinaus, **aA** (zu Unrecht) *Arndt* RPflG § 5 Bem 23. Würde man der Weisung eine so weitgehende Wirkung beimessen, so wäre die sachliche Entscheidungsfreiheit des RPflegers unzulässig eingeengt. Etwas anderes ist es, daß der RPfleger nach § 5 Abs 1 Z 1 RPflG 1969/1970 (*Anh 137*) dem Richter die Sache vorlegen muß, wenn er von der ihm nunmehr bekannten Auffassung des Richters abweichen will. Wenn der Richter im Rahmen des § 5 Abs 2 aaO entschieden hat und eine bestimmte Weisung gibt, so ist der RPfleger nur gebunden, soweit sich der Richter verbindlich geäußert hat. Wenn eine weitere Rechtsfrage im Laufe der Bearbeitung auftaucht, die außerhalb dieser gegebenen Weisung liegt, so kann erneute Vorlage an den Richter nach § 5 Abs 1 aaO erfolgen, sei es daß es sich um eine schwierige Rechtsfrage handelt oder um ausländisches Recht, uU um eine andere Vorschrift desselben, zu der sich der Richter nicht geäußert hat, oder um eine weitere Frage, bei der der RPfleger weiß, daß der Richter auch hierzu einmal anderweitig sich geäußert hat, der RPfleger aber sich dieser Auffassung nicht anschließen will (etwa weil zwischenzeitlich neue Rspr hierzu veröffentlicht wurde).

Um einen Zuständigkeitsstreit zwischen Richter und RPfleger auszuschließen, ist in § 7 RpflG 1969/1970 (*Anh 137*) eine neue Regelung getroffen, und zwar dahingehend, daß der nach § 28 aaO zuständige Richter durch unanfechtbaren Beschluß darüber bindend entscheidet. Streit oder Ungewißheit genügt; dann ist zu entscheiden, und zwar von Amts wegen, nicht etwa nur auf besonderen Antrag des RPflegers dazu *Eickmann-Riedel* RpflG (E 25ff./*ErgVerz*) § 7 Bem 2ff. Die Entscheidung wird zweckmäßigerweise begründet, wenn eine Begründung auch nicht vorgeschrieben ist.

Die Gültigkeit von Geschäften ist in § 8 RpflG 1969/1970 (*Anh 137*) klarer als bisher in § 7 RpflG 1957 (*Anh 138*) geregelt. Eine richterliche Handlung anstelle des RPflegers ist stets gültig, allerdings muß die Amtshandlung in den Zuständigkeitsbereich des oder der Richter, fallen; dazu **OLG Nürnberg** MDR 1965, 755 = DRspr IV 485) 56c. Rechtshandlungen des RPflegers sind im Bereiche der Zuständigkeits-Möglichkeit des RpflG wirksam, nicht aber, wenn hiernach keine Entscheidungsbefugnis eingeräumt ist, § 8 Abs 2, 3 RpflG 1969/1970 (*Anh 137*). Da der RPfleger auch schwierige Geschäfte der Geschäftsstelle wahrzunehmen hat, so wird nach der Neuregelung in § 8 Abs 5 aaO bestimmt, daß eine Amtshandlung des RPflegers im Bereich der Geschäftsstelle stets Gültigkeit hat, also auch wenn er seine Zuständigkeitsbefugnis überschritten hat, da er ja weitergehende Befugnisse als ein Geschäftsstellenbeamter hat. Diese Regelung ist sehr zweckmäßig; dazu *Eickmann-Riedel* aaO § 8 Bem 2ff.

Seite 348ff. — **§ 1 Bem 79**

Bez Zuständigkeiten § 1 Bem 77, 78/*ErgVerz*

Seite 354 — Kolumnentitel (*berichtigt*)

§ 1, § 2

(79d)

Seite 354ff. — **§ 2**

Grundbuch, Grundbuchbezirk, Grundstückszeichnung, Abschreibung

Da das **RpflG** und das **BeurkG** wesentliche Neuerungen brachten, wird insoweit bez Zuständigkeit des RPflegers und Beurkundung auf E 25ff., § 1 Bem 74 ua, 77, 78 § 29 Bem 1ff./*ErgVerz* verwiesen; es wird daher davon abgesehen im einzelnen hierauf zu verweisen.

Seite 358 **§ 2 Bem 2**

Ergänzungsvorschriften GBVfg (*berichtigt*)

Seite 358 — **§ 2 Bem 3**

Vermessungswesen GBUmschreibung in Baden-Württemberg

Baden AVRJM vom 16. März 1936 Nr 94 DJ 446 (*Anh 20*)
Württemberg AVRJM vom 25. Februar 1936 Nr 82 DJ 409 (*Anh 39*)

Seite 359 — **§ 2 Bem 4**

Liegenschaftskataster Ergänzung S 1014

Das Liegenschaftskatasterrecht ist bzw wird im Bereich der Landesgesetzgebung neu geregelt; dazu *§ 2 Bem 159ff.* mit *ErgVerz*, *Anh 139ff.* mit *ErgVerz*.

Seite 360 ff. — **§ 2 Bem 6 ff.**

Grundakten Eine zur Bezeichnung des durch eine Vormerkung zu sichernden Anspruchs in der Eintragungsbewilligung genannte Urkunde braucht nicht zu den Grundakten genommen zu werden, **KG** NJW 1969, 138 = MDR 1969, 141 = Rpfleger 1969, 49 (*Haegele*) = DRspr IV (473) 106 bc; dazu § 22 Bem 9, 23 ff./*ErgVerz*. Es wird hierzu ausgeführt:

„Die vom LG ... herangezogene Rspr (**KG** KGJ 48, 175, *Horber* GBO § 19 Bem 4Ac), nach der die Bezugnahme auf andere öffentliche oder öffentlich beglaubigte Urkunden in der Eintragungsbewilligung zwar zulässig ist, aber mindestens voraussetzt, daß diese Urkunden zu den Grundakten eingereicht werden, bezieht sich auf Fälle, in denen es um die Frage ging, ob eingetragene oder einzutragende dingliche Rechte noch als inhaltlich hinreichend bestimmt angesehen werden können, wenn sich der genaue Inhalt des Rechts vollständig weder aus dem Eintragungsvermerk noch aus der zulässigerweise in Bezug genommenen Eintragungsbewilligung, sondern erst aus anderen, in der Eintragungsbewilligung in Bezug genommenen Urkunden ergibt. Aus der dieser Rspr zugrunde liegenden Erwägung, daß der genaue Inhalt der im GB eingetragenen Rechte sich mindestens aus Unterlagen ergeben muß, die jedem, der in das GB Einsicht nimmt, zugänglich sind, folgt allerdings für die Auslegung von Eintragungen, daß nur der Eintragungsvermerk, die Eintragungsbewilligung und die in dieser zulässigerweise in Bezug genommenen Urkunden berücksichtigt werden dürfen, nicht dagegen Urkunden und sonstige Umstände, die sich nicht aus den Grundakten ergeben, **RG** RGZ 136, 234/139, 130, **KG** DR 1942, 1796. Denn das, was sich aus dem GB ergeben müßte, sich aber tatsächlich weder aus dem Eintragungsvermerk noch aus der Eintragungsbewilligung, noch aus zulässigerweise in Bezug genommenen dh bei den Grundakten befindlichen Urkunden ergibt, darf nicht auf Grund sonstiger Umstände in das GB hineininterpretiert werden. Diese Erwägung trifft aber auf die Angabe des Schuldgrundes einer Vormerkung nicht zu."

Seite 371 — **§ 2 Bem 40**

Höfeakten Zum Hofvermerk und zu unzulässigen Eintragungen *§ 53 Bem 57* S 2327 sowie § 53 Bem 54 ff./*ErgVerz*

Sachregister Hessen RdErlJM vom 16. März 1963 JMBl 89 Führung eines Sachregisters durch die GBÄmter im Gebiet des früheren Volksstaates Hessen; darnach brauchen spätestens seit Inkrafttreten des Ges zur Bereinigung des hessLRechtes vom 6. Februar 1962 GVBl 21 die GBÄmter des bezeichneten Gebietes kein Sachregister mehr zu führen. Die §§ 4, 41 hessVO vom 13. Januar 1900 RegBl 51, die Anlegung des GB und die Ausführung der GBO betr und die §§ 104 ff. hessVO vom 14. Januar 1900 RegBl 161 die Ausführung der GBO betr wurden aufgehoben.

Schriftgut Aufbewahrung, Vernichtung usw — neue Vorschriften

Baden-Württemberg AVJM vom 6. November 1970 Justiz 405 unter Aufhebung der AVRJM vom 3. Dezember 1938 DJ 1932 (GGZ Nr 5) Behandlung der in amtlichen Gewahrsam gelangten Gegenstände (Gewahrsamssachenanweisung)

Bayern BekJM vom 28. Dezember 1965 JMBl 1966, 8/11. November 1970 JMBl 155 (zu BayBSVJu Bd V Abschn A) Aussetzung der Vernichtung von Akten
BekJM vom 16. September 1970 JMBl 130 (zu BayBSVJu Bd I Abschn C 6) Behandlung der in amtlichen Gewahrsam gelangten Sachen anstelle der BekJM vom 6. November 1956 BayBSVJu Bd I S 283

Hessen RdErlJM vom 10. November 1970 JMBl 794 anstelle der RdErlJM vom 3. Januar 1958 JMBl 5/17. November 1958 Abschn III JMBl 107/30. Juli 1962JMBl 90/27. November 1963 JMBl 158/21. Oktober 1965 JMBl 451/31. Oktober 1966 JMBl 334/29. September 1970 JMBl 664 Aussetzung der Aussonderung von Schriftgut bei den JBehörden

Niedersachsen AVJM vom 14. September 1963 NdsRpfl 218 Vorschriften über die Aufbewahrung, Aussonderung, Ablieferung und Vernichtung von Schriftgut bei Justizbehörden

Rheinland-Pfalz AVJM vom 14. September 1970 JBl 183 Aufbewahrung, Aussonderung, Ablieferung und Vernichtung des Schriftgutes bei den Justizbehörden

Schleswig-Holstein AVJM vom 5. Dezember 1969 SchlHA 1970, 15 Bestimmungen über die Aussonderung, die Ablieferung und die Vernichtung des Schriftgutes in Rechtssachen der ordentlichen Gerichtsbarkeit

Seite 371/372 **§ 2 Bem 42**; dazu auch *Nachtrag*

Generalakten zur AktO *Piller-Hermann* Justizverwaltungsvorchriften AktO 1

Bundeseinheitliche Änderungen bei Untergruppe 207 (1963), ferner des § 2 GeneralaktenVfg und des Verzeichnisses der außerdeutschen Länder (1965)

Baden-Württemberg AVJM vom 30. Dezember 1963 Justiz 1964, 5/1. Juni 1965 Justiz 189

Bayern AVJM vom 12. Juli 1963 JMBl 85 mit Berichtigung JMBl 1964, 8/1. Juni 1965 JMBl 75 (zu BayBSVJu Bd V Abschn A)

Hamburg AVLJV vom 9. März 1964 JVBl 22/25. Juni 1965 JVBl 81

Hessen RdErl vom 2. Dezember 1963 JMBl 160/1. Juni 1965 JMBl 275/8. August 1968 JMBl 402

Niedersachsen AVJM vom 18. Dezember 1963 NdsRpfl 1964, 6/1. Juni 1965 NdsRpfl 123

Nordrhein-Westfalen AVJM vom 11. Juni 1965 JMBlNRW 145

Rheinland-Pfalz AVJM vom 8. Juni 1965 JVBl 119

Saarland LVJM vom 10. Mai 1963 JBl Saar 65/1. Juni 1965 JBl Saar 102

Schleswig-Holstein AVJM vom 1. Juni 1965 SchlHA 166

In diesem Zusammenhang ist noch auf **allgemeine Anordnungen** hinzuweisen, die im Geschäftsverkehr Bedeutung haben:

Abkürzungen für die **Verfassungsorgane, die obersten Bundesbehörden und die obersten Bundesgerichtshöfe** BekBMI vom 2. März 1970 GMBl 112; dazu für Rheinland-Pfalz AVJM vom 27. April 1970 JBl 94 Abkürzungsbezeichnungen für die obersten Bundesbehörden unter Aufhebung der AVJM vom 21. Februar 1962 JBl 35/15. April 1963 JBl 99/31. März 1966 JBl 51, auch *AbkVerz*

Abkürzungsbezeichnungen für **Gesetze, Rechtsverordnungen und allgemeine Verwaltungsvorschriften** des Bundes RdSchreiben BMI vom 24. August 1965 GMBl 242; dazu für Nordrhein-Westfalen AVJM vom 3. Februar 1966 JMBlNRW 38

Abkürzungsbezeichnungen für Gesetze, Rechtsverordnungen und allgemeine Verwaltungsvorschriften des Landes Rheinland-Pfalz AVJM vom 10. November 1967 JBl 61

Bezeichnung Deutschlands, der Demarkationslinien innerhalb Deutschlands und der Orte innerhalb Deutschlands — Bezeichnungsrichtlinien — BekBMG GMBl 1965, 227; dazu für Bayern BekJM vom 12. November 1965 — 1414 — I598/65

Schreibweise der Namen außerdeutscher Länder nach der von dem ständigen Ausschuß für geographische Namen erarbeiteten Liste: Bayern AVJM vom 1. Juni 1965 JMBl 75, Hessen RdErlJM vom 10. März 1970 JMBl 272 (Stand vom 1. November 1969), Niedersachsen BekJM vom 19. Juni 1968 mit Anlage NdsRpfl 148. Nordrhein-Westfalen AVJM vom 6. November 1969 JMBlNRW 265

Höflichkeit in dienstlichen Schreiben Bayern BekJM vom 22. Januar 1963 JMBl 13 Hamburg AVJM vom 23. September 1969 JVBl 83 Richtlinien für die Anwendung von Höflichkeitsformeln im Schriftverkehr der JBehörde, der Gerichte und der Staatsanwaltschaften, Niedersachsen AVJM vom 24. Februar 1965 NdsRpfl 54

Anrede **Frau** Baden-Württemberg JAJM vom 27. Juli 1970 Justiz 278 Anrede unverheirateter Frauen, Nordrhein-Westfalen AVJM vom 9. Januar 1968 JMBlNRW 25 Führung der Bezeichnung „Frau"

Verkehr der Justizbehörden mit den obersten Bundes- und Landesbehörden Baden-Württemberg AVJM vom 16. Juni 1967 Justiz 166/6. August 1968 Justiz 244, Bayern BekJM vom 4. Dezember 1969 JMBl 211 (zu BayBSVJu Bd I Abschn C 6) Schriftverkehr der JBehörden mit den oberen Bundes- und Landesbehörden, Hessen RdErlJM vom 17. Juli 1969 JMBl 1073, Niedersachsen AVJM vom 23. Juni 1969 NdsRpfl 147 (*Anh 14*), Nordrhein-Westfalen AVJM vom 14. Dezember 1967 JMBlNRW 1968, 1, Rheinland-Pfalz AVJM vom 2. November 1970 JBl 229 unter Aufhebung der AVJM vom 8. Dezember 1965 JBl 243, Saarland AVJM vom 17. Juli 1967 JBl Saar 138, Schleswig-Holstein AVJM vom 18. Mai 1966 SchlHA 148

Weitere Hinweise im **Schriftverkehr** Bayern BekJM vom 24. August 1967 JMBl 97 Amtlicher Verkehr in das Ausland und mit ausländischen Dienststellen im Inland (zu BayBSVJu Bd I Abschn A 3), BekJM vom 18. März 1969 JMBl 88 Schriftverkehr mit Kreditinstituten in West-Berlin (zu BayBSVJu Bd I Abschn C 6), Hessen RdErl vom 30. Oktober 1969 JMBl 1411 Schriftverkehr, hier Angabe der Geschäftszeichen der Behörden, Körperschaften, Firmen usw, Niedersachsen AVJM vom 7. September 1966 NdsRpfl 219 Erleichterungen im behördlichen Schriftverkehr, Rheinland-Pfalz AVJM vom 5. Februar 1964 JBl 38 Angabe der Geschäftszeichen im Schriftverkehr

Zusammenarbeit mit den Stationierungsstreitkräften in Angelegenheiten der ihnen überlassenen **Liegenschaften** Nordrhein-Westfalen AVJM vom 29. Oktober 1965 JMBlNRW 256

Behandlung von Postsendungen Baden-Württemberg Richtlinien AVJM vom 30. Dezember 1966 Justiz 1967, 45/8. Januar 1968 Justiz 29, Zustellung durch Aufgabe zur Post, hier Kennzeichnung der Zustellung AVJM vom 3. Juli 1970 Justiz 252, Bayern Richtlinien BekJM vom 28. Oktober 1966 JMBl 124 (zu BayBSVJu Bd I Abschn C 6)/13. Oktober 1967 JMBl 172, Hamburg Gemeinsame Vfg der LJV und der Gefängnisbehörde vom 1. September 1966 JVBl 74, Richtlinien AVJM vom 6. September 1967 JVBl 88, Zustellung durch Aufgabe zur Post AVJB vom 16. Juli 1970 JVBl 71, Hessen Richtlinien RdErlJM vom 20. Oktober 1966 JMBl 329/23. Mai 1967 JMBl 226/15. Januar 1968 JMBl 63, Bezeichnung des zuzustellenden Schriftstücks auf der Zustellungsurkunde RdErlJM vom 23. Juli 1969 JMBl 1093, Behandlung der bei den JBehörden des Landes Hessen eingehenden, nicht ausreichend frankierten Postsendungen RdErlJM vom 15. August 1969 JMBl 1097, Zustellung durch Aufgabe zur Post, hier Kennzeichnung der Zustellungen RdErlJM vom 15. Oktober 1970 JMBl 575, Niedersachsen Richtlinien AVJM vom 6. Februar 1960 NdsRpfl 29 = VorschrVerz 3—64/25. November 1966 NdsRpfl 258/2. Oktober 1967 NdsRpfl 215, Postordnung, hier Postzustellungsauftrag AVJM vom 1. Juli 1964 NdsRpfl 148, Zustellungen von Amts wegen durch Aufgabe zur Post AVJM vom 3 Juli 1970 NdsRpfl 151, Nordrhein-Westfalen Richtlinien AVJM vom 4. August 1966 JMBlNRW 194/28. Juli 1967 JMBlNRW 189,

Richtlinien über die Entrichtung der Postgebühren und den hierüber zu führenden rechnungsmäßigen Nachweis AVJM vom 25. Januar 1968 JMBlNRW 37/22. April 1970 JMBlNRW 115, 168 (Berichtigung), Rheinland-Pfalz Richtlinien AVJM vom 2. September 1966 JBl 215, Freimachung der Dienstpost der JBehörden AVJM vom 14. Dezember 1967 JBl 1968, 19, Erhebung von Portoauslagen für die Verwendung von Akten durch die Post AVJM vom 16. April 1969 JBl 86, wonach die AVJM vom 12. Januar 1960 JBl 7 und Abs 4 der AVJM vom 14. November 1960 JBl 139 aufgehoben wurden (nicht abgedruckt in JVVRPf), Zustellungen von Amts wegen durch Aufgabe zur Post AVJM vom 7. Juli 1970 JBl 140, Bezeichnung des zuzustellenden Schriftstücks auf der Zustellungsurkunde AVJM vom 11. Dezember 1970 JBl 1971, 6, Saarland Richtlinien AVJM vom 23. August 1966 JBl Saar 154/12. September 1967 JBl Saar 174, Schleswig-Holstein Richtlinien AVJM vom 21. Dezember 1966 SchlHA 1967, 17/2. Juni 1967 SchlHA 175 Freimachung der Postsendungen AVJM vom 6. September 1968 SchlHA 240; dazu auch *Nachtrag*

Seiten 372 ff. — **§ 2 Bem 44 ff**

Tagebuch in GBSachen

Baden-Württemberg AVJM vom 12. Mai 1954 Justiz 453/8. Mai 1961 Justiz 153/ 11. Mai 1962 Justiz 121/4. August 1964 Justiz 220 Führung des Geschäftstagebuchs bei den badischen GBÄmtern (mit und ohne Hilfsbeamte)

AVJM vom 17. Dezember 1968 Justiz 1969, 34 AktO, hier Führung des Tagebuchs für GBSachen (Muster 10 AktO) — *Anh 57*

Bayern BekJM vom 24. Juni 1968 JMBl 78 Änderung der AktO, hier ua Muster 10 (Tagebuch für GBSachen) — zu BayBSVJu Bd V Abschn A — *Anh 56*

BekJM vom 26. Februar 1965 JMBl 30 über die Änderung der Bek zur Handhabung der AktO und zur Ergänzung der AusfBek zur AktO vom 27. Mai 1960 JMBl 50, zuletzt geändert durch BekJM vom 16. November 1964 JMBl 148 (zu BayBSVJu Bd V Abschn V), hier Zählung von Löschungsvormerkungen im Tagebuch für GBSachen

Hessen RdErlJM vom 2. März 1965 JMBl 193 Tagebuch für GBSachen

RdErlJM vom 29. Juni 1965 JMBl 309 Tagebuch für GBSachen, hier Zählung der Umschreibungsgeschäfte

RdErlJM vom 22. Mai 1969 JMBl 780 AktO Neufassung — *Anh 56*

RdErlJM vom 31. Juli 1970 JMBl Führung des Tagebuchs für GBSachen (Übergangsregelung) — Anh 57 a/*ErgVerz*

Niedersachsen AVJM vom 29. Juli 1965 NdsRpfl 166 Führung des Tagebuchs für GBSachen; dazu *Anh 57 Fußn 1*

Nordrhein-Westfalen AVJM vom 7. Dezember 1970 JMBl 1971, 1 Führung des Tagebuchs für GBSachen (Übergangsregelung) — Anh 57 a/*ErgVerz*

Rheinland-Pfalz AVJM vom 18. August 1964 JBl 195/13. November 1967 JBl 196 Tagebuch für GBSachen (nicht in Sammlung JVVRPfl enthalten); dazu *Anh 57 Fußn 1*

AVJM vom 12. August 1970 JBl 158 Führung des Tagebuchs für GBSachen (Übergangsregelung) — Anh 57 a/*ErgVerz*

Seiten 377 ff. — **§ 2 Bem 56 ff.**; dazu auch *Nachtrag*

Grundbuchbezirk und Gemeindebezirk weitere Hinweise auf Landesrecht; dazu *Sommer* GesW unter „Gerichtsorganisation" wobei darauf hinzuweisen ist, daß bez der Verfassungen, Gemeindeordnungen, Bezirksordnungen usw (*§ 2 Bem*

65) aus *§ 32 Bem 58ff.* mit *ErgVerz* die erforderlichen Ergänzungen sich ergeben; zur Neugliederung der Bezirke, Gemeinden usw *Sommer* aaO insbes unter „Amtsordnung", „Berlin", „Bezirksordnung", „Gemeinden/Neugliederung usw", „Hamburg", und „Landkreis" bez der hierzu erlassenen zahlreichen Gesetze und VOen:

Baden-Württemberg Ges über Maßnahmen auf dem Gebiet der Gerichtsorganisation vom 25. Oktober 1954 GBl 147 = SaBl 1177; dazu *Keller* Die Geschichte der Gerichtsorganisation in Baden-Württemberg seit 1879 Justiz 1970, 386

2. Ges gleichen Betreffs vom 30. Juli 1959 GBl 89 = SaBl 1095

AVJM vom 19. März 1964 Justiz 79 (nur für OLGBezirk Karlsruhe) Änderung von Gemeindegrenzen infolge Flurbereinigungsverfahren, hier Wechsel der Zuständigkeit der GBÄmter

BekJM vom 8. August 1967 Justiz 210 GBFührung für die Gemeinde Wildgutach

BekJM vom 12. Februar 1968 Justiz 87 GBFührung für die Gemeinden Wangen (AGBezirk Pfullendorf)

Bayern Ges über die Aufhebung von AGerichten und die Änderung von AGBezirken vom 24. Juni 1969 GVBl 148 = SaBl 1107, VO über die Zuständigkeit der Gerichte nach den zum 1. Januar 1970 eintretenden Gebietsänderungen vom 8. Dezember GVBl 410 = SaBl 173

VO über die Umbildung der Gemeinde Mörmoosen (Landkreis Mühldorf am Inn) in den Markt Tüßling (Landkreis Altötting) und über die Änderung der Grenzen der Landkreise Mühldorf am Inn und Altötting vom 3. August 1970 GVBl 374

Bremen VO über die Änderung der Grenze des Freihafens Bremerhaven vom 9. Oktober 1970 BGBl I 2097

Hamburg AVLJV vom 27. November 1963 JVBl 1964, 1, vom 30. Januar 1964 aaO 17 und vom 6. Mai 1964 aaO 30 Änderung von GBBezirken im Bezirk des GBA Hamburg

AVLJV vom 25. November 1964 JVBl 1965, 3 Änderung von GBBezirken im Bezirk des GBA Hamburg

Hessen RdErlJM vom 24. März 1966 JMBl 114 = StAnz 522/14. Februar 1967 JMBl 78 Zweigstellen der Amtsgerichte

Gerichtsorganisationsgesetz idF vom 8. April 1968 GVBl 72 = SaBl 566/24. Juni 1969 GVBl 444, 458 = SaBl 1157

RdErlJM vom 8. Mai 1968 JMBl 177 Gerichtsorganisation — Aufhebung der Zweigstelle Camberg des AG Limburg ad Lahn

RdErlJM vom 13. Juni 1968 JMBl 225 Gerichtsorganisation — Errichtung von Zweigstellen der Amtsgerichte

RdErlJM vom 24. Juni 1968 JMBl 290 Gerichtsorganisation — Aufhebung der Zweigstelle Niederaula des AG Bad Hersfeld

RdErlJM vom 5. März 1970 JMBl 268 Ortsgerichte in den LGBezirken Darmstadt, Fulda, Gießen, Hanau, Kassel und Limburg adL im Anschluß an RdErl vom 3. März 1969 JMBl 480 bez Darmstadt

RdErlJM vom 9. März 1970 JMBl 271 Gerichtsorganisation — Aufhebung der Zweigstelle Groß-Umstadt

RdErlJM vom 23. April 1970 JMBl 397 Gerichtsorganisation — Aufhebung der Zweigstelle Naumburg des Amtsgerichts Wolfhagen

RdErlJM vom 25. Mai 1970 JMBl 441 Gerichtsorganisation — Aufhebung der Zweigstellen Felsberg, Spangenberg, Battenberg und Borken

RdErlJM vom 10. September 1970 JMBl 646 **GBBezirke** mit folgendem Wortlaut:

I. Die Befugnis, Anordnungen gemäß §§ 1, 65 der Grundbuchverfügung über die Bildung, Beibehaltung, Änderung und Aufhebung von Grundbuchbezirken zu treffen, übertrage ich auf Grund des § 1 Abs 1 der Grundbuchverfügung auf den Präsidenten des Oberlandgerichts Frankfurt aM.

II. Aufgehoben werden:
AVRJM vom 21. Mai 1937 DJ 799,
AVRJM vom 22. April 1939 DJ 701,
AVRJM vom 4. September 1939 DJ 1463 — Nr 1.

Zu den angeführten AVRJM ist zu verweisen auf *§ 2 Bem 54, 76, 81* bzw *60, 77, 79* und *59, 60, 81* mit *Fußn 1* S 389.

RdErlJM vom 7. Dezember 1970 JMBl 831 Gerichtsorganisation (Aufhebung der Zweigstellen Langenselbold und Windecken)

Niedersachsen Organisation der ordentlichen Gerichte BekJM vom 23. Januar 1964 NdsRpfl 31/2. März 1965 NdsRpfl 63/3. April 1967 NdsRpfl 85/15. Februar 1968 NdsRpfl 60

BekJM vom 12. Januar 1966 NdsRpfl 39, 18. Juni 1968 NdsRpfl 152 und 4. Juli 1968 aaO 153 Änderung der Gemeindegrenzen

BekJM vom 4. Juli 1968 NdsRpfl 153 Zusammenschlüsse von Gemeinden; BekJM vom 15. Juli 1969 NdsRpfl 174 Zusammenschluß von Gemeinden

BekJM vom 14. Januar 1970 NdsRpfl 3 Änderung von Gemeindegrenzen — Beschluß des Landesministeriums vom 16. Dezember 1969 NdsMBl 1189

Nordrhein-Westfalen Ges über die Gliederung und die Bezirke der ordentlichen Gerichte vom 7. November 1961 GVBl 331/19. September 1967 GVBl 270 = SaBl 2345/24. Juni 1969 GVBl 444, 458 = SaBl 1157/18. Dezember 1969 GVBl 966 mit Anlage in Neufassung vom 6. Februar 1970 GVBl 145 = SaBl 954

AVJM vom 4. Dezember 1964 JMBlNRW 1965, 6 Koordinierung von Änderungen der Gemeindegrenzen mit der Änderung von AGBezirken

AVJM vom 18. Juni 1969 JMBlNRW 146/3. Dezember 1969 aaO 279/17. Dezember 1969 JMBlNRW 1970, 1/13. April 1907 aaO 116 Aufhebung von Amtsgerichten und Änderung von Amtsgerichtsbezirken, hier Überleitungsbestimmungen

1. Ges zur Änderung der Organisation der ordentlichen Gerichte vom 24. Juni 1969 GVBl 444, 458 = SaBl 1157

DVO dazu vom 24. Juni 1969 GVBl 445 = SaBl 1795

2. DVO dazu vom 3. November 1969 GVBl 750 = SaBl 1970, 287

VO zur Überleitung der bei dem Amtsgericht Eitorf anhängigen Verfahren vom 3. November 1969 GVBl 750 = SaBl 1970, 287

VO über die Errichtung einer Zweigstelle des Amtsgerichts Siegburg in Hennef vom 5. Dezember 1969 GVBl 982 = SaBl 1970, 356

AVJM vom 5. Dezember 1969 JMBl 1970, 1, 15 Aufbau und Organisation der Zweigstelle Hennef des Amtsgerichts Siegburg

VO über die Zuständigkeit der Amtsgerichte bei den zum 1. Januar 1970 eintretenden Änderungen von Amtsgerichtsbezirken vom 16. Dezember 1969 GVBl 983 = SaBl 1970, 357

VO zur Überleitung der bei dem Amtsgericht Dülken anhängigen Verfahren vom 22. Dezember 1969 GVBl 983 = SaBl 1970, 358

AVJM vom 13. April 1970 JMBlNRW 116 Koordination von Änderungen der Gemeindegrenzen mit der Änderung von Amtsgerichtsbezirken

Rheinland-Pfalz Selbstverwaltungsgesetz (S 380)/25. September 1964 GVBl 145 = SaBl 1541/16. Juli 1968 GVBl 132 = SaBl 1243/20. Dezember 1968 GVBl 272/

10. Juli 1969 GVBl 138/5. März 1970 GVBl 96/15. Juni 1970 GVBl 194 = SaBl 1613

AVJM vom 22. Dezember 1960 JBl 1970, 8 Gestaltung der GBBezirke bez der GBBezirke Bad Münster am Stein und Ebernburg (nicht in Sammlung JVVRPf enthalten)

AVJM vom 17. April 1967 JBl 57/25. August 1967 JBl 141/7. November 1967 JBl 193 Bestimmung über den Umfang der an den amtsgerichtlichen Zweigstellen zu erledigenden Geschäfte (nicht in Sammlung JVVRPf enthalten)

AVJM vom 4. Dezember 1968 JBl 1969, 1 Änderung von GBBezirken (nicht in Sammlung JVVRPf enthalten)

AVJM vom 18. Mai 1968 JBl 98/16. Oktober 1968 JBl 206/25. Februar 1969 JBl 37 Umfang der an den amtsgerichtlichen Zweigstellen zu erledigenden Geschäfte aufgehoben durch AVJM vom 1. April 1970 JBl 64

Saarland Ges über die Selbstverwaltung der Gemeinden, Ämter und Landkreise — Kommunalselbstverwaltungsgesetz (KSVG) idF vom 10. September 1968 ABl 689 = SaBl 1589

Schleswig-Holstein Gerichtsorganisationsgesetz vom 21. September 1963 GVBl 99 = SaBl 1240/19. Juni 1964 GVBl 76 = SaBl 198

VfgOLGPräsidenten vom 18. September 1964 SchlHA 236 GBBezirk Lübeck

VfgOLGPräsidenten vom 14. Dezember 1964 SchlHA 1965, 13 GBBezirk Neuendorf und vom 28. Juni 1965 aaO 167 GBAmt Kiel

VfgOLGPräsidenten vom 30. November 1965 SchlHA 1966, 10 Umstellung der GBBezirke der GBÄmter Bad Schwartau und Eutin sowie vom 23. März 1966 aaO 81 Umstellung der GBBezirke des GBA Ratzeburg

VfgOLGPräsidenten vom 30. April 1968 SchlHA 140 GBBezirke Norddörfer und Rantum

2. Ges einer Neuordnung von Gemeinde- und Kreisgrenzen sowie Gerichtsbezirken vom 23. Dezember 1969 GVBl 208 = SaBl 1970, 304/22. April 1969 GVBl 60 = SaBl 659/23. September 1969 GVBl 280/1970, 42 = SaBl 1970, 304/23. März 1970 GVBl 64

VOen zur Berichtigung der Anlage zum Gerichtsorganisationsgesetz, nämlich 1. VO vom 24. Februar 1964 GVBl 23/2. VO vom 18. Januar 1965 GVBl 2 = SaBl 198/3. VO vom 14. Februar 1966 GVBl 27 = SaBl 693/4. VO vom 4. Januar 1967 GVBl 3 = SaBl 323/5. VO vom 29. Januar 1968 GVBl 33 = SaBl 415/6. VO vom 11. Dezember 1969 GVBl 291 = SaBl 1970, 309

LVO vom 17. März 1970 GVBl 79 zur Durchführung der §§ 39 bis 41 des 2. Ges einer Neuordnung von Gemeinde- und Kreisgrenzen sowie Gerichtsbezirken vom 23. Dezember 1969 GVBl 280, soweit nicht im Ges über die Zuständigkeit der Gerichte bei Änderung der Gerichtseinteilung vom 6. Dezember 1933 RGBl I 1037 eine Regelung getroffen ist; dazu AVJM vom 26. März 1970 SchlHA Überleitungsbestimmungen aus Anlaß der Neugliederung des AGBezirke

Seite 379/380 — **§ 2 Bem 65**

Ergänzung S 1014 sowie § 2 Bem 56ff./*ErgVerz*

Es ist auch zu verweisen auf *§ 32 Bem 60, 61* sowie § 32 Bem 58ff./*ErzVerz* bez weiterer Ergänzungen der Vorschriften zu Kreisordnungen, Gemeindeordnungen und Verfassungen; dazu auch *Nachtrag*

Baden-Württemberg Verfassung Änderung durch Ges vom 11. Februar 1969 GBl 15 = SaBl 472 und vom 17. März 1970 GBl 83 = SaBl 874

GemO Änderungen vom 20. Dezember 1966 GBl 259/26. März 1968 GBl 114/17. März 1970 GBl 84/16. Juni 1970 GBl 253/21. Juli 1970 GBl 405 = SaBl 1894/ 28. Juli 1970 GBl 419 = SaBl 1895, auch GBl 1970, 512/1971, 43

LKrO Änderungen vom 17. März 1970 GBl 84/7. April 1970 GBl 124/21. Juli 1970 GBl 405 = SaBl 1894/28. Juli 1970 GBl 419 = SaBl 1785

Ges zur Vorbereitung der Kreisreform vom 8. Dezember 1970 GBl 497 = SaBl 1971, 125

Bayern GemO BayBS I 461 Änderungen vom 16. Juni 1964 GVBl 113, 172 = SaBl 871/23. Dezember 1965 GVBl 357 = SaBl 1966, 200/23. Juni 1966 GVBl 195 = SaBl 1452/12. Juli 1966 GVBl 218, 314 = SaBl 1380/23. Juni 1967 GVBl 361 = SaBl 1042/26. Juni 1968 GVBl 187 = SaBl 1095/23. März 1970 GVBl 73/31. Juli 1970 GVBl 362 = SaBl 1920

LKrO BayBS I 515 Änderungen vom 23. Juni 1964 GVBl 195 = SaBl 1452/12. Juli 1966 GVBl 218, 314 = SaBl 1380/23. Juni 1967 GVBl 361 = SaBl 1042/20. Mai 1970 GVBl 183/31. Juli 1970 GVBl 363 = SaBl 1920

BezO BayBS I 529 Änderungen vom 23. Juni 1966 GVBl 195 = SaBl 1452/23. März 1970 GVBl 73/31. Juli 1970 GVBl 363 = SaBl 1920

Berlin Verfassung Änderung durch Ges vom 25. November 1969 GVBl 2511 = SaBl 1970, 248

Bezirksverwaltungsgesetz Änderungen vom 12. Juli 1960 GVBl 652/21. Oktober 1960 GVBl 1080/16. November 1964 GVBl 1250 = SaBl 1688/30. Juni 1966 GVBl 970/1. August 1966 GVBl 1162/12. Juni 1969 GVBl 639

Bremen Verfassung: Es heißt bei der Änderung vom 16. Januar 1953 GVBl 9 = SaBl 174

Bremerhaven Verfassung: Es heißt bei der Änderung vom 1. Januar 1948 GBl 1948, 11

Hamburg Verfassung Änderung durch Ges vom 9. Juni 1969 GVBl 109 = SaBl 1113

Bezirksverwaltungsgesetz (BezVG) ın Neufassung vom 16. September 1969 GVBl 179/27. Oktober 1969 GVBl 206

Hessen GemO (HGO) Änderungen vom 12. März 1962 GVBl I 145 = SaBl 351/ 19. Dezember 1962 GVBl I 467/Stand vom 31. Dezember 1963 GVBl II 331—1/ 6. Mai 1964 GVBl I 61 = SaBl 689/17. Dezember 1966 GVBl I 209 = SaBl 1965, 81/4. Juli 1966 GVBl I 151 = SaBl 1311/30. April 1968 GVBl I 120 = SaBl 602/ 17. März 1970 GVBl I 225/18. März 1970 GVBl I 245

Kreisordnung (HKO) GVBl II 332—1 Änderungen vom 4. Juli 1966 GVBl I 151 = SaBl 1311/30. April 1968 GVBl I 120 = SaBl 602/17. März 1970 GVBl I 225/ 18. März 1970 GVBl I 245

Niedersachsen Verfassung Änderung durch Ges vom 20. April 1970 GVBl 125 = SaBl 1080

GemO(NGO) Änderungen vom 9. Januar 1967 GVBl 1/17. Mai 1967 GVBl 126 = SaBl 835/Neufassung vom 29. September 1967 GVBl 383 = SaBl 1511/28. März 1968 GVBl 63/26. April 1968 GVBl 69 = SaBl 604/23. Februar 1970 GVBl 36 = SaBl 711

Landkreisordnung (NLO) Änderungen vom 9. Januar 1967 GVBl 1/17. Mai 1967 GVBl 126 = SaBl 835/Neufassung vom 29. September 1967 GVBl 403 = SaBl 1532/28. März 1968 GVBl 63/26. April 1968 GVBl 69 = SaBl 604/23. Februar 1970 GVBl 36 = SaBl 711

Nordrhein-Westfalen Verfassung Änderung durch Ges vom 11. März 1969 GVBl 146 = SaBl 526/24. Juni 1969 GVBl 448 = SaBl 1156/16. Juli 1969 GVBl 535 = SaBl 1396 und GVBl 530 = SaB l 1746

Amtsordnung Änderung vom 16. Juli 1969 GVBl 514

Gemeindeordnung idF vom 11. August 1969 GVBl 656, 703 = SaBl 1970, 340

Kreisordnung idF vom 11. August 1969 GVBl 670 = SaBl 1970, 409

Rheinland-Pfalz SelbstverwaltungsG Änderungen vom 16. Juli 1968 GVBl 132 = SaBl 1248/20. Dezember 1968 GVBl 272/10. Juli 1969 GVBl 138 = SaBl 2016

AmtsO idF vom 25. September 1964 GVBl I 145, 164 ersetzt durch Verbandsgemeindeordnung vom 16. Juli 1968 GVBl 132

GemO idF vom 25. September 1964 GVBl 145/16. Juli 1968 GVBl 132 = SaBl 1248/10. Januar 1969 GVBl 5/14. Februar 1969 GVBl 62/20. November 1969 GVBl 179 = SaBl 2132/5. März 1970 GVBl 96

LKrO idF vom 25. September 1964 GVBl 145, 166/16. Juli 1968 GVBl 132 = SaBl 1248/10. Januar 1969 GVBl 5/20. November 1969 GVBl 179 = SaBl 2132

BezirksO idF vom 25. September 1964 GVBl 145, 170/14. April 1969 GVBl 107 = SaBl 2016

Saarland Verfassung Änderung durch Ges Nr 891 vom 5. November 1969 ABl 765 = SaBl 1970, 612

Schleswig-Holstein AmtsO in Neufassung vom 24. Mai 1966 GVBl 96 = SaBl 1162/18. April 1967 GVBl 131 = SaBl 767/25. März 1970 GVBl 50

GemO Änderungen vom 24. Mai 1966 GVBl 96 = SaBl 1162/18. April 1967 GVBl 131 = SaBl 767/23. Januar 1970 GVBl 23 = SaBl 627/25. März 1970 GVBl 50

KrO GS SchlH Nr 202oa Änderungen vom 18. April 1967 GVBl 131 = SaBl 767/23. Januar 1970 GVBl 23 = SaBl 627/25. März 1970 GVBl 50

Seite 390 — **§ 2 Bem 88**

Bayern Verzeichnis der Rechte Fischwasser-Steuerkataster Ergänzung S 1014

Seite 392 ff. — **§ 2 Bem 97 ff.**

Grundstücksverzeichnis und Liegenschaftskataster Das Katasterrecht ist in der Entwicklung; über einschlägige Vorschriften *Anh 139 ff.*

Ergänzung S 1014/1015

Dazu auch *Kriegel* Welche Pflichten legt das Vermessungsrecht (Katasterrecht, Abmarkungsrecht) den GrstEigentümer auf? BlGBW 1968, 48, *Simmerding* Verwendung und Herkunft des Wortes Kataster ZfV 1969 Heft 9 (auch als Sonderdruck erschienen)

Seite 399 Zeile 14 von oben — Bek des FM über die Abgabe der Grundsteuer- (*ergänzt*) und Haussteuerkataster

Seite 402 — Die **Stern-Plannummern** in **Bayern,** die zur Bezeichnung der Grste dienten und die der Praxis gewisse Schwierigkeiten bereiteten, werden **nicht mehr verwendet,**

Seite 415 Zeile 13 von unten — Es muß heißen: BekbayJM vom 31. März 1952

Seite 417 ff. — **§ 2 Bem 122 ff.**

Abschreibung eines Grst Teils Dazu *Kriegel* Die Unzulänglichkeit der gbrechtlichen Abschreibungsvorschriften und Vorschlag für eine Neufassung des § 2 Abs 3a GBO

ZfV 1969, 152, ferner *Kriegel* GrstTeilungen und -vereinigungen — die Verbindung zwischen Kataster und GB bei Veränderungen im GrstBestand 3. Aufl Dümmlers Verlag Bonn/Hannover/München

Ergänzung S 1015/1016, auch *Röll* GrstTeilungen, Vereinigungen und Bestandszuschreibungen im Anschluß an Vermessungen DNotZ 1968, 523

Der Veränderungsnachweis der Vermessungsbehörde ist ein Verwaltungsakt, **BVerwG** NJW 1966, 609 = Rpfleger 1966, 108. Die nach § 2 Abs 3a GBO erforderlichen Unterlagen müssen sich auf den abzuschreibenden Teil des Grst beziehen; Unterlagen, die sich nur auf den verbleibenden GrstTeil beziehen, sind ungenügend, **OLG Hamm** Rpfleger 1968, 121.

Seite 428 ff. — **§ 2 Anh Bem 159 ff.**

Bodenschätzung, Liegenschaftskataster

Ergänzung S 1016/1017, auch § 2 Bem 97 ff./*ErgVerz*

Abdruck der maßgebenden Vorschriften des geltenden Rechts mit erläuternden Hinweisen zu Änderungen von Vorschrift *Anh 139 ff.*

Soweit im Kommentartext Hinweise auf weitere Vorschriften, die hier nicht abgedruckt oder nicht erwähnt sind, erfolgt unter Verweisung auf Abdruck im Anh, wurde von einem Abdruck deshalb abgesehen, weil im Zuge der Reform des Katasterrechts diese weiteren Vorschriften überholt sind.

Seite 467 ff. — **§ 3**

Grundbuch, Grundbuchblatt, grundbuchfreie Grundstücke, Miteigentumsanteile

Bez Neuerungen durch das **RpflG** und **BeurkG** wird auf die Verweisungen bei Bem zu § 2/*ErgVerz* verwiesen.

Seite 473/474 — **§ 3 Bem 12 ff.**

Rechte an Grundstücken und grundstücksgleiche Rechte LitHinweise *Sichtermann* (§ 3 Bem 204/*ErgVerz*) Bedeutung und Behandlung der Eintragungen in Abt II des Grundbuches 9 ff. Die mit gblichen Rechten belasteten Gegenstände

Seite 473/474 — **§ 3 Bem 15**

Rechte nach § 117 Bayern radiziertes Gemeinderecht **BayObLG** Rpfleger 1970, 167, Gemeindenutzungsrecht nach Art 70 GemO **BayObLG** Rpfleger 1970, 168 Ls; dazu auch § 117 Bem 123 ff./*ErgVerz*

Seite 482 ff. — **§ 3 Bem 53 ff.**

Buchungsfreie Grundstücke Ergänzung S 1017, auch **LG Verden** RdL 1967, 328 bez Beteiligungsgesamtheit

Seite 484 — **§ 3 Bem 56**

Grundstücke der Länder Nordrhein-Westfalen RdErlJM vom 31. Oktober 1969 JMBl 1411 GrstVerzeichnis des Landes Hessen unter Aufhebung des RdErlJM vom 1. Februar 1965 JMBl 55, mit dem auf den ErlFM vom 11. Dezember 1964 hingewiesen wurde, sowie des RdErlJM vom 5. April 1963 JMBl 52; es wird auf den neuen RdErlJM vom 16. September 1969 StAnz 1727 hingewiesen und ergänzend bestimmt, daß, damit die grstverwaltenden Behörden ihre Aufgaben erfüllen können, sie durch die GBÅmter von allen gblichen Eintragungen zu benachrichtigen sind. Rheinland-Pfalz AVJM vom 22. April 1964 JBl 107/10. Februar 1969 JBl 31 Bestimmung über die Verwaltung und den Nachweis des Grundvermögens des Landes — Landesgrundbesitzverzeichnis.

Seite 489/490 — **§ 3 Bem 65**

Wasserrecht Ergänzung S 1017, bez Schlei auch *§ 117 Bem 30*

Seite 494 — **§ 3 Bem 78**

Das **Verfahren** zur Anlegung eines GBBlatts für ein buchungsfreies Grundstück wird zwar von Amts wegen durchgeführt, setzt aber einen ordnungsgemäßen Antrag voraus; fehlt die Antragsberechtigung, so muß der Antrag zurückgewiesen werden, **BayObLG** Rpfleger 1966, 322 (*Haegele*).

Seite 498ff. — **§ 3 Bem 89ff.**

Eintragung von Miteigentumsanteilen bez künftigen Miteigentums *Riggers* JurBüro 1967, 291

Seite 499 **§ 3 Bem 90**

Rechte nach § 117 Bayern radiziertes Gemeinderecht **BayObLG** Rpfleger 1970, 167, Gemeindenutzungsrecht nach Art 70 bayGO **BayObLG** Rpfleger 1970, 168 Ls; dazu auch § 117 Bem 123ff./*ErgVerz*

Seite 500 Kolumnentitel — **94—98** (anstatt 93—94)

Seite 501 **§ 3 Bem 99** Abs 3

von Amts wegen (*berichtigt*)

Seite 506 — **§ 3 Bem 114**

Verletzung des § 3; dazu auch *§ 45 Bem 66*

Seite 507ff. — **§ 3 Anh I Bem 115ff.**

Grundbuch, Grundbuchblatt

bez Neuerungen durch das **RpflG** und das **BeurkG** wird auf die Verweisungen bei Bem zu § 2/*ErgVerz* verwiesen.

Seite 512/513 — **§ 3 Bem 116ff.**

Grundbuchband Arten der GBFührung

Baden-Württemberg AVJM vom 3. März 1964 Justiz 77 Vordruck bei der Anlegung neuer GBBlätter im württembergischen Rechtsgebiet

Niedersachsen AVJM vom 1. Dezember 1964 NdsRpfl 263 Feststellung von Vordrucken (1): Vordrucke für GBücher und Handblätter zu den Grundakten

Seite 515ff. — **§ 3 Bem 120**

Loseblatt-Grundbuch Diese moderne Art der GBFührung wird sich immer mehr einführen, da sie mehr der heutigen Zeit entspricht. Daher sind die maßgebenden

Vorschriften in *Anh 41ff.* abgedruckt; dort sind auch die ergänzenden landesrechtlichen Vorschriften aufgeführt. Die Besonderheiten der gesetzlichen Regelung beziehen sich auf GbBand, GBBlatt, Eintragungen, Handblatt, Bekanntmachung der Eintragungen, Eintragungsverfügung, GBEinsicht und Sachregister; dazu *Pissowotzki-Wahn* Umstellung des Grundbuchs auf Loseblattform durch Auftrennen der bisherigen GBBände JVBl 1969, 193, *Riedel* Das moderne System des Loseblattgrundbuchs Rpfleger 1970, 277, über Stempel *§ 3 Bem 257* mit *ErgVerz.*

Im folgenden wird auf weiteres Recht ergänzend hingewiesen.

Seite 515 3. Zeile von unten — Es heißt: 37a Abs 3, Aufhebung (*Einschaltung eines Kommas*)

Seite 516

Bei Baden-Württemberg und Niedersachsen heißt es bei der Bezugnahme auf die VOBMJ: 26. Juni 1961; vgl dazu S 515 letzter Absatz.

Hessen RdErlJM vom 8. August 1969 JMBl 1349 **Druck von Grundbucheintragungen in das Loseblatt-Grundbuch**

I.

Die Anwendung des Offsetdruckverfahrens für den Druck von Grundbucheintragungen in das Loseblatt-Grundbuch kann in erheblichem Maße zu einer Entlastung der Grundbuchkanzleien beitragen. Dieses Verfahren ist deshalb in allen Fällen anzuwenden, in denen gleichlautende Eintragungen in einer größeren Anzahl von Grundbuchblättern zu fertigen sind. Je nach Umfang der Eintragungen kann der Druck schon dann wirtschaftlich sein, wenn mehr als 5 Grundbuchblätter mit gleichlautenden Eintragungen angelegt werden müssen, zumal auch die Handblätter und Benachrichtigungeu gedruckt werden können.

Das Offsetdruckverfahren eignet sich für den Druck von Grundbucheintragungen insbesondere deswegen, weil die Druckfolie mit der Schreibmaschine hergestellt werden kann.

II.

Gemäß § 21 Abs 1 Satz 3 GBVfg übertrage ich die Entscheidung über die Genehmigung zum Druck von Grundbucheintragungen für die Fälle, in denen der Druck mit einer Offsetdruckmaschine in noch nicht mit Eintragungen versehene Einlagebogen des Loseblatt-Grundbuchs vorgenommen werden soll, auf die aufsichtsführenden Richter der Amtsgerichte.

III.

Für den Druck von Eintragungen in das Loseblatt-Grundbuch, der im Offsetdruckverfahren ausgeführt werden soll, ist für alle Amtsgerichte vom 1. November 1969 an die zentrale Vervielfältigungsstelle bei dem Amtsgericht Frankfurt aM zuständig.

IV.

Die Grundbuchämter holen in allen geeigneten Fällen die Genehmigung des aufsichtsführenden Richters ein und fordern fernmündlich die für die Beschriftung notwendige Anzahl Druckfolien bei dem Amtsgericht Frankfurt aM (Durchwahl Nr 2 867 383) an. Die Druckfolien (DIN A 4 quer) sind mit nichtdruckenden Spalteneinteilungen versehen und wie folgt bezeichnet:

Nr 1 (Bestandsverzeichnis Spalte 1 bis 4)
Nr 2 (Bestandsverzeichnis Spalte 5 bis 8)
Nr 3 (1. Abteilung Spalte 1 bis 4)
Nr 4 (II. Abteilung Spalte 1 bis 3)
Nr 5 (III. Abteilung Spalte 4 bis 7)
Nr 6 (III. Abteilung Spalte 1 bis 4)
Nr 7 (III. Abteilung Spalte 5 bis 10).

Die Stückzahl der benötigten Sorten ist unter Verwendung dieser Nummern jeweils anzugeben. Die Beschriftung der Folien soll zur Erzielung eines guten Schriftbilds nach Möglichkeit auf mit Offsetfarbbändern ausgerüsteten elektrischen Schreibmaschinen erfolgen. Da diese Farbbänder auch für die normale Textverarbeitung geeignet sind, empfiehlt es sich, einige der im Grundbuch eingesetzten Breitwagenmaschinen künftig entsprechend auszustatten. Korrekturen auf den Folien können mit einem Glashaarpinsel vorgenommen werden.

Das Auftragsschreiben an die zentrale Vervielfältigungsstelle soll die Geschäftsnummer und die Auflagenhöhe enthalten. Auf den beschrifteten Folien ist jeweils am oberen Rand mit Bleistift zu vermerken, ob Vorderseite = V oder Rückseite = R des Einlagebogens bedruckt werden soll.

Neben den beschriebenen und gekennzeichneten Druckfolien sind dem Auftragsschreiben die zu bedruckenden Einlageblätter, geordnet nach Bestandsverzeichnis, I. Abteilung, II. Abteilung und III. Abteilung beizufügen.

Zur Vermeidung unnötiger Portoausgaben sind keine Vordrucke für Handblätter und Benachrichtigungen zu übersenden. Diese Vordrucke werden bei der zentralen Vervielfältigungsstelle vorrätig gehalten.

Die Druckfolien und Grundbuchvordrucke dürfen nicht geknickt werden; sie sind der Vervielfältigungsstelle zwischen festen Pappdeckeln oder in einem festen Karton zu übersenden. Das Verpackungsmaterial wird von der Vervielfältigungsstelle zugleich mit den Druckfolien übersandt.

V.

Die Vervielfältigungsstelle fertigt auf Grund der übersandten Druckunterlagen die gewünschte Anzahl Drucke.

Bei Fehldrucken verwendet sie ungenockte Einlagebogen, die sie auf Lager hält. Das Nachdrucken dieser Einzelbogen obliegt dem auftraggebenden Gericht.

Anstelle der Benachrichtigungsvordrucke, die aus dünnem Papier mit einem Flächengewicht von 30 g/m² bestehen, können bei kleinen Auflagen auch Handblattvordrucke verarbeitet werden.

VI.

Die Rundverfügung des Oberlandesgerichtspräsidenten in Frankfurt aM vom 23. Dezember 1968 — 128 E-I/1 — 4916 wird hiermit aufgehoben.

Niedersachsen

AVJM vom 24. November 1970 NdsRpfl 271 **Druck von Grundbucheintragungen in das Loseblatt-Grundbuch**

Von der Möglichkeit, Grundbucheintragungen in das Grundbuch und in das Handblatt einzudrucken sowie gleichzeitig die erforderliche Anzahl von Benachrichtigungen herzustellen, ist bisher kaum Gebrauch gemacht worden. Das Druckverfahren kann jedoch in erheblichem Umfang zur Entlastung der Grundbuchämter beitragen. Ich bestimme deshalb folgendes:

1. Umfangreichere gleichlautende Eintragungen, die gleichzeitig

a) in mindestens 20 neu anzulegenden Grundbuchblättern

oder

b) auf mindestens 20 noch nicht mit Eintragungen versehenen Einlegebogen des Loseblatt-Grundbuchs

vorgenommen werden müssen, können im Wege des Offsetdruckverfahrens ausgeführt werden.

Gedruckte Eintragungen unterscheiden sich nur geringfügig von solchen, die mit Schreibmaschinen gefertigt werden. Es ist daher möglich, das Offsetdruckverfahren auch bei nahezu gleichlautenden Eintragungen anzuwenden und Ergänzungen, die aus wenigen Worten oder Zahlen bestehen, mit Schreibmaschine nachzutragen.

2. Die Entscheidung über die Genehmigung zum Druck von Grundbucheintragungen (Nr 1) übertrage ich gemäß § 21 Abs 1 S 3 der Grundbuchverfügung auf die Behördenleiter der Amtsgerichte. § 10 Abs 2 S 2 der AV über die geschäftliche Behandlung von Grundbuchsachen in der Fassung vom 3. November 1967 NdsRpfl 241 bleibt im übrigen unberührt.

3. Für Druckarbeiten gem Nr 1 ist eine Vervielfältigungsstelle bei dem Amtsgericht Hannover eingerichtet worden.

Die Amtsgerichte, die dieser Stelle Druckaufträge (Nr 4) erteilen dürfen, werden von mir durch besondere Anordnung bestimmt.

4. Für Druckaufträge an die Vervielfältigungsstelle bei dem Amtsgericht Hannover ist der neu in das Vordruckverzeichnis aufgenommene Vordruck GS 156 zu verwenden. Die Drucklegung dieses Vordrucks ist veranlaßt.

Den Aufträgen darf mit Ausnahme der Druckvorlagen (Nr 5) — kein anderes Schriftgut beigefügt werden.

5. Für jede zu druckende Grundbuchseite ist eine einseitig beschriebene Druckvorlage herzustellen, für die unbedrucktes, weißess Papier im Format DIN A 3 mit einem Flächengewicht von höchstens 70 g/qm zu verwenden ist.

Die Druckvorlagen sind mit farbkräftigen, tiefschwarzen Farbbändern auf elektrischen Schreibmaschinen mit einwandfreien, sauberen Typen zu schreiben. Bei der Beschriftung ist dem Vorlageblatt ein entsprechender Einlegebogen des Loseblatt-Grundbuchs unterzulegen, dessen Spalteneinteilung durch das verhältnismäßig dünne Papier des Vorlageblattes durchscheint. Bei der Herstellung der Druckvorlagen ist ferner zu beachten, daß

a) Vorlageblatt und Einlegebogen paßgerecht und kantengenau übereinander liegen,

b) unter dem Kopf der Spalteneinteilung des Einlegebogens eine Zeile (etwa 5 mm) frei gelassen wird,

c) links und rechts neben den Spaltentrennlinien ein unbeschriebener Raum von mindestens je einer Buchstabenbreite (je etwa 3 mm) verbleibt.

Bei nahezu gleichlautenden Eintragungen (Nr 1 Abs 2) muß zur Vermeidung von Schwierigkeiten beim nachträglichen Einfügen des nicht gleichlautenden Textes im Durchschreibeverfahren mit der Schreibmaschine neben dem ausreichenden Raum für den nachzutragenden Text ein zusätzlicher Freiraum von etwa 10 mm (= 5 Leertastenanschläge) berücksichtigt werden.

6. Jede Druckvorlage ist in der Mitte sorgfältig zu knicken, so daß jeder gefaltete Bogen die Größe DIN A 4 erhält. Die Druckaufträge sind mit den Druckvorlagen in Versandtaschen (Vordruckverzeichnis D 42) an die Vervielfältigungstelle bei dem Amtsgericht Hannover zu senden.

7. Die Vervielfältigungsstelle hat bei der Ausführung des Druckauftrages folgendes zu beachten:

a) Der Text der Druckvorlagen ist im elektrostatischen Verfahren auf Offsetdruckfolien zu übertragen.

b) Die zu bedruckenden Einlegebogen des Loseblatt-Grundbuchs müssen so in die Papieranlage der Offsetdruckmaschine eingelegt werden, daß der Heftrand hinten liegt.

c) Der Eindruck des Textes muß registergenau vorgenommen werden.

d) Der Druck auf den Einlegebogen muß mit dem Druck auf den Handblattvordrucken und ggf. auf den Benachrichtigungsvordrucken möglichst paßgenau übereinstimmen.

8. Das Papier der Benachrichtigungsvordrucke ist für das Offsetdruckverfahren nicht gut geeignet. Für Benachrichtigungszwecke können daher ebenfalls Handblattvordrucke bedruckt werden. Bei größeren Auflagen kann auch von den bedruckten Handblattvordrucken erneut eine Offsetdruckfolie zum Druck der erforderlichen Benachrichtigungen auf weißem, unbedruckten Papier hergestellt werden.

9. Die Vervielfältigungsstelle bei dem Amtsgericht Hannover hat von den Vordrucken der Einlegebogen und des Handblattes ständig einen ausreichenden Vorrat zu unterhalten, damit die Druckaufträge reibungslos ausgeführt werden können.

10. Der Druckauftrag ist nach Abschluß der Arbeiten von der Vervielfältigungsstelle bei dem Amtsgericht Hannover mit Erledigungsvermerk zu versehen. Sodann ist von dem Auftrag eine Ablichtung herzustellen, die die Vervielfältigungsstelle in einer Sammelakte aufzubewahren hat. Darnach sind die fertigen Drucke unter Beifügung des Original-Druckauftrags und der Druckvorlagen an das auftraggebende Amtsgericht zu übersenden. Dabei darf das Schriftgut nicht geknickt werden; es ist für den Versand sorgfältig zu verpacken.

11. Die Einlegebogen werden bei den Amtsgerichten (mit Ausnahme des Amtsgerichts Hannover) in entsprechender Anwendung des § 5 Nr 7 der AV vom 20. Juni 1969 NdsRpfl 149 in die Loseblatt-Grundbücher eingefügt. Bei neu anzulegenden Grundbuchblättern ist zu beachten, daß der einzufügende bedruckte Einlegebogen v o r dem entsprechenden, bereits im Loseblatt-Grundbuch befindlichen Einlegebogen eingeordnet werden muß.

12. Die von der Vervielfältigungsstelle bei dem Amtsgericht Hannover benötigten Vordrucke sowie das Papier für den Druck von Benachrichtigungen (Nr. 8), Offsetdruckpapierfolien im Format DIN A 3 und im Format DIN A 4 und Farbe, Chemikalien sind aus Haushaltsmitteln der Vordruckverrechnungsstelle bei dem Amtsgericht Hannover zu bezahlen.

Nordrhein-Westfalen zu Anh 51 S 2889 Fußn 1 Einführung des Loseblatt-Grundbuchs AVJM vom 16. und 17. Dezember 1969 JMBlNRW 1970, 2, 80/16. Februar 1970 JMBlNRW 51/14. Mai 1970 JMBlNRW 140; dazu auch *Nachtrag*
Einschlägig ist auch die AVJM vom 23. Dezember 1968 JMBlNRW 1969, 15

Rheinland-Pfalz AVJM vom 15. Juni 1970 JBl 107 **Druck von Grundbucheintragungen in das Loseblatt-Grundbuch und Druck des Textes von Grundpfandbriefen**

I.

Die Anwendung des Offsetdruckverfahrens für den Druck von Grundbucheintragungen in das Loseblatt-Grundbuch kann in erheblichem Maße zu einer Entlastung der Grundbuchkanzleien beitragen. Dieses Verfahren ist deshalb in allen Fällen anzuwenden, in denen gleichlautende Eintragungen in einer größeren Anzahl von Grundbuchblättern zu fertigen sind. Je nach Umfang der Eintragungen kann der Druck schon dann wirtschaftlich sein, wenn mehr als 5 Grundbuchblätter mit gleichlautenden Eintragungen angelegt werden müssen, zumal auch die Handblätter und Benachrichtigungen gedruckt werden können.

Das Offsetdruckverfahren eignet sich für den Druck von Grundbucheintragungen insbesondere deswegen, weil die Druckvorlage mit einer Schreibmaschine hergestellt und auf fotografischem Wege oder im Kopierverfahren auf die Druckfolie übertragen werden kann. Die gedruckten Eintragungen unterscheiden sich im Schriftbild nur geringfügig von etwaigen Ergänzungen der Eintragungstexte oder anderen Eintragungen, die mit der Schreibmaschine gefertigt werden.

II.

Gemäß § 21 Abs 1 Satz 3 der Grundbuchverfügung übertrage ich die Entscheidung über die Genehmigung zum Druck von Grundbucheintragungen für die Fälle, in denen der Druck mit einer Offsetdruckmaschine in noch nicht mit Eintragungen versehene Einlagebogen des Loseblatt-Grundbuchs vorgenommen werden soll, auf die aufsichtführenden Richter der Amtsgerichte. § 10 Abs 2 der AV über die geschäftliche Behandlung der Grundbuchsachen vom 25. Februar 1936 (DJ 350) — jetzt registriert unter 3851 — I. 5/67 — bleibt im übrigen unberührt.

III.

Der Druck von Eintragungen in das Loseblatt-Grundbuch, der im Offsetdruckverfahren ausgeführt werden soll, wird von der Druckerei des Ministeriums der Justiz ausgeführt.

IV.

Die Grundbuchämter holen in geeigneten Fällen die Genehmigung für den Druck von Grundbucheintragungen ein. Nach Erteilung der Druckgenehmigung übersenden sie der Druckerei unmittelbar den Druckauftrag. In dem Druckauftrag sind die Geschäftsnummer und die benötigten Auflagenhöhen für das Grundbuch, das Grundbuchhandblatt und die Benachrichtigungen anzugeben.

Dem Auftrag ist neben den zu bedruckenden Einlageblättern für jede zu bedruckende Grundbuchseite eine einseitig, spalten- und zeilengerecht geschriebene Druckvorlage beizufügen, für die unbedrucktes, weißes Papier im Format DIN A 3 mit einem Flächengewicht von 60 bis höchstens 70 g/qm zu verwenden ist. Die Druckvorlagen sind mit farbkräftigen, tiefschwarzen Farbbändern auf elektrischen Schreibmaschinen mit einwandfreien und sauberen Typen zu schreiben. Es ist zweckmäßig einen, entsprechenden Einlagebogen des Loseblatt-Grundbuchs unterzulegen, dessen Spalteneinteilung durch das verhältnismäßig dünne Papier der Druckvorlage durchscheint. Beim Schreiben ist darauf zu achten, daß links und rechts der Spaltentrennlinie ein Freiraum von je einer Buchstabenbreite (insgesamt etwa 5 mm) verbleibt, um das Einrichten der Offsetdruckmaschine für einen spaltengerechten Druck zu erleichtern.

Auf der Rückseite jeder Druckvorlage ist in schwacher, nicht durchscheinender Bleistiftschrift zu vermerken:

a) Datum und Geschäftsnummer des Auftrages,

b) die Angabe „Bestandsverzeichnis", „erste Abteilung", „zweite Abteilung" oder „dritte Abteilung", je nachdem, welchen Teil des Grundbuchblattes die Druckvorlage betrifft,

c) die laufende Nummer des Einlagebogens innerhalb des Bestandsverzeichnisses oder der Abteilung,

d) die Angabe „V" (Vorderseite) oder „R" (Rückseite), je nachdem, welche Seite des Einlagebogens bedruckt werden soll.

Die Druckvorlagen und Einlageblätter dürfen nicht geknickt werden; sie sind der Druckerei zwischen festen Pappdeckeln oder in einem festen Karton verpackt zu übersenden.

Zur Vermeidung unnötiger Portoausgaben sind Vordrucke für Handblätter und Benachrichtigungen nicht zu übersenden. Die Vordrucke für Handblätter werden der Druckerei vom Amtsgericht Mainz zur Verfügung gestellt.

V.

Die Druckerei stellt von den übersandten Druckvorlagen Folien her und fertigt die gewünschte Anzahl Drucke. Bei Fehldrucken verwendet sie ungenockte Einlagebogen, die das Amtsgericht Mainz zur Verfügung stellt.

Die Benachrichtigungsvordrucke, die aus dünnem Papier mit einem Flächengewicht von nur 30 g/qm bestehen, können in den Offsetdruckmaschine nicht einwandfrei verarbeitet werden. Die Benachrichtigungen sind deshalb bei kleineren Auflagen auf Handblatt-Vordrucke zu drucken; bei größeren Auflagen ist es jedoch wirtschaftlicher, neue Folien von den bedruckten Einlagebogen oder Handblätter herzustellen und die Benachrichtigungen auf weißes Papier zu drucken. Hierbei ist auf einen paßgenauen Druck zu achten, damit die Ergänzungen in einem Arbeitsgang im Durchschlagverfahren geschrieben werden können.

VI.

Der Text von Grundpfandbriefen kann in geeigneten Fällen mit Genehmigung des aufsichtführenden Richters des Amtsgerichts im Offsetverfahren gedruckt werden.

Steht dem Amtsgericht oder dem Landgericht am Ort eine geeignete Offsetdruckmaschine zur Verfügung, so ist der Druck grundsätzlich mit dieser Maschine auszuführen. Ein vom Behördenleiter zu bestimmender Beamter des Grundbuchamtes hat den gesamten Druckvorgang zu überwachen; dieser Beamte ist Empfänger der Briefvordrucke (Spalte 6 und 7 der Ausgabenachweisung) und für ihren Verbleib verantwortlich.

In den anderen Fällen ist die Druckerei des Ministeriums der Justiz unmittelbar zu beauftragen. Im Druckauftrag sind die Stückzahl, die Gruppe und die Nummern der beigefügten Briefvordrucke sowie die gewünschte Auflage anzugeben. Für jede Seite, die in den Briefen zu bedrucken ist, ist eine Druckvorlage herzustellen. Der Druckauftrag, dem die Druckvorlagen sowie die Brievordrucke in der gewünschten Anzahl mit einigen Überstücken beizufügen sind, ist durch die Post als nachzuweisende Sendung gegen Rückschein oder durch Boten gegen Empfangsbekenntnis an den Leiter der Druckerei zu übersenden.

Der Leiter der Druckerei hat die Sendung dahin zu überprüfen, ob die Briefvordrucke vollzählig und ihre Gruppen- und Nummernbezeichnung zutreffend angegeben sind. Bei

Unstimmigkeiten hat er sich unverzüglich mit dem auftraggebenden Grundbuchamt in Verbindung zu setzen. Der Leiter der Druckerei, der als Empfänger der Briefvordrucke gilt (Spalte 6 und 7 der Ausgabenachweisung), hat für die sichere Verwahrung der Briefvordrucke zu sorgen und ist für ihren Verbleib verantwortlich. Er hat den gesamten Druckvorgang zu überwachen und sicherzustellen, daß jeder Mißbrauch ausgeschlossen ist.

Nach Erledigung des Druckauftrages sind die Briefvordrucke — einschließlich der unbrauchbar gewordenen oder nicht bedruckten Stücke — als nachzuweisende Sendung gegen Rückschein oder durch Boten gegen Empfangsbekenntnis an das auftraggebende Grundbuchamt zurückzusenden.

VII.

Meine RV vom 22. September 1967 (3851 — I. 60/67) wird hierdurch gegenstandslos.

Schleswig-Holstein zu Anh 55 S 2910 Fußn 1 Einführung des Loseblatt-Grundbuchs AVJM vom 22. April 1968 SchlHA 117/26. Januar 1970 SchlHA 54

Seite 534 ff. — **§ 3 Bem 161 ff.**

Bestandsverzeichnis Ergänzung S 1017/1018

Änderung des Bestandsverzeichnisses des GBBlattes Hamburg AVLJV vom 28. Januar 1965 JVBl 24, Hessen RdErlJM vom 13. Januar 1965 JMBl 65, Rheinland-Pfalz AVJM vom 20. Januar 1965 IBl 42, Saarland LVJM vom 18. Januar 1965 JBl Saar 34, Schleswig-Holstein AVJM vom 11. Juni 1965 SchlHA 167

Hiernach wird nach § 6 Abs 3 (a) GBVfg (*GT 4*) folgendes angeordnet:

In dem Bestandsverzeichnis des Grundbuchblattes fällt die Unterspalte 3d (GebB) weg.

Die Unterspalte 3c erhält die Bezeichnung „c/d" und die Überschrift „Liegenschaftsbuch".

Der durch den Wegfall der Unterspalte 3d gewonnene Raum wird der Unterspalte 3e (Wirtschaftsart und Lage) zugeschlagen.

Die Spalte 3 des Bestandsverzeichnisses des Grundbuchblattes (Erbbaugrundbuchblattes) ist somit abweichend von den Mustern der Anlage zur Grundbuchverfügung wie folgt zu führen:

Bezeichnung der Grundstücke und der mit mit dem Eigentum verbundenen Rechte				
Gemarkung (Vermessungsbezirk)	Karte Flur	Flurstück	Liegenschaftsbuch	Wirtschaftsart und Lage
a	b		c/d	e
3				

Die bereits angelegten Grundbuchblätter sind nicht anzupassen.
Noch vorhandene Vordrucke sind unverändert aufzubrauchen.

Seite 555/556 — **§ 3 Bem 203**

Württemberg

AVJM vom 13. März 1970 Justiz 98 **Vordrucke für das Grundstücksregister** nach § 48 GBVO[1]) — gilt nur für den OLGBezirk Stuttgart —

Das Grundstücksregister nach § 48 GBVO (Flurstücksregister und Gebäuderegister) erhält künftig die Fassung und Raumeinteilung der bei der Druckerei des Landesgefängnisses Ludwigsburg aufliegenden Vordrucke BestNr 1670 I, 1670 II, 1670 III und 1670 IV. Die Vordrucke, die im Format DIN A 4 gehalten sind, sind in Schraubbänden (BestNr 1670 V) zu führen.

Die bisherigen Vordrucke können von den Grundbuchämtern weiter verwendet werden, die ihre Grundstücksregister nicht umstellen und neu anlegen.

Es ist darauf hinzuweisen, daß beim Kopf der Register jeweils die klein aufgedruckte Bezeichnung (unten) abgedruckt ist. Bei den doppelseitig bedruckten Einlagebogen ist auf jeder Seite für 6 gesonderte Eintragungen Raum (3,5 cm mit 5 Zeilen).

1. Vordruck

Amtsgerichtsbezirk ....

Grundbuchamt ....

Flurstücksregister

Nr. 1670 I Flurstücksregister - Titelbogen - 7. 70 - VL - 250

Flurstück Nr.	Grundbuch	Nr.	Grundbuch	Nr.	Grundbuch	Nr.	Grundbuch	Nr.	Grundbuch	Bem.

Nr. 1670 II Flurstücksregister - Einlagebogen - 7. 70. - VL - 2000

[1]) § 48 GBVO ist abgedruckt unter GT 24/*ErgVerz*

2. Vordruck

Amtsgerichtsbezirk ....

Grundbuchamt ....

Gebäuderegister

Nr. 1670 III Gebäuderegister - Titelbogen - 7. 70. - VL - 250

Gebäude Nr.	Grundbuch	Nr.	Grundbuch	Nr.	Grundbuch	Nr.	Grundbuch	Nr.	Grundbuch	Bem.

Nr. 1670 IV Gebäuderegister - Einlagebogen - 7. 70. - VL - 2000

Seite 556 — **§ 3 Bem 204**

Grundbuch 2. Abteilung LitHinweise *Sichtermann* Bedeutung und Behandlung der Eintragungen in Abt II des Grundbuches 5. Aufl (Deutscher Sparkassenverlag Stuttgart 1968 Sparkassenhefte Nr 14) 26ff. Die einzelnen Eintragungen in der 2. Abteilung: die dinglichen Rechte, Vormerkungen und Widersprüche sowie Verfügungsbeschränkungen.

Seite 560 — **§ 3 Bem 213**

Eine Eintragung einer Eigentumsänderung auf Grund eines Beschlusses, der die Enteignung eines Grst anordnet, muß die Ausführungsanordnung der Enteignungsbehörde als Grundlage der Eintragung bezeichnen, **KG** NJW 1966, 1033 = Rpfleger 1967, 115 = DRspr IV (473) 94c.

Seite 577 — **§ 3 Bem 234**

Aufbaugrundschulden Ergänzung S 1018

Seite 588 ff. — **§ 3 Bem 248 ff.**

Eintragungsverfügung Hier ist die Neufassung des RpflG 1969/1970 (*Anh 137*) zu berücksichtigen.

Seite 589 — **§ 3 Bem 249**

Zuständig zum Erlaß ist nunmehr der RPfleger, dem die GBSachen voll übertragen sind, § 3 Z 1 (h) RpflG 1969/1970 (*Anh 137*); dazu § 1 Bem 40, 43 ff., 77 ff./*ErgVerz* sowie Kommentierung von *Eickmann-Riedel* RpflG (E 25 ff./*ErgVerz*). Der Richtervorbehalt des § 17 RpflG 1957 (*Anh 138*) kam in Wegfall.

Seite 590 ff. — **§ 3 Bem 251**

Wortlaut der Eintragungsverfügung Ergänzung S 1018

Zur **Fassung der GBEintragung** hat **BGH** Rpfleger 1967, 111 (*Haegele*) = BB 1967, 263 mit Recht klarstellend ausgesprochen, daß das GBA an Fassungsvorschläge des Beteiligten nicht gebunden ist, daß es vielmehr nach seinen Ermessen bei der Fassung des Eintragungsvermerks zu bestimmen hat, was in den Vermerk selbst aufzunehmen ist und was durch Bezugnahme auf die Eintragungsbewilligung mittelbar zur Eintragung zu bringen ist; ebenso **OLG Oldenburg** NdsRpfl 1966, 267 = NJW 1966, 2410, **LG Dortmund** NJW 1965, 1233 = Rpfleger 1965, 175 (*Haegele*). Dies ist die hM, die sich durchgesetzt hat und die nach der Entscheidung durch den BGH kaum mehr bekämpft werden kann. Überholt ist daher **SchlHOLG** SchlHA 1964, 163 = DNotZ 1964, 498 (*Hamelbeck*) = BB 1965, 523 (*Ripfel* ablehnend) = Rpfleger 1964, 82 (*Haegele* ablehnend), wonach für den Regelfall eine Bindung anerkannt wird. Dazu *Riedel* Zur Anwendung der §§ 133, 157, 242 BGB in GBVerfahren Rpfleger 1966, 356, Zur Auslegung von Erklärungen nach §§ 133, 157, 242 BGB Rpfleger 1967, 6, auch § 13 Vorbem 13/*ErgVerz*.

Die Abfassung der Verfügungen und GBEintragungen hat in verständlicher Textierung zu erfolgen, die sog Juristensprache wird man gerade in GBSachen vermeiden; dazu allgemein *Roesch* Die Verunschönerung der deutschen Sprache durch den Juristen MDR 1970, 298. Wenn man auch heutzutage in der Textierung großzügig verfährt, wie auch die auf laienhaften Ausdrücke in modernen Gesetzen zeigen, so sollte man doch die Gedichtform vermeiden und nicht zulassen; dazu **LG Köln** DNotZ 1970, 310 bez einer Handelsregistersache.

Seite 593 — **§ 3 Bem 256**

Äußere Form der Eintragung Kugelschreiber

Baden-Württemberg AVJM vom 4. März 1957 Justiz 115/15. Dezember 1965 Justiz 1966, 9/20. Dezember 1965 Justiz 1966, 11, RdErlJM vom 29. Juli 1966 — 3240 I/268, AVJM vom 24. November 1966 Justiz 1967, 2 Verwendung von Kugelschreibern und Filzschreibern

Bayern BekJM vom 12. Mai 1966 JMBl 72 — zu BayBSVJu Bd I Abschn C 8 Verwendung von Kugelschreibern und Filzschreibern

Niedersachsen AVJM vom 31. März 1952 NdsRpfl 64/20. Juli 1959 NdsRpfl 171/13. Dezember 1961 NdsRpfl 1962, 6 (VorschrVerz 3/55)/5. März 1966 NdRspfl 79 Verwendung von Kugelschreibern und Filzschreibern

Farbband

Nordrhein-Westfalen RdVfgJM vom 13. Juli.1963 — 1400 I B/108 — Verwendung farbkräftiger Farbbänder für die Fertigung von GB- und Registereintragungen von sonstigen Schriftstücken mit der Schreibmaschine (Hinweis JMBlNRW 1963, 108)

Seite 593 **§ 3 Bem 257**

Stempel

Baden-Württemberg AVJM vom 30. Juli 1969 Justiz 182/4. Februar 1960 Justiz 38/7. Oktober 1965 Justiz 316/31. Juli 1967 Justiz 188 Stempelverwendung für Eintragungen im GB

Bayern BekKM vom 24. Februar 1966 — zu BayBSVJu Bd III Abschn D 1 Verwendung von Stempeln zu GBEintragungen.

Die Verwendung von Stempeln ist daher sehr wichtig und kommt vor allem bei Masseneintragungen gleicher Art in Betracht. In heutiger Zeit lassen sich solche Eintragungen nicht vermeiden, zumal bei Siedlungen viele gleichartige Verträge geschlossen werden, die auch zu gleichen GBEintragungen führen. Dasselbe gilt insbes auch bei Verträgen der Bausparkassen zur Finanzierung von Grundstücken, auch wenn es etwa nachträglich geschieht, daß auf beliehenen Grundstücken unverzinsliche Buchgrundschulden von geringer Höhe eingetragen werden, um zu erreichen, daß im Falle der Einleitung eines ZVerstVerfahrens Verständigungen von Amts wegen erfolgen, da andernfalls nur abgetretene Eigentümergrundschulden ohne GBEintragung in Betracht kommen und Benachrichtigungen von ZVerstVerfahren oft sehr spät erfolgen. In solchen Fällen kann das GBAmt die Eintragungen nicht ablehnen, weil es eine zusätzliche Belastung bedeuten würde, die unzumutbar sei oder die bei Stattgabe auch anderweitig zur Nachahmung anregen könnte, also ein Mißbrauch der Inanspruchnahme des GBAmts vorliege. Das GBAmt muß solchen Eintragungsanträgen stattgeben und hat keinen Grund zur Ablehnung. Mit Hilfe der Verwendung von Stempeln lassen sich solche gleichartige Anträge erledigen, soweit nicht ein Druckverfahren verwendet wird (*§ 3 Bem 120* mit *ErgVerz*).

Seite 602ff. **§ 3 Bem 275ff.**; dazu auch *Nachtrag*

Bezeichnung im GB

Natürliche Personen Der Bezeichnung des Berechtigten im GB dient auch die Eintragung seines Doktortitels; wenn dieser akademische Grad erst nach der GBEintragung erworben wird, ist er auf Antrag im Wege der Klarstellung nachträglich einzutragen, **LG Hamburg** Rpfleger 1969, 94 = DRspr IV (473) 106e. Bei einer Frau genügt regelmäßig die Bezeichnung *Ehefrau* oder *Witwe*, wenn sie keinen eigenen Beruf ausübt; es kann jedoch nach Ermessen des GBA Angabe des sozialen Standes oder einer sonstigen Bezeichnung, wie *Hausfrau*, veranlaßt sein, **OLG Hamm** NJW 1962, 1625 = Rpfleger 1962, 274 (*Haegele*) = DB 1962, 869 = JurBüro 1962, 633.

Zur Geschlechtsumwandlung und Namensänderung **OLG Frankfurt aM** NJW 1969, 1575 = FamRZ 1969, 412 = StAZ 1969, 338 = MDR 1969, 670 Ls. Beruht eine operative äußere Geschlechtsumwandlung auf einer abnormen Persönlichkeitsentwicklung (echter Transvestitismus), nicht aber auf einer nachweisbaren biologischen Grundlage, so ist eine Berichtigung des Geburtseintrags ausgeschlossen.

Seite 610/611 — **§ 3 Bem 288**

Juristische Person

Auch wenn eine Aktiengesellschaft mehrere Zweigniederlassungen hat, so ändert sich an dem Sitz der Gesellschaft nichts; sie hat nicht an jedem Ort einer Zweigniederlasssung ihren Sitz, sondern auch in diesem Fall nur einen Sitz. Daher genügt es bei Eintragungen im GB nicht, die Zweigniederlassung wie im Handelsregister zu bezeichnen; vielmehr ist die ausdrückliche Angabe des Sitzes der Gesellschaft erforderlich, **LG Bochum** NJW 1969, 1492. Bei Eintragungen im GB für die Zweigniederlassung einer AG ist auch der Sitz der Gesellschaft anzugeben; hierbei ist jedoch kundzumachen, daß dieses Recht zu dem der Zweigniederlassung zugeordneten Vermögen gehört, **SchlHOLG** NJW 1969, 2151 Ls, **LG Bochum** aaO, **LG Lübeck** SchlHA 1967, 183 = DRspr IV (473) 96c, **aA** (zu Unrecht) **LG Bonn** NJW 1970, 570 = DNotZ 1970, 663, ihm folgend *Woite* GBEintragungen für Zweigniederlassungen NJW 1970, 548. Hier wird die Frage der Zweigniederlassung mit der des mehrfachen Sitzes verquickt. Soweit mehrere Sitze bestehen, muß aus der Eintragung im GB hervorgehen, um welchen Sitz es sich handelt. Die Rechtsfähigkeit einer in Lichtenstein gegründeten juristischen Peron — Anstalt lichtensteinischen Rechts — bestimmt sich gemäß Art 7ff. EGBGB jedenfalls dann nach deutschem Recht, wenn die juristische Peron von vornherein ihren tatsächlichen Verwaltungssitz ausschließlich in der BRD hat, **BGH** BGHZ 53, 181 = NJW 1970, 998 (*Langen* ablehnend) = MDR 1970, 403 = DNotZ 1970, 290 = LM Art 7ff. EGBGB Nr 34 (*Mattern*).

Seite 611/612 **§ 3 Bem 289**

Handelsgesellschaften

Meldet eine KG bei einem Amtsgericht, in dessen Bezirk sich weder der Sitz der Gesellschaft noch eine Zweigniederlassung befindet, zur Eintragung in das Handelsregister an, daß sie ein im Bezirk dieses Gerichts bestehendes Unternehmen einer anderen Personalgesellschaft unter dessen Firma fortführt, so ist diese Anmeldung schon nach dem Registerverfahrensrecht zurückzuweisen, **BayObLG** NJW 1971, 147.

Seite 612ff. **§ 3 Bem 290**; dazu auch *Nachtrag*

Juristische Person des öffentlichen Rechts Ergänzung S 1017

Zur Bundespost ist auf das Ges über das Postwesen (PostG) vom 28. Juli 1969 BGBl I 1006 = SaBl 1362 hinzuweisen. Im übrigen § 32 Bem 57/*ErgVerz*

Zum Klammerzusatz bei der Eintragung einer juristischen Person im GB **LG Bochum** Rpfleger 1961, 46, auch *§ 32 Bem 68a*, ferner **OLG Saarbrücken** JBl Saar 1967, 110 = NJW 1967, 1378 = OLGZ 1967, 112 (Unzulässigkeit der Eintragung des Zusatzes „Bundestreuhandstelle für den Bergarbeiterwohnbau“).

Landesrecht über GrstVerzeichnisse ua: Bayern BekJM vom 18. März 1969 JMBl 128 — zu BayBSVJu Bd VI Abschn A 2 Anlage und Führung eines Staatsgrundbesitzverzeichnisses, Hessen RdErlJM vom 5. April 1963 JMBl 52/1. Februar 1965 JMBl 55 Grundbesitzverzeichnis des Landes Hessen, Niedersachsen BekJM vom 14. Mai 1963 NdsRpfl 124/20. Mai 1964 NdsRpfl 128/8. Juni 1965 NdsRpfl 148 Eintragung landeseigener Grundstücke oder Rechte im GB, Nordrhein-Westfalen AVJM vom 10. Juli 1969 JMBlNRW 169 Bezeichnung von Behörden und Behördenleitern bei Gerichten und Staatsanwaltschaften, Rheinland-Pfalz AVJM vom 22. April 1964 JBl 107/10. Februar 1969 JBl 31 Bestimmungen über die Verwaltung und den Nachweis des Grundvermögens des Landes (Landesgrundbesitzverzeichnis). Im übrigen § 3 Bem 56ff., § 32 Bem 58ff./*ErgVerz*

Seite 621ff. **§ 3 Bem 299ff.**

Bezugnahme auf Eintragungsbewilligung

Wenn im GB auf die Eintragungsbewilligung Bezug genommen wird, so wird diese Teil der Eintragung, **BGH** WM 1968, 1087. Es kann bei der Bezugnahme auch eine Auslegung in Frage kommen; dazu **BGH** NJW 1965, 2398 = MDR 1966, 135 = JR 1966, 22 = DNotZ 1966, 486 = BB 1965, 1329 = DB 1966, 1391 = LM § 874 BGB Nr 5 bez einer Dienstbarkeit (Baubeschränkung nicht in Gebäudebenutzungsbeschränkung umdeutbar). Bei einem dinglichen Vorkaufsrecht braucht die Vererblichkeit nicht in das GB selbst aufgenommen zu werden, **OLG Düsseldorf** Rpfleger 1967, 13 (*Haegele*) = BWNotZ 1967, 30 Ls. Bei Nebenleistungen eines Grundpfandrechts muß der GBEintrag klar sein; über die Zulässigkeit einer Bezugnahme **OLG Bremen** DNotZ 1965, 566, **OLG Karlsruhe** Rpfleger 1968, 352 (*Haegele*), **OLG Oldenburg** NdsRpfl 1966, 267, **LG Duisburg** DNotZ 1969, 756, **SchlHOLG** SchlHA 1964, 163 = DNotZ 1964, 498 (*Hamelbeck* abl) = Rpfleger 1964, 82 (*Haegele* abl) = BB 1965, 523 (*Ripfel* abl), SchlHA 1965, 14, *Bleckert* Inwieweit ist bei Nebenleistungen einer Hypothek die Bezugnahme auf die Eintragungsbewilligung zulässig? Rpfleger 1965, 330. Das Bewilligungsdatum der Eintragungsbewilligung ist in das GB nicht einzutragen, Bezugnahme genügt, **aA** (zu Unrecht) **LG Bielefeld** Rpfleger 1966, 265 (*Meyer-Stolte* abl).

Seite 632 ff. — **§ 3 Bem 321 ff.**

Eintragung einer Hypothek LitHinweise *Fuchs* Zur Vereinfachung der Grundkreditformulare DNotZ 1969, 133, *Hammer* Bemerkungen und Vorschläge zur Vereinfachung der heute üblichen Grundkreditformulare DNotZ 1964, 324, *Westermann* Verdeckte Nachverpfändung von Grundstücken NJW 1970, 1023.

Seite 633 — **§ 3 Bem 321 c**

Zum Wesen der Hypothek gehört, daß sie eine Geldforderung sichert. Eine Hypothek kann nur zur Sicherung einer Geldforderung, nicht daneben zur Sicherung anderer Ansprüche bestellt werden, selbst wenn diese in ihrem Endzweck der Sicherung der Hypothek dienen, **BayObLG** BayObLGZ 1967, 48 = NJW 1967, 1373 = MDR 1967, 493 = DNotZ 1967, 48 = BWNotZ 1967, 207 Ls = OLGZ 1967, 342 Ls.

Seite 636 ff. — **§ 3 Bem 325 ff.**

Bei Eintragung einer befristeten Nebenleistung einer Hypothek usw ist die Angabe erforderlich, für welchen Zeitraum die Nebenleistung zu erbringen ist, **OLG Karlsruhe** Rpfleger 1968, 352 (*Haegele*) = DNotZ 1969, 36 = BWNotZ 1968, 312 Ls = DRspr I (154) 84b, **OLG Zweibrücken** Rpfleger 1968, 390 (*Haegele*) = BWNotZ 1969, 44 Ls, wobei die Höhe der Nebenleistung und der Befristungszeitraum in das GB einzutragen sind, **BGH** DNotZ 1969, 36, **OLG Karlsruhe** aaO. Mehrere Nebenleistungen müssen gesondert neben den Zinsen aus dem GB ersichtlich sein, eine Zusammenfassung wäre unzulässig, **OLG Karlsruhe** DNotZ 1969, 38. Wenn die Nebenleistung einer Hypothek nach einem Hundertsatz des ursprünglichen Darlehenskapitals bestimmt ist, so bedarf es keiner Aufnahme in den GBVermerk, daß für die Berechnung der Nebenleistung das Ursprungskapital maßgebend ist; in dem GBVermerk braucht ferner eine Tilgungshypothek nicht als solche bezeichnet zu werden, **BGH** BGHZ 47, 41 = NJW 1967, 925 = MDR 1967, 479 = BB 1967, 263 = DB 1967, 502 = WM 1967, 239 = DNotZ 1967, 753 = Rpfleger 1967, 111 (*Haegele*) = JurBüro 1967, 396 = BWNotZ 1967, 121 = DRspr I (154) 77ab = LM § 1115 BGB Nr 5 (*Mattern*). Ist bei einer Grundschuld eine zusätzlich zum Grundschuldkapital aus dem Grst zu leistenden Geldleistung zu erbringen, so ist sie eintragungsfähig; dazu **SchlHOLG** SchlHA 1968, 260. Ist bei einer Hypothek neben einem Säumniszuschlag von 1% jährlich des ursprünglichen Darlehensbetrags eine für jedes angefangene Kalenderjahr zu zahlende Bürgschaftsgebühr von 0,1% des ursprünglichen Darlehensbetrags zu entrichten, so können beide Nebenleistungen im GB mit dem Vermerk *mit bis zu 1,1% jährlichen Nebenleistungen* zusammengefaßt werden, wenn im übrigen auf die Eintragungsbewilligung Bezug genommen wird, **LG Bielefeld** Rüfleger 1970, 335. Im übrigen § 3 Bem 299 ff. /*ErgVerz.*

Seite 645/646 — **§ 3 Bem 332**

Eine Sicherungshypothek nach § 648 BGB steht jedem zu, der die Herstellung eines Bauwerks oder eines Teils eines solchen durch Vertrag mit dem GrstEigentümer übernommen hat, **BGH** MDR 1951, 728 = LM § 648 BGB Nr 1, auch dem Architekten, der alle Architektenleistungen von der Planung bis zur örtlichen Bauleitung erbracht hat, für seine Gebühren, **BGH** BGHZ 51, 190 (wV aaO § 13 Vorbem 80ff./*ErgVerz*), ferner *Schmalzl* Bauwerkshypothek für den Architekten? MDR 1968, 14.

Seite 646ff. — **§ 3 Bem 334**

Zur dinglichen Unterwerfungsklausel *Werner* Die Rechtsnatur der notariellen Unterwerfungsklausel DNotZ 1969, 713, zur Beurkundung **OLG Celle** sowie **LG Hamburg** und **AG Hamburg** DNotZ 1968, 102ff. (*Stoll*); die Unterwerfung eines GrstEigentümers unter die sofortige ZwV kann in einer gerichtlichen oder notariellen Urkunde auch durch Bezugnahme auf eine andere solche Urkunde erfolgen, **AG Osterode** NdsRpfl 1968, 110. Haben sich Gesamtschuldner in einer notariellen Urkunde — Schuldbekenntnis mit Hypothekenbestellung — der sofortigen ZwV unterworfen, so kann derjenige Miterbe nach einem dieser Gesamtschuldner, der den Gläubiger befriedigt, selbst unter Vorlage einer die Zahlung ausweisenden öffentlich beglaubigten Urkunde und eines die Erbteile bezeichnenden gemeinsamen Erbscheins keine vollstreckbare Ausfertigung für sich gegen die anderen Miterben im Verhältnis der Erbteile verlangen, da der Erbschein hier nur ausweist, daß er als Miterbe bezahlt hat, nicht aber, ob und in welchem Umfang die anderen Miterben ihm gegenüber ausgleichspflichtig sind, **BayObLG** MDR 1970, 934 = Rpfleger 1970, 234.

Seite 651/652 — **§ 3 Bem 338**

Zur Tilgungshypothek **BGH** DNotZ 1970, 403, nämlich zur Frage, ob der Darlehensnehmer ein Baudarlehen ohne Zustimmung des Gläubigers vorzeitig zurückzahlen kann, wenn das Darlehen vom Bund als Tilgungsdarlehen aus Wohnungsfürsorgemitteln zur Beschaffung von Wohnungen für Bundesbedienstete unter Begründung eines Wohnungsbesetzungsrechts und Vereinbarung einer besonderen Mietberechnung gewährt worden ist. Die Eintragung einer Tilgungsgrundschuld ist zulässig, **LG Bochum** Rpfleger 1970, 335 (*Haegele*). Im GBVermerk braucht eine Tilgungshypothek nicht als solche bezeichnet zu werden, **BGH** aaO § 3 Bem 325ff./*ErgVerz*.

Das Gegenstück zu einer Tilgungshypothek bildet eine Hypothek mit Anwachsung von Kapital, indem nicht Tilgung erfolgt, sondern anstelle von Tilgung die nicht bezahlten Zinsen zum Kapital geschlagen und das erhöhte Kapital jeweils verzinst wird. So wächst die Kapitalschuld und, soweit dingliche Sicherung besteht, die Höhe der dinglichen Sicherung, deren Umfang sich dauernd erweitert. Damit das Grundgeschäft wirsam ist, das einer etwaigen dinglichen Sicherung zugrundeliegt, rechtsgültig ist und nicht gegen ein gesetzliches Verbot verstößt, muß § 248 BGB bez des Verbots von Zinseszinsen beachtet werden, § 134 BGB; dazu *Staudinger-Weber* BGB § 248 Bem 29. Da nur das Verbot der Vereinbarung von Zinseszinsen im voraus besteht, ist es erforderlich, daß eine gesetzmäßige Vereinbarung in einem solchen Falle getroffen wird. Zulässig ist es, im voraus Zinsen im voraus zu zahlen und dem Kapital zuzurechnen (dazu *Staudinger-Weber* aaO Bem 5) und den Gesamtbetrag dinglich zu sichern. Ein anderer Weg wäre der, Zinsrückstände entstehen zu lassen und nachträglich diese in ein Darlehen umzuwandeln (dazu *Staudinger-Weber* aaO Bem 2); es kann dann die ursprüngliche Hypothek erweitert werden durch Kapitalvergrößerung, wenn kein neues Recht zwischenzeitlich eingetragen wurde und Rangvorbehalt nach § 881 BGB besteht (*§ 45 Bem 52ff.*). Die für Einlagen bei Sparkassen usw nach § 248 Abs 2 BGB bestehenden Ausnahmen sind hier nicht einschlägig. Es erscheint daher in solchem Falle zweckmäßig, nicht eine gewöhnliche Verkehrshypothek, sondern eine Grundschuld, insbes eine Höchstbetragsgrundschuld (*§ 3 Bem 350* mit *ErgVerz*) eintragen zu lassen. Dann kann ein Anwachsen der ursprünglichen Schuld in gesetzmäßiger Weise erfolgen und es ist die entsprechende dingliche Sicherung für später vorhanden.

Seite 662ff. — **§ 3 Bem 346**

Zur Einheitshypothek *Siegelmann* Die Einheitshypothek BlGBW 1969, 90. Daß bei 2 Hypotheken der Zeitpunkt des Beginns der Verzinsung ein verschiedener ist, steht der Zusammenfassung zu einer Gesamthypothek nicht entgegen, **LG Hof** Rpfleger 1964, 375 (*Haegele*).

Seite 672ff. — **§ 3 Bem 349**

Die Umwandlung einer Eigentümergrundschuld in eine Fremdgrundschuld bedarf der Einigung und Eintragung sowie der Abtretung des Grundpfandrechts an den neuen Gläubiger, die vorherige Eintragung des Eigentümers als Grundschuldgläubiger ist nicht erforderlich; wird eine Eigentümergrundschuld unter gleichzeitiger Umwandlung in eine Fremdgrundschuld abgetreten und ist die Umwandlung nichtig, etwa mangels Bestimmtheit der Hypothekenforderung, so hängt es vom Willen der Beteiligten im Erklärungszeitpunkt ab, ob die Grundschuld als solche auf den Abtretungsempfänger übergegangen oder beim Eigentümer verblieben ist, **BGH** NJW 1968, 1674 = MDR 1968, 744 = BB 1968, 769 Ls = WM 1968, 831 = DNotZ 1969, 34 = Rpfleger 1968, 277 = BWNotZ 1968, 218 Ls = LM § 1198 Nr 2/3 = DRspr I (154) 82fg.

Seite 677ff. — **§ 3 Bem 350**

Eintragung einer Grundschuld

Eine Grundschuld, die zur Sicherung von Geldforderungen dient, wird durch Zahlungen des GrstEigentümers an den Gläubiger nur insoweit zur Eigentümergrundschuld, als die Zahlungen nicht auf die persönliche Forderung, sondern auf die Grundschuld selbst geleistet worden sind; für letzteres kann, wenn der Eigentümer nicht persönlicher Schuldner ist, die Interessenlage sprechen, **BGH** MDR 1968, 35 = DNotZ 1968, 306 = WM 1967, 955 = WarnR 1967 Nr 188 = BWNotZ 1967, 254 Ls = LM § 242 (Bb) Nr 53. Ist für einen Kreditgeber eine Hypothek eingetragen und ihm der Hypothekenbrief ausgehändigt worden, bevor der Kredit ausbezahlt wurde, so kann ein Zwischenkredit durch Abtretung der (vorläufigen) Eigentümergrundschuld und des Anspruchs auf Briefherausgabe dinglich gesichert werden; die Abtretung ist schon vor der Eintragung der Hypothek möglich, **BGH** BGHZ 53, 60 = NJW 1970, 322 = MDR 1970, 221 = BB 1970, 106, 231 = DNotZ 1970, 148 = Rpfleger 1970, 59 = LM § 1163 BGB Nr 7 (*Mattern*). War bei einer durch Grundschuld gesicherten Forderung zunächst auf die Forderung gezahlt, so kann nachträglich vereinbart werden, daß die Zahlung zugleich als auf die Grundschuld geleistet gelten soll; dadurch wird die Grundschuld zur Eigentümergrundschuld, und zwar gilt dies auch bei Zahlung durch einen Dritten, jedenfalls dann, wenn alle Beteiligten — Eigentümer und Schuldner, Gläubiger, Dritter — über die Zweckänderung einig sind, **BGH** NJW 1969, 2237 = MDR 1970, 34 = JZ 1969, 744 = DNotZ 1970, 106 = Rpfleger 1969, 423 = LM § 1192 BGB Nr 6. Leistet ein GrstKäufer, der vertraglich die Grundschuld eines Dritten übernommen hat, vor Erwerb des Eigentums Zahlungen an den Dritten, so kommt es für die

Frage, ob auf die Grundschuld geleistet worden und infolgedessen die dingliche Belastung in Höhe der gezahlten Beträge als Eigentümergrundschuld auf den Verkäufer übergegangen ist, nicht darauf an, zu welchem Zweck der Käufer gezahlt hat; maßgebend ist vielmehr, ob der bisherige Eigentümer mit den Zahlungen des Käufers als eigene Leistung die Grundschuld als solche ablösen wollte, **BGH** MDR 1968, 396 = BB 1968, 273 = LM § 1143 Nr 3 in Ergänzung zu **BGH** WM 1960, 1092/1067, 955. Zur Frage der Bestimmtheit der Eintragungsbewilligung bei Grundschuldzinsen **LG Coburg** DNotZ 1970, 355, zur Tilgungsgrundschuld **LG Bochum** Rpfleger 1970, 335 (*Haegele*), zur Nichtvalutierung einer zur Sicherung eines laufenden Kreditverhältnisses bestellten Grundschuld (Höchstbetragsgrundschuld) **OLG Köln** JMBlNRW 1970, 41 = DNotZ 1970, 419 = DRspr I (154) 93cd.

Seite 733ff. — **§ 3 Anh II Bem 446ff.**

Wohnungseigentum

Bez Neuerungen durch das **RpflG** und das **BeurkG** wird auf die Verweisungen bei Bem zu § 2/*ErgVerz* verwiesen.

Ergänzung S 1018

Seite 734 — **§ 3 Bem 446**

Weitere LitHinweise *Andresen* Das Dauerwohnrecht als dingliche Sicherung für eine Bierlieferungsverpflichtung DB 1966, 1759, *Bischoff* Das Wohnungseigentum BlGBW 1966, 224, *Diester* Die Rspr zum WEG (Beckverlag 1967), Günstige Fortentwicklung des Wohnungseigentums NJW 1965, 793, Die Rspr zu den gbrechtlichen Fragen des WEG Rpfleger 1967, 270 (auch als Sonderdruck erschienen), Wiedergabe von Verfügungs- und Veräußerungsbeschränkungen bei Bildung des Briefs für eine Grundschuld an einem Wohnungseigentum und Wohnungserbbaurecht Rpfleger 1968, 41, Die Geltendmachung von Ansprüchen der Wohnungseigentümer gegen den abberufenen Verwalter auf Auskunftserteilung, Rechnungslegung und Herausgabe von Unterlagen, Rpfleger 1970, 55, *Diester-Weitnauer* Wiedergabe von Veräußerungsbeschränkungen nach § 12 WEG im GB und im Hypothekenbrief Rpfleger 1966, 205, *Giese* Umwandlung von Mietwohnungen in Eigentumswohnungen BB 1968, 1271, Prüfungspflicht des GBAmts, wenn das Recht der WEigentümer zur Kündigung des Verwalters aus wichtigem Grund durch die Teilungserklärung unzulässigerweise eingeschränkt ist, Rpfleger 1968, 348, *Hurst* Mit — Sondereigentum und abgesondertes Miteigentum noch ungelöste Probleme des WEG? DNotZ 1968, 131, 286, *Kapellmann* Rechtswegprobleme vor endgültiger Begründung des Wohnungseigentums (§ 43 WEG) MDR 1969, 620, *Karstädt* Die Vertragsgestaltung bei Wohnungseigentum in Schleswig-Holstein BlGBW 1964, 297, Günstige Entwicklung des Wohnungseigentums? BlGBW 1965, 45, Wohnungseigentum am Scheidewege SchlHA 1966, 147, Wohnungseigentum — Grundsätze über Teilungserklärungen der Praxis MDR 1965, 256, Entwicklungsprobleme des Wohnungseigentums MDR 1967, 366, *Kürzel* Veränderung des gemeinschaftlichen Eigentums bei Wohnungseigentum BlGBW 1968, 204, Riedel Unklarheiten im Bereich des WEG Rpfleger 1966, 225, *Riggers* Vereinigung von Wohnungs- und Teileigentumsrechten JurBüro 1966, 95, *Ripfel* Dienstbarkeit zu Lasten einer einzelnen Raumeinheit? BWNotZ 1968, 229, Die Begründung von Sondereigentum gemäß § 4 oder § 8 WEG BWNotZ 1969, 224, *Schlich* Eine kritische Betrachtung anläßlich des 15jährigen Bestehens des WEG WM 1966, 55, *Schwarz* Die Mehrheitsentscheidungen im WEG BlGBW 1969, 207, *Zöll* Das Dauerwohnrecht BlGBW 1967, 129; dazu auch § 3 Bem 251/*ErgVerz*

Seite 734 LitHinweise Kleindruck

In Zeile 3 muß es *richtig heißen:* Rpfleger

Seite 735ff. — **§ 3 Bem 447ff.**

Gesetzliche Vorschriften Bundes- und Landesrecht Anh 65ff.

Rheinland-Pfalz AVJM vom 29. November 1956 JMBl 54/26. November 1968 JBl 255 Geschäftsstatistik über die nach dem Wohnungseigentum begründeten Rechte.

Seite 739ff. — **§ 3 Bem 454ff.**

Dauerwohnrecht

Die Vereinbarung nach § 39 Abs 1 WEG ist auch bei den betroffenen Posten einzutragen, **LG Hildesheim** Rpfleger 1966, 116 (*Riedel*). Die Vorschriften des 1. BMietG, insbes §§ 18ff. aaO, finden auf das Dauerwohnrecht keine Anwendung, **BGH** NJW 1969, 1850.

Seite 736ff. — **§ 3 Bem 476ff.**

Wohnungs- und Teileigentum Begründung, Änderung, Belastung; zu unrichtiger Eintragung § 28 Bem 2ff./*ErgVerz.* Die Heimstätteneigenschaft des Grst steht der Begründung von Wohnungseigentum nicht entgegen, **BayObLG** BayObLGZ 1967, 128 = NJW 1967, 2363 = MDR 1967, 840 = DNotZ 1968, 33 = Rpfleger 1968, 92 = BWNotZ 1968, 44 Ls.

Ein Wohnungseigentümer kann eine Unterteilung seines Wohnungseigentums vornehmen; er kann sein Wohnungseigentum unter Aufteilung der bisherigen Raumeinheit in mehrere in sich wiederum abgeschlossene Raumeinheiten in eine der Zahl dieser Raumeinheiten entsprechende Zahl von selbständigen Wohnungseigentumsrechten unterteilen, ohne daß er dazu nach dem WEG der Zustimmung anderer Wohnungseigentümer oder eines Dritten bedarf. Es kann jedoch die Unterteilung durch eine Vereinbarung der Wohnungseigentümer oder durch die Teilungserklärung des Grst-Eigentümers von der Zustimmung anderer Wohnungseigentümer oder eines Dritten abhängig gemacht werden; diese Zustimmung darf nur aus einem wichtigen Grunde versagt werden. Dazu **BGH** BGHZ 49, 250 = NJW 1968, 499 = MDR 1968, 396 (*Karstädt*) = JZ 1968, 503 (*Bärmann*) = BB 1968, 567 = DR 1968, 438 = DNotZ 1968, 417 = Rpfleger 1968, 114 = WM 1968, 284 = BWNotZ 1968, 80 Ls = LM § 8 WohnungseigentumsG Nr 3 (*Mattern*) = DRspr I (152) 23ab; dazu **LG München** Rpfleger 1969, 431 = DRspr aaO 29abc, **SchlHOLG** MDR 1965, 46 = DRspr I (152) 22ab.

Miteigentümer nach Bruchteilen können durch Teilung nach § 8 WEG (*Anh 65*) Raumeigentum begründen, und zwar mit der Rechtsfolge fortbestehender Bruchteilsgemeinschaft an den einzelnen Raumeigentumsrechten; die Teilung erlangt Wirksamkeit und entsteht erst mit der Anlegung des Wohnungseigentums GB zur Entstehung einer Wohnungseigentümergemeinschaft, **BayObLG** NJW 1969, 883 = DNotZ 1969, 292 = Rpfleger 1969, 165 = DRspr I (152) 26ab, daß eine Wohnungseigentümer-Gemeinschaft erst mit Anlegung des WohnungsGB entsteht, ist hM, so auch **OLG Hamm** JMBlNRW 1968, 225 = MDR 1968, 413 = DNotZ 1968, 489 = OLGZ 1968, 89. Soll eine Vermietungsbeschränkung bei Eigentumswohnungen sich nicht nur auf den Fall einer Vermietung der Wohnung im ganzen, sondern auch auf den einer Teilvermietung (Zimmervermietung) erstrecken, so bedarf dies einer eindeutigen Vereinbarung oder Bestimmung in der Teilungserklärung nach § 8 WEG, *Anh 105*, **AG Karlsruhe** Rpfleger 1969, 131.

Da Sondereigentum an Einfamilienhäusern auf gemeinschaftlichem Grst begründet werden kann, **OLG Köln** NJW 1962, 156 = DRspr I (152) 18a, und auch eine Vereinbarung von Sondereigentum an einem von mehreren selbständigen Gebäuden auf einem Grst zulässig ist, **OLG Frankfurt aM** ZS Darmstadt NJW 1963, 814 (*Diester* teilweise abl) = DRspr I (152) 20ab, ist auch die Begründung von Wohnungseigentum an der Hälfte eines Doppelhauses zulässig, **aA** (zu Unrecht) **BayObLG** BayObLGZ 1966, 20 = MDR 1966, 413 = DNotZ 1966, 488 = BB 1966, 1039 = Rpfleger 1966, 149 (*Riedel* abl) = DRspr I (152) 24ab. Hierbei ist jedoch zu beachten, daß das Sondereigentum zwar an sämtlichen Räumen eines von mehreren auf demselben Grst befindlichen Gebäudes bestellt werden kann, sich aber nicht auf die konstruktiven Teile des Gebäudes erstreckt, **BGH** BGHZ 50, 55 = NJW 1968, 1230 = MDR 1968, 569 = BB 1968, 567 = DB 1968, 935 = DNotZ 1968, 420 = Rpfleger 1968, 181 = WM 1968, 572 = ZMR 1968, 212 = BlGBW 1968, 219 = BWNotZ 1968, 169 Ls = LM § 5 WohnungseigentumsG Nr 2 (*Mattern*) = DRspr I (152) 25ab, **SchlHOLG** NJW 1967, 2080 = BWNotZ 1967, 318 Ls, **aA** (und insoweit überholt bez der konstruktiven Teile) **OLG Köln** aaO und **OLG Frankfurt aM** aaO.

Wohnungseigentum kann auch an je einem ganzen Etagenhaus (mit mehreren Wohnungen) von mehreren Etagenhäusern auf einem MiteigentumsGrst begründet werden; dem Antrag steht nicht entgegen, daß im GB Belastungen eingetragen stehen, **LG Kiel** SchlHA 1969, 179. Eine Bescheinigung des Bauaufsichtsamts, die die Abgeschlossenheit der in den Häusern befindlichen Einzelwohnungen bescheinigt, genügt in Zusammenhang mit den Teilungsplänen dem Erfordernis des § 7 Abs 4 Z 2 WEG, **LG Kiel** aaO.

Die Vereinigung von 2 oder mehreren Wohnungseigentums- oder Teileigentumsrechten an demselben Grst ist zulässig, **OLG Hamburg** Der Eigenwohner (Zeitschrift) 1966, 119 (*Riedel*).

Wohnungseigentum, das an einem Gebäude, das auf 2 oder mehr Grundstücken errichtet werden soll, kann begründet werden, wenn die Grundstücke vorher nach § 890 BGB und § 5 GBO zu einem Grundstück vereinigt sind, **BayObLG** DNotZ 1970, 602 = Rpfleger 1970, 347 = MDR 1970, 928 Ls (auch § 18 Bem 40ff./*ErgVerz*); so auch *§ 3 Bem 375*. Problematisch ist die Frage, ob Wohnungseigentum auch dann begründet werden kann, wenn die Grundstücke denselben Eigentümern gehören, aber nicht zu einem Grundstück vereinigt werden. Auch diese Frage kann bejaht werden, ob die Grundstücke nach § 4 GBO zusammengeschrieben sind oder nicht, wenn auch die Zusammenschreibung aus praktischen Gründen zweckmäßig ist, **aA** insoweit **BayObLG** aaO, wonach Wohnungseigentum an einem Gebäude, das auf 2 Grundstücken errichtet werden soll, nicht in der Weise begründet werden kann, daß das Sondereigentum an der jeweiligen Raumeinheit sowohl mit dem Miteigentumsanteil an dem einen als auch mit dem Miteigentumsanteil an dem anderen Grundstück verbunden wird, und zwar auch dann, wenn die Grundstücke im Miteigentum derselben Person stehen. Die beiden Vorinstanzen vertraten die hier geäußerte Auffassung, die auch von dem Notar dem Vertrag zugrundegelegt war. Es besteht ein Bedürfnis zu einer Handhabung in dem hier vertretenen Umfange. Es ist das Gegenstück zu Wohnungseigentum an Einfamilienhäusern auf gemeinschaftlichem Grundstück; auch zu dieser Frage hat das BayObLG abweichend von der Rechtspraxis einen engen Standpunkt, der abzulehnen ist. Dasselbe gilt auch hier. So wie ohne Teilung des Grundstücks und Abschreibung nach § 7 GBO Wohnungseigentum begründet werden kann, so kann es umgekehrt ebenso begründet werden, ohne daß nach § 890 BGB und § 5 GBO verfahren werden müßte. Es ist kein Anhaltspunkt vorhanden, daß in § 1 Abs 4 WEG die Einzahl des Wortes „Grundstück" bedeutet, daß in beiden Fällen nach §§ 5, 7 GBO verfahren wird.

Der bei der Begründung von Wohnungseigentum zum GBA einzureichende Aufteilungsplan gibt Maß für die Aufteilung des Gebäudes sowie die Lage und Größe der im Sondereigentum und der im gemeinschaftlichen Eigentum stehenden Gebäudeteile, nicht notwendig aber für die Einzelausgestaltung des Gebäudes und der Wohnungen, **BayObLG** BayObLGZ 1967, 25 = NJW 1967, 986 = MDR 1967, 494. Aus dem notariellen Vertrag nebst Anlagen muß also ersichtlich sein, welche Räume und Gebäudeteile Gemeinschaftseigentum sind; uU sind auch der Prospekt und die Baubeschreibung auslegend heranzuziehen. Wenn eine Änderung der Planung vorbehalten ist, wie es häufig geschieht, sind später keine Einwendungen mehr möglich, falls von dem Vorbehalt seitens des Bauherrn Gebrauch gemacht wird. Wenn das Wohnungseigentum nach Plan verkauft wird und hier ist eine Luxusausstattung vorgesehen, auch von Gemeinschaftseigentum, wie Treppenhaus mit besonderen Glasfenstern, die zum Reinigen schwer zugänglich sind, so kann hieraus kein Mangel hergeleitet werden, der zu einer Preisminderung oder sonstigen Gewährleistung führt. Eine unrichtige Bezeichnung bez Ausmaß und Größe von Räumen bei Besprechungen ist unschädlich, wenn es sich um eine sog falsa demonstratio (dazu *§ 20 Bem 52, § 22 Bem 5, § 28 Bem 8*) handelt und die Vertragsbeteiligten die Räume kennen oder aus dem Plan ersehen, wonach sie die Größe genau berechnen läßt.

Veräußerungsbeschränkungen nach § 12 WEG (*Anh 65*) einschl etwaiger Ausnahmen sind in das GB einzutragen, wobei ein allgemeiner Hinweis, wie etwa „mit wenigen Ausnahmen" zu unbestimmt wäre und nicht genügen würde, **LG Kempten** Rpfleger 1968, 58; dazu auch **AG Göppingen** Rpfleger 1966, 14 (*Haegele*). Nach § 12 aaO kann als Inhalt des Sondereigentums vereinbart werden, daß ein Wohnungseigentümer zur Veräußerung seines Wohnungseigentums der Zustimmung anderer Wohnungseigentümer bedarf. Ist eine solche Vereinbarung getroffen, so ist eine Veräußerung nebst dem Verpflichtungsvertrag hierzu unwirksam, solange die erforderliche Zustimmung fehlt. Ob die erforderliche Zustimmung vorliegt, hat das GBA von Amts wegen zu prüfen, wobei der Nachweis der Zustimmung in der Form des § 29 zu führen ist. Wenn in der Teilungserklärung der Verwalter ermächtigt ist, die zur Veräußerung erforderliche Zustimmung gegenüber dem GBA zu erteilen, so ist er befugt, die Wohnungseigentümer wirksam zu vertreten. Dazu **OLG Hamm** DNotZ 1967, 686 = OLGZ 1967, 109, zu der Zulässigkeit einer Vereinbarung bei Begründung des Wohnungseigentums oder bei Teilung, wonach ein Wohnungseigentümer zur Überlassung an Dritte einer Zustimmung der Wohnungseigentümergemeinschaft oder des Verwalters bedarf, auch **BGH** BGHZ 37, 263 = NJW 1962, 1613 = MDR 1962, 810 = BB 1962, 822 = DB 1962, 1305 = Rpfleger 1962, 373 (*Diester*) = WM 1962, 822 = LM § 10 WohnungseigentumsG Nr 1 (*Piepenbrock*), § 8 aaO Nr 2 und § 15 aaO Nr 1 Ls = DRsrp I (152) 19a. Bei einer Veräußerungsbeschränkung bedarf es zur Eintragung einer Auflassungsvormerkung in das GB nicht der Zustimmung dessen, der die Einwilligung erteilen muß, **BayObLG** BayObLGZ 1964, 237 = NJW 1964, 1962 = MDR 1964, 921 = DNotZ 1964, 722 (*Diester*) = Rpfleger 1964, 373.

Mehrere nach Bruchteilen an einem Wohnungseigentum Berechtigte, wie zB Ehegatten, haften für die auf ihr Mit- und Sondereigentum entfallendenen Lasten den anderen Wohnungseigentümern dh der Eigentümergemeinschaft gegenüber als Gesamtschuldner, **LG Stuttgart** Justiz 1968, 127.

Die Wohnungseigentümer-Gemeinschaft ist eine Gesamthandsgemeinschaft, die eine Einheit bildet, und regelmäßig auch bei Ansprüchen gegen Dritte als solche auftritt. Dritter in diesem Sinne kann uU auch ein Wohnungseigentümer sein, wenn er von der Gemeinschaft beauftragt wird, etwa als Architekt einen Nebenbau auszuführen. Klagt die Gemeinschaft, so muß im Regelfall Leistung an die Gemeinschaft verlangt werden. Der jeweilige Verwalter kann einen Anspruch der Wohnungseigentümer in eigenem Namen geltend machen und Leistung an sich verlangen, wenn er hierzu von den Wohnungseigentümern ermächtigt ist und ein eigenes schutzwürdiges Interesse an der Rechtsverfolgung hat, **BayObLG** Rpfleger 1907, 65. Der frühere Verwalter hat die während seiner Verwaltertätigkeit angelegten Buchhaltungsunterlagen herauszugeben und auch Auskünfte zu erteilen, **BayObLG** aaO, **LG München I** Rpfleger 1970, 64. Herausgabe ist nicht im Wege des Zivilprozesses geltend zu machen, sondern im FGG-Verfahren nach §§ 43ff. WEG, **BayObLG** und **LG München I** aaO, auch *Diester* aaO (§ 3 Bem 446/*ErgVerz*) Rpfleger 1970, 55 (56). Haben die Wohnungseigentümer einen Mehrheitsbeschluß über eine Angelegenheit gefaßt, welche einem Mehrheitsbeschluß nicht zugänglich war, sondern Einstimmigkeit erfordert hätte, so ist auch ein solcher Beschluß nur ungültig, wenn er auf einen binnen eines Monats seit der Beschlußfassung gestellten Antrags hin für ungültig erklärt wird, **BGH** BWNotZ 1970, 128.

Gemeinschaftliches Eigentum, kein Sondereigentum ist die Überdachung von Terrassen, § 5 WEG (*Anh 65*), **OLG Stuttgart** NJW 1970, 102 = DRspr I (152, 29d.

Seite 790ff.— **§ 3 Bem 518ff.**

Schließung des Wohnungsgrundbuchs

Die Schließung der WohnungsGBücher die nach Vorratsteilung angelegt wurden, nach § 9 WEG (*Anh 65*) ist nicht gerechtfertigt wegen vom Teilungsplan abweichender Bauausführung, wenn die dem Sondereigentum unterliegende Raumeinheit genügend bestimmbar geblieben ist oder bei Entschluß, anstelle der ursprünglich geplanten größeren Eigentumswohnungen in deren Grundrissen jeweils mehrere kleine Mietwohnungen zu errichten, **OLG Düsseldorf** DNotZ 1970, 42 = Rpfleger 1970, 26 = DRspr I (152) 29ef.

Seite 787ff. — **§ 4**

Gemeinschaftliches GBBlatt

Bez Neuerungen durch das **RpflG** und das **BeurkG** wird auf die Verweisungen bei Bem zu § 2/*ErgVerz* verwiesen.

Seite 794 — **§ 4 Bem 16**

Die Besorgnis der Verwirrung iSd §§ 4ff. GBO ist nach den im Zeitpunkt des Zuschreibungsantrags (§ 6 GBO) vorliegenden Anträgen und vorhandenen Eintragungen zu beurteilen, **OLG Hamm** Rpfleger 1968, 121 = BWNotZ 1968, 124 Ls = DRspr IV (473) 104a.

Seite 806ff. — **§ 4 Anh Bem 47ff.**

Grundbuchrechtliche Behandlung der Heimstätte

Dazu § 13 Vorbem 152ff./*ErgVerz*

Seite 823ff. — **§ 5**

Vereinigung von Grundstücken

Bez Neuerungen durch das **RpflG** und das **BeurkG** wird auf die Verweisungen bei Bem zu § 2/*ErgVerz* verwiesen.

Seite 824 — **§ 5 Bem 2**

LitHinweise *Haegele* Unterrichtsbriefe (berichtigend anstatt Unterweisungen). *Röll* GrstTeilungen, Vereinigungen und Bestandteilszuschreibungen im Anschluß an Vermessungen DNotZ 1968, 523.

Seite 844 **§ 5 Bem 52**

In der vorletzten Zeile dieser Bem wird verwiesen auf **§ 1131 BGB** (*berichtigt*).

Seite 856 ff. — **§ 6**

Zuschreibung

Bez Neuerungen durch das **RpflG** und das **BeurkG** wird auf die Verweisungen bei Bem zu § 2/*Erg Verz* verwiesen.

Seite 869 ff. — **§ 7**

Belastung eines GrstTeils

Bez Neuerungen durch das **RpflG** und das **BeurkG** wird auf die Verweisungen bei Bem zu § 2/*Erg Verz* verwiesen.

Seite 870 — **§ 7 Bem 2**

LitHinweise *Depiereux* Die steuerlichen Folgen der Parzellierung DNotZ 1969, 729; im übrigen § 2 Bem 97 ff./*Erg Verz*

Seite 872 ff. — **§ 7 Bem 10**

Bei einer **genehmigungspflichtigen GrstTeilung**, wie insbes nach § 19 BBauG (*Anh 110*; dazu auch *§ 20 Bem 83b*) ist eine Verurteilung zur Auflassung eines TeilGrst und zur entsprechenden Eintragungsbewilligung vor grblich vollzogener Teilung unstatthaft, da bis zur Entscheidung über die erforderliche Genehmigung des Erfüllungsgeschäfts eine tatsächliche Ungewißheit besteht, nämlich schwebende Unwirksamkeit, und bei Versagung der Genehmigung nachträgliche Unmöglichkeit eintritt, **BGH** NJW 1962, 1715 = MDR 1962, 727 = BB 1962, 983 = LM § 19 BBauG Nr 1 (*Mattern*).

Seite 879 — **§ 7 Bem 24**

2. In diesem Zusammenhang . . . (Zahl 2 *berichtigend* einschalten in Zeile 10 von oben).

Seite 882 ff. — **§ 7 Bem 33 ff.**

Zur Frage der **genügenden Bezeichnung** eines verkauften GrstTeils **BGH** NJW 1969, 131 = MDR 1969, 126 = BB 1969, 382 = DNotZ 1969, 286 = Rpfleger 1969, 44 = LM § 313 Nr 35. Hiernach genügt bei Übertragung eines ganzen Grst im Rechtssinne (**RG** RGZ 84, 265/270) die Angabe der einschlägigen GBStelle. Bei einem noch nicht vermessenen GrstTeil aber genügt die Angabe der GBStelle des ganzen Grst nicht, vielmehr muß der zu veräußernde Teil des Grst in der notariellen Urkunde in geeigneter Weise umschrieben werden. Dazu bedarf es in der Regel der Angabe seiner Umgrenzungslinien, etwa von Verbindungslinien zwischen Markierungspunkten, die im Gelände vorhanden sind, oder der Angabe seiner Flächengröße und geometrischen Form. Die Flächengröße allein reicht nicht aus, **RG** HRR 1935 Nr 656, besonders wenn nicht einmal die Einzelflächen der mehreren verkauften TeilGrste, sondern nur die Flächensumme aller verkauften TeilGrste in der Urkunde angegeben wird. Dazu auch *§ 28 Bem 6 ff.*, § 28 Bem 2 ff./*Erg Verz*

Seite 883/884 — **§ 7 Bem 36**

§ 7 GBO bezieht sich nur auf **reale GrstTeile**; dazu auch *Bem 39*. Es gibt nur wenige Ausnahmefälle, sie müssen aber eine gesetzliche Grundlage haben. Es ercheint daher bedenklich wenn das **BayObLG** NJW 1968, 1431 = MDR 1968, 842 = DNotZ 1968, 626 = Rpfleger 1968, 221 = BWNotZ 1968, 217 Ls unter Aufgabe der Auffassung von BayObLGZ 18, 161 = RJA 16, 136 = KGJ 53, 263 und abweichend von **OLG Jena** HRR 1936 Nr. 724 die Auffassung vertritt, daß dann der Eigentümer eines ideellen Hälfteanteils, der die andere Hälfte des Grst als Vorerbe hinzuerwirbt, trotz § 1114 BGB die ihm schon vor dem Vorerbfall gehörende ideelle GrstHälfte gesondert mit einem Grundpfandrecht belasten darf. Selbst wenn man materiell-rechtlich diese Auffassung billigen würde, kann der GBBeamte, für den das formelle BGRecht maßgebend ist, einen solchen Antrag nicht vollziehen, weil § 7 BGO entgegensteht. Nur wenn ein gerichtliches Urteil vorliegt, das Grundlage des GBVollzugs ist, wird der GBBeamte hiernach verfahren, da, auch wenn das Urteil unrichtig ist, er einer Verantwortung enthoben ist.

Seite 883 Zeile 7 von unten —

Flurbereinigungsbehörde (*berichtigend* anstatt Flurbehörde)

Seite 895 ff. — **§ 7 Bem 79**

LitHinweise Zeile 1 KostO (*berichtigend*)

Seite 896 ff. — **§ 8**

Erbbaurecht

Bez Neuerungen durch das **RpflG** und das **BeurkG** wird auf die Verweisungen bei Bem zu § 2/*ErgVerz* verwiesen .

Seite 897 — **§ 8 Bem 2**

LitHinweise *Haegele* Streitfragen und Probleme des Erbbaurechts Rpfleger 1967, 279, Besteuerung des Erbbaurechts Justiz 1970, 17, *Häring* Begriff, Wesen und Bedeutung des Erbbaurechts GrundE 1968, 637, *Kalter* Einige Rechtsfragen zur ZwV im Erbbaurecht KTS 1966, 137, *Pikart* Die Rspr des BGH zum Erbbaurecht WM 1967, 1026, *Pfeuffer* Die Rechtsstellung des Verwalters einer Wohnungseigentumsgemeinschaft NJW 1970, 2233, *Schöpe* Das Erbbaurecht, insbes der Erbbauzins BB 1967, 1108, *Schupp* Dienstbarmachung der Rechtsinstitution des Erbbaurechts zur Preisauflockerung auf dem Baubodenmarkt — ein Vorschlag JR 1967, 445, BlGBW 1968, 21 *Winkler* Erbbaurechtsbestellung durch den nicht befreiten Vorerben ohne Zustimmung des Nacherben DNotZ 1970, 651 (mit ablehnender Stellungnahme zu BGH BGHZ 52, 269 wV aaO § 8 Bem 9/*ErgVerz*), *Zöll* Ergänzung zur ErbbauVO-Reform BlGBW 1968, 68, im übrigen § 8 Bem 39/*ErgVerz*

Seite 904 ff. — **§ 8 Bem 9**

Inhalt des Erbbaurechts Die Erbbaurechtsbestellung ist unwirksam bei Einigungsmangel oder ungenügender Bestimmtheit, insbes bez der zu belastenden Bodenfläche oder der vorgesehenen Bebauungsart, **BGH** BGHZ 47, 190 = NJW 1967, 1611 = MDR 1967, 575 = BB 1967, 1103, 1357 = DNotZ 1967, 756 = WM 1967, 513 = BWNotZ 1967, 154, 315 Ls = LM § 1 ErbbauVO Nr 2 (*Rothe*) = DRspr I (154) 78b, MDR 1969, 380 = WM 1969, 564 = DB 1969, 1144 = DNotZ 1969, 487 = LM § 1 ErbbauVO Nr 3 = DRspr I (154) 69b—e. Die Bewilligung und der Antrag, einen Erbbauvertrag als Inhalt des Erbbaurechts in das GB einzutragen soweit gesetzlich zulässig genügen nicht dem Bestimmtheitsgrundsatz des GBVerkehrs, **BayObLG** NJW 1969, 1674 = MDR 1969, 698 = DNotZ 1969, 492 = BWNotZ 1969, 370 Ls. Unwirksam ist auch die Bestellung durch den nicht befreiten Vorerben ohne Zustimmung des Nacherben, **BGH** BGHZ 52, 269 = NJW 1969, 2043/1970, 138 (*Hönn*) = MDR 1969, 918 = JZ 1969, 668 = WM 1969, 1169 = DB 1969, 1644 = DNotZ 1970, 32 = Rpfleger 1969, 346 = LM § 1 ErbbauVO Nr 5 (*Mattern*) = DRspr aaO 89a. Der im GB eingetragene Erbbauberechtigte kann wegen vertragswidrigen Verhaltens des GrstEigentümers nicht vom Erbbauvertrag zurücktreten, **BGH** NJW 1969, 1112/1669 (*Hönn*) = MDR 1969, 745 = WM 1969, 694 = DNotZ 1969, 490 = LM § 1 ErbbauVO Nr 4 = DRspr I (154) 86d, während ein Rücktritt zulässig ist, solange das Erbbaurecht noch nicht im GB eingetragen ist, **BGH** WM 1961, 1148 = LM aaO Nr 1. Zur Frage, inwieweit Mangel der dinglichen Einigung bei einem Erbbaurechtsvertrag zugleich die schuldrechtliche Vereinbarung berühren, **BGH** MDR 1969, 380 = DNotZ 1969, 487 = LM § 1 ErbbauVO Nr 3, zur Beurkundungspflicht aller wesentlichen Abreden des Kausalvertrags **BGH** WM 1966, 1304 = DB 1967, 36 = BB 1967, 8 = BWNotZ 1967, 154 Ls = DRspr I (154) 77d, zur Bestellung eines Erbbaurechts zur Befriedigung des Wohnbedürfnisses minderbemittelter Bevölkerungskreise nach § 27 ErbbauVO (*Anh 64*) **LG Frankfurt aM** DNotZ 1969, 299.

Die **Belastung** des Erbbaurechts mit Grundpfandrechten belastet das Erbbau-Grst nicht, obwohl sich die Grundpfandrechte beim Heimfall unter den Voraussetzungen des § 33 ErbbauVO (*Anh 64*) am Grst fortsetzen, **OLG Hamm** NJW 1969, 2052 = MDR 1969, 1011 = DNotZ 1970, 36 = DRspr I (154) 91e. Es ist mit den Regeln einer ordnungsgemäßen Wirtschaft vereinbar, daß der wirtschaftliche Nutzen einer Belastung dem Erbbaurecht nicht unmittelbar zugute kommt, **OLG Hamm** JMBlNRW 1968, 163 = NJW 1968, 554 = MDR 1968, 242 = DNotZ 1968, 426 = OLGZ 1968, 64 = BWNotZ 1968, 124 Ls = DRspr I (154) 83de, zur Eintragung einer Belastungsbeschränkung im GB selbst bzw Bezugnahme auf die Eintragungsbewilligung **LG Marburg** Rpfleger 1968, 26 (*Haegele*).

Wenn die **Veräußerung** eines Erbbaurechts an die Zustimmung des GrstEigentümers gebunden ist, kann ohne diese Zustimmung eine Veräußerung auch nicht im Wege der sog vorweggenommenen Erbfolge vorgenommen werden, **LG Münster** MDR 1968, 585.

Die **Zustimmung** nach § 7 ErbbauVO (*Anh 64*) kann von Bedingungen abhängig gemacht werden, etwa die Zustimmung des Siedlungsträgers zu baulichen Veränderungen in einem Siedlungsvertrag von der Abgabe von Gelände für den Wohnungsbau, **BGH** BGHZ 48, 296 = NJW 1967, 2351 = MDR 1968, 35 = WM 1967, 1105/1968, 27 = LM 2. WoBauG Nr 4 (*Mattern*). Zur Antragstellung nach § 7 Abs 3 ErbbauVO (*Anh*) *64* ist der Konkursverwalter des Erbbauberechtigten, über dessen Vermögen das Konkursverfahren eröffnet ist, befugt, **OLG Hamm** JMBlNRW 1967, 65 = MDR 1967, 127 = DNotZ 1967, 499 = Rpfleger 1967, 415 (*Haegele*) = BWNotZ 1968, 39 Ls = OLGZ 1966, 574. Bei einer Erbengemeinschaft kann der Antrag nach § 7 Abs 3 aaO auch gegen einzelne Miterben gerichtet sein, **OLG Hamm** JMBlNRW 1967, 65 = MDR 1967, 127 = DNotZ 1967, 499 = Rpfleger 1967, 415 (*Haegele*) = BWNotZ 1968, 39 Ls = OLGZ 1966, 574. Die Vereinbarung des Heimfalls beim Tode des Erbbauberechtigten ist zulässig, **OLG Hamm** JMBlNRW 1965, 90 = NJW 1965, 1488 = MDR 1965, 574 = DNotZ 1966, 41 = Rpfleger 1966, 48 = OLGZ 1965, 72. Die Zustimmung des GrstEigentümers zur Teilung eines Erbbaurechts kann nicht durch das Gericht der freiwilligen Gerichtsbarkeit, sondern nur durch Urteil des Prozeßgerichts ersetzt werden; das Gericht der freiwilligen Gerichtsbarkeit ist aber berechtigt, ein Verfahren auf Ersetzung der Zustimmung zur Teilung eines Erbbaurechts auf Antrag des Antragstellers an das zuständige Prozeßgericht zu verweisen, **LG Bochum** NJW 1969, 1673 = DNotZ 1970, 565 Ls.

Eine **Vormerkung** zur Sicherung des Anspruchs des Bauhandwerkers auf Eintragung einer Sicherungshypothek gegen den Erbbauberechtigten kann ohne Zustimmung des GrstEigentümers im ErbbauGB eingetragen werden, im Wege der einstweiligen Verfügung auch gegen den Willen des Erbbauberechtigten, **OLG Köln** NJW 1968, 505 = BWNotZ 1968, 76 Ls = OLGZ 1967 193. Eine zwischen dem GrstEigentümer und dem Erbbauberechtigten getroffene Vereinbarung, daß die Belastung des Erbbaurechts mit einer Hypothek der Zustimmung des GrstEigentümers bedarf, hindert nicht, daß auf Grund einer einstweiligen Verfügung eine Vormerkung nach § 648 BGB im ErbbauGB eingetragen wird, **OLG Nürnberg** MDR 1967, 213 = DNotZ 1967, 684 = DRspr I (154) 77c. Zur Ersetzung der Eigentümerzustimmung auch für Verfügungen in der ZwV, insbes in der ZwVerst, **OLG Köln** Rpfleger 1969, 300 = DRspr aaO 89f.

Seie 914ff. — **§ 8 Bem 10**

Rangstelle Ein zu Unrecht gelöschtes Erbbaurecht kann nach gutgläubigem Zwischenerwerb von Grundpfandrechten Dritter auch an anderer als an 1. Rangstelle wieder in das GB eingetragen werden, **BGH** BGHZ 51, 50 = NJW 1969, 93 = MDR 1969, 128 = JZ 1969, 302 = WM 1968, 1395 = Rpfleger 1969, 13 = LM § 10 ErbbauVO Nr 2 (*Mattern*) = DRspr I (154) 84de. Zum Verhältnis der 1. Rangstelle des Erbbaurechts zu einem in der 2. Abteilung eingetragenen Nacherbenvermerks **OLG Hamm** NJW 1965, 1489 = DNotZ 1966, 102 = Rpfleger 1966, 48 = OLGZ 1966, 48, zur Frage der Unzulässigkeit der Bestellung 2 Erbbaurechte im Gleichrang **OLG Frankfurt aM** DNotZ 1967, 688.

Seite 926 **§ 8 Bem 26**

Bez Sternplannummern in Bayern, die nicht mehr vorkommen, § 2 Bem 97ff./ *ErgVerz*

Seite 933ff. — **§ 8 Bem 39**; dazu auch *Nachtrag*

Erbbauzins LitHinweise *Hönn* Zum variablen Erbbauzins NJW 1968, 827, *Holtzmann* Erbbauzins und Gleitklausel NJW 1967, 915/1969, 407 (dazu *Hamelbeck* NJW 1967, 1646, *Münzberg* NJW 1969, 408), *Winkler* Der Erbbauzins in der ZwVerst des Erbbaurechts DNotZ 1970, 390

Aus dem Erbbauzins sind ebenso wie aus Einzelleistungen einer Reallast keine Verzugszinsen zu entrichten, **BGH** NJW 1970, 243 = MDR 1970, 217 = WM 1970, 65 = BB 1970, 15 = DB 1970, 157 = DNotZ 1970, 248 = BWNotZ 1970, 44 = LM § 9 ErbbauVO Nr. 4 = DRspr I (125, 146c) I (164) 91c Ls.

Die Genehmigung nach § 3 WährG ist nicht erforderlich für eine Vereinbarung, nach der bei Änderung der Kaufkraft der DM, gemessen am amtlichen Lebenshaltungsindex, um mehr als 10% eine angemessene Änderung des Erbbauzinses verlangt werden kann, **BGH** MDR 1968, 914 = DNotZ 1969, 96 = WM 1968, 985 = BB 1968, 930 = DB 1968, 1617 = DRspr II (265) 24a; dazu auch **BGH** MDR 1968, 138, = BB1967, 1326 = LM § 9 ErbbauVO Nr. 3. Zur Gleit- bzw Änderungsklausel auch **BayObLG** MDR 1969, 668 = Rpfleger 1969, 241 (*Haegele*), **OLG Hamburg** MDR 1970, 49, **OLG Düsseldorf** DNotZ 1968, 428 (*Schmitz-Valckenberg*) = OLGZ 1968, 67, MDR 1969, 310 = DNotZ 1969, 297, **OLG Hamm** DNotZ 1968, 244, **SchlHOLG** SchlHA 1970, 60, **LG Kaiserslautern** DNotZ 1969, 364, **LG Oldenburg** DNotZ 1969, 41, zur Erhöhung des Erbbauzinses bei gestiegenen Bodenwerten entsprechend vertraglicher Vereinbarung, auch wenn diese nicht ausdrücklich den Bodenwert erwähnt, **BGH** MDR 1970, 496 = DNotZ 1970, 351 = BB 1970, 558 = DB 1970, 584 = WM 1970, 353 = ZMR 1970, 299 = LM § 9 ErbbauVO Nr 5 = DRspr I (154) 94c. im übrigen § 25 Bem

12/*ErgVerz*, zur Zulässigkeit schuldrechtlicher Vereinbarungen über die Anpassung des Erbbauzinses an beänderte Verhältnisse oder über die Neufestsetzung des Erbbauzinses **BGH** DNotZ 1970, 351, Neben einem dinglich zu sichernden Erbbauzins kann schuldrechtlich die Beteiligung des RrstEigentümers am Umsatz eines auf dem ErbbauGrst betriebenen Gewerbes vereinbart werden, **BGH** NJW 1970, 944 = MDR Erbbauzinses **BGH** DNotZ 1970, 351, zu Zusatzvereinbarung einer nur obligatorisch wirkenden Zinsgleitklausel **BGH** WM 1970, 1048 = DB 1970, 1732 = BWNotZ 1970, 172 = DRspr I (154) 93e. Neben einem dinglich zu sichernden Erbbauzins kann schuldrechtlich die Beteiligung des GrstEigentümers am Umsatz eines auf dem ErbbauGrst betriebenen Gewerbes vereinbart werden, **BGH** NJW 1970, 944 = MDR 1970, 497 = Rpfleger 1970, 163 = DNotZ 1970, 352 = BB 1970, 418 = DB 1970, 779 = WM 1970, 582 = BWNotZ 1970, 126 = LM § 9 ErbbauVO Nr. 6, § 138 (Cc) BGB Nr. 3 Ls = DRspr I (154) 91d in Ergänzung zu BGHZ, 22, 220 = NJW 1957, 98.

Die Parteien eines Erbbaurechtsvertrags können eine schuldrechtliche Abrede nicht nur über eine spätere Abänderungsmöglichkeit des Erbbauzinsbetrags überhaupt, **BGH** BGHZ 22, 220 (wV *§ 8 Bem 39* S 935), sondern auch dahingehend treffen, daß ein auf diesem Wege später abgeänderter Erbbauzins auch eingetragen, daß also das dingliche Recht später geändert wird, **OLG Hamburg** MDR 1971, 136. Im übrigen auch *§ 25 Bem 12* mit *ErgVerz*

Seite 940 — Kolumnentitel **§ 8** (*berichtigt*)

Seite 944ff. — **§ 8 Bem 58ff.**

Kosten (zu Seite 946 § 8 Bem 60) Unter § 39 ErbbauVO (*Anh 64*) fällt eine Erneuerung des Erbbaurechts nach § 2 Z 6, § 31 ErbbauVO (*Anh 64*), aber auch eine Verlängerung nach § 27 Abs 3 aaO, **OLG Hamm** Rpfleger 1966, 380 (*Rohs*).

Seite 947ff. — **§ 9**

Subjektiv-dingliche Rechte

Bez Neuerungen durch das **RpflG** wird auf die Verweisungen bei Bem zu § 2/*ErgVerz* verwiesen.

Seite 949ff. — **§ 9 Bem 7*E*.**

Altrechtliche Berechtigungen in Bayern Bei der Bezeichnung *Keller am Grundstück* im GB für das herrschende Grst handelt es sich in aller Regel um eine nachrichtliche Beschreibung einer altrechtlichen Berechtigung an einem Keller, die bei der Verbindung mit dem Eigentum an einem Grst als Grunddienstbarkeit, bei der für eine bestimmte Person auf deren Lebenszeit gewährte Einräumung als beschränkte persönliche Dienstbarkeit fortgilt. Ist das Kellerrecht auf den Namen des Berechtigten eingetragen, so kommt dem keine ausschlaggebende Bedeutung zu, da bei altrechtlichen Kellerrechten der Name des Berechtigten eingetragen wurde. Maßgebend ist nur die Eintragung am dienenden Grst, und zwar wegen der Gesamtheit des GBBlatts, gleichgültig, ob im Titel oder in der 2. Abteilung. Dazu **BayObLG** BayObLGZ 1969 Nr 43 = Rpfleger 1970, 26 Ls, auch § 13 Vorbem 43ff./*ErgVerz.*

Seite 949, 951 **§ 9 Bem 6, 10**

Der Verzicht auf eine **Überbaurente** nach § 914 BGB ist auf dem GBBlatt des rentenpflichtigen Grst einzutragen; auf Antrag kann der Verzicht auf dem GBBlatt des rentenberechtigten Grst vermerkt werden, **KG** JFG 4, 387, Rpfleger 1968, 52 (*Haegele*) = OLGZ 1967, 328; dazu *Bessell* Die GBEintragung des Verzichts auf Überbaurente DNotZ 1968, 617, auch *§ 13 Vorbem 49*.

Seite 950/951 — **§ 9 Bem 9**

Gemeindenutzungsrechte in Bayern radiziertes Gemeinderecht **BayObLG** Rpfleger 1970, 167; dazu auch § 117 Bem 125/*ErgVerz*

Seite 965 ff. — **§ 10**

Aufbewahrung von Urkunden

Seite 957 ff. **§ 9 Bem 1 ff.**

LitHinweise *Haegele* Zur Verwendung von Fotokopien und anderen Vervielfältigungen für Urkunden-Ausfertigungen Rpfleger 1969, 81, *Karle* Unter Verwendung eines Lichtbildes hergestellte Ausfertigungen und Abschriften BWNotZ 1968, 21, *Röll* Die Erteilung von Ausfertigungen und Abschriften an Rechtsnachfolger der an der Beurkundung beteiligten Personen DNotZ 1970, 398 (zu § 61 BeurkG), *Schmitz-Valckenberg* Die Verwendung von Fotokopien bei der Herstellung von Ausfertigungen und beglaubigten Abschriften DNotZ 1968, 476

Hinzuweisen ist wegen der Grundsätzlichkeit der Ausführungen auf *Warburg* Erstattung von Fotokopien innerhalb des Strafverfahrens NJW 1970, 2198.

Gesetzliche Vorschriften Füen rBeer dich des **BeurkG** (*Anh 63*) ist auf §§ 39 ff. aaO hinzuweisen; dazu die Erläuterungen bei *Riedel-Feil* BeurkG (E 25 ff./*ErgVerz*).

Landesrecht **Hessen** Verwendung von Schnellkopien für die Herstellung von Ausfertigungen und beglaubigten Abschriften von Urkunden RdErlJM vom 21. Februar 1964 JMBl 35, Verwahrungsanweisung — VerwAnw — RdErlJM vom 24. November 1966 JMBl 1967, 26, **Niedersachsen** Behandlung eingereichter Urkunden AVJM vom 17. März 1964 NdsRpfl 75, Verwendung von Schnellkopien für die Herstellung von Ausfertigungen und beglaubigten Abschriften von Urkunden AVJM vom 28. Januar 1964 NdsRpfl 29/18. Januar 1967 NdsRpfl 28, Elektronische Kopierautomaten AVJM vom 24. Oktober 1969 NdsRpfl 244, **Nordrhein-Westfalen** Gewahrsamssachen AVJM vom 2. Januar 1967 JMBlNRW 13/8. August 1967 JMBlNRW 197, **Rheinland-Pfalz** Verwendung von xerografischen Kopien für die Herstellung von Ausfertigungen und beglaubigten Abschriften AVJM vom 4. Februar 1965 JBl 57, **Schleswig-Holstein** Behandlung eingereichter Urkunden AVJM vom 17. März 1964 SchlHA 89.

Bei der **VO zur Vereinfachung des Verfahrens auf dem Gebiet des Beurkundungsrechts** vom 21. Oktober 1942 RGBl I 609 = BGBl III 315-5/28. August 1969 BGBl I 1513 = SaBl 1810 ist § 1 aaO nicht mehr anwendbar, da er durch § 55 Z 11 BeurkG aufgehoben wurde. **LG Stuttgart** DNotZ 1968, 321 bezieht sich auf die aufgehobene Vorschrift und ist daher gegenstandslos geworden; nach dieser Entscheidung war eine Rank-Xerox-Vervielfältigung kein Lichtbild iSd VO.

Bez Neuerungen durch das **RpflG** wird auf die Verweisungen bei Bem zu § 2/*ErgVerz* verwiesen.

Seite 956 — **§ 10 Bem 3**

Ergänzung S 1018

Seite 967 ff. — **§ 11**

Mitwirkung eines ausgeschlossenen GBBeamten

Bez Neuerungen durch das **RpflG** und das **BeurkG** wird auf die Verweisungen bei Bem zu § 2/*ErgVerz* verwiesen.

Seite 970/971 — **§ 11 Bem 9**

Neben der Selbstablehnung ist in FGG-Verfahren auch eine Ablehnung wegen Besorgnis der Befangenheit zulässig; dazu *§ 29 Bem 34, § 81 Bem 9.*

Seite 980 ff. — **§ 11 Anh Bem 20 ff.**

Amtspflichtverletzungen

Kolumnentitel jeweils **§ 11 Anh**

Seite 980 ff. — **§ 11 Bem 30 ff.**

Amtspflichtverletzung eines RPflegers: Zur Sorgfaltspflicht eines RPflegers bei der Prüfung des Umfangs der ihm übertragenen Aufgaben **BGH** MDR 1967, 909 = BB 1967, 936 = JVBl 1968, 130 = DNotZ 1967, 645 = WM 1967, 1080 = VersR 1967, 1150 = BWNotZ 1967, 256 Ls = LM § 839 (Fi) BGB Nr 28, insbes bez Zuständigkeit in Urkundssachen, *Lappe* Beurkundung von Gütertrennungserklärungen; Amtspflichtverletzung des RPflegers? JVBl 1968, 130, Zur Frage der Haftung bei Fehler bez der Vorlagepflicht **BGH** BWNotZ 1968, 312 Ls, im übrigen *§ 71 Bem 6*

Ein Beamter, der eine unrichtige, mißverständliche oder unvollständige Auskunft gibt, verstößt auch dann gegen eine Amtspflicht, wenn sich die Auskunft oder Zusage auf eine künftige Entscheidung oder Leistung der Behörde bezieht; dies gilt in der Regel auch für den Fall, daß die Zusage fehlerhaft ist und deswegen von der Behörde nicht eingehalten wird, **BGH** NJW 1970, 1414 = MDR 1970, 746 = BB 1970, 823 = LM § 839 (Ca) BGB Nr 20.

Seite 991 ff. — **§ 11 Bem 43**

Rückgriffsrecht des Staates gegen den GBBeamten — Erstattungsgesetze

Baden-Württemberg AVJM vom 6. Dezember 1961 Justiz 92 Geltendmachung von Ersatzansprüchen des Landes Baden-Württemberg (Justizfiskus) gegen Justizbedienstete, Bearbeitung von Schadensersatzansprüchen gegen das Land (Justizfiskus).

Baden-Württemberg AVJM vom 6. Dezember 1961 Justiz 329 und vom 15. März 1967 Justiz 92/1. Dezember 1970 Justiz 1971, 6 Geltendmachung von Ersatzansprüchen des Landes Baden-Württemberg (Justizfiskus) gegen Justizbedienstete wegen eines unmittelbaren Eigenschadens des Landes

Bayern Ergänzung S 1018

Seite 993 Kolumnentitel **§ 11** (*berichtigt*)

Seite 994 ff. — **§ 12**

Einsicht des Grundbuchs, Abschriften

Bez Neuerungen durch das **RpflG** und das **BeurkG** wird auf die Verweisungen bei Bem zu § 2/*Erg Verz* hingewiesen.

Seite 996 — **§ 12 Bem 3**

Ergänzungsrecht Landesrecht

Niedersachsen GemRdErl JM ua vom 12. Oktober 1970 NdsRpfl 250 Beantragung von GBAbschriften:

Nach § 12 Abs 2 GBO und § 44 Abs 1 GBVfg hat das Grundbuchamt die von ihm erteilten GBAbschriften auf Verlangen zu beglaubigen. Ein Anlaß zu diesem Verlangen wird im allgemeinen nicht bestehen, wenn die Abschrift in Form einer Fotokopie erteilt wird, da bei dieser Schreibfehler, Auslassungen und ähnliche Versehen so gut wie ausgeschlossen sind. In Niedersachsen sind die Amtsgerichte mit Fotokopiergeräten ausgestattet.

Um den GBÄmtern den mit der Beglaubigung der GBAbschriften verbundenen Arbeitsaufwand in Fällen zu ersparen, in denen es nicht erforderlich ist, bitten wir daher, bei den niedersächsischen Amtsgerichten in der Regel nur einfache Abschriften aus den Grundbüchern zu beantragen und die Beglaubigung nur zu verlangen, wenn sie aus besonderen Gründen erforderlich erscheint, etwa weil die Verwendung einer beglaubigten Abschrift gesetzlich vorgeschrieben ist.

An die Dienststellen der nds Landesverwaltung, Gemeinden und Landkreisen, sonstigen Körperschaften, Anstalten und Stiftungen des öffentlichen Rechts.

Seite 1004 — **§ 12 Bem 30**

Erteilung von Abschriften — § 12 Abs 2 (Überschrift *berichtigt*)

Band II Grundbuchrecht

Seite III — **Inhaltsverzeichnis**

§ 25 Löschung von Vormerkung (*berichtigt*) und Widerspruch

Seite 1019ff. — **§ 13 Vorbem 1ff.**

Eintragungen im allgemeinen

Da das **RpflG** und das **BeurkG** wesentliche Neuerungen brachten, wird insoweit auf E 25ff., § 1 Bem 74ff., 77ff., § 29 Bem 1ff./*ErgVerz* verwiesen. Es wird daher davon abgesehen, im einzelnen hierauf zu verweisen, wenn keine besondere Veranlassung besteht; besondere Hinweise bez RPfleger sind bei § 13 Vorbem 133ff., 136, 137, 138, 139, 140ff., 191/*ErgVerz*.

Seite 1022 — **§ 13 V 2**

LitHinweise *Haegele* Streifzug durch das GrstRecht — Entwicklungen und Einzelfragen Rpfleger 1969, 266 zu Dienstbarkeit, Nießbrauch usw; der Aufsatz ist deshalb von besonderem Interesse, weil er zugleich im Rahmen einer Besprechung von Band 2 dieses Kommentars dankenswerterweise die besonderen Gesichtspunkte der Rechtsentwicklung hervorhebt, die bei den einschlägigen Paragraphen der GBO eingearbeitet sind.

Seite 1028/1029 **§ 13 V 14**

Allgemeines

Soweit in den gesetzlichen Grenzen der Gesetze im Recht, auch im GBRecht Vertragsfreiheit besteht, hat diese eine Grenze, *Schmidt-Salzer* Vertragsfreiheit und Verfassungsrecht JKW 1970, 8, Grundfragen der Vertragsfreiheit im Zivil- und Verwaltungsrecht NJW 1971, 5, Rechtspolitische Grenzen der zivilrechtlichen Vertragsfreiheit NJW 1971, 173.

Seite 1029/1030 — **§ 13 V 16**

Eintragungsfähige Rechte LitHinweise *Sichtermann* (§ 3 Bem 204/*ErgVerz*) Bedeutung und Behandlung der Eintragungen in Abt II des Grundbuches 26ff. Die einzelnen Eintragungen in Abt II des Grundbuchs.

Seite 1032/1033 — **§ 13 V 20b**; dazu auch *Nachtrag*

Nachbarrecht Der Verzicht auf eine Überbaurente nach § 914 BGB ist auf dem GBBlatt des rentenpflichtigen Grst einzutragen; auf Antrag kann der Verzicht auf dem GBBlatt des rentenberechtigten Grst vermerkt werden. Dazu § 9 Bem 6, 10/*ErgVerz*.

Seite 1040 ff. — **§ 13 V 39**

Eigentum LitHinweise *Staudenmaier* Eigentümerrechte quo vadis? Rpfleger 1968, 14; es wird die Entwicklung der Eigentümerrechte und der Belastungen erörtert. Das GBAmt wird überfordert, wenn man von ihm in materiell-rechtlicher Hinsicht zu viel verlangt. Je unsicherer und wechselnder die Rspr ist bzw wird, um so mehr muß die Tätigkeit des GBAmts auf die formelle Seite und deren Prüfung beschränkt werden, um Staatshaftungen auszuschließen. Dazu *§ 18 Bem 82 ff.* mit *Erg Verz*

Rechte zugunsten mehrerer Personen kommen insbes vor als Miteigentumsverhältnis, Gesamthandsverhältnis, Gesamtgläubigerschaft, Selbständigkeit der Rechte oder Rechte in zeitlicher Aufeinanderfolge; dazu *Haegele* GrstRechte zugunsten mehrerer Personen BWNotZ 1969, 117.

Seite 1043 ff. — **§ 13 V 41 ff.**

Grunddienstbarkeit

LitHinweise *Feckler* Die gbmäßige Absicherung von Wettbewerbsverboten Rpfleger 1969, 1, *Haegele* Streifzug durch das GrstRecht — Entwicklungen und Einzelfragen Rpfleger 1969, 266, Zur Entwicklung von Grunddienstbarkeiten an landwirtschaftlichen Grsten RdL 1967, 234, *Häusermann* Bierbezugsverpflichtung BWNotZ 1967, 104, *Ripfel* Dienstbarkeit zu Lasten einer einzelnen Raumeinheit? BWNotZ 1968, 229 (bez WEG bejahend, weil ein praktisches Bedürfnis besteht), *Roquette* Dingliche Benutzungsrechte in der gewerblichen Wirtschaft BB 1967, 1177, *Schmidt-Futterer* Die Ausübung eines dinglichen Wohnrechtes durch Dritte ZMR 1967, 165

Seite 1044/1045 — **§ 13 V 42**

Herrschendes Grundstück Eigentümer eines realen GrstTeils **BayObLG** Rpfleger 1966, 367 (*Haegele*), mehrere Berechtigte **BayObLG** aaO S 1044 auch BayObLGZ 1965, 267 = JR 1965, 464 = DNotZ 1966, 174 = Rpfl 1966, 367 (*Haegele*), mehrere Grundstücke **OLG Frankfurt aM** OLGZ 1968, 449 = NJW 1969, 469 = MDR 1968, 922. Ist eine Grunddienstbarkeit in gbmäßiger Form bewilligt, so geht mit der Übertragung des als herrschend vorgesehenen Grsts die Anwartschaft hieran auf den Erwerber über, so daß dieser berechtigt ist, die Eintragung im GB zu beantragen, **OLG Köln** OLGZ 1968, 453. Eine als beschränkte persönliche Dienstbarkeit zugunsten des jeweiligen Eigentümers eines Grst bezeichnete Dienstbarkeit kann als Grunddienstbarkeit gewollt sein, **BGH** Rpfleger 1969, 85. Zur Dienstbarkeit in einem Umlegungsverfahren § 20 Bem 83e/*Erg Verz*

Seite 1045 ff. — **§ 13 V 43ff.**

Inhalt War die Bestellung einer Dienstbarkeit, wie Verbot gewerblicher Betriebe zugunsten einer Stadt, städteplanerisch motiviert, so werden Bestand, Inhalt und Ausübbarkeit des Rechts durch eine Veränderung der öffentlich-rechtlichen Zweckbestimmung des Geländes, nämlich Umzonung vom reinen zum allgemeinen Wohngebiet, allein noch nicht berührt, **BGH** NJW 1967, 1609 = MDR 1967, 661 = BB 1967, 670 = DB 1967, 1263 = WM 1967, 580 = LM § 1029 BGB Nr 1. Eine Dienstbarkeit, die im GB nur als Baubeschränkung eingetragen ist, kann auch nicht über die Bezugnahme auf Eintragungsbewilligung und Kausalgeschäft als gleichzeitige Gebäudenutzungsbeschränkung ausgelegt werden, **BGH** NJW 1965, 2398 = MDR 1966, 135 = JR 1966, 22 = DNotZ 1966, 486 = WM 1965, 1252 = LM § 874 BGB Nr 5. Die Pflicht des Eigentümers des herrschenden Grst, eine Anlage auf dem dienenden Grst zu unterhalten, folgt aus dem Gesetz und ist daher nicht eintragungsfähig, **Bay-**

ObLG Rpfleger 1966, 367 (*Haegele*). Die Ausübung einer Grunddienstbarkeit kann durch die Gewährung einer Gegenleistung bedingt sein, **OLG Karlsruhe** DNotZ 1968, 432. Bez Kellerrecht **BayObLG** BayObLGZ 1967, 397 = MDR 1968, 324, eines altschuldrechtlichen Geh- und Fahrtrechts **OLG Zweibrücken** OLGZ 1968, 143, Versorgungsleitungen **BGH** DB 1967, 1716, Vorteil zugunsten einer Häusergruppe **BGH** MDR 1967, 827 = JZ 1967, 322 = BB 1967, 436 = DB 1967, 726 = LM § 1019 Nr 2, zur Bezeichnung eines Wegerechts **BGH** NJW 1969, 502 = MDR 1969, 469 = DNotZ 1969, 486 = Rpfleger 1969, 128 = LM § 1018 BGB Nr 16, zum Verzicht auf eine Überbaurente § 9 Bem 6, 10/*ErgVerz*, zur Bezeichnung einer altrechtlichen Dienstbarkeit („. . . Keller am Grundstück . . .") **BayObLG** BayObLG 1969 Nr 43 = Rpfleger 1970, 26 Ls (§ 9 Bem 7ff./*ErgVerz*), zum Erlöschen von älteren Grunddienstbarkeiten, die eine Baubeschränkung zum Inhalt haben und deren Bestellung damals durch inzwischen außer Kraft getretene öffentlich-rechtliche Vorschriften veranlaßt worden ist, **BGH** DNotZ 1970, 348, zur Ausübung einer Grunddienstbarkeit bez einer Anlage auf dem belasteten Grundstück, an der dem Eigentümer ein Recht zur Mitbenutzung zusteht, **KG** MDR 1970, 927 = DNotZ 1970, 606, im übrigen § 13 Vorbem 54ff./*ErgVerz*.

Zu Seite 1949/1050 *§ 13 Vorbem 49* — Verzicht auf ein Recht ist auf **BGH** MDR 1970, 998 hinzuweisen, das sich mit der Rspr zur Frage des Verzichts auf Ersatz von Bergschaden; dazu § 1 Bem 761/*ErgVerz*.

Seite 1051ff. — **§ 13 V 54ff.**

Beschränkte persönliche Dienstbarkeit

LitHinweise § 13 Vorbem 41ff./*ErgVerz*

Gegenstand einer beschränkten persönlichen Dienstbarkeit kann ein Recht zur Aufstockung eines Gebäudes sein, **LG Flensburg** JurBüro 1968, 649 (*Riedel*). Es kann eine beschränkte persönliche Dienstbarkeit unter Ausschluß des Eigentümers vereinbart werden, **LG Bremen** DNotZ 1970, 108 = DRspr I (154) 92a; dazu § 13 Vorbem 65/*ErgVerz*.

Seite 1060ff. — **§ 13 V 65**

Wohnungsrecht *Kürzel* Das dingliche Wohnrecht BlGBW 1970, 127, *Ripfel* Dienstbarkeit, Wohnungsrecht und Gegenleistung DNotZ 1968, 404

Eine Eintragung ist inhaltlich unzulässig, wenn jede Auslegung im Sinne einer zulässigen Belastung ausgeschlossen ist oder wenn mehrere Auslegungen möglich sind, von denen jede zu einer anderen zulässigen Belastung führt, **OLG Hamm** DNotZ 1970, 417 zu § 1093 BGB.

Das dingliche Wohnrecht ist vom Mietrecht zu unterscheiden, **BGH** BB 1968, 767 = WarnRspr 1968 Nr 11 = WM 1968, 775 = BWNotZ 1968, 215 Ls = DRspr I (154) 82bc; mietrechtliche Vorschriften sind nicht anwendbar, **AG Köln** ZMR 1968, 270. Belastet wird nicht das Gebäude, sondern das Grst selbst, **BGH** AIZ 1968, 167 = BB 1968, 105 Ls. Die Auswahl der Räume kann nicht dem Berechtigten vorbehalten bleiben, **BayObLG** ZMR 1967, 87. Ein Wohnrecht kann für den Eigentümer bestellt werden, der das Grst veräußern will, **OLG Oldenburg** NdsRpfl 1967, 20 = DNotZ 1967, 687 = Rpfleger 1967, 410 (*Haegele*) = DRspr I (154) 79d. Ein dingliches Wohnrecht kann für mehrere als Gesamtberechtigte nach § 428 BGB bestellt werden, **BGH** BGHZ 67, 96 = NJW 1967, 627 = MDR 1967, 291 = JZ 1967, 413 (*Reinicke*) = BB 1967, 96 = DB 1967, 332 = DNotZ 1967, 183 (*Faßbender*) = DWW 1967, 76 = WM 1967, 95 = Rpfleger 1967, 143 (*Haegele*) = BWNotZ 1967, 81 Ls = LM § 1093 BGB Nr 4 (*Mattern*) = DRspr I (154) 76a. Bei Eheleuten, für die eine Wohnung als eheliche

Wohnung anzusehen ist, kann nicht ein Wohnungsrecht als Gesellschafter iSd §§ 705 ff. BGB eingetragen werden, **OLG Köln** DNotZ 1967, 501 (ablehnend *Faßbender*), da in einem solchen Fall kein Gesellschaftsverhältnis vorliegt; ist wirklich ein Fall einer Gesellschaft gegeben, so schließt die Eigenschaft, daß die Gesellschafter Eheleute sind, eine Eintragung der Gesellschaft nicht aus. Die Eintragung kann für mehrere unter einer einzigen Nummer erfolgen, wenn es inhaltlich gleiche Wohnrechte sind, **LG Lübeck** SchlHA 1967, 182. Zu den Anlagen iSd § 1093 Abs 3 BGB kann auch eine Zentralheizung gehören, **BGH** BGHZ 52, 234 = NJW 1969, 1847 = MDR 1969, 834 = JZ 1970 = DNotZ 1970, 29 = LM § 1093 BGB Nr 5 (*Rothe*).

Ein Wohnrecht kann nicht nur zu Lasten desjenigen Grst eingetragen werden, auf dem es als Wohnen auch tatsächlich ausgeübt wird, sondern auch zu Lasten solcher Grste, auf die sich die Benutzung erstreckt, wie auf Hausgarten, Acker ua, **LG Koblenz** NJW 1970, 612 = DNotZ 1970, 164 = Rpfleger 1970, 90 = DRspr I (154) 92b unter Hinweis auf **SchlHOLG** SchlHA 1966, 67 = DNotZ 1966, 429 Ls und *Staudinger-Ring* BGB **§ 1093 Bem 5**, da die Grenzen des Umfangs des Wohnrechts sich nach dessen Zweck bestimmen, **aA** (zu Unrecht) **LG Braunschweig** BlGBW 1968, 33 Ls. Über einen Grst Kauf auf Rentenbasis mit Gewährung eines lebenslänglichen Wohnrechts **BGH** DNotZ 1968, 163, über die Bestellung eines lebenslänglichen Wohnrechts **BGH** WM 1968, 37 = BB 1968, 105 = DRspr I (154) 82a.

Ein dingliches Wohnungsrecht kann, auch vom GrstEigentümer nur gepfändet werden, wenn dem Berechtigten die Überlassung der Ausübung an einen anderen gestattet und die Gestattung durch Eintragung im GB zum Inhalt des Rechts gemacht worden ist, **KG** NJW 1968, 1832 = MDR 1968, 780 = DNotZ 1968, 750 = Rpfleger 1968, 329 = WM 1968, 789 = GrundE 1968, 612 = OLGZ 1968, 295. Über Enteignung eines Wohnrechts **OLG Bremen** NJW 1968, 657 = MDR 1968, 412 = GrundE 1968, 372 = BWNotZ 1968, 123 Ls.

Die Vereinbarung, wonach die bezeichneten Räume unter Ausschluß des Eigentümers für den Berechtigten nutzbar sind, ist kein Eintragungshindernis für eine beschränkte persönliche Dienstbarkeit nach § 1090 BGB; daher bedarf ein solcher Antrag zu seiner Ausführung keiner Änderung, **LG Bremen** DNotZ 1970, 108 wV aaO § 13 Vorbem 54 ff./*Erg Verz.*

Seite 1062 ff. — **§ 13 V 66 ff.**

Reallast

Über Währungsklausel nach § 3 WährG (dazu *§ 28 Bem 18*) **BGH** DNotZ 1968, 408.

Eine Reallast kann für den Verkäufer eines Grst und seine Erben im GB eingetragen werden, **OLG Oldenburg** DNotZ 1968, 308; die Vorschrift des § 15 GBVfg (*GT 4*) steht nicht entgegen.

Inhalt einer Reallast können neben wiederkehrenden Leistungen auch einmalige Verpflichtungen sein, wenn sie innerhalb eines Gesamtbereichs wiederkehrender Leistungen liegen, insbes wenn sie zu einem Leibgeding gehören, dieses ergänzen und nur ihrer Natur nach einmalig sind. Die Vereinbarung der Abführung eines Teiles des Erlöses an den Übergeber im Falle der Veräußerung des ganzen übergebenen Anwesens oder wesentlicher Teile davon an Familienfremde kann im Rahmen eines Leibgedings als bedingter Übergabeschilling dh Gutabstandsgeld Inhalt einer Reallast sein, vor allem, wenn dadurch im Ergebnis lediglich ein ohnehin unbedingt zu zahlendes Gutabstandsgeld nur bedingt erhöht wird. Dazu **BayObLG** DNotZ 1970, 415 = Rpfleger 1970, 202 = DRspr I (154) 92cd.

Seite 1066 ff. — **§ 13 V 70 ff.**

Vorkaufsrecht, auch Ankaufsrecht und Wiederkaufsrecht

LitHinweise *Haegele* Die Beschränkungen im GrstVerkehr (3. Aufl Nomos-Verlag Baden-Baden 1970) Bem 605 ff., 649 ff.

Mehrere Vorkaufsberechtigte können in das GB eingetragen werden, **AG Osterode** NdsRpfl 1969, 12.

Ein Vorkaufsrecht kann nur mit dem gesetzlichen Inhalt vereinbart werden, **BGH** WM 1966, 891 = DB 1966, 1351; daher kann über den Preis nicht im voraus eine feste Vereinbarung getroffen werden. Zur Frage, ob ein Vorkaufsrecht einen Kaufvertrag erfaßt, der vor Entstehung des Vorkaufsrechts abgeschlossen, aber darnach abgeändert und alsdann erst genehmigt worden ist, **BGH** DNotZ 1970, 246; es stellt sich hier die Frage, ob die vertragliche Abänderung des Inhalts des noch schwebend unwirksamen Kaufvertrag dieses ursprüngliche Schuldverhältnis bestehen ließ und nur inhaltlich abänderte oder ob es aufgehoben und ein neues Schuldverhältnis an seine Stelle gesetzt worden ist. Eine Umgehung des Vorkaufsrechts liegt nicht in jeder Vereinbarung des Vorkaufsverpflichteten mit dem Dritten, durch die anstatt eines Kaufvertrags ein anderes, besonders ausgestaltetes und darum den Verkaufsfall nicht auslösendes Rechtsverhältnis begründet wird; Nichtigkeit kommt nur bei besonderen Umständen in Betracht, **BGH** NJW 1964, 540 = MDR 1964, 309 = JZ 1964, 228 = BB 1964, 200 = LM § 1094 BGB Nr 6, 7, 8 § 138 (C) BGB Nr 4 Ls; dies gilt insbes von einem sog Ringtausch **BGH** BGHZ 49, 7 = NJW 1968, 104 = MDR 1968, 137 = BB 1967, 1355 = JZ 1968, 22 = WM 1967, 1172 = DNotZ 1968, 412 = BWNotZ 1968, 33 Ls = LM § 504 Nr 11 (*Mattern*) = DRspr I (130) 65 cd. Ob ein Nebengeschäft zum GrstVeräußerungsvertrag gehört, richtet sich nach dem Willen der Vertragsbeteiligten, **BGH** WM 1968, 1088. Es kann auch, solange das Vorkaufsrecht nicht ausgeübt ist, am Kaufvertrag noch eine Vereinbarung über Zusätze und Änderungen getroffen werden, **BGH** DNotZ 1970, 105. Die Übertragung eines Erbanteils löst das Vorkaufsrecht nicht aus; dazu § 22 Bem 43/*ErgVerz*. Ein wegen Formmangels nach § 313 BGB nichtiger Verpflichtungsvertrag bez Bestellung eines Vorkaufsrechts heilt seinem ganzen Inhalt nach durch Eintragung im GB, **RG** RGZ 125, 264, JW 1934, 2543, **BGH** DNotZ 1968, 93. Die Heilung kann aber nur soweit Platz greifen, als zwischen den Parteien im Zeitpunkt des Erfüllungsgeschäfts eine Willensübereinstimmung über die Bestellung des Vorkaufsrechts noch bestanden hat.

Die Ausübung des Vorkaufsrechts entfällt, wenn der Vorkaufsberechtigte auf seine Rechte verzichtet, auch im Verhältnis zum Dritten, **BGH** WM 1968, 893. Bei Miteigentum ist die Ausübung des Vorkaufsrechts unzulässig, wenn dadurch die Auseinandersetzung der Gemeinschaft unmöglich würde, **BGH** WM 1967, 938; dies gilt auch für die Teilungsversteigerung nach §§ 180 ff. ZVG, **BGH** BGHZ 48, 1 = NJW 1967, 1607 = MDR 1967, 662 = WM 1967, 529 = BB 1967, 648 = BWNotZ 1967, 201 Ls. Steht das Vorkaufsrecht einer oHG zu, so geht dieses bei der Auseinandersetzung auf den Gesellschafter über, der das Geschäft allein übernimmt, **BGH** BGHZ 50, 307 = NJW 1968, 1964 = MDR 1968, 912 = JZ 1968, 668 = DNotZ 1969, 161 = BB 1968, 975 = DB 1968, 1705 = WM 1968, 922 = Rpfleger 1968, 351 = DRspr I (154) 83 c, dasselbe gilt, wenn ein Gesellschafter seine Gesellschafterrechte auf einen Dritten überträgt, **OLG Nürnberg** DNotZ 1970, 39. Zum Vorkaufsrecht eines Miterben **BGH** BB 1967, 1104. Die Ausübung des Vorkaufsrechts kann auch durch Abschluß eines Vertrags zwischen dem Verpflichteten und dem Berechtigten erfolgen, wobei § 505 Abs 2 BGB nicht ausschließt, daß der Verpflichtete freiwillig dem Berechtigten günstigere Bedingungen einräumt, als diejenigen, die er mit dem Dritten vereinbart hat; die Mitteilung vom Eintritt des Vorkaufsfalles und vom Inhalt des Drittgeschäfts ist nicht Wirksamkeitsvoraussetzung der Ausübung des Vorkaufsrechts **BGH** Rpfleger 1971, 13.

Das Vorkaufsrecht kann erst geltend gemacht werden, wenn ein rechtswirksamer, der Form genügender und etwa behördlich genehmigter Kaufvertrag vorliegt, **BGH** WM 1968, 1088 = DRspr I (154) 83b.

Ankaufsrecht und Wiederkaufsrecht

LitHinweise *Harder* Zur Lehre vom Eigentümernießbrauch DNotZ 1970, 267, *Mummenhoff* Das Wiederkaufsrecht und das Ankaufsrecht bei Grstücken MittRhNotK 1967, 813 (DNotZ 1968, 681 Hinweis), *Ripfel* Fragen zum Recht des Wiederkaufs, insbes bei Weiterveräußerung des Grst BWNotZ 1969, 26

Unzulässig ist die Koppelung eines **Ankaufsrechts** mit einem dinglichen Vorkaufsrecht, **BGH** WM 1968, 1087 = DRspr aaO 83a. Auch bei unvollständiger Bezeichnung der zeitlichen Begrenzungen und der Gegenleistung für ein Ankaufsrecht kann eine formgerechte Vereinbarung vorliegen, wenn der Parteiwille erkennbar ist, **BGH** DNotZ 1968, 411. Ein Grundstücks-Ankaufsrecht kann in Form eines Kauf-Vorvertrages geschlossen werden, **BGH** DNotZ 1968, 23. Ein Ankaufsrecht kann auch in der Weise vereinbart werden, daß die Bedingung in den freien Willen beider Vertragsparteien gestellt wird, **BGH** NJW 1967, 153 = MDR 1967, 120 = JZ 1967, 127 = BB 1966, 1412 = WM 1966, 1267 = BWNotZ 1967, 30 Ls = LM § 433 Nr 25 (Ergänzung zu aaO Nr 16). Haben Kaufvertragsparteien vereinbart, daß nach dem Tode des Längstlebenden der Käufer eines Grst die Verkäufer ein **Wiederkaufsrecht** haben sollen und tritt der Tod des Längstlebenden erst später als 30 Jahre nach dieser Vereinbarung ein, so darf allein wegen des Ablaufs von 30 Jahren die zur Sicherung des Rückübertragungsanspruchs eingetragene Vormerkung nicht nach § 22 GBO gelöscht werden, **BayObLG** DNotZ 1970, 150. Über Vormerkung für Ankaufsrecht mehrerer § 47 Bem 12/*ErgVerz.*

Seite 1070 ff. — **§ 13 V 73 ff.**

Nießbrauch

LitHinweise *Bunke* Der Nießbrauch an der Beteiligung an einer Personalgesellschaft DNotZ 1968, 5, *Haegele* Der Nießbrauch im Steuerrecht, *Strutz* Probleme bei der Pfändung eines GrstNießbrauchs Rpfleger 1968, 145

Liegt ein Sicherungsnießbrauch vor, so kann der GrstEigentümer Verzicht oder Aufhebung verlangen, wenn der Sicherungszweck weggefallen ist, **BGH** WM 1966, 653 bez einer Grundschuld. Die Bestellung eines Nießbrauchs für den Eigentümer ist jedenfalls dann zulässig, wenn zugleich gleich- oder nachrangig ein Fremdnießbrauch bestellt wird, **LG Stade** NJW 1968, 1678/1969, 278 (*Harder*) = GrundE 1968, 689 = BWNotZ 1968, 261 Ls. Ein Miteigentümeranteil an einem Grst kann mit einem Nießbrauch belastet werden, auch für einen Miteigentümer, **LG Hamburg** DNotZ 196,9 39. Ein Nießbrauch kann ohne Berechtigung der Ausübungsüberlassung bestellt werden, **LG Mönchengladbach** DNotZ 1969, 164. Ein Nießbrauch an einem Wohn-Grst kann auf ein nach Zerstörung wiederaufgebautes Wohnhaus erstreckt werden, **BGH** MDR 1964, 493 = WM 1964, 635 = ZMR 1964, 181 = DB 1964, 695 = DRspr I (154) 63a. Über Abgrenzung gegenüber Altenteil § 49 Bem 4/*ErgVerz*

Seite 1073 — **§ 13 V 76**

Zulässig ist die Verpflichtung zur künftigen Bestellung eines Nießbrauchs für Erben des Nießbrauchers, **LG Traunstein** NJW 1962, 2207 (*berichtigend* anstatt 1963) = DRspr I (154) 57a, 58c.

Seite 1076 — **§ 13 V 79**

Feststellungserklärung nach § 1059 BGB Bayern BekJM vom 16. August 1956 BayBSVJu III 156 über die Erteilung der Feststellungserklärung nach den §§ 1059a Nr 2, 1092 Abs 2 und 1098 Abs 3 BGB idF des Gesetzes vom 5. März 1953 BGBl I 33/ 16. Juli 1969 JMBl 156.

Seite 1077 ff. — **§ 13 V 80 ff.**

Hypotheken, Grund- und Rentenschulden

LitHinweise *Abel* Teilabtretung von Briefgrundschulden und vorläufigen Eigentümergrundschulden aus Briefhypotheken NJW 1966, 2044, *Friedrich* Die Eintragungsfähigkeit der bei Bestellung einer Grundschuld vereinbarten Sicherungsabrede NJW 1968, 1655, *Grützbach* Sicherung von GrstBeleihungen der Versicherungsunternehmen durch Buchgrundschulden VersR 1967, 215, *Herold* Die Grundschuld als Kreditmittel BlGBW 1968, 165, *Hummel* Mitbesitz und Besitzkonstitut bei Grundschuldteilabtretung ohne Briefübergabe NJW 1965, 2376, *Kolbenschlag* Die sog Nur-einmal-Valutierungserklärung zur Sicherungsgrundschuld DNotZ 1966, 475, *Pikart* Die neuere Rspr des BGH zur Kreditsicherung durch Hypotheken und Grundschulden WM 1965, 1230, *Riggers* Vorteile und Gefahren der Sicherungsgrundschuld JurBüro 1966, 641, *Schmalzl* Bauwerksicherungshypothek für den Architekten MDR 1968, 14, *Schütz* Zur Reform des Hypothekenrechts WM 1968, 818 (dazu *Jochemczyk* aaO 1030), *Schwalbach* Warum sind dinglich gesicherte Industriedarlehen keine Grundpfandrechte iSd Beleihungsrichtlinien/Veröffentlichungen des BAufsichtsamts für das Versicherungs- und Bausparwesen 1967, 222

Der Architekt, der alle Architektenleistungen von der Planung bis zur örtlichen Bauaufsicht erbracht hat, kann für die Gebühren, die ihm hierfür — gegebenenfalls auch für die von ihm darüber erstellte statische Berechnung — zustehen, nach § 648 BGB die Einräumung einer Sicherungshypothek an dem BauGrst verlangen, **BGH** BGHZ 51, 190 = NJW 1969, 419 = MDR 1969, 212 = DNotZ 1969, 352 = BB 1969, 110 = LM § 648 BGB Nr 2/3 (*Rietschel*); dazu § 3 Bem 332/*Erg Verz.*

Eine Gesamtgrundschuld entsteht erst nach Eintragung der letzten im GB, **OLG München** DNotZ 1966, 371. Über Befriedigung durch Gesamtschuldner **BGH** MDR 1967, 111 = BB 1966, 1413 = WM 1966, 1259 = BWNotZ 1967, 29 Ls = LM § 426 BGB Nr 26.

Eine Hypothek kann nur zur Sicherung einer Geldforderung, nicht daneben auch zur Sicherung anderer Ansprüche bestellt werden, **BayObLG** NJW 1967, 1373 = MDR 1967, 493 = DNotZ 1967, 759 = BWNotZ 1967, 207 Ls. Eine Grundschuld, die zur Sicherung von Geldforderungen dient, wird durch Zahlung des GrstEigentümers an den Gläubiger nur insoweit zur Eigentümergrundschuld, als die Zahlung auf die Grundschuld geleistet wird, **BGH** MDR 1968, 35 = DNotZ 1968, 306 = WM 1967, 955 = BWNotZ 1967, 254 Ls. Zur Umwandlung einer Eigentümer- in eine Fremdgrundschuld **BGH** MJW 1968, 1674 = MDR 1978, 744 = Rpfleger 1968, 277 = BWNotZ 1968, 218 Ls.

Die Sicherung eines in Raten zahlbaren GrstKaufpreises durch Eintragung einer befristeten Rentenschuld ist zulässig, **OLG Bremen** OLGZ 1965, 74.

Die Pfändung einer Eigentümergrundschuld erfolgt nach § 830 mit § 857 Abs 6 ZPO, **OLG Celle** NJW 1968, 1682 = BWNotZ 1968, 267 Ls. Nach Überweisung einer gepfändeten Eigentümergrundschuld zur Einziehung kann der Pfändungsgläubiger die ZwV in das belastete Grst betreiben, **LG Hof** Rpfleger 1965, 369 (*Stöber*).

Seite 1103ff. — **§ 13 V 118ff.**

Verfügungsbeschränkungen LitHinweise *Haegele* Die Beschränkungen im GrstVerkehr (3. Aufl Nomos-Verlag Baden-Baden 1970), *Sichtermann* (§ 3 Bem 204/ *ErgVerz*) Bedeutung und Behandlung der Eintragungen in Abt II des Grundbuches 77ff. Verfügungsbeschränkungen

Seite 1109 — **§ 13 V 127**

Beispiele Vermögensbeschlagnahme ua § 443 StPO (*berichtigt* nicht § 433 StPO)

Seite 1111 /1112 **§ 13 V 130ff.**

Entschuldungsbetrieb LitHinweise *Haegele* Die Beschränkungen im GrstVerkehr (3. Aufl Nomos-Verlag Baden-Baden 1970) Bem 227ff.

Seite 113ff. — **§ 13 V 133ff.**; dazu auch *Nachtrag*

Konkursverfahren

§ 45 KO idF des GleichberG ist wegen Verstoßes gegen Art 6 Abs 1 GG **nichtig**; dazu **BVerfG** vom 24. Juli 1968 BGBl I 994 = NJW 1968, 1771 = MDR 1968, 994 = JZ 1968, 626 = FamRZ 1968, 437 = Rpfleger 1968, 318 = WM 1968, 965 = BB 1968, 930 = DB 1968, 1443 = BWNotZ 1968, 265 Ls = DRspr IV (438) 87c, *Brox* Die Folgen der Nichtigkeit des § 45 KO FamRZ 1968, 406. Damit wurde eine für den Ehegatten eines Gemeinschuldners ungünstige Rechtslage beseitigt, der materiell-rechtlich nur eine geringe Bedeutung zukam. Die Begründung der Entscheidung ist nicht voll überzeugend, da ja bei der Anfechtung wegen Gläubigerbenachteiligung in und außerhalb des Konkursverfahrens die Besonderheit der Rechtslage beim Ehegatten ebenfalls berücksichtigt ist und an diesen Regelungen nichts geändert wurde. Die maßgebenden Sätze der Entscheidungsbegründung:

> „Die nicht zu leugnende Gefahr von Vermögensverschiebungen zu Ungunsten der Gläubiger kann zwar Sonderregelungen für Ehegatten rechtfertigen. Sie dürfen aber nicht das Übermaßverbot verletzen."

zeigen, daß das VerfG glaubte, die Vorschrift greife zu weit in die Stellung des Ehegatten ein. Man wird daher erwägen müssen, ob man die aufgehobene Vorschrift durch eine andere ersetzt, da eine Regelung im Aussonderungsverfahren nicht entbehrt werden kann, wenn nicht die Beweisführung in diesem Verfahren erschwert werden soll.

Die Zuständigkeit des **RPflegers** im Konkursverfahren ist durch § 18 RpflG (*Anh 137*) neu geregelt. Sie ist gegenüber früher erweitert; dazu § 1 Bem 77ff./*ErgVerz.* Das Konkursverfahren gehört zu den Vorbehaltsaufgaben, da dem Richter nach § 18 Abs 1 RpflG die Entscheidung bis einschl Entscheidung über die Verfahrenseröffnung obliegt, ebenso die Ernennung des Konkursverwalters. Im weiteren Verfahren ist der RPfleger zuständig, soweit nicht der Richter sich dieses Verfahren vorbehält oder an sich zieht. Über weitere Einzelheiten *Eickmann-Riedel* RpflG Kommentar (E 25ff./ *ErgVerz*) § 18 Bem 1ff., auch § 1 Bem 78/*ErgVerz.*
Über das Anschluß-Konkursverfahren enthält § 19 RpflG (*Anh 137*) eine besondere Regelung bez der Zuständigkeit des Rpflegers; dazu § 13 Vorbem 136 / *ErgVerz.*

Seite 117/118 — **§ 13 V 136**

Vergleichsverfahren

Die Zuständigkeit des **RPflegers** im Vergleichsverfahren ist in § 19 RpflG (*Anh 137*) geregelt.

Der RPfleger ist wie beim Konkursverfahren (§ 13 Vorbem 130 ff./*ErgVerz*) im Verfahren nach Eröffnung des Vergleichsverfahrens zuständig. Besonders regelt ist das Anschlußkonkursverfahren. Dazu bez Einzelheiten *Eickmann-Riedel* RpflG Kommentar (E 25 ff./*ErgVerz*) § 19 Bem 1 ff.

Seite 1118/1119 — **§ 13 V 137**

Zwangsversteigerung und Zwangsverwaltung

In dem Verfahren der Zwangsversteigerung und der Zwangsverwaltung ist der RPfleger als Vollstreckungsgericht in vollem Umfange zuständig, § 3 Z 1 (i) RpflG (*Anm 137*). Bez Einzelheiten *Eichmann-Riedel* RpflG Kommentar (E *25* ff./*ErgVerz*) § 3 Bem 14.

Das ZwVerst- und das ZwVerwverfahren beziehen sich auf Grundstücke und grstgleiche Rechte, auch Wohnungs- und Teileigentum.

Seite 1119 — **§ 13 V 138**

Nachlaßverwaltung

Zur Zuständigkeit des **RPflegers** nach § 16 Abs 1 Z 1, 3 RpflG (*Anh 137*); dazu bez Einzelheiten *Eickmann-Riedel* RpflG Kommentar (E 25 ff./*ErgVerz*) § 16 Bem 5 d. Für Nachlaßpflegschaft gilt dasselbe.

Der Nachlaßverwalter und der Nachlaßpfleger können, wenn sie Rechtsanwälte sind, die für die bewilligte Vergütung anfallende **Mehrwertsteuer** auf den Nachlaß abwälzen, **LG Mönchen-Gladbach** NJW 1971, 146, **aA** (zu Unrecht) **LG Berlin** NJW 1970, 1462 2112 (mit ablehnender Kritik von *Kaus*) bez Nachlaßpflegschaft.

Seite 1119/1120 — **§ 13 V 139**

Testamentsvollstreckung

Zur Zuständigkeit des **RPflegers** nach § 16 Abs 1 Z 2, 4, 5 RpflG (*Anh 137*); dazu bez Einzelheiten *Eickmann-Riedel* RpflG Kommentar (E 25 ff./*ErgVerz*) § 16 Bem 4, 6, 7.

Seite 1120 ff. — **§ 13 V 140 ff.**

Nacherbfolge

LitHinweise *Diedrichsen* Ersatzerbfolge oder Nacherbfolge NJW 1965, 671

Zur Zuständigkeit des Rpflegers in Nachlaßsachen § 16 RpflG (*Anh 137*); dazu bez Einzelheiten *Eickmann-Riedel* RpflG Kommentar (E 25 ff./*ErgVerz*) § 16 Bem 3 ff.)

Eine **Verfügung des Vorerben** nach § 2113 BGB ist voll wirksam, wenn der Nacherbe zustimmt; einer Zustimmung des Ersatznacherben bedarf es nicht, **RG** RGZ 145, 316, **BGH** BGHZ 40, 115 = WM 1963, 1211 = LM § 2111 BGB Nr 1 (*Nirk*).

Zur Löschung **des Nacherbenvermerks** im GB ist die Bewilligung des Ersatznacherben erforderlich; sie ist nur dann entbehrlich, wenn der Vorerbe entweder mit Zustimmung des Nacherben oder in sonst wirksamer Weise über ein NachlaßGrst verfügt hat mit der Folge, daß das Grst aus dem Nachlaßvermögen ausgeschieden und der Nacherbenvermerk insoweit gegenstandslos geworden ist, **OLG Oldenburg** DNotZ 1966, 110. Bei **Ersatznacherbfolge** ist im GB ein Ersatznacherbenvermerk einzutragen, **OLG Hamm** JMBlNRW 1965, 268 = DNotZ 1966, 180 = Rpfleger 1966, 19 (*Haegele*). Die Verfügungsbeschränkungen des § 2113 BGB für den Vorerben gelten für einen Testamentsvollstrecker dann nicht, wenn er zugleich für den Vor- und Nacherben eingesetzt ist, **BGH** BGHZ 40, 115 = WM 1963, 1211 = LM § 2111 Nr 1 (*Nirk*).

Die **Teilungsversteigerung** nach §§ 180ff. ZVG fällt nicht unter § 2115 S 1 BGB, **BayObLG** BayObLGZ 1965, 212 = MDR 1965, 749.

Zum **Hofnacherben** *Wörmann* Vor- und Nacherbschaft im Höferecht RdL 1968, 225, **OLG Celle** RdL 1968, 99, **OLG Oldenburg** NdsRpfl 1965, 134 = RdL 1965, 152 = DNotZ 1966, 109 = Rpfleger 1966, 47, 265 (ablehnend *Gaberdiel*).

Seite 1126ff. — **§ 13 V 150, 151**

Versicherungsaufsicht

Durch § 56 Abs 1 **BeurkG** (dazu E 25ff./*ErgVerz*) wurde die Doppelzuständigkeit nach §§ 14, 17 VersAufsG; dazu *Riedel-Feil* BeurkG Kommentar § 55 Vorbem 2, § 56 Bem 2.

Zur Eintragung eines **Treuhändervermerks** darüber, daß ein gleichzeitig bestelltes Grundpfandrecht der Sperre nach § 72 Abs 1 VersAufsG unterliegt, genügen Bewilligung und Antrag des GrstEigentümers, eine Mitwirkung des Gläubigers ist gegenüber dem GBA nicht erforderlich, **LG Wiesbaden** Rpfleger 1968, 393 (*Haegele*). Der GrstEigentümer kann einen Antrag auf Eintragung eines Treuhänder-Sperrvermerks nach §§ 70ff. VersAufsG bei gleichzeitiger Hypothekeneintragung wirksam stellen, **BayObLG** BayObLGZ 1964, 394 = NJW 1965, 538 = DRspr IV (473) 88a (auch *§ 13 Bem 44*), **aA** (überholt) **LG München I** Rpfleger 1964, 212 (*Haegele* zustimmend) = DRspr aaO 86c. Nunmehr dürfte auf Grund von Rspr und Literatur eindeutig geklärt sein, daß es zur Eintragung eines Sperrvermerks nach § 72 VersAufsG, die zusammen mit der Eintragung eines Grundpfandrechts selbst erfolgen soll, nur der Bewilligung und des Antrags des GrstEigentümers bedarf, während eine Erklärung des Gläubigers oder der Aufsichtsbehörde über die (künftige) Zugehörigkeit des Rechts zum Deckungsstock in der Form des § 29 GBO keinesfalls erforderlich ist, **LG Koblenz** Rpfleger 1971, 22 (*Haegele*).

Seite 1128ff. — **§ 13 V 162 ff.**

Heimstätte

LitHinweise *Haegele* Die Beschränkungen im GrstVerkehr (3. Aufl Nomos-Verlag Baden-Baden 1970) Bem 542ff., *Müller* Die Konkurrenz zivilrechtlicher und öffentlich-rechtlicher Ansprüche in verfassungsrechtlicher Sicht KTS 1966, 73, *Riggers* Erwerb von Reichsheimstätten durch Ausländer JurBüro 1966, 997, *Siegelmann* Die Belastung einer Heimstätte DWW 1968, 317

Eine Heimstätte kann auch an einen **Ausländer** ausgegeben werden, § 2 HG (*§ 4 Bem 57*), **OLG Köln** Rpfleger 1968, 27 = BWNotZ 1968, 80 Ls = DRspr II (285) 96b. Wird eine **Bergarbeiterwohnung** als Heimstätte ausgegeben, so kann im Heimstättenvertrag ein Heimfallanspruch auch für den Fall vereinbart werden, daß der Heimstätter infolge eigenen Verschuldens aus dem Bergarbeiterberuf ausscheiden muß, **BGH** BGHZ 65, 389 = NJW 1966, 1711/1967, 103 (*Ehrenforth*) = MDR 1966, 827 = RdL 1966, 240 = BB 1966, 878 = WM 1966, 945 = LM BergArbWoBauG Nr 1 (*Rothe*).

Die Entscheidung über die **Löschung** der Heimstätten-Eigenschaft auf Antrag des Heimstätters nach § 21 HG (*Anh 114*) ist eine Ermessensentscheidung; die Löschung ist als Ausnahme nur dann zuzulassen, wenn die Vorenthaltung der Löschung eine sehr starke, die wirtschaftliche Existenz des Heimstätters gefährdende Unbilligkeit darstellen würde, **OVG Münster** BBauBl 1966, 74.

Eine **Belastung** nach § 17 HG (*Anh 114*) der Heimstätte darf nur produktiven Zwecken dienen, daher ist ein lebenslängliches Nutzungsrecht unzulässig, **LG Bonn** NJW 1966, 2314 = DNotZ 1967, 511 Ls = BWNotZ 1967, 35 Ls.

Bei **Zwangsvollstreckung** in eine Heimstätte gehören zu den öffentlichen Abgaben iSd § 20 HG (*Anh 114*) auch die vom Heimstätter einer Bau-Berufsgenossenschaft und einer früheren Familienausgleichskasse geschuldeten Beiträge, **OLG Köln** Rpfleger 1967, 14 (*Stöber*) = BWNotZ 1967, 35 Ls = DRspr II (285) 87d. Die Pfändung des Anspruchs auf Auseinandersetzung einer Heimstätte ist unzulässig, **LG Aachen** Rpfleger 1967, 219 (*Hannig*) = BWNotZ 1967, 264 Ls. Die Geltendmachung des Heimfallanspruchs wegen Beschlagnahme der Heimstätte zum Zwecke der ZwVerst kann sich als Rechtsmißbrauch darstellen, **BGH** DNotZ 1969, 538 = WM 1969, 633 = LM RHeimstG Nr 4 = DRspr II (285) 103c. Die ZwV in eine Heimstätte setzt nicht die Vorlage eines Duldungstitels voraus, **LG Braunschweig** MDR 1969, 932 = DRspr II (285) 107d.

Beim **Heimstätten-Erbrecht** (dazu *§ 35 Bem 13* mit *ErgVerz*) sind § 24 HG (*Anh 114*), §§ 15ff. AVOHG (*Anh 115*) auch auf den Fall anzuwenden, daß nur ein Miteigentumsanteil an der Heimstätte als Erbteil in Betracht kommt, **LG Bonn** NJW 1966, 2314 = BWNotZ 1967, 35 Ls.

Erwirbt der Inhaber einer Erbbau-Heimstätte das belastete Grst, so ist die Eintragung des Eigentumsübergangs nach § 34 HG (*Anh 114*) gebührenfrei, nicht aber die gleichzeitig vorgenommene Löschung des Erbbauzinses und des Vorkaufsrechts, **OLG Hamm** JMBlNRW 1966, 71 = Rpfleger 1966, 86 = JVBl 1966, 109. Unter Vergrößerung iSd § 34 Abs 1 HG (*Anh 114*) ist nicht nur eine Vergrößerung der Fläche des HeimstättenGrst, sondern auch — auch für sich allein — eine Vergrößerung des Heimstätten-Gebäudes durch Anbau oder Aufbau zu verstehen, **OVG Münster** DWW 1968, 176 Ls.

Die Löschung von Aufbauhypotheken nach Tilgung der gesicherten Forderungen ist nicht gebührenfrei, § 34 HG (*Anh 114*), **LG Hannover** NdsRpfl 1970, 16 = DRspr II (285) 110c.

Seite 1135/1136 — **§ 13 V 164**

Rechtshängigkeit Eintragung auf Grund einstweiliger Verfügung: **OLG München** NJW 1966, 1030 = Rpfleger 1966, 306 = DRspr IV (473) 93c

Seite 1136ff. — **§ 13 V 165ff.**

gerichtliche und behördliche Verfügungsbeschränkungen

Zur Beschlagnahme ist auch auf die Vermögensbeschlagnahme nach § 443 StPO hinzuweisen.

Seite 1137 — **§ 13 V 167**; dazu auch *Nachtrag*

Konkursverfahren § 13 Vorbem 133ff./*ErgVerz*

Seite 1137/1138 — **§ 13 V 168**

Vergleichsverfahren § 13 Vorbem 136/*ErgVerz*

Seite 1144ff. — **§ 13 V 181ff.**; dazu auch *Nachtrag*

Kosten

Gesetzliche Vorschriften

KostO (auszugsweise) *Anh 59*

Kostenverfügung in bundeseinheitlicher Neufassung am 1. April 1969 auf Grund übereinstimmender Entschließungen der Landesjustizverwaltungen (*§ 56 Bem 26*); dazu *Piller-Hermann* Justizverwaltungsvorschriften KostVfg 10

Baden-Württemberg AVJM vom 28. Februar 1969 Justiz — Sonderdruck — unter Aufhebung der Fassung nach AVJM vom 27. September 1967 Justiz 380, zugleich Bekanntgabe zusätzlicher Bestimmungen

Bayern BekJM vom 28. Februar 1969 (zu BayBSVJu V Abschn B 1) Neufassung Abdruck.

Hamburg AVJB vom 28. Februar 1969 JVBl 27 — Sonderdruck

Hessen RdErlJM vom 21. März 1969 JMBl 495 Neufassung Abdruck
RdErlJM vom 18. März 1969 JMBl 491 Einführung der KostVfg
RdErlJM vom 1. Dezember 1969 JMBl 1476 Zusatzbestimmungen zur KostVgf, hier Kostenvorschüsse in GBAngelegenheiten
RdErlJM vom 24. Juli 1968 JMBl 313 DurchführungsBest zu den Kostengesetzen (KostenVfg)

Niedersachsen AVJM vom 28. Februar 1969 NdsRpfl 52, 101 Neufassung AVJM vom 2. Juni 1969 Abdruck NdsRpfl 129 Durchführung des § 49 KostVfg

Nordrhein-Westfalen AVJM vom 26. Februar 1969 JMBlNRW 61 (I) unter Aufhebung der AVJM vom 25. September 1957 JMBlNRW 210 und (II) zusätzlichen Anordnungen

Rheinland-Pfalz AVJM vom 28. Februar 1969 JBl 51 Neufassung Abdruck unter Aufhebung der AVJM vom 26. September 1957 JBl 91, zugleich Bekanntgabe zusätzlicher Bestimmungen

Saarland AVJM vom 28. Februar 1969 GemMBl 206 Neufassung Abdruck

Schleswig-Holstein AVJM vom 28. Februar 1969 SchlHA 89 — Sonderdruck — unter Aufhebung der AVJM vom 25. September 1957 SchlHA 262, zugleich Bekanntgabe zusätzlicher Bestimmungen

Gesetz über die **Entschädigung von Zeugen und Sachverständigen** — GGebZS — idF vom 1. Oktober 1969 BGBl I 1757 = SaBl 1893

Gesetz zur **Änderung kostenrechtlicher Vorschriften** vom 29. Oktober 1969 BGBl I 2049 = SaBl 1944 (BRAGebO, Ges zur Änderung und Ergänzung kostenrechtlicher Vorschriften vom 26. Juli 1957 BGBl I 861 = SaBl 1277/30. Juni 1965 BGBl I 577 = SaBl 883 Art IX)

Justizkassenordnung — JKassO vom 30. Januar 1957; dazu *Piller-Hermann* Justiverwaltungsvorschriften JKassO 5

Bayern BekJM vom 21. Dezember 1970 (zu BayBSVJ Bd VI Abschn B) Änderung der JKassO JMBl 1971, 6

Rheinland-Pfalz AVJM vom 24. November 1970 JBl 235 (nicht in Sammlung JVV RPf) Änderung der JKassO

Landesrechtliche Kostenvorschriften aus neuerer Zeit

Baden-Württemberg

AVJM vom 14. September 1955 Justiz 266/7. Februar 1957 Justiz 72/2. April 1957 Justiz 135/14. März 1960 Justiz 63/2. März 1967 Justiz 89/6. November 1970 Justiz 408 Dienstanweisung für die Bezirksrevisoren

AVJM vom 23. August 1961 Justiz 240/29. Mai 1969 Justiz 154 Erlaß von Gerichtsgebühren bei freiwilligen Maßnahmen zur Baulandordnung

AVJM vom 22. Oktober 1963 Justiz 317/3. Dezember 1964 Justiz 1965, 5/21. Dezember 1966 Justiz 1967, 16 Erlaß

AVJM vom 8. September 1964 Justiz 251 Grunderwerb für Straßenbauzwecke, hier Erlaß der Gebühren für die Erteilung von Veräußerungsvollmachten, von Gerichtsgebühren bei der freiwilligen Zusammenlegung land- und forstwirtschaftlicher Grundstücke sowie bei der Aussiedlung oder Aufstockung von landwirtschaftlichen Betrieben außerhalb eines behördlichen Verfahrens

ErlJM ua vom 26. Mai 1965 Justiz 217 Kostenersparnis bei GBBerichtigung wegen Erbfolge

AVJM vom 24. Juni 1965 Justiz 218 Niederschlagung von Stundungs-, Verzugs- und Säumniszinsen

AVJM vom 28. September 1965 Justiz 297 Behandlung von Kleinbeträgen

AVJM vom 28. Juli 1966 Justiz 224 Grunderwerb für den Straßenbau und für den staatlichen Flußbau, hier Erlaß der Gebühren für die Erteilung von Veräußerungsvollmachten (ergänzende Bezugnahme auf die AVJM vom 8. September 1964

Bayern

BekJM vom 10. März 1970 JMBl 31 (7 zu BayBSVJu V Abschn B 1) Behandlung von Kleinbeträgen im Geschäftsbereich des bayJM

BekJM vom 29. November 1948 StAnz Nr 49/18. Mai 1952 StNr 21/28. Dezember 1962 StAnz 1963 Nr 1/23. Mai 1969 StAnz Nr 22 = BayBSFin II 49, FMBl 1963, 4/1969, 173 = JMBl 1970, 33 Einziehung und Auszahlung von Kleinbeträgen

Hamburg

AVLJV vom 13. Mai 1965 JVBl 49 Rechnungsbeamte und Rechnungsgebühren unter Aufhebung der AVRJM vom 25. April 1938 DJ 654 und der AVRJM vom 24. Oktober 1938 DJ 1702 sowie der AVLJV vom 30. März 1953 JVBl 5

AVJM vom 2. Juli 1970 JVBl 68 unter Aufhebung der AVJM vom 19. November 1957 Nr 30 JVBl 31/Nr 31 JVBl 33 Anordnung über die Geschäftsstellen der Gerichte und Staatsanwaltschaften, dessen § 6 sich auf die den Beamten des gehobenen Justizdienstes vorbehaltenen Geschäfte bezieht, auch bez Kostensachen

Hessen

RdErlJM vom 16. Februar 1965 JMBl 97 Geschäftsordnung für Bezirksrevisoren — BezRevGO — unter Aufhebung der früheren Regelung

RdErlJM vom 24. Januar 1966 JMBl 78 Rechnungsarbeiten bei den Gerichten mit RdErlJM gleichen Datums JMBl 77 zur Einführung der neuen Bestimmungen

RdErlJM vom 25. Mai 1970 JMBl 441 Bewilligung von Reiseentschädigungen an mittellose Personen und von Vorschußzahlungen an Zeugen und Sachverständige unter Aufhebung des RdErlJM vom 14. November 1957 JMBl 101

RdErlJM vom 26. Mai 1970 JMBl 446 Bekanntmachungskosten in Rechtssachen; dazu RdErlJM vom 26. Mai 1970 JMBl 444 Einführung einer Vorschrift über die Anweisung von Bekanntmachungskosten in Rechtssachen mit Vordruck als Anlage

RdErlJM vom 27. Mai 1970 JMBl 447 Behandlung von Kleinbeträgen

Niedersachsen

AVJM vom 25. März 1964 NdsRpfl 84 Erlaß von Gerichtskosten bei der Durchführung agrarstruktureller Maßnahmen in Verfahren ohne behördliche Leitung (mit Ausnahme der Beurkundungs- und Beglaubigungsgebühren) gemäß § 2 Abs 2 VO vom 20. März 1935 RGBl I 406 unter Aufhebung der AVJM vom 24. April 1961 NdsRpfl 95 — VorschrVerz 35 60

AVJM vom 27. Juli 1964 NdsRpfl 167 Erlaß von Gerichtskosten, hier Erlaß von Gebühren, die den Kirchen in Angelegenheiten der freiwilligen und streitigen Gerichtsbarkeit entstehen bez LGBezirke Braunschweig und Oldenburg gemäß § 2 Abs 2 VO vom 20. März 1935 RGBl I 406 in dem Umfang, in dem § 8 Abs 1 Z 4 und § 115 Abs 1 prGKG in den übrigen nds Landesteilen Gebührenfreiheit gewähren

BekJM vom 25. Januar 1966 NdsRpfl 40 Erlaß von Gerichtskosten, hier Erlaß von Gebühren, die den Kirchen in Angelegenheiten der freiwilligen und streitigen Gerichtsbarkeit entstehen — Hinweis auf BekKultusMin vom 21. Dezember 1965 MBl 1966, 14 Gebührenfreiheit der evang-luth Kirche in Oldenburg bez allgemeiner Bescheinigung anstelle der Einzelbescheinigungen in Ergänzung zu AVJM vom 27. Juli 1964 NdsRpfl 167

AVJM vom 29. April 1966 NdsRpfl 100 Erlaß von Gerichtskosten in Grundbuch- und Pachtkreditsachen, die im Zusammenhang mit dem Stufeninvestitionsplan des Landes Niedersachsen stehen (mit Ausnahme der Beurkundungs- und Beglaubigungsgebühren) gemäß § 2 Abs 2 VO vom 20. März 1935 RGBl I 406 unter Aufhebung der AVJM vom 3. August 1964 NdsRpfl 167; frühere AVJM gleichen Betreffs wurden bereits früher aufgehoben

BekJM vom 31. Mai 1968 NdsRpfl 128 Erlaß von Gerichtskosten, hier Erlaß von Gebühren, die den Kirchen in Angelegenheiten der freiwilligen und streitigen Gerichtsbarkeit entstehen — Hinweis auf ErlKultusMin vom 16. April 1968 MBl 500 Gebührenfreiheit der Braunschweigischen evang-luth Landeskirche bez allgemeiner Bescheinigung anstelle der Einzelbescheinigungen in Ergänzung zu AVJM vom 27. Juli 1964 NdsRpfl 167 und BekJM vom 25. Januar 1966 NdsRpfl 40

AVJM vom 22. September 1969 NdsRpfl 222 Erlaß von Gerichtskosten in Siedlungsverfahren auf Grund § 2 VO vom 20. März 1935 RGBl I 406 und § 29 RSiedlG und § 64 BVFG; die RVJM vom 12. September 1949 VorschrVerz 35, 19, ferner die RVRJM vom 14. März 1939 und 15. März 1940 haben ihre Bedeutung verloren.

AVJM vom 4. Dezember 1970 NdsRpfl 276 Ausübung der obersten Dienstaufsicht über die Gerichte der Verwaltungsgerichtsbarkeit, hier Haushalts-, Kassen- und Rechnungswesen, Kosteneinziehung und -prüfung

Nordrhein-Westfalen

AVJM vom 17. Dezember 1965 JMBlNRW 1966, 7/4. Januar 1967 JMBlNRW 27 Erlaß von Gerichtsgebühren bei Maßnahmen zur Verbesserung der Agrarstruktur in einem Verfahren außerhalb der Flurbereinigung

AVJM vom 1. Juni 1966 JMBlNRW 135 Ausstellung von Gerichtsgebührenbefreiungsbescheinigungen für Kirchen und Religionsgemeinschaften zu den Befreiungen nach § 8 Abs 1 Z 4 prGKG idF vom 28. Oktober 1922 prGSNW 99 und § 16 Abs 1 Z 3 lippGKG idF vom 23. September 1926 lippGS 565; die AV vom 17. September 1957 JMBlNRW 229 wurde als gegenstandslos aufgehoben

Rheinland-Pfalz

AVJM vom 26. Juli 1963 JBl 170 Erlaß von Gerichtsgebühren bei Maßnahmen, die der Verbesserung der Agrarstruktur dienen, unter Aufhebung der AVJM vom 26. August 1957 JBl 85 und der RV vom 7. August 1958

AVJM vom 12. Oktober 1966 JBl 224 Kosten in Wohnungsbausachen

AVJM vom 24. November 1969 JBl 200 Behandlung von kleinen Beträgen unter Aufhebung der AVJM vom 22. Juni 1963 JBl 169 und der AVRJM vom 23. November 1937 DJ 1834

AVJM vom 20. Oktober 1970 JBl 220 Verwendung von Gebührenstempelmaschinen zur Entrichtung von Kosten

Saarland

LVJM vom 5. März 1963 JBl 60 Änderung kostenrechtlicher Verwaltungsvorschriften

LVJM vom 14. Januar 1964 JBl 38 Gebührenerlaß bei der Weiterveräußerung von Kaufeigenheimen, Trägerkleinsiedlungen und Kaufeigentumswohnungen

Schleswig-Holstein

ErlKultusMin vom 22. Dezember 1967 SchlHA 1968, 49 Gebührenbefreiung für die röm-kath. Kirche

AVJM und MinfASV vom 13. Januar 1970 SchlHA 1970, 52 Stundung und Erlaß von Gerichtskosten

AVJM vom 16. Januar 1970 SchlHA 53 Gebührenfreiheit der milden Stiftungen gem. § 8 Abs 1 Z 2 prGKG

BekLultus in vom 23. Januar 1970 Gebührenbefreiung für die röm-kath Kirche SchlHA 1970, 54

BekKultusMin vom 3. Februar 1970 SchlHA 78 Gebührenbefreiung für die evangelischen Landeskirchen in SchlH

AVJM vom 29. September 1970 SchlHA 224 Geschäftsanweisung für Bezirksrevisoren unter Aufhebung aller früheren entgegenstehenden Anordnungen

Landesrechtliche Kostenvorschriften zum Siedlungsrecht zu § 29 RSiedlG (*Anh 112*) sind auch in § 20 Bem 87b/*Erg Verz* angeführt.

LitHinweise *Ackermann* Zum Abzug von Verbindlichkeiten bei der Wertermittlung von Gesamthandsmassen JVBl 1966, 53, Probleme zu den „Hinzurechnungen" beim GrstKauf nach § 20 Abs 1 S 1 Halbs 2 KostO JVBl 1966, 169, Betrachtungen zu § 44 KostO Rpfleger 1966, 241, Zur persönlichen Gebührenbefreiung eines von mehreren Kostenschuldnern des Notars — Grundsätze zu § 144 Abs 3 S 2 HalbS 2 KostO-DNotZ 1968, 86, Kostenübernahme und Gebührenbefreiung bei notariellen Verträgen Rpfleger 1968, 109, Gesamtschuldnerische Haftung und Gebührenbegünstigung JurBüro 1968, 1, *Creutzig* Streitwertfestsetzung bei der Auflassungsklage eines von mehreren Miterben gegen einen anderen Miterben NJW 1969, 1334, *Drischler* Kostenhaftung für Eintragung von Zwischenhypotheken bei Gebührenfreiheit oder Armenrecht des Antragstellers JVBl 1966, 103, *Fröhlich* Zur Gebührenbefreiungsvorschrift des § 60 Abs 4 KostO JVBl 1967, 100, *Göttlich* § 60 Abs 4 KostO gilt auch bei Eintragung von Erben auf Grund einer Auseinandersetzung JurBüro 1965, 976, *Husmann* Die Rspr zu § 19 KostO JurBüro 1968, 257, *Krohn* Abkehr von den Einheitswerten des Grundbesitzes bei der Anwendung des § 19 KostO? DNotZ 1966, 452, *Landgrebe* Der Geschäftswert für die Löschung der RMRechte JVBl 1967, 102, *Lappe* Die Bewertung von Tankstellendienstbarkeiten JVBl 1967, 175, Mehrere Gebühren für eine Bruchteilsgläubiger- Hypothek? BWNotZ 1968, 284, *Löscher* Doppelter Schuldenabzug in Nachlaßsachen bei Vermächtnisanordnung JVBl 1967, 268, *Michel* Streitfragen aus § 30 KostO DNotZ 1968, 338, *Oswald* Ist der Ansatz des Einheitswertes gemäß § 19 Abs. 1 KostO verfassungsgerecht oder nicht? JurBüro 1967, 1, *Riggers* Der Geschäftswert von Beurkundungen im Zeitpunkt der Fälligkeit JurBüro 1966, 727, Regelwert eines Vorkaufs — oder Wiederkaufsrechts JurBüro 1966, 465, Berücksichtigung des Wohngeldes bei Veräußerung von Wohnungseigentum oder Wohnungserbbaurecht JurBüro 1966, 463, Zusammentreffen von gebührenbefreiten und nicht gebührenbefreiten Geschäften in einer Urkunde JurBüro 1966, 464, Kostenberechnung bei Begründung von Wohnungs- und Teileigentum JurBüro 1967, 187, *Schmid* Die Bewertung von Grundbesitz nach dem neuen § 19 KostO DNotZ 1969, 520, *Schumann* Der Gegenstandswert für die Gebührenberechnung nach § 118 BRAGebO MDR 1967, 176, *Staudenmaier* Zur Bewertung des Wiederkaufsrechts BWNotZ 1969, 416, *Stöber* Gebührenfreie Eintragung von Erben als Eigentümer eines Grundstücks JVBl 1966, 123, Umsatzsteuer Rpfleger 1968, 45, Das Ges zur Änderung von Vorschriften des Justizkostenrechts Rpfleger 1969, 5, *Tschischgale* Die Bewertung des Vorkaufsrechts am Erbbaurecht JurBüro 1967, 106, Gebühr und Wert für Löschungen von Kapitalgesellschaften JVBl 1968, 121, Die Entwurfsgebühr des § 145 Abs 2 KostO JVBl 1968, 33, *Wedewer* Schreibgebührenfreie Erteilung des Hypotheken-, Grundschuld- und Rentenschulbriefs bei sachlicher oder persönlicher Gebührenfreiheit JVBl 1968, 80

§ 19 UStDB 1951 bez **Umsatzsteuerpflicht** verstößt nicht gegen das GG, **BVerfG**; dazu DNotZ 1969, 69, auch Vorlagebeschluß **OLG Stuttgart** DNotZ 1967, 453, 580

Seite 1146 — **§ 13 V 183**

Auslagen

§ 136 KostO gilt in der Fassung des Ges vom 28. Dezember 1968 BGBl I 1458 (*Anh 59*).

Der GBAntrag ist Teil einer gerichtlichen Entscheidung; auch bei sachlicher oder persönlicher Gebührenfreiheit ist die dem Antragsteller erteilte 1. Eintragungsnachricht daher auslagenfrei zu erteilen. Schreibgebührenfrei bleiben auch alle weiteren Nachrichten, die von Amts wegen erteilt werden, insbes nach § 55 GBO, § 39 GBVfg, **OLG Zweibrücken** Rpfleger 1967, 92 = JVBl 1967, 68, ebenso **SchlHOLG** SchlHA 1968, 146 = DNotZ 1968, 258 = NJW 1967, 2367. Der Begriff *jede gerichtliche Entscheidung* ist weit auszulegen und umfaßt auch Eintragungsverfügung und Eintragung, die zusammen die Entscheidung des GBA darstellen; daher ist auch bei sachlicher Gebührenfreiheit die 1. Eintragungsnachricht schreibgebührenfrei, **OLG Frankfurt aM** Rpfleger 1968, 37.

Bei der Ermittlung der Seitenzahl von Abschriften ist der Beglaubigungsvermerk außer Betracht zu lassen, **LG Bonn** JMBlNRW 1967, 288.

Seite 1146 ff. — **§ 13 V 184 ff.**

Gebührenberechnung

Seite 1147/1148 — **§ 13 V 185**

Nebengeschäft iSd § 35 KostO (*Anh 59*) liegt vor bei Verzicht des GrstEigentümers bei Bestellung einer Grundschuld auf das Recht der Vorlegung des Briefs usw und wird bei Eintragung dieser Verzicht in das GB, **OLG Frankfurt aM** Rpfleger 1968, 366 (*Rohs*).

Seite 1148 ff. — **§ 13 V 186 ff.**

Geschäftswert

Seite 1148 ff. — **§ 13 V 187**

Grundstücke, §§ 19 ff. KostO (*Anh 59*)

§ 19 KostO idF vom 28. Dezember 1968 BGBl I 1458 (*Anh 59*) weicht zwar von der früheren Fassung ab, auch dient die Neufassung der erleichterten Anwendung bei Abweichung vom Einheitswert von Grsten. Im wesentlichen aber folgt die Neufassung der Vorschrift der überwiegend geübten Rechtspraxis, so daß sich ältere Entscheidungen mit weiterer Auslegung noch verwerten lassen. Für Abweichung vom **Einheitswert** eines Grst müssen konkrete Anhaltspunkte vorliegen, **OLG Celle** JurBüro 1966, 1054, bez Erbauseinandersetzung **OLG Celle** NdsRpfl 1967, 178 = DNotZ 1968, 124 =

Rpfleger 1968, 98 (*Rohs*) = JVBl 1967, 134 = JurBüro 1967, 503, bez Nachlaß Grst **BayObLG** BayObLGZ 1964, 399/1966, 160. Eine vorläufige Schätzung des Einheitswerts setzt voraus, daß die Feststellung alsbald zu erwarten ist, **OLG Hamm** JMBlNRW 1967, 94 = DNotZ 1967, 571 = JVBl 1967, 17. Zum Geschäftswert bei Hofübergabe **OLG Celle** RdL 1967, 135 = JurBüro 1967, 505, NdsRpfl 1967, 227 = RdL 1967, 180 = JurBüro 1967, 755.

Dies zeigt auch die neuere Rspr. **OLG Oldenburg** NdsRpfl 1969, 259 = Rpfleger 1969, 360 (*Stöber* ablehnend) = DRspr IV (476) 111c geht von dem Einheitswert eines Grst aus und läßt eine Abweichung nur bei konkreten Umständen, die für eine Erhöhung sprechen, im Einzelfall zu; als nicht zulässig wird es bezeichnet, ohne weiteres einen Pauschalbetrag zuzuschlagen unter Hinweis auf den den Einheitswert im allgemeinen erheblich übersteigenden gemeinen Wert des Grst. Ebenso **SchlHOLG** NJW 1970, 868, wonach die bekannte allgemeine Diskrepanz zwischen derzeitigem Einheitswert und Verkehrswert der Grst für sich allein kein sonstiger ausreichender Anhaltspunkt für die Annahme eines den Einheitswert übersteigenden GrstWert im einzelnen Fall ist. Andererseits weist **OLG Hamm** RdL 1969, 268 = DRspr aaO 111d darauf hin, daß für eine erhöhende pauschale Abweichung vom Einheitswert auch nicht die allgemeine Begründung genügt, daß Kreditinstitute im allgemeinen eine unter dem vollen GrstWert liegende Beleihungsgrenze feststellen. Auch ist zu berücksichtigen, daß die neuen Einheitswerte wesentlich höher sind als die früheren und die Frage, inwieweit der Einheitswert vom Verkehrswert abweicht, vielfach zweifelhaft wird. Daß bei der Auslegung des § 19 KostOnF im wesentlichen von den bisherigen Auslegungsgrundsätzen auszugehen ist, spricht neuerdings auch **OLG Düsseldorf** Rpfleger 1970, 408 aus: Auch nach der Neufassung des § 19 KostO ist bei der Bewertung von Grundbesitz vom Einheitswert auszugehen; die Annahme eines höheren Wertes ist nur bei sicheren und konkreten Anhaltspunkten gerechtfertigt. Die Erfahrungstatsache, daß gegenwärtig der Verkehrswert den Einheitswert allgemein erheblich übersteigt, reicht hierfür nicht aus; ebenso sind bei der Bewertung eines landwirtschaftlichen Anwesens Ausgaben über mittlere Verkehrswerte von Ackerland nicht ausreichend. In dem gleichem Sinne spricht **SchlHOLG** DNotZ 1970, 762 aus, daß die bekannte allgemeine Diskrepanz zwischen derzeitigem Einheitswert und Verkehrswert der Grundstücke für sich allein kein sonstiger ausdrücklicher Anhaltspunkt für die Annahme eines den Einheitswert übersteigenden Grundstückswerts im einzelnen Falle darstellt. Dazu auch *Ackermann* Die Indizien für einen höheren GrstWert nach § 19 Abs 2 S 1 KostO JVBl 1969, 97, 121, 145, 169, *Höver* Die Bewertung von Grundbesitz nach der KostO JVBl 1969, 80, *Lappe* Neue Geschäftswerte für Grundbesitz und Betriebsvermögen BB 1969, 472, *Schmidt* Die Bewertung von Grundbesitz nach dem neuen § 19 KostO DNotZ 1969, 520, *Schumann* Die Bedeutung der Änderung des § 29 KostO NJW 1969, 915, *Stöber* Das Gesetz zur Änderung von Vorschriften des Justizkostenrechts Rpfleger 1969, 5. Zur Berücksichtigung von GrstBelastungen zwecks Höherbewertung des Grundstücks **OLG Düsseldorf** Rpfleger 1970, 409, zur Bemessung des Geschäftswerts bei einer Schenkung, wenn die Beteiligten formlich Zugrundelegung des Einheitswerts verlangen, jedoch Anhaltpunkte iSd § 19 Abs 2 KostO vorhanden sind, **AG Stuttgart** BWNotZ 1970 1970, 91.

Das Für und Wider der Meinungen ist besonders deutlich zu ersehen aus dem Kommentar *Rohs-Wedewer* KostO § 19 Vorbem (S 249), Bem B I (S 250ff.), III (S 262dff.), da *Wedewer* die hier vertretene Auffassung vertritt, während *Rohs* für eine freiere und weitere Auslegung eintritt; dazu *Riedel* JVBl 1971, 47/48. Es darf erwartet werden, daß sich die strengere Auffassung durchsetzen wird und zwar im Interesse der Rechtssicherheit, weil andernfalls in der Praxis eine ziemliche Willkür Platz greifen würde und so eine große Ungleichheit bei Behandlung der Einzelfälle die Folge wäre.

Seite 1150 ff. — **§ 13 V 188**

Dingliche Rechte außer Grundpfandrechte §§ 22, 24 KostO (*Anh 59*)

Zum Geschäftswert einer Reallast **OLG Hamm** JVBl 1967, 233 = JurBüro 1967, 809, einer Tankstellendienstbarkeit **OLG Köln** Rpfleger 1967, 86 = BWNotZ 1967, 125 Ls, eines Wohnungsrechts **OLG Hamm** JMBlNRW 1967, 248 = Rpfleger 1967, 87 = JVBl 1967, 113 = JurBüro 1967, 507.

Seite 1152 — **§ 13 V 189**

Pfandrechte und sonstige Sicherheiten sowie Rangänderungen § 23 KostO (*Anh 59*)

Der Geschäftswert für die Eintragung einer Hypothek bestimmt sich ausschließlich nach ihrem Nennbetrag; ein für die volle Valutierung des Darlehens zuzahlendes Aufgeld (Agio) bleibt außer Betracht, **BayObLG** Rpfleger 1966, 269 (*Rohs*) = BB 1966, 229 = JVBl 1966, 87 = JurBüro 1966, 135 = OLGZ 1965, 393. Bei Löschung des Rangvorbehalts bei einem Gesamt-Grundpfandrecht nur bei einem Teil der belasteten Grundstücke bestimmt sich der Geschäftswert nach § 30 Abs 1 KostO (*Anh 59*), also nach freiem Ermessen, wobei bei der Schätzung § 23 Abs 2 HalbS 2 aaO herangezogen werden kann, **OLG Hamm** NJW 1968, 509 = Rpfleger 1967, 84 = JVBl 1967, 138 = JurBüro 1967, 306 = DNotZ 1967, 527 Ls.

Seite 1152/1153 — **§ 13 V 190**

Angelegenheiten ohne bestimmten Geschäftswert § 30 KostO (*Anh 59*)

Zu den Angelegenheiten ohne bestimmten Geschäftswert gehören Ab- und Zuschreibung von Flurstücken **OLG Celle** NdsRpfl 1964, 11 = DNotZ 1965, 327 = Rpfleger 1964, 125 = JVBl 1964, 35, Erfüllung einer Bauverpflichtung **OLG Frankfurt aM** Jur Büro 1965, 145 = DNotZ 1965, 366, JurBüro 1966, 861, 866, DNotZ 1967, 124 = Rpfleger 1967, 90 = JurBüro 1966, 863, **OLG Oldenburg** NdsRpfl 1967, 61 = DNotZ 1967, 698 = Rpfleger 1967, 83, persönliche Dienstbarkeit für Rationalisierungsverband des Steinkohlenbergbaus **OLG Hamm** JMBlNRW 1967, 195 = JVBl 1967, 114, bez Errichtung einer Transformatorenstation und Leitungsüberspannungen **LG Hildesheim** NdsRpfl 1964, 273, Kündigung einer Hypothek **OLG Braunschweig** NdsRpfl 1966, 217 = Rpfleger 1967, 59 (*Rohs*), **LG Braunschweig** BlGBW 1968, 34 Ls, GBBescheinigung des Notars **OLG Düsseldorf** Rpfleger 1968, 365 = JVBl 1968, 237 = JurBüro 1968, 632, Zustimmung bei Erbbaurecht nach § 5 ErbbauVO (*Anh 64*) **OLG Hamm** JMBlNRW 1967, 249 = DNotZ 1968, 54 = JVBl 1967, 136 = JurBüro 1967, 508, Höferecht Feststellung der Hofeigenschaft **OLG Celle** NdsRpfl 1966, 9 = JurBüro 1966, 137, Zuweisungsverfahren **OLG Celle** NdsRpfl 1965, 267, Zustimmung nach § 30 LVO **OLG Hamm** RdL 1966, 213.

Seite 1153/1154 — **§ 13 V 191**

Festsetzung des Geschäftswerts § 31 KostO (*Anh 59*)

Die Festsetzung obliegt dem Gericht, und zwar dem Rpfleger, da er in GBSachen nach § 3 Z 1 (h) RpflG (*Anh 137*) in vollem Umfang zuständig ist; dazu *Eickmann-Riedel* RpflG § 3 Bem 3c, 4cm, 6bi, 8ci, 28a, § 4 Bem 3b, auch § 13 Vorbem 213 ff./*ErgVerz*. Legt das Erinnerungsgericht die Erinnerung gegen einen Kostenfestsetzungsbeschluß dem Rechtsmittelgericht vor, so ist das als Beschwerde geltende Rechtsmittel nur zulässig, wenn der Beschwerdewert 50 DM übersteigt; darüber, ob die Beschwerdesumme erreicht ist, hat nicht das Erinnerungsgericht, sondern das Rechtsmittelgericht zu entscheiden, **KG** Rpfleger 1971, 15, **aA** (wohl zu Unrecht) **OLG Hamm** Rpfleger 1970, 429, da das erstinstanzielle Gericht nicht seine Entscheidung selbst „unanfechtbar" machen kann und darf, weil dies rechtsstaatlichen Grundsätzen widersprechen würde.

Seite 1154 ff. — **§ 13 V 192 ff.**

Kostenschuldner §§ 2 ff. KostO (*Anh 59*)

Seite 1154 ff. — **§ 13 V 193, 194**

Geschäfte auf Antrag oder von Amts wegen § 2 KostO (*Anh 59*). Die Kosten solcher Maßnahmen umfassen auch die Maßnahmen, die der Durchführung des beantragten Geschäfts dienen, auch wenn die einzelnen Maßnahmen nicht beantragt sind, **OLG Frankfurt aM** JurBüro 1964, 354. Die Tätigkeit des GBA hat nicht jeder veranlaßt iSd § 2 Z 1 KostO (*Anh 59*), der in einer dem GBA überreichten notariellen Urkunde einen Eintragungsantrag gestellt hat, sondern nur derjenige, der die notarielle Urkunde mit seinem Antrag dem GBA überreicht und so dessen Tätigkeit unmittelbar ausgelöst hat, **OLG Hamburg** DNotZ 1965, 371. Der Kostenschuldner ist auch dann Veranlasser einer notariellen Urkunde, wenn bei Unwirksamkeit des notariellen Geschäfts die Behebung erwartet werden konnte, **OLG Düsseldorf** JurBüro 1965, 301. Stellt der Notar den Umschreibungsantrag an das GBA ausdrücklich nur im Namen des einen — gebührenbefreiten — Vertragsbeteiligten, so ist der andere Beteiligte nicht Antragsteller iSd § 2 Z 1 aaO, **OLG Frankfurt aM** DNotZ 1965, 369 = Rpfleger 1965, 182 = JurBüro 1965, 144.

Seite 1156 ff. — **§ 13 V 195 ff.**

Kostenhaftung in sonstigen Fällen § 3 ff. KostO (*Anh 59*)

Kostenübernahme nach § 3 Z 2 KostO (*Anh 59*) liegt jedenfalls dann vor, wenn die Annahme eines Vertragsangebots über ein Grst, nach dem der Käufer die Kosten tragen soll, von einem anderen Notar beurkundet wird, als das Vertragsangebot selbst und die Ausfertigung der Annahmeurkunde mit Wissen und Wollen des Käufers übersandt wird, **OLG Celle** NdsRpfl 1964, 246 = DNotZ 1965, 368. Man wird aber darüber hinaus die Übernahmepflicht auch annehmen, wenn solche ausdrücklich einverständliche Übersendung des Vertragsangebots nicht vorliegt, da Sachzusammenhang besteht. Nur wenn die Beschränkung der Übernahme der Kosten nach dem Willen des Antragstellers begrenzt ist, scheidet eine ausdehnende Handhabung aus. Es liegt daher daran, daß die Kostenübernahmeerklärung möglichst klar abgefaßt wird, um Zweifel bei der Auslegung auszuschließen. Übernimmt in einem notariellen Vertrag ein Beteiligter, der das Tätigwerden des Notars nicht veranlaßt hat, die Kosten der Beurkundung, so wird hierdurch regelmäßig nur dem anderen Beteiligten, nicht aber dem Notar gegenüber zur Zahlung verpflichtet, **OLG Frankfurt aM** JurBüro 1964, 354; auch hier handelt es sich um eine unklar gefaßte Kostenübernahmeerklärung. Übernimmt eine Partei ausdrücklich die Kosten einer notariellen Verhandlung, so haftet der andere Vertragsbeteiligte gleichwohl gesamtschuldnerisch für die Gebühren des Notars; diese Haftung kann nicht durch eine Vereinbarung mit dem Notar ausgeschlossen werden, solche Abreden sind unzulässig, **OLG Frankfurt aM** DNotZ 1970, 442.

Bei **mehreren Kostenschuldnern** nach § 5 KostO (*Anh 59*) kann für besondere Mehrkosten uU nur einer derselben haften; hat der Notar ein Geschäft außerhalb der Amtsstelle oder zu ungewöhnlicher Zeit auf Verlangen eines Antragstellers vorgenommen, so ist Schuldner der dadurch entstehenden Mehrkosten nur dieser Antragsteller, **KG** Rpfleger 1966, 217 (*Rohs*) = DNotZ 1966, 749 = JurBüro 1966, 502.

Die **Haftung der Erben** nach § 6 KostO (*Anh 59*) beschränkt sich für die in dieser Vorschrift bezeichneten Geschäfte auf diese, so daß daneben keine anderen Personen nach §§ 2, 3 aaO haften, **OLG Düsseldorf** JurBüro 1967, 808.

Seite 1164 ff. — **§ 13 V 213 ff.**

Kostenanspruch Kostenersatz §§ 14 ff. KostO (*Anh 59*)

In den Verfahren, in denen der RPfleger die Aufgaben voll übertragen erhalten hat, also in den Verfahren nach § 3 Z 1 RpflG 1969/1970 (*Anh 137*) — dazu *Eickmann-Riedel* RpflG (E 25 ff./*ErgVerz*) § 3 Bem 2 ff. — obliegt dem RPfleger auch die **Festsetzung des** Wertes des Verfahrensgegenstandes, des **Geschäftswerts**; dazu *Eickmann-Riedel* aaO § 3 Bem 3c, 4cm, 6bi, 8ci, 28a, § 4 Bem 3b, auch § 13 Vorbem 191/*ErgVerz*.

Seite 1166 ff. **§ 13 V 217**

Unrichtige Sachbehandlung iSd § 16 KostO (*Anh 59*) liegt vor, wenn das GBA eine bindende Verwaltungsvorschrift des Justizministeriums nicht beachtet, **OLG Karlsruhe** Justiz 1967, 291; dies gilt auch für den Notar bei Verletzung einer bindenden Verwaltungsvorschrift, **OLG Karlsruhe** Justiz 1968, 143. Sie kann auch bei unrichtiger Belehrung über die Kosten vorliegen, **OLG Celle** NdsRpfl 1968, 209, **OLG Frankfurt aM** DNotZ 1965, 309 = Rpfleger 1965, 377 = JurBüro 1965, 70, auch **KG** aaO 595. Dagegen liegt keine unrichtige Sachbehandlung vor, wenn ein Notar eine Auskunft nach dem Regelfall erteilt, weil der besondere Ausnahmetatbestand ihm nicht bekannt gegeben wurde, **OLG Hamm** DNotZ 1964, 188. Bei einer Entscheidung nach freien Ermessen liegt keine unrichtige Sachbehandlung vor, wenn sie nicht notwendig war, **LG Nürnberg-Fürth** JurBüro 1965, 225.

War bereits vor der Abtretung einer Post eine Löschungsvormerkung für deren Gläubiger eingetragen und wird die Eintragung der Abtretung und eine neue Löschungsvormerkung für den Abtretungsempfänger gleichzeitig beantragt, obwohl die Beteiligten zu erkennen geben, daß ihnen die Eintragung der Abtretung der Rechte aus der bisherigen Löschungsvormerkung genügen würde, so kann das Unterlassen des Hinweises auf eine Berichtigung der Anträge zur Anordnung der Nichterhebung der Kosten für die Eintragung der Löschungsvormerkung wegen unrichtiger Sachbehandlung führen, **KG** NJW 1968, 508 = Rpfleger 1968, 67 = JurBüro 1968, 999.

Unrichtige Sachbehandlung liegt vor, wenn ein Notar Erklärungen beurkundet, mit denen das Gewollte rechtlich nicht erreicht werden kann; bei Entscheidung der Frage, ob und in welcher Höhe Gebühren auch bei richtiger Behandlung eines solchen Beurkundungsantrags entstanden wären, kann die Beurkundung anderer, tatsächlich nicht abgegebener Erklärungen auch dann nicht als richtige Sachbehandlung unterstellt werden, wenn bei entsprechender Belehrung durch den Notar solche Erklärungen wahrscheinlich abgegeben worden wären, **KG** DNotZ 1970, 437. Der Notar, der mehrere Urkunden desselben Beteiligten aufnimmt, die aus demselben Grunde fehlerhaft sind, erhält die Gebühr, die auch bei richtiger Sachbehandlung entstanden wäre, nur einmal, wenn es bei richtiger Sachbehandlung des 1. Geschäfts zu den späteren fehlerhaften Beurkundungen nicht mehr gekommen wäre, **KG** aaO.

Seite 1171 ff. — **§ 13 V 222 ff.**

Gebührenfreiheit § 11 ff. KostO (*Anh 59*)

Bez gesetzlicher Vorschriften und LitHinweisen § 13 Vorbem 181 ff./*ErgVerz*

Persönliche Gebührenbefreiung schließt die sachliche nicht aus, **OLG Celle** NdsRpfl 1968, 157 = JVBl 1968, 137. Die Vorschrift des § 79 Abs 1 S 1 Halbs 1 BBauG

(*Anh 110*) gilt nicht für notarielle oder, soweit dies nach dem BeurkG noch in Betracht kommt (zum BeurkG E 25ff./*ErgVerz*), gerichtliche Beurkundungs- und Beglaubigungsgebühren, **OLG Karlsruhe** Justiz 1968, 14 = DNotZ 1968, 125; § 79 aaO findet auf freiwillige Umlegungsverfahren keine Anwendung, **LG Berlin** JurBüro 1967, 141.

Zur Gebührenfreiheit des Roten Kreuzes in Bayern **BayObLG** BayObLGZ 1968, 24 = Rpfleger 1968, 199 (verneinend), des Rundfunks und zwar des Westdeutschen Rundfunks, **OLG Köln** Rpfleger 1968, 131 = JurBüro 1967, 914 (verneinend), bez Siedlungsträger und dessen Rechtsnatur **BayObLG** BayObLGZ 1965, 18 = RdL 1965, 144, bez Sozialversicherungsträger **AG Schwabach** JVBl 1964, 45, wonach die Gebührenfreiheit des § 115 RVO nicht das Vollstreckungsverfahren wegen Ersatzansprüche nach § 1542 RVO umfaßt.

Seite 1174ff.— **§ 13 V 226**

Wohnungsbau WohnBefrGebG

Bauen mit Weiterveräußerungsabsicht **OLG Celle** NdsRpfl 1967, 278 bez Architekt, **OLG Oldenburg** NdsRpfl 1968, 33 bez Erbbaurecht, das später in Eigentum umgewandelt werden soll, ferner Schaffung von begünstigtem Wohnraum **BayObLG** Rpfleger 1968, 234 = JVBl 1968, 191 = JurBüro 1968, 910, **OLG Düsseldorf** JMBlNRW 1966, 262 = Rpfleger 1967, 20 (*Rohs*) = JVBl 1966, 186 = JurBüro 1966, 693, **OLG Zweibrücken** Rpfleger 1967, 21, Erwerb eines bebauten Grst zum Zweck des Abrisses der Gebäude und Neuerrichtung eines anderen Gebäudes, **OLG Frankfurt aM** Rpfleger 1970, 221

Frist von 5 Jahren **BayObLG** BayObLGZ 1964, 327 = DNotZ 1965, 558 = Rpfleger 1965, 85, BayObLGZ 1966, 265 = DNotZ 1967, 692 = Rpfleger 1967, 25 (*Rohs*) = JVBl 1967, 14, **OLG Braunschweig** NdsRpfl 1968, 104, **SchlHOLG** JurBüro 1968, 327

Nachweis **OLG Celle** NdsRpfl 1967, 278 = JVBl 1968, 44 = JurBüro 1967, 919, **OLG Hamm** JMBlNRW 1967, 263 = JVBl 1967, 258

Seite 1180ff. — **§ 13 V 235**

Kosten der Notare §§ 140ff. (*Anh 59*)

Entwurfsgebühr nach § 145 KostO (*Anh 59*) bei Beurkundung durch einen Rechtsanwalt-Notar **OLG Oldenburg** NdsRpfl 1968, 85 = Rpfleger 1968, 101, wonach die Vermutung auf Grund Lebenserfahrung für Notarielle Tätigkeit spricht.

Vollzugsgebühr nach § 146 KostO (*Anh 59*) setzt ein Tätigwerden voraus dh die Vornahme einer Handlung zum Vollzug, **OLG Zweibrücken** DNotZ 1968, 55 (*Weber*) = JurBüro 1967, 305. Über Vollzugsgebühr bei Vorkaufsrecht **BayObLG** BayObLGZ 1967, 77 = DNotZ 1968, 117 = Rpfleger 1968, 164 (*Haegele*) = JVBl 1967, 187, **OLG Düsseldorf** DNotZ 1970, 441 (Einholung einer Bescheinigung über ein Vorkaufsrecht der Gemeinde nach § 24 BBauG), **OLG Karlsruhe** Justiz 1966, 186 = Rpfleger 1966, 376, bei behördlicher Genehmigung **BayObLG** Rpfleger 1968, 233 = RdL 1968, 155, **OLG Celle** DNotZ 1966, 699 = BWNotZ 1967, 125.

Zur Verfassungsmäßigkeit der Umsatzsteuerpflicht des Notars DNotZ 1969, 69; dazu **BVerfG** Beschluß vom 7. Mai 1968 aaO zu dem Beschluß des **OLG Stuttgart** DNotZ 1967, 453, 580.

Die Verjährung der Gebühren der Notare bestimmt sich in Bayern nach § 196 Abs 1 Z 15, § 201 BGB, beträgt also 2 Jahre, **BayObLG** DNotZ 1970, 372.

Seite 1183ff. — **§ 13**

Antrag

Seite 1184ff. — **§ 13 Bem 2ff.**

Antragsgrundsatz Der Grundsatz der Amtsermittlung findet im GBAntragsverfahren keine Anwendung, **OLG Hamburg** MDR 1968, 497 = DRspr IV (473) 105a.

Seite 1187ff. — **§ 13 Bem 9ff.**

Eintragungsantrag

Seite 1189/1190. — **§ 13 Bem 13**

Zur Auslegung **KG** NJW 1967, 2358 = Rpfleger 1968, 50 (*Riedel*) = DNotZ 1968, 95 = BWNotZ 1968, 31 Ls = OLGZ 1967, 324 = DRspr IV (473) 99a bez Eintragungsanträge einer ungeteilten Erbengemeinschaft. Soweit durch Auslegung ein wirksam gestellter Eintragungsantrag ergänzt wird, ist es kein Neuantrag; dazu **LG Lübeck** SchlAH 1965, 213 = DRspr IV (473) 90d bez einer beschränkten persönlichen Dienstbarktei.

Mit Rücksicht auf die Auslegung besteht für das GBA auch keine Bindung an eine bestimmte Formulierung der GBEintragung; dazu § 3 Bem 251/*ErgVerz*, § 19 Bem 75/*ErgVerz*.

Seite 1194ff. — **§ 13 Bem 25ff.**

Zur Zuständigkeit für Entgegennahme des Antrags beim GBA ist darauf hinzuweisen, daß der Rpfleger nach § 3 Z 1 (h) RpflG 1969 (*Anh 137*) in vollem Umfange zuständig; dazu *Eickmann-Riedel* RpflG (E 25ff./*ErgVerz*) § 3 Bem 11, auch § 1 Bem 77, 78/*ErgVerz*. Der GBRichter (*§ 13 Bem 26*) hat daher keine Zuständigkeit mehr; dazu § 1 Bem 36ff./*ErgVerz*. Eine Mitwirkung des GBRichters ist aber wegen § 8 Abs 1 RpflG (*Anh 137*) unschädlich; dazu *Horber* BGO § 13 Bem 6 (Ba).

Seite 1197 — **§ 13 Bem 33ff.**

Zur Zuständigkeit bez Eintragungsvermerk § 13 Bem 25ff./*ErgVerz*

Seite 1199ff. — **§ 13 Bem 40ff.**

Antragsberechtigung GrstEigentümer Antrag auf Eintragung eines Treuhänder-Sperrvermerks auch § 13 Vorbem 150, 151/*ErgVerz*

Seite 1202 — **§ 13 Bem 45**

Hinzuweisen ist auf *§ 52 Bem 6*

Seite 1205ff. — **§ 14**

Antragsrecht auf Grund eines vollstreckbaren Titels

Seite 1207ff. — **§ 14 Bem 3ff.**

Vollstreckbarer Titel Zur Erteilung einer weiteren vollstreckbaren Ausfertigung einer Urkunde über die Bestellung einer Grundschuld an den Rechtsnachfolger **LG Koblenz** DNotZ 1970, 409; es liegt kein Grund zur Ablehnung vor, wenn dem ursprünglichen Gläubiger eine vollstreckbare Ausfertigung erteilt wurde, die sich im Besitz des Eigentümers befindet. Für den Antrag auf Erteilung eines Vollstreckungsbefehls ist eine Faksimileunterschrift ausreichend, **LG Braunschweig** NJW 1970, 2302. Weitere Beschwerde ist zulässig gegen die Entscheidung des LG über die Ablehnung der Erteilung der Vollstreckungsklausel durch den Notar, § 54 Abs 1 BeurkG, § 27 FGG, **BayObLG** BayObLGZ 1970, 125 = NJW 1970, 1800 = DNotZ 1970, 501 = Rpfleger 1970, 284 = DRspr IV (470) 135d; dazu auch § 78 Bem 1ff./*ErgVerz.*

Über Vollstreckung der Bußgeldentscheidungen §§ 89ff. OWiG

Seite 1208/1209 — **§ 14 Bem 4/2**

Prozeßvergleich Wenn ein gerichtlicher Vergleich lange Zeit hindurch von beiden Parteien des Prozesses als wirksam betrachtet und wenn lange Zeit nach ihm verfahren worden ist, so stellt es einen Verstoß gegen Treu und Glauben dar, daß sich eine Partei mit dem Hinweis auf bloße Formvorschriften von dem Vergleich lossagen will, **BAG** NJW 1970, 349 (wV § 29 Bem 53/*ErgVerz*) unter Anwendung des § 242 BGB; dazu *Reinecke* Die Rechtsfolgen eines formwidrig abgeschlossenen Prozeßvergleichs NJW 1970, 306. Mit der Annahme eines gerichtlichen Vergleichsvorschlags durch die Parteien ist regelmäßig ein materiell-rechtlich wirksamer Vergleich zustande gekommen. **LAG Frankfurt aM** NJW 1970, 2229. Für das GBA ist bez der Bedeutung der Form auf *§ 14 Bem 29* zu verweisen; dazu auch § 18 Bem 83ff./*ErgVerz.*

Seite 1220ff. — **§ 15**

Antragsrecht des Notars

Seite 1222 — **§ 15 Bem 3**

Notar Der Amtsnachfolger kann Anträge zum GBA stellen, **BayObLG** DNotZ 1969, 541 = Rpfleger 1969, 243.

Der Notar haftet für Unzulänglichkeiten bei der Antragstellung; dazu DNotZ 1964, 719 Gefahren bei der Einreichungstätigkeit des Notars in GBSachen, Antrag nach § 15 GBO oder nur Weitergabe der Anträge der Beteiligten? Über gebotene Vorsichtsmaßnahmen des Notars bei Enthaftung des Grst, dessen lastenfreien Verkauf er beurkundet hat, **BGH** MDR 1968, 1003. Im übrigen § 15 Bem 9ff./*ErgVerz*

Seite 1223ff. — **§ 15 Bem 9ff.**

Antragsrecht des Notars Ein Eintragungsantrag beim GBA liegt nicht vor, wenn die Urkunde zwar einen Eintragungsantrag enthält, der Notar aber in seinem Begleitschreiben nur auf einen anderen in der Urkunde enthaltenen Antrag mit der Bitte um Eintragung Bezug nimmt, **OLG Köln** KTS 1968, 245. Hieraus kann eine Haftung entstehen; dazu § 15 Bem 3/*ErgVerz.*

Die vom Berechtigten dem beurkundenden, zum Empfang der Eintragungsbewilligung bevollmächtigten Notar erteilte Weisung, dem Begünstigten eine Ausfertigung der Grundschuldbestellungsurkunde mit Eintragungsbewilligung zu erteilen, ist vor Herstellung der Ausfertigung der Aushändigung iSd § 873 Abs 2 BGB nicht gleichzusetzen, **BGH** BGHZ 46, 398 = NJW 1967, 771 = MDR 1967, 478 = JZ 1967, 291 = BB 1967, 311 = JR 1967, 262 = DNotZ 1967, 370 (*Wörbelauer*), 562 (*Ertl*) = Rpfleger 1967, 142 (*Haegele*) = WM 1967, 238 = DWW 1967, 320 = BWNotZ 1967, 148 Ls = JurBüro 1967, 399 = LM § 873 Nr 8 (*Grell*).

Seite 1232/1233 — **§ 15 Bem 21**

Benachrichtigung des Notars Überläßt der Antragsberechtigte es dem Notar, für ihn auf Grund des § 15 GBO den Eintragungsantrag zu stellen, so ist die Eintragung lediglich dem Notar bekanntzumachen, **OLG Zweibrücken** DNotZ 1969, 358, (*Schmidt*) = Rpfleger 1968, 154 (*Haegele*) = JurBüro 1968, 331 = BWNotZ 1968 167 Ls/1969, 312 Ls; dazu § 55 Bem 2ff./*ErgVerz.*

Seite 1253ff. — **§ 18**

Behandlung unbegründeter Eintragungsanträge

Seite 1260 — **§ 18 Bem 14**

Nachbringung von Unterlagen Über Behebbarkeit von Hindernissen *§ 18 Bem 18ff.*

Seite 1265/1266 — **§ 18 Bem 21ff.**

Zur Verfügungsbeschränkung bei einer **einstweiligen Verfügung** führt *Baur* JZ 1968, 311, aus, daß nach der im Kommentar im Anschluß an KG und BayObLG vertretenen Auffassung die Relativität des Erwerbsverbots außer Acht gelassen sei. Richtig wäre es, mit oder nach der Eintragung des Erwerbers das Erwerbsverbot einzutragen; dieses würde dann späterem Erwerb gegenüber den Charakter eines relativen Veräußerungsverbots erhalten. Man wird auch diesen Weg für zulässig halten, da auch so die Belange des Betroffenen ausreichend geschützt werden.

Die einstweilige Einstellung eines Zwangsversteigerungsverfahrens, das einerseits auf Aufhebung einer Gemeinschaft, andererseits auf Vollstreckung einer Geldforderung gerichtet ist, kann im Wege einer beim Prozeßgericht beantragten einstweiligen Verfügung durchgesetzt werden, **LG Bonn** NJW 1970. 2303.

Seite 1268ff. — **§ 18 Bem 24**

Behebbarkeit von Hindernissen Wenn bei Auflassung eines Grst ein Vertreter ohne Vertretungsmacht handelte, so muß das GBA den Erlaß einer Zwischenverfügung erwägen, bevor wegen Unwirksamkeit der Auflassung ein Umschreibungsantrag zurückgewiesen wird, **OLG Braunschweig** NJW 1966, 58 = OLGZ 1965, 351. Auch sonst kann bei Nichtigkeit des Kaufvertrags Anlaß zu einer Zwischenverfügung bestehen; dazu **BayObLG** Rpfleger 1969, 48 (*Haegele*). Da aus der Nichtigkeit des Kaufvertrags allein nicht die Nichtigkeit der Auflassung abgeleitet werden kann, ist eine Zwischenverfügung, mit der dem Antragsteller aufgegeben wird, den Nachweis zu erbringen, daß die für einen im Kaufvertrag nicht beteiligten Dritten erklärte Übernahme der Vollzugskosten durch dessen Genehmigung Wirksamkeit erlangt hat, nicht gerechtfertigt. Zur Zwischenverfügung bei behebbarem Hindernis auch **AG Schleswig** JurBüro 1968, 330.

Bedenklich erscheint **LG Hof** Rpfleger 1965, 367 (*Haegele*), wonach das GBA einen Antrag auf Eintragung einer Höchstbetragshypothek, in dem als Rechtsgrund Ansprüche aus Fürsorgeunterstützung angegeben sind, nicht vollziehen darf, wenn es sich tatsächlich um Leistungen der Sozialhilfe handelt. Ein solcher Antrag ist auslegungsfähig; im übrigen ist bei Bedenken der Mangel leicht behebbar. Eine Zwischenverfügung des GBA, mit der dem Antragsteller aufgegeben wird, nachzuweisen, daß die für einen am Kaufvertrag nicht beteiligten Dritten erklärte Übernahme der Vollzugskosten durch dessen Genehmigung Wirksamkeit erlangt hat, ist nicht gerechtfertigt, **BayObLG** Rpfleger 1969, 48 (*Haegele*).

Seite 1277 ff. — **§ 18 Bem 40 ff.**; dazu auch *Nachtrag*

Zwischenverfügung LitHinweise *Habscheid* Die Entscheidung des GBAmtes nach § 18 GBO — temporisierende Zwischenverfügung NJW 1967, 225, Zuständigkeit des RPflegers § 13 Bem 25 ff./*ErgVerz*, Frist nachholbar, wenn sie fehlt, auch im Erinnerungsverfahren, **OLG Hamm** JMBlNRW 1968, 138 = NJW 1967, 2365 = DNotZ 1968, 310 = BWNotZ 1968, 41 Ls = OLGZ 1967, 456 = DRspr IV (473) 101a. Im Beschwerdeverfahren gegen eine Zwischenverfügung des GBAmts ist das Beschwerdegericht auf die Entscheidung über die in der Zwischenverfügung geltend gemachten Bedenken beschränkt; auf andere Bedenken kann es nur wegweisend aufmerksam machen, **BayObLG** BayObLGZ 1967, 408 = OLGZ 1968, 219 Ls. Erläßt das GBA nach dem Antrag auf Eintragung einer Eigentumsänderung im GB eine Zwischenverfügung, hebt aber dann auf Abänderungsgesuch das AG die Zwischenverfügung auf, so ist die Beschwerde hiergegen mit dem Antrag, die Zwischenverfügung wiederherzustellen, und mit dem Ziel, die beantragte Eintragung zu verhindern, unzulässig, **OLG Stuttgart** Justiz 1968, 232 = BWNotZ 1968, 167 Ls. Hat der Antragsteller gegen eine die Zwischenverfügung des GBAmts bestätigende Beschwerdeentscheidung des LG weitere Beschwerde eingelegt, das GBA inzwischen jedoch den Eintragungsantrag aus den Gründen der Zwischenverfügung zurückgewiesen, so wird die weitere Beschwerde nicht unzulässig; hat sie Erfolg, so ist das GBA gehalten, den nunmehr wirkungslos gewordenen Zurückweisungsbeschluß von Amts wegen aufzuheben, **BayObLG** Rpfleger 1970, 22.

Eine Zwischenverfügung nach § 18 GBO ist nur gerechtfertigt, wenn das mit ihr geltend gemachte Eintragungshindernis einmal ohne Rücksicht auf den besonderen Fall überhaupt ein der beantragten Eintragung entgegenstehendes behebbares Hindernis sein kann und wenn es ferner unter Zugrundelegung der Gestaltung des Einzelfalls gegenüber dem gestellten Antrag tatsächlich und rechtlich besteht, **KG** JFG 8, 236 (239). Fehlt es an der einen oder der anderen oder an beiden Voraussetzungen, so erweist sich die Zwischenverfügung als unrichtig und unterliegt aus diesem Grunde der Aufhebung, **KG** aaO. In jedem einen Antrag beanstandenden Zwischenverfügung liegt nämlich zugleich der Ausspruch, dem Antrag werde nach Beseitigung des derzeitigen Hindernisses stattgegeben werden, **KG** JFG 8, 236 (240). Deshalb sind auch sämtliche Eintragungshindernisse auf einmal aufzuzeigen; eine schrittweise Beanstandung ist unstatthaft, *Horber* GBO § 18 Bem 5 Aa. Bestehen mehrere Möglichkeiten, das bezeichnete Eintragungshindernis zu beheben, so sind sie alle darzulegen, **KG** KGJ 52, 204 (208), *Horber* aaO Bem 5 A, B. Kann aber der Antrag bei richtiger Würdigung der Sach- und Rechtslage nicht zu einer seinem Inhalt entsprechenden Eintragung führen, so stellt sich eine Zwischenverfügung objektiv als eine Irreführung des Antragstellers dar, indem sie ohne die Vornahme der Eintragung nach Behebung des Hindernisses in Aussicht stellt und ihn zu bestimmten Vorkehrungen veranlaßt, obwohl die beantragte Eintragung trotzdem nicht vorgenommen werden darf, **KG** JFG 8, 236 (240). Dazu **BayObLG** DNotZ 1970, 602 = Rpfleger 1970, 347 = MDR 1970, 928 Ls (auch § 3 Bem 476 ff./*ErgVerz*), soweit sich der Entscheidungsinhalt auf den sachlichen Teil (Wohnungseigentum) bezieht; während den Ausführungen zu § 18 GBO voll zuzustimmen ist, da diese der hM entsprechen, bestehen im übrigen Bedenken.

Seite 1297 ff. — **§ 18 Anh Bem 82 ff.**

Prüfungsrecht und Prüfungspflicht des Grundbuchbeamten gegenüber Eintragungsanträgen

Seite 1299 — **§ 18 Bem 82**

LitHinweise *Riedel* Prüfungsrecht und Prüfungspflicht des GBBeamten BlGBW 1966, 221

Seite 1299ff. — **§ 18 Bem 83ff.**

Umfang der Prüfung bei Eintragungsantrag Bei einem gerichtlichen Vergleich kann es vorkommen, daß er formwidrig ist; dazu § 14 Bem 4/2/*ErgVerz* und *§ 14 Bem 29, § 20 Bem 37, § 29 Bem 53*, auch § 20 Bem 37/*ErgVerz*. Das GBA hat jedoch eine Prüfungspflicht nur bei Anlaß. Regelmäßig besteht kein Anlaß zu Nachforschungen, ob ein gerichtlicher Vergleich tatsächlich vorgelesen und genehmigt worden ist, oder ob er auf Tonträger diktiert und nach Vorspielen genehmigt worden ist, wenn die vorgelegte gerichtlich beglaubigte Abschrift des Vergleichs den Abschlußvermerk *v u g* (vorgelesen und genehmigt) trägt und gegen dessen Richtigkeit nichts vorgebracht wird, **OLG Düsseldorf** JMBlNRW 1967, 222, oder wie zu ergänzen ist, dem GBA nicht bekannt ist, daß Formmängel dieser oder anderer Art vorliegen (*§ 1 Bem 16c*). Sind Mängel aus der Ausfertigung des Vergleichs ersichtlich, wie etwa, daß in dem Vergleichsprotokoll erwähnt wird, daß es aus der Langschrift übertragen ist, also ein Verstoß gegen § 163a ZPO vorliegt, der Unwirksamkeit der öffentlichen Beurkundung zur Folge hat, so ist dies zu beachten. Bei einer Reallast hat das GBA in aller Regel nicht zu prüfen, ob neben der Bewilligung der Eintragung durch den GrstEigentümer eine wirksame Einigung mit dem Begünstigten vorliegt; es hat deshalb auch regelmäßig nicht der Frage nachzugehen, ob eine — unwirksame — Bestellung der Reallast zugunsten eines Dritten vorliegt, da Ausnahmen nur in Betracht kommen, soweit die Einigung aus rechtlichen oder tatsächlichen Gründen ausgeschlossen ist, **OLG Köln** DNotZ 1966, 677 = BWNotZ 1967, 120 Ls, wobei auch hier davon ausgegangen wird, daß dem GBA solche Umstände, die die Nichtigkeit der Bestellung der Reallast betreffen, nicht bekannt sind. Zur Frage der Ermittlungen seitens des GBAmts auch **OLG Stuttgart** Justiz 1968, 232 = BWNotZ 1968, 167 Ls, wonach das GBA, wie allgemein anerkannt ist, weder das Recht noch die Pflicht hat, Ermittlungen oder Beweiserhebungen anzustellen, falls ihm nicht feststehende Tatsachen bekannt geworden sind, die die Annahme rechtfertigen, daß durch die bewilligte und beantragte Eintragung das GB unrichtig werden würde.

Seite 1300 — **§ 18 Bem 86**

Verfügungsbefugnis Auf die Vermutung des § 891 BGB darf sich jeder, auch der Vertragspartner, berufen, für den das Bestehen oder Nichtbestehen des Rechts von Bedeutung ist, **BGH** DNotZ 1970, 411.

Seite 1304ff. — **§ 18 Bem 99ff.**

Vertretungsmacht

Soweit eine Vollmacht beurkundet wird, ist auf das **BeurkG** (*Anh 63*) zu verweisen; dazu E 25ff., § 1 Bem 74 ua/*ErgVerz* sowie die Kommentierung von *Riedel-Feil* BeurkG (E 25ff./*ErgVerz*).

Seite 1307ff. — **§ 18 Bem 104**

Selbstkontrahieren nach § 181 BGB Ist der Wille der Beteiligten darauf gerichtet, daß die mehreren Akte eines zusammengesetzten Rechtsgeschäfts miteinander stehen oder fallen sollen, so ist von der gesetzlichen Vertretung bei allen

Teilen ausgeschlossen, wer von der Vertretung auch nur bei einem Teil ausgeschlossen ist, **BGH** BGHZ 50, 8 = NJW 1968, 936 = MDR 1968, 481 = JZ 1968, 333 = BB 1968, 442 = DNotZ 1968, 543 = FamRZ 1968, 245 = WM 1968, 441 = BWNotZ 1968, 119 Ls = LM § 181 Nr 11 (*Mattern*), **aA** (zu Unrecht) *Häsemeyer* Selbstkontrahieren des gesetzlichen Vertreters bei zusammengesetzten Rechtsgeschäften FamRZ 1968, 502, da hier die wirtschaftliche Seite außer Betracht gelassen wird. Die Vorschrift des § 181 BGB gilt entsprechend für die Vertretungsorgane juristischer Personen, **BGH** WM 1967, 1164. Eine Verwirkung der Unwirksamkeit eines Rechtsgeschäfts aus § 181 BGB wegen später Geltendmachung gibt es nicht, **OLG München** NJW 1968, 2109. Ob bei einem GrstVeräußerungsvertrag die Genehmigung eines Beteiligten nicht nur das Handeln des anderen Beteiligten als Vertreter ohne Vertretungsmacht, sondern auch die Gestattung eines Insichgeschäfts darstellt, muß das GBA der Genehmigungserklärung selbst entnehmen können, da außerhalb der Genehmigungserklärung liegende Umstände hierbei nicht berücksichtigt werden dürfen, **OLG Köln** OLGZ 1966, 577. Eine GrstVeräußerung durch eine GmbH & Co KG an den alleinigen Gesellschafter und Geschäftsführer der KomplementärGmbH ist nur bei Befreiung vom Selbstkontrahierungsverbot durch die KG zulässig, **OLG Hamm** NJW 1968, 2110 = DB 1968, 1663 = DRspr I (112) 37f.

Seite 1309ff. — **§ 18 Bem 105**

Wirksamheit der Vollmacht Vollmacht über den Tod hinaus — Besteht eine Vollmacht — neben dem zugrunde liegenden Auftrag — über den Tod des Vollmachtgebers hinaus, dann bedarf der Bevollmächtigte grundsätzlich zu Rechtsgeschäften, die er nach dem Erbfall vornimmt, solange keine Zustimmung des Erben, als dieser nicht Vollmacht oder Auftrag widerruft; er braucht sich auch nicht jeweils erst zu vergewissern, ob der Erbe mit dem beabsichtigten Geschäft einverstanden ist, **BGH** NJW 1969, 1255/1624 (*Finger* teilweise ablehnend) = MDR 1969, 648 = BB 1969, 600 = DNotZ 1969, 481 = Rpfleger 1969, 237 = LM § 138 (Ab) BGB Nr 10. Bedenklich ist, es wenn nach **BGH** aaO dieser Grundsatz gemäß §§ 138, 242 BGB dann nicht gilt, wenn sich das Handeln des Bevollmächtigten ausnahmsweise als unzulässige Rechtsausübung darstellt oder gegen die guten Sitten verstößt; ob ein solcher Ausnahmefall vorliegt, hängt von den Umständen des Einzelfalls ab, wobei nicht allein die Interessen des Erben, sondern zugleich die des Erblassers zu berücksichtigen und gegebenenfalls gegeneinander abzuwägen sind. Diese weiche und dehnbare Auslegung auf Grund der sog Interessen-Jurisprudenz, wie sie leider in vielen Entscheidungen des BGH zum Ausdruck kommt, dient der Praxis wenig, weil jede klare Linie zu vermissen ist und die Ergebnisse auf Grund von Beweisaufnahmen doch mehr oder weniger Zufallsergebnisse zeitigen. Die erstrebte Gerechtigkeit im Einzelfall wird nur selten erreicht. Mit Recht hat daher *Finger* aaO die Entscheidung angegriffen, da sie Klarheit vermissen läßt und die Einordnung in das Erbrecht zu wenig berücksichtigt. Er führt zusammenfassend insbes aus:

> „Die postmortale Vollmacht ist damit auf einen Bereich von geringer Bedeutung zurückgedrängt. Der Erblasser kann mit ihrer Hilfe nur für ausgesprochene Notfälle — wie sie auch dem **BGH** vorschweben — Vorsorge treffen. Selbst dann aber hat er, ebenso wie der Bevollmächtigte bei der Ausführung darauf Rücksicht zu nehmen, daß nunmehr die Erben Vermögensinhaber geworden sind (so mit Recht *Flume* § 51/5a S 847). Daneben kann sie ein zum Bereich des Erbrechts gehörendes Geschäft nicht aus diesen Bindungen befreien."

In den Ausführungen, wie sie *Finger* aaO bringt, zeichnet sich eine klare Lösung ab, die zwar den Bereich der Vollmacht über den Tod hinaus stark einengt, aber umgrenzt und die unsicheren Gesichtspunkte der guten Sitten und von Treu und Glauben außer Betracht läßt. Der BGH sollte daher diese für die Praxis so wichtige Frage bei Gelegenheit erneut überprüfen und einer sicheren Lösung zuführen. Andernfalls besteht Veranlassung, daß eine Reform des BGB diese Frage, die immer mehr an Bedeutung gewinnt, zufriedenstellend und allgemein verständlich gesetzlich geregelt wird, wie es einer Volksgesetzgebung entspricht. Die angeführten Grundsätze des BGH können nicht als Richtlinie für die Praxis gelten. Dazu auch *Haegele* Möglichkeit und Grenzen der postmortalen Vollmacht Rpfleger 1968, 345, *Röhm* Rechtsfragen zu der vom Erblasser erteilten Vollmacht DB 1969, 1973.

Klar und für die Praxis brauchbar erscheint der Grundsatz, wie ihn **LG Koblenz** Rpfleger 1971, 15 (*Haegele*) aufstellt: Für den GBVerkehr kann eine Vollmacht, die ein später verstorbener Vollmachtgeber zu Lebzeiten erteilt hat, nur dann zum Nachweis der (andauernden) Vertretungsmacht als ausreichend erachtet werden, wenn sich ihre Rechtsgültigkeit über den Tod hinaus aus der Vollmachtsurkunde selbst ergibt oder wenn in der nach § 29 Abs 1 S 2 BGO erforderlichen Form dargetan ist, daß der Vollmacht ein Rechtsverhältnis zugrunde liegt, das auch nach dem Tode des Vollmachtgebers fortbesteht.

Zur Auflassungsvollmacht über den Tod hinaus § 20 Bem 56/*ErgVerz*

Seite 1312ff. — **§ 18 Bem106ff.**

Gesetzliche Vertretung

Seite 1314 — **§ 18 Bem 109**

Genehmigung des Vormundschaftsgerichts ua LitHinweise *Meyer-Stolte* Vormundschaftsgerichtliche Genehmigung und Grundbuch, Wirksamwerden der Genehmigung und Nachweis in gbmäßiger Form Rpfleger 1967, 294

Seite 1317/1318 — **§ 18 Bem 111**; dazu auch *Nachtrag*

Vormund Durch das **NichtehelG** (E 25ff./*ErgVerz*) wurden zahlreiche Vorschriften des Vormundschaftsrechts — §§ 1773ff. BGB — geändert, bzw neu eingefügt, und zwar erfolgte Neueinfügung von §§ 1791a, b, c, 1851a, 1857a, 1887 BGB

Änderung von §§ 1774, 1779, 1786, 1792, 1801, 1805, 1835, 1836, 1837, 1838, 1844, 1845, 1847, 1849, 1850, 1851, 1855, 1858, 1859, 1861, 1862, 1863, 1866, 1882, 1883, 1886, 1889, 1893, 1897, 1912 BGB;

dazu *Berner* Die Auswirkungen des neuen Nichtehelichenrechts auf den Wirkungskreis des Rpflegers in bürgerlichen Rechtsstreitigkeiten Rpfleger 1970, 149, *Bühler* VormGer und neues Nichtehelichenrecht BWNotZ 1970, 110, *Dinger* Urkundstätigkeit im Zusammenhang mit dem neuen Nichtehelichenrecht BWNotZ 1970, 167, *Knauer* Beurkundungen und Beglaubigungen im Zusammenhang mit dem NichtehelG NDV 1970, 231, Die Hauptgrundsätze des neuen Rechts sind in der BekBMJ BAnz 1970 Nr 111 = SaBl 1577 (E 25ff./*ErgVerz*) zusammengefaßt. Einige Besonderheiten des neuen Rechts sollen im folgenden hervorgehoben werden. Im übrigen wird auf *Riedel* Jugendwohlfahrtsrecht 7. Aufl/Beck-Verlag 1971 verwiesen.

Die Vormundschaft kann einem Verein übertragen werden, § 1791a BGB, oder dem Jugendamt, § 1791b BGB, wenn kein Einzelvormund bestellt wird. Bei einem nichtehelichen Kind, das eines Vormunds bedarf, wird mit der Geburt das Jugendamt Vormund, falls nicht bereits ein Einzelvormund bestellt ist; das Jugendamt kann auch zu einem späteren Zeitpunkt, wenn Anlaß besteht, zum Vormund bestellt werden. Das Jugendamt wird auch, wenn es zunächst als Pfleger kraft Gesetzes war, Vormund, wenn die Pflegschaft endet und eine Vormundschaft erforderlich ist, § 1791c BGB. Wenn das Jugendamt Vormund ist, kann kein Gegenvormund bestellt werden, § 1792 BGB. Hat das Jugendamt oder ein Verein als Vormund über die Unterbringung zu entscheiden, oder wird das Kind auf Anordnung des VormGerichts untergebracht, so ist auf das religiöse Bekenntnis oder die Weltanschauung des Kindes Rücksicht zu nehmen, §§ 1801, 1838 BGB. Der Vormund darf das Vermögen des Kindes weder für sich noch für den Gegenvormund verwenden; ist das Jugendamt Vormund oder Gegenvormund, so ist die Anlegung von Mündelgeld nach § 1807 BGB auch bei einer Körperschaft, bei der das Jugendamt errichtet ist, zulässig, § 1805 BGB. Das Jugendamt oder ein Verein kann als Vormund oder Gegenvormund für Aufwendungen keinen Vorschuß und Ersatz nur insoweit verlangen, als das Vermögen des Mündels ausreicht, wobei allgemeine Verwaltungskosten nicht ersetzt werden, § 1835 BGB. Eine Vergütung kann dem Jugendamt oder einem Verein nicht bewilligt werden, § 1836 BGB. Gegen diese können auch keine Ordnungsstrafen verhängt werden, § 1837 BGB. Amts- und Vereinsvormundschaft sind befreite Vormundschaft, § 1857a BGB. Wird ein Mündel durch nachfolgende Ehe seiner Eltern ehelich, so endet die Vormundschaft erst mit der Anordnung der Aufhebung durch das VormGericht, § 1883 BGB. Das Jugendamt oder ein Verein wird als Vormund entlassen und ein anderer Vormund bestellt, wenn dies dem Wohle des Mündels dient, § 1887 BGB, bei einem Verein, auch wenn ein wichtiger Grund vorliegt, § 1889 BGB.

Durch die Landesregierungen kann durch RechtsVO bestimmt werden, wenn eine andere Behörde anstelle des Jugendamts oder Landesjugendamts bei Vormundschaft über Volljährige treten soll, um deren Aufgaben wahrzunehmen, § 1897 BGB.

Bei einem nichtehelichen Kind hat die elterliche Gewalt, solange es minderjährig ist, die Mutter, § 1705 BGB. Wenn keine Vormundschaft erforderlich ist, wird ein Pfleger bestellt, § 1706 BGB, soweit nicht das VormGericht nach § 1707 BGB anders entscheidet. Für die Leibesfrucht kann ein Pfleger bestellt werden, §§ 1708, 1912 BGB. Mit der Geburt des Kindes wird das Jugendamt Pfleger, wenn Pflegschaft eintritt und nicht bereits ein Pfleger bestellt ist, § 1709 BGB. Nach Beendigung einer Vormundschaft kraft Gesetzes wird der bisherige Vormund Pfleger, wenn Pflegschaft erforderlich ist, § 1710 BGB.

Die früher so bedeutsame Streitfrage bez Abgrenzung der Tätigkeit des Richters und RPflegers bei Anordnung von Vormundschaft und Pflegschaft und in Zusammenhang damit bei Bestellung des Vormunds oder Pflegers ist durch das RpflG 1969/1970 (*Anh 137*) als geklärt anzusehen. Der Richter ist darnach vor allem im Rahmen des Vorbehalts des § 14 Z 4 aaO zuständig, nämlich

(a) für die Anordnung einer vorläufigen Vormundschaft nach § 1906 BGB, (b) einer Gebrechlichkeitspflegschaft nach § 1910 BGB außer dem Fall, daß diese zwecks Geltendmachung eines auf dem öffentlichen Recht beruhenden Rentenanspruch angeordnet wird, ferner (c) einer Vormundschaft oder Pflegschaft über einen Ausländer einschl der vorläufigen Maßregeln nach Art 23 EGBGB und (d) einer Pflegschaft auf Grund dienstlicher Vorschriften; dazu *Eickmann-Riedel* RpflG (E 25ff./*ErgVerg*) § 14 Bem 10. Im übrigen ist der Rpfleger zuständig, soweit sich nicht aus anderen Ziffern des § 14 RpflG Einschränkungen ergeben; dazu *Eickmann-Riedel* aaO.

Die Regelung der elterlichen Gewalt bei Kindern aus geschiedenen Ehen oder bei Getrenntleben der Eltern nach §§ 1671, 1672 BGB wurde durch die neue Gesetzgebung unberührt gelassen; eine Reform ist zusammen mit dem Eherecht beabsichtigt.

Auch die Frage der Volljährigkeit und Volljährigkeitserklärung wurde noch nicht geändert; es ist jedoch zu erwarten, daß in absehbarer Zeit die Volljährigkeit auf 18 Jahre herabgesetzt wird, da das Wahlalter bereits einheitlich 18 Jahre ist. Vorläufig ist das Volljährigkeitsalter noch 21 Jahre. Volljährigkeitsanträge werden gegenwärtig wohl leichter beurteilt werden als bisher. Dazu und zu den Reformbestrebungen *Ebhardt* Zur Frage der Herabsetzung des Volljährigkeitsalters AGJJ-Mitt 1970 Mai (59), 26, *Ell* Herabsetzung der Volljährigkeit? JuWo 1970, 196, *Schmitz-Elsen* Überlegungen zur Herabsetzung der Volljährigkeitsgrenze JuWo 1970, 199, NDV 1970, 148, auch BMFa Frau *Strobel* Aufgaben der Jugendhilfe und Sozialarbeit ZfSH 1970, 129.

Das **JWG** in Neufassung (dazu E 25ff./*ErgVerz*) dient der Anpassung der bisherigen Regelung an das NichtehelG; dazu BTDrS V/2370, 4179, 4501, VI/674, 864. Das NichtehelG gliedert die Regelung der Amts- und Vereinsvormundschaft in das BGB ein, insbes in die §§ 1791aff. BGB. Daneben wurde das geschlossene System einer Regelung im JWG aufrechterhalten, da es sich beim JWG um ein Spezialgesetz der Materie der öffentlichen Jugendhilfe handelt und die Übersichtlichkeit größer ist. Insofern gibt es auch bei der Neufassung des JWG im Jahre 1970 gewisse Überschneidungen, wenn auch weniger als bisher. Die Neuregelung bildet jedoch einen wesentlichen Fortschritt. Es wird die generelle Regelung der Aufgaben des Jugendamts, insbes als Amtspfleger und Amtsvormund, sowohl im BGB als auch im JWG vorgenommen, soweit es erforderlich ist. Daher werden Vorschriften §§ 1849ff. BGB auch in das JWG aufgenommen, wie § 47 Abs 1, §§ 47a, b JWG zeigen. Dagegen wurden Vorschriften, die bisher im JWG standen, in das BGB übernommen, und zwar ohne Erwähnung im JWG, wie zB die Frage der Erteilung einer Bescheinigung durch das VormGer über den Eintritt der Vormundschaft und ihre Rückgabe, § 1791c Abs 3, § 1893 Abs 2 BGB, während eine dem § 42 JWGaF entsprechende Vorschrift im neuen JWG fehlt. Andere Vorschriften sind dagegen nur im JWG enthalten, nämlich solche, die sich auf die Organisation und Zuständigkeit beziehen, wie §§ 37, 42, 43 JWG, und die internationale Abgrenzung, § 40 JWG. Bei der Vereinsvormundschaft ist im JWG nur noch insoweit eine Regelung, als es sich um öffentliches Recht handelt, § 53 JWG. Es wurde daher der Abschn V des JWG neu gefaßt und neu gegliedert. Die Amtsvormundschaft wird wegen ihrer nunmehrigen neuen Bedeutung nach §§ 1706ff. BGB in Zusammenhang mit den Vorschriften über die Amtspflegschaft geregelt, wie sich aus den Überschriften vor §§ 37, 40 und 45 JWG ergibt, während bisher die Amtspflegschaft geringere Bedeutung hatte und daher nur in § 52 JWGaF eine Regelung fand. Mit der Auflockerung der Sexualität und den weithin geübten nichtehelichen Beziehungen hat in der breiten Öffentlichkeit der nichteheliche Geschlechtsverkehr seinen Makel verloren, zumal die weltanschaulichen Auffassungen über Ehe und Sittlichkeit sich von den festen Grundsätzen der christlichen Ethik entfernt haben und man bestrebt ist, eine neue sexuelle Anschauung zu begründen. Daher sind auch die nichtehelichen Mütter weithin nicht mehr wie früher Mädchen oder Frauen,die weltungewandt und unaufgeklärt sind. Dies rechtfertigt es, daß man bez der elterlichen Gewalt wie auch bez der Einschaltung einer Amtspflegschaft oder Amtsvormundschaft von anderen Voraussetzungen ausging als früher und die Lockerung brachte; dazu zur Reform des Nichtehelichenrechts *Riedel* JWG (4. Aufl) § 37 Vorbem 9ff. sowie *Riedel* Jugendwohlfahrtsrecht (7. Aufl Beck-Verlag München 1971) JWG Vorbem II 2a, *Riedel* Das JWG 1970 Rpfleger 1971, 53.

Die neuen Vorschriften der §§ 37ff. JWG sind an diese moderne Situation angeglichen. Die Amtspflegschaft wird zur Regel, wie § 40 JWG mit §§ 1706, 1709 BGB ergibt, während die Amtsvormundschaft nur unter den erschwerten Voraussetzungen des § 41 JWG mit §§ 1773, 1791c Abs 1, 2 BGB eintritt. Sachlich neu ist in § 40 Abs 1 JWG die Einbeziehung der heimatlosen Ausländer, auf die nach dem AHK-Gesetz Nr 23 deutsches Recht anzuwenden ist; es werden hier nur die Fälle erfaßt, in denen sich die Rechtsbeziehungen zwischen Mutter und Kind nach deutschem Recht richten. Sachlich neu ist in § 40 Abs 4 JWG auch die Anknüpfung an das Personalstatut der Mutter, und zwar im Anschluß an § 40 Abs 1 JWG und Art 20 EGBGB. Gegenüber dem

EGBGB soll dadurch das JWG die speziellere Regelung erhalten. Zu erwähnen ist auch, daß diese Neuregelung auf § 47 FGG abgestimmt ist. Dazu auch *Riedel* Jugendwohlfahrtsrecht aaO.

Die bestellte Amtspflegschaft bzw Amtsvormundschaft ist in § 45 JWG mit § 1791b BGB geregelt. Wird das Jugendamt als Beistand oder Gegenvormund bestellt, so ist § 46 JWG einschlägig, und zwar in Zusammenhang mit §§ 1685, 1691 Abs 1, § 1792 Abs 4, § 1791c BGB.

Bez Vereinsvormundschaft, die früher in § 53 JWGaF geregelt war, ist nunmehr im wesentlichen auf § 1791a BGB zu verweisen und daher kommt § 53 JWGnF nur ergänzend in Betracht; dazu BTDrS VI 674 S 15/16. Damit entfällt im JWG die Verweisung auf die für das JA geltenden Vorschriften. Die sog Anstaltsvormundschaft gibt es nicht mehr. Dazu *Riedel* Jugendwohlfahrtsrecht aaO

Es ist noch besonders darauf hinzuweisen, daß in § 54a JWG die Vormundschaft und Pflegschaft sowie Gegenvormundschaft über Volljährige geregelt ist. Es finden die Vorschriften für bestellte Amtspflegschaft und -vormundschaft nach § 45 JWG und die Bestimmungen über weitere Aufgaben des Jugendamts nach §§ 47ff. JWG entsprechende Anwendung. Dies gilt auch, wenn nach § 1897 S 2 BGB anstelle des Jugendamts eine andere Behörde tritt.

Landesrecht Beurkundung Baden-Württemberg AVJM vom 18. September 1970 Justiz 330 Aufnahme öffentlicher Urkunden durch JABeamte

Zählkartenerhebung in Zivilsachen (Änderungen wegen Nichtehelichenrecht) Hessen RdErlJM vom 3. November 1970 JMBl 777, Niedersachsen AVJM vom 25. November 1970 NdsRpfl 272, Nordrhein-Westfalen AVJM vom 9. November 1970 JMBl-NRW 281, Rheinland-Pfalz AVJM vom 16. November 1970 JBl 233 (nicht in der Sammlung JVVRPff enthalten)

Seite 1318ff. — **§ 18 Bem 112ff.**

Fälle der Genehmigung zu Rechtsgeschäften bei Vormundschaft Lit-Hinweise *Herold* GrstVerträge mit Minderjährigen BlGBW 1969, 130, *Hörter* Die vormundschaftsgerichtliche Genehmigung beim finanzierten Abzahlungskauf MDR 1968, 547, *Meyer-Stolte* Vormundschaftsgerichtliche Genehmigung und Grundbuch Rpfleger 1967, 294, *Riggers* Vormundschaftsgerichtliche Genehmigung im GBVerfahr JurBüro 1968, 183, *Rosenau* Beteiligung Minderjähriger an gesellschaftsrechtlichen Unternehmensformen BB 1965, 1393, *Siegelmann* GrstGeschäft, VormGericht und Notar DB 1968, 386, *Wilhelm* Fehlerhafte Gesellschaftsverträge mit minderjährigen Kindern BB 1968, 365, auch *Riedel* Jugendwohlfahrtsrecht 7. Aufl/Beck-Verlag 1971. Zur Zuständigkeit des **RPflegers** bei Entscheidungen des VormGer § 14 Z 9, 17 RpflG (*Anh 137*); dazu *Eickmann-Riedel* RpflG (E 25ff./*ErgVerz*) § 14 Bem 15, 23.

Der unentgeltliche Erwerb eines NachlaßGrst durch einen minderjährigen Miterben zu Alleineigentum bedarf keiner Einwilligung seines gesetzlichen Vertreters und keiner Genehmigung des VormGerichts, **BayObLG** BayObLGZ 1968, 1 = NJW 1968, 940 = Rpfleger 1968, 151 = FamRZ 1968, 206 = MDR 1968, 499 Ls = OLGZ 1968, 457 Ls. Ein Kaufvertrag, durch den sich ein Minderjähriger zu einer Rentenzahlung auf Lebenszeit des Verkäufers verpflichtet, kann bei besonderen Umständen, wie bei besonders niedrigem Lebensalter des Minderjährigen und hohem Alter des Verkäufers, dahin auszulegen sein, daß die Verpflichtung zur Rentenzahlung nicht länger als ein Jahr nach der Vollendung des 21. Lebensjahres fortdauern soll, **BGH** MDR 1969, 380 = DNotZ 1969, 421 = LM § 1822 Ziff 5 BGB Nr 4, während für den Regelfall eine Rente von unbestimmter Dauer zu zahlen ist (§ 1822 Z 5 BGB), ohne daß auf die Lebenserwartung des Berechtigten abgestellt wird, **BGH** aaO, **RAG** RAGZ 11, 335 = JW

1933, 239. Kein verbotenes Insichtgeschäft iSd § 181 BGB liegt vor, wenn bei einem Beschluß über die Auflösung einer GmbH ein Gesellschafter das Stimmrecht für sich und zugleich für einen anderen Gesellschafter ausübt; ist an einem solchen Beschluß ein minderjähriger Gesellschafter beteiligt, so bedarf es keiner vormundschaftsgerichtlichen Genehmigung, § 1822 Z 1, 3 BGB, **BGH** NJW 1970, 33 = MDR 1970, 122 = BB 1969, 1327 = DNotZ 1970, 298 = LM § 181 BGB Nr 13 (*Fleck*).

Der Beitritt eines Minderjährigen zu einer Genossenschaft mit beschränkter Haftung bedarf nicht der Genehmigung des VormGer nach § 1822 Z 10 BGB, auch wenn Grundbesitz dabei ist, **BGH** BGHZ 41, 71 = NJW 1964, 766, 1132 (*Rehbinder* ablehnend) = MDR 1964, 396 = BB 1964, 278 = FamRZ 1964, 203 (*Paulick* ablehnend) = DNotZ 1965, 221 = Rpfleger 1964, 76 = WM 1964, 246 = LM § 1822 Ziff 10 BGB Nr 1 (*Fischer*) = DRspr I (169) 69c. Ebenso wenig ist eine vormundschaftsgerichtliche Genehmigung nötig zum Abschluß eines Heimstättenvertrags, **AG Lübbecke** MDR 1965, 137 = DRspr aaO 79d. Der Abschluß eines Erbteilsübertrgaungsvertrags bedarf der Genehmigung des VormGer nach § 1822 Z 10 BGB auch dann, wenn die Übertragung schenkungsweise erfolgt, AG **Stuttgart** BWNotZ 1970, 177.
können, **BGH** NJW 1970, 1414 = MDR 1970, 750 = DNotZ 1970, 495 = BWNotZ 1970, 127 = LM § 1829 BGB Nr 4 (*Mattern*), § 242 (A) BGB Nr 48 Ls. Es wird begründend ausgeführt:

Verkauft ein gesetzlicher Vertreter ein Grst, das zum Teil ihm und zum Teil seinem Mündel gehört, so ist er in der Regel nicht gehindert, dem VormGer Umstände mitzuteilen, die zur Versagung der vormundschaftsgerichtlichen Genehmigung führen können, **BGH** NJW 1970, 1414. = MDR 1970, 750 = DNotZ 1970, 495 = BWNotZ 1970, 127 = LM § 1829 BGB Nr 4 (*Mattern*). Es wird begründend ausgeführt:

> „Was die Haftung aus Verschulden bei Vertragsabschluß (§§ 242, 276 BGB) betrifft, so sind zwar im Normalfall eines genehmigungsbedürftigen Vertrags beide Vertragspartner gegenseitig verpflichtet, das Ihrige zur Herbeiführung der Genehmigung zu tun; bei Verletzung dieser Pflicht haften sie auf Schadenersatz, **BGH** BGHZ 14, 1 (2) = NJW 1954, 1442, BGHZ 18, 248 (252) = NJW 1955, 1918. Im Sonderfall der vormundschaftlichen Genehmigung jedoch findet diese Pflicht ihre Grenze an der Vorschrift des § 1829 GBB: das Gesetz berechtigt und verpflichtet den gesetzlichen Vertreter dann, wenn er bei einem genehmigungspflichtigen Vertrag Interessen seines Mündels für gefährdet hält, den Antrag auf vormundschaftsgerichtliche Genehmigung zu unterlassen oder nach Antragstellung und vor der Entscheidung dem VormGer seine Bedenken mitzuteilen oder sogar noch nach der Erteilung der Genehmigung von deren Mitteilung an den Vertragspartner abzusehen und es dadurch bei der Unwirksamkeit des Vertrages zu belassen, § 1829 Abs 1, vgl Abs 2 BGB; infolgedessen kann ein solches Verhalten im Regelfall keine Schadenersatzpflicht begründen, **RG** JW 1921, 1237 = SeuffA 77 Nr 8."

Seite 1321 — **§ 18 Bem 120**

Übernahme fremder Verbindlichkeiten **OLG Köln** aaO auch DRspr I (169) 79b

Seite 1322/1323 — **§ 18 Bem 123**

Nachweis der Genehmigung bei Vormundschaft Die Genehmigung des VormGer wird wirksam, wenn der Vormund weiß, daß sie dem anderen Vertragsteil bekannt ist, und er erkennbar seinen Willen zum Ausdruck bringt, den Vertrag weiter in der genehmigten Form zu billigen, **OLG Celle** NdsRpfl 1965, 101 = MDR 1965, 577 = MittRhNotK 1966, 12 = DNotZ 1967, 49 Ls.

Seite 1323ff. — **§ 18 Bem 124ff.**

Inhaber der elterlichen Gewalt; über elterliche Gewalt bez eines nichtehelichen Kindes, auch bez JWG, § 18 Bem 111/*ErgVerz.*

Durch die Annahme der Auflassung eines schenkungsweise überlassenen Grst erlangt ein über 7 Jahre alter Minderjähriger auch dann lediglich einen rechtlichen Vorteil iSd § 107 BGB, wenn sich der Schenker an dem Grst einen Nießbrauch oder eine Dienstbarkeit vorbehalten hat und die Bestellung dieser Belastung gleichzeitig mit der Erklärung der Auflassung erfolgt ist, **LG Augsburg** Rpfleger 1967, 175 = FamRZ 1968, 89 Ls. Dies gilt allgemein und ist hM; so insbes **BayObLG** BayObLGZ 1967, 245 = NJW 1967, 1912 = MDR 1967, 919 = DNotZ 1968, 98 = Rpfleger 1968, 18 (*Haegele*) = AIZ 1967, 290 = GrundE 1968, 83 = BWNotZ 1968, 35, 72 Ls = OLGZ 1967, 477 Ls, und zwar bei Schenkung eines Grst an einen beschränkt geschäftsfähigen Minderjährigen unter Vorbehalt eines dinglich zu sichernden Wohnungsrechts für den Schenker, unter Hinweis auf **BayObLG** 9, 523 (526), **KG** JFG 13, 300 (303) = HRR 1936 Nr 788, **OLG München** JFG 18, 115 = DNotZ 1939, 206 = HRR 1938 Nr 1478, *BGB-RGRK* § 107 Bem 9, *Erman* BGB § 107 Bem 2, *Palandt* BGB § 107 Bem 2, *Soergel* BGB § 107 Bem 1.

Durch eine Vermögensübernahme nach § 419 BGB erlangt der minderjährige Übernehmer, auch wenn sie unentgeltlich erfolgt, nicht lediglich einen rechtlichen Vorteil, **BGH** DNotZ, 285 bez eines Nießbrauchs. Dasselbe gilt, wenn ein Minderjähriger schenkungsweise einen Erbteil übertragen erhält, **AG Stuttgart** BWNotZ 1970, 177.

Seite 1325ff. — **§ 18 Bem 130ff.**

Pfleger Bez eines nichtehelichen Kindes, auch bez JWG, § 18 Bem 111/*ErgVerz.*

Seite 1325/1326 — **§ 18 Bem 131**

Ergänzungspflegschaft bei Auseinandersetzung nach § 1683 BGB **BayObLG** BayObLGZ 1967, 230 = FamRZ 1968, 103 Ls, zur Haftung des Vermögenspflegers bei GrstVerkäufen **BGH** MDR 1967, 473 = BB 1967, 514 = LM § 1915 BGB Nr 4

Seite 1326/1327 — **§ 18 Bem 132**

Sonstige Pflegschaftsfälle Die **Gebrechlichkeitspflegschaft** über Geschäftsunfähige ist ihrer Rechtsnatur nach mit der Vormundschaft eng verwandt, **BGH** FamRZ 1967, 565, 620, über Geschäftsfähige stellt eine Beistandschaft dar, die mit der Vormundschaft wesensmäßig nichts gemein hat, **BGH** aaO. Die Anordnung kann von Amts wegen erfolgen, **KG** MDR 1967, 922.

Die Bestellung eines Mitpflegers zur Überwachung des Pflegers ist nicht zulässig, **LG Berlin** Rpfleger 1970, 91 = DRspr I (169) 103a.

Zur Zuständigkeit des RPflegers bei Nachlaßpflegschaft und Nachlaßverwaltung *§ 13 Vorbem 138* mit *ErgVerz.*

Seite 1327/1328 — **§ 18 Bem 134ff.**

Beistandschaft §§ 1685, 1686 BGB bez Bestellung und Aufgaben des Beistands gelten idF des GleichberG. §§ 1687, 1688 BGB bez Genehmigung von Rechtsgeschäften durch den Beistand und Anlegung von Geld wurden durch das NichtehelG aufgehoben.

Bez JWG § 18 Bem 111/*ErgVerz*

Seite 1328/1329 — **§ 18 Bem 137**

Gegenvormund bez Änderung von Vorschriften des JWG § 18 Bem 111/*ErgVerz*

Seite 1329 — **§ 18 Bem 138**

Familienrat bez Neufassung von Vorschriften § 18 Bem 111/*ErgVerz*

Seite 1331 ff. — **§ 18 Bem 141, 142**

Schuldrechtliches Grundgeschäft, dinglicher Vertrag Zur Frage der Sittenwidrigkeit eines Geliebten-Testaments **BGH** NJW 1970, 1273/1839 (*Speckmann*) = MDR 1970, 660 = DNotZ 1970, 496, auch **OLG Stuttgart** DNotZ 1970, 543, zur Frage der Sittenwidrigkeit eines Rechtsgeschäfts unter Lebenden mit der oder dem Geliebten bei Bestehen nichtehelicher Geschäftsbeziehungen **BGH** DNotZ 1970, 541, im übrigen auch § 20 Bem 70/*ErgVerz*

Seite 1332 ff. — **§ 18 Bem 143**

Grenzen von Prüfungsrecht und Prüfungspflicht

Seite 1337 Zeile 20 von oben — **LG Karlsruhe** Rpfleger (*berichtigt*) 1962, 140

Seite 1338/1339 —

Zu schuldrechtlichen und dinglichen Vereinbaren nebeneinander in einer Urkunde auch **OLG Hamm** DNotZ 1967, 635; sind in einem dem GBA eingereichten Erbbaurechtsbestellungsvertrage die nur schuldrechtlich wirksamen Vereinbarungen von den dinglich wirksamen nicht getrennt, so ist es nicht Aufgabe des GBA, diese Trennung im Wege der Auslegung vorzunehmen, da die Eintragungsanträge und -bewilligungen eindeutig sein müssen.

Seite 1342 ff. — **§ 18 Bem 145**

Grundlagen der Prüfung

Seite 1344 Zeile 27 von oben — **OLG Hamm** JMBlNRW 1965, 245 (*berichtigt*)
Hinzuweisen ist auf die Neufassung des § 15 Abs 3 HGB, der eine Rechtsschein-Vermutung enthält; dazu *Beuthien* Fragwürdige Rechtsscheingrenzen im neuen § 15 Abs 3 HGB NJW 1970, 2283.

Seite 1361 ff. — **§ 19**

Eintragungsbewilligung

Seite 1362 — **§ 19 Bem 1**

LitHinweise *Ertl* Wirksamkeit und Widerruf der Eintragungsbewilligung DNotZ 1967, 339, Praktische Fälle zum Widerruf der Eintragungsbewilligung aaO 406, *Haegele* Streifzug durch das GrstRecht — Entwicklungen und Einzelfragen Rpfleger, 1969, 266, *Pfaff* Löschungsfähige Quittung oder Löschungsbewilligung? DNotZ 1968, 281

Seite 1366 ff. — **§ 19 Bem 12 ff.**

Die Eintragungsbewilligung ist als Erklärung iSd GBRechts eine formelle Erklärung, die daneben materiell-rechtlichen Inhalt hat. Zur Auslegung der

Eintragungsbewilligung **BGH** WM 1969, 661, wonach bei der Auslegung einer Eintragungsbewilligung auf ihren Wortlaut und Sinn abzustellen ist, wie er sich für einen unbefangenen Betrachter als nächstliegende Bedeutung des Eingetragenen ergibt, wobei auch Vereinbarungen, die nicht in das GB eingetragen werden sollten und auch nicht eingetragen wurden, zu berücksichtigen sind.

Seite 1376ff. — **§ 19 Bem 23**

Bestimmte Erklärung Soll am gesamten Grst eine bestimmte persönliche Dienstbarkeit eingetragen werden, die ein Bauverbot zum Inhalt hat, und ist die Ausübung des Bauverbots auf einen realen GrstTeil beschränkt, so muß dieser Teil in der Eintragungsbewilligung nach Lage und Größe eindeutig bezeichnet sein, **OLG Hamm** JMBlNRW 1968, 138 = NJW 1967, 2365 = DNotZ 1968, 310 = BWNotZ 1968, 41 Ls = OLGZ 1967, 457 = DRspr IV (473) 106a; dazu auch bez Grunddienstbarkeit mit weiteren Hinweisen auf Rspr *Haegele* aaO 1969, 266 (289).

Seite 1382/1383 — **§ 19 Bem 31ff.**

Widerruf LitHinweise *Ertl* aaO.

Zur Übersendung einer beglaubigten Abschrift der Eintragungsbewilligung an denjenigen, zu dessen Gunsten sie abgegeben wurde, und zur Frage der Wirksamkeit und Unwiderruflichkeit **OLG Frankfurt aM** DNotZ 1970, 162

Seite 1386ff. — **§ 19 Bem 46**

Ersetzung der Eintragungsbewilligung durch **Urteil** LitHinweise *Rahn* Die Problematik der Verurteilung zur Auflassung Zug um Zug gegen Zahlung des Kaufpreises BWNotZ 1966, 268 (dazu *Leikam* Die Verurteilung zur Auflassung gemäß dem § 894 ZPO aaO 314, Erwiderung *Rahn* aaO 316), *Weimar* Zweifelsfragen bei der Verurteilung zur Eingehung eines GrstKaufvertrages JR 1968, 419

Seite 1389/1390 — **§ 19 Bem 48**

Ausschlußurteil nach § 927 BGB Die Vorschrift des § 927 Abs 1 S 3 BGB ist eine bloße Schutzvorschrift zugunsten des eingetragenen Eigentümers; sie bildet daher kein Hindernis, wenn und soweit neben Verstorbenen und Verschollenen eingetragene Mitglieder einer Erbengemeinschaft selbst die Einleitung des Aufgebotsverfahrens beantragt haben, **OLG Bamberg** NJW 1966, 1413.

Seite 1391ff. — **§ 19 Bem 50**

Zwangshypothek LitHinweise *Finger* Ist für die ZwV aus einer Zwangshypothek ein besonderer Duldungstitel notwendig? (verneinend) MDR 1969, 617, *Kulla* Die Auswirkung der Änderungen des § 372 AO auf die Eintragung von Sicherungshypotheken Rpfleger 1966, 100, *Pfaff* Hypothekarische Sicherung von Ansprüchen mehrerer Steuergläubiger bzw nur eines Steuergläubigers BWNotZ 1968, 254, *Riggers* Der Antrag auf Eintragung einer Zwangshypothek JurBüro 1968, 917

Seite 1392 — **§ 19 Bem 50b**

Zur ZwV ist ein **vollstreckbarer Schuldtitel** nach hM nötig; dazu auch **OLG Hamburg** MDR 1969, 769 = BWNotZ 1969, 426 Ls. Zur Eintragung eines Widerspruchs § 53 Bem 18ff./*ErgVerz.*

Seite 1393 —

Das Finanzamt kann ohne gerichtlichen Duldungstitel mit dem Rang einer im Verwaltungsverfahren eingetragenen Zwangshypothek in das Grst vollstrecken; so auch **LG Kleve** Rpfleger 1968, 293.

Seite 1393/1394 —

Der **Mindestbetrag** der zur Eintragung erforderlich ist, wurde durch § 33 Z 1 GBMG vom 20. Dezember 1963 (*GT 2*) vom 300 DM auf **500 DM** erhöht.

Seite 1394 —

Eine Sicherungs-Zwangshypothek kann in ausländischer Wohnung nicht in das GB eingetragen werden, **LG Osnabrück** Rpfleger 1968, 122.

Seite 1398/1399 — **§ 19 Bem 50d, e**

Beschwerde Gegen die Eintragung einer Zwangshypothek ist die unbefristete Beschwerde nach § 71 GBO, nicht die sofortige Beschwerde nach § 793 ZPO gegeben, **OLG Köln** OLGZ 1967, 499.

Zu **Gebühren** LitHinweise *Schumann* GBBerichtigungs- und Erbscheinserteilungsverfahren zwecks Eintragung einer Zwangssicherungshypothek lassen besondere Gebühren nach § 118 BRAGebO entstehen MDR 1970, 819

Seite 1399ff. — **§ 19 Bem 51**

Arresthypothek LitHinweise *Ostler* Wichtige prozessuale Fragen des Eilverfahrens der ZPO MDR 1968, 713

Seite 1399/1400 — **§ 19 Bem 51b**

Mindestbetrag bei Eintragung **500 DM**; dazu § 19 Bem 50b/*ErgVerz*

Seite 1402ff. — **§ 19 Bem 52**

Pfändung LitHinweise *Pfaff* Die ZwV in dinglich gesicherte Forderungen BWNotZ 1969, 352, *Mümmler* Die ZwV in Eigentümergrundpfandrechte JurBüro 1969, 789, *Strutz* Probleme bei der Pfändung eines GrstNießbrauchs Rpfleger 1968, 145, *Westermann* Verdeckte Nachpfändung von Grsten NJW 1970, 1023 (dazu *Beck* aaO 1781)

Pfändet das Finanzamt wegen rückständiger Steuern eine Buchgrundschuld und wird die Pfändung in das GB eingetragen, so ist für eine auf Löschung des Pfändungsvermerks gerichtete Klage des Grundschuldgläubigers, die auf die Nichtentstehung oder Tilgung der Steuerschuld gestützt ist, der Rechtsweg zu den ordentlichen Gerichten nicht gegeben, § 13 GVG; dazu **BGH** NJW 1967, 563 = MDR 1967, 293 = BB 1967, 267 = WM 1967, 124 = BWNotZ 1967, 84 Ls.

Die Pfändung einer Eigentümergrundschuld erfolgt nach § 857 Abs 6 ZPO mit § 830 aaO, **OLG Celle** NJW 1968, 1682 = BWNotZ 1968, 267 Ls. Eine Eigentümergrundschuld ist auch dann wirksam gepfändet, wenn das GBA entgegen einer abweichenden Bestimmung nach § 60 Abs 2 GBO den gebildeten Brief freiwillig an den vom Gläubiger beauftragten Gerichtsvollzieher herausgegeben hat und der Pfändungsbeschluß dem Eigentümer zugestellt ist; in diesem Falle kann das GBA den Grundschuldbrief nicht vom Gläubiger zurückfordern, weil durch die vorausgegangene Aushändigung des Briefs ein Pfändungspfandrecht entstanden ist, das dem Gläubiger ein Recht zum Besitz gewährt, **OLG Düsseldorf** MDR 1969, 490 = DNotZ 1969, 295 = Rpfleger 1969, 65 = BWNotZ 1969, 113 Ls = OLGZ 1969, 208. Der Gläubiger eines GrstEigentümers, der bez einer teilweise von einem Dritten bezahlten Sicherungsgrundschuld einen Teilbrief erhalten will, muß dartun, daß die Grundschuld nicht oder teilweise auf den Dritten übergegangen ist, **OLG Saarbrücken** JBl Saar 1966, 203 = OLGZ 1967, 102.

Ein dingliches Wohnungsrecht kann auch vom GrstEigentümer nur gepfändet werden, wenn dem Berechtigten die Überlassung der Ausübung an einen anderen gestattet und die Gestattung durch Eintragung im GB zum Inhalt des Rechts gemacht worden ist, **KG** NJW 1968, 1882 = MDR 1968, 760 = Rpfleger 1968, 329 = WM 1968, 789 = OLGZ 1968, 295.

Seite 1406 Zeile 6 von oben — Teilpfändung ((*berichtigt*)

Seite 1415ff. — **§ 19 Bem 54ff.**

Bewilligungsberechtigung Werden ein **Wechsel im Eigentum** und ein Recht am Grst am gleichen Tag eingetragen, so ist der bisherige Eigentümer, der die Eintragung des Rechts bewilligt hat, noch als berechtigt anzusehen, **OLG Nürnberg** DNotZ 1967, 761 = DRpflZ 1967, 35 Ls, § 45 Bem 18ff./*ErgVerz*. Die Eintragungsbewilligung eines Erblassers zur Umschreibung eines Grst auf den Erwerber genügt auch dann, wenn in zwischen der Erbe als Berechtigter im GB eingetragen worden ist, **BGH** BGHZ 48, 351 = NJW 1968, 105 = MDR 1968, 138 = DNotZ 1968, 414 = WM 1967, 1171 = Rpfleger 1968, 49 = DRpflBl 1968, 10 Ls = BWNotZ 1968, 41 Ls = DRspr IV (473) 100a. Dies gilt auch bez eines befreiten Vorerben, wenn inzwischen der Nacherbfall eingetreten ist, **LG Aachen** DNotZ 1968, 172 Ls.

Zum Wechsel der Verfügungsbefugnis ist darauf hinzuweisen, daß die Fälle, die dazu gehören sehr verschieden sind; dazu *Baur* JZ 1968, 311. Es kann sich um Einzel- oder Gesamtnachfolge handeln, um Beschränkung oder Verlust der Geschäftsfähigkeit oder der Verfügungsfähigkeit; dazu insbes *§ 18 Bem 98ff.*, *§ 20 Bem 3ff.*, *§ 33 Bem 4ff.*, *§ 35 Bem 3ff.*

Seite 1426ff. — **§ 19 Bem 71,72;** dazu auch *Nachtrag*

Zur Eintragungsbewilligung eines Nichtberechtigten § 19 Bem 54ff./*ErgVerz*

Schließt jemand einen Vertrag als vollmachtsloser Vertreter für einen anderen und zugleich in seinem eigenen Namen ab und verweigert der Vertretene die Genehmigung, dann beantwortet sich die Frage, ob der Vertrag in vollem Umfang unwirksam ist, nach § 139 BGB; dazu **BGH** DNotZ 1970, 242.

Seite 1430/4131 — **§ 19 Bem 75**

Zur Prfrüfungspflicht des GBBeamten § 3 Bem 251, 446/*ErgVerz*, § 13 Bem 13/*ErgVerz*, § 18 Bem 82/*ErgVerz*, auch **KG** NJW 1967, 2358 = DNotZ 1968, 95 = Rpfleger 1968, 50 (*Riedel*) = BWNotZ 1968, 31 Ls = OLGZ 1967, 324, wonach das GBA zur Umdeutung berechtigt und verpflichtet ist, wenn die vorgelegten Urkunden eine abschließende Würdigung gestatten. Zur Durchsicht der Grundakten ist das GBA hierbei im Regelfall nicht verpflichtet, um festzustellen oder zu prüfen, ob sich hieraus Bedenken gegen die Eintragung ergeben; die Prüfung beschränkt sich vielmehr im Regelfall auf die Prüfung der eingereichten und etwa in Bezug genommenen Antragsunterlagen, **OLG Düsseldorf** Rpfleger 1966, 261 (*Riedel*). Es besteht daher auch regelmäßig keine Prüfungspflicht in materiell-rechtlicher Richtung, also ob bei einer Eintragung eine Einigung vorliegt, wie insbes bei der Eintragung einer Reallast, **OLG Köln** DNotZ 1966, 677; eine Sonderregelung besteht nur im Falle des § 20 GBO.

Seite 1433/1434 — **§ 19 Bem 78ff.**

Erwerbsbeschränkungen auch *§ 117 Bem 69, 70*, auch bez Änderung von Vorschriften; dazu bez Hessen RdErlJM vom 2. März 1966 JMBl 101 GrstErwerb durch juristische Personen und Ausländer unter Aufhebung des RdErlJM vom 13. Juli 1964 JMBl 113, der seinerseits den RdErlJM vom 23. Mai 1961 JMBl 75/26. August 1963 JMBl 114/31. Dezember 1963 JMBl 1964, 7 aufhob.

LitHinweise *Haegele* Die Beschränkungen im GrstVerkehr (3. Aufl Nomos-Verlag Baden-Baden 1970)

Seite 1434 — **§ 19 Bem 86**

Bei **Beurkundungen** besteht ein Mitwirkungsverbot bei Beurkundungen nunmehr nach dem **BeurkG**, und zwar nach §§ 3, 4, 6, 7, 26, 27 aaO (*Anh 63*); dazu die Erläuterungen im Kommentar *Riedel-Feil* BeurkG (E 25ff./*ErgVerz*).

Seite 1435ff. — **§ 20**

Nachweis der Einigung

§ 20 Bem 1ff.

Bei der Anwendung der Vorschrift ist das **BeurkG** (*Anh 63*) zu beachten; dazu E 25ff./*ErgVerz.*

Seite 1437ff. — **§ 20 Bem 4ff.**

Auflassung Durch § 57 Abs 3 Z 3 BeurkG (*Anh 63*) wurde **§ 925 Abs 1 S 2 BGB** geändert; er lautet nunmehr:

> Zur Entgegennahme der Auflassung ist, unbeschadet der Zuständigkeit weiterer Stellen, jeder Notar zuständig.

In Wegfall kam die früher daneben bestehende Zuständigkeit des Grundbuchamts und des Amtsgerichts; dazu *Riedel-Feil* BeurkG (E 25ff./*ErgVerz*) § 57 Bem 5. § 925 BGB wurde im Zuge der vielen Vorschriften geändert, in denen Doppelzuständigkeit dh notarielle und gerichtliche Zuständigkeit nebeneinander, bestand; dazu § 20 Bem 32ff./*ErgVerz.*

Seite 1440ff. — **§ 20 Bem 8**

Erbengemeinschaft Nachlaßauseinandersetzung

Die **Zuständigkeit des Richters** bzw des **RPflegers beim Nachlaßgericht** bei Vermittlung der Nachlaßauseinandersetzung nach §§ 86ff. FGG richtet sich nach § 16 Abs 1 Z 8 RpflG idF vom 27. Juni 1970 BGBl I 911 (Anh 137/*ErgVerz*); dazu *Eickmann-Riedel* RpflG (E 25ff./*ErgVerz*) § 16 Bem 10. Die gerichtliche Zuständigkeit blieb durch das BeurkG (*Anh 63*) unberührt; dazu *Riedel-Feil* BeurkG (E 25ff./*ErgVerz*) § 57 Bem 6.

Seite 1444ff. — **§ 20 Bem 14,15**

Verschmelzung und Umwandlung von Gesellschaften des Handelsrechts Die einschlägigen gesetzlichen Vorschriften wurden ergänzt. Maßgebend sind nunmehr

Umwandlungsgesetz idF vom 6. November 1969 BGBl I 2081 = SaBl 1970, 7, das an die Stelle des früheren Ges über die Umwandlung von Kapitalgesell-

schaften und bergwerklichen Gewerkschaften vom 12. November 1956 BGBl I 844 = SaBl 1149/6. September 1965 BGBl I 1185 = SaBl 1395 = BGBl III 4120-1/Ges zur Ergänzung handelsrechtlicher Vorschriften über die Änderung der Unternehmensform vom 15. August 1969 BGBl I 1171 = SaBl 1602 und Ges über steuerliche Maßnahmen bei Änderung der Unternehmensform vom 14. August 1969 BGBl I 1163 = SaBl 1575;
dazu auch E 5ff./*ErgVerz.*

LitHinweise *Groß* Die Umwandlung von Unternehmen insbes nach dem UmwandlungsGes BWNotZ 1970, 28, *Hornung* Die Verschmelzung von Gesellschaften Rpfleger 1968, 309, *Jurkat* Das neue Umwandlungssteuergesetz NJW 1969, 1689, *Möhring* Die gesetzliche Regelung der Unternehmensverbindungen im neuen AktG NJW 1967, 1, *Veith-Börnstein* Umwandlungsgesetz und Umwandlungssteuergesetz (Kommentar Beck-Verlag München-Berlin 1969)

Knur Die Reform des Umwandlungsrechts und des Umwandlungssteuerrechts DNotZ 1971, 10

Seite 1446 — **§ 20 Bem 17**

Flurbereinigung Die Auflassungsverhandlung ist nicht zu wiederholen, wenn das Grst durch das Flurbereinigungsverfahren später einen verringerten Bestand aufweist, **SchlHOLG** JurBüro 1967, 935.

Seite 1448 — **§ 20 Bem 20**

Grenzfestsetzung Zuständigkeit der Vermessungsbehörden § 20 Bem 43/*ErgVerz*, Grenzregelung nach BBauG *§ 20 Bem 83e*

Seite 1449 — **§20 Bem 22**

Bergwerksrecht Bayern Art 249 BergG entfällt, weil diese Vorschrift aufgehoben wurde; dazu *§ 117 Bem 33, 34.*

Seite 1452ff. — **§ 20 Bem 32ff.**

Infolge S 2 Änderung des § 925 Abs 1 BGB durch das BeurkG (dazu § 20 Bem 4ff./*ErgVerz*) entfällt die Zuständigkeit des Grundbuchamts und des Amtsgerichts zur Beurkundung der Auflassung, so daß Beschränkung auf die Beurkundung durch den Notar grundsätzlich erfolgt, soweit nicht gesetzliche Ausnahmen bestehen, die nach dem BeurkG Ausnahmen bestehen; dazu *Riedel-Feil* BeurkG (E 25ff./*ErgVerz*) Einl E 8ff., § 1 Bem 9ff.

Seite 1453 — **§ 20 Bem 34**

Die **Zuständigkeit des Grundbuchamts entfällt;** dazu § 20 Bem 32ff./*Erg-Verz.*

Seite 1454 — **§ 20 Bem 35**

Die **Zuständigkeit jedes Amtsgerichts entfällt**; dazu § 20 Bem 32ff./*ErgVerz.* Unberührt bleibt jedoch die Zuständigkeit des Prozeßgerichts zu Vergleichen, auch wenn es sich um ein Amtsgericht handelt; dazu § 20 Bem 37/*ErgVerz.*

Seite 1454/1455 — **§ 20 Bem 36**

Die **Zuständigkeit des Notars** wurde durch das BeurkG **erweitert**, besteht also weiter. Rechtsgrundlage ist nunmehr das BeurkG; dazu *Riedel-Feil* BeurkG (E 25ff./*ErgVerz*) Einl E 4ff., § 1 Bem 2ff. bez Einzelheiten, auch § 20 Bem 32ff./*ErgVerz.*

Seite 1455ff. — **§ 20 Bem 37**

Gericht bei Vergleich Hier besteht weiterhin Zuständigkeit, da insoweit die Zuständigkeit der Gerichte gemäß § 925 Abs 1 S 3 BGB nach dem BeurkG aufrechterhalten wurde; dazu *Roedel-Feil* (E 25ff./*ErgVerz*) § 1 Bem 8ff., auch § 20 Bem 32ff./*ErgVerz.*

Zur Anfechtbarkeit eines gerichtlichen Vergleichs wegen Drohung seitens eines Mitglieds des Gerichts **BGH** NJW 1966, 2399 = MDR 1966, 988 = JZ 1966, 753 = WM 1966, 753 = DB 1966, 1645 = LM § 123 BGB Nr 33; sie ist begründet, wenn das Gericht erklärt, ein der Klage stattgebendes Urteil sei beschlossen und werde sofort verkündet, wobei die fertige Urteilsformel bereits auf dem Richtertisch liegt. Für die Form ist die ZPO, nicht das BeurkG maßgebend; bei stenografischer Aufnahme des Protokolls ist § 163a ZPO zu beachten, *§ 29 Bem 53, § 53 Bem 30*, auch *Riedel* Niederschrift des Protokolls in Kurz- oder Langschrift Rpfleger 1969, 84, sowie *Breetzke* Die Beurkundungskraft des gerichtlichen Vergleichs (§ 127a BGB) NJW 1971, 178, im übrigen § 18 Bem 93ff. *ErgVerz.* Die fehlende Unterschrift des Protokollführers unter dem Stenogramm des Vergleichstextes und die fehlende Beglaubigung der Übertragung des Stenogramms in das Protokoll kann auch dann noch nachgeholt werden, wenn inzwischen Prozeß über die Wirksamkeit des Vergleichs anhängig geworden ist, **OLG München** MDR 1970, 933. Soweit allerdings eine ZwV durchgeführt wird, hat die Unterschriftergänzung, welche den Vergleich erst wirksam macht, keine rückwirkende Kraft; ein etwaiger Rangverlust, auch bei ZwVerst oder ZwVerw, kommt also nicht rückwirkend in Wegfall; bei zwischenzeitlich eingetretenem Schaden kann also Amtshaftung in Frage kommen.

Ein globaler Prozeßvergleich kann nicht deshalb angefochten werden, weil dem Prozeßbevollmächtigten eine zwischen den Parteien streitige weitere Forderung und ihre Rechtshängigkeit unbekannt waren, **OLG Celle** NJW 1971, 145.

Seite 1457ff. — **§ 20 Bem 38ff.**

Zuständigkeit für die **Beurkundung durch sonst zuständige Stellen** blieb durch das BeurkG in weitem Umfang unberührt; dazu § 20 Bem 32ff./*ErgVerz*, jedoch einschränkend § 20 Bem 43ff./*ErgVerz.*

Seite 1457 — **§ 20 Bem 39**

Rentenstellen für ländliche Arbeiter Die LAVO (*Anh 116*) mit der 1. DVO dazu wurde durch § 55 Z 6, 7 BeurkG (*Anh 63*) geändert, insbes wurde § 8 Abs 1 S 3 bis LAVO aufgehoben; dazu § 29 Bem 54/*ErgVerz.*

Seite 1457 — **§ 20 Bem 40**

Wasser- und Bodenverband Die 1. WasserverbandsVO vom 3. September 1937 RGBl I 933 wurde durch § 55 Z 9 BeurkG (*Anh 63*) geändert. Es ist nunmehr das BeurkG anstelle der §§ 168ff. FGG, die aufgehoben wurden, maßgebend; dazu § 29 Bem 55/*ErgVerz.*

Seite 1457 — **§ 20 Bem 43**

Berufskonsuln Das sich auf die Konsuln beziehende Gesetz wurde durch § 57 Abs 1 BeurkG (*Anh 63*) geändert; dazu *Riedel-Feil* BeurkG (E 25ff./*ErgVerz*) § 57 Bem 3, auch § 29 Bem 62/*ErgVerz.*

Seite 1458 —

Vermessungsbeamte Nach § 61 Abs 1 Z 6 bis 8 BeurkG (*Anh 63*) sind die sich auf Vermessungsbehörden beziehenden Zuständigkeiten unberührt geblieben, ebenso die Vorschriften bez Abmarkung und Beurkundung von vermessungstechnischen Ermittlungen; dazu *Riedel-Feil* (E 25ff./*ErgVerz*) § 61 Bem 8ff. auch § 29 Bem 57/*ErgVerz*. Allerdings wird in den einschlägigen Vorschriften des früheren Reichs-, jetzt Bundesrechts und in Landesrecht auf die aufgehobenen §§ 167ff. FGG Bezug genommen; insoweit treten die Bestimmungen des BeurkG an die Stelle der in Bezug genommenen aufgehobenen Vorschriften. Das Landesrecht hat schon teilweise eine Angleichung der Texte vorgenommen. Da diese Vorschriften heute infolge der Neuregelung des Beurkundungsrechts in das Interesse gerückt sind, sind die einschlägigen Vorschriften zusammenfassend in *Anh 148, 149 154ff.* beim Katasterrecht mit abgedruckt.

Zu Anh 149 Beurkundung und Beglaubigung von Anträgen auf Vereinigung und Teilung von Grundstücken Fußn 2 und 6 S 3396ff. ist ergänzend auf folgendes Landesrecht hinzuweisen:

Nordrhein-Westfalen RdErlMfWöA (Wohnungsbau und öffentliche Arbeiten) vom 28. November 1969 MBl 2108 und

Schleswig-Holstein RdErlIM vom 10. Februar 1970 ABl 79, jeweils betitelt.

Durchführung des Gesetzes über die Beurkundungs- und Beglaubigungsbefugnis der Vermessungsbehörden vom 15. November 1937
mit gleichlautendem Text:

„Nach § 61 Abs 1 Nr 6 des am 1. Januar 1970 in Kraft tretenden BeurkG vom 28. August 1969 BGBl I 1513 sind die Vorschriften bestehen geblieben, nach denen die Vorstände der Vermessungsbehörden, die das amtliche Verzeichnis iSd § 2 Abs 2 GBO führen, und die von den Vorständen beauftragten Beamten dieser Behörden zuständig sind, Anträge der Eigentümer auf Vereinigung oder Teilung von Grundstücken zu beurkunden oder zu beglaubigen. In dem fortgeltenden Gesetz über die Beurkundungs- und Beglaubigungsbefugnis der Vermessungsbehörden vom 15. November 1937 RGBl I 1257 ist lediglich § 2 Abs 1 insofern sachlich nicht mehr zutreffend, als darin auf Vorschriften verwiesen wird, die für die gerichtliche Beurkundung von Rechtsgeschäften und für die gerichtliche Beglaubigung von Unterschriften gelten. An deren Stelle treten die entsprechenden Vorschriften des BeurkG. Infolge der geänderten Zuständigkeit für die öffentliche Beurkundung und die öffentliche Beglaubigung von Unterschriften wird der RdErlRuPrMdI vom 13. Januar 1938 betr Beurkundung und Beglaubigung von Anträgen auf Vereinigung und Teilung von Grundstücken RMBliV 137 wie folgt geändert:

1. In Nr 3 Abs 3 S 2 werden die Worte „gerichtliche oder" (2mal) gestrichen.
2. Nr 4 Abs 2 S 2 erhält folgende Fassung:
   „Auf die Niederschrift sind die für die öffentliche Beurkundung geltenden Vorschriften anzuwenden (§ 3 bis 13 mit Ausnahme des § 5 Abs 2, ferner die §§ 16 bis 18 und 22 bis 26 des Beurkundungsgesetzes vom 28. August 1969 BGBl I 1513)."
3. Nr 4 Abs 3 S 2 erhält folgende Fassung:
   „Eine Unterschrift soll nur beglaubigt werden, wenn sie in Gegenwart des befugten Beamten der Vermessungsbehörde vollzogen oder anerkannt wird (vgl § 40 Beurkundungsgesetz).
4. In Nr 6 wird der letzte Satz gestrichen."

In gleichem Sinne hat auch **Rheinland-Pfalz** eine Regelung getroffen durch die BekJM vom 7. April 1970 JBl 89 (nicht in der Sammlung JVVRhPf enthalten)

Durchführung des Gesetzes über die Beurkundungs- und Beglaubigungsbefugnis der Vermessungsbehörden

Nachstehend gebe ich auszugsweise den RdErlIM vom 19. Februar 1970 (644-03) MBl 144 bekannt.

„Gemäß § 61 Abs 1 Nr 6 des Beurkundungsgesetzes vom 28. August 1969 BGBl I 1513 bleibt das Gesetz über die Beurkundungs- und Beglaubigungsbefugnis der Vermessungsbehörden vom 15. November 1937 RGBl I 1257 unbeschadet der Zuständigkeit der Notare auch nach dem Inkrafttreten des Beurkundungsgesetzes am 1. Januar 1970 in Kraft. Die Leiter der Kataster-(Vermessungs-)ämter und die von ihnen beauftragten Beamten können also weiterhin im Rahmen des Gesetzes vom 15. November 1937 Anträge auf Vereinigung oder Teilung von Grundstücken beurkunden oder beglaubigen. Das Gesetz soll nach wie vor dazu beitragen, daß örtlich und wirtschaftlich eine Einheit bildende Grundstücke eines Eigentümers im Kataster- und Grundbuch einheitlich gebucht werden dh in der Regel eine Nummer führen.

Zur Ausführung des Gesetzes wird im Einvernehmen mit dem Ministerium der Justiz folgendes bestimmt:

1. Zuständig für die Beurkundungen und Beglaubigungen sind gemäß § 1 Abs 1 des Gesetzes die Leiter der Kataster-(Vermessungs-)ämter und die von ihnen beauftragten Beamten dieser Behörden. Der Auftrag ist schriftlich zu erteilen. In welchem Umfang solche Aufträge erteilt werden, richtet sich nach dem Bedürfnis. Beauftragt werden dürfen nur Beamte des höheren oder des gehobenen vermessungstechnischen Dienstes.
2. Den Grundstückseigentümern soll die Stellung von entsprechenden Anträgen bei jeder sich bietenden Gelegenheit empfohlen werden. Die Anträge können sowohl anläßlich der Ausführung von Vermessungsarbeiten an Ort und Stelle als auch in den Diensträumen der Kataster(-Vermessungs-)ämter gestellt werden. Gehören die betroffenen Grundstücke zu den Bezirken verschiedener Kataster-(Vermessungs-)ämter, so soll in der Regel das für das wirtschaftlich wertvollere Grundstück (bzw Grundstücksteil) zuständige Kataster-(Vermessungs-)amt den Antrag beurkunden oder beglaubigen. Zur Vermeidung unnötiger Beurkundungen ist soweit möglich vor der Aufnahme des Antrags festzustellen, ob einer Vereinigung grundbuchliche Bedenken entgegen stehen (§ 5 GBO).
3. Befugt zur Stellung der Anträge (Abgabe der zur Eintragung ins Grundbuch erforderlichen Erklärungen) ist der Eigentümer des Grundstücks, das ist regelmäßig der im Grundbuch eigetragene Eigentümer. Weist das Grundbuch den Eigentümer infolge Rechtsübergangs außerhalb des Grundbuchs oder aus sonstigen Gründen unrichtig nach, so ist zur Antragstellung auch der legitimierte wahre Eigentümer (Ersteher des Grundstücks in der Zwangsversteigerung, Erbe usw) berechtigt. Die Beteiligten sind jedoch darauf aufmerksam zu machen, daß die Eintragung der Vereinigung oder Teilung ins Grundbuch erst erfolgen kann, nachdem die Beteiligten selbst als Eigentümer eingetragen worden sind.

   Bei gemeinschaftlichem Eigentum mehrerer Miterben (Miteigentümer) kann jeder der Miterben (Miteigentümer) den Antrag stellen. Die übrigen Eigentümer müssen jedoch dem Antrag zustimmen. Die Zustimmung bedarf ebenfalls der Form des § 29 GBO.

   Die Grundeigentümer können sich bei den zu beurkundenden Erklärungen eines Vertreters bedienen. Der Vertreter hat sich über die ihm erteilte Ermächtigung durch eine Vollmacht auszuweisen. Eine öffentliche Beurkundung der Vollmacht ist nicht erforderlich; die Beglaubigung der Unterschrift genügt. Sondervollmachten sind zu den Anträgen zu nehmen, Generallvollmachten in den Anträgen näher zu bezeichnen.

4. Die Erklärungen der Grundstückseigentümer können entweder durch Abgabe vor dem Kataster-(Vermessungs-)amt zur Niederschrift (öffentliche Beurkundung) oder durch öffentlich beglaubigte Urkunden (öffentliche Beglaubigung) nachgewiesen werden. Wegen der einfacheren Handhabung soll das Verfahren der öffentlichen Beglaubigung vorzugsweise verwendet werden. Nimmt ein beauftragter Beamter die Erklärungen entgegen, so hat dieser in der Niederschrift oder in dem Beglaubigungsvermerk auf den ihm erteilten Auftrag Bezug zu nehmen.

5. Auf die Niederschrift sind die für die öffentliche Beurkundung durch den Notar geltenden Vorschriften — §§ 3 bis 13 (ausgenommen § 5 Abs 2), 16 bis 18 und 22 bis 26 des Beurkundungsgesetzes vom 28. August 1969 BGBl I 1513 — anzuwenden.

6. Die öffentliche Beglaubigung (§ 129 BGB) erfordert eine schriftliche, vom Grundstückseigentümer oder seinem Vertreter eigenhändig unterschriebene Erklärung und die Beglaubigung der Unterschrift durch den Leiter oder den sonst befugten Beamten des Kataster-(Vermessungs-)amtes. Auf die Beglaubigung der Unterschrift sind die hierfür geltenden Rechtsvorschriften — § 40 des Beurkundungsgesetzes — anzuwenden. Die Kataster-(Vermessungs-)ämter sollen die Anträge der Grundstückseigentümer entwerfen.

7. Die Beurkundung oder Beglaubigung von Anträgen auf Teilung von Grundstücken kommt für die Kataster-(Vermessungs-)ämter im allgemeinen nur dann in Betracht, wenn einzelne der für eine Verschmelzung vorgesehenen Flurstücke mit anderen, z.B. getrennt liegenden Flurstücken im Grundbuch als ein Grundstück eingetragen sind oder wenn von einem Flurstück Teile abgetrennt und mit anderen Flurstücken desselben Eigentümers, die als selbständige Grundstücke im Grundbuch eingetragen sind, oder mit Teilen solcher Flurstücke verschmolzen werden sollen.

8. Auf Grund der beglaubigten oder beurkundeten Vereinigungsanträge stellen die Kataster-(Vermessungs-)ämter Veränderungsnachweise auf. Als Art der Veränderung ist anzugeben: „Verschmelzung auf Grund des Vereinigungsantrages vom . . . 19 . . .“. Dem Grundbuchamt sind zu übersenden: die beglaubigten Anträge mit etwaigen zugehörigen Vollmachten (in den Fällen der Beurkundung die Niederschrift), ein beglaubigter Auszug aus dem Veränderungsnachweis, in den Fällen der Nr 7 ferner eine beglaubigte Abzeichnung der Flurkarte, und, soweit erforderlich, behördliche Teilgenehmigungen und dgl.

Mit der Übersendung ist das Grundbuchamt zu bitten, die Eintragung der durch Vereinigung oder Teilung neu entstandenen Grundstücke in das Grundbuch dem Kataster-(Vermessungs-)amt mitzuteilen. Wird dem Antrag nicht entsprochen, so gibt das Grundbuchamt dem Kataster-(Vermessungs-)amt unter Rückgabe der Anlagen Nachricht. Die Verschmelzungen oder Teilungen sind dann rückgängig zu machen.“

Zu **Auflassungen** haben die Vermessungsbehörden keine Zuständigkeit; dies ist richtigzustellen, *§ 29* Bem *57*. Es wird noch ausdrücklich darauf hingewiesen, daß das Ges vom 15. November 1936 (*Anh 148*) sich nur auf Fälle der der Vereinigung und Teilung von Grsten desselben Eigentümers bezieht und daher die Vermessungsbehörden Vorgänge, bei denen Auflassungen in Frage kommen, an das Notariat abzugeben haben. Der Notar wird dann auch regelmäßig die Erklärungen der Beteiligten zu den Eigentumsveränderungen, die eine Vermessung zur Voraussetzung haben, beurkunden, da die Vermessung selbst ja bei den Vermessungsbehörden liegt; auch insoweit erfolgt Klarstellung. Es wird hierzu auf den dankenswerten Hinweis in bawüGABl 1967, 598/1969, 343 verwiesen.

Seite 1458/1459 — **§ 20 Bem 44ff.**

Enteignung nach BBauG *§ 20 Bem 83f*, bez BeurkG auch § 20 Bem 45/*ErgVerz* Die **auf Grund des Art 143 EGBGB begründeten Zuständigkeiten entfallen,** da diese Vorschrift durch § 57 Abs 4 BeurkG (*Anh 63*) aufgehoben wurde; *Riedel-Feil* BeurkG (E 25ff./*ErgVerz*) § 57 Bem 2. Das aufrecht erhaltene Landesrecht ist aus §§ 60ff. BeurkG (*Anh*) ersichtlich; dazu *Riedel-Feil* aaO Bem zu diesen Vorschriften.

Für **Hessen** ist darauf hinzuweisen, daß das Ortsgerichtsgesetz durch das Änderungsgesetz vom 16. Dezember 1969 GVBl I 316 an das BeurkG angeglichen wurde; dazu auch die Dienstanweisung für Ortsgerichte RdErlJM idF vom 17. Dezember 1969 JMBl 1970, 42 nach Änderung vom gleichen Tag aaO 4, auch *Haegele* Merkbuch 12/13. Dazu kommt der RdErlJM vom 14. Dezember 1970 JMBl 1038, der über Erricht, Besetzung usw der Ortsgerichte eine nähere Regelung trifft.

Für **Rheinland-Pfalz** kommt AVJM vom 14. Oktober 1970 JBl 218 Dienstanweisung für die Ortsgerichte über die öffentliche Beglaubigung von Unterschriften in Betracht.

Bez der Ortsgerichte wird auch auf § 29 Bem 64/*ErgVerz* verwiesen.

Seite 1458 — **§ 20 Bem 45**

Bayern Zwangsenteignungsverfahren Eine landesrechtliche Zuständigkeit für Beurkundungen entfällt mit Rücksicht auf das BeurkG; dazu § 20 Bem 44ff./*ErgVerz.*

Seite 1458 — **§ 20 Bem 46**

Ehemaliges **Preußen** Siedlungsgrste — Die Zuständigkeit entfällt infolge der Aufhebung der einschlägigen Vorschrift durch § 60 S 2 Z 62 BeurkG (*Anh 63*); dazu auch § 20 Bem 44ff./*ErgVerz.*

Seite 1458/1459 — **§ 20 Bem 47**

Für das **Land Baden-Württemberg** bestehen nach § 61 Abs 4, § 64 BeurkG (*Anh 63*) weiterhin **Vorbehalte**, die aufrecht erhalten wurden; dazu *Riedel-Feil* BeurkG (E 25ff./*ErgVerz*) § 61 Bem 14, § 64 Bem 2. Die Zuständigkeit der Ratschreiber ist aufrecht erhalten, jedoch ist eine Regelung bez Aufhebung und Änderung der Vorschriften getroffen. Dazu auch *Haegele* BeurkG (E 25ff./*ErgVerz*) § 61 Bem V. Die Zuständigkeit des Ratschreibers besteht weiter; dazu auch § 1 Bem 55, 56, § 20 Bem 48/*ErgVerz.*

Der Ratschreiber in Baden ist als Hilfsbeamter des Notars zuständig für die zum GBBetirk gehörenden Grste zu beurkunden

den in § 313 BGB bezeichneten GrstVeräußerungsvertrag,

die Bewilligung der Eintragung von Sicherungshypotheken und von Löschungen sowie die Zustimmung zu Löschungen und

die Bewilligung der Eintragung der Teilung und Vereinigung von Grsten;

dazu im einzelnen *Haegele* Merkbuch 9, 171ff.

Darüber hinaus ist er auch zur Beglaubigung von Unterschriften befugt; dazu Näheres bei *Haegele* aaO 9, 19ff.

In Württemberg ist — auch bei Anwesenheit des Bezirksnotars in seiner Gemeinde — der Ratschreiber befugt,

Verträge über die entgeltliche Veräußerung von Grsten zu beurkunden, die im Gemeindebezirk gelegen sind; in gewissem Umfange besteht auch eine Beurkundungsbefugnis für Grste angrenzender Markungen,

Auflassungen in gleichem Umfange entgegenzunehmen,

im Rahmen einer GrstVeräußerung auch die nach § 873 Abs 2 BGB zur Bindung der Beteiligten erforderliche Beurkundung der Erklärungen über die dinglichen Rechte vorzunehmen, die zu bestellen sind, und zwar einschl der hierauf bezüglichen Bewilligungen und Anträge;

dazu im übrigen *Haegele* aaO 8/1, 149ff.

Ferner besteht die Befugnis — auch bei Anwesenheit des Notars in der Gemeinde — Beglaubigungen von Unterschriften zu beliebigen Zwecken vorzunehmen, *Haegele* aaO 8/1, 19ff.

Seite 1459/1460 — **§ 20 Bem 48**

Form der Erklärung Maßgebend ist nunmehr das **BeurkG** (*Anh 63*), auch bez Form, soweit in demselben nicht Vorbehalte für die Zuständigkeit anderer Stellen auf Grund gesetzlicher Regelungen bestehen; dazu § 20 Bem 4, 32ff. ua, § 29 Bem 62/*ErgVerz.* Das GBA und das Amtsgericht scheiden hiernach als zuständige Stellen aus. Soweit das BeurkG unmittelbar oder entsprechend anzuwenden ist, sind dessen Formvorschriften zu beachten. Der Bereich der Formlosigkeit ist daher nur im übrigen im Rahmen der Vorbehalte des BeurkG möglich. Infolge der Änderung des § 925 BGB und der Aufhebung zahlreicher landesrechtlicher Vorschriften und Vorbehalte ist dieser Bereich von geringerer Bedeutung als früher. Auch für den württembergischen Ratschreiber sind die §§ 4ff. BeurkG (*Anh 63*) maßgebend, da die einschlägigen landesrechtlichen Bestimmungen nicht mehr gelten; dazu *Haegele* Merkbuch 159ff.

Seite 1460 Zeile 13 von oben — Es wird auf § 925a BGB (*berichtigt*) verwiesen.

Seite 1460ff. — Stelle 20(49ff.)

Erklärung der Auflassung Das BeurkG (*Anh 63*) ist zu beachten; dazu § 20 Bem 48/*ErgVerz.*

Seite 1461 Zeile 12 von oben —

Ausdrückliche Erklärung **BayObLG** NJW 1966, 600wV § 28 Bem 2ff./*ErgVerz.* Verweisung auf *§ 18 Bem 144* (*berichtigt*; die Verweisung auf § 19 Bem 144 ist richtigzustellen.

Seite 1461 — **§ 20 Bem 51**

Bei freiwilligen Versteigerungen sind nunmehr §§ 8, 61 Abs 1 Z 1 BeurkG (*Anh 63*) maßgebend anstelle des aufgehobenen § 181 FGG; dazu *Riedel-Feil* BeurkG E 25ff./*ErgVerz*) Erläuterungen zu den angeführten Vorschriften.

Seite 1462/1463 — **§ 20 Bem 52**

Gegenstand der Auflassung bez eines zukünftigen Anspruchs (Vormerkung) auch *§ 25 Bem 12, 29* mit *ErgVerz*

Wechselt die Person des Verfügungsberechtigten zwischen Auflassung und Eintragung, so kann der neue Verfügungsberechtigte die Auflassung genehmigen und dadurch den nachträglich eingetretenen Mangel der Verfügungsberechtigung heilen, **BayObLG** DNotZ 1967, 511 Ls.

Seite 1464ff. — **§ 20 Bem 56**

Auflassung durch einen **Vertreter** LitHinweise *Otto* Vollmacht und Genehmigung im GrstVerkehr BlGBW 1968, 1.

Erlöschen der treuhänderischen Auflassungsvollmacht tritt in der Regel mit den Tod des Bevollmächtigten ein, dagegen nicht bei einer Vollmacht im eigenen Interesse des Bevollmächtigten, die vererblich ist, **OLG Köln** DNotZ 1970, 27; über postmortale Vollmacht auch *§ 18 Bem 105* mit *ErgVerz.* Formfreiheit für einen Auftrag zur Bebauung eines Grst und zur anschließenden Übereignung an den Auftraggeber gilt nicht, wenn das Grst bereits bei Auftragserteilung im Eigentum des Beauftragten stand, §§ 313, 667 BGB; dazu **BGH** WM 1969, 917 = BB 1969, 1018 = DB 1969, 1694 = DRspr I (125) 144de. Über Mängelhaftung bei GrstKauf und Kenntnis des Bevollmächtigten des Käufers, §§ 166, 464 BGB, **BGH** DNotZ 1969, 282.

Seite 1466 — **§ 20 Bem 57**

Auflassung durch **Vertreter ohne Vertretungsmacht** Vollmachtserteilung schließt es nicht aus, daß ein Bevollmächtigter ohne Vertretungsmacht iSd § 177 BGB auftritt und daher die Wirksamkeit des GrstGeschäfts von der Genehmigung des Vertretenen abhängt **BGH** DNotZ 1968, 407 = BWNotZ 1967, 264 Ls im Anschluß an **OGH** OGHZ 1, 209 (211). Für eine noch nicht benannte Person kann ein Vertreter nicht wirksam die Auslassung entgegennehmen, **AG Hamburg** NJW 1971, 102 = DNotZ 1971, 51. Es gibt keine Auflassung an „wen es angeht“.

Seite 1466ff. — **§ 20 Bem 58**

Verfügungsbeschränkung Auflassung eines Grst an einen Minderjährigen bei Schenkung unter Bestellung eines dinglichen Wohnungsrechts ist ohne Zustimmung des gesetzlichen Vertreters zulässig, § 107 BGB; dazu **BayObLG** BayObLGZ 1967, 245 = NJW 1967, 1912 = MDR 1967, 919 = DNotZ 1968, 98 = Rpfleger 1968, 18 = GrundE 1968, 83 = DRpflZ 1967, 35 Ls = BWNotZ 1968, 35, 72 Ls = OLGZ 1967, 477 Ls = DRspr I (111) 46 ab. Ein Minderjähriger erlangt durch die schenkungsweise Überlassung eines Erbteils nicht lediglich einen rechtlichen Vorteil iSd § 107 BGB, **AG Stuttgart** BWNotZ 1970 177.

Seite 1468/1469 — **§ 20 Bem 60**

Auflassung mit **mehreren Beteiligten** Ein Gesellschaftsvertrag bedarf der notariellen Form, wenn er die Verpflichtung zur Veräußerung eines Grst zum Gegenstand hat, § 313 BGB; dazu **BGH** BB 1967, 731 = DB 1967, 1172 = WM 1967, 609 = BWNotZ 1968, 31 Ls. Ein Anwachsen oder Abwachsen von Grundeigentum setzt voraus, daß bereits ein Gesamthandsvermögen vorhanden ist; dies ist nicht der Fall, beim Eintritt eines neuen Geschäftspartners in das Geschäft eines Einzelkaufmanns unter Umwandlung der Einzelfirma in eine oHG oder KG, so daß eingebrachte Grste an die neue Gesellschaft aufgelassen und eingetragen werden müssen, **LG Dortmund** NJW 1969, 137.

Seite 1471/1472 — **§ 20 Bem 63**

Freiwillige Versteigerung § 20 Bem 51/*ErgVerz*

Seite 1472/1473 — **§ 20 Bem 65**

Bedingung, Zeitbestimmung Unzulässig nach § 925 Abs 2 BGB ist eine Auflassung, die an die Bedingung der Ehescheidung geknüpft ist; dasselbe gilt bei einer Vereinbarung, wonach die Erklärungen zur Auflassung am folgenden Tag wirksam werden sollen. Es kann nur vereinbart werden, daß sich die Eheleute verpflichten, nach der Scheidung die Auflassung zu erklären. **OLG Stuttgart** Justiz 1967, 218 Ls. Man wird aber in einem solchen Falle eine unzulässige Auflassung in eine zulässige Verpflichtung dazu umdeuten, da dies dem Parteiwillen entspricht, § 140 BGB.

Seite 1475ff. — **§ 20 Bem 69**

Pfändung Die Pfändung der Eigentumsanwartschaft eines Auflassungsempfängers, dessen Umschreibungsantrag beim GBA schwebt, wird mit der Zustellung des Pfändungsbeschlusses an ihm wirksam; der Zustellung an den Veräußerer bedarf es nicht. Wird die Eigentumsanwartschaft eines Auflassungsempfängers (Schuldners) gepfändet, dessen Umschreibungsantrag beim GBA schwebt, so erwirbt mit dem Übergang des Eigentums auf den Schuldner der Pfändungsgläubiger für seine Forderung eine Sicherungshypothek, die den vorher vom Schuldner bewilligten Grundpfandrechten im Range vorgeht. Dazu **BGH** BGHZ 49, 197 = NJW 1968, 493, 1087 (*Rose*) = MDR 1968, 313 = DNotZ 1968, 483 = Rpfleger 1968, 83 = WM 1968, 198 = BB 1968, 271 = BWNotZ 1968, 72 Ls = DRpflZ 1968, 11 Ls = LM § 857 ZPO Nr 9/10 (*Mattern*), § 925 BGB Nr 9/10 Ls = DRspr I (150) 163ab, IV (424) 75bcd, auch § 25 Bem 10, 12/*ErgVerz*.

Seite 1477ff. — **§ 20 Bem 70**; dazu auch *Nachtrag*

Gültigkeit der Einigung LitHinweise *Hepp* Verstärkter Käuferschutz beim GrstVerkauf / Zeitschrift für Rechtspolitik 1970, 100, *Greiner* Zur Erfüllung eines Kaufvertrags BWNotZ 1969, 241, *Mattern* Der Eigenheimbewerbervertrag in der Rspr des BGH DNotZ 1967, 661, *Lutz* Beurkundete oder beglaubigte Vollmacht? BWNotZ 1967, 141, *Orth* Unwirksame Übereignung? BWNotZ 1966, 305, *Schwark* § 313 BGB und der Schutz des Käufers/Zeitschrift für Rechtspolitik 1970, 37, *Wolfsteiner* Schuldübernahme und Unterwerfung DNotZ 1968, 392

Der Formmangel des GrstVeräußerungsvertrags wird auch dann geheilt, wenn der Eigentumserwerb kraft guten Glauben erfolgt, **BGH** BGHZ 47, 266 = NJW 1967, 1272 = MDR 1967, 574 = JZ 1967, 444 = BB 1967, 562 = LM § 313 Nr 29 (*Mattern*), § 892 Nr 7 Ls. Veranlaßt ein Rechtsanwalt seinen Auftraggeber zum Verkauf an ihn selbst, obwohl dies dem Vertragszweck widerspricht, wonach Erwerb durch den Auftraggeber erforderlich ist, so ist dies treu- und sittenwidrig, § 138 BGB; dazu **BGH** NJW 1967, 873 = MDR 1967, 660 = BB 1967, 513 = DB 1967, 728 = LM § 138 (Cf) Nr 4 = DRspr I (111) 45d. Die Einhaltung der Vorschriften über Selbstkontrahieren, insbes § 181 BGB, kann ebenfalls von Bedeutung für die Gültigkeit des Vertrags sein. Die Vorschrift des § 313 BGB ist anwendbar bei inländischen Grsten, **RG** RGZ 63, 18, aber auch beim Verkauf ausländischer Grste, wenn die Parteien die Anwendung deutschen Rechts vereinbart haben, **BGH**, BGHZ 52, 239 = NJW 1969, 1760/1970, 378 (*Samtleben*) = Rpfleger 1969, 345. Ergänzend dazu erklärt **BGH** NJW 1970, 999 (*Schriftl* mit weiteren Hinweisen), daß stillschweigende kollissionsrechtliche Verweisung auf eine Rechtsordnung, deren Anwendung zur Formnichtigkeit des materiellrechtlichen Vertrags führt, auch bei Kenntnis der Vertragsparteien von dieser Folge jedenfalls dann nicht auszuschließen ist, wenn die Parteien auf die Einhaltung der beiderseitigen Verpflichtungen vertraut haben. Nichtig ist die testamentarische Zuwendung an die Geliebte zum Nachteil der gesetzlichen Erben, § 138 BGB, **KG** MDR 1967, 491 = FamRZ 1967, 226 = DRspr I (111) 45bc; dazu § 18 Bem 141, 142/*ErgVerz.* Zur Frage des Verstoßes gegen § 313 BGB bei nicht genau festgelegtem Kaufpreis **BGH** DNotZ 1968, 546 und WM 1968, 249 = DRspr I (125) 137a; es fehlt an einer formgültigen Kaufpreisvereinbarung, wenn der Kaufpreis unvollständig festgelegt wird oder wenn nur erklärt wird, es bestehe unter den Beteiligten über die Bedingungen Einigkeit. Ist ein Betreuungs- bzw Architektenvertrag nicht zum Inhalt eines Kaufvertrags über das Grst gemacht, so kann er zu dessen Geschäftsgrundlage geworden sein, **BGH** BWNotZ 1970, 127; dazu § 20 Bem 74/*ErgVerz*, § 25 Bem 12/*ErgVerz.*

Besondere Bedeutung haben die Kaufanwartschaftsverträge, vor allem bei Siedlungen. Hier liegt regelmäßig ein besonderes Betreuungsverhältnis vor, so daß der Veräußerer sich bei den meist privatschriftlich abgeschlossenen Vorverträgen nicht auf Nichtigkeit nach 313 BGB berufen kann, da dies ein Verstoß gegen Treu und Glauben wäre, § 242 BGB; dazu **BGH** NJW 1969, 1167 = MDR 1969, 562 = DNotZ 1969, 478 = BB 1969, 775 = WM 1969, 692 = LM § 313 BGB Nr 37 = DRspr I (120) 100bc; dazu auch **BGH** BB 1967, 431 = ZMR 1967, 332 = WM 1967, 531 = DRspr I (125) 135ab und BB 1967, 1394 = DB 1968, 305 = DRspr aaO 135c, MDR 1970, 402 = DNotZ 1970, 289, auch *Clasen* Bedarf der Kaufeigenheim-Bewerbervertrag der gerichtlichen oder notariellen Beurkundung? BlGBW 1970, 51. Keine Nichtigkeit tritt auch ein bei Verstoß gegen das 2. WBG über die Beschaffung von Bauland, **BGH** JR 1969, 423 = ZMR 1969, 297 = DRspr I (111) 61b. Auf Formnichtigkeit kann sich eine Partei nicht berufen, wenn sie längere Zeit hingenommen hat, daß der Vertragspartner in Erwartung der Durchführung des Vertrags erhebliche Aufwendungen an persönlicher Arbeit, Zeit und Geld auf sich genommen hat; es kann der Einwand unzulässiger Rechtsausübung erhoben werden, **BGH** NJW 1970, 2210 = Rpfleger 1970, 425.

§ 313 BGB wurde durch § 56 Abs 1 BeurkG (*Anh 63*) dahin abgeändert, daß nur noch notarielle Zuständigkeit gegeben ist und die gerichtliche Zuständigkeit beseitigt wurde; dazu *Riedel-Feil* (E 25ff./*ErgVerz*) § 56 Bem 2. Dazu auch § 20 Bem 36, 37. 38ff./*ErgVerz.*

Bei einem Schenkungsversprechen, auch bez eines Grst, heilt der Formmangel schon dadurch, daß der Schenker die Sache dem Beschenkten einmalig zum Zweck der Nutzung übergibt, § 518 BGB; dazu **BGH** NJW 1970, 941.

Die Vollmacht zur Veräußerung eines Grundstücks unterliegt nur dann dem Formzwang des § 313 S 1 BGB, wenn ihre Erteilung sich nur als das äußere Gewand darstellt, in das die Verpflichtung zur Eigentumsübertragung eingekleidet worden ist, ferner wenn die Vollmacht unwiderruflich ist; dem Beurkundungszwang unterliegt der gesamte Vertrag nebst allen Nebenabreden, und zwar auf der Seite des Verkäufers wie des Käufers, **BGH** MDR 1970, 998.

Seite 1481ff. — **§ 20 Bem 71ff.**

Entgegennahme der Auflassung Änderungen durch BeurkG (*Anh 63*)

1481/1482 — **§ 20 Bem 71**

Für die Entgegennahme entfällt die Zuständigkeit des Grundbuchamts und des Amtsgerichts; dazu § 20 Bem 34ff./*ErgVerz.* Im übrigen ist *Bem 71* anwendbar.

Seite 1482ff. — **§ 20 Bem 72ff.**

Ablehnung der Entgegennahme erfolgt nach Maßgabe des BeurkG (*Anh 63*). Grundbuchamt und Amtsgericht haben keine Zuständigkeit mehr; dazu § 20 Bem 71/*ErgVerz*. Für die Ablehnung sind §§ 4, 10 Abs 2, § 40 Abs 2 BeurkG (*Anh*) maßgebend; dazu *Riedel-Feil* (E 25ff./*ErgVerz*) Bem zu den angeführten Vorschriften. Daneben bestehen Vorschriften über Mitwirkungsverbot, §§ 3, 7, 26 BeurkG (*Anh 63*); auch dazu die Kommentierung von *Riedel-Feil* BeurkG.

§ 925a BGB steht mit § 925 BGB in Zusammenhang; auch hier besteht daher keine Zuständigkeit für GBA und Amtsgericht.

Seite 1482ff. — **§ 20 Bem 74**

Form von GrstKaufverträgen Der Formvorschrift des § 313 BGB unterliegen nicht nur die Verpflichtungen zur GrstÜbertragung und die sonstigen Pflichten der Verkäufer, sondern auch alle Abreden über die Gegenleistung; formbedürftig sind auch bloße Vorverträge, die auf den Abschluß von GrstVeräußerungsverträgen abzielen, wobei die Vertragsbeteiligten nicht nach eigenem Gutdünken ein einheitliches Grst-Geschäft in formbedürftige und nicht formbedürftige Teilvereinbarungen aufspalten können, **OLG Stuttgart** DNotZ 1970, 405. Zur Frage der Gültigkeit der in einem nicht notariell beurkundeten Maklervertrag getroffenen Vereinbarung, daß die Vertragsparteien dem Makler auch beim Nichtzustandekommen des vermittelten GrstVeräußerungsvertrags eine Provision zu zahlen hätten und daß der Vertragsinteressent, der von dem Vertragsabschluß absehe, die von dem anderen Teil geschuldete Maklerprovision zu übernehmen habe, **BGH** MDR 1971, 117 = DNotZ 1971, 39. Im übrigen wird zur Formbedürftigkeit von Verträgen auf § 20 Bem 70/*ErgVerz* verwiesen.

Seite 1495ff. — **§ 20 Bem 80**

Steuerliche Unbedenklichkeitsbescheinigung LitHinweise *Büttel* Zur Rechtsstellung der Notare gegenüber den Finanzämtern DNotZ 1966, 644

Landesrecht *Anh 130ff.*, auch § 20 Bem 100/*ErgVerz*

Der Erwerber, der in das GB eingetragen werden soll, hat nur eine Unbedenklichkeitsbescheinigung des FA bez seines Erwerbs vorzulegen, nicht jedoch auch für den Erwerb des Veräußerers, wenn dieser noch nicht im GB eingetragen ist, **LG Aachen** DNotZ 1968, 172 Ls = DRpflZ 1968, 10 Ls.

Mitteilungspflichten zu steuerlichen Zwecken in Nachlaßsachen (*§ 55 Bem 1* mit *ErgVerz*) MiZi XVII 2

Seite 1497 — § 189 AO: Sämtliche Behörden (*berichtigt*) haben . . . .

Seite 1498 — 189b AO, und zwar bei Abs 2 Z 2: . . . Eigentums, (*Berichtigung* der Interpunktion) eines Erbbaurechts . . . .

Seite 1502, 1503 Kolumnentitel — **§ 20**/80a (*ergänzt*)

Seite 1512 — **§ 20 Bem 81**

Preisrechtliche Unbedenklichkeitsbescheinigung Haben die Vertragspartner eines GrstKaufvertrags zZ der Geltung der GrstPreisVO in Täuschungsabsicht ein geringeres als das vereinbarte Entgelt beurkunden lassen und galt deshalb nach § 4 aaO das beurkundete Entgelt als vereinbart, so blieb der Vertrag mit diesem Inhalt auch nach Aufhebung der GrstPreisVO wirksam, wenn das Grst bis dahin noch nicht übereignet war; mit der Aufhebung der GrstPreisVO kam der ursprüngliche Vertragswille der Parteien über ein höheres Entgelt nicht in der Weise wieder zur Geltung, daß eine darnach erklärte Auflassung iVm der Eintragung im GB ohne weiteres als Erfüllung eines dem ursprünglichen Vertragswillen entsprechenden Kaufvertrags angesehen werden könnte mit der Folge, daß diese nach § 313 S 2 BGB wirksam geworden wäre, **BGH** MDR 1968, 137 = JZ 1968, 68 = DNotZ 1968, 481 = DWW 1968, 69 = WM 1968, 13 = BWNotZ 1968, 42 Ls.

Seite 1512ff. — **§ 20 Bem 82**

Grundstücksverkehrsgesetz *Anh 104*

LitHinweise *von Blumenthal* Spezielle Probleme der Bodenverkehrsgenehmigung MDR 1968, 104, *Faßbender* Zur Verfassungsmäßigkeit des GrstVG DNotZ 1967, 611, *Faßbender-Dammertz* Zur Genehmigungsbedürftigkeit der Teilung eines landwirtschaftlichen Grst DNotZ 1967, 742, *Haegele* Die Beschränkungen im GrstVerkehr (3. Aufl Nomos Verlag Baden-Baden 1970) Bem 48ff., Beiträge zum landwirtschaftlichem GrstVerkehrsrecht BWNotZ 1970, 69, *Merkel* Zum Standort des Agrarrechts RdL 1969, 29, *Picalo* Zivilrechtliche und lenkungsrechtliche Probleme im Bereich des landwirtschaftlichen Kreditrechts BNotZ 1969, 594, *Piepenbrock* Die Rspr des BGH in Landwirtschaftssachen DRiZ 1967, 73, *Rötelmann* Das Landwirtschaftsrecht im Jahre 1966 MDR 1967, 270, Das Landwirtschaftsrecht im Jahre 1967 MDR 1968, 197, *Wöhrmann* Versagungsbescheid RdL 1968, 93

Seite 1514/1515 — **§ 20 Bem 82a**

Grundstück iSd GrstVG ist ein Grst im Rechtssinne, nicht im, wirtschaftlichem Sinne; dazu **BGH** BGHZ 49, 145 = NJW 1968, 791 = MDR 1968, 314 = DNot 1968, 496 = Rpfleger 1968, 148 (*Haegele*) = WM 1968, 299 = BB 1968, 151 = RdL 1968, 37 = BWNotZ 1968, 78, 167 Ls = DRpflZ 1968, 10 Ls = LM § 1 GrundstücksverkehrsG Nr 1 (*Grell*). Grst kann auch ein WohnGrst sein; auch bleibt ein Grst ein landwirtschaftliches Grst, wenn der Betrieb, zu dem es gehört, kein Landgut iSd § 2312 BGB ist, **OLG Stuttgart** RdL 1967, 205, wenn teilweise eine andere Zweckbestimmung erfolgt (Fremdenpension), **OLG Hamm** RdL 1969, 95.

Seite 1515ff. — **§ 20 Bem 82b**

Veräußerung Dazu gehört ua freiwillige Versteigerung (*berichtigt* Seite 1515 Zeile 20 von unten; es heißt nicht: Versicherung)

Auch soweit die **HO** (*Anh 96*) einschlägig ist, sind die Vorschriften des GrstVG anzuwenden, also auch eine behördliche Genehmigung nötig; dazu § 35 Bem 16/*Erg-Verz.*

Seite 1517/1518 —

Belastungsbeschränkungen Zum Erbbaurecht **OLG Hamm** aaO auch NJW 1966, 1416; zum Maklervertrag **BGH** MDR 1967, 205 = BB 1967, 10 = DB 1967, 76 = AIZ 1967, 17 = RdL 1967, 67 = BWNotZ 1967, 86 Ls = LM KRG 45

Art IV Nr 45, wonach ein Maklervertrag, der die Verpflichtung des Auftragebers zum Inhalt hat, Grste an einen zu benennenden Kaufinteressenten zu verkaufen, nicht der landwirtschaftlichen Genehmigung bedarf.

Seite 1518ff. —

Genehmigungsfreie Geschäfte nach § 4 GrstVG (*Anh 104*) bez Bund (Bundesbahn) genehmigungsfrei, wenn das Grst unter Mitwirkung des Bundes unmittelbar vom bisherigen Eigentümer an den vom Bund ausersehenen Erwerber veräußert wird, **LG Lüneburg** DNotZ 1968, 506 = RdL 1968, 320, bez Gemeinde genehmigungspflichtig bei Veräußerung eines bisher landwirtschaftlich genutzten Grst für eine Erwerbsgärtnerei im Altbaugebiet **AG Osterrode** NdsRpfl 1968, 155. Das GBA darf die Vorlage der Genehmigung oder einer Negativbescheinigung nach § 5 GestVG (*Anh 104*) nur verlangen, wenn konkrete Anhaltspunkte für eine Genehmigungsbedürftigkeit sprechen, **OLG Celle** DNotZ 1967, 639, ebenso **BayObLG** Rpfleger 1969, 301 (*Haegele*) = RdL 1969, 282.

Seite 1522ff. — **§ 20 Bem 82c**

Genehmigungsverfahren Der Antrag nach § 3 GrstVG (*Anh 104*) ist kein Sachantrag, sondern ein Verfahrensantrag, **BGH** BGHZ 49, 302 = NJW 1968, 1423 = MDR 1968, 483 = DNotZ 1968, 561 = RdL 1968, 95 = BB 1968, 403 = WM 1968, 534 = BWNotZ 1968, 128 Ls = LM § 6 GrundstücksverkehrsG Nr 9 (*Grell*); zum Antrag eines Notars **OLG Frankfurt aM** Rds 1968, 40. Stirbt der Eigentümer des veräußerten Hofs während des Genehmigungsverfahrens, dann ist an seiner Stelle Beteiligter der Hoferbe, **OLG Oldenburg** NdsRpfl 1967, 123.

Zwischenbescheid der Genehmigungsbehörde unter Angabe von Beginn und Ende der verlängerten Frist **OLG München** aaO auch RdL 1967, 68, sowie RdL 1967, 126, **aA** (zu Unrecht) bez Fristende OLG **Celle** RdL 1967, 128; zur Unwirksamkeit eines weiteren Zwischenbescheids wegen zu unbestimmter Frist **OLG Celle** RdL 1967, 10 = DNotZ 1967, 522 Ls. Der Zwischenbescheid braucht das Enddatum der verlängerten Entscheidungsfrist nicht anzugeben, **BGH** MDR 1968, 652 = WM 1968, 753 = RdL 1968, 149 = DNotZ 1968, 754 = BWNotZ 1968, 222 Ls = LM § 6 GrundstücksverkehrsG Nr 10/11. Ein Veräußerer, der im Veräußeerungsvertrag die Genehmigung beantragt hat, bleibt dann, wenn der Notar zusätzlich nach § 3 Abs 2 S 2 GrstVG (*Anh 104*) tätig geworden ist, für die Entgegennahme des Zwischenbescheids mit der Wirkung zuständig, daß die Frist des § 6 Abs 1 S 1 aaO verlängert wird, **BGH** MDR 1970, 35 = § 6 GrundstücksverkehrsG Nr 12. Bei Zustellung an einen Notar ist der Eingangsstempel bzw die Eingangsbescheinigung des Notariats für den Fristbeginn maßgebend; an einen etwaigen Gegenbeweis sind strenge Anforderungen zu stellen, **OLG Karlsruhe** RdL 1967, 98. Ein Zwischenbescheid ist wirksam, wenn der Tenor den gesetzlichen Anforderungen genügt; die Begründung ist nicht maßgebend, sie kann unrichtig sein, **OLG Oldenburg** NdsRpfl 1967, 12 = RdL 1967, 8 = DNotZ 1967, 767, auch können uU Aktenzeichen und Angaben über die Beteiligten fehlen, **BGH** aaO (dazu dic nachfolgenden Ausführungen).

Genehmigungsbescheid Ein Genehmigungsantrag lediglich zur Auflassung ist ohne sachliche Prüfung als unzulässig zurückzuweisen, **OLG München** RdL 1969, 63 = DRspr II (285) 104a, da zur rechtsgeschäftlichen Veräußerung eines Grst regelmäßig 2 Verträge erforderlich sind, das schuldrechtliche Grundgeschäft über die Veräußerung nach § 313 BGB und das dingliche Übereigungsgeschäft, die Auflassung, nach § 925 BGB,und beide genehmigungsbedürftig sind. Das Fehlen der Geschäftsnummer und der Bezeichnung der absendenden Stelle wird durch den Zugang an die Beteiligten geheilt, **BGH** RdL 1968, 149 = BWNotZ 1968, 222 Ls bez Zwischenbescheid. Auflage nach § 10 GrstVG (*Anh 104*) bei Genehmigung ist zulässig, um eine Zurückweisung zu vermeiden, zB wenn bei einer Erbauseinandersetzung über ein landwirtschaftliches Grst oder sonst eine Veräußerungsauflage gemacht wird, damit der Versagungsgrund des § 9 Abs 1 Z 1 GrstVG (*Anh 104*) ausgeräumt wird, **OLG Celle** DNotZ 1967, 113, **OLG** Stuttgart RdL 1968, 41. Bei Bedingungen nach § 11 aaO bei einem Übergabevertrag wird dieser erst wirksam, wenn eine entsprechende Nachtragsbeurkundung vorgenommen wird, **OLG München** RdL 1967, 287 = BWNotZ 1968, 222 Ls. Ändern die Parteien die ihnen gesetzte Bedingung durch eine anderslautende Vereinbarung ab, so müssen sie ein erneutes Verfahren in Gang bringen. **OLG München** RdL 1967, 287.

Seite 1531 — **§ 20 Bem 82d**

Gerichtliche Zuweisung Wird dem Antrag auf Zuweisung widersprochen, so ist der Antrag zurückzuweisen, nicht das Verfahren einzustellen, **BGH** MDR 1970, 35 = RdL 1969, 323 = WM 1969, 37 = DRspr II (285) 109c. Widerspruch gegen die Einleitung des gerichtlichen Zuweisungsverfahren kann auch erheben, wer den Anteil eines Miterben durch Vertrag erworben hat, **BGH** MDR 1970, 312 = DNotZ 1970, 176 = DRspr aaO 109b.

Seite 1532ff. — **§ 20 Bem 83**

Bundesbaugesetz *Anh 110*

LitHinweise *Arnold* Zur Auslegung des § 1 Abs 4, 5 BBauG MDR 1969, 527, *Baldauf* Grenzen für den Rechtschutz im verbindlichen Bauleitplanungsrecht BlGBW 1968, 1, *Baumanns* Bodenrechtliche Beurteilung der Außenbereichsvorhaben BlGBW 1969, 166, 191, *Böhm* Der im Zusammenhang bebaute Ortsteil iSd BBauG BlGBW 1969, 68, Bodenrechtliche Beurteilung von Vorhaben innerhalb eines im Zusammenhang bebauten Ortsteil BlGBW 1970, 89, *von Blumenthal* Spezielle Probleme der Bodenverkehrsgenehmigung MDR 1968, 104, *Bohnsack* Gibt es einen Ausweg aus der Bodenrechtsmisere? BlGBW 1970, 1, *Clasen* Die GrstNutzung nach den Vorschriften des BBauG BlGBW 1968, 89, Die Straßenkostenbeitragspflicht der GrstEigentümer und Gewerbetreibenden als Anlieger an vorhandenen Straßen nach dem Kommunalabgabengesetz BlGBW 1968, 151, Planungsschäden und ihre Entschädigung nach dem BBauG BlGBW 1968, 231. Die Grenzregelung nach dem BBauG/Bauamt und Gemeindebau 1968, 468, Die Planungshoheit der Gemeinden und die Interessenabwägung nach § 1 Abs 4 S 2 BBauG BlGBW 1969, 206, Die Ablösung von Erschließungsbeirägen nach dem BBauG BlGBW 1969, 173, Die Erschließungsbeitragspflicht aus der Kostenspaltung nach dem BBauG BlGBW 1969, 232, Das Änderungsverfahren nach § 73 BBauG BlGBW 1970, 147, Zur Frage der Nichtigkeit der Erschließungsbeitragssatzungen der Gemeinden BlGBW 1970, 190, *Clauß* Der Erschließungsbeitrag in der Rspr des BVerwG MDR 1968, 4/1969, 352, *Creutzig* Verfassungskonforme Auslegung der § 6 Abs 4 und § 11 S 2 BBauG ÖV 1968, 236 = DRsprV (527) 100b, *Dammertz-Faßbender* Zur fiktiven Genehmigung im BBauG DNotZ 1968, 646, *Förster* Die Grst Numerierung nach § 126 Abs 3 BBauG BlGBW 1969, 152, *Geißler* Die vereinfachten Bodenordnungsverfahren nach dem BBauG BlGBW 1969, 31, *Glaser* Zur Genehmigungspflicht nach dem BBauG beim sog Teilungskauf im Außenbereich DNotZ 1969, 345, *Grundel* Der Nachbarschutz im Bauordnungsrecht NJW 1970, 833, *Haegele* Die Beschränkungen im GrstVerkehr (3. Aufl. Nomos Verlag Baden-Baden 1970) Bem 409ff., 479ff. 496ff., 600ff., *Hennies* Entschädigung nach §§ 18, 40ff. BBauG bei anhängigen Umlegungsverfahren BlGBW 1969, 134, *Hintzsche* Bauerwartungsland und Rohbauland als Wert-

begriffe NJW 1969, 1269, *König* Besteht auf die in § 31 BBauG vorgesehene Ausnahme ein Rechtsanspruch?/Bauamt und Gemeindebau 1968, 238, Über die Zulässigkeit eines Bauvorhabens im nicht verplanten Innenbereich einer Gemeinde/Staats- und Kommunalverwaltung 1968, 297, *Kottke* 3stufiges Vorkaufsrecht MDR 1967, 975, *Lutz* Die Beitragspflicht bebauter Grste zu einer nachträglich angebauten Straße DWW 1968, 14, *Meiborg* Das Zusammenwirken von Baugenehmigungsbehörden und Gemeinde nach dem BBauG DÖV 1968, 828, *Meyer* Zur gerichtlichen Überprüfung der Bauleitpläne DVBl 1968, 492 = DRspr V (527) 98a, *Riedel* BBauG und GBA Rpfleger 1968, 144 (*Ergänzung*), *Schmaltz* Zur Bindungswirkung der fiktiven Bodenverkehrsgenehmigung NJW 1968, 1078, *Schröcker* Berichtigung und Änderung behördlicher Bescheide NJW 1968, 2035, *Selige* Über den Wert des Gutachtens eines Sachverständigen und des Gutachterausschusses iSd § 137 BBauG BlGBW 1970, 166, *Sendler* Zulässigkeit von Bauvorhaben BBauG 1968, 12, 63/NJWFH öffentliches Recht XIX Nr 3538, *Simon von Borries* Die Genehmigungsfiktion im Bodenverkehrsrecht NJW 1968, 1759, *Steger* Fristablauf bei der fingierten Bodenverkehrsgenehmigung BayVBl 1968, 21, *Stigler* Auswirkung der Bodenverkehrsgenehmigung auf Privatrechtsgeschäfte BayVBl 1968, 129, *Stich* Bindungswirkung und Aussagekraft des Flächennutzungsplanes BlGBW 1968, 141, *Strutz* Der Einfluß der Bodenverkehrsgenehmigung auf den Beginn der Frist für die Ausübung des gemeindlichen Vorkaufsrechts DNotZ 1970, 280, *Trapp* Die Regelung von Erschließungskosten in Unternehmerverträgen BlGBW 1970, 167, *Trimter* Kann ein Bebauungsplan Grünanlagen rechtsverbindlich als Bestandteil einer öffentlichen Straße festsetzen? BlGBW 1967, 223, Die Erschließungszone iSd § 130 Abs 2 S 2 BBauG BlGBW 1970, 185, *Wessel* Kritische Betrachtungen zum Erschließungsbeitragsrecht des BBauG BlGBW 1970, 27, 105
Das Umlegungsverfahren nach dem BBauG BlGBW 1967, 216, 229/1968, 15, 58, 77, 93

Seite 1533ff. — **§ 20 Bem 83a**

Bauleitplanung Das Gebot gerechter Abwägung iSd § 1 Abs 4 S 2 BBauG (*Anh 110*) gilt allgemein für jede Planfeststellung, **BVerwG** NJW 1969, 1868 = DVBl 1969, 687 = DRspr V (527) 98b. Zur Auslegung des Entwurfs des Bebauungsplans nach § 2 aaO **hessVGH** DRspr V (527) 99a—e wV, zu § 8 aaO **BVerwG** NJW 1969, 1076 = DVBl 1969, 276 = ÖV 1969, 644 = DRspr V (522) 99f, **hessVGH** aaO, zur fiktiven Genehmigung des Bebauungsplans nach § 11 BBauG (*Anh 110*) **hessVGH** ÖV 1969, 146 = DRspr V (527) 100a. Nach § 14 Abs 3 mit Abs 1 Z 1 BBauG (*Anh 110*) ist die Fortführung einer bisher ausgeübten Nutzung nur zulässig, wenn auf dem von der Bausperre betroffenen Grst selbst eine solche Nutzung stattgefunden hat, **BGH** MDR 1969, 915 = LM § 14 BBauG Nr 2.

Seite 1537ff. — **§ 20 Bem 83b**

Bodenverkehr §§ 19ff. BBauG (*Anh 110*) Zu Bauvorhaben im unverplanten Innenbereich und dem Begriff des Bebauungszusammenhangs iSd §§ 19, 34 BBauG (*Anh 110*) **BVerwG** BVerwGE 31, 20 = ÖV 1969, 645 = BlGBW 1969, 51 = DRspr V (527) 101a, BlGBW aaO 52, zur Teilung eines Grst im Außenbereich **BVerwG** BVerwGE 29, 86 = NJW 1968, 1600 = MDR 1968, 783 = DRspr V (527) 102a, zu Festsetzungen zu den überbaubaren GrstFlächen in Gestalt der Festsetzung nur einer Baulinie oder Baugrenze **BVerwG** BVerwGE 28, 298 = MDR 1968, 521 = DVBl 1968, 651 = ÖV 1968, 322 = DRspr V (527) 86b. bei Anbauverbot an Bundesfernstraße **BVerwG** DVBl 1968, 807 = ÖV 1968, 881 = DRspr V (527) 107a, bei mangelnder Erschließungsfähigkeit des Grst **OVG Lüneburg** DRspr aaO 107b wV, zur Bindungswirkung der Bodenverkehrsgenehmigung **BVerwG** BVerwGE 29, 86 = NJW 1968, 1690 = MDR 1968, 783 = DRspr V (527) 102b, BVerwGE 29, 357 = DVBl 1968, 802 = DRspr aaO 103a—d, zum Negativattest bzw der fiktiven Bodenverkehrsgenehmigung, wonach die Baubehörde nicht gebunden wird, **BVerwG** BVerwGE 31, 22 = DRspr V (527) 101b, c, ÖV 1969, 868 = DRspr aaO 101d, **OVG Münster** NJW 1968, 170 = ÖV 1968, 58 = DRspr aaO 71a, zur Einreichung eines Antrags bei einer unzuständigen Gemeinde **OVG Münster** DNotZ 1968, 164, zur Rechtskraft einer Bodenverkehrsgenehmigung gegenüber einem Antragsberechtigten, der kein Rechtsmittel eingelegt hat, **OVG Münster** DNotZ 1970, 291. Der Grundsatz, daß ein wegen Fehlens der Wohnsiedlungsgenehmigung schwebend unwirksamer GestKaufvertrag mit dem Wegfall des Genehmigungsverfahrens nach § 186 Abs 1 Z 10 BBauG seine volle Wirksamkeit erlangt, **BGH** BGBZ 33, 233 (236) = DNotZ 1963, 226, ist dann nicht anwendbar, wenn die Vertragspartner einen unrichtigen Kaufpreis haben beurkunden lassen und dabei von vornherein die Absicht hatten, für den wirklich gewollten, aber nicht beurkundeten Vertragsinhalt keine Genehmigung einzuholen; schwebende Unwirksamkeit lag in diesem Falle nicht vor, sondern das Vertragsverhältnis war schon bei Beginn endgültig unwirksam, **BGH** NJW 1968, 1928 = MDR 1968, 829 = DNotZ 1969, 94 = WM 1968, 918 = BWNotZ 1968, 215 Ls.

Für das Bauverfahren selbst, das neben der Bodenverkehrsgenehmigung steht, sind die Bauordnungen der Länder maßgebend; dazu bez Einzelheiten Sommer GesW unter „Bauordnung", bez neuester Änderungen Bayern Bayerische Bauordnung (BayBO) idF vom 21. August 1969 GVBl 263 = SaBl 1970, 765, Nordrhein-Westfallen Bauordnung (BauO NW) idF vom 27. Januar 1970 = SaBl 840.

In diesem Zusammenhang ist für das GBA hinzuweisen für **Saarland** auf die AVJM vom 23. Februar 1966 JBl Saar 54

Bescheinigung nach § 2 Satz 5 BauvorlageVO

Nach § 2 Satz 5 der Bauvorlageverordnung vom 5. November 1965 ABl 945 haben die Grundbuchämter im ehemals pfälzischen Gebietsteil des Saarlandes dem Bauherrn zur Vorlage bei der Bauaufsichtsbehörde eine Bescheinigung zu erteilen, aus der sich der Eigentümer und die Fläche des Baugrundstückes, in gewissen Fällen (§ 95 Abs, 8 LBO) auch die Eigentümer benachbarter Grundstücke ergeben.

Der Beamte des Grundbuchamtes erteilt die Bescheinigung im Verwaltungsweg im Auftrag des Amtsgerichtsvorstandes als Vorstand der die Grundbücher verwaltenden Behörde. Die Bescheinigung soll nach dem Muster der **Anlage** erteilt werden.

Die erteilten Zeugnisse erhalten eine im Geschäftsjahr fortlaufende Nummer Eine Durchschrift der Bescheinigung und sonstige dazu gehörende Vorgänge sind zu besonderen Sammelakten zu nehmen.

Bei Erteilung der Bescheinigung ist die in Nr 2a des Gebührenverzeichnisses der Justizverwaltungskostenordnung bestimmte Gebühr entstanden. Gemäß § 12 der Justizverwaltungskostenordnung (nach § 5 Landesjustizkostengesetz auch als Landesrecht anzuwenden) ermäßige ich diese Gebühr jedoch auf 1,— DM, sofern in Sp 2 und 3 der Bescheinigung bis zu 5 Angaben enthalten sind; hierbei gilt die Bezeichnung jeder natürlichen oder juristischen Person als eine Angabe. Für jede weitere Angabe in Sp 2 und 3 erhöht sich die Gebühr um 0,20 DM.

Die Zahlungsanzeigen sind mit der Durchschrift der Bescheinigung zu den Sammelakten zu nehmen; Kostenmarken sind auf der Durchschrift zu entwerten.

Der Amtsgerichtsdirektor
Oberamtsrichter
— Grundbuchamt —

Anlage

......................, den ....

Geschäftszeichen:
Lfd. Nr....................

Bescheinigung

gemäß § 2 Satz 5 der Bauvorlageverordnung vom 5. November 1965 (Amtsbl. S. 945)

(Die Bescheinigung gilt nur zur Vorlage bei der Baugenehmigungsbehörde. Sie stellt lediglich einen Grundbuchaufschluß über die Größe und den [die] Eigentümer des [der] Baugrundstücke[s] und die Eigentümer benachbarter Grundstücke dar. Etwaige sonstige das [die] Grundstücke[e] oder das Eigentum betreffende Grundbucheintragungen sind in der Bescheinungung nicht enthalten.)

Bezeichnung der Grundstücke	Größe des [der] Baugrundstück[e]s	Eigentümer des [der] Grundstück[e]s
1	2	3
1. Baugrundstück[e]:		
2. Benachbarte Grundstücke		

Im Auftrage

( ) [1]

Justiz-Ober-Inspektor-Amtmann

[1]) Der Name des Beamten ist mit Maschinenschrift in die Klammer zu setzen.

Seite 1546 ff. —

Prüfung durch GBA Die Bezeichnung der veräußerten Fläche im Bestandsverzeichnis des GB als *Gartenland* ist ein Anhaltspunkt für die Genehmigungsbedürftigkeit, auch wenn die Fläche als Bauland geeignet und eine Bebauung beabsichtigt ist, **OLG Celle** DNotZ 1967, 639.

Seite 1549 Zeile 10 von unten — fiktiven (*berichtigt*

Seite 1553ff. — **§ 20 Bem 83c**; dazu auch *Nachtrag*

Gemeindliche Vorkaufsrechte §§ 24ff. BBauG (*Anh 104*) Das nicht eingetragene Vorkaufsrecht der Gemeinde nach § 24 aaO hat keine Sperre des GB zur Folge, **BayObLG** BayObLGZ 1967, 77 = Jur Büro 1967, 589 = DNotZ 1968, 117 = Rpfleger 1968, 164 (*Haegele*) = BWNotZ 1968, 168 Ls = DRpflZ 1968, 10 Ls.

Es besteht kein Vorkaufsrecht der Gemeinde auf Grund eines nach § 173 Abs 3 aaO als Bebauungsplan geplanten Flächennutzungslands, wenn das betroffene Grst in ihm nicht als BauGrst für den Gemeindebedarf festgesetzt war, **BGH** WM 1970, 283 = DRspr V (527) 110a.

Seite 1562 ff. — **§ 20 Bem 83d**

Bauliche und sonstige Nutzung §§ 29ff. BBauG (*Anh 110*); dazu § 20 Bem 83b/*ErgVerz.* Ein einem privilegierten Vorhaben im Außenbereich entgegenstehendes öffentliches Interesse iSd § 35 aaO muß hinreichend konkretisiert und verwirklicht sein, **BVerwG** DVBl 1969, 258 = DRspr V (527) 100cd; dazu Einzelfälle, wie Erprobungsplatz für Waffen und Munition **BVerwG** aaO, Autokino in Wohngegend **BVerwG** BVerwGE 29, 286 = DRspr aaO 90b, Teich für Forellen zu landwirtschaftlichen Betrieb **bawüVGH** BBauBl 1969, 136 = DRspr aaO 92b, Tierheim mit Wärterwohnung **OVG Münster** RdL 1969, 82 = DRspr aaO 94a, ein das Landschaftsbild ästhetisch grob störendes Vorhaben **BVerwG** BBauBl 1969, 241 = DVBl 1969, 261 = DRspr aaO 95a, Planung einer Trassenführung für eine Bundesfernstraße **BGH** MDR 1970, 447, Fischerhütte **BVerwG** MDR 1970, 264 = RdL 1959, 307 = DRspr V (527) 108b, Wohnbauten **BVerwG** RdL 1970, 26 = DRspr aaO 109a. Zur verfassungskonformen Auslegung der §§ 33, 34 aaO **OLG Köln** OLGZ 1967, 293; die Frage der Unbedenklichkeit iSd § 34 aaO hat das Gericht anhand der gegebenen Umstände in vollem Umfange zu überprüfen. Das in § 36 BBauG (*Anh 110*) normierte Einvernehmen mit der Gemeinde ist kein Verwaltungsakt, **BVerwG** NJW 1968, 905.

Ist ein dem Bebauungsplan ganz oder überwiegend entgegenstehender Zustand bereits verwirklicht, so kann die Genehmigung für ein die Planverwirklichung gefährdendes und durch den Plan ausdrücklich oder stillschweigend ausgeschlossenes Vorhaben auch nach §§ 29ff. aaO dann versagt werden, wenn es als ein die sonstige Nutzung betreffendes Vorhaben nicht von diesen Vorschriften erfaßt wird, **BVerwG** BBauBl 1968, 472 = DVBl 1968, 507 bez Anlage für Außenwerbung. Werbetafeln an einer Hofmauer sind keine baulichen Anlagen nach §§ 29ff. aaO, sondern nur Bauzubehör, **VG Wiesbaden** BB 1968, 479 Ls. Wenn die in § 35 Abs 1 BBauG (*Anh 110*) bestimmten Voraussetzungen für ein Vorhaben im Außenbereich gegeben sind, besteht ein Rechtsanspruch auf Zulassung dieses Vorhabens, **BGH** MDR 1971, 115.

Gehört ein Grst zu einem im Zusammenhang bebauten Ortsteil, so spielt es keine Rolle, daß für das fragliche Gebiet noch kein Bebauungsplan vorliegt; denn der Begriff des im Zusammenhang bebauten Orteils ist tatsächlicher Natur, **VG Karlsruhe** BB 1968, 479 Ls. Die Festsetzung nur einer Baulinie oder Baugrenze enthält eine für die Anwendung des § 30 aaO ausreichende Festsetzung über die überbaubaren Grst-Flächen, wenn anzunehmen ist, daß nach dem Willen des Planungsträgers die beschränkte Festsetzung mit der Wirkung des § 30 aaO als eine erschöpfende gewollt ist; bei Plänen, die unter der Geltung des BBauG aufgestellt sind, wird dies im allgemeinen zu bejahen sein, **BVerwG** BVerwGE 29, 49 = MDR 1968, 611 = BBauBl 1968, 474 = DÖV 1968, 581. Zum Begriff des im Zusammenhang gebauten Ortsteils **BVerwG** RdL 1970, 24 = DRspr V (527) 108a, zur Gefahr der Splitterbildung **BVerwG** ÖV 1969, 645 = DRspr V (527) 107c, zur die Zulassung sonstiger Vorhaben beeinträchtigenden öffentlichen Belangen **BVerwG** RdL 1970, 26 = DRspr aaO 109a.

Die Einvernehmenserklärung der Gemeinde nach § 36 aaO kann mit einer Bedingung verbunden werden, **OVG Saarland** DRspr V (527) 110b wV.

Seite 1569 ff. — **§ 20 Bem 83e**

Bodenordnung §§ 45ff. BBauG (*Anh 110*) **Umlegungsverfahren** Die Möglichkeit zur Vornahme unwesentlicher Änderungen des Umlegungsgebiets ohne förmliche Änderung des Umlegungsbeschlusses schließt die Anordnung einer weitergehenden Änderung durch förmlichen Änderungsbeschluß nicht aus, **BGH** WM 1968, 1282 = DRspr V (527) 91bc, Die Auflassungsvormerkung bez eines Grst im Umlegungsgebiet bedarf nicht der Genehmigung der Umlegungsstelle, **BayObLG** MDR 1970,

233 = RdL 1970, 27 = DNotZ 1970, 152 = Rpfleger 1970, 25 = DRspr aaO 109b, in Ergänzung zu BayObLGZ 1964, 170. Wird ein Umlegungsbeschluß von mehreren am Verfahren Beteiligten durch Anträge auf gerichtliche Entscheidung angefochten, so kann über diese Anträge nur gleichzeitig verhandelt und entschieden werden; es bedarf keiner förmlichen Verbindung der einzelnen Anträge zur einheitlichen Entscheidung durch einen Beschluß der Kammer für Baulandsachen, **SchlHOLG** NJW 1969, 1862. Erwirbt die Gemeinde auf Anregung der Umlegungsstelle Grste außerhalb des voraussichtlichen Umlegungsgebiets, um sie von der Umlegung betroffenen GrstEigentümern mit deren Einverständnis als Abfindung zuzuteilen, so steht die Gebührenfreiheit der zum Grst-Erwerb der Gemeinde vorgenommenen GBEintragungen nicht entgegen, daß in diesem Zeitpunkt die Umlegung noch nicht eingeleitet ist, **BayObLG** Rpfleger 1970, 221. Über den in § 48 BBauG (*Anh 110*) genannten Kreis der Beteiligten hinaus können Beteiligte auch Eigentümer von Gebäuden sein, die nur zu einem vorübergehenden Zweck mit einem im Umlegungsgebiet gelegenen Grst verbunden sind (§ 95 BGB), **BGH** NJW 1970 1642.

Zur Eintragung im GB nach § 54 aaO *Kraker* BWNotZ 1969, 434 (435). Es ist ergänzend klarstellend darauf hinzuweisen, daß die Eintragungen im GB entweder auf Ersuchen der Umlegungsstelle erfolgen oder auf Grund der Mitteilungen dieser Stelle gemäß § 54 Abs 1 S 1 aaO nach der für das GBA bestehenden gesetzlichen Verpflichtung, die S 2 aaO aufstellt. Zu dieser Mitteilung ist die Umlegungsstelle verpflichtet, nicht aber zu einem förmlichen Ersuchen. Ohne solche Mitteilung nach § 54 Abs 1 S 1 aaO, wie sie gesetzlich vorgeschrieben ist, hat das GBA keine Verpflichtung zu einer Eintragung, auch nicht von Amts wegen. Die Mitteilung der Umlegungsstelle von der Einleitung des Umlegungsverfahrens ist vom GBA entsprechend § 38 GBO zu behandeln, **BayObLG** Rpfleger 1970, 346. Die Verantwortung für die Rechtmäßigkeit des Ersuchens hat die ersuchende Behörde allein, nicht das GBA (*§ 38 Bem 13*); daher ist in Bayern der Umlegungsvermerk vom GBA auch dann einzutragen, wenn der Umlegungsbeschluß nicht vom Umlegungsausschuß, sondern vom Gemeinderat erlassen wurde, **BayObLG** aaO.

Zur Änderung von Grunddienstbarkeiten bei Umlegung **BGH** NJW 1970, 1371 = MDR 1970, 662; ein außerhalb des Umlegungsgebiets liegendes Grst kann im Umlegungsverfahren zu einem Wertausgleich herangezogen werden, wenn seine Wertsteigerung darauf beruht, daß eine ihm dienende Grunddienstbarkeit, die auf einem Grst innerhalb des Umlegungsgebiets lastet, durch die Umlegung verbessert wird.

Seite 1575 Zeile 5 von oben — doch (*berichtigt*)

Seite 1576ff. — **§ 20 Bem 83f**

Enteignung §§ 85ff. BBauG (*Anh 110*) Die Enteignung aus zwingendem städtebaulichen Gründen nach § 88 aaO setzt nicht voraus, daß auch die ihr zugrundeliegende Festsetzung des Bebauungsplans aus zwingenden städtebaulichen Gründen notwendig ist; daher kann sie gerechtfertigt sein für die Schließung einer Baulücke, **BGH** WM 1968, 777 = DRspr V (527) 87ab. Entschädigung bei Wertminderung eines RestGrst bei Teilenteignung nach § 96 aaO ist zulässig neben der Entschädigung für den Eigentumsverlust, **LG Hamburg** MDR 1967, 214 = DRspr aaO 94b.

Seite 1580ff. — **§ 20 Bem 83g**

Erschließung §§ 123ff. BBauG (*Anh 110*)

Zur Vorausleistung auf künftige Erschließungsbeiträge **BVerwG** BVerwGE 29, 90 = NJW 1968, 1250 = DVBl 1968, 520 = BBauBl 1968, 272, DVBl 1968, 521 =

BBauBl 1968, 521 = BlGBW 1969, 53 = ZMR 1968, 278, **OVG Münster** ZMR 1968, 337, zur Frage der Sicherung der Erschließung **BVerwG** BlGBW 1969, 54, die nicht zu prüfen ist, zur Verjährung der Beitragspflicht bei Teilmaßnahmen **BVerwG** BlGBW 1970, 60, zur Regelung des Entschließungsaufwands nach § 128 aaO bez Ortsdurchfahrten **BVerwG** DVBl 1969, 271 = DRspr V (527) 94c, zur Veränderungssperre, die nicht entgegensteht, wenn feststeht, daß eine Baugenehmigung erteilt werden müßte, weil die Sperre demnächst endet, **BVerwG** NJW 1970, 876; bei einer Straße, die erst nach ihrer Herstellung dem öffentlichen Verkehr gewidmet wird, entsteht die Beitragspflicht erst mit der Widmung. Erschließungsverträge nach § 123 Abs 3 BBauG (*Anh 110*) sind auch dann öffentlich-rechtliche Verträge, wenn die Gemeinde die Erschließung nur teilweise oder unter bestimmten Auflagen und Sonderregelungen in einzelnen Beziehungen überträgt, **BGH** NJW 1970, 2107 = MDR 1971, 26 = DNotZ 1971, 41.

Die Erschließungsbeitragspflicht entsteht in dem Zeitpunkt, in dem die Gemeinde die Höhe des Aufwandes feststellen kann, **OVG Lüneburg** DRspr V (527) 105c wV; sie trifft die Anlieger nur teilweise, wenn die Straße nur einseitig zum Anbau bestimmt ist, **BVerwG** MDR 1969, 954 = ÖV 1969, 864 = ZMR 1969, 371 = DRspr aaO 105d. Eine Verpflichtung der Gemeinde zum Erlaß einer Satzung besteht erst, wenn eine Erschließung erforderlich wird, **BVerwG** ÖV 1970, 203 = DRspr aaO 110 c. Heilung der Mängel eines Erschließungsbeitragsbescheids ist nach der Zustellung und nach Abschluß des Verwaltungsverfahrens nicht mehr möglich, **BayVGH** DRspr aaO 105a wV. Zur Erschließungseinheit für mehrere Anlagen **BVerwG** MDR 1970, 168 = ZMR 1970, 92 = DVBl 1907, 79 = DRspr aaO 111c, zur Beitragserhebung bei vorübergehenden Veränderungssperren **BVerwG** NJW 1970, 876 = DRspr aaO 111d, zur Abwälzung des beitragsfähigen Erschließungsaufwandes einer Gemeinde auf Anlieger **OLG Celle** BlGBW 1970, 196

Seite 1582 — **§ 20 Bem 83h**

Ermittlung von Grundstückswerten Bayern Die Bek über die Anweisung für die amtliche Feststellung des Wertes von Grsten — Schätzeranweisung — vom 10. November 1949 BayBSVJu III 150 idF vom 30. November 1959 JMBl 206 wurde durch BekJM ua vom 23. April 1969 JMBl 125 aufgehoben.

Hessen RdErlJM vom 14. Dezember 1966 JMBl 1967, 18 Richtlinien für die Wertermittlung von Grsten für nichtsteuerliche Zwecke — Wertermittlungs-Richtlinien — hebt die früheren RdErlJM vom 8. Oktober 1959 JMBl 83/22. Februar 1960 JMBl 31/ 8. Februar 1961 JMBl 31/23. Oktober 1961 JMBl 132 auf unter Hinweis auf das Rd-Schreiben des BSchatzmeisters vom 11. Juli 1966 BAnz Nr 181 mit Neufassung der Richtlinien für die Ermittlung des Verkehrswertes von Grsten-WertermittlungsRichtlinien, da mit ErlFM vom 25. Oktober 1966 StAnz 1531 diese Richtlinien übernommen wurden.

Seite 1582/1583 — **§ 20 Bem 83i**

Allgemeine Vorschriften Der Begriff Grundstück iSd § 145 aaO deckt sich mit dem bürgerlich-rechtlichen GrstBegriff, **BVerwG** DVerwBl 1969, 276 = DRspr V (527) 94d.

Seite 1594ff. — **§ 20 Bem 87b**

Vorkaufsrecht nach dem RSiedlG *Anh 112, 113*

Seite 1594

Lit Hinweise *Haegele* Die Beschränkungen im GrstVerkehr (3. Aufl Nomos-Verlag Baden-Baden 1970) Bem 339ff., *Hoche* Zum Wiederkaufsrecht des gemeinnützigen Siedlungsunternehmens NJW 1968, 1661, *Pannwitz* Vorkaufsrecht (*berichtigt*) RdL 1955, 145.

Reichssiedlungsgesetz 1. Änderung vom 7. Juni 1923 (*berichtigt*)

Seite 1603 Zeile 4 von oben — § 9 Abs 5 GrstVG (*berichtigt*)

§ 9 Abs 5 GrstVG (*berichtigt*)

Die Ausführungen in der *Bem 87b* sind durch die Neufassung des RSiedlG durch das GrstVG insoweit überholt, als sie sich auf die Tätigkeit des GBA beziehen; dazu *Haegele* Streifzug durch das GrstRecht Rpfleger 1969, 266 (273), *Schiffhauer*[1]) Ist das GrstVG im ZwVerstVerfahren zu beachten? RdL 1965, 228, Zum Mißbrauch der Bietfreiheit RdL 1967, 88, *Daßler-Schiffhauer* ZVG (10. Aufl) § 81 Bem 8.

Seite 1604

Das **GBA** hat bez des Vorkaufsrechts und seiner Ausübung **keinerlei Prüfung** mehr vorzunehmen, und zwar mit Rücksicht auf die Neufassung des § 10 RSiedlG (*Anh 112*). Ein Antrag oder Ersuchen ist also auszuführen und nicht auszusetzen, bis über die Frage der Ausübung oder Nichtausübung des Vorkaufsrechts ein Nachweis vorgelegt ist. Dazu auch § 29 Bem 12/*ErgVerz*; auch die Ausführungen in *§ 29 Bem 12* sind richtig zu stellen.

Über die Fälle der Vorkaufsrechte §§ 4, 6ff. RSiedlG (*Anh 112*). Nach § 5 S 1 aaO) erlöschen bei einem Eigentumserwerb durch Ausübung des Vorkaufsrechts nach dem RSiedlG die rechtsgeschäftlichen Vorkaufsrechte. Die Löschung dieser rechtsgeschäftlichen Vorkaufsrechte kann nach § 22 GBO erfolgen, wenn dem GBA das Vorkaufsrecht gemäß § 29 GBO nachgewiesen ist. Es genügt daher dem GBA, wenn ihm die unanfechtbare Genehmigung nach § 7 Abs 1 GrstVG (*Anh 104*) nachgewiesen wird. Dies bedeutet für das GBA eine wesentliche Vereinfachung.

Die Mitteilung der Erklärung über die Ausübung des Vorkaufsrechts kann wirksam auch an den zur Antragstellung ermächtigten Notar erfolgen, § 6 RSiedlG (*Anh 112*), **BGH** BGHZ 53, 52 = NJW 1970, 283 = MDR 1970, 127 = DNotZ 1970, 174 = WM 1970, 41 = LM RSiedlG Nr 14/16 (*Grell*) = DRspr II (285) 110d. Die Aufhebung des Kaufvertrags wegen des dem Siedlungsunternehmen zustehenden Vorkaufsrechts ist dem Siedlungsunternehmen gegenüber unwirksam, **OLG Hamm** RdL 1969, 322 = DRspr aaO 110e.

Von Interesse ist in diesem Zusammenhang für **Rheinland-Pfalz**

BekJM vom 4. April 1963 JBl 79

Löschung der Verfügungsbeschränkung nach § 4 des Landesgesetzes über die Vereinheitlichung siedlungsrechtlicher Bestimmungen

vom 14. März 1955 GVBl 23

Nachstehenden an alle Kulturämter gerichteten und nicht veröffentlichten ErlMfLWuForst vom 2. April 1963 (4 49.04) gebe ich bekannt.

„Bekanntlich wurde § 4 Landesgesetz über die Vereinheitlichung siedlungsrechtlicher Bestimmungen vom 14. März 1955 GVBl 23 durch § 39 Abs 2 Nr 46 GrstVG aufgehoben. Dadurch sind die Voraussetzungen eingetreten, nach denen

---

[1]) Herrn Justizoberinspektor *Schiffhauer* gebührt für seine Anregungen und Hinweise besonderer Dank.

die im Grundbuch eingetragenen siedlungsrechtlichen Verfügungsbeschränkungen entweder gemäß §§ 84 ff. GBO von Amts wegen gelöscht werden können oder ein Berichtigungsverfahren gemäß § 22 GBO durchgeführt werden kann. Das JM wird die entsprechende Unterrichtung der Grundbuchämter und Notare veranlassen.

Es bedarf somit künftig nicht mehr der Genehmigungs- und Freigabeerklärungen bei der Abveräußerung von Grundstücken aus einer Siedlerstelle. Die Löschung kann sowohl von der Siedlungsbehörde wie auch vom Notar und dem Siedler selbst beim Grundbuchamt angeregt werden. Sollte jedoch zur Zeit der Veräußerung die Löschung von Amts wegen oder die Grundbuchberichtigung noch nicht durchgefrührt worden sein und sollte sie auch nicht alsbald durchgeführt werden, habe ich keine Bedenken, wenn im Einzelfalle bei Anträgen auf Erteilung einer Genehmigungs- und Freigabeerklärung eine Löschungsbewilligung für die auf der gesamten Siedlerstelle eingetragene Verfügungsbeschränkung erteilt wird. **Mit der Erteilung dieser Bewilligungen werden die Kulturämter beauftragt.**

Ich mache vorsorglich darauf aufmerksam, daß die Löschungsbewilligung nicht mit einer Auflage oder einer Bedingung verbunden werden darf. Sie darf auch nicht von einer bestimmten Verwendung des Kaufpreises abhängig gemacht werden."

In der ZwVerst kann das Vorkaufsrecht nach dem RSiedlG nicht ausgeübt werden. Die Veräußerung landwirtschaftlicher Grste im Rahmen eines solchen Verfahrens unterliegt nicht der Genehmigung nach dem GrstVG. Vielmehr ist nach § 37 GrstVG die BRegierung ermächtigt, zur Verhinderung von Mißbräuchen, welche die Wirksamkeit des GrstVG erheblich beeinträchtigen, durch RechtsVO die Abgabe von Geboten und die Erteilung des Zuschlags an einen anderen als den Meistbietenden allgemein oder unter bestimmten sachlichen oder örtlichen Voraussetzungen von einer Bietgenehmigung der Genehmigungsbehörde abhängig zu machen.

Eine solche VO wurde bis jetzt nicht erlassen; über die Auslegung der erwähnten Vorschrift *Pikalo-Bendel* GrstVG § 37 Bem A ff. Durch § 27 Z 9 GrstVG wurde § 11 RSiedlG ersatzlos aufgehoben; dazu *Pikalo-Bendel* GrstVG § 27 Bem IX, im übrigen *Schiffhauer* und *Daßler-Schiffhauer* aaO.

§ 29 RSiedlG (*Anh 112*) hat keine Auslagenfreiheit, sondern nur Gebührenfreiheit zur Folge; dazu auch *§ 13 Vorbem 181ff.* mit *ErgVerz.* Wenn daher ein Geschäft iSd § 29 aaO vorliegt und die Bescheinigung nach § 29 Abs 2 aaO nachgewiesen wird, können die gerichtlichen Auslagen in GBSachen niedergeschlagen werden. Dazu

Baden-Württemberg AV vom 16. Juni 1954 Justiz 247
Bayern Bek vom 28. Mai 1957 JMBl 339
Hessen RdErl vom 10. April 1952 JMBl 34/5. Dezember 1953 JMBl 97
Niedersachsen RdVfg vmo 12. September 1959 iVm RdVfg vom 14. März 1939 HRZ 673
Nordrhein-Westfalen RdVfg vom 3. Oktober 1959
Rheinland-Pfalz LVfg vom 18. März 1954 JBl 33/30. März 1955 JBl 31
Schleswig-Holstein Erl vom 21. August 1953

Auslagenfreiheit besteht in den Ländern
Hamburg AV vom 30. April 1954 und
Saarland LV vom 19. Februar 1963 JVBl 60;

hier ist also ohne weiteres Auslagenfreiheit gegeben, ohne daß es einer Niederschlagung bedarf.

Zum **Vorkaufsrecht nach dem RSiedlG** Nachträgliche Ergänzung steht den Vertragsparteien grundsätzlich frei, da der Vorkaufsverpflichtete nicht gehalten ist, dem Vorkaufsberechtigten die Ausübung seines Vorkaufsrechts zu ermöglichen, und zwar gilt dies auch gegenüber gesetzlichen Vorkaufsberechtigten, **BGH** NJW 1969, 1959/1970, 98 (*Winkler*) = BB 1969, 1018 = LM § 505 BGB Nr 8, RSiedlG Nr 13 Ls. Ein wegen Verstoß gegen § 313 BGB nichtiger Vertrag über die formwidrige Bestellung eines dinglichen Vorkaufsrechts kann heilen, wenn Einigung und GBEintragung erfolgen, **BGH** WM 1967, 935 = BWNotZ 1967, 255 Ls. Zur Mitteilung nach § 6 RSiedlG (*Anh 112*) **OLG Karlsruhe** RdL 1968, 69 = DRspr II (285) 96c, zur Vereinbarung einer Vertragsstrafe für den Fall der Weiterveräußerung, § 8 aaO mit § 505 BGB, **BGH** NJW 1969, 1959 = WM 1969, 1176 = MDR 1970, 35 = DRspr II (285) 106c zur Frage der erfolglosen Einwendungen des Käufers nach § 10 RSiedlG (*Anh 112*) **OLG Karlsruhe** RdL 1969, 126 = DRspr aaO 105e.

In diesem Zusammenhang ist auch auf **OLG Frankfurt aM** DNotZ 1970, 293, zu § 9 Abs 1 Z 1 GrstVG (*Anh 104*) hinzuweisen, wonach einem gemeinnützigen Siedlungsunternehmen nur dann gegenüber einem Landwirt im Nebenberuf der Vorrang gebührt, wenn die Ausübung des Vorkaufsrechts konkrete Maßnahmen der Agrarstrukturverbesserung dient.

Seite 1604 Zeile 12 von unten — Wird in (*berichtigt*) Ausübung . . .

Seite 1609ff. — **§ 20 Anh I Bem 95ff.**

Grundsteuer

Seite 1609 — **§ 20 Bem 95**

Grundsteuergesetz *Anh 128*

LitHinweise *Haegele* Besteuerung von Ehegatten BWNotZ 1970, 117, 140, Erbengemeinschaft im Steuerrecht aaO 157

Seite 1617ff. — **§ 20 Anh II Bem 100ff.**

Grunderwerbsteuer

Seite 1617 — **§ 20 Bem 100**

Grunderwerbsteuergesetz *Anh 129* Baden-Württemberg GrEStG idF vom 25. Mai 1970 GBl 295, Bayern GrEStG idF vom 16. Juli 1969 GVBl 170 = SaBl 1450, auch § 20 Bem 106/*ErgVerz*, Berlin GrEStG idF vom 18. Juli 1969 GVBl 1034 = SaBl 1970, 235, Hessen GrEStG idF vom 31. Mai 1965 GVBl 110 = SaBl 961/GVBl 1969, 188/15. Juli 1970 GVBl 401 = SaBl 1897, Nordrhein-Westfalen GrEStG nF vom 12. Juli 1970 GVBl 612 = SaBl 1900, Rheinland-Pfalz GrEStG idF vom 1. Juni 1970 GVBl 166 = SaBl 1731, Saarland GrEStG idF vom 3. März 1970 ABl 158 = SaBl 995, Schleswig-Holstein § 20 Bem 106/*ErgVerz*

LitHinweise *Euyter* Grunderwerbsteuer/Übersicht über die Rspr des BFH DNotZ 1968, 268, *Haas* Grunderwerbsteuer und Mehrwertsteuer bei GrstVerkäufen durchschnittsbesteuerter Landwirte DNotZ 1969, 418, *Hennemann* Besteuerung des Veräußerungsgewinns bei GrstVeräußerungen BWNotZ 1966, 225, *Knur* Steuerlich sinnvolle Gestaltung von GrstVerträgen DNotZ 1968, 197, *Kopp* Das Grunderwerbsteuerrecht in Baden-Württemberg (Textsammlung) 5. Aufl Richard Boorberg Verlag Stuttgart-München-Hannover, *Lang* Bebauungsplan und Grunderwerbsteuer BWNotZ 1968, 148, *Möllinger* Der grunderwerbsteuerliche Begriff des Bauherrn im Lichte der neuesten BFHRspr BWNotZ 1968, 143, Die Betreuung beim Bau vom Eigentumswohnungen im Grunderwerbsteuerrecht BWNotZ 1967, 299, Grunderwerbsteuerfreiheit beim Wohnungsbau BWNotZ 1968, 287, Die flächenweise Teilung von Grundstücken nach § 23 GrEStG BWNotZ 1970, 149, *Ott* Grunderwerbsteuerfreiheit bei Wohnungsbau BWNotZ 1968, 256, *Rosenau* Die Vermögensabgabe bei der GrstVeräußerung DNotZ 1969, 531 (zu LAG), *Ruyter* Grunderwerbsteuer/Übersicht über die Rspr des BFH DNotZ 1969, 204, *Wellmann* Maklervertrag und Grunderwerbsteuer NJW 1969, 782, 1838, *Wendt* Das Grunderwerbsteuerrecht in Niedersachsen (Textsammlung) Verlag aaO

Haegele Besteuerung von Ehegatten BWNotZ 1970, 117, 140, Erbengemeinschaft im Steuerrecht aaO 157

Landesrecht Baden-Württemberg AVJM vom 21. Oktober 1966 Justiz 301 Grunderwerbsteuer, hier Unbedenklichkeitsbescheinigung der Finanzämter (Mitteilung des ErlFM vom 21. September 1966 Richtlinien nF für die Erteilung der Unbedenklichkeitsbescheinigung), wodurch die AVJM vom 26. Juli.1962 Justiz 202 mit dem RdErlFM vom 19. Juli 1962 mit den Richtlinien aF überholt ist, AVJM vom 10. Juni 1968 Justiz 193 Grunderwerbsteuer, hier Bestellung von Erbbaurechten, Hamburg BekLJV vom 30. November 1962 JVBl 1963, 7 Urkundenaushändigung nach § 6 GrEStDV und § 3 Abs 5 KVStDV, Hessen RdErlJM vom 15. März 1960 JMBl 32/2. Januar 1962 JMBl 10/8. Oktober 1965 JMBl 445 Beistandspflicht der Behörden zur Durchführung der Besteuerung, Niedersachsen BekJM vom 28. Dezember 1962 NdsRpfl 1963, 8 Ges über die Befreiung des sozialen Wohnungsbaues von der Grunderwerbsteuer idF vom 6. Oktober 1958/Hinweis auf RdErlFM vom 21. Dezember 1962, AVJM vom 1. November 1967 NdsRpfl 246 Mitteilungspflichten der Notare in Angelegenheiten der vorsorgenden Rechtspflege (unter Aufhebung früherer AVJM gleichen Betreffs), AVJM vom 27. Mai 1968 NdsRpfl 125 Grunderwerbsteuer bei Bestellung eines Erbbaurechts (unter Aufhebung der AVJM vom 25. August 1955 NdsRpfl 162), BekJM vom 20. Juni 1969 NdsRpfl 150 Behebung der Schwierigkeiten aus § 9 DV zum GrEStG in ZwVersteigerungsverfahren (unter Aufhebung der AVprJM vom 3. Februar 1930 prJMBl 29/VorschrVerz 17 12 und der AVbraunschwJM vom 5. März 1930 ABlbraunschwJustVerw Nr 28 S 42/VorschrVerz 17 13), Schleswig-Holstein AVJM vom 24. August 1967 SchlHA 236 Grunderwerbsteuer-Veräußerungsanzeigen bei der Bestellung des Erbbaurechts

Seite 1618 — **§ 20 Bem 101**

Boruttau-Klein GrEStG (*berichtigt* in Abs 2)

Ein Vertrag wird beurteilt nach dem, was die Beteiligten wollen, was die Voraussetzungen des § 1 GrEStG anlangt, § 133 BGB; dazu **FinG Kassel** DNotZ 1970, 658. Wird ein Grundstück, das ein Ehegatte auf seinen Namen, aber mit Mitteln des anderen Ehegatten erworben hat, auf diesen Ehegatten unter (ausdrücklicher oder stillschweigender) Aufgabe dessen schuldrechtlicher Ersatznasprüche und unter Übernahme der künftigen Rentenlast übertragen, so liegt keine grunderwerbsteuerfreie Schenkung vor, **BFH** NJW 1970, 2318.

Die Bestellung des Erbbaurechts unterliegt der Besteuerung nach dem GrEStG, **BFH** BStBl 1968 III 223 = HFR 1968, 225. Diese Auffassung ist neu und änderte die frühere Praxis, sie ist nicht bedenkenfrei; dazu *Haegele* Besteuerung des Erbbaurechts BWNotZ 1970, 17, *York von Wartenberg* StBeratung 1968, 238. Die AVJM vom 25. August 1955 für Niedersachsen (*Anh 135*) ist daher inhaltlich überholt.

Seite 1635ff. — **§ 20 Bem 106**

Steuervergünstigungen Landesrecht **Baden-Württemberg** Ges über Grunderwerbsteuerbefreiung bei Änderung der Unternehmensform und zur Änderung des GrErStG vom 12. Mai 1970 GBl 155, **Bayern** Neufassung des Gesetzes § 20 Bem 100/*Erg Verz*, ferner Ges über die Grunderwerbsteuerbefreiung für den sozialen Wohnungsbau — GrESWG — idF vom 16. Juli 1969 GVBl 176 = SaBl 1456 (unter Aufhebung früherer Vorschriften), Ges über Grunderwerbsteuerbefreiung bei Änderung der Unternehmensform und bei Betriebsinvestation in volkswirtschaftlich förderungsbedürftigen Gebieten vom 27. Juli 1970 GVBl 335, **Berlin** Ges über Grunderwerbsteuerbefreiung bei Änderung der Unternehmensform vom 19. Februar 1970 GVBl 429, **Bremen** Ges über Grunderwerbsteuerbefreiung bei Änderung der Unternehmensform vom 16. Dezember 1969 GBl 159, **Hamburg** Ges über Grunderwerbsteuerbefreiung bei Änderung der Unternehmensform vom 1. Dezember 1969 GVBl 231, **Hessen** Ges über Grunderwerbsteuerbefreiung bei Änderung der Unternehmensform vom 4. Februar 1970 GVBl 93, **Niedersachsen** Ges über Grunderwerbsteuerbefreiung bei Änderung der Unternehmensform vom 19. März 1970 GVBl 66, **Nordrhein-Westfalen** Ges über Grunderwerbsteuerbefreiung bei Maßnahmen zur Verbesserung der Wirtschaftsstruktur vom 24. November 1969 GVBl 878, Ges über Grunderwerbsteuerbefreiung bei Änderung der Unternehmensform vom 5. Mai 1970 GVBl 314, Ges über Grunderwerbsteuerbefreiungen für den Wohnungsbau idF vom 20. Juli 1970 GVBl 620 = SaBl 1909, **Rheinland-Pfalz** Ges über Grunderwerbsteuerbefreiung bei Änderung der Unternehmensform vom 22. April 1970 GVBl 144, **Saarland** GsNr 880 über Grunderwerbsteuerbefreiung bei Maßnahmen der Wirtschaftsstruktur und zur Änderung grunderwerbsteuerlicher Vorschriften vom 4. Juni 1969 BStBl I 368 (dazu Hinweis DNotZ 1969, 592/593), **Schleswig-Holstein** Ges über Befreiungen von der Grunderwerbsteuer bei Änderung der Unternehmensform (GrEStUmwG) und zur Änderung grunderwerbsteuerlicher Vorschriften vom 25. März 1970 GVBl 86, Ges über Befreiungen von der Grunderwerbsteuer bei Erwerb von Grundstücken zur Verbesserung der Struktur land- und forstwirtschaftlicher Betriebe vom 6. April 1970 GVBl 88; dazu DNotZ 1970, 451, 452, 516.

Seite 1649ff. — **§ 20 Bem 106 a**

Sonstige Steuervergünstigungen § 20 Bem 106/*Erg Verz*

Seite 1653ff. — **§ 22**

Grundbuchberichtigung

Seite 1654 — **§ 22 Bem 1**

im Jahre 1935 (*berichtigt* in Zeile 2 von unten; es heißt nicht 1936)

Seite 1655 — **§ 22 Bem 3**

Allgemeines Der GBBerichtigungsanspruch kann nicht auf die Löschung des eingetragenen Eigentümers beschränkt werden, da sonst im GB ein Grst ohne Angabe des Berechtigten eingetragen wäre, was unzulässig ist, **BGH** NJW 1970, 1544 = MDR 1970, 549 = DNotZ 1970, 602 = Rpfleger 1970, 280 = LM § 894 BGB Nr 6, DNotZ 1961, 485, **BayObLG** BayObLGZ 1953, 80 (83); dazu *§ 53 Bem 58*.

Die **Vermutung des § 891 BGB** gilt auch bez des früheren Bestehens eines nicht zum Zwecke der GBBerichtigung gelöschten Rechts, **BGH** BGHZ 52, 355 = NJW 1969, 2139 = MDR 1970, 32 = JZ 1970, 31 = Rpfleger 1969, 423 = DB 1969, 2178 = WM 1969, 1352 = DRspr I (150) 175a. Ob eine altrechtliche eingetragene Dienstbarkeit (dazu § 22 Bem 39/*Erg Verz*) am Schutz des öffentlichen Glaubens,

(§ 891 BGB) teilnimmt, wird von **BayObLG** BayObLGZ 1969 Nr 43 = Rpfleger 1970 26 dahingestellt gelassen; maßgebend ist jedenfalls nur die Eintragung am dienenden Grst, und zwar wegen der Gesamtheit des GBBlatts, gleichgültig ob im Titel oder in der 2. Abteilung. Dazu auch § 9 Bem 7ff./*ErgVerz*

Seite 1656 — **§ 22 Bem 5**

Unrichtigkeit rein tatsächlicher Angaben Zur Frage von Wissens- und Erklärungsirrtum bei unrichtiger Flächenmaßangabe in einem GrstKaufvertrag **BGH** MDR 1967, 477 = BB 1967, 476 = DB 1967, 724 = JR 1967, 344 = WM 1967, 489 = DWW 1967, 175 = DNotZ 1968, 22 = BWNotZ 1967, 144, 253 Ls = LM § 155 BGB Nr 2; dazu auch § 28 Bem 2ff./*ErgVerz.*

Seite 1658ff. — **§ 22 Bem 9**

Arten der Unrichtigkeit des GB

Vormerkung **KG** NJW 1969, 138 schließt sich an die allgemein anerkannte Meinung an, wonach § 22 auch auf Vormerkungen anzuwenden ist, und zwar unter Hinweis auf **KG** DNotZ 1958, 252, und **BayObLG** BayObLGZ 1959, 226. Dem auf den Nachweis des Nichtbestehens des zu sichernden Anspruchs gestützten Antrag auf Löschung einer Vormerkung im Wege der GBBerichtigung steht nicht entgegen, daß der Antragsteller die Eintragung der Vormerkung bewilligt hatte oder daß Einwendungen des Vormerkungsberechtigten abgeschnitten werden können. Dazu auch § 22 Bem 23ff./*ErgVerz*

Seite 1662 — **§ 22 Bem 13**

Weitere Fälle der Unrichtigkeit des GB Zum ZwVerstVerfahren **BGH** DNotZ 1970, 413; im Falle des Bestehenbleibens eines Rechts nach § 91 Abs 2 ZVG vermindert sich der durch Zahlung zu berichtigende Teil des Meistgebots nicht nur um den Kapitalbetrag des Rechts, sondern auch um die vom Zuschlag bis zur Erlösverteilung angefallenen Zinsen.

Seite 1663ff. — **§ 22 Bem 16ff.**

Eintragungsbewilligung Das Rechtsschutzbedürfnis für eine auf Erteilung der Berichtigungsbewilligung gerichtete Klage fehlt, wenn der Berechtigte gemäß § 22 GBO den Unrichtigkeitsnachweis ohne jeden Zweifel durch eine in seinem Besitz befindliche öffentliche Urkunde, zB Ausfertigung eines Urteils, führen kann, **OLG Zweibrücken** OLGZ 1967, 439. Zur Frage, ob der Darlehensnehmer ein Baudarlehen ohne Zustimmung des Gläubigers vorzeitig zurückzahlen kann, wenn das Darlehen vom Bund als Tilgungsdarlehen aus Wohnungsfürsorgemitteln zur Beschaffung von Wohnungen für Bundesbedienstete unter Begründung eines Wohnungsbesetzungsrechts und Vereinbarung einer besonderen Mitberechnung gewährt worden ist, **BGH** NJW 1970, 603, auch zu der Frage der Auslegung eines Vertrags, ob das Darlehen vorzeitig mit der Folge gekündigt werden kann, daß der Darlehensgeber als persönlicher Schuldner gegen Befriedigung des Darlehensnehmers nach §§ 1144, 1142 BGB die Löschungsbewilligung bez der Hypothek verlangen kann. Die Berichtigung des GB durch Eintragung eines Eigentümers auf Grund Bewilligung des Buchberechtigten bedarf der Zustimmung des wahren wirklichen Eigentümers. Ist zweifelhaft, ob der Buchberechtigte oder der Neueinzutragende durch Erbfolge Eigentümer des Grst geworden ist, so genügt es für die Berichtigung des GB nicht, daß zwischen beiden Einigkeit über das Eigentum des ersteren besteht und dieser der Berichtigung zustimmt. Vielmehr muß das Erbrecht des Neueinzutragenden in gbmäßiger Form des § 35 GBO nachgewiesen werden. Dazu **OLG Stuttgart** BWNotZ 1970, 90

Seite 1666ff. — **§ 22 Bem 23ff.**

Nachweis der Unrichtigkeit **KG** NJW 1969, 138 = MDR 1969, 141 = Rpfleger 1969, 49 (*Haegele*) = DRspr IV (473) 106bc (dazu auch § 2 Bem 6ff., § 22 Bem 9/*ErgVerz*), wonach kritisch Stellung genommen wird, ohne daß die Frage abschließend behandelt wird:

„Der Nachweis scheitert. . . nicht schon daran, daß der Unrichtigkeitsnachweis nicht mit einer Urkunde geführt werden kann, *MIR* GBO § 22 Bem 23. Es kann dahinstehen, ob dieser Ansicht überhaupt allgemein zuzustimmen ist; denn im vorliegenden Fall hat der Eigentümer zwar in seiner Eintragungsbewilligung auf dieselbe Urkunde Bezug genommen, mit der er nunmehr den Urkundenachweis führen will. Damit war diese Urkunde aber nicht Grundlage der Eintragung der Vormerkung. Da . . . das Grundbuch nicht dazu bestimmt ist, Auskunft über den zu sichernden Anspruch zu geben, brauchte das Grundbuchamt bei der Eintragung der Vormerkung nicht zu prüfen, ob ein solcher Anspruch bestand. Die in der Eintragungsbewilligung nur zur Bezeichnung des Anspruchs erwähnte Urkunde . . . war deshalb nicht Grundlage der Eintragung; diese Eintragung war nur zur Klarstellung geboten, **KG** KGJ 48, 189, JW 1935, 2155/1937, 111, *Jansen* DNotZ 1953, 382 (385)."

Wenn eine GBEintragung auf einer Urkunde beruht, so kann dieselbe Urkunde nicht für das Gegenteil, den Unrichtigkeitsnachweis benutzt werden. An diesem Grundsatz ist festzuhalten. In einem solchen Falle muß der Unrichtigkeitsnachweis anderweitig geführt werden. Das KG aaO führt eine Ausnahme an, in dem die Urkunde nicht Grundlage der Eintragung ist, sondern nur der Klarstellung dient. Ein solcher Fall kann in Frage kommen, wenn etwa eine Vormerkung auf Grund einer einstweiligen Verfügung eingetragen wird und nur ergänzend eine Urkunde vorgelegt wird.

Seitel 666 — **§ 22 Bem 24**

Beispiele: Haben Kaufvertragsparteien vereinbart, daß nach dem Tode des Längstlebenden der Käufer eines Grst die Verkäufer ein Wiederkaufsrecht nach §§ 504ff. BGB haben sollen, und tritt der Tod des Längstlebenden erst später als 30 Jahre nach dieser Vereinbarung ein, so darf allein wegen des Ablaufs von 30 Jahren die zur Sicherung des Rückübertragungsanspruchs eingetragene Vormerkung nicht nach § 22 GBO gelöscht werden, **BayObLG** Rpfleger 1970, 22.

§ 61 Abs 1 Z 10 BeurkG (*Anh 63*) hat die Vorschriften des Landesrechts unberührt gelassen, die sich auf Beurkundungen im **Rückerstattungsverfahren** beziehen; dazu *Riedel-Feil* BeurkG (E 25ff./*ErgVerz*) § 61 Bem 12, auch § 29 Bem 62/*ErgVerz*.

Seite 1674 — **§ 22 Bem 39**

Grundbuchberichtigungsverfahren Zur Antragsberechtigung **BayObLG** BayObLGZ 1969 Nr 43 = Rpfleger 1970, 26: Im Antragsverfahren nach der GBO deckt sich die Beschwerdeberechtigung mit der Antragsberechtigung; sie muß auch im Zeitpunkt der Beschwerdeentscheidung vorliegen. Ein nur wirtschaftliches Interesse genügt hierfür nicht, selbst wenn der Beschwerdeführer schuldrechtlich zur Herbeiführung des erstrebten Erfolgs verpflichtet ist; dazu auch § 22 Bem 3/*ErgVerz*.

Seite 1677 ff. — **§ 22 Bem 43**

Eintragung von Verfügungen über einen Erbteil; dazu *§ 35 Bem 10* mit *ErgVerz* Zur Berechtigung der übrigen Miterben zum Vorkauf, wenn der Erbe oder Erbeserbe eines Miterben dessen Anteil an einen Dritten verkauft **BGH** NJW 1969, 92 = MDR 1969, 123 = BB 1969, 385 = DNotZ 1969, 623 = Rpfleger 1969, 14 = LM § 2034 BGB Nr 5 im Anschluß an **BGH** NJW 1966, 2207 wV *§ 22 Bem 43*; dazu auch **BGH** BB 1967, 1104 und DNotZ 1970, 423, **OLG Stuttgart** NJW 1967, 2409 = Justiz 1968, 24 Ls, auch § 13 Vorbem 70ff./*ErgVerz*. Ein Miterbe wird durch die Pfändung seines Erbteils durch einen anderen Miterben nicht gehindert, eine Nachlaßforderung mit dem Ziel der Hinterlegung für alle Erben geltend zu machen; dies gilt auch dann, wenn der Pfändungsgläubiger zugleich der Forderungsschuldner ist, **BGH** NJW 1968, 2059 = MDR 1968, 913 = Rpfleger 1968, 318 = WM 1968, 1045 = BB 1968, 1015 = BWNotZ 1968, 266 Ls. Das Pfandrecht an einem Erbteil führt zur gemeinsamen Berechtigung der Miterben und Pfandgläubiger bis zur Erbauseinandersetzung, wenn nicht die Unterlassung der Auseinandersetzung mißbräuchlich ist; das Pfandrecht gilt nicht für die einzelnen Nachlaßgegenstände, etwa den hinterlegten Versteigerungserlös für ein NachlaßGrst, **BGH** NJW 1967, 200 = MDR 1967, 209 = WM 1966, 1271 = BB 1966, 1368 = Rpfleger 1967, 171 = DRspr I (170) 37d—f. Die GBBerichtigungsklage kann wegen arglistigen Verhaltens eines der Miterben rechtsmißbräuchlich sein, **BGH** BGHZ 44, 367 = NJW 1966, 773 = MDR 1966, 307 = JZ 1966, 235 = WM 1966, 234 = DRspr I (170) 36b. Ein Minderjähriger erlangt durch die schenkungsweise Überlassung eines Erbteils nicht lediglich einen rechtlichen Vorteil iSd § 107 BGB; der Abschluß eines Erbteilsübertragungsvertrags bedarf der Genehmigung des VormGer nach § 1822 Z 10 BGB auch dann, wenn die Übertragung schenkungsweise erfolgt, **AG Stuttgart** BWNotZ 1970, 177.

Die ZwV in den ungeteilten Nachlaß steht nicht nur den Nachlaßgläubigern, sondern auch den anderen Gläubigern offen, denen die Erben aus demselben Rechtsgrund als Gesamtschuldner haften, § 747 ZPO, **BGH** Rpfleger 1970, 87.

Seite 1681 ff. — **§ 22 Bem 45 ff.**

Währungsreform *Anh 118ff.*, auch *ErgVerz*

Lastenausgleichsgesetz — LAG — in Neufassung vom 1. Oktober 1969 BGBl I 1909 = SaBl 2145

Seite 1885 Zeile 4 von unten — der Übernehmer (berichtigt; es heißt nicht: unternehmer) eines Guts

Seite 1692 — Kolumnentitel **§ 22** (*berichtigt*)

Seite 1695/1696 — **§ 22 Bem 48 d**

Landesrecht **Bayern** BekJM vom 4. März 1964 JMBl 60 Vollzug der §§ 111a bis 111d LAG, hier GBVermerk über die öffentliche Last der HGA, **Rheinland-Pfalz** AVJM vom 14. Dezember 1964 JBl 248/22. November 1968 JBl 249 Zuständigkeit bei der Verwaltung der HGA

Seite 1699 ff. — **§ 23**

Löschung eines auf Lebenszeit befristeten Rechts

Seite 1700 — Kolumnentitel **§ 23** (*berichtigt*)

Seite 1702/1703 — **§ 23 Bem 5**

Fall des § 23 Abs 2 Zur Frage der Zulässigkeitsklausel bei einem Altenteil **LG Bremen** DNotZ 1970, 109, und zwar bei einem Altenteil, das außer einem Wohnrecht ein Nutzungsrecht des Gartens und eine Pflegeverpflichtung enthält, also Verpflichtungen, aus denen Rückstände entstehen können. Rückstände von Leistungen sind nicht ausgeschlossen bei einem ein Wohnrecht, Gartennutzungsrecht und eine Pflegeverpflichtung enthaltenden Altenteil, **LG Bremen** DNotZ 1970, 109 = Rpfleger 1970, 243 (*Haegele*) = DRspr IV (473) 108b.

Seite 1704 — **§ 23 Bem 11**; dazu auch *Nachtrag*

Notwendigkeit der Bewilligung Zur Eintragung des Vermerks, daß zur Löschung eines Rechts auf Lebenszeit der Nachweis des Todes des Berechtigten genüge, ist die Zustimmung des Berechtigten nicht erforderlich, wenn das Recht mit dieser Beschränkung bez der Löschung bestellt wird, **LG Köln** MittRhNotK 1967, 270 = DNotZ 1968, 172 Ls.

Seite 1707 ff. — **§ 25**

Löschung von Vormerkung und Widerspruch

Seite 1708 — **§ 25 Bem 1**

Allgemeines *Rahn* § 25 GBO — ein Irrtum des Gesetzgebers BWNotZ 1968, 52, schlägt zur Reform die Beseitigung der Vorschrift vor, da sie als eine Vorschrift des formellen Rechts neben § 22 GBO entbehrlich sei. § 25 GBO dient der Erleichterung der Löschung und der Klarstellung und erscheint deshalb zweckmäßig.

Seite 1710 ff. — **§ 25 Anh Bem 8 ff.**

Vormerkung und Widerspruch

Seite 1712/1713 — **§ 25 Bem 10**; dazu auch *Nachtrag*

Rechtsnatur und Wirkungen der Vormerkung LitHinweise *Roloff* Die Durchsetzbarkeit der gutgläubig erworbenen Vormerkung gegenüber dem wahren Berechtigten NJW 1968, 484, *Sichtermann* (§ 3 Bem 204/*ErgVerz*) Bedeutung und Behandlung der Eintragungen in Abt II des Grundbuches 72 ff. Vormerkungen und Widersprüche, *Vollkommer* Eine Rechtsstellung des vormerkungsgesicherten Parzellenerwerbers im Zwischenstadium als Kreditunterlage Rpfleger 1969, 409 (Folgerungen aus 2 höchstrichterlichen Entscheidungen in GBSachen — **BGH** BGHZ 49, 197 und **BayObLG** BayObLGZ 1967, 295 — für die Verpfändung von Auflassungsanspruch und Auflassungsanwartschaft)[1]), *Wunner* Gutglaubensschutz und Rechtsnatur der Vormerkung NJW 1969, 113 = DRspr I (150) 171a (dazu *Rahn* Gutglaubensschutz und Rechtsnatur der Vormerkung BWNotZ 1970, 25).

Die Vormerkung ist ein Anwartschaftsrecht, bei Auflassung zugunsten des Auflassungsempfängers. Dies ist die ganz überwiegende Meinung, die allgemein anerkannt ist; dazu **BGH** BGHZ 49, 197 = NJW 1968, 493, 1087 (*Rose*) = MDR 1968, 313 = BB 1968, 271 = WM 1968, 198 = DNotZ 1968, 483 = Rpfleger 1968, 83 = BWNotZ 1968, 72 Ls = DRpflZ 1968, 11 Ls = LM § 857 ZPO Nr 9/10 (*Mattern*), § 925 BGB Nr 9/10 Ls = DRspr I (150) 163ab, IV (424) 75bed, auch § 20 Bem 69 und § 25

[1]) Zu diesen beiden Entscheidungen § 25, Bem 10, 12/*ErgVerz*, auch bez wV

Bem 12/*ErgVerz.* Die Rechtsposition des Auflassungsempfängers ist jedenfalls dann kein sonstiges Recht iSd § 823 Abs 1 BGB, wenn sein Eintragungsantrag vom GBA zurückgewiesen worden ist, **BGH** BGHZ 45, 186 = LM § 23 (Ad) Nr 4 (*Maatern*), § 873 Nr 7 und § 925 Nr 8 Ls, vW *§ 25 Bem 12.*

Eine zur Bezeichnung des durch eine Vormerkung zu sichernden Anspruchs in der Eintragungsbewilligung genannte Urkunde braucht nicht zu den Grundakten eingereicht zu werden, **KG** NJW 1969, 138 = Rpfleger 1969, 49 (*Haegele*) = OLGZ 1969, 202 = BWNotZ 1969, 44 Ls. Dem auf den Nachweis des Nichtbestehens des zu sichernden Anspruchs gestützten Antrag auf Löschung einer Vormerkung im Wege der GB-Berichtigung steht nicht entgegen, daß der Antragsteller die Eintragung der Vormerkung bewilligt hatte oder daß Einwendungen des Vormerkungsberechtigten abgeschnitten werden könnten, **KG** MDR 1969, 141 = Rpfleger 1969, 49 (*Haegele*) = OLGZ 1969, 202 = BWNotZ 1969, 108 Ls.

Seite 1715ff. — **§ 25 Bem 12**

Auflassungsvormerkung LitHinweise *Glage* Wohnungseigentum und Vormerkung NJW 1967, 813, *Kenk* Auflassungsvormerkung und vormerkungswidrige Grundpfandrechte in Konkurs und Zwangsversteigerung NJW 1968, 476, *Knott* Die Wirkungen der Auflassungsvormerkung in der Zwangsversteigerung und im Konkurs MittRhNotK 1967, 536, *Ripfel* Sicherheit für den Erwerber einer künftigen Raumeinheit BWNotZ 1967, 222, 276, *Vollkommer* Keine teilweise Abtretbarkeit des durch Vormerkung gesicherten Auflassungsanspruchs Rpfleger 1967, 401, GrstParzellierung durch den Auflassungsempfänger und Sicherung der Parzellenerwerber durch Auflassungsvormerkungen Rpfleger 1968, 337.

Die Heilung des Formmangels nach § 313 BGB durch Auflassung und Eintragung im Grundbuch erstreckt sich nicht auf eine Auflassungsvormerkung, **BGH** MDR 1970, 749 = JR 1970, 381 = BB 1970, 1113 = WM 1970, 990 = DRrsp I (125) 155d.

Die Pfändung der Eigentumsanwartschaft eines Auflassungsempfängers, dessen Umschreibungsantrag beim GBA schwebt, wird mit der Zustellung des Pfändungsbeschlusses an ihn wirksam, so daß es der Zustellung an den Verkäufer nicht bedarf; wird die Eigentumsanwartschaft eines Auflassungsempfängers gepfändet, dessen Umschreibungsantrag beim GBA schwebt, so erwirbt mit dem Übergang des Eigentums auf den Schuldner der Pfändungsgläubiger für seine Forderung eine Sicherungshypothek, die den vorher vom Schuldner bewilligten Grundpfandrechten im Rang vorgeht, **BGH** BGHZ 49, 197 wV § 25 Bem 10/*ErgVerz.* Ist ein im GBvorgemerkter Auflassungsanspruch verpfändet, so bedarf die Auflassung des Grst an den Gläubiger der Mitwirkung des Pfandgläubigers, falls die Anwendung der §§ 1281 bis 1283 BGB nicht abbedungen ist; ist dies dem GBA nicht nachgewiesn, so kann die zwischen dem Schuldner und dem Gläubiger erklärte Auflassung nur vollzogen werden, wenn die Zustimmung des Pfandgläubigers hierzu nach § 29 Abs 1 S 1 GBO nachgewiesen ist, **BayObLG** BayObLGZ 1967, 295 = NJW 1968, 705, 1334 (*Weidemann*) = Rpfleger 1968, 18 = OLGZ 1968, 129 Ls = BWNotZ 1968, 73 Ls.

Die Auflassungsvormerkung bez eines im Umlegungsgebiet gelegenen Grst bedarf nicht der Genehmigung der Umlegungsstelle, **BayObLG** DNotZ 1970, 152 = Rpfleger 1970, 25 in Ergänzung zu BayObLGZ 1964, 170; dazu § 20 Bem 83e/*ErgVerz.*

Der gbrechtliche Bestimmungsgrundsatz gilt auch für die Vormerkung zur Sicherung des künftigen schuldrechtlichen Anspruchs auf Anpassung des Erbbauzinses, **OLG Hamm** NJW 1967, 2362 = DNotZ 1968, 244 = DRpflZ 1967, 35 Ls = BWNotZ 1968, 34 Ls = OLGZ 1967, 450. Gegen eine Vormerkung zur Sicherung des Anspruchs auf Eintragung einer Reallast für einen den veränderten Lebenshaltungskosten angepaßten Erbbauzins entsprechend dem vom Statistischen Bundesamt festgestellten Inhalt für die Lebenshaltungskosten bestehen keine Bedenken, **BayObLG** MDR 1969, 668. Der Anspruch auf Anpassung des Erbbauzinses an den aus dem Jahrbuch eines statistischen Landesamts zu entnehmenden allgemeinen Lebenshaltungsindex kann bei einem auf die Dauer von 75 Jahren bestellten Erbbaurechts nicht durch Vormerkung gesichert werden, **OLG Düsseldorf** DNotZ 1968, 428 (*Schmitz-Valckenberg*), während für eine Wertsicherungsklausel einer nur auf 10 Jahre befristete Rentenreallast der vom Statistischen Bundesamt festgestellte Preisindex für die Lebenshaltung ein geeigneter und ausreichender Wertmesser ist, **OLG Düsseldorf** DNotZ 1968, 354 (429 *Schmitz-Valckenberg*) = OLGZ 1967, 461. Zur Auslegung einer Erbbauzins-Änderungsklausel **BGH** DNotZ 1968, 425, und zwar bez des Begriffs *grundlegende Veränderungen der Wirtschaftsverhältnisse*, zur Abgrenzung genehmigungsbedürftiger Gleitklauseln von genehmigungsfreien Leistungsvorbehalten bei einem Erbbaurechtsvertrag **BGH** MDR 1968, 914 = DWW 1968, 376 = BB 1968, 930 = DB 1968, 1617 = DNotZ 1969, 96 = BWNotZ 1968, 266 Ls = LM § 3 WährG Nr 18, im übrigen *§ 25 Bem 14*, auch § 8 Bem 39/*ErgVerz.*

Eine Vormerkung zur Sicherung von Ansprüchen, die durch Erbvertrag und bzw oder durch eine Zusatzvereinigung begründeten Person kommt nicht in Betracht, **BGH** FamRZ 1967, 470 = WM 1967, 643 = BWNotZ 1967, 259 Ls. Haben sich die Vertragserben zu Lebzeiten des Erblassers bez des künftigen Nachlasses, soweit er aus Grundbesitz besteht, in der Weise auseinandergesetzt, daß jeder ein bestimmtes Grst bzw einen bestimmten Miteigentumsanteil am Grst erhalten soll, kann ihr Anspruch auf Übereignung nicht durch eine Auflassungsvormerkung am Grst bzw Miteigentumsanteil des Erblassers gesichert werden, **OLG Hamm** NJW 1965, 2303 = MDR 1966, 144 = DNotZ 1966, 181 = Rpfleger 1966, 366 (*Haegele*) = OLGZ 1965, 247 = DRspr I (150) 151bcd. Auch ein GrstVermächtnis auf Grund eines Erbvertrags kann vor Eintritt des Erbfalls nicht durch Auflassungsvormerkung gesichert werden, **BGH** BGHZ 12, 115 = NJW 1954, 633 = JZ 1954, 436 = LM § 883 BGB Nr 2 (*Pritsch*).

Wenn jemand vom Ehemann einer Frau, die mit ihrem Manne ein Gesellschaftsverhältnis hat, ein auf dessen Namen eingetragenes Grst gekauft und zur Sicherung eines Auflassungsanspruchs eine Vormerkung hat eintragen lassen, wenn dann die Frau gegen den Mann wegen Ansprüchen aus dem Gesellschaftsvertrag eine einstweilige Verfügung erlangt, wonach ihm verboten ist, ohne ihre Zustimmung über das verkaufte Grst zu verfügen, so kann der Käufer wegen des nachträglich eingetragenen Veräußerungsverbots in entsprechender Anwendung des § 883 Abs 2, § 888 Abs 1 BGB den Zustimmungsanspruch geltend machen, **BGH** MDR 1966, 749 = JR 1966, 382 = JZ 1966, 526 = BB 1966, 800 = WM 1966, 710 = ZMR 1966, 327 = DRspr I (150) 151c. Auf die Verpflichtung des vormerkungswidrig eingetragenen Eigentümers eines Grst, der Eintragung des Vormerkungsberechtigten als Eigentümer zuzustimmen, sind die Verzugsvorschriften nicht anwendbar, **BGH** BGHZ 48, 263 = NJW 1968 788 (ablehnend *Reinicke*) = MDR 1968, 395 = BB 1968, 272 = DB 1968, 481 = DNotZ 1968, 552 = DWW 1968, 142 = WM 1968, 280 = BWNotZ 1968, 72 Ls LM § 888 BGB Nr 2 (*Mattern*) = DRspr I (150) 164a.

Zur Frage der Vormerkung bei einem nichtigen Kaufvertrag **BGH** DNotZ 1970, 596, bez Nichtigkeit *§ 20 Bem 70* mit *ErgVerz*; es gelten folgende Grundsätze: Geben die Vertragspartner eines GrstKaufvertrags zwecks Steuerersparnis im notariellen Vertrag einen geringeren Kaufpreis an als den mündlich tatsächlich vereinbarten, so erstreckt sich die Wirkung einer Vormerkung zur Sicherung des Auflassungsanspruchs aus dem als Scheingeschäft (§ 117 BGB) nichtigen notariellen Vertrag auch bei späterer Heilung des Formmangels des daneben mündlich abgeschlossenen Vertrags durch Einigung und Eintragung im GB (§ 313 S 2 BGB) nicht auf den mündlich vereinbarten Auflassungsanspruch. Wird der Formmangel eines mündlich abgeschlossenen GrstKaufvertrags durch Einigung und Eintragung im GB geheilt (§ 313 S 2 BGB), so wirkt die Heilung nicht auf den Zeitpunkt des Vertragsabschlusses zurück; die tatsächliche Vermutung, daß in einem solchen Fall die Vertragspartner einander das gewähren wollen, was sie sich bei Vertragsschluß zu gewähren beabsichtigten, hat nicht zur Folge, daß hinsichtlich einer Auflassungsvormerkung mit Wirkung gegen Dritte das Bestehen eines Auflassungsanspruchs für die Zeit des Vertragsschlusses fingiert würde.

Die Auflassungsvormerkung des Käufers sichert nicht auch dessen Ansprüche aus einer Rückabwicklung des Kaufvertrags, **BGH** WM 1966, 1224 = BWNotZ 1967, 30 Ls. Es ist hierfür vielmehr eine besondere Vereinbarung nötig, etwa wenn bei GrstVeräußerung vereinbart wird: *Der Rückübertragungsanspruch ist durch Eintragung einer Vormerkung im GB zu sichern,* **LG Nürnberg-Fürth** DNotZ 1968, 490. Einen besonderen Fall behandelt **LG Hagen** Rpfleger 1968, 47 (*Haegele* kritisch), nämlich die Frage der Wirksamkeit einer vertraglich übernommenen Verpflichtung einer Ehefrau, das ihr vom Ehemann übertragene Grst einen Monat vor ihrem Tode auf den Mann zurückzuübertragen, und der Möglichkeit der Sicherung einer solchen Verpflichtung durch Auflsasungsvormerkung. Mit Recht weist *Haegele* aaO darauf hin, daß Fälle dieser Art in der Praxis nicht Schule machen sollten.

Eine Auflassungsvormerkung, die im **ZwVerstVerfahren** dem Anspruch des Gläubigers vorgeht, ist in das geringste Gebot aufzunehmen; dies gilt auch dann, wenn die Vormerkung einen bedingten Auflassungsanspruch sichert, **BGH** BGHZ 46, 124 = NJW 1967, 566 = MDR 1967, 34 = JZ 1967, 98 = BB 1966, 1325 = LM § 44 ZVG Nr 1 (*Mattern*), § 48 ZVG Nr 1 Ls. Wenn bei einer bei der Feststellung des geringsten Gebots berücksichtigten Auflassungsvormerkung der Auflassungsanspruch nicht entstanden ist, weil nach der Erteilung des Zuschlags eine aufschiebende Bedingung ausgefallen ist, so hat der Ersteher die Ersatzzahlung zu leisten; diese vermindert sich um den Betrag, der etwa zur Nichtentstehung des Auflassungsanspruchs aufgewendet werden muß, **BGH** aaO. Durch Vormerkung gesicherte Rechte iSd § 48 ZVG und damit bedingte Rechte iSd § 50 Abs 2 Z 1 ZVG sind nur solche Rechte, die, wenn sie endgültig eingetragen wären, eine neue selbständige Belastung des Grst bilden würden, **BGH** BGHZ 53, 47 = NJW 1970, 565 = MDR 1970, 222 = Rpfleger 1970, 60 = WM 1970, 101 = LM § 48 ZVG Nr 2 (*Mattern*), § 91 ZVG Nr 3 Ls = DRspr I (120) 102a, IV (436) 51b, auch zur Frage unzulässiger Rechtsausübung bei Berufung auf einen rechtskräftigen Zuschlagsbeschluß. Bleibt eine Widerspruchsklage aus dem Grund ohne Erfolg, weil der Kläger mangels eines ihm zustehenden dinglichen Rechts nicht am ZwVerstVerfahren beteiligt war, so ist sie nicht als unuulässig, sondern als unbegründet, nämlich wegen fehlender Aktivlegitimation abzuweisen, **BGH** NJW 1969, 1428 = MDR 1969, 564 = DNotZ 1969, 539 = Rpfleger 1969, 202 = DB 1969, 964 = BB 1969, 777 = LM § 133 (B) BGB Nr 13, § 878 ZPO Nr 3, § 1154 BGB Nr 6 (hier nur Ls) = DRspr I (154) 87a, auch § 26 Bem 4ff./*ErgVerz.*

Seite 1717/1718

Über GBBerichtigung durch Löschung einer Vormerkung **KG** NJW 1969, 138 wV § 2 Bem 6ff./*ErgVerz,* auch § 22 Bem 9, 23ff./*ErgVerz,* zur Auflassungsvormerkung bei GrstTeilung *§ 20 Bem 52, § 25 Bem 29*; zu der Sicherung zukünftiger Ansprüche ist ergänzend und klarstellend auf *§ 45 Bem 94* zu verweisen.

Seite 1715ff. **§ 25 Bem 13**

Löschungsvormerkung nach § 1179 BGB LitHinweise *Knopp* Die Eintragung einer Löschungsvormerkung nach § 1179 BGB bei einer Eigentümergrundschuld DNotZ 1969, 278, *Kniepen* Kann die Löschung einer nicht eingetragenen Hypothek vorgemerkt werden? MDR 1971, 11, wobei ausgeführt wird, daß eine Löschungsvormerkung eingetragen werden kann, sobald die Erwartung besteht, ein inhaltlich bestimmtes, vorrangiges Grundpfandrecht werde in Zukunft eingetragen, und daß die Eintragung entgegen § 12 Abs 1 (c) GBVfg (*GT 4*) bei dem begünstigten Recht erfolgen muß.

Bei Eintragung einer Eigentümergrundschuld kann zugunsten des jeweiligen Gläubigers dieser Grundschuld eine Löschungsvormerkung nach § 1179 BGB eingetragen werden, wenn der Eigentümer für den Fall der Abtretung der Grundschuld dem Zessionar die Verpflichtung zur Löschung der vorgehenden Grundpfandrechte unwiderruflich anbietet, dieses Angebot mit dem Eingang beim GBA als dem für die Abtretung in Betracht kommenden Personenkreis zugegangen gelten soll und auf die ausdrückliche Annahme des Angebots verzichtet wird, **LG Frankfurt aM** DNotZ 1968, 659.

Seite 1722 ff. — **§ 25 Bem 14**

Sonstige Fälle Verpflichtet sich der GrstEigentümer, die bei Nichtentstehung der Forderung endgültig verbleibende Eigentümergrundschuld an den Hypothekengläubiger abzutreten, so kann zu dessen Gunsten eine **Abtretungsvormerkung** erst eingetragen werden, wenn dem GBA in der Form des § 29 GBO nachgewiesen ist, daß sich die mit der Eintragung der Hypothek entstandene vorläufige Eigentümergrundschuld in eine endgültige verwandelt hat, **BayObLG** MDR 1970, 233 = DNotZ 1970, 155 = Rpfleger 1970, 24 = WM 1970, 48 = DRspr IV (473) 107b, auch § 29 Bem 85/*ErgVerz*. Auch für den **Erbbauzins** ist eine Vormerkung zulässig; dazu § 25 Bem 12/*ErgVerz*.

Seite 1790 — **§ 25 Bem 26**

Eingetragensein des Betroffenen Es wird auf *§ 40 Bem 24* zu den ergänzenden und klarstellenden Ausführungen verwiesen.

Seite 1740ff. — **§ 25 Bem 51**

Die Gebührenfreiheit nach § 62 Abs 3 KostO (*Anh 59*) tritt auch ein, wenn die Eintragung der **Löschungsvormerkung** am eigenen Recht zugunsten des eingetragenen Berechtigten gleichzeitig mit der Eintragung des Grundpfandrechts beantragt wird, **OLG Bremen** DNotZ 1970, 375. Die Gebührenfreiheit nach § 62 Abs 3 S 2 KostO (*Anh 59*) für die Eintragung einer Löschungsvormerkung tritt nur ein, wenn im GB ausdrücklich vermerkt ist, daß die Vormerkung dem Berechtigten nur in seiner Eigenschaft als Gläubiger der Hypothek zusteht, **OLG Düsseldorf** DNotZ 1970, 609 unter Aufgabe seines früheren abweichenden Standpunkts KostRspr KostO § 62 Nr 7.

Seite 1743 ff. — **§ 26 Bem 1ff.**

Abtretungs- und Belastungserklärung anstelle der Eintragungsbewilligung.

Es ist auf § 21 Abs 2 BeurkG (*Anh 63*) hinzuweisen; dazu *Riedel-Feil* BeurkG (E 25ff./*ErgVerz*) § 21 Bem 7. Lehnt es der Notar gegenüber dem Abtretenden ab, bei der Herstellung einer Urkunde über die Abtretung einer Grundschuld mitzuwirken, so ist er in der Regel nicht gehalten, den als Abtretungsempfänger Vorgesehenen, der mit ihm nicht in Verbindung getreten ist, hiervon Kenntnis zu geben, **BGH** MDR 1970, 1003 = LM § 26 BNotO Nr. 2.

Seite 1744ff. — **§ 26 Bem 4ff., 13ff.**

Abtretung LitHinweise *Abel* Teilabtretung von Briefgrundschulden und vorläufigen Eigentümergrundschulden an Briefhypotheken NJW 1966, 2644, *Baur* Gestufter Mitbesitz am Brief bei Teilgrundpfandrechten NJW 1967, 22, *Hummel* Mitbesitz nd Besitzkonstitut bei Grundschuldteilabtretungen ohne Briefübergabe NJW 1965, 2376, *Riedel* Nachträgliche Valutierung einer Hypothek JurBüro 1966, 739, *Ripfel* Kreditsicherung durch bloße Übergabe des Hypotheken-(Grundschuld-)Briefes? BB 1966, 1253.

Für eine Abtretungserklärung nach § 1154 BGB besteht nur eine beschränkte Auslegungsfähigkeit, **BGH** NJW 1969, 1428 = MDR 1969, 564 = DNotZ 1969, 539 = Rpfleger 1969, 202 = DB 1969, 964 = WM 1969, 863 = BB 1969, 777 = LM § 133 (B) BGB Nr 13, § 878 ZPO Nr 3, § 1154 BGB Nr 6 (hier nur Ls) = DRspr I (154) 87a. auch § 25 Bem 12/*ErgVerz*. Setzt bei schriftlicher Blankettabtretung einer Briefhypothek der Abtretungsempfänger auf Grund Ermächtigung des abtretenden Hypothekengläubigers seinen Namen ein, so gilt für den Fall des Konkurses des Abtretenden die Benachteiligungsabsicht des Abtretungsempfängers bei der Ausfüllung als solche des Gemeinschuldners, **BGH** BGHZ 22, 128 = NJW 1957, 137 = BB 1957, 8 = LM § 166 BGB Nr 2 Ls. Wird eine Eigentümergrundschuld unter gleichzeitiger Umwandlung in eine Fremdgrundschuld abgetreten und ist die Umwandlung nichtig, so hängt es vom Willen der Parteien ab, ob die Grundschuld als solche auf den Abtretungsempfänger übergegangen oder beim Eigentümer verblieben ist, **BGH** NJW 1968, 1674 = MDR 1968, 744 = DNotZ 1969, 34 = Rpfleger 1968, 277 = BB 1968, 769 Ls = BWNotZ 1968, 218 Ls = LM § 1198 Nr 2/3 = DRspr I (154) 82fg; dazu auch **LG Dortmund** NJW 1961, 365 = DRspr I (154) 47ab. Bei Abtretung einer zur Sicherung eines laufenden Kreditverhältnisses bestellten Grundschuld kann der Eigentümer dem Zesionar die teilweise Nichtvalutierung nicht als Einrede entgegenhalten, **OLG Köln** DNotZ 1970, 419. Für den Nachweis der Verfügungsfähigkeit kommt es auf den Zeitpunkt der Abgabe der Abtretungserklärung an, **OLG Frankfurt aM** Rpfleger 1968, 355 (*Haegele*) = GWNotZ 1968, 313 Ls. Über Ausstellung eines Teilbriefs bei teilweise zurückbezahlter Sicherungsgrundschuld **OLG Saarbrücken** JBl Saar 1966, 203 (*§ 19 Bem 52b*), über die Zulässigkeit der Verpfändung durch den Zessionar (Zweitkäufer) nach teilweiser Abtretung des Anspruchs auf Übertragung des Eigentums an einem Grst bez des abgetretenen Anspruchs ohne Zustimmung des Erstverkäufers oder des Zweitkäufers **LG München II** Rpfleger 1969, 425 (*Vollkommer*); zur Abtretungsvormerkung für eine künftige Eigentümergrundschuld § 25 Bem 14, § 29 Bem 82ff., 85/*ErgVerz*.

Ein Urteil bei einer Klage des GrstEigentümers auf Rückabtretung einer Grundschuld und Herausgabe des Grundschuldbriefs hat nach Rechtskraft auch Wirkung für einen neuen Prozeß mit umgekehrten Parteirollen, **BGH** LM § 794 Abs 1 Ziff 1 ZPO Nr 12/13. Für eine Klage des GrstEigentümers gegen einen Grundschuldgläubiger auf Übertragung einer Grundschuld wegen Wegfalls des Sicherungszwecks ist der dingliche Gerichtsstand (§ 24 ZPO) nicht gegeben, **BGH** NJW 1970, 1789.

Seite 1747ff. — **§ 26 Bem 11, 12, 20ff.**

Verpfändung Über Teilabtretung und Verpfändung eines Eigentums-Anwartsanspruchs **LG München II** Rpfleger 1969, 425 (*Vollkommer*) — vorausgehend erwähnt, über Pfändung einer teilweise getilgten Grundschuld **OLG Saarbrücken** OLGZ 1967, 102 (dazu *§ 27 Bem 34*).

Seite 1755ff. — § 27

Löschung von Grundpfandrechten

Seite 1756/1757 — **§ 27 Bem 2**

Bedeutung und Zweck der Vorschrift Über Vermutung nach § 891 Abs 1 BGB nach Löschung eines eingetragenen Rechts § 22 Bem 3/*ErgVerz*

Seite 1758/1759 — **§ 27 Bem 7**

Besondere Fälle Wird eine GmbH wegen Vermögenslosigkeit im Handelsregister gelöscht, so ist nicht schon deshalb eine gegen die GmbH gerichtete Forderung iSd § 1163 Abs 1 S 2 BGB als mit der Folge erloschen anzusehen, daß der Eigentümer eines Grst, das mit der Hypothek für die Forderung belastet ist, die Hypothek erwürbe, **BGH** BGHZ 48, 303 = NJW 1968, 297 = MDR 1968, 34 = JZ 1967, 760 = BB 1967, 1306 = WM 1967, 1125 = BWNotZ 1968, 35. Schwierigkeiten bereiten die Hypotheken aus der Wiedergutmachung; dazu im einzelnen mit Kasuistik *Leiß* Die Behandlung der sog Judenhypotheken DNotZ 1968, 609.

Zur Frage, ob eine Zahlung auf die Grund- bzw Gesamtgrundschuld oder die persönliche Forderung geleistet worden ist, kommt es allein auf den bei der Zahlung erklärten Willen an, **BGH** MDR 1970, 34 = WM 1969, 1254, MDR 1971, 120.

Seite 1766 — **§ 27 Bem 27**

Löschungsbewilligung Zur Wiedergutmachung § 27 Bem 7/*ErgVerz*

LitHinweise *Pfaff* Löschungsfähige Quittung oder Löschungsbewilligung? BWNotZ 1969, 182
Pfaff (in Zeile 20 von unten *berichtigt*)

Die Zustimmungserklärung des GrstEigentümers zur Löschung von Grundpfandrechten muß eindeutig zum Ausdruck bringen, auf welches Grundpfandrecht sie sich erstrecken soll, **OLG Köln** Rpfleger 1970, 286.

Seite 1772ff. — **§ 27 Bem 43**

Unschädlichkeitszeugnis Rheinland-Pfalz AVJM vom 1. Juni 1965 JBl 115 Verfahren nach dem LGesetz über Unschädlichkeitszeugnisse

Auf Grund eines Unschädlichkeitszeugnisses kann eine Belastung auch noch nachträglich nach der Eintragung des Eigentumswechsels gelöscht werden, **LG Aachen** DNotZ 1969, 553 Ls.

Seite 1775ff. — § 28

Bezeichnung des Grundstücks und Angabe der Geldbeträge

Seite 1776ff. — **§ 28 Bem 2ff.**; dazu auch *Nachtrag*

Bezeichnung des Grundstücks Zur Frage der genügenden Bezeichnung eines verkauften GrstTeils **BGH** NJW 1969, 131 wV § 7 Bem 33ff./*ErgVerz*, zur genügenden Bezeichnung eines realen GrstTeils bei beschränktem Bauverbot § 19 Bem 23/*ErgVerz*. Unter der feststehenden Größe der Grste ist deren tatsächlicher Flächeninhalt zu verstehen, **BGH** DNotZ 1969, 485. Nachholung in der Auflassung unterbliebener GrstBezeichnung allein durch den Veräußerer oder den Erwerber ist jedenfalls dann zulässig, wenn Zweifel über den Gegenstand der Auflassung nicht bestehen,

BayObLG NJW 1966, 600 (*Schmaltz* ablehnend) = Rpfleger 1967, 177 (*Haegele*) = BWNotZ 1967, 206 Ls = DRspr IV (473) 98a, **LG Ulm** BWNotZ 1970, 91; zu Dissens § 22 Bem 5/*ErgVerz*, auch *§ 20 Bem 50*.

Bei Erwerb von Wohnungseigentum (*§ 3 Bem 475ff.*) gilt dasselbe; insbes ist eine sog falsa demonstratio unschädlich. Besonderheiten können sich jedoch bei der Begründung von Wohnungs- und Teileigentum an Räumen in Gebäuden ergeben, die erst noch errichtet werden sollen. Dies läßt das Gesetz zu, wie sich aus §§ 3,8 WEG (*Anh 65*) ergibt, und es wird in der Praxis vielfach auch so gehandhabt. Dann können, wie sich gezeigt hat, Abweichungen der Bauausführung vom Aufteilungsplan vorkommen. Man denke an den Fall, daß ein nach § 8 aaO teilender GrstEigentümer nicht nach dem amtlich genehmigten Aufteilungsplan baut (wenn etwa die Größenverhältnisse bei den einzelnen Wohnungen nicht stimmen und sich innerhalb des im übrigen planmäßig errichteten Gebäudes verschieben) oder daß die Teilung nicht in vollem Umfange durchgeführt wird (daß also die in der Teilungserklärung mit Sondereigentum verbundenen Miteigentumsanteile zwar im GB eingetragen, die zu ihnen gehörigen Räume aber nicht alle gebaut werden). Der Fall der Begründung von Wohnungseigentum nach § 3 WEG (*Anh 65*) steht gleich. *Diester* weist in 2 nichtveröffentlichten Rechtsgutachten vom 4. und 15. April 1970 zutreffend darauf hin, daß eine Bereinigung nur unter Mitwirkung aller Wohnungs- und Teileigentümer möglich ist und daß die GBEintragungen unrichtig sind, mithin die Eintragung eines Widerspruchs nach § 53 GBO nötig ist. Solange der GrstEigentümer noch im Besitz aller Miteigentumsanteile ist, kann er natürlich das Erforderliche allein veranlassen. Das wird anders, sobald die 1. Wohnung verkauft und der Erwerber als Wohnungseigentümer im GB eingetragen worden ist, da die Teilungserklärung alsdann den Charakter einer Vereinbarung gewinnt, zu deren Änderung Einstimmigkeit nötig ist. Näher begründend führt *Diester* aaO am 15. April 1970 aus:

„Schon dann, wenn bei der Errichtung des Gebäudes insofern vom Aufteilungsplan abgewichen wird, als nicht mehr jedem Raum in dem Plan ein Raum im Gebäude entspricht, ist nach allgemeiner Anerkennung im Schrifttum wegen Verletzung des im GBRecht geltenden Bestimmtheits-Grundsatzes gültiges Sondereigentum gar nicht entstanden. Die Beteiligten müssen dann ihre Erklärungen über die Einräumung von Sondereigentum ändern dh neu abgeben und eine Eintragung im GB veranlassen; dazu *BGB-RGRK* WEG (*Pritsch*) § 7 Bem 13aa, *Palandt-Degenhart* BGB WEG § 7 Bem 2, *Soergel-Baur* BGB WEG § 7 Bem 6, *Weitnauer-Wirths* WEG § 7 Bem 10. Um so weniger kann rechtsgültiges Sondereigentum dann entstanden sein, wenn ein Teil der den Gegenstand der Teilungserklärung bildenden Räume (hier Garagen), gar nicht errichtet worden ist, nach dem Willen der Beteiligten auch nicht mehr errichtet werden soll. In solchen Fällen einer baulich nicht vollständig durchgeführten Teilung nach § 8 WEG ist also davon auszugehen, daß an den ursprünglich noch geplanten, jedoch nicht errichteten Garagen kein Sondereigentum entstanden ist. Die Eintragung in den TeileigentumsGBüchern ist ungültig. Die Grundbücher sind unrichtig und müssen berichtigt werden, ohne daß es etwa einer zuvorigen Aufhebung des Sondereigentums bedürfte. Dies gilt, da infolge Nichtausnutzung der für die (nicht errichteten) Garagen vorgesehenen Miteigentumsanteile die gesamte Aufteilung des Grundstücks änderungsbedürftig geworden ist, auch für die übrigen Raumeigentumsgrundbücher. Das GBA kann einen Widerspruch gegen deren Richtigkeit eintragen."

Der teilende GrstEigentümer ist bez der Anteile einfacher Bruchteilseigentümer iSd §§ 741 ff. BGB geblieben. Neben Raumeigentum kann kein einfaches Bruchteilseigentum bestehen. Daher ist die Teilungserklärung zu ändern. Die (einfachen) Bruchteile sind auf die übrigen Raumeigentümer zu übertragen. Ein anderer Weg ist nicht gangbar.

Eine Quotenänderung ohne Änderung des Sondereigentums- das Bestehen einer rechtsgültigen Raumeigentumsgemeinschaft vorausgesetzt — wird zwar von Rspr und Schrifttum zugelassen, **BayObLG** NJW 1958, 2116 = DNotZ 1959, 40 = Rpfleger 1959, 277 = *Diester* WEGRspr Nr 25, 28a, *Diester* Die Aufgaben der GBÄmter nach dem WEG S 24 (Verlag Gieseking Bielefeld-Bethel); entscheidend ist jedoch, daß jede Inhaltsänderung der Teilauflassung und Eintragung im WohnungsGB bedarf.

Es finden hier die Grundsätze über unrichtige GrestFlächen und die zugehörige Rspr sinngemäße Anwendung. Die Unrichtigkeit der Wohnungs- und Teileigentums-GBücher geht über den Bereich des Tatsächlichen hinaus, so daß § 53 GBO anzuwenden ist; dazu *§ 53 Bem 7*. Daher scheidet eine Berichtigung durch das GBA von Amts wegen aus und es muß der umständliche und teilsweise teuere Weg, wie angegeben, zur Berichtigung der GBücher durchgeführt werden.

Seite 1784/1785 — **§ 28 Bem 17**

GBEintragungen in Bundeswährung Eintragung einer Sicherungszwangshypothek in ausländischer Währung ist unzulässig, **LG Osnabrück** Rpfleger 1968, 122 = DRspr IV (473) 105c.

Seite 1785ff. — **§ 28 Bem 18**; dazu auch *Nachtrag*

Wertsicherungsklausel LitHinweise *Fögen* Genehmigungsbedürftige Wertsicherungsklauseln und nicht genehmigungsbedürftige Leistungsvorbehalte BB 1967, 738, *Haegele* Geschäfts- und GrstVeräußerung auf Rentenbasis/Heidelberger Fachbücherei GmbH 1969, *Häring* Wertsicherungsklauseln in Miet- und GrstKaufverträgen BlGBW 1969, 43, *Hartmann* Die Wertsicherungsmöglichkeiten für die bedeutsamsten Dauerschuldverhältnisse durch Vertrag und durch Richterspruch nebst Formulierungsvorschlägen DB 1967 Beilage 2, *Hoffmann* Wertsicherungsklauseln im Bereich des Landwirtschaftsrechts RdL 1966, 309, *Kurz* Preisindices für die Lebenshaltung als Wertsicherungsmaßstab in Wertsicherungsklauseln NJW 1969, 827

Mitt Nr 1018/64 der Deutschen Bundesbank Hinweis für Rheinland-Pfalz BekJM vom 8. Januar 1965 JBl 51 Grundsätze der Deutschen Bundesbank bei der Entscheidung über Genehmigungsanträge nach § 3 WG.

Es ist allgemein anerkannt, daß sog Spannungsklauseln nicht unter § 3 WährG fallen, da der Wert dessen, was für die eine (eigene) Geldleistung erbracht werden soll, an Hand der anderen klassifiziert wird mit dem Zweck, die Spannung zwischen einer Rente oder einem Gehalt und einem bestimmten Tarifgehalt gleichmäßig zu halten, **BGH** DNotZ 1970, 536.

Zur Abgrenzung genehmigungsbedürftiger Gleitklauseln von genehmigungsfreuen Leistungsvorbehalten **BGH** DNotZ 1968, 408 = DB 1967, 2158 = WM 1967, 1248, NJW 1969, 91 = BB 1968, 568 = WM 1968, 470, BB 1968, 646 = WM 1968, 617, NJW 1970, 2103 = DNotZ 1970, 744 = MDR 1971, 36, zur Gleitklausel **BGH** BB 1968, 646 = DB 1968, 752, zur Änderung einer unzulässigen in eine zulässige Klausel, auch zur Frage der Einwilligung, **BGH** MDR 1966, 756 = BB 1966, 559 — WM 1966, 590 = DNotZ 1966, 739 = BWNotZ 1967, 121 Ls = LM § 1136 BGB Nr 1, zur mehrmaligen Anwendung einer Wertsicherungsklausel **OLG Saarbrücken** WM 1968, 558 = NJWZF XIV Nr 5336, zu besonderen Fällen, nämlich Altenteil **OLG Frankfurt aM** Rpfleger 1968, 358 (*Haegele*) DNotZ 1969, 98, bei Gesellschaft bez Gewinnbeteiligung **OLG Celle** DNotZ 1969, 419, bei Rentenreallast **OLG Düsseldorf** DNotZ 1968, 354 (429 *Schmitz-Valckenburg*) = OLGZ 1967, 461, bei Erbbauzins *§ 25 Bem 14* sowie § 25 Bem 12/*ErgVerz.*

Vereinbaren Parteien in einem Fall, in dem nach ausländischem Recht devisenrechtliche Erlaubnis zu einem Vertrag nötig ist, die Anwendung deutschen Rechts, so entscheidet das deutsche bürgerliche Recht auch darüber, ob bei nachträglich erteilter Devisengenehmigung das Rechtsgeschäft rechtswirksam ist; dazu **BGH** NJW 1970, 1002 gem Art 7ff. EGBGB zum Abkommen über den internationalen Währungsfonds bei Vereinbarung eines niederländischen Bürgen und einem deutschen Gläubiger.

Seite 1789 Zeile 13 von unten (letztes Wort) —*Haegele* (*berichtigt*)
Zeile 12 von unten (letztes Wort) — wahl — (*berichtigt*)

Seite 1791ff. — **§ 29**

Nachweis der Eintragungsgrundlagen

Seite 1791 — **Gesetzestext**

Neufassung der Vorschrift erfolgt durch das BeurkG; dazu E 25ff./*ErgVerz.*

GBO § 29 idF von 1935 in Neufassung des BeurkG

(1) Eine Eintragung soll nur vorgenommen werden, wenn die Eintragungsbewilligung oder die sonstigen zu der Eintragung erforderlichen Erklärungen durch öffentliche oder öffentlich beglaubigte Urkunden nachgewiesen werden. Andere Voraussetzungen der Eintragung bedürfen, soweit sie nicht bei dem Grundbuchamt offenkundig sind, des Nachweises durch öffentliche Urkunden.

(2) . . . .

(3) Erklärungen oder Ersuchen einer Behörde, auf Grund deren eine Eintragung vorgenommen werden soll, sind zu unterschreiben und mit Siegel oder Stempel zu versehen.

Die Neufassung beruht auf § 57 Abs 7 BeurkG (*Anh 63*); dazu *Riedel-Feil* BeurkG (E 25ff./*ErgVerz*, § 57 Bem 7.

Seite 1791/1792 — **Übersicht**

Ziffer V **Bem 20 bis 44 entfallen** infolge der Aufhebung des § 29 Abs 2 GBO 1935 idF des BeurkG.

Seite 1792 — **§ 29 Bem 1**

Auch § 29 GBOaF wurde geändert durch das BeurkG (*Anh 63*), und zwar durch § 57 Abs 6 aaO; dazu *Riedel-Feil* aaO § 57 Bem 7.

GBO § 29 idF von 1898 in Neufassung des BeurkG

Eine Eintragung soll nur erfolgen, wenn die Eintragungsbewilligung oder die sonstigen zu der Eintragung erforderlichen Erklärungen durch öffentliche oder öffentlich beglaubigte Urkunden nachgewiesen werden. Andere Voraussetzungen der Eintragung bedürfen, soweit sie nicht bei dem Grundbuchamt offenkundig sind, des Nachweises durch öffentliche Urkunden.

Seite 1792/1793 — **§ 29 Bem 2**

Die Neufassung, die das BeurkG (*Anh 63*) gebracht hat, beseitigt die Doppelzuständigkeit von Notar und Gericht in weitem Umfange; dazu E 25ff./*ErgVerz.* Deshalb wurde auch die Verweisung auf die aufgehobenen §§ 167ff. FGG aufgehoben, und zwar als gegenstandslos. Das GBA hat daher keine Zuständigkeit mehr. Für Baden-Württemberg wurde auf Grund des Vorbehalts in § 61 Abs 4 BeurkG (*Anh 63*) eine Beurkundungszuständigkeit in gewissem Umfange aufrecht erhalten insbes für Ratschreiber; dazu § 1 Bem 55, 56, § 20 Bem 47/*ErgVerz*, § 29 Bem 20ff., 62)/*ErgVerz.*

Seite 1795/1796 — **§ 29 Bem 12**

Eintragungsvoraussetzungen *Ergänzungen*

Seite 1795 — letzter Absatz

Beim gesetzlichen Vorkaufsrecht nach RSiedlG besteht keine Prüfungspflicht für das GBA, wie klarzustellen ist; dazu § 20 Bem 87b/*ErgVerz.*

Seite 1796 — Zeile 5 von oben

OLG Düsseldorf aaO bez Planskizze auch DNotZ 1968, 683 = DRspr IV (473) 101b

Seite 1796 — **§ 29 Bem 15**

Eigenschaft als gesetzlicher Vertreter Dazu *§ 18 Bem 111* mit *ErgVerz*

Läßt sich im Wege der Auslegung einer Vereinbarung feststellen, daß zur Entgegennahme einer vormundschaftsgerichtlichen Genehmigung und ihrer Mitteilung an den Vertragsgegner sowie zu deren Entgegennahme durch diesen (§ 1829 BGB) dieselbe Person bevollmächtigt sein soll, so genügt dies zur Annahme einer Doppelbevollmächtigung. Der Wille des Doppelbevollmächtigten, sich die Genehmigung als Bevollmächtigten des anderen Teils mitzuteilen, muß nach außen hin deutlich erkennbar sein. Gegenüber dem GBA bedarf bei Doppelbevollmächtigung der Nachweis der Mitteilung der Genehmigung an den Vertragsgegner keiner besonderen Form, also auch nicht der Form des § 29 GBO. Dies wird mit Recht von **OLG Hamm** JMNlNRW 1963, 190 = DNotZ 1964, 541 = Rpfleger 1964, 313 = BWNotZ 1964, 281 Ls im Anschluß an die allseits geübte Praxis gebilligt; eine abweichende Auffassung würde die Handhabung, auch beim GBA, wesentlich erschweren. Deshalb kann *Schäfer* Zur Anwendung des § 29 GBO auf die Mitteilung nach § 1829 Abs 1 S 2 BGB BWNotZ 1965, 201, der § 29 GBO auf die Mitteilung nach § 1829 Abs 1 S 2 BGB angewendet wissen will, nicht beigetreten werden.

Seite 1800ff. — **§ 29 Bem 20—44**

Erklärung vor dem GBA — § 29 Abs 2 GBOaF **entfällt** infolge der Neufassung der Vorschrift durch das BeurkG (*Anh 63*); dazu § 29 Bem 1,2/*ErgVerz.* Die Ausführungen im Kommentar über die Erklärung vor dem GBA sind also durch die Neufassung des Gesetzes überholt und gegenstandslos. Auch Entscheidungen zur Zuständigkeit des GBA zwecks Beurkundung sind überholt, wie **LG Kaiserslautern** Rpfleger 1968, 288. Die Ausführungen, sind, soweit sie nicht durch das BeurkG überholt sind, auf Beurkundungen durch Notare und andere Urkundspersonen sinngemäß anwendbar; dazu § 29 Bem 62/*ErgVerz*, zur Zulässigkeit der Bezugnahme in einer öffentlichen Urkunde auf eine andere öffentliche Urkunde DNotZ 1971, 4 bez einer Anfrage der LNotarkammer Bayern und einer Antwort der BNotarkammer.

Seite 1812 Zeile 22 von oben — Text (*berichtigt*)

Seite 1814ff. — **§ 29 Bem 44**

Kosten §§ 16, 44 KostO (*Anh 59*) Falls nicht die Beteiligten eines Beurkundungsgeschäfts eine getrennte Niederschrift mehrerer Erklärungen mit verschiedenem Gegenstand wünschen, ist zur Gebührenersparnis die Beurkundung in einer Niederschrift vorzunehmen, wenn die Erklärungen nicht nur zufällig gleichzeitig abgegeben werden, sondern innerlich zusammengehören, wie hier bei einem Kaufvertrag über einen Miteigentumsanteil an einem Grundstück und Werkvertrag zwecks Erstellung einer Eigentumswohnung zwischen denselben Beteiligten, **OLG Stuttgart** BWNotZ 1970,129.

Seite 1816ff. — **§ 29 Bem 45ff.**

Öffentliche Urkunden Diese Form des Nachweises blieb gesetzlich unverändert; für die Form ist jedoch das **BeurkG** (*Anh 63*) maßgebend.

Seite 1816ff. — **§ 29 Bem 47**

Öffentliche Behörde

Seite 1817 Zeile 4 von unten — verneint (*berichtigt*; es heißt nicht: vereint)

Seite 1818 — **Beispiele**

Die Behörden der Bundesautobahnen und der sonstigen Bundesstraßen sind nur insoweit Bundesbehörden, als der Bund die Verwaltung selbst nach Art 90 Abs 3 GG übernimmt. In Baden-Württemberg ist dies zB nicht der Fall; dazu bawüGABl 1969, 343. Die Handlungsorgane des bayerischen Roten Kreuzes sind keine Behörden iSd § 29 GBO, **BayObLG** BayObLGZ 1969, 89 = DNotZ 1969, 541 = Rpfleger 1969, 243 = JurBüro 1969, 758. Behörden iSd § 43 GBVfg (*GT 4*) sind auch die öffentlich-rechtlichen Sparkassen, **LG Ellwangen** BWNotZ 1970, 91.

Die Bayerische Staatsbank wurde in eine AG umgewandelt und mit der Bayerischen Vereinsbank vereinigt; sie ist daher keine Behörde mehr, § 32 (68b)/*Erg Verz.*

Seite 1818/1819 — **§ 29 Bem 48**

Mit öffentlichem Glauben versehene Personen Hier ist nunmehr das BeurkG (*Anh 63*) maßgebend, bez Landesrecht im Rahmen der Vorbehalte. In erster Linie kommen die Notare in Betracht nach §§ 1ff. BeurkG (*Anh 63*). Die BNotO idF des BeurkG (*Anh 60*) berücksichtigt den erweiterten Zuständigkeitsbereich der Notare. Für die Konsuln ist das Ges betr die Organisation der Bundeskonsulate sowie die Amtsrechte und Pflichten der Bundeskonsuln vom 8. November 1867 BGBl des norddeutschen Bundes 137 mit den Änderungen des § 57 Abs 1 BeurkG (*Anh 63*). Für die Standesbeamten ist § 58 BeurkG (*Anh 63*) einschlägig, wonach das PStG unberührt gelassen wurde. § 167 Abs 2 FGG bisheriger Fassung wurde durch § 57 Abs 5 Z 2 BeurkG (*Anh 63*) aufgehoben und ist daher nicht mehr anzuwenden. Unberührt gelassen sind die Zuständigkeiten von Gerichtspersonen nach den Prozeßgesetzen; ergänzend ist für Gerichtsvollzieher auf § 61 Abs 1 Z 3 BeurkG (*Anh 63*) hinzuweisen. Für die Abgrenzung der Tätigkeit der UrkBdGeschSt von der des RPflegers ist das RpflG (*Anh 137*) maßgebend. Bez der näheren Einzelheiten ist hierzu auf die Kommentierungen *Riedel-Feil* BeurkG und *Eickmann-Riedel* RpflG (E 25ff./*Erg Verz*) zu verweisen.

Seite 1819ff. — **§ 29 Bem 49ff.**

Grenzen der Amtsbefugnisse Auch hier sind das BeurkG (*Anh 63*) und das RpflG (*Anh 137*) zu berücksichtigen; dazu § 29 Bem 48/*Erg Verz.*

Seite 1820 — **§ 29 Bem 52**

Das **Nebeneinander von gerichtlicher und notarieller Beurkundung** wurde wesentlich zugunsten des Notariats durch das BeurkG (*Anh 63*) eingeschränkt. Die einschlägigen gesetzlichen Vorschriften wurden nach §§ 57ff. aaO geändert; zu den als Beispiele angeführten Vorschriften ist auf die Änderung durch § 56 BeurkG (*Anh 63*) zu verweisen, wonach die Doppelzuständigkeit beseitigt wurde. Bei §§ 780, 781 BGB genügt einfache Schriftform, soweit nicht die Besonderheit des Geschäfts erhöhte Voraussetzungen für die Beurkundung ergibt bzw nach § 782 BGB Formfreiheit besteht; dazu *Palandt* BGB § 780 Bem 3, § 781 Bem 3, § 782 Bem 1. Art 141 EGBGB wurde durch § 57 Abs 4 Z 2 BeurkG (*Anh 63*) aufgehoben; dieser für die Landesgesetzgebung wichtige Vorbehalt ist damit gefallen. Auch für Bayern ist das BeurkG (*Anh 63*) maßgebend; über die Aufhebung einschlägigen bayerischen Landersrechts § 60 Z 5ff. aaO Das gilt auch für andere landesrechtliche Vorschriften; über Aufhebung § 60 Z 1ff., 15ff. BeurkG (*Anh 63*). Nur für Baden-Württemberg wurden bestehende Vorbehalte aufrechterhalten, § 61 Abs 4, § 64 BeurkG (*Anh 63*). Bez Einzelheiten wird auf *Riedel-Feil* BeurkG (E 25ff./*ErgVerz*) verwiesen. Frühere Entscheidungen aus der Zeit vor dem Inkrafttreten des BeurkG, die die Zuständigkeit des GBA zur Beurkundung betreffen, sind überholt, insbes aus neuerer Zeit auch **LG Kaiserslautern** Rpfleger 1968, 288 = BWNotZ 1968, 317 Ls.

Seite 1820ff. — **§ 29 Bem 53**

Prozeßvergleich Durch § 127a BGB, der durch § 57 Abs 3 Z 1 BeurkG (*Anh 63*) in das BGB eingefügt wurde, blieb der Prozeßvergleich unberührt; dazu *Riedel-Feil* BeurkG (E 25ff./*ErgVerz*) § 1 Bem 11, § 57 Bem 5. Wenn ein gerichtlicher Vergleich, der formwidrig und daher nichtig ist, lange Zeit hindurch als wirksam betrachtet wird, insbes wenn lange Zeit nach ihm verfahren wird, so stellt es einen Verstoß gegen Treu und Glauben (§ 242 BGB) dar, wenn sich eine Partei mit dem Hinweis auf bloße Formvorschriften von dem Vergleich lossagen will, **BAG** NJW 1970, 349 = DB 1969, 1996 = DRspr I (120) 102b. Ist für die Durchführung der Vereinbarung die Form-Einhaltung erforderlich, so besteht in einem solchen Falle eine Verpflichtung (nach § 242 BGB), den Vergleich nachträglich formgemäß abzuschließen; dazu *Staudinger-Weber* BGB § 242 Bem A 418. Bei Vergleichen, die sich auf GBRecht beziehen, ist es zweckmäßig, einen Zusatz aufzunehmen, daß sich die Parteien verpflichten, falls erforderlich, etwaige ergänzende für die Eintragung im GB erforderliche Erklärungen formgerecht noch abzugeben; dann ist in einem späteren Streitfall eine ausdrückliche Vereinbarung vorhanden und dadurch die Rechtslage klarer. Zur Eintragung eines Widerspruchs § 53 Ben 26ff./*ErgVerz*

Seite 1822/1823 — **§ 29 Bem 54ff.**

Besondere Zuständigkeiten bestehen nur im Rahmen der Vorbehalte des BeurkG (*Anh 63*). Die Vorbehalte sind in §§ 61ff. aaO enthalten; dazu die Erläuterungen bei *Riedel-Feil* BeurkG (E 25ff./*ErgVerz*).

Seite 1822 — **§ 29 Bem 54**

Eigenheime als Rentenstellen für ländliche Arbeiter Die LAVO (*Anh 116*) mit der 1. DVO dazu wurde durch § 55 Z 6,7 BeurkG (*Anh 63*) geändert. Es sind daher noch die Durchführungsbehörden für die Beurkundungen zuständig, aber die Regelung nach § 8 Abs 1 S 3 bis 5 LAVO (*Anh 116*) entfällt, so daß insoweit die Regelung nach dem BeurkG (*Anh 63*) einschlägig ist, wie aus § 1 Abs 2 aaO zu folgern ist; dazu *Riedel-Feil* aaO § 1 Bem 9.

Seite 1822 — **§ 29 Bem 55**

Wasser- und Bodenverband Auch hier kommt für das Verfahren das BeurkG (*Anh 63*) ergänzend zur Anwendung; dazu § 20 Bem 40/*ErgVerz.*

Seite 1822 — **§ 29 Bem 57**

Vermessungsbehörden Es besteht Zuständigkeit nach dem Ges vom 15. November 1937 (*Anh 148*); dazu auch § 20 Bem 43/*ErgVerz.* Die Zuständigkeit der Vermessunggsbehörden ist nach § 61 Abs 1 Z 6 bis 8 BeurkG (*Anh 63*) unberührt gelassen; dazu *Riedel-Feil* BeurkG (E 25/*ErgVerz*) § 61 Bem 8, 9, 10. Dieses Ges vom 15. November 1937 verweist jedoch auf die aufgehobenen Vorschriften des FGG über gerichtliche und notarielle Beurkundung. Insoweit treten an die Stelle derselben die entsprechenden Bestimmungen des BeurkG, wie aus § 69 BeurkG (*Anh 63*) folgt. Dies gilt auch für den RdErl vom 13. Januar 1938 (*Anh 149*) und für Landesrecht, das in Ergänzung zu dem erwähnten Gesetz erlassen wurde; dazu § 20 Bem 43/*ErgVerz.* Da jedoch das einschlägige Beurkundungsrecht durch das BeurkG unberührt belassen wurde, kann neues Recht abweichend hiervor ergehen.

Seite 1822 — **§ 29 Bem 59**

Bergbehörde Auch bez der Bergbehörden und deren Beurkundungszuständigkeiten ist durch das BeurkG (*Anh 63*) eine Änderung eingetreten, und zwar durch § 56 Abs 1, § 60 aaO; dazu auch § 29 Bem 62/*ErgVerz.*

Seite 1823 — **§ 29 Bem 60**

Fideikommißverfahren Das BeurkG (*Anh 63*) ließ dieses Verfahren durch § 61 Abs 1 Z 5 aaO unberührt; dazu *Riedel-Feil* BeurkG (E 25ff./*ErgVerz*) § 61 Bem 7, auch § 29 Bem 62/*ErgVerz.*

Seite 1823 — **§ 29 Bem 61**

Landesrecht Das Landesrecht besteht nur nach Maßgabe des BeurkG (*Anh 63*) weiter; dazu § 20 Bem 44ff., § 29 Bem 52ff./*ErgVerz.*

Für Niedersachsen ist bez der Postbeamten auf die Beurkundungsbefugnis zu GrstVeräußerungsverträgen hinzuweisen (*Anh 13*).

Seite 1823/1824 — **§ 29 Bem 62**

Form Es ist das BeurkG (*Anh 63*) maßgebend, soweit dieses nicht Vorbehalte zugunsten der Bundes- oder Landesgesetzgebung macht; dazu auch § 20 Bem 48/*ErgVerz*, über Einzelheiten des BeurkG Kommentierung von *Riedel-Feil* BeurkG (E 25ff./*ErgVerz*) und DBR *Riedel* II F 12 BeurkG Erläuterung. Da die §§ 167ff. FGG, die in *§ 29 Bem 27ff.* besprochen werden, durch § 57 Abs 5 Z 2 BeurkG (*Anh 63*) aufgehoben wurden, richtet sich das Verfahren nach §§ 1ff. aaO, soweit nicht Ausnahmen ausdrücklich zugelassen sind. Die in *§ 29 Bem 27ff.* dargestellten Grundsätze sind daher nur noch insoweit anwendbar, als sie mit dem neuen Recht in Einklang stehen, und zwar bei Notaren und anderen Urkundspersonen, nicht aber beim GBA, das keine Zuständigkeit mehr hat, soweit nicht in Baden-Württemberg Vorbehalte bestehen; dazu § 29 Bem 20ff./*ErgVerz.*

Einige wichtige Gesichtspunkte sollen hier hervorgehoben werden; im übrigen wird auf die erwähnte Kommentierung zum BeurkG verwiesen:

Inwieweit Bundes- und Landesrecht **vom BeurkG unberührt** gelassen sind, ergibt sich aus den Schlußvorschriften des BeurkG (*Anh 63*), den §§ 55ff. aaO, nämlich insbes die Vorschriften über

Vermessung und Abmarkung, § 61 Abs 1 Z 6, 7, 8 BeurkG; dazu § 20 Bem 43, § 29 Bem 52/*ErgVerz*, auch *Riedel-Feil* BeurkG § 61 Bem 8ff.,

Rückerstattung, § 61 Abs 1 Z 10 BeurkG, auch § 22 Bem 24/*ErgVerz* sowie *Riedel-Feil* aaO Bem 12,

Beglaubigung amtlicher Unterschriften zwecks Legalisation, § 61 Abs 1 Z 11 BeurkG; dazu § 29 Bem 81/*ErgVerz*, auch *Riedel-Feil* aaO Bem 13,

Fideikommißverfahren, § 61 Abs 1 Z 5 BeurkG; dazu § 29 Bem 60/*ErgVerz*, auch *Riedel-Feil* aaO Bem 7,

Gemeinheitsteilung und agrarrechtliche Ablösungsverfahren, § 61 Abs 1 Z 9 BeurkG, dazu § 117 Bem 89ff./*ErgVerz*, auch *Riedel-Feil* aaO Bem 11,

freiwillige Versteigerung, § 61 Abs 1 Z 1 BeurkG, auch *Riedel-Feil* aaO Bem 3, Beurkundungen durch Gerichtsvollzieher bei Wechsel- und Schekprotesten, § 61 Abs 1 Z 3 BeurkG, auch *Riedel-Feil* § 1 Bem 9, 11, § 61 aaO Bem 5,

Eid und eidesstattliche Versicherung, § 61 Abs 1 Z 4 BeurkG, auch *Riedel-Feil* aaO Bem 6, auch im Rahmen der ZPO und anderer Verfahrensgesetze, *Riedel-Feil* aaO § 1 Bem 11. Im Erbscheinsverfahren nach § 2356 BGB ist die gerichtliche Zuständigkeit neben der des Notars für die Entgegennahme einer eidesstattlichen Versicherung aufrechterhalten, § 56 Abs 3 S 2 BeurkG nF; dazu **OLG Celle** MDR 1970, 930, *Riedel-Feil* aaO § 56 Bem 2, auch § 35 Bem 33ff./*ErgVerz*.

Personenstand nach dem PStG, § 58 BeurkG, auch *Riedel-Feil* BeurkG § 58 Bem 1, 2,

Konsulargerichtsbarkeit, § 57 Abs 1 BeurkG; dazu § 20 Bem 42/*ErgVerz*.

Im Bereich des AktG, GmbHG und GenG wurde die Doppelzuständigkeit von Gericht und Notar beseitigt, § 56 Abs 1, 2 § 57 Abs 2 BeurkG (*Anh 63*), auch bei der Regelung über Mitbesitz an Schuldverschreibungen, § 55 Z 2, § 56 Abs 1, 2 BeurkG (*Anh 63*).

Das BeurkG und seine Regelung über die Zuständigkeit und das Verfahren bei der Beurkundung gilt unmittelbar oder sinngemäß nach § 1 BeurkG (*Anh 63*), soweit nicht nach den Schlußvorschriften der §§ 55ff. aaO Vorbehalte bestehen; dazu *Riedel-Feil* BeurkG § 1 Bem 1ff. Regelmäßig ist der **Notar** zuständig. Für **andere Urkundspersonen,** auf die das Gesetz anzuwenden ist, gilt dessen Regelung sinngemäß.

Die sachliche und örtliche Zuständigkeit **der Urkundspersonen** ergibt sich aus den einschlägigen Gesetzen; dazu *Riedel-Feil* BeurkG § 1 Bem 5ff. Die Überschreitung der örtlichen Unzuständigkeit beeinflußt die Wirksamkeit der Beurkundung nicht, § 2 BeurkG (*Anh 63*). Der sachliche Geltungsbereich des BeurkG bezieht sich auf die **öffentlichen Beurkundungen,** *Riedel-Feil* BeurkG § 1 Bem 4.

Ein Verbot der Mitwirkung besteht nach § 3 BeurkG (*Anh 63*) für den Notar oder die sonstige Urkundsperson. Die Regelung ist sehr eingehend und grenzt gesetzlich die Fälle ab, in denen eine Beteiligung oder ein Interesse am Inhalt der Beurkundung besteht; dazu *Riedel-Feil* BeurkG § 3 Bem 2ff., DBR *Riedel* II F 12 BeurkG Erläuterung zu § 3, *Palandt* BGB BeurkG § 3 Bem 1ff. Da es eine Soll-Vorschrift ist, ist zwar die Einhaltung Pflicht der Amtsperson, ein Verstoß hat aber keine Unwirksamkeit zur Folge, *Riedel-Feil* aaO Bem 3. Daneben sieht § 4 BeurkG (*Anh 63*) eine Ablehnung der Beurkundung vor, und zwar sehr weitgehend, nämlich, wenn sie mit den Amtspflichten der Urkundsperson nicht vereinbar ist; dazu *Riedel-Feil* BeurkG § 3 Bem 2ff., DBR *Riedel* II F 12 BeurkG Erläuterung zu § 4, *Palandt* BGB BeurkG § 4 Bem 1. Auch diese Vorschrift ist eine Soll-Bestimmung, *Riedel-Feil* aaO Bem 3. Dem gegenüber sind die Vorschriften der §§ 6, 7 BeurkG (*Anh 63*) über die Ausschließung der Urkundsperson bei der Beurkundung von Willenserklärungen zwingende Vorschriften, bei denen ein Verstoß bei § 6 aaO absolute, bei § 7 relative Unwirksamkeit zur Folge hat; dazu *Riedel-Feil*, DBR *Riedel* und *Palandt* aaO Bemerkungen zu diesen Vorschriften. Die Ausführungen unter *§ 29 Bem 28* über die Ablehnung der Beurkundung sind nur im Rahmen der angeführten Vorschriften anwendbar.

Die Urkundensprache ist grundsätzlich deutsch, eine Protokollierung in einer anderen Sprache kommt nur unter bestimmten Voraussetzungen vor, § 5 BeurkG (*Anh 63*); dazu *Riedel-Feil* BeurkG § 5 Bem 2ff., DBR *Riedel* II F 12 BeurkG Erläuterung zu § 5, *Palandt* BGB BeurkG § 5 Bem 1, über den Anwendungsbereich, insbes Zuziehung von Dolmetscher usw *Riedel-Feil* aaO Bem 2.

Die Niederschrift bei Beurkundung von Willenserklärungen ist in §§ 8ff. BeurkG, geregelt; dazu eingehend *Riedel-Feil* BeurkG Bem zu §§ 8ff. mit Vordruck-Mustern *Haegele* BeurkG Textausgabe, ebenfalls mit Mustern, DBR *Riedel* II F 12 BeurkG Erläuterung zu §§ 8ff., *Palandt* BGB BeurkG Bem zu §§ 8ff. Der Begriff der Beteili-, gung ist nach § 6 Abs 2 BeurkG auf die formelle Beteiligung beschränkt, *Riedel-Feil* BeurkG § 6 Bem 5; es ist dies also ebenso wie im bisherigen Recht, *§ 29 Bem 29*. Übersetzung der Niederschrift, uU Zuziehung eines Dolmetschers, ist nach § 16 BeurkG (*Anh 63*) nötig; dazu *Riedel-Feil* BeurkG § 16 Bem 2ff., DBR *Riedel* II F 12 BeurkG Erläuterung zu § 16, *Palandt* BGB BeurkG § 16 Bem 1ff. Übersetzung anstelle des Vorlesens ist nur dann zwingend vorgeschrieben, wenn die Niederschrift eine Feststellung iSd § 16 Abs 1 aaO enthält. Bei der Beteiligung behinderter Personen — von Tauben, Stummen und Blinden sowie Schreibunfähigen — sind in §§ 22ff. BeurkG (*Anh 63*) Sicherungen getroffen, insbes durch Zuziehung von Personen zur Beurkundung neben der Urkundsperson und Regelung des Verbots der Mitwirkung als Zeuge oder 2. Notar; dazu die Kommentierung bei *Riedel-Feil* BeurkG und die Erläuterung bei DBR *Riedel* II F 12 und *Palandt* aaO. Diese Regelung tritt an die Stelle der früheren Vorschriften, die in *§ 29 Bem 30ff., 34* besprochen sind.

Notwendig ist die Feststellung der Beteiilgten, § 10 BeurkG (*Anh 63*); dazu *Riedel-Feil* BeurkG § 10 Bem 2ff., DBR *Riedel* II F 12 Erläuterung zu § 10, *Palandt* BGB BeurkG § 10 Bem 1ff. Die Niederschrift muß eine genaue Feststellung darüber enthalten, auch soweit Bedenken bestehen. Kann sich der Notar oder eine andere Urkundsperson diese Gewißheit nicht verschaffen, so ist die Beurkundung abzulehnen und nur zu beurkunden, soweit darauf bestanden wird. Im übrigen wird auf *§ 29 Bem 35* Bezug genommen.

Auch die Geschäftsfähigkeit und die Verfügungsbefugnis bzw die Vertretungsberechtigung sind festzustellen und zu prüfen, §§ 11, 12 BeurkG (*Anh 63*); dazu *Riedel-Feil* BeurkG § 11 Bem 2ff., § 12 Bem 2ff., DBR *Riedel* II F 12 Erläuterung zu §§ 11, 12, *Palandt* BGB BeurkG § 11 Bem 1ff., § 12 Bem 1, 2. § 11 BeurkG schließt sich an den aufgehobenen § 28 BNotO an. Für Verfügungen von Todes wegen enthält § 28 BeurkG (*Anh* 63) eine ergänzende Sonderregelung. Es wird von der erforderlichen Geschäftsfähigkeit gesprochen, weil auch die Testierfähigkeit mitumfaßt wird. Bei schwerer Krankheit hat die Urkundsperson ebenfalls eine Feststellung über die Geschäftsfähigkeit zu treffen. § 12 BeurkG (*Anh 63*) bez des Nachweises der Vertretungsberechtigung übernimmt im wesentlichen den aufgehobenen § 29 Abs 3 BNotO. Dazu wird auf *§ 29 Bem 36* verwiesen.

Der Inhalt der Niederschrift ergibt sich aus §§ 9ff. BeurkG (*Anh 63*), bei Beteiligung behinderter Personen auch aus §§ 22ff. aaO, bei letztwilligen Verfügungen auch nach §§ 27ff. aaO; dazu die Kommentierung bei *Riedel-Feil* BeurkG und die Erläuterung bei DBR *Riedel* II F 12 BeurkG und *Palandt* BGB BeurkG. Die Niederschrift muß enthalten die Bezeichnung des Notars oder der sonstigen Urkundsperson und der Beteiligten, ferner die Erklärungen der Beteiligten und Ort sowie Tag der Verhandlung. Anlagen sind zur Niederschrift zu rechnen. Die Niederschrift ist vorzulesen, von den Beteiligten zu genehmigen und zu unterschreiben, § 13 BeurkG (*Anh 63*). Bei mehreren Niederschriften mit ganz oder teilweise übereinstimmendem Inhalt genügt es, wenn dieser einmal vorgelesen wird. Nach § 14 aaO besteht eine eingeschränkte Vorlesungspflicht bei Grundpfandrechten, Schiffshypotheken und Registerpfandrechten an Luftfahrzeugen. Während § 14 aaO neu ist, schließt sich § 13 aaO an die aufgehobenen § 177 Abs 1 FGG und § 2242 BGB an. Insoweit wird auf *§ 29 Bem 38ff.* verwiesen.

Für Anlagen anderer Art, als Erklärungen, wie Karten, Pläne usw. brauchen die besonderen Voraussetzungen, die das BeurkG (*Anh 63*) an die Niederschrift stellt, nicht erfüllt zu sein; dazu *Crusius* Die Bezugnahme auf außerhalb der Niederschrift liegende Schriftstücke und Umstände DNotZ 1966, 657, *Keidel* FGG § 176 Bem 15, **KG** OLGZ 1966, 492 = Rpfleger 1967, 50, auch **BGH** NJW 1968, 1331 = MDR 1986, 653 = DNotZ 1968, 623 = Rpfleger 1968, 218 = DB 1968, 1013 = DB 1968, 1020 = BWNotZ 1968, 166 Ls = LM § 176 Abs 2 FGG Nr 2 = DRspr IV (470) 122d (dazu kritisch *Ripfel* Können Karten, Pläne und dergl wirklich nicht Protokollanlagen iSd § 176 Abs 2 FGG sein? BWNotZ 1968, 174), auch *Riedel-Feil* BeurkG § 9 Bem 6, § 12 Bem 7 sowie § 29 Bem 82ff./*ErgVerz.*

Die Ausfertigung ist in §§ 47ff. BeurkG (*Anh 63*) geregelt, für die Beglaubigung einer Abschrift ist § 42 aaO maßgebend; dazu die Kommentierung bei *Riedel-Feil* BeurkG und die Erläuterung bei DBR *Riedel* II F 12 BeurkG und *Palandt* BGB BeurkG, ergänzend auch *§ 29 Bem 42.* § 1 VO zur Vereinfachung des Verfahrens auf dem Gebiet des Beurkundungsrechts vom 21. Oktober 1942 RGBl I 609 wurde durch § 55 Z 11 BeurkG (*Anh 63*) außer Kraft gesetzt, im übrigen blieb die VO in Geltung; dazu *Riedel-Feil* BeurkG § 50 Bem 1ff. **OLG Frankfurt aM** Rpfleger 1968, 153 zu § 1 Abs 2 aaO bez Ausfertigung einer Urkunde im Rank XEROX-Verfahren ist daher überholt, ebenso **KG** DNotZ 1969, 448 und *Karle* Unter Verwendung eines Lichtbildes hergestellte Ausfertigungen und Abschriften BWNotZ 1968, 21.

Eine Ausnahme bei amtlichen Beglaubigungen von Verwaltungsbehörden enthält § 65 BeurkG (*Anh 63*); dazu *Riedel-Feil* BeurkG § 65 Bem 1, 2. Im übrigen wird auf *§ 29 Bem 42* verwiesen. Das frühere Landesrecht hat nur noch Bedeutung im Rahmen der Übergangsregelung des BeurkG.

Die Prüfungs- und Belehrungspflicht des Notars und der sonstigen Urkundsperson ist in § 17ff. BeurkG (*Anh 63*) geregelt; dazu die Kommentierung *Riedel-Feil* BeurkG und DBR *Riedel* II F 12 BeurkG Erläuterung zu §§ 17ff., auch *Palandt* BGB BeurkG Bem zu §§ 17ff. Die wichtigsten Grundsätze sind zu § 1 Bem 76i, k, l/*ErgVerz* hervorgehoben.

Seite 1824ff. — **§ 29 Bem 63ff.**

Öffentlich beglaubigte Urkunden Diese Form des Nachweises blieb gesetzlich unverändert; jedoch für die Zuständigkeit und Form der Beurkundung ist nunmehr das BeurkG (*Anh 63*) maßgebend. Dazu auch *§ 29 Bem 82ff.* mit *ErgVerz.*

Seite 1825/1826 — **§ 29 Bem 64**

Zuständigkeit Nunmehr ist das BeurkG (*Anh 63*) maßgebend. Es kommen in Betracht § 40 BeurkG (*Anh 63*) für die Beglaubigung einer Unterschrift und § 41 aaO für die Beglaubigung der Zeichnung einer Firma oder Namensunterschrift; dazu die Kommentierung bei *Riedel-Feil* BeurkG sowie die Erläuterung bei DBR *Riedel* II F 12 BeurkG. Die früheren Zuständigkeiten, die in *§ 29 Bem 64* aufgeführt sind sind daher nicht mehr einschlägig, soweit es sich nicht um eine Übergangsregelung handelt. Auszugehen ist vom BeurkG und seinen Vorbehalten. Die sachliche Zuständigkeit muß sich also aus dem BeurkG und seinen Vorbehalten ergeben; dazu *Riedel-Feil* BeurkG § 40 Bem 12, 13 unter Anführung der wichtigsten Fälle für Zuständigkeiten. Unberührt bleiben insbes die Regelungen der Konsulargerichtsbarkeit und der Legalisation.

Bez der **Ortsgerichte** ist hinzuweisen auf folgende neue Vorschriftcn:

Hessen Ortsgerichte RdErlJM vom 14. Dezember 1970 JMBl 1038

Rheinland-Pfalz Dienstanweisung für die Ortsgerichte über die öffentliche Beglaubigung von Unterschriften AVJM vom 14. Oktober 1970 JBl 218

Im übrigen vlg auch *§ 20 Bem 44ff.* mit *ErgVerz.*

Seite 1826ff. — **§ 29 Bem 65ff.**

Form Die Form der Beglaubigung ergibt sich aus den §§ 40, 41 BeurkG (*Anh 63*); dazu *Riedel-Feil* BeurkG § 40 Bem 2ff., § 41 Bem 2ff. sowie DBR *Riedel* II F 12 BeurkG Erläuterung zu §§ 40, 41. Das Beglaubigungsverfahren bez Unterschriften schließt sich an die bisherige Regelung in dem aufgehobenen § 183 FGG und einschlägigen Landesrechts an und zwar mit wenig sachlichen Änderungen. Die Regelung der Beglaubigung der Zeichnung einer Firma oder Namensunterschrift ist neu. Das frühere Landesrecht hat noch für die Übergangsregelung Bedeutung. Insoweit wird auf *§ 29 Bem 65ff.* verwiesen.

Seite 1828/1829 — **§ 29 Bem 69, 70**

Offenkundigkeit Dazu *§ 29 Bem 85* mit *ErgVerz.*

Seite 1832ff. — **§ 29 Bem 77ff.**

Prüfung der Urkunden durch das GBA Hierbei ist das BeurkG (*Anh 63*) zu berücksichtigen. Im übrigen ist auch auf *§ 29 Bem 82ff.* mit *ErgVerz* zu verweisen.

Seite 1833ff. — **§ 29 Bem 80, 81**

§ 61 Abs 1 Z 11 BeurkG (*Anh 63*) hat die Vorschriften des Landesrechts unberührt gelassen, die sich auf die Beglaubigung amtlicher Unterschriften zum Zwecke der **Legitimation** beziehen, wobei es gleichgültig ist, ob die Legalisation inländische oder ausländische Urkunden betrifft; dazu *Riedel-Feil* BeurkG (E 25ff./*ErgVerz*) § 61 Bem 13.

Seite 1833ff. — **§ 29 Bem 81**

Echtheit der Urkunde — ausländische Urkunden Die **Legalisation** wurde durch das BeurkG (*Anh 63*) unberührt gelassen; dazu § 29 Bem 62, 80/81/*ErgVerz.*

Zusätzlich kommt das

Europäische Übereinkommen vom 7. Juni 1968 zur Befreiung der von diplomatischen oder konsularischen Vertretern errichteten Urkunden von der Legalisation

in Betracht, das in London geschlossen wurde und dem sich auch die BRD angeschlossen hat; dazu BTDrS VI/943. Als Grund für dieses Abkommen wird angegeben, daß der Legalisationszwang, den das deutsche Recht nicht kennt, oft ein zeitraubendes Verfahren bedinge und daher den internationalen Urkundenverkehr hemme, daß das Haager Übereinkommen vom 6. Oktober 1961 zur Befreiung ausländischer öffentlicher Urkunden von der Legalisation diesen unbefriedigenden Zustand nicht ganz beseitige. Da die von diplomatischen oder konsularischen Vertretern errichteten öffentlichen

Urkunden von dieser Regelung ausgenommen sind, besteht eine Lücke, die das neue Abkommen schließt; so auch BTDrS VI/1513.

Das Abkommen hat folgenden Wortlaut:

Art 1

Unter Legalisation im Sinne dieses Übereinkommens ist nur die Förmlichkeit zu verstehen, die dazu bestimmt ist, die Echtheit der Unterschrift auf einer Urkunde, die Eigenschaft in welcher der Unterzeichner der Urkunde gehandelt hat, und gegebenenfalls die Echtheit des Siegels oder Stempels, mit dem die Urkunde versehen ist, zu bestätigen.

Art 2

(1) Dieses Übereinkommen ist auf Urkunden anzuwenden, die von den diplomatischen oder konsularischen Vertretern einer Vertragspartei in ihrer amtlichen Eigenschaft und in Wahrnehmung ihrer Aufgaben in dem Hoheitsgebiet irgendeines Staates errichtet worden sind und die vorgelegt werden sollen:

a) in dem Hoheitsgebiet einer anderen Vertragspartei oder
b) vor diplomatischen oder konsularischen Vertretern einer anderen Vertragspartei, die ihre Aufgaben in dem Hoheitsgebiet eines Staates wahrnehmen, der nicht Vertragspartei dieses Übereinkommens ist.

(2) Dieses Übereinkommen ist auch auf amtliche Bescheinigung wie zB Vermerke über die Registrierung, Sichtvermerke zur Feststellung eines bestimmten Zeitpunktes und Beglaubigung von Unterschriften anzuwenden, die von den diplomatischen oder konsularischen Vertretern auf anderen als den in Abs 1 genannten Urkunden angebracht sind.

Art 3

Jede Vertragspartei befreit die Urkunden, auf die dieses Übereinkommen anzuwenden ist, von der Legalisation.

Art 4

(1) Jede Vertragspartei trifft die notwendigen Maßnahmen, um zu vermeiden, daß ihre Behörden die Legalisation in Fällen vornehmen, in denen dieses Übereinkommen von der Legalisation befreit.

(2) Jede Vertragspartei stellt, soweit erforderlich, die Prüfung der Echtheit der Urkunden sicher, auf die dieses Übereinkommen anzuwenden ist. Für diese Prüfung werden Gebühren oder Auslagen irgendwelcher Art nicht erhoben; sie wird so schnell wie möglich vorgenommen.

Art 5

Dieses Übereinkommen geht im Verhältnis zwischen den Vertragsparteien den Bestimmungen von Verträgen, Übereinkommen oder Vereinbarungen vor, welche die Echtheit der Unterschrift diplomatischer oder konsularischer Vertreter, die Eigenschaft, in welcher der Unterzeichner einer Urkunde gehandelt hat, und gegebenenfalls die Echtheit des Siegels oder Stempels, mit dem die Urkunde versehen ist, der Legalisation unterwerfen oder unterwerfen werden.

Art 6

(1) Dieses Übereinkommen liegt für die Mitgliedsstaaten des Europarats zur Unterzeichnung auf. Es bedarf der Ratifikation oder der Annahme. Die Ratifikations- oder Annahmeurkunden werden beim Generalsekretär des Europarats hinterlegt.

(2) Dieses Übereinkommen tritt 3 Monate nach Hinterlegung der 3. Ratifikations- oder Annahmeurkunden in Kraft.

(3) Für jeden Unterzeichnerstaat, der das Übereinkommen später ratifiziert oder annimmt, tritt es 3 Monate nach Hinterlegung seiner Ratifikations- oder Annahmeurkunde in Kraft.

Art 7

(1) Nach Inkrafttreten diese Übereinkommens kann das Ministerkomitee des Europarats jeden Nichtmitgliedstaat einladen, dem Übereinkommen beizutreten.

(2) Der Beitrag erfolgt durch Hinterlegung einer Beitrittsurkunde beim Generalsekretär des Europarats; die Urkunde wird 3 Monate nach ihrer Hinterlegung wirksam.

Art 8

(1) Jede Vertragspartei kann bei der Unterzeichnung oder bei der Hinterlegung ihrer Ratifikations-, Annahme- oder Beitrittsurkunde einzelne oder mehrere Hoheitsgebiete bezeichnen, auf die dieses Übereinkommen Anwendung findet.

(2) Jede Vertragspartei kann bei der Hinterlegung ihrer Ratifikations-, Annahme- oder Beitrittsurkunde oder jederzeit darnach durch eine an den Generalsekretät des Europarats gerichtete Erklärung dieses Übereinkommen auf jedes weitere in der Erklärung bezeichnete Hoheitsgebiet erstrecken, dessen internationale Beziehungen sie wahrnimmt oder für das sie Vereinbarungen treffen kann.

(3) Jede nach Abs 2 abgegebene Erklärung kann in Bezug auf jedes darin genannte Hoheitsgebiet nach Maßgabe des Art 9 zurückgenommen werden.

Art 9

(1) Dieses Übereinkommen bleibt auf unbegrenzte Zeit in Kraft.

(2) Jede Vertragspartei kann dieses Übereinkommen durch eine an den Generalsekretär des Europarats gerichtete Notifikation für sich kündigen.

(3) Die Kündigung wird 6 Monate nach Eingang der Notifikation beim Generalsekretär wirksam.

Art 10

Der Generalsekretär des Europarats notifiziert den Mitgliedstaaten des Rates und jedem Staat, der diesem Übereinkommen beigetreten ist:

a) jede Unterzeichnung,
b) jede Hinterlegung einer Ratifikations-, Annahme- oder Beitrittsurkunde
c) jeden Zeitpunkt des Inkrafttretens diese Übereinkommens,
d) jede nach Art 8 eingegangene Erklärung,
e) jede nach Art 9 eingegangene Notifikation und den Zeitpunkt, zu dem die Kündigung wirksam wird.

Seite 1840 — Kolumnentitel **§ 29** 81 (*berichtigt*)

Seite 1842/1843

Bundesrecht zur Legalisation

BekBMJ vom 1. April 1970 BAnz Nr 77 über die ausländischen Behörden, die für die Erteilung der Apostille nach Art 3 des Haager Übereinkommens vom 5. Oktober 1961 zur Befreiung ausländischer Urkunden von der Legalisation zuständig sind; dazu DNotZ 1970, 453

Landesrecht zur Legalisation; dazu auch *Nachtrag*

Baden-Württemberg VO über die Durchführung des Art 2 des Ges zu dem Haager Übereinkommen vom 5. Oktober 1961 zur Befreiung ausländischer öffentlicher Urkunden von der Legalisation vom 8. Februar 1966 GBl 9, AVJM vom 22. März 1963 Justiz 112/ 7. Oktober 1963 aaO 311/ 29. Juni 1964 Justiz 177/ 22. Mai 1968 Justiz 168/ 20. Oktober 1969 Justiz 304, zuletzt 25. Mai 1970 Justiz 206 unter Aufhebung der AVJM vom 22. Mai 1968 und 20. Oktober 1969 Beglaubigung und Legalisation von deutschen Urkunden, die zum Gebrauch im Ausland bestimmt sind

AVJM vom 9. September 1966 Justiz 265 Apostille nach dem Haager Übereinkommen zur Befreiung ausländischer Urkunden von der Legalisation

Bayern VO zur Durchführung des Art 2 des Ges zu dem Haager Übereinkommen vom 5. Oktober 1961 zur Befreiung ausländischer öffentlicher Urkunden von der Legalisation vom 7. März 1966 GVBl 106

BekJM vom 28. Dezember 1966 JMBl 1967, 21/18. Januar 1968 JMBl 15/1. Oktober 1969 JMBl 182/1. Juli 1970 JMBl 84 (zu BayBSVJu Bd I Abschn C 6) Legalisation deutscher Urkunden und Erteilung von Apostillen und Bestätigungen nach dem Haager Übereinkommen vom 5. Oktober 1961 zur Befreiung ausländischer öffentlicher Urkunden von der Legalisation

Bremen Bek der für die Ausstellung der Apostille zuständigen Behörde vom 9. November 1965 ABl 309

Hamburg BekJM vom 27. Oktober 1965 JMBl 102 AnO über die Ausstellung der Apostille bei öffentlichen Urkunden

Hessen AnO der LRegierung über die Zuständigkeit zur Ausstellung der Apostille nach dem Haager Übereinkommen vom 5. Oktober 1961 zur Befreiung ausländischer öffentlicher Urkunden von der Legalisation vom 19. Dezember 1967 GVBl I 227

RdErlJM vom 28. April 1970 JMBl 409 Legalisation deutscher Urkunden, die zum Gebrauch im Ausland bestimmt sind, unter Aufhebung der früheren veröffentlichten RdErl vom 25. November 1955 JMBl 87/3. Dezember 1957 JMBl 104/18. Juli 1959 JMBl 47/20. Mai 1960 JMBl 67/30. Mai 1960 aaO 67/13. Oktober 1964 JMBl 144/ 29. April 1965 JMBl 230/5. August 1966 JMBl 256/14. März 1968 JMBl 141 und weiterer nicht veröffentlichter RdErl, die in Z IV des RdErl aufgeführt sind

RdErlJM vom 27. Mai 1966 JMBl 188/30. September 1966 aaO 309/9. Februar 1968 JMBl 121 Apostille nach dem Haager Übereinkommen zur Befreiung ausländischer öffentlicher Urkunden von der Legalisation

Niedersachsen AVJM vom 31. März 1964 NdsRpfl 84 Legalisation von Urkunden, die zum Gebrauch in Kuba bestimmt sind, AVJM vom 10. Oktober 1964 NdsRpfl 239 Legalisation von Urkunden, die zum Gebrauch in Kuwait bestimmt sind, BekJM vom 25. April 1966 NdsRpfl 101/16. Juni 1969 NdsRpfl 151 Ausstellung der Apostille (Beschluß des LMinisteriums vom 19. April 1966 MBl 402/3. Juni 1969), BekJM vom 4. Juli 1966 NdsRpfl 136/8. August 1966 aaO 184/10. Juli 1967 NdsRpfl 171/24. November 1969 NdsRpfl 272/6. März 1970 NdsRpfl 55 Legalisation von Urkunden und Erteilung der Apostille

§ 6 AGGBG vom 5. April 1963 GVBl 225 = SaBl 485 Legalisation (Zuständigkeit)

Nordrhein-Westfalen RechtsVO der LRegierung zur Regelung der Zuständigkeit für die Erteilung der Apostille vom 8. Februar 1966 GVBl 36

RdVfgJM vom 10. April 1964 Legalisation öffentlicher Urkunden zur Verwendung im Ausland, hier Auslandsvertretungen (Hinweis JMBlNRW 99)

Rheinland-Pfalz AVJM vom 16. Juli 1963 JBl 146/6. November 1968 JBl 221/ 11. Dezember 1969 JBl 1970, 4 Beglaubigung und Legalisation von deutschen Urkunden, die zum Gebrauch im Ausland bestimmt sind, mit Anlage A und B idF vom 25. Oktober 1966 JMBl 249 (nicht in der Sammlung JVVRPf enthalten) unter Aufhebung der früheren AVJM vom 14. Januar 1964 JBl 25/25. März 1964 aaO 74/14. April 1964 aaO 81, RdVfgJM vom 15. Juni 1964 (9101 R-I. 2/64) und der weiteren AVJM vom 2. Juli 1964 JBl 157/24. September 1964 aaO 206/10. November 1964 aaO 237/26. November 1965 JBl 224

AVJM vom 10. Mai 1967 JBl 79 Geschäftliche Behandlung der Anträge auf Ausstellung der Apostille und auf Feststellung der Übereinstimmung der Angaben in der Apostille mit denen des Registers gemäß den Haager Übereinkommen vom 5. Oktober 1961 zur Befreiung ausländischer öffentlicher Urkunden von der Legalisation BGBl II 876 unter Aufhebung der AVJM vom 15. Februar 1966 JBl 28

AVJM vom 20. Februar 1969 JBl 37 Rechtshilfeverkehr in Zivilsachen mit der USA, hier Zustellung an amerikanische Soldaten in Vietnam (nicht in der Sammlung JVVRPfl enthalten)

Saarland AnO vom 21. Dezember 1965 ABl 1966, 157 betr die für die Ausstellung der Apostille nach Art 3, 6 und 7 des Übereinkommens zur Befreiung ausländischer öffentlicher Urkunden von der Legalisation vom 5. Oktober 1961 zuständigen Stellen

Schleswig-Holstein VO vom 15. Oktober 1965 GVBl 98 zur Regelung der Zuständigkeiten nach dem Ges vom 21. Juni 1965 zu dem Haager Übereinkommen zur Befreiung ausländischer öffentlicher Urkunden von der Legalisation

AVJM vom 29. Juni 1966 SchlHA 161 Geschäftliche Behandlung der Anträge auf Ausstellung der Apostille und auf Feststellung der Übereinstimmung der Angaben in der Apostille mit denen des Registers gemäß dem Haager Übereinkommen vom 5. Oktober 1961 zur Befreiung ausländischer öffentlicher Urkunden von der Legalisation BGBl II 1965, 876

AVJM vom 17. März 1970 SchlHA 86/25. Mai 1970 SchlHA 135 Legalisation deutscher Urkunden und Erteilung von Apostillen und Bestätigungen nach dem Haager Übereinkommen vom 5. Oktober 1961 zur Befreiung ausländischer Urkunden von der Legalisation

Seite 1843 ff. — **§ 29 Bem 82ff.**

Beweiskraft der Urkunden LitHinweise *Haegele* Urkundenvorlage beim GBA Rpfleger 1967, 33, Zur Verwendung von Fotokopien und anderen Vervielfältigungen für Urkunden-Ausfertigungen Rpfleger 1969, 81, *Müller* Mängel der äußeren Form und ihr Einfluß auf die Beweiskraft notarieller Urkunden BWNotZ 1969, 187, *Riggers* Zur Vollmacht im GBVerkehr JurBüro 1967, 381, Prokura und Handlungsvollmacht im GBVerkehr aaO 381

Die Formvorschrift des § 29 GBO gilt auch für die mit der Eintragungsbewilligung durch Schnur und Siegel des Notars gemäß § 44 BeurkG (*Anh 63*) verbundene Planskizze, wenn auf diese Anlage in der Bewilligung hingewiesen wird, **OLG Düsseldorf** JMBlNRW 1968, 150 = DRspr IV (473) 101b; dazu § 29 Bem 62/*ErgVerz.* Es wird also im Bereich des GBRechts mehr gefordert als nach dem BeurkG (*Anh 63*), dann nämlich, wenn die Planskizze nach dem erklärten Willen der Beteiligten ihren Willen zum Ausdruck bringt, also der Ergänzung der beurkundeten Erklärungen dient. Auch Ablichtungen sind Abschriften; wird die Übereinstimmung einer solchen Abschrift mit der Urschrift beglaubigt, so bedarf es nicht der Bescheinigung, daß es sich um ein vollständiges Lichtbild der Hauptschrift handelt, **BayObLG** DNotZ 1969, 492 = Rpfleger 1969, 241. Mehrere Abschriften bzw Ablichtungen können durch Schnur und Siegel verbunden und durch einen einzigen Vermerk beglaubigt werden, **BayObLG** aaO. Die von einem Notar ausgestellte Beglaubigung der Fotokopie einer Auflassung stellt sich als Urkunde iSd § 29 Abs 1 S 1 GBO dar; die Fotokopie als solche ist zwar keine Urkunde, sondern nur Reproduktion einer Erklärung und läßt überdies nicht den Aussteller erkennen, dagegen hat der Beglaubigungsvermerk Urkundencharakter, **LG Flensburg** SchlHA 1969, 201. Im übrigen *§ 29 Bem 62, 63ff.* mit *ErgVerz.*

Der gbmäßige Nachweis, daß eine Auflassungsvollmacht im Zeitpunkt der Auflassung bestanden hat, kann auch die eine in öffentlich beglaubigter Form erklärten Vollmachtsbestätigung erbracht werden; der Notar, der eine Auflassung beurkundet hat, ist in der Regel auch ermächtigt, eine etwa erforderliche Genehmigungserklärung eines Vertragsteils entgegenzunehmen, **BGH** BGHZ 29, 366 = NJW 1959, 883 = MDR 1959, 477 = BB 1959, 462 = LM § 29 GBO Nr 2 (*Piepenbrock*), § 15 GBO Nr 1 Ls. Verpflichtet sich der GrstEigentümer, die ihm bei Nichtentstehung der Forderung endgültig verbleibende Eigentümergrundschuld an den Hypothekengläubiger abzutreten, so kann zu dessen Gunsten eine Abtretungsvormerkung eingetragen werden, wenn dem GBA in der Form des § 29 GBO nachgewiesen ist, daß sich die mit der Hypothek entstandene vorläufige Eigentümergrundschuld in eine endgültige verwandelt hat, **BayObLG** DNotZ 1970, 155 = Rpfleger 1970, 24; dazu § 25 Bem 14/*ErgVerz*, § 26 Bem 4ff. mit *ErgVerz*, § 39 Bem 17ff. mit *ErgVerz*. Hierbei ist zu beachten, daß nach § 39 Abs 1 GBO eine Eintragung in das GB nur erfolgen soll, wenn die betroffene Person als Berechtigter eingetragen ist, und daß deshalb der Nachweis über den Inhaber der Eigentümergrundschuld geführt werden kann.

Bestehen auf Grund tatsächlicher Anhaltspunkte berechtigte Bedenken dagegen, daß die erforderlichen Eintragungsunterlagen noch wirksam sind, so kann das GBA eintragungshindernde Tatsachen auch dann berücksichtigen, wenn sie in Willenserklärungen bestehen, die nicht in der Form des § 29 GBO nachgewiesen sind, **BayObLG** BayObLGZ 1967, 13 = NJW 1967, 1283 = MDR 1967, 590 = DNotZ 1967, 429 (*Ertl*) = Rpfleger 1967, 145 (*Haegele* ablehnend) = OLGZ 1967, 333 Ls = BWNotZ 1967, 214 Ls = DRspr IV (473) 96a. Zur Glaubhaftmachung nach § 29 GBO genügt es bei Eintragung eines Wohnrechts nach § 1093 BGB, wenn der Eigentümer als Antragsteller seine Veräußerungsabsicht in beurkundeter Form bekundet, **OLG Oldenburg** Nds-Rpfl 1967, 20 = DNotZ 1967, 687 = Rpfleger 1967, 410 (*Haegele*) = DRpflZ 1967, 35 Ls = BWNotZ 1968, 35 Ls = DRspr IV (473) 98b.

Im GBVerkehr genügt zum Nachweis der Firmenänderung die Vorlage beglaubigter Abschriften aus dem Handels- bzw Genossenschaftsregister, während der Nachweis der Indentität im übrigen als Nachweis einer Tatsache nur durch öffentliche Urkunden iSd § 29 Abs 1 S 2 GBO erbracht werden kann, **OLG Hamm** JMBlNRW 1967, 54 = DB 1967, 1451 = DNotZ 1967, 348 = Rpfleger 1968, 122 = DRpflZ 1968, 10 Ls = OLGZ 1967, 333 = DRspr IV (473) 104bc. Zur Eintragung einer Zwangshypothek genügt die als Sicherheitsleistung zugelassene Bankbürgschaft in privatschriftlicher Form, wenn deren Übergabe an den Schuldner durch öffentlich oder öffentlich beglaubigte Urkunde nachgewiesen ist; für den Nachweis ist bei der Zustellung von Anwalt zu Anwalt das schriftliche Empfangsbekenntnis des Anwalts des Schuldners nach §§ 170, 171 ZPO genügend, **LG Karlsruhe** NJW 1967, 2412 Ls = BWNotZ 1968, 41 Ls. Für die zweifelhafte Geschäftsfähigkeit eines Beteiligten ist der Nachweis durch öffentliche Urkunden nicht erforderlich, **OLG Karlsruhe** DNotZ 165, 476 = DRspr IV (483) 87a.

Seite 1845 Zeile 13 von unten — BWNotZ (*berichtigt*)

Seite 1847 Zeile 16—18 von unten — Zum Nachweis der Eigenschaft als Verwalter nach WEG **BayObLG** auch DRspr I B (473) 87b (*Ergänzung*)

Seite 1848/1849

Verfügungsbefugnis Im Antragsverfahren ist das GBA bei der Prüfung der Entgeltlichkeit der Verfügung des befreiten Vorerben nicht berechtigt, von Amts wegen Beweise zu erheben; gleichwohl erhobene Beweise dürfen nicht verwertet werden, **KG** Rpfleger 1968, 224 (*Haegele*) = BWNotZ 1968, 221 Ls = OLGZ 1968, 337 = DRspr IV (473) 105 b. Wird die Unentgeltlichkeit einer Verfügung des Vorerben durch die Natur der Sache oder die Sachlage ausgeschlossen, so ist die Entgeltlichkeit nach §§ 2113, 2136 BGB als offenkundig iSd § 29 Abs 1 S 2 GBO anzusehen; eine verdeckte Schenkung liegt nicht vor, wenn der Käufer des Grst sich das Geld zur Bezahlung des GrstKaufpreises durch Belastung des Grst beschafft oder wenn die Kaufpreisforderung bis zum Tode des Vorerben gestundet wird, **OLG Hamm** NJW 1969, 1492 = DNotZ 1969, 675 = Rpfleger 1969, 349 (*Haegele*), auch § 53 Bem 26 ff./*Erg Verz.*

Zur Frage der Verfügungsbefugnis ist auch auf § 878 BGB hinzuweisen; dazu *Rahn* § 878 BGB aus gbrechtlicher Sicht BWNotZ 1978, 269. Die Verfügungsbefugnis des **Veräußerers muß bis zur Vollendung der Verfügung fortbestehen. Daher ist**, worauf *Rahn* aaO mit Recht aufmerksam macht, die Vorschrift mit Vorsicht anzuwenden.

Seite 1849ff. — **§ 30 Bem 1 ff.**

Form des Eintragungsantrags und der Antragsvollmacht

Soweit bei den Erläuterungen auf **§ 29 GBO** Bezug genommen ist, wird auf die Neufassung dieser Vorschrift und die Auslegung dazu verwiesen, § 29 mit Bem/*Erg-Verz.* Dies gilt auch bez der Anwendung des **BeurkG** (*Anh 63*).

Seite 1851/1852 — **§ 30 Bem 5, 6**

Zur **Form** ist von Bedeutung, daß die Erklärung zur Niederschrift des GBA, die in § 29 GBOaF vorgesehen war, in Wegfall gekommen ist und deshalb auch § 29 Abs 2 aaO gestrichen wurde; dazu § 29 Bem 20 ff., 62/*Erg Verz.*

Seite 1852 Zeile 17 ff. (*Ergänzung*) — **§ 30 Bem 6**

Für Erben gilt keine Besonderheit bei der Anwendung des § 30 GBO. Da § 22 Abs 2 idF von 1942 eine Zustimmung des Eigentümers entbehrlich macht, wenn die Unrichtigkeit nachgewiesen wird, § 22 Bem 1, 22 ff., insbes Bem 24 Abs 3 bez Erbfolge. Es genügt daher der Nachweis der Erbfolge, § 22 Bem 24, § 35 Bem 23 ff. Daher sind die Ausführungen des HalbS 1, beginnend mit den Worten: „Zu erwähnen ist ....“ mit den dort angeführten Zitaten, **BayObLG**, **KG**, *Güthe*, *Predari*, die die frühere Fassung des § 22 Abs 2 GBO zugrundelegen, überholt. Auch bei Erbfolge liegt kein gemischter Antrag vor, also nicht nur bei der Umschreibung einzelner Nachlaßgegenstände.

Seite 1854ff. — **§ 31 Bem 1 ff.**

Form der Zurücknahme des Eintragungsantrags oder der Antragsvollmacht

Soweit bei den Erläuterungen auf **§ 29 GBO** Bezug genommen ist, wird auf die Neufassung dieser Vorschrift und die Auslegung dazu verwiesen, § 29 mit Bem/*Erg Verz.* § 29 Abs 2 GBO wurde aufgehoben.

Seite 1857/1858 — **§ 31 Bem 7**

Inhalt und Form Dazu § 30 Bem 5, 6/*Erg Verz*

Seite 1860ff. — **§ 32 Bem 1ff.**

Nachweis der Vertretungsbefugnis einer Handelsgesellschaft usw

Soweit bei den Erläuterungen auf **§ 29 GBO** Bezug genommen ist, wird auf die Neufassung dieser Vorschrift und die Auslegung dazu verwiesen, § 29 mit Bem/*Erg-Verz.* § 29 Abs 2 GBO wurde aufgehoben. Dies gilt auch von der Anwendung des **BeurkG** (*Anh 63*).

Seite 1864ff. — **§ 32 Bem 6ff.**

Aktiengesellschaft Das **AktG** wurde im Jahre 1969 wiederholt **geändert,** und zwar durch die E 25ff./*ErgVerz* angeführten Gesetze, nämlich das Ges zur Durchführung der 1. Richtlinie des Rates der EWG usw vom 15. August 1969, das Ges zur Ergänzung der handelsrechtlichen Vorschriften usw vom 15. August 1969 und das BeurkG (*Anh 63*), ferner durch das Ges über die Rechnungslegung von bestimmten Unternehmen und Konzernen vom 15. August 1969 BGBl I 1189 = SaBl 1689 (§ 330 Abs 1 S 1 AktG geändert).

Seite 1872 — **§ 32 Bem 17**

Kommanditgesellschaft In der drittletzten Zeile der Bem heißt es: *Sudhoff* (*berichtigt*)

Seite 1873 — **§ 32 Bem 20**

Kommanditgesellschaft auf Aktien Zur **Änderung des AktG** § 32 Bem 6ff./ *ErgVerz*

Seite 1973 — **§ 32 Bem 23**

Gesellschaft mit beschränkter Haftung LitHinweise *Groß* Eintragung und Anmeldung der Vertretungsbefugnis der Geschäftsführer der GmbH Rpfleger 1970, 156

Seite 1877 — **§ 32 Bem 32**

Zeugnis des Registergerichts Zuständigkeit Im Abs 2 der Bem Schlußzeile heißt es: Handelsregister (*berichtigt*).

Seite 1881 — **§ 32 Bem 40**

Bescheinigung eines Notars § 21 BNotO wurde durch § 57 Abs 17 Z 4 BeurkG (*Anh 63*) geändert, indem Abs 1 S 1 neu gefaßt wurde und Abs 3 in Wegfall kam. Die Neufassung ist abgedruckt unter *Anh 61* S 2989.

Die Zuständigkeit des Notars wurde durch das BeurkG erweitert; dazu § 1 Bem 76d/*ErgVerz.* Zum Beweiswert von notariellen Urkunden *Riedel-Feil* BeurkG (E 25ff./*ErgVerz*) § 9 Bem 4.

Seite 1882ff. — **§ 32 Bem 42ff.**

Zeugnis des Registergerichts nach § 69 BGB LitHinweise *Riggers* Die Vertretung des Vereins im GBVerkehr JurBüro 1967, 379, *Stöber* Der Vorstand des eingetragenen Vereins bei Anmeldung zum Vereinsregister und nach Ablauf seiner Amtszeit Rpfleger 1967, 342

Seite 1886 — **§ 32 Bem 48**

Da der **Nachweis der Vertretungsmacht** nach § 29 GBO geführt werden muß, genügt für die Vorstandschaft eines rechtsfähigen wirtschaftlichen Vereins nicht die

Vorlage der Verleihungsurkunde und eines Bestellungsbeschlusses der Mitgliederversammlung, da letzterer keine öffentliche Urkunde ist; **aA** (zu Unrecht) *Riggers* aaO; § 32 Bem 42ff./*ErgVerz*).

Seite 1889ff. — **§ 32 Bem 56ff.**

Vertretung bei juristischen Personen des öffentlichen Rechts

Seite 1889/1890 — **§ 32 Bem 57**

Bundesrepublik Deutschland; dazu § 3 Bem 290/*ErgVerz*

Bundespost VO über die Vertretung der deutschen BPost Änderung durch VO vom 24. Oktober 1968 BGBl I 1133 = SaBl 1669

Seite 1890ff. — **§ 32 Bem 58/59**

Länder; dazu *§ 2 Bem 65 ,§ 3 Bem 56ff., 290* mit *ErgVerz*

Seite 1891

Baden-Württemberg Verfassung Ergänzung vom 11. Februar 1969 GBl 15 = SaBl 472/17. März 1970 GBl 83/17. November 1970 GBl 492 = SaBl 1971, 6

Bayern Verfassung vom 2. Dezember 1946 GVBl 333 = BayBS I 3 (berichtigt)/ 22. Juli 1968 GVBl 235 = SaBl 1149/15. Juni 1970 GVBl 239 = SaBl 1606

GemBek der BayStaatskanzlei und aller StMinisterien vom 28. Mai 1968 StAnz Nr 24 = JMBl 1970, 50 Vertretung des Freistaates Bayern als GrstEigentümer in Verfahren nach dem BBauG und der bayBauordnung unter Aufhebung der FME vom 31. August 1966 und der IME vom 20. Juli 1966 (zu BayBSVJu VI Abschn A 2)

BekJM vom 17. April 1970 JMBl 51 Vertretung des Freistattes Bayern als GrstEigentümer in Verfahren nach dem BBauG und der bayBauordnung mit Hinweis, daß Abschn 2 Abs 2 BekJM über vom 19. Juni 1957 BayBSVJu VI 22 über die Gebäudeaufsicht und die Behandlung der Bau- und GrstAngelegenheiten gegenstandslos geworden ist (zu BayBSVJu VI Abschn A 2)

Berlin Ergänzung 22. Juni 1156 GVBl 603 = SaBl 779/28. März 1958 GVBl 308 = SaBl 456 (*berichtigt*)/19. Dezember 1968 GVBl 1967 = SaBl 1969, 271/17. Juli 1969 GVBl 1029 = SaBl 1970, 229/25. November 1969 GVBl 2511 = SaBl 1970, 248

Bremen Ergänzung 8. September 1970 GBl 93 = SaBl 2031

Seite 1892

Hessen 1948, 68 (*Berichtigung* in Zeile 4 von oben)

Änderung der Anordnung über die Vertretung des Landes Hessen im Geschäftsbereich der JVerwaltung durch RdErlJM vom 5. September 1966 JMBl 291

RdErlJM vom 20. Dezember 1969 JMBl 381 Vertretung des Landes Hessen im Geschäftsbereich der JVerwaltung

Niedersachsen GemRdErl vom 4. September 1962 MBl 761/25. August 1966 MBl 842/18. September 1968 MBl 1006/5. August 1969 MBl 750; dazu AVJM vom 9. Oktober 1962 NdsRpfl 242 — VorschrVerz 2918/29. Oktober 1968 NdsRpfl 244/ 25. September 1969 NdsRpfl 222 Vertretung des Landes Niedersachsen

Nordrhein-Westfalen AVJM vom 29. Februar 1968/27. November 1968 JMBl-NRW 61, 278 AnO über die Vertretung des Landes NRW im Geschäftsbereich des JMinisters — Vertretungsordnung

Rheinland-Pfalz AVJM vom 10. November 1960 JBl 137/9. September 1968 JBl 137/18. Dezember 1968 JBl 1969, 14 (nicht in der Sammlung JVV RPf enthalten) AnO über die Vertretung des Landes RhPf im Geschäftsbereich der LJVerwaltung und über das Verfahren bei der Vertretung — Vertretungsordnung

Schleswig-Holstein Landessatzung vom 13. Dezember 1949 GVBl 1950, 3 = SaBl 1950, 22/20. November 1950 GVBl 289 (*berichtigt*) = SaBl 1951, 25/26. März 1956 GVBl 59/11. März 1958 GVBl 177/27. Dezember 1961 GVBl 1962, 35 in Neufassung vom 15. März 1962 GVBl 123 = SaBl 404

Seite 1892ff. — **§ 32 Bem 60ff.**

Gemeinden und Kreise Ergänzung § 2 Bem 56ff., 65/*ErgVerz*

Die unzulässige Mitwirkung eines wegen persönlicher Beteiligung ausgeschlossenen Mitglieds der Gemeindevertretung führt dann nicht zur Ungültigkeit des beschlossenen Umlegungsplans, wenn die Beschlußfassung der Gemeindevertretung einstimmig erfolgt ist, **aA** (zu Unrecht) **LG Kassel** NJW 1969, 146 zu §§ 25, 35 hessGemO (*Schriftl* ablehnend unter Hinweis auf **BGH** NJW 1967, 1662 bez Bayern und *Säcker* Nichtigkeit von Gesetzesbeschlüssen bei Mitwirkung eines befangenen Gemeinderatsmitgliedes? NJW 1966, 719). Wenn in einem Kaufvertrag mit Auflassung der Bürgermeister einer Gemeinde (in Bayern) Verpflichtungen übernimmt und er erklärt, daß ein Gemeinderatsbeschluß noch nicht vorliege, so ist die Vereinbarung schwebend unwirksam, Art 29, 37, 38 Abs 1 bayGemO, **BayObLG** BayObLGZ 1962, 247 (253), *Helmreich-Widtmann* BayGemO (3. Aufl) Art 29 Bem 6(b); im Falle der Versagung der Genehmigung ist die Vereinbarung insoweit unwirksam dh nichtig, so daß nach § 139 BGB zu prüfen ist, ob der ganze Kaufvertrag nichtig ist und ob sich dies auf die Auflassung auswirkt, **BayObLG** RPfleger 1969, 48 (*Haegele*).

Seite 1896ff. — **§ 32 Bem 62ff.**

Kirchen Zur Selbstverwaltung der Kirchen **BVerfG** NJW 1969, 31, 1342 (*Reinicke*) bez Sammlung und Werbung zu Art 4 GG. Es wird ausgeführt:

„Bei der Würdigung dessen, was im Einzelfall als Ausübung von Religion und Weltanschauung zu betrachten ist, darf das Selbstverständnis der Religions- und Weltanschauungsgemeinschaften nicht außer Betracht bleiben. Zwar hat der religiös-neutrale Staat grundsätzlich verfassungsrechtliche Begriffe nach neutralen, allgemeingültigen, nicht konfessionell oder weltanschaulich gebundenen Gesichtspunkten zu interpretieren, **BVerfG** BVerfGE 10, 59 (84/85) = NJW 1959, 1483, BVerfGE 12, 45 (54) = NJW 1961, 355, BVerfGE 19, 1 (8) = NJW 1965, 1427, BVerfGE 19, 226 (238ff.) = NJW 1966, 103, BVerfGE 19, 268 (278ff.) = NJW 1966, 101. Wo aber in einer pluralistischen Gesellschaft die Rechtsordnung gerade das religiöse oder weltanschauliche Selbstverständnis wie bei der Kultusfreiheit voraussetzt, würde der Staat die den Kirchen, den Religions- und Wtelanschauungsgemeinschaften nach dem GG gewährten Eigenständigkeit und ihre Selbständigkeit in ihrem eigenen Bereich verletzen, wenn er bei der Auslegung der sich aus einem bestimmten Bekenntnis oder einer Weltanschauung ergebenden Religionsausübung deren Selbstverständnis nicht berücksichtigen würde, **BVerfG** BVerfGE 18, 385 (386/387) = NJW 1965, 961."

Zu Verkehrsbeschränkungen für Kirchen *Haegele* Die Beschränkungen im GrstVerkehr (3. Aufl Nomos-Verlag Baden-Baden 1970) Bem 586ff.

Seite 1898ff. — **§ 32 Bem 64ff.**

Evangelische Kirchen Zur evangelischen Kirche in Rheinland und zur evangelischen Kirche in Hessen und Nassau Rheinland-Pfalz AVJM vom 7. Mai 1965 JMBl 95 GrstGeschäfte evangelischer Kirchengemeinden.

Seite 1903ff. — **§ 32 Bem 68a**

Öffentlich-rechtliche Anstalten auf Bundesebene Deutsche Bundesbank Gesetz über die Deutsche Bundesbank weitere Änderungen durch Ges vom 23. November 1967 BGBl I 1157 = SaBl 1968, 1/23. Juli 1969 BGBl I 877 = SaBl 1221; dazu LitHinweis *Spindler-Becker-Starke* (*berichtigt*) Die Deutsche Bundesbank — Grundzüge des Notenbankwesens und Kommentar — 3. Aufl 1969 Stuttgart.

Hypotheken- und Schiffspfandbriefbanken Ges über Formblätter für die Gliederung des Jahresabschlusses vom 11. Dezember 1935 BGBl III 414-1, VO über Formblätter für die Gliederung des Jahresabschlusses von Kreditinstituten vom 20. Dezember 1967 BGBl I 1300 = SaBl 1968, 132/27. Mai 1969 BGBl I 444 = SaBl 792, VO über Formblätter für die Gliederung des Jahresabschlusses der Hypothekenbanken und der Schiffspfandbriefbanken vom 17. Dezember 1968 BGBl I 1337 = SaBl 1969, 94/ 27. Mai 1969 BGBl I 444 = SaBl 792

Seite 1905ff. — **§ 32 Bem 68b**

auf Landesebene Bayern BekJM vom 6. März 1969 JMBl 88 (zu BayBSVJu I Abschn C 6) Schriftverkehr mit Kreditinstituten in West-Berlin.

Die Bayerische Staatsbank wurde in eine Aktiengesellschaft umgewandelt; die Gründung erfolgte am 10. November 1970 (Feststellung der Satzung durch das Bayer Staatsministerium der Finanzen), die Eintragung in das Handelsregister am 16. November 1970. Für ihre Vertretung gelten daher die Vorschriften des AktG. Die StaatsbankAG wurde sodann im Jahre 1971 mit der Bayer VereinsbankAG fusioniert und verschwand damit als selbständiges Kreditinstitut.

Seite 1909/1910 — **§ 32 Bem 68f**

auf kommunaler Ebene Es ist darauf hinzuweisen, daß es vor allem in Norddeutschland vereinzelt Sparkassen gibt, die von Vereinen usw unterhalten werden, die also nicht öffentlich-rechtlichen Charakter haben; dazu *Wolff* Verwaltungsrecht § 98 Ia 5.

Ges über den Deutschen Sparkassen- und Giroverband vom 6. April 1933 BGBl III 7621-1, VO über die Spar- und Girokassen sowie die kommunalen Giroverbände und kommunalen Kreditinstitute vom 5. August 1931 — Stand vom 31. Dezember 1968 BGBl III 7621-3

Baden-Württemberg SparkassenanlageVO vom 2. Januar 1968 GBl 5

Bayern Sparkassenordnung — SpkO — in Neufassung vom 27. November 1963 GVBl 426/1969, 27

Berlin SparkassenG in Neufassung vom 22. Januar 1969 GVBl 217 = SaBl 412, VO über die Satzung der Stadt Berlin in Neufassung vom 22. Januar 1969 GVBl 219 = SaBl 416/3. März 1969 GVBl 333

Hessen SparkassenG in Neufassung vom 2. Januar 1969 GVBl 15 = SaBl334

Niedersachsen VO über die Mustersatzung geändert durch VO vom 15. Dezember 1967 GVBl 1968, 1/15. April 1969 GVBl 115

Nordrhein-Westfalen SparkassenG in Neufassung vom 10. Juli 1970 GVBl 604 = SaBl 1850

Rheinland-Pfalz Sparkassengesetz in Neufassung vom 17. Juli 1970 GVBl 316 = SaBl 1867

Seite 1912/1913 — **§ 32 Bem 70**

Stiftungen Bayern StiftungsG geändert durch Ges vom 24. Juni 1969 GVBl 149
Berlin Ges üer das Pestalozzi-Fröbel-Haus und den Lotto-Verein geändert durch Ges vom 19. Oktober 1967 GVBl 1473
Niedersachsen StiftungsG idF vom 24. Juli 1968 GVBl 119 = SaBl 1236

Seite 1914/1915 — **§ 32 Bem 72**

Öffentlich-rechtliche juristische Personen im Bereiche des Handels und Handwerks

Die Landesinnungsverbände und die Bundesinnungsverbände sind keine juristischen Personen des öffentlichen Rechts, sondern des Privatrechts, wie aus §§ 80, 85 Handwerksordnung ersichtlich ist; dazu *Eyermann-Fröhler* HandwO § 80 Bem 1. Die HandwO gilt in Neufassung vom 28. Dezember 1965 BGBl 1966 I 2 = SaBl 301, 603/ 24. Mai 1968 BGBl I 503 = SaBl 773/25. Juni 1969 BGBl I 645 = SaBl 929/14. August 1969 BGBl I 1112 = SaBl 1528/18. August 1969 GBBl I 1513 = SaBl 1810.

Seite 1916ff. 1917/1918 — **§ 33 Bem 3**

Nachweis des Güterrechts

Ehen von Ausländern Zu **Art 16 Abs 2 EGBGB** mit Fußn 3 S 1917 ist darauf hinzuweisen, daß an die Stelle des § 1405 BGBaF die **§§ 1431, 1456 BGBnF** getreten sind; dazu *Palandt* BGB EG Art 16 Bem 3. Die Rechtsvermutungen des **§ 1362 BGB** sind anzuwenden, haben aber für den GrstVerkehr keine Bedeutung, da sie sich auf bewegliche und persönliche Sachen beziehen.

LitHinweise *Flick* Zum Abschluß eines Ehevertrags nach deutschem und nach islamischem Recht BWNotZ 1969, 395, *Geny* Das französische Gesetz vom 13. Juli 1965 betr das eheliche Güterrecht und neue Bestimmungen über unentgeltliche Zuwendungen unter Ehegatten sowie das gesetzliche Erbrecht derselben DNotZ 1967, 67, *Krüger* Das Eherecht Indiens FamRZ 1968, 564, *Wachler* Neues sowjetisches Familienrecht FamRZ 1968, 564

Seite 1918ff. — **§ 33 Bem 4ff.**

Die ehelichen Güterstände LitHinweise *Gottschlag* Zur Eintragungsfähigkeit der Gütertrennung im Güterrechtsregister DNotZ 1969, 339, *Haegele* Einige grundsätzliche Erwägungen zur Gründung von Familiengesellschaften BWNotZ 1968, 234, Grundbesitz bei ehelicher und fortgesetzter Gütergemeinschaft JurBüro 1968, 591, Das eheliche Güterrecht (9. Auflage)/Rechtsarchiv der Wirtschaft Sonderheft 73 März 1970 Richard Boorberg Verlag Stuttgart-München-Hannover, *Schmidt* Die Entscheidung des BVerfG zu Art 6 Abs 5 GG im Anwendungsbereich des Verwandtschaftsbegriffs und des Erbrechts BWNotZ 1969, 151, 176; es handelt sich um Die Entscheidung des **BVerfG** vom 29. Januar 1969 NJW 1969, 597 = DB 1969, 524 = BWNotZ 1969, 103 Ls, *Staudenmaier* Zur Verfügungsmacht des überlebenden Ehegatten bei atypischer Fortsetzung der Gütergemeinschaft BWNotZ 1967, 136

Seite 1921/1922 — **§ 33 Bem 13**

Die einzelnen Güterstände Zum Konkursrecht Nichtigkeit des § 45 KO wegen Verstoßes gegen Art 6 Abs 1 GG § 13 Vorbem 133ff./*ErgVerz*, zur Innengesellschaft von Ehegatten **BGH** DB 1967, 1579 = WM 1967, 715 = FamRZ 1968, 589 bei Mitarbeit im Rahmen des § 1356 Abs 2 BGB

Seite 1922ff. — **§ 33 Bem 14ff.**

Zugewinngemeinschaft LitHinweise *Braga* Die „subjektive Theorie" oder was sonst? FamRZ 1967, 652, *Schiffhauer* Ist § 1365 Abs 1 BGB auf den Teilungsversteigerungsantrag anwendbar? FamRZ 1966, 338, *Siegelmann* Teilungsversteigerung und Zugewinngemeinschaft ZMR 1968, 33, *Tubbesing* Zur Auswirkung der Zugewinngemeinschaft auf die Gesellschaftsverträge von Personengesellschaften BB 1966, 829

Seite 1925ff. — **§ 33 Bem 17**

§ 1365 BGB Zur subjektiven Theorie **BayObLG** FamRZ 1968, 315, zur Frage der Ermittlungen **OLG Hamburg** MDR 1968, 497, **KG** Rpfleger 1968, 224 = DRspr IV (473) 105b, zur Beanstandung eines Antrags **LG Verden** NdsRpfl 1969, 110 (nur bei konkreten Anhaltspunkten), auch **BayObLG** aaO (*im folgenden*) bez Festsetzung bei Einzelgegenstand

Auf eine voreheliche Verpflichtung ist bei späterer Heirat § 1365 BGB nicht anwendbar, **LG Duisburg** DNotZ 1969, 424.

Einzelfragen Zustimmungsbedürftig sind auch Rechtsgeschäfte über einen einzelnen Gegenstand, wenn dieser tatsächlich oder nahezu das ganze Vermögen ausmacht, **BGH** FamRZ 1967, 382 = BWNotZ 1967, 208 Ls, DNotZ 1969, 422 (anschließend an die bisherige Rspr). Verfügt ein Ehegatte über einen Einzelgegenstand seines Vermögens, zB eines Grst, so ist das GBA nur dann berechtigt und verpflichtet, die Zustimmung des anderen Ehegatten oder den Nachweis weiteren Vermögens zu verlangen, wenn konkrete Anhaltspunkte für die beim Einzelgeschäft erforderlichen beiden Tatbestandsmerkmale des § 1365 BGB zuvorliegen, nämlich objektiv, daß der Gegenstand des Geschäfts tatsächlich das gesamte Vermögen des verfügenden Ehegatten ausmacht, und subjektiv, daß dessen Vertragspartner dies weiß, **BayObLG** BayObLGZ 1967, 87 = NJW 1967, 1614 = MDR 1967, 672 = JZ 1967, 417 = FamRZ 1967, 337 = DNotZ 1968, 38 = Rpfleger 1967, 213 (*Haegele*) = JR 1968, 144 = OLGZ 1967, 479 Ls = DRpflZ 1968, 10 Ls = BWNotZ 1967, 208 Ls; dazu auch **LG Verden** NdsRpfl 1969, 110.

Belastung Wenn bei einem Kaufvertrag über ein HausGrst dieser durch die darin enthaltene Übernahme von Belastungen rückgängig gemacht und der frühere Veräußerer wieder als Eigentümer eingetragen werden soll, so ist die Zustimmung des anderen Ehegatten nötig, **OLG Oldenburg** NdsRpfl 1965, 136 = MDR 1965, 485 = FamRZ 1965, 273 = DNotZ 1966, 46 = Rpfleger 1965, 110 (*Haegele*).

Eine Garantiezusage eines Ehegatten fällt nicht unter § 1365 BGB, **OLG Frankfurt aM** MDR 1968, 923 = WM 1968, 948.

Ein gewerblicher Betrieb ist Einkommensquelle und daher Vermögensgegenstand, **BGH** FamRZ 1967, 382 = BWNotZ 1967, 208 Ls. Die Vorschrift des § 1365 BGB kann von der Ehefrau nicht dem Pfändungsgläubiger ihres Mannes entgegengehalten werden, der als dessen letztes Vermögen den Gesellschaftsanteil an einem FamilienGrst gepfändet hat, das beiden Ehegatten als Gesellschaftern einer Gesellschaft nach BGB gehört, **OLG Hamburg** NJW 1970, 952.

Hofübergabe **OLG Hamm** RdL 1966, 103 (wV S 1929) = DRspr I (165) 73d

Bei einer Lebensversicherung bedeutet die Abänderung der Bezugsberechtigung keine Verfügung über die zugrundeliegenden Vermögenswerte, **BGH** FamRZ 1967, 382 = BWNotZ 1967, 208 Ls.

Teilungsversteigerung nach §§ 180ff. ZVG **OLG Koblenz** NJW 1967, 1139 (*berichtigt*) = BWNotZ 1967, 216 Ls, **OLG Köln** NJW 1968, 2250 = OLGZ 1968, 353 = FamRZ 1968, 603 Ls = BWNotZ 1968, 314 Lw, **LG Braunschweig** NJW 1969, 1675 (bez Betreibung der ZwV durch Pfändungsgläubiger ohne Zustimmung des Ehegatten des Schuldners), **LG Karlsruhe** aaO (wV S 1926) = Justiz 1967, 75 Ls, **LG Konstanz** aaO (wV S 1926) = Justiz 1967, 75 Ls = DNotZ 1967, 514 Ls = BWNotZ 1966, 340 Ls, **LG Stuttgart** Justiz 1967, 31 = DNotZ 1967, 514 Ls

Bei Ersetzung der Einwilligung durch das VormGer ist für die Beurteilung der Berechtigung der Zustimmungsverweigerung auf den Zeitpunkt der letzten tatrichterlichen Entscheidung abzustellen, **BayObLG** BayObLGZ 1968, 97 = NJW 1968, 1335 = MDR 1968, 586 = FamRZ 1968, 315 = BSNotZ 1968, 218 Ls = DRspr I (165) 81b. Bei Prüfung des Rechts zur Verweigerung der Ehegattenzustimmung sind neben wirtschaftlichen grundsätzlich auch persönliche und ideelle Interessen zu berücksichtigen, **OLG Hamm** JMBlNRW 1967, 231 = FamRZ 1967, 572 = BWNotZ 1967, 313 Ls = DRspr I (165) 79d.

Seite 1938ff. — **§ 33 Bem 21ff.**

Zugewinn LitHinweise *Harms* Die Sicherstellung des gefährdeten Zugewinnausgleichs FamRZ 1967, 585, *Heckelmann* Der Zeitpunkt für die Vermögensbewertung bei Beendigung von Zugewinn- und Gütergemeinschaft FamRZ 1968, 59, *von Hippel* Ausgleich des Zugewinns (§ 1371 BGB) in Fällen mit Auslandsberührung/Zeitschrift für ausländisches und internationales Privatrecht Bd 32, 348, *Stuby* Wertveränderungen an Gegenständen des Anfangsvermögens und ihre Auswirkungen auf die Beendigung des Zugewinnausgleichs FamRZ 1967, 181

Die Berechnung des Zugewinns erfolgt auch dann nach dem Stande des Endvermögens bei Erhebung der Klage, wenn die Klage abgewiesen oder zurückgenommen und die Ehe auf eine Widerklage geschieden wird, **BGH** BGHZ 46, 215 = NJW 1967, 439 = MDR 1967, 288 = FamRZ 1967, 138 = WM 1967, 423 = BB 1967, 230 = DB 1967, 203 = DNotZ 1967, 514 Ls = BWNotZ 1967, 81, **aA** (zu Unrecht, da das Verfahren bei Klage und Widerklage einheitlich zu betrachten ist) *Reinicke* Berechnung des Zugewinns bei Scheidung der Ehe auf Widerklage BB 1967, 521. Unter dem Zugewinnausgleich fallen auch die sog unechten Wertsteigerungen, **OLG München** NJW 1968, 798 = FamRZ 1968, 167 = BWNotZ 1968, 164 Ls.

Seite 1941ff. — **§ 33 Bem 27ff.**

Gütergemeinschaft LitHinweise *Haegele* Grundbesitz bei ehelicher und fortgesetzter Gütergemeinschaft JurBüro 1968, 591, *Staudenmaier* Zur Verfügungsmacht des überlebenden Ehegatten bei atypischer Fortsetzung der Gütergemeinschaft BWNotZ 1967, 186

Bei Gütergemeinschaft kann die Verwaltung des Gesamtguts nicht in der Weise geregelt werden, daß beiden Ehegatten miteinander in konkurrierende selbständige Verwaltungsrechte zustehen, **BayObLG** BayObLGZ 1968, 15 = NJW 1968, 896 = MDR 1968, 497 = DNotZ 1968, 557 = Rpfleger 1968, 117 = FamRZ 1968, 204 = BWNotZ 1968, 164 Ls.

Erwirbt ein Ehegatte, der allein zur Verwaltung des Gesamtguts berechtigt ist, ein Grst mit der Maßgabe, daß dieses bei der Eigentumsumschreibung einem Gesamtguts-Grst als Bestandteil zugeschrieben werden soll, so bedarf der von dem erwerbenden

Ehegatte zugestellte Zuschreibungsantrag nicht der Zustimmung des anderen Ehegatten, wenn das GesamtgutsGrst, dem das erworbene Grst zugeschrieben werden soll, mit Grundpfandrechten belastet ist, **LG Augsburg** FamRZ 1968, 31 Ls. Wird für Ehegatten in Gütergemeinschaft ein eine unveräußerliche Reallast und ein Wohnungsrecht umfassendes gemeinschaftliches Leibgeding bestellt, so fällt dieses in das Gesamtgut; es ist rechtlich nicht möglich, das Leibgeding gleichzeitig für die Ehegatten als Gesamtgläubiger nach § 428 BGB zu bestellen, so daß eine gemeinschaftliche Eintragung in das GB nach § 47 GBO inhaltlich unzulässig wäre, **BayObLG** DNotZ 1968, 493 (dazu *§ 47 Bem 23*).

Seite 1955 ff. — **§ 33 Bem 50**

Eintragung der Gesamtgutseigenschaft Dazu § 33 Bem 27 ff./*ErgVerz*

Seite 1959 ff. — **§ 33 Bem 63 ff.**

Güterrechtsregister LitHinweise *Gottschlag* Zur Bedeutung des § 1412 Abs 2 BGB im Hinblick auf das Güterrechtsregister DNotZ 1970, 274

Baden-Württemberg, hier für den OLGBezirk Karlsruhe/Baden AVJM vom 4. Mai 1966 Justiz 142 Bereinigung des Güterrechtsregisters und des Vereinsregisters, wonach §§ 26, 27 badRegistervorschriften vom 18. September 1926 aufgehoben worden sind

Für die Führung des Güterrechtsregister ist nach § 3 Z 1 (e) RpflG (*Anh 137*) der **RPfleger** zuständig, da Vollübertragung vorliegt; dazu *Eickmann-Riedel* RpflG § 3 Bem 8.

Seite 1966 ff. — **§ 35**

Nachweis der Erbfolge, der fortgesetzten Gütergemeinschaft und der Testamentsvollstreckung

LitHinweise *Dieterie* Das Geschiedenen-Testament BWNotZ 1970, 170, *Karle* Erbfälle mit Auslandsberührung aaO 78, *Regler* Erbverzicht von Vorfahren oder Ehegatten mit Wirkung für deren Abkömmlinge DNotZ 1970, 646, *Schmid* Nachlaßgerichtliche Zeugnisse BWNotZ 1970, 82

Seite 1969/1970 — **§ 35 Bem 10**

Erbschaftskauf Der Formmangel eines Kaufvertrags über den Anteil eines Miterben am Nachlaß wird durch ein formgerechtes Erfüllungsgeschäft nicht geheilt, **BGH** NJW 1967, 1128 = MDR 1967, 389 = FamRZ 1967, 465 = WM 1967, 639 = BB 1967, 310, 514 = DB 1967, 723 = DNotZ 1968, 48 = BWNotZ 1967, 153 Ls = LM § 2371 BGB Nr 2; dazu *Habscheid* Zur Heilung formnichtiger Erbteilskaufverträge FamRZ 1968, 13. Auch Nebenabreden, die in Zusammenhang mit einem solchen Vertrag stehen, bedürfen der Form des § 2371 BGB; andernfalls sind diese Nebenabreden nach § 125 BGB und uU nach § 139 BGB auch das Gesamtabkommen nichtig, **BGH** aaO.

Erbanteilsübertragung LitHinweise *Staudenmaier* Teilübertragung von Gesellschaftsanteilen und Erbanteilen DNotZ 1966, 724

Die Erbschaft eines Alleinerben kann als Ganzes nicht übertragen werden, **BGH** WM 1967, 978 = DNotZ 1968, 358 = MDR 1967, 913 Ls = JZ 1967, 607 Ls = BWNotZ 1967, 314 Ls = LM § 2033 BGB Nr 8 im Anschluß an **RG** RGZ 88, 116 (118). Besteht der Nachlaß nur aus einem Grst oder einem grstgleichen Recht, so liegt in der Abtretung eines Erbanteils durch einen Miterben keine Verfügung über das Grst oder grstgleiche Recht; eine bei Veräußerung eines Erbbaurechts vereinbarungsgemäß erforderliche Zustimmung des GrstEigentümers ist daher in einem solchen Falle nicht notwendig, **BayObLG** BayObLGZ 1967, 408 = MDR 1968, 326 = Rpfleger 1968, 186 (*Haegele*) = OLGZ 1968, 218 Ls. Die Verfügung eines Miterben über seinen Anteil am Nachlaß nach § 2033 Abs 1 S 1 BGB ist auch dann zulässig und wirksam, wenn der Nachlaß nur aus einem einzigen Gegenstand besteht, **OLG Celle** NdsRpfl 1967, 126 = BWNotZ 1968, 122 Ls. Die Übertragung nach § 2033 Abs 1 BGB ist möglich, solange noch Teile des Gesamthandvermögens der Erbengemeinschaft vorhanden sind, **OLG Hamm** DNotZ 1968, 744; erlangt ein Kind durch Übertragung der Erbanteile seitens der Geschwister die Stellung eines Alleinerben, so kann es über die in den Nachlässen der Eltern enthaltenen Erbanteile nach den Großeltern gemäß § 2033 Abs 1 BGB verfügen, **OLG Hamm** aaO. Bei ungeteilter Erbengemeinschaft kann jeder Miterbe sich schuldrechtlich zur Übertragung einzelner Nachlaßgegenstände oder eines ideellen Anteils daran ebenso verpflichten wie der Verkauf einer fremden Sache an sich zulässig ist, **BGH** BWNotZ 1968, 165 Ls.

Seite 1971/1972 — **§ 35 Bem 13**

Heimstätten-Erbrecht- dazu § 13 Vorbem 152ff./*ErgVerz*

§ 26 AVOHG (*Anh 115*) ist rechtswirksam, **BayObLG** BayObLGZ 1967, 40 = DNotZ 1968, 29 = DRpflZ 1968, 11 Ls = DWNotZ 1967, 216 Ls. Das Verfahren nach § 26 Z 3 aaO ist auch zulässig, wenn nur 2 gleichberechtigte Erben vorhanden sind, die vorgesehene Zweidrittelmehrheit also nur bei voller Einigkeit erreicht werden kann; innerhalb der mit dem Erbfall beginnenden Frist von 6 Monaten muß lediglich der Antrag gestellt sein, die Einleitung des Verfahrens kann regelmäßig nicht wegen Ausweglosigkeit abgelehnt werden, **BayObLG** aaO. § 26 aaO findet auf die Vererbung von Heimstätten-Bruchteilen Anwendung; ist ein Bruchteil nach allgemeinem Erbrecht vererbt worden, so kann die Auseinandersetzung nur nach § 35 AVOHG (*Anh 115*) erfolgen, **BayObLG** aaO. Der amtliche Leitsatz, der § 35 HG (*Anh 114*) erwähnt, ist insoweit unrichtig, wie die Gründe der Entscheidung ersehen lassen; auch die Zitierung des Leitsatzes in den angeführten Zeitschriften und in NJWZF XIII Nr 4555, XIV Nr 4332 erfolgt mit dieser Unrichtigkeit. § 24 HG (*Anh 114*), §§ 15ff. AVOHG (*Anh 115*) sind auch auf den Fall anzuwenden, daß nur ein Miteigentumsanteil an der Heimstätte als Erbteil in Betracht kommt, **LG Bonn** NJW 1966, 2314 = DNotZ 1967, 611 Ls = BWNotZ 1967, 35 Ls.

Seite 1972ff. — **§ 35 Bem 15ff.**

Anerbenrecht LitHinweise *Schulte* Die gewillkürte Erbfolge in den verwaisten Hof RdL 1967, 61 (dazu *Wöhrmann* aaO 63), Zum Begriff des Hofübergabevertrags RdL 1967, 175

Hinzuweisen ist auch auf *§ 117 Bem 18ff.* bez der Regelung in den einzelnen Ländern.

Seite 1972/1973 — **§ 35 Bem 16**

Britische Zone **§ 17 Abs 3 HO** (*Anh 96*) regelt das Verhältnis zum GrstVO (*Anh 104*). Soweit nach diesem Gesetz eine gerichtliche **Genehmigung** erfroderlclich ist, gilt dies auch für den zu einem Hof gehörigen Grundbesitz, dazu *Lange-Wulff* HO Bem 239ff., zur Genehmigung nach der GrstVG *§ 20 Bem 82.*

Der **Höfefeststellungsbeschluß** nach § 17 LVO (*Anh 84*) steht einem Erbschein bzw einem Hoffolgezeugnis gleich; dazu *Wöhrmann* HO § 18 Bem 20 mit Hinweis auf Rspr, RdL 1969 Heft 1, dazu auch *Lange-Wulff* HO § 18 Bem 246ff. § 37 LVO Bem 267ff.

Es wird noch klarstellend darauf hingewiesen, daß für die **Erteilung des Erbscheins,** auch eines beschränkten, das Landwirtschaftsgericht zuständig ist; dazu auch *Lange-Wulff* HO § 18 Bem 248, auch *Wöhrmann* HO § 18 Bem 17.

Zum Inhalt des Hoffolgezeugnisses **OLG Celle** RdL 1968, 16, **OLG Oldenburg** NdsRpfl 1968, 102 = DNotZ 1968, 565 = Rpfleger 1968, 190 = RdL 1968, 123, *Faßbender* Die notwendigen Angaben im Hoffolgezeugnis RdL 1968, 175

Eine letztwillige Verfügung iSd § 2289 BGB ist nicht der Antrag des Eigentümers auf Löschung des Hofvermerks im GB, **OLG Oldenburg** NdsRpfl 1967, 326 = DRspr I (174) 131, II (285) 92b.

Seite 1974 — **§ 35 Bem 21**

Sonstiges Anerbenrecht Württemberg *(berichtigt)* — Baden

Seite 1974ff. — **§ 35 Bem 23ff.**

Nachweis der Erbfolge LitHinweise *Becker* Zur Problematik des Lebensbeginns FamRZ 1968, 409, *Buschmann* Erbfolge und Nacherbfolge bei letztwilliger Zuwendung von Grsten BlGBW 1970, 107, *Großfeld* Höchstpersönlichkeit der Erbenbestimmung und Auswahlbefugnis durch Dritte JZ 1968, 113, *Haegele* Zur Regelung der Nachfolge in der Leitung eines Familienunternehmens BWNotZ 1968, 133, Zum Erbrecht beim Adoptivkind DNotZ 1969, 457, *Heiseke* Der Zugang formbedürftiger Erklärungen MDR 1968, 899, *Kniepev* Die Verbindung des Erbvertrages mit anderen Verträgen DNotZ 1968, 331, *Lindacher* Vermutungswirkung und öffentlicher Glaube bei einander widersprechenden Erbscheinen DNotZ 1970, 93, *Speckmann* Die Aushöhlung gemeinschaftlicher Testamente durch Rechtsgeschäfte unter Lebenden NJW 1968, 2222

Das GBA kann zum gbmäßigen Nachweis bei einer Verfügung von Todes wegen, die in einer öffentlichen Urkunde enthalten ist, nur dann die Vorlage eines Erbsscheines verlangen, wenn ganz besondere Anhaltspunkte aktenkundig sind, die wirkliche Zweifel begründen; bloße Behauptungen Beteiligter reichen nicht aus, **OLG Hamm** NJW 1969, 798 = OLGZ 1969, 301 = BWNotZ 1969, 234 Ls.

Ein Rechtsgeschäft unter Lebenden, das die Aushöhlung eines gemeinschaftlichen Testaments bewirkt, stellt nur in ganz besonders gelagerten Ausnahmefällen ein nichtiges Umgehungsgeschäft dar. **BGH** NJW 1968, 2052; dazu auch **OLG Karlsruhe** DNotZ 1969, 304. Der Nachweis der Erbfolge kann durch letztwillige Verfügung eines Ausländers in einer in-oder ausländischen Urkunde mit Eröffnungsverhandlung geführt werden, **LG Aachen** Rpfleger 1965, 233 (*Haegele*) = DRspr IV (473) 87c. Die Eintragung des Fiskus als gesetzlicher Erbe ist nur nach Vorlegung eines Erbscheins zulässig und kann nicht auf Grund des Feststellungsbeschlusses des Nachlaßgerichts über die Erbenstellung des Fiskus erfolgen, **OLG Köln** MDR 1965, 993 = DRspr IV (473) 89bc. Auch der Nachweis zu der Erbfolge zur Umschreibung von Grundbesitz auf den Vorerben bei testamentarischer Berufung zu erwartender Kinder als Nacherben kann nur durch Erbschein geführt werden, **LG Wiesbaden** Rpfleger 1967, 216 (*Haegele*) = DRspr IV (473) 98c. Es besteht die Notwendigkeit des Nachweises nach § 35 GBO bei Zweifel, ob der Buchberechtigte oder der Neueinzutragende durch Erbfolge Eigentümer des Grst geworden ist, während die Einigkeit zwischen beiden über das Eigentum eines von ihnen unter Zustimmung des anderen für eine GBBerichtigung nicht genügt, **OLG Stuttgart** BWNotZ 1970, 90; dazu § 22 Bem 16ff./*ErgVerz.*

Bei **Hoferbfolge** kann bei unbekanntem Hoferben ein Pfleger bestellt werden, **BGH** MDR 1968, 484 = DNotZ 1968, 564 = RdL 1968, 97. Das Erbanwartschaftsrecht des noch unbekannten Hoferben setzt sich bei Verkauf des Hofes durch den Vorerben an dem Erlös fort, **OLG Celle** RdL 1968, 99.

Ist bei bestimmten Grsten der Hofvermerk länger als 5 Jahre eingetragen, so kann der Amtsrichter nicht von Amts wegen um die Löschung des Hofvermerks ersuchen, wenn diese Grste von vornherein nicht Bestandteil des Hofes gewesen sein sollten, **OLG Düsseldorf** DNotZ 1970, 292 zu § 35 Abs 4 LVO (*Anh 84*), wobei offengelassen wird, ob einem solchen Ersuchen ein förmliches Feststellungsverfahren nach § 37 aaO vorausgehen muß (so *Wöhrmann* HO § 1 Bem 132). Zu den Fall, daß ein Grst von vornherein nicht zum Ehegatten gehört hat, wird ausgeführt:

„In einem solchen Fall kann nicht der Amtsrichter von Amts wegen das GBA um Löschung des Hofvermerks ersuchen. Vielmehr muß einem solchen Ersuchen ein Feststellungsverfahren nach § 37 Abs 1 (b) LVO vorausgehen, das nur auf Antrag eines Beteiligten einzuleiten ist, § 37 Abs 1 LVO, und über den nach § 2 Abs 2 LwVG das AG grundsätzlich unter Zuziehung von landwirtschaftlichen Beisitzern entscheiden kann; vgl **OLG Celle** RdL 1959, 153, *Lange-Wulff* HO § 1 Bem 34, *Wörmann* HO § 1 Bem 132. Die Richtigkeit dieser Ansicht ergibt sich daraus, daß gemäß § 57 Abs 4 S 2 LVO ein Feststellungsantrag, falls ... der Hofvermerk länger als 5 Jahre eingetragen ist, nur noch statthaft ist, wenn die bei der Eintragung vorhanden gewesenen Voraussetzungen nachträglich weggefallen sind. Letzteres trifft hier ... nicht zu.

Die Vorschrift des § 37 Abs 4 S 2 LVO gilt nicht, wie es nach ihrem Wortlaut den Anschein haben könnte, nur für den Fall der Unsicherheit darüber, ob eine landwirtschaftliche Besitzung in ihrer Gesamtheit ein Hof iSd § 1 HO ist, § 37 Abs 1 (a) LVO, sondern auch für den hier gegebenen Fall, daß Unsicherheit darüber besteht, ob ein Gegenstand, — hier bestimmte Grundstücke — Bestandteil des Hofes ist, § 37 Abs 1 (b) LVO". —

Der Nachweis der **Erbfolge des Fiskus** kann für die GBBerichtigung durch den Feststellungsbeschluß nach § 1964 BGB geführt weden; Vorlage eines Erbscheins ist zur Eintragung des Fiskus als gesetzlicher Erbe nicht erforderlich, **AG Lüneburg** Rpfleger 1971, 23.

Seite 1979ff. — **§ 35 Bem 33ff.**

Erbschein LitHinweis *Lindacher* Vermutungswirkung und öffentlicher Glaube bei einander widersprechenden Erbscheinen DNotZ 1970, 93 (gegen hM, die zu Unrecht angegriffen wird), *Schmid* Nachlaßgerichtliche Zeugnisse, wenn ein Miterbeserbe von seinem Recht aus § 1952 Abs 3 BGB Gebrauch macht BWNotZ 1970, 82, *Weimar* Rechtsfragen zum Erbschein MDR 1967, 556

Landesrecht

Baden-Württemberg ErlIM, JM, FM vom 26. Mai 1965 Justiz 217 Derzeitige Kostenersparnis bei GBBerichtungen wegen Erbfolge (zu § 60 Abs 4 KostO), Niedersachsen AVJM vom 1. Apıil 1964 NdsRpfl 75 Feststellung von Vordrucken, hier Vordrucke für den Testamentsumschlag und die Verwahrungsnachrichten, AVJM vom 3. Dezember 1964 NdsRpfl 263 Geschäftliche Behandlung von Verfügungen von Todes wegen, AVJM vom 2. Dezember 1964 aaO 264 Änderung der AktO, hier Verfügungen von Todes wegen

Zuständigkeit des Richters bzw **RPflegers** Es ist hinzuweisen auf § 16 Abs 1 Z 6, 7, Abs 2 RpflG (*Anh 137*); dazu *Eickmann-Riedel* RpflG (E 25ff./*ErgVerz*) § 16 Bem 8, 9. Darnach ist der FRichter zuständig

für die Erteilung von Erbscheinen nach § 2353 BGB sowie von Zeugnissen nach §§ 36, 37 GBO oder §§ 42, 74 Schiffsregisterordnung, sofern eine Verfügung von Todes wegen vorliegt, sowie von gegenständlich beschränkten Erbscheinen nach § 2369 BGB, auch wenn eine Verfügung von Todes wegen nicht vorliegt, und die Erteilung von Testamentsvollstreckerzeugnissen ferner für die Einziehung von Erbscheinen nach § 2361 BGB und von Zeugnissen nach §§ 36, 37 GBO und §§ 42, 74 Schiffsregisterordnung, wenn die Erbscheine oder Zeugnisse vom Richter erteilt oder wegen ein Verfügung von Todes wegen einzuziehen sind, ferner von Testamentsvollstreckerzeugnissen und von Zeugnissen über die Fortsetzung einer Gütergemeinschaft nach § 1507 BGB.

Liegt eine Verfügung von Todes wegen vor, ist aber dennoch ein Erbschein oder ein Zeugnis nach §§ 36, 37 GBO oder §§ 42, 74 Schiffsregisterordnung auf Grund gesetzlicher Erbfolge zu erteilen, so kann der Richter die Erteilung des Erbscheins oder des Zeugnisses dem RPfleger übertragen, wenn deutsches Erbrecht anzuwenden ist, wobei der Rpfleger an die ihm mitgeteilte Auffassung des Richters gebunden ist.

Volle Zuständigkeit des RPflegers besteht nach § 3 Z 1 (f) RpflG (*Anh 137*) für Urkundssachen einschl der Entgegennahme der Erklärung nach dem BeurkG (*Anh 63*); dazu *Eickmann-Riedel* RpflG (E 25 ff./*ErgVerz*) § 3 Bem 9, *Riedel-Feil* BeurkG (E 25 ff./*ErgVerz*) § 56 Bem 2. Die Vorschrift des § 2356 Abs 2 S 1 BGB mit der Doppelzuständigkeit von Notar und Gericht blieb unberührt, so daß das Nachlaßgericht nach wievor die eidesstattliche Versicherung im Erbscheinsverfahren entgegennehmen kann. Zur Klarstellung wird dies in § 56 Abs 3 S 2 BeurkG idF vom 27. Juni 1970 BGBl I 911 (Anh 63/*ErgVerz*) ausgesprochen, wo nach § 2356 Abs 2 S 1 BGB unberührt bleibt; dazu **OLG Celle** MDR 1970, 930, *Riedel-Feil* BeurkG (E 25 ff./*ErgVerz*) § 56 Bem 2, auch § 29 Bem 62/*ErgVerz*. Das Nachlaßgericht kann auch ein anderes Amtsgericht im Rechtshilfeweg um die Entgegennahme der eidesstattlichen Versicherung ersuchen, **OLG Celle** aaO.

War der Rpfleger zur Erteilung des Erbscheins funktionell unzuständig, so muß der von ihm erteilte Erbschein ohne Rücksicht auf dessen sachliche Richtigkeit eingezogen werden, § 8 RpfleG (*Anh 137*) bzw § 7 RpflGaF (*Anh 138*), **LG Koblenz** DNotZ 1969, 431 im Anschluß an **BayObLGZ** BayObLGZ 1948/1951 S 89 (93), *Staudinger-Firsching* BGB § 2361 Bem 16. Dies gilt auch für einen Beamten des mittleren gehobenen Dienstes usw, der nur in der Justizverwaltung tätig ist, **OLG Frankfurt aM** NJW 1968, 1289 = OLGZ 1968, 110 = BWNotZ 1968, 220 Ls.

Zum **Inhalt des Erbscheins** gehört nicht die Angabe darüber, ob der Erbe Ehegatte des Erblassers oder mit ihm verwandt ist; die diese Angaben vorschreibende Be stimmung des § 181 Abs 2 S 2 BEG gilt nur für den auf den Entschädigungsanspruch beschränkten Erbschein, **KG** Rpfleger 1967, 412 (*Haegele*) = OLGZ 1966, 612 = BWMotZ 1968, 38 Ls. Zur Beerbung eines sudetendeutschen Erblassers nach ABGB **BayObLG** BayObLGZ 1967, 197 = NJW 1967, 2123 Ls = FamRZ 1967, 489 Ls; bei dem Tod des Erblassers zwischen Mai 1945 und 1. Oktober 1946 ausschließlich in der Tschechoslowakei erfolgt Vererbung nach dem ABGB, wenn die Erben in das Bundesgebiet vertrieben wurden. Eine Berichtigung oder Ergänzung des Erbscheins ist zulässig, wenn es sich um die Beseitigung unzulässiger oder die Aufnahme vorgeschriebener Zusätze handelt, die den sachlichen Inhalt des Erbscheins unberührt lassen und an dem öffentlichen Glauben nicht teilnehmen, **KG** Rpfleger 1967, 412 (*Haegele*) = OLGZ 1966, 612 = DRpflZ 1967, 36 Ls = BWNotZ 1968, 38 Ls. Ein Erbschein „nach Maßgabe des Testaments" ist in der Regel unzureichend ,**BayObLG** BayObLG 1967, 1. Ein Erbschein anderen Inhalts als beantragt darf nicht erteilt werden; dazu **OLG Hamm** JMBlNRW 1967, 160 = OLGZ 1967, 71 = DRspr I (174) 130c, wonach es nicht zulässig ist, einen Erbschein auf Grund eines Testaments zu erteilen, wenn ein solcher nach gesetzlicher Erbfolge beantragt ist. Es kann vielmehr in einem solchen Fall der Antrag nur zurückgewiesen werden, falls er nicht auslegbar oder umdeutbar ist (§§ 133, 157 BGB) bzw auf Anregung des Nachlaßgerichts abgeändert wird.

Ein gegenständlich beschränkter Erbschein kann nur unter den besonderen gesetzlichen Voraussetzungen erteilt werden, also nicht für Zwecke des Lastenausgleichs, **OLG Hamm** NJW 1968, 1682 = MDR 1968, 845 = Rpfleger 1968, 357 = BWNotZ 1968, 263 Ls. Befindet sich der Nachlaß eines Erblassers mit letztem Wohnsitz im Bundesgebiet teils in der BRD teils in der DDR, so kann nur ein auf das in dem Bundesgebiet befindliche Vermögen beschränkte Erbschein erteilt werden, also kein allgemeiner Erbschein, **BGH** NJW 1969, 1428 = MDR 1969, 738, **aA** (überholt) **KG** JR 1967, 465 = OLGZ 1967, 358.

Ein Erbscheinsverfahren kann, wenn ein Rechtsstreit über das Erbrecht anhängig ist, nach pflichtgemäßem Ermessen ausgesetzt werden, insbe also auch bis zur rechtskräftigen Entscheidung eines im Ausland anhängigen Rechtsstreits über das Erbrecht, **KG** FamRZ 1968, 219 = OLGZ 1967, 392.

Einziehung des Erbscheins ist auch nach langer Zeit möglich, wenn er unrichtig ist, selbst wenn keine neue Tatsachen aufgetreten sind und wenn der Erbschein inhaltlich dem Antrag der Beteiligten entsprach, **BGH** BGHZ 67, 58 = NJW 1967, 1126 = MDR 1967, 388 = FamRZ 1967, 291 Ls = LM § 2361 BGB Nr 5 (*Johannsen*) = DRspr I (174) 130d, **BayObLG** BayObLGZ 1966, 233 = NJW 1966, 1680 Ls.

Der im Erbscheinsverfahren erforderliche Nachweis, daß der Antragsteller eine eidesstattliche Versicherung iSd § 2356 Abs 2 BGB vor einem Notar abgegeben hat, kann durch eine beglaubigte Abschrift der notariellen Erbscheinsverhandlungen erbracht werden, **LG Berlin** DNotZ 1968, 51 = DRspr I (174) 132c. Wird nach Wegfall der Testamentsvollstreckung die Erteilung eines der veränderten Sachlage entsprechenden Erbscheins beantragt, so bedarf es nur unter besonderen Umständen einer erneuten Versicherung an Eides Staat, auch wenn der Antragsteller ein anderer ist als bei dem früher erteilten Erbschein, **KG** OLGZ 1967, 247.

Seite 1980 — **§ 35 Bem 34**

Hoffolgezeugnis Hierzu ist hinzuweisen auf **BGH** NJW 1953, 700 wV aaO, der als Grundsatz aufstellt: Das Verfahren betreffend die Ausstellung des Erbscheins bzw Hoffolgezeugnisses auf Grund des § 18 Abs 2 HO unterscheidet sich nicht von einem anderen Verfahren nach der Verfahrensordnung für Landwirtschaftssachen. Insbesondere hat die Entscheidung des Landwirtschaftsgericht durch begründeten Beschluß zu geschehen, in dem der zu erteilende Erbschein bzw das Hoffolgezeugnis seinem Inhalt nach festgelegt wird. Erst nach Eintritt der Rechtskraft des Beschlusses kann dem Antragsteller der Erbschein bzw das Hoffolgezeugnis erteilt werden.

Hierzu führt *Wöhrmann* RdL 1969 Heft 1 aus, was von besonderem Interesse ist:

„Hier liegt ein Irrtum vor. Die wirkliche Rechtslage, die in meinem Kommentar zur HO — 2. Aufl — § 18 Anm 2 ausführlich dargestellt ist, ist folgende: Auf Grund einer nicht veröffentlichten Entscheidung des BGH vom 11. Februar 1951 V BLw 81/51 waren in der Tat Zweifel entstanden, ob nach Ansicht des BGH das Landwirtschaftsgericht zunächst nur die Erteilung des Hoffolgezeugnisses beschließen und erst nach Rechtskraft des Beschlusses das Hoffolgezeugnis als solches erteilen durfte. Durch die ... angeführte Entscheidung des **BGH** vom 2. März 1953 .... und durch eine weitere Entscheidung vom 15. Dezember 1953 RdL 1954, 101 = MDR 1954, 234 = DNotZ 1954, 213 war aber klargestellt, daß der Beschluß über die Erteilung des Hoffolgezeugnisses das Hoffolgezeugnis selbst darstellt: der Antragsteller erhält eine mit Rechtskraftbescheinigung versehene Ausfertigung des Beschlusses (ohne Gründe) ausgestellt; das ist dann das Hoffolgezeugnis. Deshalb ist ein weiterer Beschluß, durch den das Hoffolgezeugnis, erteilt wird, nicht erforderlich. In dieser Weise wird auch in der Praxis verfahren".

Zur Frage der Begründung der Entscheidung wird bei *Lange-Wulff* HO (5. Aufl) § 18 Bem 258 ausgeführt:

„Die Entscheidung ergeht in allen Fällen, also auch bei Erteilung des Erbscheins oder Hoffolgezeugnisses durch einen mit Gründen versehenen Beschluß, der allen Beteiligten, also nicht nur dem Antragsteller, mit Rechtsbelehrung über die Anfechtbarkeit zuzustellen ist, *BGH* 2. März 1953 RdL 1953, 137."

Dazu bemerkt *Wöhrmann* aaO, HO § 18 Bem 21, daß die Länder Miedersachsen und Nordrhein-Westfalen auf Grund der Ermächtigung zu § 20 Abs 3 LwVG (*Anh* 83) verfahrensrechtliche Ausführungsvorschriften erlassen und dabei bestimmt haben, daß es einer Begründung der Entscheidung nicht bedarf, wenn ein Hoffolgezeugnis erteilt oder für kraftlos erklärt wird.

Seite 1987ff. — **§ 35 Bem 41ff.**

Nachweis der letztwilligen Erbfolge Für die Testamentserrichtung und den Abschluß von Erbverträgen sind die gesetzlichen Änderungen des BGB durch das **BeurkG** (*Anh 63*) zu beachten, und zwar durch §§ 56, 57 Abs 3 aaO. Auch findet das BeurkG Anwendung, das in §§ 27ff. aaO die Besonderheiten bei Verfügungen von Todes wegen berücksichtigt. Dazu im einzelnen *Riedel-Feil* BeurkG (E 25ff./*ErgVerz*)

Die Rspr des BGH zur Aushöhlung von Erbverträgen wurde nach **BGH** NJW 1971, 188 = WM 1970, 928 weitgehend wieder aufgegeben; dazu *Speckmann* Die Aushöhlung gemeinschaftlicher Testamente durch Rechtsgeschäfte unter Lebenden NJW 1968, 2232, Aushöhlung von Erbverträgen und gemeinschaftlichen Testamenten NJW 1971. 176.

Seite 1988/1989 — **§ 35 Bem 45ff.**

Das öffentliche Testament kann nach § 2232 BGBnF nur vor einem Notar errichtet werden; die früher daneben bestehende Zuständigkeit des Gerichts wurde beseitigt. Für Sonderfälle gilt § 2233 BGBnF, insbes bei Minderjährigkeit. Die §§ 2234 bis 2246 BGBaF wurden aufgehoben; an deren Stelle tritt die Regelung nach §§ 1ff. BeurkG (*Anh 63*).

Ein vom Erblasser mit dem Wort Entwurf versehenes, im übrigen formgerecht abgefaßtes Schriftstück kann als Testament wirksam sein, wenn der Erblasser das Schriftstück mit ernstlichem Testierwillen gefertigt hat, es also bereits als seine rechtsverbindliche letztwillige Verfügung ansah und als solche behandelt wissen wollte, **BayObLG** NJW 1970, 2300.

Seite 1989 — **§ 35 Bem 49**

Dazu § 57 Abs 3 Z 5ff. BeurkG (*Anh 63*).

Für das eigenhändige Testament gilt § 2247 BGBnF, da diese Vorschrift ebenfalls durch das BeurkG (*Anh 63*) geändert wurde; dazu § 57 Abs 3 Z 9 aaO.

Seite 1989/1990 — **§ 35 Bem 50**

Bei den außerordentlichen Testamentsformen sind ebenfalls Änderungen durch § 57 Abs 3 Z 10, 11 BeurkG (*Anh 63*) eingetreten, und zwar beim

Not- oder Dorftestament, § 2249 BGBnF; dazu § 57 Abs 3 Z 10 BeurkG (*Anh 63*),

Dreizeugentestament, § 2250 BGBnF; dazu § 57 Abs 3 Z 11 BeurkG (*Anh 63*) und

Seetestament, § 2251 BGB, wonach auf § 2250 Abs 3 BGBnF verwiesen wird.

Die 3 Zeugen, vor denen ein Nottestament nach § 2250 Abs 2 BGB errichtet wird, gehören zu den mitwirkenden Personen iSd § 2239 BGBaF, der aufgehoben und durch das BeurkG ersetzt wurde; sie müssen deshalb während des ganzen Vorgangs der Testamentserrichtung zugegen sein, also nicht nur bei der Erklärung des Erblassers über seinen letzten Willen, sondern auch bei der Verlesung der über den letzten Willen aufzunehmenden Niederschrift und bei der Genehmigung dieser Niederschrift durch den Erblasser — dies jedenfalls in den Fällen, in denen der Erblasser nicht mehr in der Lage ist, die Niederschrift eigenhängig zu unterschreiben, **BGH** NJW 1970, 1601 = BWNotZ 1970, 174, auch *Riedel* Feil BeurkG (E 25ff./*Erg Verz*) § 27 Vorbem 2.

Für Rheinland-Pfalz bestimmt BekJM vom 20. Oktober 1970 JBl 228 Aufnahme von Nottestamenten durch Gemeindebeamte die Aufhebung der AVJM vom 14. März 1962 JBl 43 bez Dienstanweisung für Gemeindebeamte zur Aufnahme von Nottestamenten, da d ese Dienstanweisung durch GemRdErl IM und JM MBl 1970, 720 ersatzlos aufgehoben wurde.

Seite 1990 — **§ 35 Bem 51**

Auch bei den Vorschriften zum Erbvertrag nach §§ 2274ff., BGB erfolgte Angleichung an des BeurkG (*Anh 63*); dazu § 57 Abs 3 Z 14, 15 bez der Neufassung der §§ 2276, 2277 BGBnF.

Seite 1991ff. — **§ 35 Bem 60**

Prüfungspflicht des GBA Vor Anwendung der Auslegungsregel des § 2269 BGB kann das BGA einen Erbschein anfordern, wenn die vorgelegten Urkunden Zweifel tatsächlicher Art an der Erbfolge offen lassen und diese Zweifel uU durch Ermittlungen des Nachlaßgerichts geklärt werden können, **OLG Hamm** MDR 1968, 1012 = OLGZ 1968, 485, und zwar im Anschluß an **OLG Hamm** JMBlNRW 1963, 180. Es wird zur Begründung ausgeführt:

„Das GBA hat ... weder das Recht noch die Pflicht, im Antragsverfahren besondere Ermittlungen über außerhalb der Urkunden liegenden Umstände anzustellen. Es ist allein auf die durch § 18 GBO gebotenem Möglichkeiten beschränkt. Reichen letztwillige Verfügung und Eröffnungsprotokoll nicht aus, so tritt wieder der Grundsatz des § 35 Abs 1 S 2 GBO in Kraft, wonach Vorlegung eines Erbscheins zu verlangen ist. Damit werden auch die zur Auslegung des Testaments erforderlichen Ermittlungen in das Verfahren und an das Gericht verwiesen, wohin sie nach den dafür gegebenen besonderen Vorschriften (§ 2358 BGB, § 12 FGG) gehören und wo sie ungehindert durch Formvorschriften vorgenommen werden können, nämlich in das Erbscheinsverfahren vor dem Nachlaßgericht, **KG** OLG 44, 88. Dort können auch die übrigen Beteiligten zu dem Verfahren zugezogen werden. Zugleich werden dadurch abweichende Ergebnisse beim GBA und Nachlaßgericht sowie die daraus fur die Beteiligten folgende Unsicherheit vermieden".

Das GBA kann bei einer Verfügung von Todes wegen, die in einer öffentlichen Urkunde enthalten ist, nur dann die **Vorlage eines Erbscheins** verlangen, wenn ganz bestimmte Anhaltspunkte aktenkundig sind, die wirkliche Zweifel begründen; bloße Behauptungen Beteiligter reichen nicht aus, **OLG Hamm** NJW 1969, 798 = OLGZ 1969, 309 = DNotZ 1970, 160 = BWNotZ 1969, 234 Ls.

Gegen die **Weigerung des Nachlaßgerichts**, auf Ersuchen des GBA die Erben des eingetragenen Eigentümers zu ermitteln, kann in entsprechender Anwendung des § 159 GVG das OLG angerufen werden, **KG** Rpfleger 1969, 57 = OLGZ 1969, 134, **aA** (zu Unrecht) *Hesse-Saage-Fischer* GBO § 82a Bem 3b; es handelt sich um eine Art Rechtshilfe iSd § 156 GVG, *§ 82a Bem 6*.

Seite 1994 ff. — **§ 35 Bem 61 ff.**

Nachweis der Erfolge nach ausländischen Erblassern LitHinweise *Ferid-Firsching* Internationales Erbrecht/ 2. Auflage 1967 München), *Karle* Erbfälle mit Auslandsberührung BWNotZ 1970, 78

Zur internationalen Zuständigkeit des deutschen Nachlaßgerichts zu vorläufigen Maßnahmen wie Anordnung der Nachlaßpflegeschaft **BGH** BGHZ 49, 1 = NJW 1968, 353 = MDR 1968, 142 = FamRZ 1968, 26 = WM 1968, 615 = DNotZ 1968, 437 = Rpfleger 1968, 49 = DRspr I (170) 39a, I (180) 65c; nach allgemeiner Ansicht ist ein inländisches Nachlaßgericht zu vorläufig sichernden Maßregeln berechtigt, wie es auch internationaler Übung entspricht.

Zur Nachlaßspaltung **BGH** BGHZ 50, 63 = NJW 1968, 1571 = MDR 1968, 567 = DNotZ 1968, 662 = Rpfleger 1968, 279 = WM 1968, 759 = DB 1968, 1123 = BWNotZ 1968, 458 Ls = LM Art 28 EGBGB Nr 2 (*Mattern*); die Erbfolge bez in Österreich gelegener Grste richtet sich auch bei einem deutschen Erblasser nach österreichischem Recht.

Seite 1999 ff. — **§ 35 Bem 64**

Übereinkommen über das auf die Form letztwilliger Verfügungen anzuwende Recht Dazu Ergänzungen bez Landesrecht:

Baden-Württemberg BekJM vom 3. Februar 1966 Justiz 57/4. September 1968 Justiz 57; letztere hat folgenden Wortlaut:

> Das Übereinkommen vom 5. Oktober 1961 über das auf die Form letztwilliger Verfügungen anzuwendende Recht BGBl 1965 II 1145 ist für Irland, Frankreich mit den überseeischen Departements und Hoheitsgebieten und für folgende weitere Gebiete in Kraft getreten, deren internationale Beziehungen vom Vereinigten Königreich wahrgenommen werden: Hongkong, St Lucia ,St Vincent und Swasiland (vgl Bek des Auswärtigen Amtes vom 1. Mai 1966 BGBl II 296, vom 1. September 1967 BGBl II 2362, vom 1. Dezember 1967 BGBl II 2548, vom 5. Februar 1968 BGBl II 94 und vom 28. Juli 1968 BGBl II 808).

Niedersachsen BekJM vom 29. November 1967 NdsRpfl 270, die wie folgt lautet:

> Auf die Bek des Auswärtigen Amtes vom 1. Mai 1966 BGBl II 296 und vom 1. September 1967 BGBl II 2362, nach denen das Übereinkommen vom 5. Oktober 1961 über das auf die Form letztwilliger Verfügungen anzuwendende Recht für St Lucia am 13. Mai 1966 und für Irland am 2. Oktober 1967 in Kraft getreten ist, weise ich hin.

Seite 2004 ff. — **§ 35 Bem 65 ff.**

Nachweis der fortgesetzten Gütergemeinschaft Das **BeurkG** (*Anh 63*) änderte von den einschlägigen Vorschriften der §§ 1483 ff. BGB die §§ 1491, 1492, 1501, 1516 BGB ab, und zwar durch § 56 Abs 1 BeurkG (*Anh 63*), indem die Doppelzuständigkeit für die Beurkundung beseitigt und auf die Beurkundungsbefugnis des Notars beschränkt wurde; dazu *Riedel-Feil* BeurkG (E 25 ff./*ErgVerz*) § 56 Bem 2.

Seite 2004 — **§ 35 Bem 65**

LitHinweise *Staudenmeier* Zur Verfügungsmacht des überlebenden Ehegatten bei atypischer Fortsetzung der Gütergemeinschaft BWNotZ 1967, 136

Haegele Unterrichtsbriefe (Güter-, Familien- und Vormundschaftsrecht 56 ff.) *berichtigt*, Grundbesitz bei ehelicher und fortgesetzter Gütergemeinschaft JurBüro 1968, 591

Seite 2005/2006 — **§ 35 Bem 66, 67**

Zum Ende der fortgesetzten Gütergemeinschaft **BGH** BGHZ 48, 369 = NJW 1968, 496 = MDR 1968, 129 = BB 1968, 152 = DB 1968, 214 = FamRZ 1968, 75 = DNotZ 1968, 491 = WM 1968, 12 = BWNotZ 1968, 36 = LM § 1495 BGB Nr 1 (*Johannsen*); Anspruch auf Aufhebung der fortgesetzten Gütergemeinschaft besteht, wenn sich aus dem Gesamtverhalten des überlebenden Ehegatten der Schluß rechtfertigt, daß dieser den Rechten des Abkömmlings nicht die nötige Beachtung schenken wird.

Seite 2006 ff. — **§ 35 Bem 68 ff.**

Vermögensmassen **LG Bückeburg** NdsRpfl 1968, 226 zur gebrechlichen Lage, wenn zum Gesamtgut einer ehelichen Gütergemeinschaft ein Grst gehört und der erstverstorbene Ehegatte den überlebenden als Vorerben eingesetzt hat; der Rechtsgedanke des § 47 BGO muß entsprechend angewendet werden, wenn es sich um die Eintragung lediglich einer Person handelt, die das Gesamtrecht aber in 2 unterschiedlichen Funktionen innehat, ohne daß der Umfang der beiderseitigen Anteile der verschiedenen Berechtigungen mangels einer Auseinandersetzung bisher bestimmt werden kann. Da eine Auseinandersetzung bisher nicht durchgeführt worden ist, steht das Eigentum am Grst vorläufig einer Auseinandersetzungsgemeinschaft nach beendeter Gütergemeinschaft zu; bei dieser Auseinandersetzungsgemeinschaft handelt es sich um eine Gesamthandsberechtigung, die im Wege der Berichtigung auch in das GB eingetragen werden kann.

Seite 2008 ff. — **§ 35 Bem 72 ff.**

Zeugnis über die Fortsetzung der Gütergemeinschaft **BayObLG** BayObLGZ 1967, 70 = DNotZ 1968, 35 = Rpfleger 1968, 21 (*Haegele*) = BWNotZ 1968, 74 Ls = OLGZ 1967, 355 Ls; die Berichtigung bzw Ergänzung des Zeugnisses ist nach Beendigung der fortgesetzten Gütergemeinschaft nur möglich, wenn das Zeugnis durch einen Umstand unrichtig geworden ist, der vor der Beendigung der fortgesetzten Gütergemeinschaft eingetreten ist oder doch auf die Zeit vor der Beendigung zurückwirkt.

Zur Zuständigkeit von Richter bzw Rpfleger § 35 Bem 33 ff./*ErgVerz*

Seite 2010 ff. — **§ 35 Bem 77 ff.**

Nachweis der Testamentsvollstreckung LitHinweise *Haegele* Testamentsvollstreckung im Handels- und Gesellschaftsrecht BWNotZ 1968, 62, 85, Recht des Testamentsvollstreckers zu unentgeltlichen Verfügungen und zur Erbteilung bei Dauervollstreckung BWNotZ 1969, 260

Seite 2011 ff. — **§ 35 Bem 77**

Zur Endigung des Amts **OLG Hamm** NJW 1968, 800 = MDR 1968, 152 = DNotZ 1968, 443 = Rpfleger 1968, 24 = BWNotZ 1968, 75 Ls; objektiv gerechtfertigtes Mißtrauen des Erben gegen die Person des Testamentsvollstreckers kann ein wichtiger Grund zur Entlassung sein.

Seite 2018 ff. — **§ 35 Bem 78 ff.**

Verfügungsbefugnis Zur Unentgeltlichkeit von Verfügungen **BGH** BWNotZ 1968, 165 Ls, **KG** NJW 1968, 1632 = WM 1968, 767 = Rpfleger 1968, 189 (*Haegele*) = OLGZ 1968, 215 = BWNotZ 1968, 219 Ls, **OLG Düsseldorf** JMBlNRW 1966, 272

Seite 2018 — **§ 35 Bem 91**

Testamentsvollstreckerzeugnis (Überschrift *berichtigt*).
Zur Zuständigkeit von **Richter** bzw **RPfleger** § 35 Bem 33ff./*ErgVerz.*

Seite 2024ff. — **§ 36**

Auseinandersetzungs- und Überweisungszeugnis bei Eigentum und Erbbaurecht

Seite 2025 — **§ 36 Bem 1**

Die §§ 36, 37 GBO wurden durch das **BeurkG** (*Anh 63*) nicht geändert, sind also nach wie vor anzuwenden. § 57 Abs 6, 7 BeurkG (*Anh 63*) änderte lediglich den § 29 GBO; dazu *Riedel-Feil* BeurkG (E 25ff./*ErgVerz*) § 57 Bem 7.

Seite 2029 — Kolumnentitel **§ 36** (*berichtigt*)

Seite 2029ff. — **§ 36 Bem 13ff.**

Zeugnis Zur Zuständigkeit von **Richter** bzw **RPfleger** § 35 Bem 33ff./*ErgVerz*

In Abs 3 Zeile 3 dieser Bem Baden-Württemberg Art (*berichtigt*) 74ff., 84ff. AGBGB

Seite 2034 — **§ 37**

Auseinandersetzungs- und Überweisungszeugnis bei Grundpfandrechten

Seite 2035 — **§ 37 Bem 2**

Zum **BeurkG** (*Anh 63*) § 36 Bem 1/*ErgVerz*

Seite 2036 — **§ 37 Bem 8ff.**

Zeugnis Zur Zuständigkeit des von Richter bzw Rechtspfleger § 35 Bem 33ff./*ErgVerz*

Band III Grundbuchrecht

Seite V **Inhaltsverzeichnis**

§ 120 Mehrere (*berichtigt*) Grundbücher

Seite 2039 ff. — **§ 38**

Eintragung auf Ersuchen von Behörden

Seite 2040 ff. — **§ 38 Bem 2 ff.**

Zu den **behördlichen Ersuchen** gehören nicht die **Mitteilungen der Katasterbehörden** an die GBÄmter, auch nicht, soweit diese Mitteilungen die Benennung der Grste nach einem amtlichen Verzeichnis iSd § 2 Abs 2 BGO betreffen, wie Berichtigungsersuchen. Sie stehen jedoch wegen der gesetzlichen Regelung solcher Mitteilungen praktisch Ersuchen gleich, wenn sie keine Ersuchen sind; dazu bawüGABl 1970, 187 (188) und *Kriegel* AVN 1969, 539/1970, 531, zu den amtlichen Verzeichnissen und den Mitteilungen der Katasterämter *§ 2 Bem 85 ff.* sowie *Anh 139 ff.* auch § 71 Bem 41 ff./ErgVerz.

Seite 2047 — **§ 38 Bem 18**

Kosten gebührenfrei nach § 69 Abs 2 HalbS 1 KostO (*Anh 59*) *berichtigt*
Lauterbach Kostgesetze KostO § 69 Bem 3 *berichtigt*

Seite 2049 ff. — **§ 38 Bem 23 ff.**

Ersuchen des Vollstreckungsgerichts LitHinweise *Herzig* Wer hat im ZwVerstVerfahren die Unbedenklichkeitsbescheinigung zu beschaffen, wenn der Ersteher sich nicht um sie bemüht? JurBüro 1968, 686 (das VollstrGer hat dies erforderlichenfalls zu tun), *Pikart* Die neuere Rspr des BGH zur ZwVerst und ZwVerw WM 1968, 1190, *Schiffhauer* Neuere Rspr auf dem Gebiet des ZwVerstRechts BlGBW 1966, 72, 93/1968, 205, *Schmidt* Wie stellt der ZwVerstKommissär seine Verfügungen zu? BWNotZ 1968, 58

Ist die Eintragung des Eigentümers im GB nach dem Inhalt des Ersuchens der Landwirtschaftsbehörde auf Grund Eigentumserwerbs in der ZwVerst erfolgt, so ist das GBA durch § 38 GBO nicht gehindert, die Grundlage des Ersuchens der Behörde in dem Umfange zu überprüfen, als die Behörde nicht im Rahmen der gesetzlichen Ermächtigung gehandelt hat, **OLG Karlsruhe** RdL 1966 ,153.

Gegen die Eintragung einer Zwangshypothek ist die unbefristete Beschwerde nach § 71 GBO, nicht die sofortige Beschwerde nach § 793 ZPO gegeben, **OLG Köln** OLGZ 1967, 499.

Seite 2061 — **§ 38 Bem 46**

Ersuchen des Entschuldungsamts (Überschrift berichtigt) LitHinweise *Haegele* Löschung des Entschuldungsvermerks auf Grund der LöschungsVO vom 31. Januar 1962 DNotZ 1962, 373

Seite 2066 — **§ 38 Bem 62**

Ersuchen nach dem BBauG Es ist darauf hinzuweisen, daß der Umlegungsvermerk nach § 54 BBauG (*Anh 110*) im Rahmen des Umlegungsverfahren (*§ 20 Bem 83e*) auf Ersuchen der Umlegungsbehörde oder von Amts wegen auf Grund der dem GBA zugegangenen Benachrichtigung der Umlegungsstelle eingetragen wird; dazu *Kraker* BWNotZ 1969, 434 (435), auch § 20 Bem 83e/*ErgVerz.*

Seite 2068 ff. — **§ 38 Bem 69ff.**

Ersuchen der Flurbereinigungsbehörde Flurbereinigungsgesetz (auszugsweise) *Anh 105*

Das Flurbereinigungsgericht ist kein Verwaltungssondergericht und kein anderes Gericht iSd § 40 Abs 1 VwGO; ein Flurbereinigungsgericht ist auch dann gesetzmäßig besetzt, wenn ein gemäß § 139 Abs 2 S 2 FlBG qualifizierter Stellvertreter nicht vorhanden ist, **BVerwG** NJW 1970, 2042.

Landesrecht

Bayern GemBek des JM und des Staatsministeriums für Ernährung, Landwirtschaft und Forsten vom 24. Mai 1960 JMBl 95, LMBl 94/17. August 1970 JMBl 106 (zu BayBSVJu Bd III Abschn D 7) Zusammenarbeit der Flurbereinigungsbehörden, Grundbuchämter und Notare im Flurbereinigungs- und Zusammenlegungsverfahren (auszugsweise)

Abschn III Nr. 7

(1) Nach Rückleitung des Einlagenausweises bis zum Eingang der Mitteilung der Flurbereinigungsbehörde über die Einstellung des Flurbereinigungs- oder Zusammenlegungsverfahrens oder über den Eintritt des neuen Rechtszustandes (vgl Abschnitt I Nr 1 Abs 1 Buchst d und f) teilt das Grundbuchamt der Flurbereinigungsbehörde, getrennt nach Verfahren, alle Änderungen im Bestandsverzeichnis und in den 3 Abteilungen des Grundbuchs der in das Verfahren einbezogenen Grundstücke mit. Für die Mitteilungen sind Vordrucke nach Anlage 1 der Bekanntmachung des Bayerischen Staatsministeriums der Justiz vom 28. November 1969 JMBl 211 zu verwenden, soweit das Grundbuch im Format DIN A 4 geführt wird; in den übrigen Fällen ist ein entsprechender Vordruck im Querformat zu benutzen. Auf den Mitteilungen ist auch die Bezeichnung des Flurbereinigungs- oder Zusammenlegungsverfahrens anzugeben. Die im Laufe eines Monats anfallenden Mitteilungen sind zu Beginn des folgenden Monats an die Flurbereinigungsbehörde zu übersenden. Sind in einem Monat keine mitteilungspflichtigen Änderungen in das Grundbuch eingetragen worden, so ist Fehlanzeige zu erstatten.

(2) Abs 2 gilt entsprechend für die im Angrenzerverzeichnis eingetragenen Grundstücke hinsichtlich der Änderungen im Bestandsverzeichnis und in der ersten Abteilung des Grundbuchs. Diese Änderungen brauchen jedoch nicht mehr mitgeteilt zu werden, wenn die Flurbereinigungsbehörde auf sie verzichtet hat.

Es ist darauf hinzuweisen, daß der bisherige Abs 2 zum Abs 3 wurde und daß Anlage 3 als gegenstandslos entfallen ist.

Hessen RdErlJM vom 31. August 1970 JMBl 638 Bedeutung des Flurbereinigungsplanes für die Grundbuchämter

1. Das Verfahren der Flurbereinigungsbehörden bei der Zusammenarbeit mit den Grundbuchämtern und der Grundbuchberichtigung sowie die dabei zu verwendenden Vordrucke ergeben sich aus dem Runderlaß des Hessischen Ministers für Landswirtchaft

und Forsten vom 16. Dezember 1968 (StAnz 1969 S 614). Wegen der Mitteilungspflichten der Grundbuchämter verweise ich auf XVIII/1 Abs 4 und XVIII/10 MiZi (JMBl 1967 S 395).

2. Der Flurbereinigungsplan dient nach § 81 Abs 1 des Flurbereinigungsgesetzes solange als amtliches Verzeichnis der Grundstücke im Sinne des § 2 Abs 2 GBO, bis das Liegenschaftskataster nach dem Flurbereinigungsplan berichtigt ist. Die Zuständigkeit für die Fortführung der Unterlagen zur Berichtigung des Liegenschaftskatasters geht dabei nach § 81 Abs 2 aaO schon dann auf die zur Führung des Liegenschaftskatasters zuständige Behörde über, wenn die Flurbereinigungsbehörde die Unterlagen an diese Behörde abgegeben hat.

3. Auch vor der Berichtigung des Liegenschaftskatasters kann ein Teil eines im Flurbereinigungsplan enthaltenen neuen Grundstück abgeschrieben werden. In dem unter 1) angegebenen Zeitraum liefert hierfür die Flurbereinigungsbehörde die Unterlagen. Der nach § 2 Abs 3 a GBO erforderliche beglaubigte Auszug aus dem amtlichen Verzeichnis nebst Karte wird in diesem Falle durch den Auszug aus dem Teilnehmernachweis mit angeheftetem Nachweis der neuen Grundstücke nebst Kartenzeichnung dargestellt.

4. Die Nachrichten der Flurbereinigungsbehörde über den Beginn der Arbeiten zur Feststellung der Beteiligten und über die Schlußfeststellung sind zu den Grundakten eines der beteiligten Grundstücke zu nehmen; in den anderen Grundakten ist darauf zu verweisen. Damit die Nachricht nicht übersehen wird, empfiehlt sich ein formloser Hinweis darauf auf dem Handblatt oder dem Grundbuchblatt.

5. Der Runderlaß vom 29. Nobemver 1956 JMBl 94 wird aufgehoben.

Seite 2070 — **§ 38 Bem 75**

Ersuchen der Träger der Unfallversicherung Randzahl 75 (*berichtigt* anstatt 57).

Seite 2070/2071 — **§ 38 Bem 76**

Ersuchen der Enteignungsbehörden Die Eintragung der Eigentumsänderung nach dem Enteignungsbeschluß muß die Ausführungsanordnung der Enteignungsbehörde als Grundlage der Eintragung bezeichnen, **KG** NJW 1966, 1033 = Rpfleger 1967, 115 = DRspr IV (473) 94c. Bei einem Enteignungsersuchen der Enteignungsbehörde hat das GBA eine begrenzte materielle Prüfungspflicht; es muß feststellen, ob die Rechtsänderungen, um deren Eintragung ersucht wird, nach dem Inhalt der Unterlagen, die die Enteignungsbehörde zu übersenden hat (Enteignungsbeschluß und Ausführungsanordnung) eingetreten sind, **OLG Bremen** Rpfleger 1968, 28 (*Haegele*) = BWNotZ 1968, 77 Ls = DRspr IV (473) 103ab.

Seite 2071 Zeile 20 von oben — Verweisung auf *§ 117 Bem 74ff.* (Kursivdruck)

Seite 2079 — **§ 38 Bem 98**

Deutsche Landesrentenbank In Abs 1 Zeile 4 der Bem *§ 32 Bem 68a*/(*berichtigt*)

Seite 2081 — **§ 38 Bem 106**

Landesrecht Niedersachsen Die Regelung bez der Marksteine in dem früheren Land Braunschweig ist für Niedersachsen aufgehoben, § 28 Z 13 Vermessungs- und Katastergesetz vom 8. November 1961 (*Anh 182*); dazu *Kriegel* AVN 1968, 539.

Seite 2081/2082 — **§ 38 Bem 107**

Hessen Die Regelung bez DammbauG und BachG ist überholt, da sie sich auf das frühere Wasserrecht bezieht, § 129 Abs 1 WasserG vom 6. Juli 1960 GVBl 69; dazu *Kriegel* AVN 1968, 539.

Seite 2082 ff. — **§ 39**

Voreintragung des betroffenen Berechtigten

Seite 2092 ff. — **§ 39 Bem 17ff.**

Eingetragensein des betroffenen Berechtigten Die Voreintragung des für die Gemeinschaft der Veräußerer maßgebenden Rechtsverhältnisses oder ihrer Bruchteile vor Eintragung des Eigentumsübergangs ist erforderlich, **OLG Hamm** JMBlNRW 1964, 208 = DNotZ 1965, 408 = DRspr IV (473) 87d; dazu *§ 47 Bem 33* mit *ErgVerz.* Im übrigen auch § 29 Bem 85/*ErgVerz*

Seite 2094 ff. — **§ 39 Bem 22ff.**

Zur Eigentümergrundschuld **BayObLG** MDR 1970, 233; verpflichtet sich der GrstEigentümer, die ihm bei Nichtentstehung der Forderung endgültig verbleibende Eigentümergrundschuld an den Hypothekengläubiger abzutreten, so kann zu dessen Gunsten eine Abtretungsvormerkung erst eingetragen werden, wenn dem GBA in der Form des § 29 GBO nachgewiesen ist, daß sich die mit der Eintragung der Hypothek entstandene vorläufige Eigentümergrundschuld in eine endgültige verwandelt hat.

Seite 2096 ff. — **§ 39 Bem 27ff.**

Zur Voreintragung des Umstellungsbetrags **LG Aachen** (Zitierung Bem 31 S 2098 *ergänzt*) NJW 1965, 448 (*Cremer*) = Rpfleger 1965, 448 (*Haegele*) = DRspr IV (473) 89d; die Erledigung des Ersuchens auf Eintragung des Vermerks über das Bestehen der öffentlichen Last der Hypothekengewinnabgabe kann nicht von der Eintragung des Erben des im GB eingetragenen, aber verstorbenen Eigentümers abhängig gemacht werden.

Seite 2098 — **§ 39 Bem 34**

Die Ausnahmevorschrift des § 39 Abs 2 (Überschrift *berichtigt*); es heißt nicht: Abs 1).

Seite 2099/2100 — **§ 39 Bem 38ff.**

Nachweis des Gläubigerrechts nach **§ 1555 BGB** durch öffentlich beglaubigte Abtretungserklärungen (*Bem 42* S 2100) oder öffentlich beglaubigtes Anerkenntnis (*Bem 44* S 2101) — Hierzu ist darauf hinzuweisen, daß nunmehr das BeurkG (Anh 63) maßgebend ist; dazu die Kommentierung von *Riedel-Feil* BeurkG (E 25ff./*ErgVerz*). Bei §§ 128, 129 BGB, die sich auf gerichtliche und notarielle Beurkundung bezogen, wurde durch § 56 Abs 1 BeurkG (*Anh 63*) die Doppelzuständigkeit beseitigt und die Zuständigkeit auf notarielle Beurkundung beschränkt; dazu § 29 Bem 52, 62, 63ff./*ErgVerz.*

Seite 2113 ff. — **§ 41**

Vorlegung des Hypothekenbriefes

Seite 2115/2116 — **§ 41 Bem 5**

Bundesrecht bzw früheres Reichsrecht Durch § 30 Z 1 GBMG (*GT 2*) wurden §§ 5 bis 10 VereinfVO nebst dem zugehörigen Landesrecht aufgehoben; dazu auch *§ 67 Bem 9* sowie § 123 Bem 1ff./*ErgVerz.*

Die Ausführung unter § 41 Bem 5 Z 9 zu § 7 Z 1 VereinfVO sind daher überholt.

Seite 2117 — **§ 41 Bem 8**

Landesrecht Bayern Es ist hinzuweisen auf *§ 117 Bem 97.*

Seite 1223/2124 — **§ 41 Bem 31, 32**

Kraftloserklärung von Hypothekenbriefen usw ist auch durchführbar nach dem Ges über die Kraftloserklärung von Hypotheken-, Grund- und Rentenschuldbriefen in besonderen Fällen vom 18. April 1950 BGBl I 88 = SaBl 311/ 20. Dzember 1952 BGBl I 830 = SaBl 1953, 21/25. Dezember 1955 BGBl I 867 = SaBl 1956, 36/29. April 1960 BGBl I 297 = SaBl 669/ Stand vom 19. September 1961 BGBl III 403—8; dazu auch § 123 Bem 1ff./*ErgVerz*, auch über das Verhältnis zum **BeurkG** (*Anh 63*).

Seite 2125ff. — **§ 42**

Vorlegung des Grundschuld- und Rentenschuldbriefes

Seite 2126 — **§ 42 Bem 1**

LitHinweise *Riedel* Vorlage von Briefen bei Grundpfandrechten an des GBA Rpfleger 1968, 343

Seite 2132ff. — **§ 44**

Datum und Unterschrift bei Eintragungen

Seite 2135ff. — **§ 44 Bem 13ff.**

Unterschrift der GBBeamten Hier ist die Neufassung des RpflG 1969/1970 (*Anh 137* mit *ErgVerz*) zu berücksichtigen.

Seite 2196 — **§ 44 Bem 14ff.**

Zuständige Beamte Die GBSachen gehören zu den dem **RPfleger** voll übertragenen Sachen, § 3 Z 1 (h) RpflG 1969/1970 (*Anh 137*); dazu § 1 Bem 40, 43.ff, 77ff./*ErgVerz*, Eintragungsverfügung § 3 Bem 249/*ErgVerz* sowie Kommentierung von *Eickmann-Riedel* RpflG (E 25ff./*ErgVerz*). Die Stellung des **UrkBdGeschSt** blieb in GBsachen durch § 26 aaO unberührt.

Zu Baden-Württemberg § 1 Bem 54ff./*ErgVerz*

Seite 2136ff. — **§ 44 Bem 17ff.**

Unterschrift. Ein von 2 GBBeamten unterschriebener Sammelvermerk, wonach mehrere vorstehende Eintragungen von einem bestimmten GBBlatt hierher übertragen worden seien, ist nur ordnungswidrig iSd § 30 Abs 1 Buchst h Z 1 GBVfg (*GT 4*), nicht aber nichtig wegen Verstoßes gegen § 44 S 2 GBO mit der Folge des § 46 Abs 2 GBO; Voraussetzung der Wirksamkeit ist nur, daß aus dem Sammelvermerk zweifelsfrei erkennbar ist, auf welche vorstehenden Posten er sich bezieht. Die zweifelhafte Erkennbarkeit kann sich auch aus einem nachträglich eingetragenen Klarstellungsvermerk ergeben, **OLG Frankfurt aM** DNotZ 1970, 250 = WM 1970, 335 = DRspr IV (473) 108c. Es wird hier im Anschluß an den Beschluß vom 8. Juli 1969 — 14 W 58/69 unterschieden zwischen 2 Fällen, nämlich

„1. Werden mehrere umgeschriebene Eintragungen in einem einzigen zusammenfassenden Vermerk als umgeschrieben bezeichnet und wird dieser Vermerk gemäß § 44 S 2 GBO umgeschrieben, so ist zwar § 30 Abs 1 Buchst h Nr 1 GBVfg verletzt, nicht aber § 44 S 2 GBO. Die Eintragung ist also wirksam.

2. § 44 S 2 GBO wäre dann verletzt, wenn jede umgeschriebene Eintragung gemäß § 30 Abs 1 Buchst h Nr 1 GBVfg mit dem Umschreibungsvermerk versehen wäre, die nach § 44 S 2 GBO zwingend gebotenen Unterschriften aber nicht unter jedem einzelnen Vermerk ständen, sondern nur einmal unter der letzten Eintragung, *Güthe-Triebel* GBO 6. Aufl § 44 Anm 8."

Zum Klarstellungsvermerk wird ausgeführt:

„Mit dem Klarstellungsvermerk ist nicht etwa eine falsche oder nichtige GBEintragung nachträglich berichtigt worden, sondern dem Umschreibungsvermerk sind — etwa noch mögliche — Zweifel genommen worden, worauf er sich bezieht. Es genügt mithin für die Wirksamkeit der Umschreibung in Form eines Sammelvermerks, daß sich aus dem Inhalt des Umschreibungsvermerks in Verbindung mit dem übrigen Inhalt des Grundbuchs zweifelsfrei ergibt, auf welche Person sich die Umschreibung bezieht. Zu dem übrigen Inhalt des Grundbuchs gehört auch ein Klarstellungsvermerk, der ..... auch später noch eingetragen werden kann."
Über Klarstellungsvermerk *§ 53 Bem 11* mit *ErgVerz*

Seite 2198/2199 — **§ 44 Bem 21**

Verletzung des § 22 S 2 Zur Zuständigkeit des **RPflegers** § 44 Bem 14ff./*ErgVerz*; zur Gültigkeit von Geschäften ist nunmehr § 8 RpflG 1969/1970 (*Anh 137*) anstelle des § 7 RpflG 1957 (*Anh 138*) getreten.

Bei einem Sammelvermerk kann § 44 S 2 GBO verletzt werden, es ist daher Vorsicht geboten; dazu **OLG Frankfurt aM** DNotZ 1970, 250 wV aaO§ 44 Bem 17ff./*Erg Verz.*

Seite 2139ff. — **§ 45**

Rangverhältnis der Eintragungen

Seite 2147ff. — **§ 45 Bem 18ff.**

Kennzeichnung des Rangs im Grundbuch Zur Eintragung am gleichen Tag in verschiedenen Abteilungen *Bem 27ff.* S 2150/2151 **OLG Nürnberg** DNotZ 1967, 761 = DRpflZ 1967, 35 Ls; werden ein Wechsel im Eigentum und ein Recht an dem Grst an demselben Tage im GB eingetragen, so ist der bisherige Eigentümer, der die Eintragung des Rechts bewilligt hat, noch als hierzu berechtigt anzusehen, § 19 Bem 54ff./*ErgVerz.*

Seite 2157ff. — **§ 45 Bem 52ff.**

Rangvorbehalt LitHinweise *Sichtermann* Der Rangvorbehalt im Realkreditgeschäft BlGBW 1969, 9

Beim Rangvorbehalt muß der Umfang bestimmt sein, auch bez der Nebenleistungen, sonst ist er unwirksam, **LG Itzehoe** MDR 1968, 1010. Wenn ein Grst mit einer Hypothek oder einem anderen Grundpfandrecht samt Rangvorbehalt einem anderen

Grst nach § 890 Abs 2 BGB zugeschrieben wird, so dehnt sich der Rangvorbehalt nich auf die weitere Fläche aus, sondern es bedürfte einer besonderen Vereinbarung, weil eine Erweiterung und damit eine Inhaltsänderung erfolgt.

Seite 2165 ff. — **§ 45 Bem 73 ff.**

Rangänderung LitHinweise *Schmid* Rangrücktritt des von einer Löschungsvormerkung betroffenen Rechts hinter das Zwischenrecht des Vormerkungsberechtigten BWNotZ 1968, 277

Bewilligung und Eintragung, daß das hinter das Zwischenrecht getretene Recht wieder vor dieses rückt, sind nicht erforderlich, **OLG Düsseldorf** JMBlNRW 1966, 224 = OLGZ 1966, 489; die Folge, daß ein Recht, das einem um 2 Rangstellen nachstehendem Recht den Vorrang einräumt, seinerseits ganz oder teilweise hinter das Zwischenrecht zurücktreten muß, entfällt kraft Gesetzes, wenn der Inhaber des Zwischenrechts dem ursprünglich nachstehenden Recht ebenfalls den Vorrang gewährt (auch § 80 Bem 7/*ErgVerz*).

Seite 2183 ff. — **§ 45 Bem 111 ff.**

Rang der Hypothekengewinnabgabe Das **LAG**, das durch § 21 GBMG (*GT 2*) geändert wurde, gilt nunmehr in Neufassung vom 1. Oktober 1969 BGBl I 1909 = SaBl 2145; dazu *Anh 121* mit *ErgVerz*.

Seite 2193 ff. — **§ 45 Bem 133, 134**

Befriedigungsvorrecht nach § 116 LAG Die Vorschrift wurde erweitert, wie der Gesetzestext in Neufassung Anh 121/*ErgVerz* ergibt.

Seite 2305 ff. — **§ 46**

Form der Löschung eines Rechts oder einer Verfügungsbeschränkung

Seite 2210 ff. — **§ 46 Bem 10 ff.**

Nichtmitübertragung nach § 46 Abs 2 GBO; dazu **OLG Frankfurt aM** DNotZ 1970, 250 wV aaO § 44 Bem 17 ff./*ErgVerz*

Seite 2213 ff. — **§ 47**

Eintragung gemeinschaftlicher Rechte für mehrere

Seite 2115 — **§ 47 Bem 3**

Recht ist in sehr weitem Sinne zu verstehen; dazu *Kraker* BWNotZ 1969, 434 (435).

Seite 2216/2217 — **§ 47 Bem 6**

Gesamtgläubigerschaft Zum Wohnrecht auch *§ 47 Bem 11*, ferner **BGH** BGHZ 46, 253 wV auch DRspr IV (473) 93d, **LG Lübeck** SchlHA 1967, 182 = DRspr aaO 98d

Bei Leibgeding ist die gemeinschaftliche Eintragung für Eheleute als Gesamtgläubiger nach § 47 GBO inhaltlich unzulässig, **BayObLG** DNotZ 1968, 493. Bei der Eintragung eines Altenteils für Eltern des Hofübernehmers braucht das Gemeinschaftsverhältnis nicht angegeben zu werden; es genügt die Bezugnahme auf die Eintragungsbewilligung, **LG Lübeck** RdL 1969, 136. Dazu auch *§ 47 Bem 23* mit *ErgVerz*

Seite 2219/2220 — **§ 47 Bem 11**

Bruchteilsgemeinschaft; dazu auch § 47 Bem 6/*ErgVerz*

Seite 2220 — **§ 47 Bem 12**

Eintragung mehrerer Rechte für mehrere Personen unter einer Nummer Bei der Eintragung einer Vormerkung zur Sicherung des Anspruchs mehrerer aus einem Ankaufsrecht bedarf es nicht der Angabe eines Gemeinschaftsverhältnisses der Berechtigten, **BayObLG** BayObLGZ 1967, 275 = NJW 1968, 553 = MDR 1967, 1015 = Rpfleger 1968, 52 (*Haegele*) = BWNotZ 1968, 121 Ls = DRspr IV (473) 100b.

Seite 2223/2224 — **§ 47 Bem 22**

Erbengemeinschaft Tritt ein Miterbe seinen Anteil an einem Nachlaß, zu dem ein Grst gehört, in Teilen an andere Personen ab, so ist eine etwaige Bruchteilsgemeinschaft, in der die Anteilserwerber bez des geteilten Erbanteils stehen, nicht in das GB einzutragen, **BayObLG** BayObLGZ 1967, 405 = NJW 1968, 505 = MDR 1968, 152 = DNotZ 1968, 442 = Rpfleger 1968, 187 = BWNotZ 1968, 75 Ls = DRspr IV (473) 103c, **aA** (zu Unrecht) **OLG Düsseldorf** Rpfleger 1968, 188 = DRPflZ 1968, 10 Ls = DRspr IV (473) 103d, wonach das Bruchteilsverhältnis im GB eingetragen werden muß und die Angabe, daß zwischen den Erberserben und den übrigen Erben insgesamt eine Erbengemeinschaft besteht, nicht als genügend angesehen wird; denn der Auffassung des BayObLG ist der Vorzug zu geben, weil die Erwerber der Teile eines Erbanteils in die Gesamthandsgemeinschaft eintreten und nicht eine neue Gemeinschaft begründen. Wenn eine Erbengemeinschaft ein Grst durch Vertrag erwirbt, § 2041 BGB, so sind die neuen Eigentümer in Erbengemeinschaft nach § 47 GBO in das GBA auch dann einzutragen, wenn das bei der Auflassung nicht angegeben wird und bei Eintragungsantrag und -bewilligung nicht ausdrücklich erklärt, wird, **AG Osterode** NdsRpfl 1968, 67.

Die GBBerichtigungsklage kann wegen arglistigen Verhaltens rechtsmißbräuchlich sein, **BGH** BGHZ 44, 367 = NJW 1966, 773 = MRD 1966, 307 = JZ 1966, 235 = WM 1966, 234 = DRspr I (170) 36b.

Seite 2224/2225 — **§ 47 Bem 23**

Gütergemeinschaft Zur gbrechtlichen Lage, wenn zum Gesamtgut einer Gütergemeinschaft ein Grst gehört und der erstverstorbene Ehegatte den überlebenden als Vorerben eingesetzt hat, **LG Bückeburg** NdsRpfl 1968, 226, § 35 Bem 68ff./*ErgVerz*, zum Erwerb eines Nachlaßanteils eines Miterben durch Ehegatten **LG Mönchengladbach** aaO *§ 47 Bem 22*, bez Leibgeding und Altenteil § 33 Bem 27ff./*ErgVerz*, § 47 Bem 6/*ErgVerz*.

Seite 2225 Zeile 5 von oben — *Haegele* kritisch (*berichtigt*)

Seite 2230/2231 — **§ 47 Bem 33**

Verletzung des § 47 Zum Eingetragensein des Berechtigten nach § 39 GBO ist auf § 39 Bem 17ff./*ErgVerz* hinzuweisen.

Seite 2231f. — **§ 48**

Mitbelastungsvermerk

Seite 2232 — **§ 48 Bem 1**

Bedeutung und Zweck der Vorschrift LitHinweise *Westermann* Verdeckte Nachverpfändung von Grundstücken NJW 1970, 1023

Seite 2248 ff. — **§ 48 Bem 31 ff.**

Erlöschen der Mitbelastung Verzichtet ein Gesamtgrundschuldgläubiger auf die Grundschuld an einem der belasteten Grste, so ist der Eigentümer eines mitbelasteten Grst, auch wenn er bei Befriedigung des Gläubigers vom Eigentümer des freigegebenen Grst Ersatz verlangen kann, jedenfalls dann, wenn er dem Grundschuldgläubiger nicht auch schuldrechtlich haftet, nicht berechtigt, die Befriedigung des Gläubigers aus seinem Grst zu verweigern und den Verzicht des Gläubigers auch auf die Grundschuld an diesem Grst zu verlangen. Unter besonderen Umständen kann der Gläubiger, der eine Gesamtgrundschuld abtritt, gegenüber dem Eigentümer eines belasteten Grst verpflichtet sein, dafür zu sorgen, daß er nicht durch Entlassung eines anderen Grst aus der Mithaft geschädigt wird, **BGH** NJW 1969, 1126, 1850 (*Wacke*) = MDR 1969, 649 = JZ 1969, 519 = DNotZ 1969, 620 = Rpfleger 1969, 290 = LM § 1173 BGB Nr 1 (*Mattern*).

Seite 2258 ff. — **§ 49**

Eintragung eines Leibgedings

Seite 2258 **§ 49 Bem 1**

Bedeutung der Vorschrift LitHinweise *Dressel* Begründung und Abänderung von Altenteilsleistungen RdL 1970, 58

Seite 2259 ff. — **§ 49 Bem 4**

Begriff Für die Frage, ob ein GrstRecht als Leibgedinge, Leibzucht, Altenteil oder Auszug anzusehen ist und daher von der ZwVerst unberührt bleibt (§ 52 ZVG, § 9 Abs 1 EGZVG, Art 6 nrwAGZVG), kommt es auf den Inhalt der das Recht betreffenden Eintragung und auf die in Bezug genommene Eintragungsbewilligung an, **OLG Hamm** DNotZ 1970, 37. Zum Unterschied von Altenteil und Nießbrauch (*§ 13 Vorbem 73 ff.* mit *ErgVerz*) wird ausgeführt:

> „Der bloße Nießbrauch unterscheidet sich . . . wesentlich von den Rechten, die dem Altenteiler typischerweise zu Versorgungszwecken gewährt werden. Entscheidend ist vor allem, daß der Nießbraucher weder persönlich noch örtlich an das belastete Grundstück gebunden ist. Auch er kann zwar den Nießbrauch als solchen nicht übertragen, seine Ausübung aber einem Dritten überlassen, § 1059 BGB. Der Nießbraucher kann die ihm überlassenen Grste vermieten oder verpachten und damit jede persönliche und örtliche Bindung an das belastete Grst aufgeben. Demgegenüber kann der Altenteiler die ihm gewährten Rechte regelmäßig nur höchstpersönlich auf dem belasteten Grst ausüben und sie im allgemeinen auch nicht auf Dritte übertragen (*Meyer* Übergabevertrag 1935 S 203 ff.). Ist ein Nießbrauch Bestandteil eines Altenteils, so wird zwar auch dem Altenteiler die Übertragung der Ausübung des Nießbrauchs auf Dritte nicht verwehrt sein. Die persönliche und örtliche Bindung des Altenteilers an dem Grst bleibt aber regelmäßig durch die Gewährung weiterer Rechte (wie Wohnrecht, Heizung, freie Verpflegung usw) erhalten. Demgegenüber ist der Nießbraucher in der Art der Nutzung völlig frei."

Aus dem höchstpersönlichen Charakter des Altenteils, folgt, daß fortlaufende Einkünfte aus einem dinglich gesicherten und aus einem nur schuldrechtlich vereinbarten Altenteil unpfändbar sind, **BGH** Rpfleger 1970, 59.

Ist in einem Übergabevertrag vereinbart, daß die Leibgedingsberechtigten anstelle der Naturalausnahme eine Geldentschädigung verlangen können, so bedeutet das nicht, daß die Berechtigten schon bei Abwesenheit vom Anwesen für eine längere oder kürzere Zeit ohne völlige Aufgabe der Naturalausnahme eine Geldentschädigung in entsprechender Höhe verlangen können, **OLG Nürnberg** RdL 1967, 330. Die in einem Erbauseinandersetzungsvertrag zugunsten eines Miterben getroffene Altenteilsvereinbarung, daß diese anstelle der Lieferung von Naturalien Zahlung ihrer Erzeugerpreise verlangen kann, bedarf nach § 3 WährG nicht der Genehmigung, **OLG Frankfurt aM** Rpfleger 1968, 358 (*Haegele*). Inhalt eines Leibgedings können uU auch einmalige Verpflichtungen sein; dazu § 13 Vorbem 66ff./*ErgVerz.* Im übrigen § 47 Bem 6/*ErgVerz.*

Seite 2268ff./22 — **§ 51**

Nacherbenvermerk

Seite 2269 — **§ 51 Bem 1**

Zweck und Bedeutung der Vorschrift LitHinweise *Becher* Kein Anwartschaftsrecht des Ersatznacherben NJW 1969, 1463, *Kanzleiter* Der unbekannte Nacherbe DNotZ 1970, 326

Seite 2269ff. — **§ 51 Bem 3ff.**

Nacherbschaft und Nachweis Ein Nacherbe kann unter der Bedingung eingesetzt werden, daß der Vorerbe nichts anderes letztwillig verfügt; auch wenn in einem solchen Fall der Vorerbe eine anderweitige Verfügung von Todes wegen trifft, darf vor seinem Tode der Nacherbenvermerk im GB nicht gelöscht werden, **LG Dortmund** DNotZ 1969, 306 = Rpfleger 1969, 17. Für den Ersatznacherben ist die Ersatznachfolge im GB einzutragen, und zwar bei Fehlen der namentlichen Berufung natürlicher Personen in öffentlichem Testament regelmäßig auf Grund eines vorzulegenden Erbscheins und bei Fehlen der Bestimmtheit des Berufenen ohne Erbschein, wenn in diesem der Ersatznacherbe nicht anders als im Testament bezeichnet werden kann, wobei im GB die Eintragung dann abweichend von § 15 GBVfg (*GT 4*) den Kreis der zu Ersatznacherben berufenen Personen auf andere Weise eindeutig angeben muß, **OLG Hamm** JMBlNRW 1965, 268 wV *§ 51 Bem 16.* Es sind also bei Ersatznacherbschaft Fälle denkbar, in denen der Ersatznacherbe eine Position erlangt, die seinen eventuellen Anspruch nicht umgehen läßt. Insofern sind die Ausführungen im Kommentar zu ergänzen; dazu *Kraker* BWNotZ 1970, 91 (92).

Ist nach dem Tode des im GB eingetragenen Eigentümers Vorerbschaft eingetreten, der Vorerbe aber noch nicht im GB eingetragen, so wird der gute Glaube eines GrstErwerbers daran, daß mangels Eintragung des Rechts des Nacherben nach § 51 GBO der Vorerbe Vollerbe sei nicht nach § 892 Abs 1 S 2 BGB geschützt, **BGH** NJW 1970, 943, 1314 (*Batsch*) = MDR 1970, 496 = DNotZ 1970, 412 = Rpfleger 1970, 162 = LM § 892 BGB Nr. 9, § 2113 BGB Nr 10, § 51 GBO Nr 1 an den beiden letzten Stellen Ls. Hat der Erblasser Nachkommen bestimmter Personen zu Nacherben eingesetzt und sind zZ vorhandene Nachkommen im GB namentlich als Nacherben bezeichnet, so ist zur Löschung des Nacherbenvermerks die Löschungsbewilligung (§ 19 GBO) oder die Zustimmungserklärung dieser Nacherben erforderlich; ist daüber hinaus ungewiß, ob außer den namentlich bezeichneten Nacherben weitere Personen als Nacherben in

Betracht kommen, so ist zur Vertretung dieser Personen ein nach § 1913 BGB zu bestellender Pfleger berufen, **OLG Hamm** NJW 1969, 1490 = DNotZ 1970, 360 = Rpfleger 1969, 347 (*Haegele*).

Der im GB eingetragene Nacherbenvermerk hindert die Teilungsversteigerung nach §§ 180ff. ZVG nicht; er ist auf Grund des Zuschlagsbeschlusses zu löschen, **OLG Hamm** NJW 1969, 516 = MDR 1969, 56 = Rpfleger 1969, 403 = OLGZ 1969, 63 = BWNotZ 1969, 51 Ls.

Seite 2277/2278 — **§ 51 Bem 16**

Eintragung Zu **OLG Hamm** JMBlNRW 1965, 268 wV (S 2278) § 51 Bem 3ff./*ErgVerz*

Seite 2278/2281ff. — **§ 51 Bem 20, 21**

Löschung Keine Ermittlungen und Beweiserhebungen zur Entgeltlichkeit einer GrstVeräußerung des befreiten Vorerben ist erforderlich bei Antrag des neuen Eigentümers auf GBBerichtigung durch Löschung des Nacherbenvermerks, **KG** Rpfleger 1968, 224 = DRspr IV (473) 105b, wV § 29 Bem 85/*ErgVerz*. Im übrigen § 51 Bem 3ff./*ErgVerz*

Der Ersatznacherbenvermerk darf im GB nicht gelöscht werden, wenn der Nacherbe sein Anwartschaftsrecht auf einen Dritten oder den Vorerben überträgt, **OLG Hamm** NJW 1970, 1606, 2028 (*Lehmann*) = MDR 1970, 766 = DNotZ 1970, 688 = Rpfleger 1970, 242 = FamRZ 1970, 607 (*Schulze*) = DRspr IV (473) 109 ab. Überträgt der Nacherbe sein Anwartschaftsrecht auf den Vorerben, so werden der Nacherben- und Ersatzerbenvermerk im GB nicht gegenstandslos und das GB insoweit nicht unrichtig, **BayObLG** BayObLGZ 1970, 137 = NJW 1970, 1794 = MDR 1970, 930 = DNotZ 1970, 686 = Rpfleger 1970, 344 = Dspr aaO 109b; zur Löschung des Nacherbenvermerks auch OLG **Frankfurt aM** DNotZ 1970, 691.

Seite 2287ff. — **§ 52**

Testamentsvollstreckervermerk

Seite 2288 — **§ 52 Bem 1**

Bedeutung der Vorschrift LitHinweise *Bertsch* Antragsrecht des Erben auf GBBerichtigung bei Testamentsvollstreckung Rpfleger 1968, 178, *Buschmann* Die Befugnisse des Testamentsvollstreckers im GBRecht BlGBW 1970, 124

Seite 2293/2294 — **§ 52 Bem 11**

Wirkung der Eintragung Zur Frage der Grundschuldbestellung durch einen Erben zur Sicherung eines Privatgläubigers bei Bestehen von Testamentsvollstreckung **LG Oldenburg** Rpfleger 1969, 240 (*Haegele*); da das GBA zu prüfen hat, ob sich der Testamentsvollstrecker in den Grenzen seiner Verfügungsbefugnis nach § 2205 S 3 BGB hält, ob also die Verfügung eine entgeltliche ist, hat der Antragsteller nach § 19 GBO den erforderlichen Nachweis zu führen. Amtswiderspruch bei unrichtigerweise eingetragenem Testamentsvollstreckervermerk nach § 53 GBO ist nicht zulässig; dazu *§ 53 Bem 19*.

Seite 2295ff. — **§ 53**

Amtswiderspruch und Amtslöschung

Seite 2296 — **Übersicht**

Amtswiderspruch — § 53 Abs 1 S 1 (*berichtigt* in Zeile 2)

Seite 2297 ff. — **§ 53 Bem 2 ff.**
Amtswiderspruch — § 53 Abs 1 S 1, Abs 2 (*ergänzt*)

Seite 2300/2301 — **§ 53 Bem 7**

Eintragung tatsächlicher Art Zur Eintragung unrichtiger GrstGröße oder bei Wohnungseigentum § 28 Bem 2 ff. mit *Erg Verz*

Seite 2303 — **§ 53 Bem 11**

Unklare Eintragungen Zum Klarstellungsvermerk **OLG Frankfurt aM** DNotZ 1970, 250, § 44 Bem 17 ff./*Erg Verz*

Seite 2305 ff. — **§ 53 Bem 18 ff.**

Unrichtigkeit des GB Eine erst nach der Eintragung der Zwangshypothek dem GBA bekannt gewordene Einstellung der ZwV aus einer vollstreckbaren Urkunde kann nur zur Eintragung eines Widerspruchs, nicht zur Löschung der Zwangshypothek führen, **OLG Köln** OLGZ 1967, 499; dazu auch *§ 53 Bem 30*.

Seite 2311 ff. — **§ 53 Bem 26 ff.**

Verletzung gesetzlicher Vorschriften Geht das GBA von einer vertretbaren Auslegung einer an sich nicht bedenkenfreien Urkunde aus, so kommt die Eintragung nicht unter Verletzung gesetzlicher Vorschriften zustande, **OLG Hamm** JMBlNRW 1967, 127 wV *§ 53 Bem 26* S 2311. Eine unrichtige Sachbehandlung liegt dagegen vor, wenn das GBA eine bindende Verwaltungsvorschrift nicht beachtet, **OLG Karlsruhe** Justiz 1967, 291 zu § 16 KostO (*Anh 59*). Eine Gesetzesverletzung liegt vor bei Nichtfeststellung des Eigentümers im Verfahren zur Anlegung eines GBBlatts, **OLG Hamm** JMBlNRW 1968, 41 = MDR 1967, 1009 = DNotZ 1968, 246 = BWNotZ 1968, 221 Ls = OLGZ 1967, 342 = DRspr IV (473) 101 cd; dau auch § 53 Bem 46/*ErgVerz*. Eine Verletzung gesetzlicher Vorschriften liegt nicht in der Eintragung auf Grund eines Prozeßvergleichs (*§ 29 Bem 53* mit *ErgVerz*) ohne nicht veranlaßt gewesene Ermittlungen über den prozessualen Hergang des Verleichsabschlusses, **OLG Düsseldorf** JMBlNRW 1967, 222 (*§ 53 Bem 26* S 2311) = DRspr IV (473) 99 b. Die Eintragung eines Widerspruchs gegen ein nicht mehr bestehendes dh gelöschtes Recht ist unzulässig, **OLG Stuttgart** Justiz 1969, 136. Hat das GBA vor der Eintragung des neuen Eigentümers nicht in dem erforderlichen Umfang geprüft, ob der Testamentsvollstrecker etwa unentgeltlich iSd § 2205 S 3 BGB verfügt hat (*§ 29 Bem 85* mit *ErgVerz*), so ist der Amtswiderspruch nicht allein schon wegen der verfahrensrechtlich verfehlten Behandlung des Eintragungsantrags einzutragen, **OLG Zweibrücken** Rpfleger 1968, 88 (*Haegele*) = DNotZ 1968, 684 Ls = BWNotZ 1968, 73 Ls (*§ 53 Bem 26* S 2312 *ergänzt*).

Eine unrichtige Anwendung des Gesetzes kann auch in einer unrichtigen Beurteilung der Rechtslage erblickt werden; beruht die Beurteilung jedoch auf der Auslegung einer nicht bedenkenfreien Urkunde, so kommt die Eintragung dann nicht unter Verletzung gesetzlicher Vorschriften zustande, wenn die Auslegung des GBA rechtlich vertretbar, **OLG Hamm** JMBlNRW 1967, 127 wV aaO.

Zu Zwangshypothek (*§ 53 Bem 30* S 2315) auch § 53 Bem 18 ff./*ErgVerz*.

Seite 2321/2322 — **§ 53 Bem 46**

Löschung des Widerspruchs Ein im GB eingetragener Widerspruch ist auf Beschwerde des Betroffenen zu löschen, wenn sich ergibt, daß dem eingetragenen Berechtigten ein GBBerichtigungsanspruch nicht zusteht, mag auch eine andere Person einen solchen Anspruch haben und das GB insoweit unrichtig sein, **OLG Hamm** JMBlNRW 1968, 41 wV aaO § 53 Bem 26ff./*ErgVerz.* Ein Amtswiderspruch ist auch zu löschen, wenn der vom Widerspruch in seinem Recht Betroffene glaubhaft macht, daß das Grundbuch richtig ist; im Verfahren der Beschwerde gegen die Zurückweisung des Löschungsantrags (§ 71 Abs 1 GBO) und im Verfahren der Beschwerde gegen die Eintragung des Widerspruchs unmittelbar (§ 71 Abs 2 S 2 GBO) sind an den Umfang der Feststellungslast dieselben Anforderungen zu stellen, **OLG Hamm** NJW 1968, 1289 = DNotZ 1968, 631 = BWNotZ 1968, 221 Ls = OLGZ 1968, 209.

Seite 2323ff. — **§ 53 Bem 51ff.**

Löschung von Amts wegen

Seite 2324ff. — **§ 53 Bem 54ff.**

Inhaltliche Unzulässigkeit einer Eintragung Zweifel, die sich erst aus der Zusammenhaltung von Einzelvermerk und Eintragungsbewilligung ergeben, begründen nur dann eine inhaltliche Unzulässigkeit der ganzen Eintragung, wenn sie sich als anderweitig unbehebbar darstellen; die inhaltliche Unzulässigkeit eines Teils einer GBEintragung berührt nicht die Zulässigkeit und Wirksamkeit der restlichen Eintragung, wenn diese für sich den wesentlichen Erfordernissen genügt, **BGH** WM 1968, 1087. Eine Eintragung ist inhaltlich unzulässig, wenn entweder jede Auslegung im Sinne einer zulässigen Belastung ausgeschlossen ist oder wenn mehrere Auslegungen möglich sind, von denen jede zu einer anderen zulässigen Belastung führt, **OLG Hamm** DNotZ 1970, 417 = MDR 1970, 764 Ls = DRspr IV (473) 108d im Anschluß an **RG** RGZ 113, 229 und **KG** HRR 1931 Nr 1807 zu § 1093 BGB.

Ein Hofvermerk ist nur auf der Aufschrift der GBücher von Höfen und Ehegattenhöfen (*§ 2 Bem 40*) zulässig, §§ 34, 35 LVO (*Anh 84*); ein nach den erbhöferechtlichen Bestimmungen eingetragener Vermerk auf der Aufschrift des GB einer Forstinteressentenschaft, daß gewisse Anteile davon zu Erbhöfen gehören, ist als inhaltlich unzulässige Eintragung nach § 53 Abs 1 S 2 GBO von Amts wegen zu löschen, **AG Osterode** NdsRpfl 1967, 174. Dazu auch *§ 53 Bem 57* S 2327

Seite 2335ff. — **§ 54**

Öffentliche Lasten

Seite 2339 — **§ 54 Bem 11**

Schornsteinfeger-Kehrgebühren Nunmehr ist maßgebend das Ges über das Schornsteinfegerwesen — SchornsteinfegerG/SchfG — vom 15. September 1969 BGBl I 1634 = SaBl 1880, nach dessen § 25 die Gebühren nach der Kehr- und Überprüfungsgebührenordnung eine öffentliche Last sind. Die VO vom 28. Juli 1937 RGBl I 831 wurde aufgehoben.

Seite 2346ff. — **§ 55**

Bekanntmachung der Eintragungen

Seite 2347/2348 — **§ 55 Bem 1**

Allgemeines Eine wesentliche Zusammenfassung der Mitteilungspflichten ist erfolgt in den **Mitteilungen in Zivilsachen** — MiZi.

Anordnung der Mitteilung in Zivilsachen (*ergänzt*)

Baden-Württemberg AVJM vom 1. Oktober 1967 Justiz 235 (Sonderdruck)/ AVJM vom 10. Juli 1968 Justiz 220

Bayern BekJM über die Einführung mit Hinweis auf die geänderten und aufgehobenen Vorschriften vom 1. Oktober 1967 JMBl 125 mit Abdruck der Anordnung 127 (BayBSVJu Bd II Abschn A 1a/1. Oktober 1968 JMBl 104

Hamburg AVJB vom 1. Oktober 1967 JVBl 113 (Sonderdruck) mit Hinweis auf die geänderten und aufgehobenen Vorschriften/AVJB vom 28. Februar 1968 JVBl 17/1. Oktober 1968 JVBl 76

Hessen RdErlJM über die Einführung mit Hinweis auf die geänderten und aufgehobenen Vorschriften vom 1. Oktober 1967 JMBl 389 mit Abdruck der Anordnung 397/1. Oktober 1968 JMBl 426

Niedersachsen AVJM vom 1. Oktober 1967 NdsRpfl 215 (Sonderdruck) mit Hinweis auf die geänderten und aufgehobenen Vorschriften/16. Februar 1968 NdsRpfl 53/3. Oktober 1968 NdsRpfl 221/5. Mai 1970 NdsRpfl 107

Nordrhein-Westfalen AVJM vom 1. Oktober 1967 JMBlNRW 241, 266 amtliche Berichtigung (Sonderdruck) mit Hinweis auf die geänderten und aufgehobenen Vorschriften/28. Oktober 1968 JMBlNRW 253/25. November 1968 JMBlNRW 277/25. Februar 1970 JMBlNRW 73

Rheinland-Pfalz AVJM vom 20. September 1967 JBl 180 mit Hinweis auf die geänderten und aufgehobenen Vorschriften/1. Oktober 1968 JBl 203/8. April 1969 JBl 85/10. Juni 1969 JBl 95 (nicht in der Sammlung JVVRhPf enthalten).

Saarland AVJM vom 1. Oktober 1967 JBl 174/BekJM vom 10. Juli 1968 GMBl 231 (Sonderdruck)

Schleswig-Holstein AVJM vom 1. Oktober 1967 SchlHA 311 (*berichtigt*) unter Hinweis auf die geänderten und aufgehobenen Vorschriften/BekJM vom 14. April 1968 SchlHA (Sonderdruck)/9. April 1970 SchlHA 97

Zur Änderung des **§ 30 Abs 1 GBOGeschO** (*GT 15*) Mitteilung bei Gesamtbelastungen von Grsten

Baden-Württemberg AVJM vom 1. Oktober 1967 Justiz 236, Hamburg AVJM vom 1. Oktober 1967 JVBl 115, Hessen RdErlJM vom 18. Oktober 1967 JMBl 514, Niedersachsen AVJM vom 1. Oktober 1967 NdsRpfl 215, Nordrhein-Westfalen AVJM vom 30. Oktober 1967 JMBlNRW 253, Rheinland-Pfalz AVJM vom 16. November 1967 JBl 196, Schleswig-Holstein AVJM vom 25. Oktober 1967 SchlHA 314

Für Niedersachsen ist hinzuweisen auf AVJM vom 1. Oktober 1967 NdsRpfl 215/16. Februar 1968 NdsRpfl 53/7. Oktober 1970 NdsRpfl 247 Mitteilungen in Zivilsachen, hier Abgrenzung der Zuständigkeiten zwischen dem gehobenen und dem mittleren Dienst.

Im übrigen wird verwiesen auf *Piller-Hermann* Justizverwaltungsgesetze (Beck-Verlag München) MiZi 3c.

Seite 2348ff. — **§ 55 Bem 2ff.**

Benachrichtigungspflicht nach § 55 Der eingetragene Eigentümer und alle die aus dem GB ersichtlichen Personen, zu deren Gunsten eine Eintragung erfolgt ist oder deren Recht durch sie betroffen wird, sind nur dann gesondert zu benachrichtigen, wenn sie keine Anträge zum GBA gestellt haben; sind sie gleichzeitig Antragsteller, so werden sie nur in dieser Eigenschaft benachrichtigt, **OLG Zweibrücken** aaO § 15 Bem 21/*Erg Verz.*

Die Möglichkeit, daß derjenige, den das GBA von einer Eintragung zu benachrichtigen hat, eine andere Person mit der Entgegennahme dieser Eintragungsbekanntmachung bevollmächtigen kann, und zwar im voraus für etwaige künftige Eintragungsmitteilungen, ist schon aus dem Gesetz zu entnehmen. Denn gemäß § 55 S 3 GBO kann der Berechtigte auf eine ihm gegenüber zu bewirkende Bekanntmachung sowohl allgemein als auch im voraus verzichten. Im Hinblick auf diese Befugnis muß auch das mindere Recht des Berechtigten bejaht werden zu verlangen, daß ihm gebührende Eintragungsbekanntmachungen an andere Personen gesandt werden, selbst wenn es sich hierbei lediglich um etwa künftige Mitteilungen handelt, **LG Ellwangen** (in NJWZF XIV Nr 9317 S 450 heißt es unrichtigerweise *LG Erlangen*) BWNotZ 1968, 126. Bez der Zulässigkeit einer solchen Zustellungsvollmacht wird verwiesen auf §§ 5 und 19 Abs 2 ZVG sowie § 100 VOwüJm über das GBWesen vom 8. Februar 1932. Wegen der etwaigen Überwachungsschwierigkeiten wird dann weiter gesagt: Schwierigkeiten, die hinsichtlich der späteren Überwachung einer solchen bei den Grundakten zu verwahrenden Zustellungsvollmacht auftreten könnten, dürfen hierbei keine Rolle spielen, da lediglich die zweckmäßigste Art und Weise der zulässigen Handhabung entsprechender gblicher Praxis in Frage steht. Gerade auf dem Gebiete der Benachrichtigungspflicht des GBA iSv § 55 GBO obliegt dem GBA ohnedies die Pflicht zur Beachtung einer Fülle von Sondervorschriften. Angesichts solcher auf gesetzlichen Vorschriften beruhenden und gegebenenfalls sehr weitgehender Benachrichtungspflicht kann daher der GBBeamte auch eine auf besonderer rechtsgeschäftlicher Grundlage beruhende Benachrichtungspflicht nicht als schlechthin unzumutbar empfinden, **AG Ellwangen** aaO. Der Grundsatz, daß Benachrichtigungen und Zustellungen auf Antrag eines Berechtigten an dessen Bevollmächtigten zu bewirken sind, bedarf keine Spezialvorschrift im Verfahrensrecht der freiwilligen Gerichtsbarkeit, da er selbstverständlich ist. Ebenso wie jeder Antragsteller eine GBEintragung selbst oder durch einen Bevollmächtigten beantragen kann, muß es ihm auch freistehen, einen Dritten zu ermächtigen, Zustellungen oder Benachrichtigungen für ihn in Empfang zu nehmen. Solche Zustellungsvollmachten sind von allen Gerichten und Behörden zu beachten. Es ist kein Grund ersichtlich, warum für das GBA etwas anderes gelten sollte. Der Umstand, daß dem wüGBWesen das Wohnungsblatt oder Vorblatt unbekannt ist, steht dieser allgemeinen Amtspflicht der Behörden gegenüber den Rechtssuchenden nicht im Wege. Es ist Aufgabe des GBBeamten, die organisatorischen Voraussetzungen zur Erfüllung seiner Pflicht zu schaffen. In welcher Form das GBA die Zustellungsvollmacht bei den Grundakten vorzumerken hat, muß dem Ermessen des GBBeamten überlassen bleiben, **AG Maulbronn** BWNotZ 1968, 125, ebenso bez Württemberg **AG Neuenbürg** BWNotZ 1968, 125, **aA** (zu Unrecht) **AG Stuttgart** — Bad Cannstatt Justiz 1968, 145, wonach das GBA nicht verpflichtet ist, auf Grund eines Ersuchens der Gläubigerin eines Grundpfandrechts oder ihres Zustellungsbevollmächtigten — eines Kreditinstituts, das auf Grund einer nicht im GB eingetragenen Abtretung des Grundpfandrechts dessen wirklicher Inhaber ist — künftig sämtliche Benachrichtungen, die das Grundpfandrecht betreffen, an den Bevollmächtigten zu übersenden.

Seite 2357ff — **§ 55 Bem 15**

AVRJM vom 20. Januar 1940 DJ 214 Neufassung des § 2 durch Landesrecht; dazu *Anh 143 Fußn 1*

Bez **Bayern** ist (zu Seite 2358) auf folgendes hinzuweisen:

Das bayerische Grundsteuerkataster gehört der Vergangenheit an. Am Ende des Jahres 1970 war für alle Gemeinden Bayerns das Liegenschaftskataster aufgestellt. Lediglich für einen Teil des Stadtgebietes von München sind die Arbeiten noch nicht abgeschlossen. Für einige Gemarkungen von München wird das Grundsteuerkataster noch etwa 2 Jahre Gültigkeit haben.

Die BekJM vom 25. April 1952 wurde durch die BekJM vom 28. November 1969 JMBl 211 (*Anh 160ff.*) außer Kraft gesetzt.

Seite 2363 — **§ 55 Bem 21**

Verzicht auf Eigentum in Bayern (Zeile 4/5 von unten) ist zur Abgabe der Aneignungserklärung seitens des Fiskus die Bezirksfinanzdirektion (nicht mehr wie früher die Oberfinanzdirektion) zuständig.

Seite 2371ff. — **§ 55 Bem 40ff.**

Landesrecht Mitteilungen in **Nachlaßsachen** MiZi XVII Ergänzungen; dazu DNotZ 1970, 260

Baden-Württemberg GemAVJM und IM vom 18. April 1966 Justiz 115 = GABl 270/5. Dezember 1969 Justiz 1970, 25 Benachrichtigung in Nachlaßsachen

Bayern GemBekJM und IM vom 2. Januar 1964 JMBl 39 = MABl 311/5. Dezember 1969 JMBl 215 Benachrichtigung in Nachlaßsachen

Hamburg GemVfgJB und IB vom 2. Januar 1964 JVBl 11/15. Dezember 1965 JVBl 1966, 2/5. Dezember 1969 JVBl 99 Benachrichtigung in Nachlaßsachen

Hessen RdErlJM und IM vom 2. Januar 1964 JMBl 7/3. März 1964 JMBl 35/19. November 1964 JMBl 167/5. Dezember 1969 JMBl 1476 Benachrichtigung in Nachlaßsachen

Niedersachsen AVJM und IM vom 2. Januar 1964 NdsRpfl 75 = NdsMBl 503/15. Dezember 1965 NdsRpfl 1966, 4 = NdsMBl 1966, 57/5. Dezember 1969 NdsRpfl 271 Benachrichtigung in Nachlaßsachen

Nordrhein-Westfalen AVJM und IM vom 2. Januar 1964 JMBlNRW 61/15. Dezember 1965 JMBlNRW 1966, 2/5. Dezember 1969 JMBlNRW 279 Benachrichtigung in Nachlaßsachen

Rheinland-Pfalz GemAVJM und IM vom 2. Januar 1964 JBl 57 = MinBl 323/5. Dezember 1969 JBl 1970, 1 Benachrichtigung in Nachlaßsachen (nicht in der Sammlung JVVRhPf)

Saarland LVJM vom 2. Januar 1964/GemAVJM und IM vom 5. Dezember 1969 GMBl 1970, 14 Benachrichtigung in Nachlaßsachen

Schleswig-Holstein AVJM und IM vom 2. Januar 1964 SchlHA 33/15. Dezember 1965 SchlHA 1966, 33/5. Dezember 1969 SchlHA 1970, 17 Benachrichtigung in Nachlaßsachen

Die Änderungen sind vor allem veranlaßt worden durch das BeurkG (*Anh 63*); dazu *Riedel-Feil* BeurkG (E 25ff./*ErgVerz*). Darnach kam die Doppelzuständigkeit von Gericht und Notariat bez Beurkundung letztwilliger Verfügungen in Wegfall und erfolgte Beschränkung auf notarielle Zuständigkeit. Auch wurde die Benachrichtigungspflicht aus § 2258a Abs 4 BGB beseitigt, § 57 Abs 3 Z 12 (b) BeurkG (*Anh 63*). Ferner wurde durch Änderung des § 2249 Abs 1 S 4 BGB mit Bezugnahme auf § 34 BeurkG (*Anh 63*) klargestellt, daß die Vorschriften über die besondere amtliche Verwahrung auch für das vor dem Bürgermeister errichtete Nottestament gelten.

Mitteilungen der Notare

Niedersachsen AVJM vom 1. November 1967 NdsRpfl 246 (VorschrVerz 1430 Nr 5)/31. Mai 1968 NdsRpfl 126 (VV 3831 Nr 1)/28. Juli 1970 NdsRpfl 172 Mitteilungspflichten der Notare in Angelegenheiten der vorsorgenden Rechtspflege, hier Mitteilungen über die Beurkundung (Beglaubigung) von Rechtsvorlagen, die sich auf Grste oder grstgleiche Rechte beziehen

Mitteilungen der Gerichte

Bayern Geschäftsanweisung für die Geschäftsstellen der Gerichte in Zivilsachen — GAnwZ — vom 6. Mai 1957 BayBSVJu II 3 mit Änderungen, insbes vom 7. Mai 1969 JMBl 122

§ 238

Mitteilungen; Anfrage an das Grundbuchamt

(1) In Vergleichsverfahren sind Mitteilungen nach XII/1, XII/2, XII/6 und XII/7 der Anordnung über Mitteilungen in Zivilsachen (MiZi) zu bewirken.

(2) Dem Grundbuchamt des Amtsgerichts, bei dem das Vergleichsverfahren anhängig ist, gegebenenfalls auch dem das Schiffsregister und das Schiffsbauregister führenden Amtsgericht am Sitz des übergeordneten Landgerichts ist eine Ausfertigung des Beschlusses über die Einleitung des Verfahrens (§ 11 VerglO) mit der Anfrage zu übersenden, ob der Schuldner im Grundbuch, im Schiffsregister oder im Schiffsbauregister als Eigentümer von Grundstücken, Schiffen oder Schiffsbauwerken eingetragen ist.

Mitteilungen der Finanzämter; dazu auch *Nachtrag*

Hessen RdErlJM vom 17. Dezember 1970 JMBl 1971, 49 Auskunftserteilung der Finanzämter über Einheitswerte nach §§ 19, 26 und 141 KostO

Niedersachsen BekJM vom 17. Dezember 1970 NdsRpfl 1971, 15 Auskunftserteilung der Finanzämter über Einheitswerte

Grundbesitzverwaltung in Hessen

RdErlJM vom 31. Oktober 1969 JMBl 1411 Grundbesitzverzeichnis des Landes Hessen unter Aufhebung des RdErlJM vom 1. Februar 1965 JMBl 55; es wird auf den RdErlFM vom 16. September 1969 StAnz 1727 hingewiesen und ergänzend bestimmt, daß die grstverwaltenden Behörden, um ihre Aufgaben erfüllen zu können, von den GBÄmtern von allen gblichen Eintragungen zu benachrichtigen sind.

Seite 2383 ff. — **§ 56**

Hypotheken-, Grundschuld- und Rentenschuldbriefe

Seite 2386 **§ 56 Bem 5**

Angabe des Geldbetrags (*berichtigt* in Überschrift) der **Hypothek**

Seite 2385 **§ 56 Bem 7**

Unterschrift Hierbei ist die Neuregelung des RpflG (*Anh 137* mit *ErgVerz*) zu beachten; dazu § 1 Bem 77ff./*ErgVerz*, § 44 Bem 13ff./*ErgVerz*

Seite 2387 ff. — **§ 56 Bem 10 ff.**

Äußere Form des Hypothekenbriefs Zum Druck des Textes von Grundpfandbriefen ist bez Rheinland-Pfalz auf die AVJM vom 15. Juni 1970 JBl 107 Druck von Grundbucheintragungen in das Loseblatt-Grundbuch und Druck des Textes von Grundpfandbriefen hinzuweisen; dazu § 3 Bem 120/*Erg Verz.*

Seite 2390 — **§ 56 Bem 19**

Vordrucke der Länder Ausfertigung der Hypotheken-, Grundschuld- und Rentenschuldbriefe.

Baden-Württemberg AVJM vom 27. Juli 1970 Justiz 278 unter Aufhebung der AVRJM vom 20. Juli 1936 DJ 1103 (*GT 16, 17*) und der AVJM vom 22. Juni 1954 Justiz 249 — § 56 Bem 20/*Erg Verz*
neuer Text § 56 Bem 20/*Erg Verz*

Bayern BekJM vom 7. Juli 1970 JMBl 92 unter Aufhebung der BekJM vom 18. April 1957 JMBl 226 = BayBSVJu III 143/31. Oktober 1957 JMBl 503 — § 56 *Bem 21*
neuer Text § 56 Bem 21/*ErgVerz*

Hamburg AVJB vom 1. September 1970 JVBl 103 unter Aufhebung der AVRJM vom 20. Juli 1936 DJ 1103 (*GT 16, 17*)
neuer Text § 56 Bem 21/0/*Erg Verz*

Hessen RdErlJM vom 1. Juni 1970 JMBl 448 unter Aufhebung der AVRJM vom 20. Juli 1936 DJ 1103 (*GT 16, 17*) und des RdErlJM vom 31. Januar 1950 JMBl 19/9. Januar 1951 JMBl 10/19. August 1954 JMBl 59/7. Dezember 1954 JMBl 1955, 1/2. August 1962 JMBl 90
neuer Text § 56 Bem 21/*Erg Verz*

Niedersachsen AVJM vom 28. April 1970 NdsRpfl 101 unter Aufhebung der AVJM vom 12. Mai 1959 NdsRpfl 123 und der RdVfg vom 24. Juni 1961 VorschrVerz 3 59 und 19 63
neuer Text § 56 Bem 21/2/*Erg Verz*

Nordrhein-Westfalen AVJM vom 25. Mai 1970 JMBlNRW 137 unter Aufhebung von § 52 Abs 2 GBVfg (*GT 4*) sowie der AVJM vom 3. April 1967 JMBlNRW 97 und der RdVfg vom 6. September 1954
neuer Text § 56 Bem 21 a/*Erg Verz*

Rheinland-Pfalz AVJM vom 30. April 1970 JBl 98/16. Juli 1970 JBl 145 unter Aufhebung der AVJM vom 21. April 1959 JBl 115/3. Mai 1965 JBl 94
neuer Text § 56 Bem 21 b/*Erg Verz*

Schleswig-Holstein AVJM vom 12. Juni 1970 SchlHA 152 unter Aufhebung der AVRJM vom 20. Juli 1936 DJ 1103 (*GT 16, 17*)
neuer Text § 56 Bem 21 c/*Erg Verz*

Seite 2391/2392 — **§ 56 Bem 20**

Baden-Württemberg Neuregelung, die *§ 56 Bem 20* abgedruckte AVJM vom 22. Juni 1954 ist überholt; dazu § 56 Bem 20/*Erg Verz.*

BekJM vom 27. Juli 1970 Justiz 278

Über die zur Ausfertigung der Hypotheken-, Grundschuld- und Rentenschuldbriefe zu verwendenden Vordrucke wird in Ausführung von § 52 Abs 2 der Grundbuchverfügung vom 8. August 1935 — RMBl 637 — folgendes bestimmt:

I.

1. Für die Ausfertigung der Briefe dürfen nur die gemäß dieser AV gelieferten amtlichen Vordrucke A, B und C verwendet werden. Muster der Vordrucke sind in den **Anlagen 1 bis 3** wiedergegeben.

2. a) Als Muster für den sachlichen Inhalt der Briefe sind die Anlagen 3 bis 8 zur Grundbuchverfügung maßgebend (vgl § 52 Abs 1 der Grundbuchverfügung). Die äußere Form der Anlagen zur Grundbuchverfügung hat aus praktischen Gründen in den Briefvordrucken einige Änderungen erfahren. Soweit dies der Fall ist, muß der sachliche Inhalt der Form der Ausfertigungsvordrucke sinngemäß angepaßt und gegebenenfalls maschinenschriftlich eingefügt werden. Beispielsweise hat ein unter Verwendung des Vordrucks A hergestellter gemeinschaftlicher Hypothekenbrief im Eingang zu lauten: „Deutscher Hypothekenbrief über zusammen 6000 DM, eingetragen im Grundbuch von Trienach (Amtsgericht Schonberg) Band 3 Blatt 86 Abteilung III Nr 1 und 2 mit 5000 und 1000 DM." Bei einem Teilhypothekenbrief kommt der Teilbetrag in das schraffierte Feld, nicht der Betrag der ursprünglichen ungeteilten Hypothek, Zwischen der schraffierten Betragzeile und den Wörtern „eingetragen im Grundbuch von" ist ein freier Raum für notwendig werdende Zusätze gelassen (zB bei Teilhypotheken: Teilbetrag der Hypothek von . . . Deutsche Mark; bei Gesamtrechten: Gesamthypothek).

b) Der Vordruck C ist zunächst für die in den Vordrucken A und B nicht vorgesehenen Fälle bestimmt, insbesondere für Briefe über Rentenschulden und Gesamtrentenschulden oder für Teilrentenschuldbriefe. Er kann aber auch in anderen Fällen verwendet werden, in denen nach ihrer besonderen Gestaltung die Benutzung der Vordrucke A und B nicht möglich oder nicht zweckmäßig ist. Die für die Ausfüllung der Vordrucke A und B gegebenen Vorschriften sind sinngemäß anzuwenden.

3. Für die Verwendung von Einlage- und Anlagebogen gelten die allgemeinen Bestimmungen über die geschäftliche Behandlung der Grundbuchsachen[1]).

II.

4. Die bundeseinheitlich gestalteten Ausfertigungsvordrucke werden von der Bundesdruckerei in Berlin hergestellt. Jeder Vordruck trägt eine Gruppen- und Nummernbezeichnung. Die Gruppen werden durch die drei Arten der Vordrucke gebildet. Es entspricht die Gruppe 01 dem Vordruck A, die Gruppe 02 dem Vordruck B und die Gruppe 03 dem Vordruck C. Innerhalb jeder Gruppe erhalten die Vordrucke für das gesamte Bundesgebiet einschließlich dem Land Berlin fortlaufende Nummern. Kann die Nummernfolge aus technischen oder sonstigen Gründen nicht fortgesetzt werden, so wird für den Vordruck eine neue Gruppe eröffnet, deren Zahl sich an die letzte bereits für die Zählung verwendete anschließt; die Auflage einer neuen Gruppe wird jeweils im Amtsblatt des Justizministeriums Baden-Württemberg „Die Justiz" bekanntgegeben werden.

5. a) Die Gruppe und die Nummer des verwendeten Ausfertigungsvordrucks sind auf dem Entwurf des Briefes in den Grundakten nachzutragen, sobald die Ausfertigung vollzogen ist. Wird ein Teilbrief hergestellt, so ist in ihm bei der Wiedergabe des bisherigen Briefes (vgl Anlage 4 der Grundbuchverfügung), sofern dieser bereits nach Gruppe und Nummer bezeichnet ist, auch diese Bezeichnung mit aufzuführen.

---

[1]) Vgl § 36 Abs 2c der AVRJM vom 25. Februar 1936 DJ 350 idF der AVJM vom 17. März 1959 Justiz 66: Muß zur Bewirkung der Eintragungen auf dem Briefe mit dem Ausfertigungsvordruck ein besonderer Bogen verbunden werden (vgl insbes § 49 Grundbuchverfügung), so steht hierfür die zu den Ausfertigungsvordrucken verwendete Papiersorte nicht zur Verfügung. In diesen Fällen ist für die Ausfertigung der Ein- oder Anlagebogen Papier der Sorte Normal 2a zu verwenden.

b) Andere Gerichte und Notare, die einen Teilbrief hergestellt haben, sind verpflichtet, die Gruppe und die Nummer des Teilbriefes sowie den Betrag, auf den er sich bezieht, zu ihren Akten zu vermerken und dem Grundbuchamt, das den Stammbrief ausgestellt hat, mitzuteilen. Das Grundbuchamt hat diese Angaben auf dem Entwurf des Stammbriefes in den Grundakten zu vermerken.

III.

6. a) Die Amtsgerichte im Oberlandesgerichtsbezirk Ssuttgart bestellen die Briefvordrucke für den eigenen Bedarf und für die Bezirksnotariate ihres Bezirks, die Notariate im Oberlandesgerichtsbezirk Karlsruhe ihren eigenen Bedarf und denjenigen für die Grundbuchämter mit Hilfsbeamten des Bezirks. Die Bezirksnotariate und die bad Grundbuchämter mit Hilfsbeamten teilen deshalb den Amtsgerichten bzw Notariaten ihren Jahresbedarf bis zum *30. Mai* jeden Jahres mit. Die Amtsgerichte im Oberlandesgerichtsbezirk Stuttgart und die Notariate im Oberlandesgerichtsbezirk Karlsruhe stellen den Bedarf zusammen und bestellen die Briefvordrucke mit den von der Bundesdruckerei in Berlin zur Verfügung gestellten Bestellscheinsätzen. Der Bestellscheinsatz ist 5-fach im Durchschreibverfahren auszufüllen und bis zum *30. Juni* jeden Jahres dem Oberlandesgerichtspräsidenten — Verwaltungsabteilung — zu übersenden. Die Bestellmengen sind in den Akten des Amtsgerichts oder Notariats zu vermerken. Der Oberlandesgerichtspräsident — Verwaltungsabteilung — übersendet die ersten 4 Stücke, gesammelt für die Amtsgerichte oder Notariate seines Bezirks, bis zum *20. Juli* jeden Jahres an die Bundesdruckerei. Beizufügen ist eine Zusammenstellung (3-fach) der zu beliefernden Amtsgerichte und Notariate unter Angabe ihrer Bestellmengen. Das 5. Blatt des Bestellscheinsatzes verbleibt bei dem Oberlandesgerichtspräsidenten — Verwaltungsabteilung —.

b) Die Bestellmenge soll so bemessen werden, daß nicht nur Nachbestellungen nach Möglichkeit vermieden werden, sondern daß auch bei den Amtsgerichten und Notariaten für unvorhergesehene Fälle ein gewisser Bestand an Briefvordrucken verbleibt.

Die Bestellungen sind 100stückweise vorzunehmen; die kleinste Bestellmenge beträgt 100 Stück für jede Gruppe.

7. Die Bundesdruckerei sendet die Vordrucke unmittelbar an die Amtsgerichte im Oberlandesgerichtsbezirk Stuttgart und an die Notariate im Oberlandesgerichtsbezirk Karlsruhe, die die Vordrucke entsprechend den Bestellungen weiterleiten, und fügt den Lieferungen Blatt 3 und 4 des Bestellscheinsatzes bei. Blatt 4 ist unverzüglich mit der Empfangsbestätigung des Amtsgerichts oder Notariats dem Oberlandesgerichtspräsidenten — Verwaltungsabteilung — zu übersenden, der die Bezahlung veranlaßt. Blatt 3 verbleibt bei dem Amtsgericht oder Notariat.

8. Den Vordruckbestand hat ein von dem Behördenvorstand zu bestimmender Beamter unter sicherem Verschluß zu verwahren. Mit der Wahrnehmung der Aufgabe des Verwahrungsbeamten kann auch ein Angestellter beauftragt werden, der eine Geschäftsstelle für Grundbuchsachen verwaltet.

Verwahrungsbeamter beim Bezirksnotariat ist der Bezirksnotar in seiner Eigenschaft als Grundbuchbeamter. Er kann die Aufgaben des Verwahrungsbeamten einem anderen Beamten oder einem geeigneten Angestellten des Bezirksnotariats übertragen.

Von dem Verwahrungsbeamten sind die Vordrucke auch zu beziehen, wenn ein anderes Gericht als das Grundbuchamt oder ein Notar ihrer zur Herstellung von Teilbriefen bedarf (§ 61 Abs 1 GBO).

IV.

9. a) Der Verbleib eines jeden Vordrucks muß in einwandfreier Weise nachgewiesen werden können. Die Briefvordrucke dürfen daher nur dem Zugriff des Verwahrungs-

beamten (vgl Abschnitt III Nr 8) zugänglich sein. Sie dürfen insbesondere nicht summarisch an die einzelnen Grundbuchabteilungen oder an die mit der Reinschrift des Briefes betrauten Beamten oder Angestellten abgegeben und dort zum allmählichen Verbrauch aufbewahrt werden.

b) Der Verwahrungsbeamte hat für die Vordruckarten A, B und C je eine Nachweisung zu führen, die nach dem Muster der **Anlage 4**[2]) einzurichten ist. Von den Bezirksnotariaten und Notariaten ist für sämtliche Grundbuchämter des Bezirks nur eine Nachweisung für jede Vordruckart zu führen; in der Spalte 8 der Nachweisung ist das Grundbuchamt zu bezeichnen.

Die Nachweisungen sind dauernd aufzubewahren.

10. Empfänger des Vordrucks im Sinne der Spalte 6 und 7 der Ausgabennachweisung (Anlage 4) ist, wenn das Grundbuchamt selbst den Brief erteilt, der Beamte oder Angestellte, dem die Herstellung der Reinschrift des Briefes obliegt. Wird ein Teilbrief von einem anderen Gericht oder von einem Notar hergestellt (vgl Abschnitt III Nr 8 Satz 5), so sind diese als Empfänger zu bezeichnen. In Spalte 5 ist dann ihre Geschäftsnummer anzugeben, und statt der Unterzeichnung in Spalte 7 genügt ein schriftliches Empfangsbekenntnis, das zu Sammelakten zu nehmen ist; in Spalte 7 ist gegebenenfalls auf die Sammelakten zu verweisen.

11. Wird ein Vordruck unverwendbar (zB wegen Beschmutzung, Verschreibens usw), so ist er an den Verwahrungsbeamten zurückzugeben und von diesem unter Beteiligung eines vom Behördenvorstand bestimmten weiteren Beamten alsbald zu vernichten. Die Vernichtung ist in Spalte 8 der Ausgabennachweisung (Anlage 4) hinter dem Aushändigungsvermerk von beiden Beamten zu bescheinigen. Ist bei den Bezirksnotariaten neben dem Verwahrungsbeamten ein weiterer Beamter nicht vorhanden, so hat bei der Vernichtung entweder der Geschäftsleiter des vorgesetzten Amtsgerichts, der Bezirksrevisor oder ein anderer Bezirksnotar mitzuwirken. Die Vernichtung soll möglichst aus Anlaß eines anderen Dienstgeschäfts erfolgen.

12. Die Nachweisungen und die Belege dazu sind jährlich mindestens einmal von dem Behördenvorstand oder einem von ihm beauftragten Beamten zu prüfen. Die Prüfung hat sich auch darauf zu erstrecken, ob die Vordrucke unter sicherem Verschluß aufbewahrt werden und ob die nach der Nachweisung nicht verausgabten Vordrucke als Bestand vorhanden sind. Bei den Bezirksnotariaten erfolgt die Prüfung durch den Bezirksrevisor anläßlich der unvermuteten Prüfung des Kosten- und Kassenwesens der Bezirksnotariate.

13. Am Schluß eines jeden Kalenderjahres hat der Verwahrungsbeamte zu prüfen, ob der buchmäßige und der tatsächliche Bestand übereinstimmen. Das Ergebnis dieser Prüfung ist in der Nachweisung unter dem Abschluß schriftlich niederzulegen. Der sich ergebende tatsächliche Bestand ist in der Nachweisung über den Eingang für das nächste Kalenderjahr vorzutragen.

V.

14. Der Text von Hypotheken- und Grundschuldbriefen kann in besonderen Fällen mit Genehmigung des Oberlandesgerichtspräsidenten gedruckt werden, vorausgesetzt, daß während des ganzen Druckverfahrens der Verbleib eines jeden Vordrucks in einwandfreier Weise nachgewiesen werden kann und jeder Mißbrauch ausgeschlossen ist. Dies wird beispielsweise der Fall sein, wenn der Druck bei einer Justizbehörde unter Kontrolle eines Beamten des Grundbuchamtes vorgenommen wird. Der überwachende Beamte ist dann als Empfänger iSd Spalte 6 und 7 der Ausgabennachweisung anzusehen und dem Verwahrungsbeamten für den Verbleib des Vordrucks verantwortlich. Unverwendbar gewordene Vordrucke sind nach Abschnitt IV Nr 11 zu behandeln.

[2]) BestNr 1125 und 1125 I der Vollzugsanstalt Bruchsal

VI.

15. Diese Verfügeng tritt am 1. September 1970 in Kraft.

16. Etwa noch vorhandene Bestände alter Vordrucke sind unter Fortführung der für sie angelegten Nachweisungen aufzubrauchen. Restbestände, die bis 31. Dezember 1971 nicht aufgebraucht sind, sind unter Beachtung des Abschnittes IV Nr 11 zu vernichten.

17. Die AVRJM vom 20. Juli 1936 DJ 1103 und die AVJM vom 22. Juni 1954 Justiz 249 werden aufgehoben.

Gruppe 01 Nr. **Anlage 1**

Deutscher

Hypothekenbrief

über

eingetragen im Grundbuch von

Vordruck A. Ausfertigung eines Hypothekenbriefs (gemeinschaftlichen Hypothekenbriefs, Teilhypothekenbriefs, Gesamthypothekenbriefs)

Gruppe 02 Nr. **Anlage 2**

Deutscher

Grundschuldbrief

über

eingetragen im Grundbuch von

Vordruck B. Ausfertigung eines Grundschuldbriefs (gemeinschaftlichen Grundschuldbriefs, Teilgrundschuldbriefs, Gesamtgrundschuldbriefs)

Gruppe 03 Nr. **Anlage 3**

Deutscher

....

über

eingetragen im Grundbuch von

Vordruck C. Ausfertigung eines Grundpfandbriefs

Anlage 4

Dienststelle ....

NACHWEISUNG

über den Vordruck ....

EINGANG

Lfd. Nr.	Von der Bundesdruckerei erhalten				Bemerkungen
	am	Stück	Gruppe	Nummerm	
1	2	3	4	5	6

AUSGABE

Lfd. Nr.	Ausgegeben					Namensunterschrift des Empfängers; Hinweis auf die Quittung	Bemerkungen
	am	den Vordruck		zu Geschäftsnummer	an		
		Gruppe	Nummer				
1	2	3	4	5	6	7	8

Seite 2392ff. — **§ 56 Bem 21**

Bayern Neuregelung, die *§ 56 Bem 21* abgedruckte BekJM vom 18. April/ 31. Oktober 1957 ist überholt; dazu § 56 Bem 18/*ErgVerz.*

BekJM vom 7. Juli 1970 JMBl 92 (zu BayBSVJu Bd III Abschn D 5)

I.

Über die zur Ausfertigung der Hapotheken-, Grundschuld- und Rentenschuldbriefe zu verwendenden Vordrucke wird in Ausführung des § 52 Abs 2 der Allgemeinen Verfügung über die Führung des Grundbuches (Grundbuchverfügung) folgendes bestimmt:

1. Für die Ausfertigung der Grundpfandrechtsbriefe dürfen nur die gelieferten amtlichen Vordrucke A, B und C nach **Anlagen 1 bis 3** dieser Bekanntmachung verwendet werden.

2. Als Muster für den sachlichen Inhalt der Briefe sind die Anlagen 3 bis 8 der Grundbuchverfügung maßgebend (vgl § 52 Abs 1 der Grundbuchverfügung). Die äußere Form der Anlagen der Grundbuchverfügung hat aus praktischen Gründen in den Briefvordrucken einige Änderungen erfahren. Insoweit ist der sachliche Inhalt der Form der neuen Vordrucke anzupassen. Beispielsweise hat ein unter Verwendung des Vordrucks A hergestellter gemeinschaftlicher Hypothekenbrief eingangs zu lauten: „Deutscher Hypothekenbrief über zusammen 6000 DM, eingetragen im Grundbuch von Trienach (Amtsgericht Schonberg) Band 3 Blatt 86 Abteilung III Nrn. 1 und 2 mit 5000 und 1000 DM." Bei einem Teilhypothekenbrief kommt der Teilbetrag in das schraffiierte Feld, nicht der Betrag der ursprünglichen ungeteilten Hypothek. Zwischen der schraffiierten Betragszeile und den Wörtern „eingetragen im Grundbuch von" ist ein freier Raum für notwendig werdende Zusätze gelassen (zB bei Teilhypotheken: „Teilbetrag der Hypothek über ... Deutsche Mark"; bei Gesamtrechten: „Gesamthypothek").

Der Vordruck C ist insbesondere für die auf den Vordrucken A und B nicht angegebenen Fälle bestimmt, zB für Rentenschuldbriefe. Er kann aber auch in Fällen verwendet werden, in denen an sich die Vordrucke A und B zu benutzen wären, wenn dies im Einzelfall zweckmäßig erscheint.

3. Für die Verwendung von Einlage- und Anlagebogen gelten die allgemeinen Bestimmungen über die geschäftliche Behandlung der Grundbuchsachen.

4. Die bundeseinheitlich gestalteten Vordrucke werden von der Bundesdruckerei in Berlin hergestellt. Jeder Vordruck trägt eine Gruppen- und Nummernbezeichnung. Die Gruppen werden durch die 3 Arten der Vordrucke gebildet. Es entspricht die Gruppe 01 dem Vordruck A, die Gruppe 02 dem Vordruck B und die Gruppe 03 dem Vordruck C. Innerhalb jeder Gruppe erhalten die Vordrucke für das gesamte Bundesgebiet einschließlich des Landes Berlin fortlaufende Nummern. Kann die Nummernfolge aus technischen oder sonstigen Gründen nicht fortgesetzt werden, so wird für den Vordruck eine neue Gruppe eröffnet, deren Zahl sich an die letzte bereits für die Zählung verwendete anschließt.

5. Die Gruppe und die Nummer des verwendeten Vordrucks sind auf dem Entwurf des Briefes in den Grundakten nachzufragen, sobald die Ausfertigung hergestellt worden ist. Wird ein Teilbrief hergestellt, so ist in ihm bei der Wiedergabe des bisherigen Briefes (vgl Anlage 4 der Grundbuchverfügung), sofern dieser bereits nach Gruppe und Nummer bezeichnet ist, auch diese Bezeichnung mitaufzuführen.

Notare, die einen Teilbrief hergestellt haben sind verpflichtet, die Gruppe und die Nummer des Teilbriefs sowie den Betrag, auf den er sich bezieht, in ihren Akten zu vermerken, und diese Angaben dem Grundbuchamt, das den Stammbrief ausgestellt hat, mitzuteilen. Das Grundbuchamt hat die Angaben auf dem Entwurf des Stammbriefes in den Grundakten zu vermerken.

6. Die Gerichte haben bei der Bestellung der Vordrucke die von der Bundesdruckerei in Berlin zur Verfügung gestellten Bestellscheinsätze zu verwenden. Der Bestellscheinsatz ist in fünffacher Fertigung auszufüllen und bis zum 30. Juni jeden Jahres auf dem Dienstweg dem Oberlandesgerichtspräsidenten zu übersenden. Bestellungen für eine Zweig- oder Außenstelle sind erforderlichenfalls von dem Gericht vorzunehmen, zu dem die Zweig- oder Außenstelle gehört.

Die Oberlandesgerichtspräsidenten übersenden die Bestellscheine der Gerichte ihres Geschäftsbereichs gesammelt je in vierfacher Fertigung an die Bundesdruckerei in Berlin. Der Sendung ist eine Zusammenstellung der Gerichte, die Bestellungen aufgegeben haben, in dreifacher Fertigung beizufügen. In der Zusammenstellung sind bei jedem Gericht die bestellten Vordrucke aufgeschlüsselt nach den einzelnen Vordruckarten anzugeben. Die Bestellungen für das folgende Kalenderjahr müssen bis zum 20. Juli des vorangegangenen Jahres bei der Bundesdruckerei eingehen.

Die Bestellmenge soll so bemessen werden, daß Nachforderungen vermieden werden.

Die Bestellungen sind 100-stückweise vorzunehmen; die kleinste Bestellmenge beträgt 100 Stück für jede Gruppe.

7. Die Bundesdruckerei sendet die Vordrucke unmittelbar an die Gerichte und fügt der Lieferung 2 Fertigungen des Bestellscheinsatzes bei. Eine Fertigung ist unverzüglich mit der Empfangsbestätigung auf dem Dienstweg dem Oberlandesgerichtspräsidenten zu übersenden, die andere verbleibt bei den Nachweisungen des Gerichts. Die Bundesdruckerei erteilt jedem Oberlandesgerichtspräsidenten eine Rechnung über die an die Gerichte des Oberlandesgerichtsbezirks ausgelieferten Vordrucke. Nach Eingang der Empfangsbestätigungen der Gerichte ist die Rechnung durch das Oberlandesgericht zu begleichen.

8. Den Vordruckbestand hat ein vom aufsichtführenden Richter zu bestimmender Beamter unter sicherem Verschluß zu verwahren. Mit der Wahrnehmung der Aufgabe des Verwahrungsbeamten kann auch ein Angestellter beauftragt werden. Von dem Verwahrungsbeamten sind die Vordrucke auch zu beziehen, wenn ein Notar ihrer zur Herstellung von Teilbriefen bedarf (§ 61 Abs 1 GBO).

9. Der Verbleib eines jeden Vordrucks muß in einwandfreier Weise nachgewiesen werden können. Die Vordrucke dürfen daher nur dem Zugriff des Verwahrungsbeamten zugänglich sein. Sie dürfen insbesondere nicht summarisch an die einzelnen Grundbuchabteilungen abgegeben und dort zum allmählichen Verbrauch aufbewahrt werden.

Der Verwahrungsbeamte hat für jede Vordruckart getrennt eine Nachweisung zu führen, die nach dem Muster **Anlage 4** einzrichten ist. Die Nachweisungen sind dauernd aufzubewahren.

10. Empfänger des Vordrucks im Sinne der Spalten 6 und 7 der Ausgabennachweisung ist, wenn das Grundbuchamt selbst den Brief erteilt, derjenige, dem die Herstellung der Reinschrift des Briefes obliegt. Wird ein Teilbrief von einem Notar hergestellt, so ist dieser als Empfänger zu bezeichnen; in Spalte 5 ist dann seine Geschäftsnummer anzugeben, und statt der Unterzeichnung in Spalte 7 genügt ein schriftliches Empfangsbekenntnis, das zu den Sammelakten zu nehmen ist; in Spalte 7 ist gegebenenfalls auf die Sammelakten zu verweisen.

11. Wird ein Vordruck unverwendbar (zB wegen Beschmutzung, Verschreibens), so ist er an den Verwahrungsbeamten zurückzugeben und von diesem unter Beteiligung eines vom aufsichtführenden Richter bestimmten weiteren Beamten alsbald zu vernichten. Die Vernichtung ist in Spalte 8 der Ausgabenachweisung hinter dem Aushändigungsvermerk von beiden Beamten zu bescheinigen.

12. Die Nachweisungen und die Belege dazu sind jährlich mindestens einmal vom aufsichtführenden Richter oder einem von ihm beauftragten Beamten zu prüfen. Die Prüfung hat sich auch darauf zu erstrecken, ob die Vordrucke unter sicherem Verschluß aufbewahrt werden und ob die nach der Nachweisung nicht verausgabten Vordrucke als Bestand vorhanden sind.

II.

Restbestände der bisherigen Vordrucke dürfen aufgebraucht werden. Für sie sind die bisherigen Nachweisungen fortzuführen.

III.

Die Bekanntmachung über die Ausfertigung der Hypotheken-, Grundschuld- und Rentenschuldbriefe vom 18. April 1957 (BayBSVJu III 143), geändert durch die Bekanntmachung vom 31. Oktober 1957 (JMBl 503), wird aufgehoben.

Die Justizministerialentschließung vom 10. April 1970 Nr 3851 — IV — 1230/68 ist gegenstandslos.

Gruppe 01 Nr. **Anlage 1**

Deutscher
Hypothekenbrief
über

eingetragen im Grundbuch von

Vordruck A. Ausfertigung eines Hypothekenbriefs (gemeinschaftlichen Hypothekenbriefs, Teilhypothekenbriefs, Gesamthypothekenbriefs)

Gruppe 02 Nr. **Anlage 2**

Deutscher
Grundschuldbrief
über

eingetragen im Grundbuch von

Vordruck B. Ausfertigung eines Grundschuldbriefs (gemeinschaftlichen Grundschuldbriefs, Teilgrundschuldbriefs, Gesamtgrundschuldbriefs)

Gruppe 03 Nr. **Anlage 3**

Deutscher

über

eingetragen im Grundbuch von

Vordruck C. Ausfertigung eines Grundpfandbriefs

Anlage 4

Amtsgericht (Grundbuchamt) ....

NACHWEISUNG

über den Vordruck ....

EINGANG

Lfd. Nr.	Von der Bundesdruckerei erhalten				Bemerkungen
	am	Stück	Gruppe	Nummern	
1	2	3	4	5	6

AUSGABE

Lfd. Nr.	Ausgegeben					Namensunterschrift des Empfängers; Hinweiß auf die Quittung	Bemerkungen
	am	den Vordruck		zu Geschäfts-nummer	an		
		Gruppe	Nummer				
1	2	3	4	5	6	7	8

Hamburg **§ 56 Bem 21/0**

AVJB vom 1. September 1970 JVBl 103

Über die zur Ausfertigung der Hypotheken-, Grundschuld- und Rentenschuldbriefe zu verwendenden Vordrucke wird in Ausführung von § 52 Abs 2 der Grundbuchverfügung vom 8. August 1935, RMBl 637 folgendes bestimmt:

I.

1. Für die Ausfertigung der Briefe dürfen nur die gemäß dieser AV gelieferten amtlichen Vordrucke A, B und C verwendet werden. Muster der Vordrucke sind in den **Anlagen 1 bis 3** wiedergegeben.

2. a) Als Muster für den sachlichen Inhalt der Briefe sind die Anlagen 3 bis 8 zur Grundbuchverfügung maßgebend (vgl § 52 Abs 1 der Grundbuchverfügung). Die äußere Form der Anlagen zur Grundbuchverfügung hat aus praktischen Gründen in den Briefvordrucken einige Änderungen erfahren. Soweit dies der Fall ist, muß der sachliche Inhalt der Form der Ausfertigungsvordrucke sinngemäß angepaßt und gegebenenfalls maschinenschriftlich eingefügt werden. Beispielsweise hat ein unter Verwendung des Vordrucks A hergestellter gemeinschaftlicher Hypothekenbrief im Eingang zu lauten: „Deutscher Hypothekenbrief über zusammen 6000 DM, eingetragen im Grundbuch von Trienach (Amtsgericht Schonberg) Band 3 Blatt 86 Abteilung III Nr 1 und 2 mit 5000 und 1000 DM." Bei einem Teilhypothekenbrief kommt der Teilbetrag in das schraffierte Feld, nicht der Betrag der ursprünglichen ungeteilten Hypothek. Zwischen der schraffierten Betragszeile und den Wörtern „eingetragen im Grundbuch von" ist ein freier Raum für notwendig werdende Zusätze gelassen (zB bei Teilhypotheken: Teilbetrag der Hypothek von .... Deutsche Mark; bei Gesamtrechten: Gesamthypothek).

b) Der Vordruck C ist zunächst für die in den Vordrucken A und B nicht vorgesehenen Fälle bestimmt. Er kann aber auch in anderen Fällen verwendet werden, in denen nach ihrer besonderen Gestaltung die Benutzung der Vordrucke A und B nicht möglich oder nicht zweckmäßig ist. Die für die Ausfüllung der Vordrucke A und B gegebenen Vorschriften sind sinngemäß anzuwenden.

3. Für die Verwendung von Einlage- und Anlagebogen gelten die allgemeinen Bestimmungen über die geschäftliche Behandlung der Grundbuchsachen.

II.

4. Die bundeseinheitlich gestalteten Ausfertigungsvordrucke werden von der Bundesdruckerei in Berlin hergestellt. Jeder Vordruck trägt eine Gruppen- und Nummernbezeichnung. Die Gruppen werden durch die 3 Arten der Vordrucke gebildet. Es entspricht die Gruppe 01 dem Vordruck A, die Gruppe 02 dem Vordruck B und die Gruppe 03 dem Vordruck C. Innerhalb jeder Gruppe erhalten die Vordrucke für das gesamte Bundesgebiet einschließlich des Landes Berlin fortlaufende Nummern. Kann die Nummernfolge aus technischen oder sonstigen Gründen nicht fortgesetzt werden, so wird für den Vordruck eine neue Gruppe eröffnet, deren Zahl sich an die letzte bereits für die Zählung verwendete anschließt.

5. a) Die Gruppe und die Nummer des verwendeten Ausfertigungsvordrucks sind auf dem Entwurf des Briefes in den Grundakten nachzutragen, sobald die Ausfertigung vollzogen ist. Wird ein Teilbrief hergestellt, so ist in ihm bei der Wiedergabe des bisherigen Briefes (vgl Anlage 4 der Grundbuchverfügung), sofern dieser bereits nach Gruppe und Nummer bezeichnet ist, auch diese Bezeichnung mit aufzuführen.

b) Andere Gerichte und Notare, die einen Teilbrief hergestellt haben, sind verpflichtet, die Gruppe und die Nummer des Teilbriefs sowie den Betrag, auf den er sich bezieht, zu ihren Akten zu vermerken und dem Grundbuchamt, das den Stammbrief ausgestellt hat, mitzuteilen. Das Grundbuchamt hat diese Angaben auf dem Entwurf des Stammbriefs in den Grundakten zu vermerken.

III.

6. a) Bei der Bestellung der Briefvordrucke für die hamburgischen Amtsgerichte verwendet der Amtsgerichtspräsident die von der Bundesdruckerei in Berlin zur Verfügung gestellten Bestellscheinsätze. Der Bestellscheinsatz ist 5fach im Durchschreibeverfahren auszufüllen und bis zum 30. Juni jeden Jahres der Justizbehörde zu übersenden. Die Bestellmengen sind in den Akten des Amtsgerichts zu vermerken.

b) Die Bestellmenge soll so bemessen werden, daß Nachforderungen vermieden werden.

Die Bestellungen sind 100-stückweise vorzunehmen; die kleinste Bestellmenge beträgt 100 Stück für jede Gruppe.

7. Die Bundesdruckerei sendet die Vordrucke unmittelbar an das Amtsgericht Hamburg und fügt der Lieferung Blatt 3 und 4 des Bestellscheinsatzes bei. Blatt 4 ist unverzüglich mit der Empfangsbestätigung des Amtsgerichts der Justizbehörde zu übersenden, die die Bezahlung veranlaßt. Blatt 3 verbleibt bei dem Amtsgericht.

8. Den Vordruckbestand hat ein von dem Behördenvorstand zu bestimmender Beamter unter sicherem Verschluß zu verwahren. Mit der Wahrnehmung der Aufgabe des Verwahrungsbeamten kann auch ein Angestellter beauftragt werden. Von dem Verwahrungsbeamten sind die Vordrucke auch zu beziehen, wenn ein anderes Gericht als das Grundbuchamt oder ein Notar ihrer zur Herstellung von Teilbriefen bedarf (§ 61 Abs 1 GBO).

IV.

9. a) Der Verbleib eines jeden Vordrucks muß in einwandfreier Weise nachgewiesen werden können. Die Briefvordrucke dürfen daher nur dem Zugriff des Verwahrungsbeamten (vgl Abschnitt III Nr 8 Satz 1 und 2) zugänglich sein. Sie dürfen insbesondere nicht summarisch an die einzelnen Grundbuchabteilungen abgegeben und dort zum allmählichen Verbrauch aufbewahrt werden.

b) Der Verwahrungsbeamte hat für die Vordruckarten A, B und C je eine Nachweisung zu führen, die nach dem Muster der **Anlage 4** einzurichten ist. Die Nachweisungen sind dauernd aufzubewahren.

10. Empfänger des Vordrucks im Sinne der Spalten 6 und 7 der Ausgabenachweisung (Anlage 4) ist, wenn das Grundbuchamt selbst den Brief erteilt, der Beamte oder Angestellte, dem die Herstellung der Reinschrift des Briefes obliegt. Wird ein Teilbrief von einem anderen Gericht oder von einem Notar hergestellt (vgl Abschnitt III Nr 8 Satz 3), so sind diese als Empfänger zu bezeichnen. In Spalte 5 ist dann ihre Geschäftsnummer anzugeben, und statt der Unterzeichnung in Spalte 7 genügt ein schriftliches Empfangsbekenntnis, das zu den Sammelakten zu nehmen ist; in Spalte 7 ist gegebenenfalls auf die Sammelakten zu verweisen.

11. Wird ein Vordruck unverwendbar (zB wegen Beschmutzung, Verschreibens usw), so ist er an den Verwahrungsbeamten zurückzugeben und von diesem unter Beteiligung eines vom Behördenvorstand bestimmten weiteren Beamten alsbald zu vernichten. Die Vernichtung ist in Spalte 8 der Ausgabenachweisung (Anlage 4) hinter dem Aushändigungsvermerk von beiden Beamten zu bescheinigen.

12. Die Nachweisungen und die Belege dazu sind jährlich mindestens einmal von dem Behördenvorstand oder einem von ihm beauftragten Beamten zu prüfen. Die Prüfung hat sich auch darauf zu erstrecken, ob die Vordrucke unter sicherem Verschluß aufbewahrt werden und ob die nach der Nachweisung nicht verausgabten Vordrucke als Bestand vorhanden sind.

13. Am Schluß eines jeden Kalenderjahres hat der Verwahrungsbeamte zu prüfen, ob der buchmäßige und der tatsächliche Bestand übereinstimmen. Das Ergebnis dieser Prüfung ist in der Nachweisung unter dem Abschluß schriftlich niederzulegen. Der sich ergebende tatsächliche Bestand ist in der für das nächste Kalenderjahr anzulegenden Nachweisung als Eingang vorzutragen.

V.

14. Diese Verfügung wird am 1. Oktober 1970 wirksam.

15. Zum gleichen Zeitpunkt noch vorhandene Bestände alter Vordrucke sind unter Fortführung der für sie angelegten Nachweisungen aufzubrauchen.

16. Die AV des RJM vom 20. Juli 1936 DJ 1103 wird aufgehoben.

Gruppe 01 Nr. **Anlage 1**

Deutscher

Hypothekenbrief

über

eingetragen im Grundbuch von

Vordruck A. Ausfertigung eines Hypothekenbriefs (gemeinschaftlichen Hypothekenbriefs, Teilhypothekenbriefs, Gesamthypothekenbriefs)

Gruppe 02 Nr. **Anlage 2**

Deutscher

Grundschuldbrief

über

eingetragen im Grundbuch von

Vordruck B. Ausfertigung eines Grundschuldbriefs (gemeinschaftlichen Grundschuldbriefs, Teilgrundschuldbriefs Gesamtgrundschuldbriefs)

Gruppe 03 Nr. **Anlage 3**

Deutscher

über

eingetragen im Grundbuch von

Vordruck C. Ausfertigung eines Grundpfandbriefs.

Anlage 4

Amtsgericht (Grundbuchamt) ....

NACHWEISUNG

über den Vordruck ....

EINGANG

Lfd. Nr.	Von der Bundesdruckerei erhalten				Bemerkungen
	am	Stück	Gruppe	Nummern	
1	2	3	4	5	6

AUSGABE

Lfd. Nr.	Ausgegeben					Namensunterschrift des Empfängers; Hinweise auf die Quittung	Bemerkungen
	am	den Vordruck		zu Geschäfts-nummer	an		
		Gruppe	Nummer				
1	2	3	4	5	6	7	8

§ 56 Bem 21/1

Hessen

RdErlJM vom 1. Juni 1970 JMBl 448

Über die zur Ausfertigung der Hypotheken-, Grundschuld- und Rentenschuldbriefe zu verwendenden Vordrucke wird in Ausführung von § 52 Abs 2 der Grundbuchverfügung vom 8. August 1935 RGBl 637 folgendes bestimmt:

I.

1. Für die Ausfertigung der Briefe dürfen nur die gemäß diesem Runderlaß gelieferten amtlichen Vordrucke A, B und C verwendet werden. Muster der Vordrucke sind in den **Anlagen 1 bis 3** wiedergegeben.

2. a) Als Muster für den sachlichen Inhalt der Briefe sind die Anlagen 3 bis 8 zur Grundbuchverfügung maßgebend (vgl § 52 Abs 1 der Grundbuchverfügung). Die äußere Form der Anlagen zur Grundbuchverfügung hat aus praktischen Gründen in den Briefvordrucken einige Änderungen erfahren. Soweit dies der Fall ist, muß der sachliche Inhalt der Form der Ausfertitigungsvordrucke sinngemäß angepaßt und gegebenenfalls maschinenschriftlich eingefügt werden. Beispielsweise hat ein unter Verwendung des Vordrucks A hergestellter gemeinschaftlicher Hypothekenbrief im Eingang zu lauten: „Deutscher Hypothekenbrief über zusammen 6000 DM, eingetragen im Grundbuch von Dreisbach (Amtsgericht Wetzlar) Band 3 Blatt 86 Abteilung III Nr. 1 und 2 mit 5000 und 1000 DM." Bei einem Teilhypothekenbrief kommt der Teilbetrag in das schraffiierte Feld, nicht der Betrag der ursprünglichen ungeteilten Hypothek. Zwischen der schraffiierten Betragszeile und den Wörtern „eingetragen im Grundbuch von" ist ein freier Raum für notwendig werdende Zusätze gelassen (zB bei Teilhypotheken: Teilbetrag der Hypothek von . . . Deutsche Mark; bei Gesamtrechten: Gesamthypothek).

b) Der Vordruck C ist zunächst für die in den Vordrucken A und B nicht vorgesehenen Fälle bestimmt, insbesondere für Briefe über Rentenschulden und Gesamtrentenschulden oder für Teilrentenschuldbriefe. Er kann aber auch in anderen Fällen verwendet werden, in denen nach ihrer besonderen Gestaltung die Benutzung der Vordrucke A und B nicht möglich oder nicht zweckmäßig ist. Die für die Ausfüllung der Vordrucke A und B gegebenen Vorschriften sind sinngemäß anzuwenden.

3. Für die Verwendung von Einlage- und Anlagebogen gelten die allgemeinen Bestimmungen über geschäftliche Behandlung der Grundbuchsachen*).

II.

4. Die bundeseinheitlich gestalteten Ausfertigungsvordrucke werden von der Bundesdruckerei in Berlin hergestellt. Jeder Vordruck trägt eine Gruppen- und Nummernbezeichnung. Die Gruppen werden durch die 3 Arten der Vordrucke gebildet. Es entspricht die Gruppe 01 dem Vordruck A, die Gruppe 02 dem Vordruck B und die Gruppe 03 dem Vordruck C. Innerhalb jeder Gruppe erhalten die Vordrucke für das gesamte Bundesgebiet einschließlich dem Land Berlin fortlaufende Nummern. Kann die Nummernfolge aus technischen oder sonstigen Gründen nicht fortgesetzt werden, so wird für den Vordruck eine neue Gruppe eröffnet, deren Zahl sich an die letzte bereits für die Zählung verwendete anschließt; die Auflage einer neuen Gruppe wird jeweils im Justizministerialblatt bekanntgegeben werden.

5. a) Die Gruppe und die Nummer des verwendeten Ausfertigungsvordrucks sind auf dem Entwurf des Briefes in den Grundakten nachzutragen, sobald die Ausfertigung vollzogen ist. Wird ein Teilbrief hergestellt, so ist in ihm bei der Wiedergabe des bisherigen Briefes (vgl Anl 4 der Grundbuchverfügung), sofern dieser bereits nach Gruppe und Nummer bezeichnet ist, auch diese Bezeichnung mit aufzuführen.

b) Andere Gerichte und Notare, die einen Teilbrief hergestellt haben, sind verpflichtet, die Gruppe und die Nummer des Teilbriefs sowie den Betrag, auf den er sich bezieht, zu ihren Akten zu vermerken und dem Grundbuchamt, das den Stammbrief ausgestellt hat, mitzuteilen. Das Grundbuchamt hat diese Angaben auf dem Entwurf des Stammbriefs in den Grundakten zu vermerken.

III.

6. a) Bei der Bestellung der Briefvordrucke verwendet die Amtsgerichte die von der Bundesdruckerei in Berlin zur Verfügung gestellten Bestellscheinsätze. Der Bestellscheinsatz ist 5fach im Durchschreibeverfahren auszufüllen und bis zum 30. Juni jeden Jahres dem Präsidenten des Oberlandesgerichts zu übersenden. Die Bestellmengen sind in den Akten des Amtsgerichts zu vermerken. Der Präsident des Oberlandesgerichts übersendet die ersten 4 Stücke, gesammelt für die Amtsgerichte seines Bezirks, bis zum 20. Juli jeden Jahres an die Bundesdruckerei. Beizufügen ist eine Zusammenstellung (3fach) der zu beliefernden Amtsgerichte unter Angabe ihrer Bestellmengen. Das 5. Blatt des Bestellscheinsatzes verbleibt bei dem Oberlandesgericht.

b) Die Bestellmenge soll so bemessen werden, daß Nachforderungen vermieden werden.

Die Bestellungen sind 100-stückweise vorzunehmen; die kleinste Bestellmenge beträgt 100 Stück für jede Gruppe.

Für einen unvorhergesehenen Mehrbedarf ist beim Oberlandesgericht Frankfurt am Main ein Reservebestand zu führen, dessen Ergänzung über das Amtsgericht Frankfurt am Main erfolgt.

---

*) Vgl § 36 Abs. 2c des Runderlasses vom 18. April 1967 JMBl 150.

7. Die Bundesdruckerei sendet die Vordrucke unmittelbar an die Amtsgerichte und fügt der Lieferung Blatt 3 und 4 des Bestellscheinsatzes bei. Blatt 4 ist unverzüglich mit der Empfangsbestätigung des Amtsgerichts dem Präsidenten des Oberlandesgerichts zu übersenden. Blatt 3 verbleibt bei dem Amtsgericht.

Die Bundesdruckerei stellt die gelieferten Vordrucke dem Präsidenten des Oberlandesgericht in Rechnung, der nach Prüfung die Zahlung veranlaßt.

8. Den Vordruckbestand hat ein von dem Behördenleiter zu bestimmender Beamter unter sicherem Verschluß zu verwahren. Mit der Wahrnehmung der Aufgabe des Verwahrungsbeamten kann auch ein Angestellter beauftragt werden, der eine Geschäftsstelle für Grundbuchsachen verwaltet. Von dem Verwahrungsbeamten sind die Vordrucke auch zu beziehen, wenn ein anderes Gericht als das Grundbuchamt oder ein Notar ihrer zur Herstellung von Teilbriefen bedarf (§ 61 Abs 1 GBO).

IV.

9. a) Der Verbleib eines jeden Vordrucks muß in einwandfreier Weise nachgewiesen werden können. Die Briefvordrucke dürfen daher nur dem Zugriff des Verwahrungsbeamten (vgl. Abschn III Nr 8 Satz 1 und 2) zugänglich sein. Sie dürfen insbesondere nicht summarisch an die einzelnen Grundbuchabteilungen abgegeben und dort zum allmählichen Verbrauch aufbewahrt werden.

b) Der Verwahrungsbeamte hat für die Vordruckarten A, B und C je eine Nachweisung zu führen, die nach dem Muster der **Anlage 4** einzurichten ist.

Die Nachweisungen sind dauernd aufzubewahren.

10. Empfänger des Vordrucks im Sinne der Spalten 6 und 7 der Ausgabenachweisung (Anlage 4) ist, wenn das Grundbuchamt selbst den Brief erteilt, der Beamte oder Angestellte dem die Herstellung der Reinschrift des Briefes obliegt. Wird ein Teilbrief von einem anderen Gericht oder von einem Notar hergestellt (vgl Abschn. III Nr 8 Satz 3), so sind diese als Empfänger zu bezeichnen. In Spalte 5 ist dann ihre Geschäftsnummer anzugeben, und statt der Unterzeichnung in Spalte 7 genügt ein wchriftliches Empfangsbekanntnis, das zu Sammelakten zu nehmen ist;fin Spalte 7 ist gegebenenfalls auf die Sammelakten zu verweisen.

11. Wird ein Vordruck unverwendbar (zB wegen Beschmutzung, Verschreibens usw.), so ist er an den Verwahrungsbeamten zurückzugeben und von diesem unter Beteiligung eines vom Behördenleiter bestimmten weiteren Beamten alsbald zu vernichten. Die Vernichtung ist in Spalte 8 der Ausgabenachweisung (Anlage 4) hinter dem Aushängidungsvermerk von beiden Beamten zu bescheinigen.

12. Die Nachweisungen und die Belege dazu sind jährlich mindestens einmal von dem Behördenleiter oder einem von ihm beauftragten Beamten zu prüfen. Die Prüfung hat sich auch darauf zu erstrecken, ob die Vordrucke unter sicherem Verschluß aufbewahrt werden und ob die nach der Nachweisung nicht verausgabten Vordrucke als Bestand vorhanden sind.

13. Am Schluß eines jeden Kalenderjahres hat der Verwahrungsbeamte zu prüfen, ob der buchmäßige und der tatsächliche Bestand übereinstimmt. Das Ergebnis dieser Prüfung ist in der Nachweisung unter dem Abschluß schriftlich niederzulegen. Der sich ergebende tatsächliche Bestand ist in der Nachweisung über den Eingang für das nächste Kalenderjahr vorzutragen.

V.

14. Wird der Text von Hypotheken- und Grundschuldbriefen gedruckt oder im Wege der Vervielfältigung hergestellt, ist sicherzustellen, daß der Verbleib eines jeden Vordrucks in einwandfreier Weise nachgewiesen werden kann und jeder Mißbrauch ausgeschlossen ist. Dies wird beispielsweise der Fall sein, wenn der Druck oder die Ver-

vielfältigung bei einer Justizbehörde unter Kontrolle eines Beamten des Grundbuchamtes vorgenommen wird. Der überwachende Beamte ist dann als Empfänger im Sinne der Spalten 6 und 7 der Ausgabennachweisung anzusehen und dem Verwahrungsbeamten für den Verbleib des Vordrucks verantwortlich. Unverwendbar gewordene Vordrucke sind nach Abschnitt IV Nr 11 zu behandeln.

VI.

15. Dieser Erlaß tritt am 20. Juni 1970 in Kraft.

16. Am 20. Juni 1970 etwa noch vorhandene Bestände alter Vordrucke sind unter Fortführung der für sie angelegten Nachweisungen aufzubrauchen.

17. Die Allgemeine Verordnung des Reichsministers der Justiz vom 20. Juli 1936 DJ 1103 sowie die Runderlasse vom 31. Januar 1950 JMBl 19/9. Januar 1951 JMBl 10/19. August 1954 JMBl 59/7. Dezember 1954 JMBl 1955, 1/2. August 1962 JMBl 90 werden aufgehoben.

Gruppe 01 Nr. **Anlage 1**

Deutscher

Hypothekenbrief

über

eingetragen im Grundbuch von

Vordruck A. Ausfertigung eines Hypothekenbriefs (gemeinschaftlichen Hypothekenbriefs, Teilhypothekenbriefs, Gesamthypothekenbriefs)

Gruppe 02 Nr. **Anlage 2**

Deutscher

Grundschuldbrief

über

eingetragen im Grundbuch von

Vordruck B. Ausfertigung eines Grundschuldbriefs (gemeinschaftlichen Grundschuldbriefs, Teil grundschuldbriefs, Gesamtgrundschuldbriefs)

Gruppe 03 Nr. **Anlage 3**

Deutscher

über

eingetragen im Grundbuch von

Vordruck C. Ausfertigung eines Grundpfandbriefs.

Anlage 4

Amtsgericht (Grundbuchamt) ....

NACHWEISUNG

über den Vordruck ....

EINGANG

Lfd. Nr.	Von der Bundesdruckerei erhalten				Bemerkungen
	am	Stück	Gruppe	Nummern	
1	2	3	4	5	6

AUSGABE

Lfd. Nr.	Ausgegeben					Namensunterschrift des Empfängers; Hinweis auf die Quittung	Bemerkungen
	am	den Vordruck		zu Geschäftsnummer	an		
		Gruppe	Nummer				
1	2	3	4	5	6	7	8

Niedersachsen **§ 56 Bem 21/2**

AVJM vom 28. April 1970 NdsRpfl 101

Über die zur Ausfertigung der Hypotheken-, Grundschuld- und Rentenschuldbriefe zu verwendenden Vordrucke wird in Ausführung von § 52 Abs 2 der Grundbuchverfügung vom 8. August 1935 RMBl 637 folgendes bestimmt:

I.

1. Für die Ausfertigung der Briefe dürfen nur die gemäß dieser AV gelieferten amtlichen Vordrucke A, B und C verwendet werden. Muster der Vordrucke sind in den **Anlagen 1 bis 3** wiedergegeben.

2. a) Als Muster für den sachlichen Inhalt der Briefe sind die Anlagen 3 bis 8 zur Grundbuchverfügung maßgebend (vgl § 52 Abs 1 der Grundbuchverfügung). Die äußere Form der Anlagen zur Grundbuchverfügung hat aus praktischen Gründen in den Briefvordrucken einige Änderungen erfahren. Soweit dies der Fall ist, muß der sachliche Inhalt der Form der Ausfertigungsvordrucke sinngemäß angepaßt und gegebenenfalls maschinenschriftlich eingeführt werden. Beispielsweise hat ein unter Verwendung des Vordrucks A hergestellter gemeinschaftlicher Hypothekenbrief im Eingang zu lauten: „Deutscher Hypothekenbrief über zusammen 6000 DM, eingetragen im Grundbuch von Trienach (Amtsgericht Schonberg) Band 3 Blatt 86 Abteilung III Nr. 1 und 2 mit 5000 und 1000 DM". Bei einem Teilhypothekenbrief kommt der Teilbetrag in das schraffirte Feld. nicht der Betrag der ursprünglichen ungeteilten Hypothek. Zwischen der schraffierten Betragszeile und den Wörtern „eingetragen im Grundbuch von" ist ein genügender freier Raum für norwendig werdende Zusätze gelassen (bei Teilhypotheken: Teilbetrag der Hypothek von ... Deutsche Mark; bei Gesamtrechten: Gesamthypothek).

b) Der Vordruck C ist zunächst für die in den Vordrucken A und B nicht vorgesehenen Fälle bestimmt, insbesondere für Briefe über Rentenschulden und Gesamtrentenschulden oder für Teilrentenschuldbriefe. Er kann aber auch in anderen Fällen verwendet werden, in deren nach ihrer besonderen Gestaltung die Benutzung der Vordrucke A und B nicht möglich oder nicht zweckmäßig ist. Die für die Ausfüllung der Vordrucke A und B gegebenen Vorschriften sind sinngemäß anzuwenden.

3. Für die Verwendung von Einlage- und Anlagebogen gelten die allgemeinen Bestimmungen über die geschäftliche Behandlung der Grundbuchsachen*).

II.

4. Die bundeseinheitlich gestalteten Ausfertigungsvordrucke werden von der Bundesdruckerei in Berlin hergestellt. Jeder Vordruck trägt eine Gruppen- und Nummernbezeichnung. Die Gruppen werden durch die drei Arten der Vordrucke gebildet. Es entspricht die Gruppe 01 dem Vordruck A, die Gruppe 02 dem Vordruck B und die Gruppe 03 dem Vordruck C. Innerhalb jeder Gruppe erhalten die Vordrucke für das gesamte Bundesgebiet einschließlich dem Lande Berlin fortlaufende Nummern. Kann die Nummernfolge aus technischen oder sonstigen Gründen nicht fortgesetzt werden, so wird für den Vordruck eine neue Gruppe eröffnet, deren Zahl sich an die letzte bereits für die Zählung verwendete anschließt; die Auflage einer neuen Gruppe wird jeweils in der Niedersächsischen Rechtspflege bekanntgegeben werden.

5. a) Die Gruppe und die Nummern des verwendeten Ausfertigungsvordrucks sind auf dem Entwurf des Briefes in den Grundakten nachzutragen, sobald die Ausfertigung vollzogen ist. Wird ein Teilbrief hergestellt, so ist in ihm bei der Wiedergabe des bisherigen Briefes (vgl Anlage 4 der Grundbuchverfügung), sofern dieser bereits nach Gruppe und Nummer bezeichnet ist, auch diese Bezeichnung mit aufzuführen.

b) Andere Gerichte und Notare, die einen Teilbrief hergestellt haben, sind verpflichtet, die Gruppe und die Nummer des Teilbriefs sowie den Betrag, auf den er sich bezieht, zu ihren Akten zu vermerken und dem Grundbuchamt, das den Stammbrief ausgestellt hat, mitzuteilen. Das Grundbuchamt hat diese Angaben auf dem Entwurf des Stammbriefs in den Grundakten zu vermerken.

III.

6. a) Bei der Bestellung der Briefvordrucke verwenden die Amtsgerichte die von der Bundesdruckerei in Berlin zur Verfügung gestellten Bestellscheinsätze. Der Bestellscheinsatz ist 5fach im Durchschreibeverfahren auszufüllen und bis zum 30. Juni jeden Jahres dem Oberlandesgerichtspräsidenten zu übersenden. Die Bestellmengen sind in den Akten des Amtsgerichts zu vermerken. Der Oberlandesgerichtspräsident übersendet die ersten 4 Stücke, gesammelt gür die Amtsgerichte seines Bezirks, bis zum 20. Juli des Jahres an die Bundesdruckerei. Beizufügen ist eine Zusammenstellung (3fach) der zu beliefernden Amtsgerichte unter Angabe ihrer Bestellmengen. Das 5. Blatt des Bestellscheinsatzes verbleibt bei dem Oberlandesgericht.

b) Die Bestellmenge soll so bemessen werden, daß Nachforderungcn vermieden werden.

Die Bestellungen sind 100-stückweise vorzunehmen; die kleinste Bestellmenge beträgt 100 Stück für jede Gruppe.

7. Die Bundesdruckerei sendet die Vordrucke unmittelbar an die Amtsgerichte undfügt der Lieferung Blatt 3 und 4 des Bestellscheinsatzes bei. Blatt 4 ist unverzüglich mit der Empfangsbestätigung des Amtsgerichts der Vordruckverrechnungsstelle bei dem Amtsgericht Hannover zu übersenden, die die Bezahlung veranlaßt. Blatt 3 verbleibt bei dem Amtsgericht.

8. Den Vordruckbestand hat ein von dem Behördenvorstand zu bestimmender Beamter unter sicherem Verschluß zu verwahren. Mit der Wahrnehmung der Aufgabe des Verwahrungsbeamten kann auch ein Angestellter beauftragt werden, der eine Geschäftsstelle für Grundbuchsachen verwaltet. Von dem Verwahrungsbeamten sind die

*) Vgl § 36 Abs 2c der AVRJM vom 25. 2. 1936 DJ 350 idF AVndsJM vom 13. 3. 1950 NdsRpfl 77: Muß zur Bewirkung der Eintragungen auf dem Briefe mit dem Ausfertigungsvordruck ein besonderer Bogen verbunden werden (vgl insb Grundbuchverfügung § 49), so steht hierfür die zu den Ausfertigungsvordrucken verwendete Papiersorte nicht zur Verfügung. In diesen Fällen ist für die Ausfertigung der Ein- oder Anlagebogen Papier der Sorte Normal 2a zu vewenden.

Vordrucke auch zu beziehen, wenn ein anderes Gericht als das Grundbuchamt oder ein Notar ihrer zur Herstellung von Teilbriefen bedarf (§ 61 Abs 1 GBO).

IV.

9. a) Der Verbleib eines jeden Vordrucks muß in einwandfreier Weise nachgewiesen werden können. Die Briefvordrucke düfen daher nur dem Zugriff des Verwahrungsbeamten (vgl Abschnitt III Nr 8 Satz 1 und 2) zugänglich sein. Sie dürfen insbesondere nicht summarisch an die einzelnen Grundbuchabteilungen abgegeben und dort zum allmählichen Verbrauch aufbewahrt werden.

b) Der Verwahrungsbeamte hat für die Vordruckarten A, B und C je eine Nachweisung zu führen, die nach dem Muster der **Anlage 4** einzurichten ist.

Die Nachweisungen sind dauernd aufzubewahren.

10. Empfänger des Vordrucks im Sinne der Spalten 6 und 7 der Ausgabenachweisung (Anlage 4) ist, wenn das Grundbuchamt selbst den Brief erteilt, der Beamte oder Angestellte, dem die Herstellung der Reinschrift des Briefes obliegt. Wird ein Teilbrief von einem anderen Gericht oder von einem Notar hergestellt (vgl Abschnitt III Nr 8 Satz 3), so sind diese als Empfänger zu bezeichnen. In Spalte 5 ist dann ihre Geschäftsnummer anzugeben, und statt der Unterzeichnung in Spalte 7 genügt ein schriftliches Empfangsbekenntnis, das zu Sammelakten zu nehmen ist; in Spalte 7 ist gegebenenfalls auf die Sammelakten zu verweisen.

11. Wird ein Vordruck unverwendbar (zB wegen Beschmutzung, Verschreibens usw.), so ist er an den Verwahrungsbeamten zurückzugeben und von diesem unter Beteiligung eines vom Behördenvorstand bestimmten weiteren Beamten alsbald zu vernichten. Die Vernichtung ist in Spalte 8 der Ausgabenachweisung (Anlage 4) hinter dem Aushändigungsvermerk von beiden Beamten zu bescheinigen.

12. Die Nachweisungen und die Belege dazu sind jährlich mindestens einmal von dem Behördenvorstand oder einem von ihm beauftragten Beamten zu prüfen. Die Prüfung hat sich auch darauf zu erstrecken, ob die Vordrucke unter sicherem Verschluß aufbewahrt werden und ob die nach der Nachweisung nicht verausgabten Vordrucke als Bestand vorhanden sind.

13. Am Schluß eines jeden Kalenderjahres hat der Verwahrungsbeamte zu prüfen, ob der buchmäßige und der tatsächliche Bestand übereinstimmen. Das Ergebnis dieser Prüfung ist in der Nachweisung unter dem Abschluß schriftlich niederzulegen. Der sich ergebende tatsächliche Bestand ist in der Nachweisung über den Eingang füı das nächste Kalenderjahr vorzutragen.

V.

14. Der Text von Hypotheken- und Grundschuldbriefen kann in besonderen Fällen mit Genehmigung des Oberlandesgerichtspräsidenten gedruckt werden, vorausgesetzt, daß während des ganzen Druckverfahrens der Verbleib eines jeden Vordrucks in einwandfreier Weise nachgewiesen werden kann und jeder Mißbrauch ausgeschlossen ist. Dies wird beispielsweise der Fall sein, wenn der Druck bei einer Justizbehörde unter Kontrolle eines Beamten des Grundbuchamtes vorgenommen wird. Der überwachende Beamte ist dann als Empfänger iSd Spalten 6 und 7 der Ausgabenachweisung anzusehen und dem Verwahrungsbeamten für den Verbleib des Vordrucks verantwortlich. Unverwendbar gewordene Vordrucke sind nach Abschnitt IV Nr 11 zu behandeln.

VI.

15. Diese Verfügung tritt am 1. Juni 1970 in Kraft.

16. Am 1. Juni 1970 etwa noch vorhandene Bestände alter Vordrucke sind unter Fortführung der für sie angelegten Nachweisungen aufzubrauchen.

17. Die AV vom 12. Mai 1959 NdsRpfl 123 und die RV vom 24. Juni 1961 — 5412/7 —I 4. a 3 — 225/61 — Vorschr-Verz **3** 59 und **19** 63 werden aufgehoben.

Gruppe 01 Nr. **Anlage 1**

Deutscher
Hypothekenbrief
über

eingetragen im Grundbuch von

Vordruck A. Ausfertigung eines Hypothekenbriefs (gemeinschaftlichen Hypothekenbriefs, Teilhypothekenbriefs, Gesamthypothekenbriefs)

Gruppe 02 Nr. **Anlage 2**

Deutscher
Grundschuldbrief
über

eingetragen im Grundbuch von

Vordruck B. Ausfertigung eines Grundschuldbriefs (gemeinschaftlichen Grundschuldbriefs, Teilgrundschuldbriefs, Gesamtgrundschuldbriefs)

Gruppe 03 Nr. **Anlage 3**

Deutscher

über

eingetragen im Grundbuch von

Vordruck C. Ausfertigung eines Grundpfandbriefes

Amtsgericht (Grundbuchamt) .... **Anlage 4**

NACHWEISUNG

über den Vordruck ....

EINGANG

Lfd. Nr.	Von der Bundesdruckerei erhalten				Bemerkungen
	am	Stück	Gruppe	Nummern	
1	2	3	4	5	6

AUSGABE

Lfd. Nr.	Ausgegeben					Namensunterschrift des Empfängers; Hinweis auf die Quittung	Bemerkungen
	am	den Vordruck		zu Geschäftsnummer	an		
		Gruppe	Nummer				
1	2	3	4	5	6	7	8

Seite 2397 ff. — **§ 56 Bem 21a**

Nordrhein-Westfalen Neuregelung, die *§ 56 Bem 21a* abgedruckte AVJM vom 3. April 1967 ist überholt; dazu § 56 Bem 19/*ErgVerz.*

AVJM vom 25. Mai 1970 JMBlNRW 137

Über die zur Ausfertigung der Hypotheken-, Grundschuld- und Rentenschuldbriefe zu verwendenden Vordrucke wird in Ausführung von § 52 Abs 2 der Grundbuchverfügung vom 8. August 1935 RMBl 637 folgendes bestimmt:

I.

1. Für die Ausfertigung der Briefe dürfen nur die gemäß dieser AV gelieferten amtlichen Vordrucke A, B und C verwendet werden. Muster der Vordrucke sind in den **Anlagen 1 bis 3** wiedergegeben.

2. a) Als Muster für den sachlichen Inhalt der Briefe sind die Anlagen 3 bis 8 zur Grundbuchverfügung maßgebend (vgl § 52 Abs 1 der Grundbuchverfügung). Die äußere Form der Anlagen zur Grundbuchverfügung hat aus praktischen Gründen in den Briefvordrucken einige Änderungen erfahren. Soweit dies der Fall ist, muß der sachliche Inhalt der Form der Ausfertigungsvordrucke sinngemäß angepaßt und gegebenenfalls maschinenschriftlich eingefügt werden. Beispielsweise hat ein unter Verwendung des Vordrucks A hergestellter gemeinschaftlicher Hypothekenbrief im Eingang zu lauten: „Deutscher Hypothekenbrief über zusammen 6000 DM, eingetragen im Grundbuch von Trienach (Amtsgericht Schonberg) Band 3 Blatt 86 Abteilung III Nr. 1 und 2 mit 5000 und 1000 DM." Bei einem Teilhypothekenbrief kommt der Teilbetrag in das schraffierte Feld, nicht der Betrag der ursprünglichen ungeteilten Hypothek. Zwischen der schraffierten Betragszeile und den Worten „eingetragen im Grundbuch von" ist ein freier Raum für notwendig werdende Zusätze gelassen (zB bei Teilhypotheken: Teilbetrag der Hypothek von ... Deutsche Mark; bei Gesamtrechten: Gesamthypothek).

b) Der Vordruck C ist zunächst für die in den Vordrucken A und B nicht vorgesehenen Fälle bestimmt, insbesondere für Briefe über Rentenschulden und Gesamtrentenschulden oder für Teilrentenschuldbriefe. Er kann aber auch in anderen Fällen verwendet werden, in denen nach ihrer besonderen Gestaltung die Benutzung der Vordrucke A und B nicht möglich oder nicht zweckmäßig ist. Die für die Ausfüllung der Vordrucke A und B gegebenen Vorschriften sind sinngemäß anzuwenden.

3. Für die Verwendung von Einlage- und Anlagebogen gelten die allgemeinen Bestimmungen über die geschäftliche Behandlung der Grundbuchsachen.*)

II.

4. Die bundeseinheitlich gestalteten Ausfertigungsvordrucke werden von der Bundesdruckerei in Berlin hergestellt. Jeder Vordruck trägt eine Gruppen- und eine Nummernbezeichnung. Die Gruppen werden durch die 3 Arten der Vordrucke gebildet. Es entspricht die Gruppe 01 dem Vordruck A, die Gruppe 02 dem Vordruck B und die Gruppe 03 dem Vordruck C. Innerhalb jeder Gruppe erhalten die Vordrucke für das gesamte Bundesgebiet einschließlich dem Land Berlin fortlaufende Nummern. Kann die Nummernfolge aus technischen oder sonstigen Gründen nicht fortgesetzt werden, so wird für den Vordruck eine neue Gruppe eröffnet, deren Zahl sich an die

---

*) Vgl § 36 Abs 2c der AVRJM vom 25. Februar 1936 DJ 350 idF der AV vom 4. April 1959 (3851 —I B. 6) JMBlNRW 100: Muß zur Bewirkung der Eintragungen auf dem Brief mit dem Ausgungsvordruck ein besonderer Bogen verbunden werden (vgl insbes Grundbuchverfügung § 49), so steht hierfür die zu den Ausfertigungsvordrucken verwendete Papiersorte nicht zur Verfügung. In diesen Fällen ist für die Ausfertigung der Ein- oder Anlagebogen Papier der Sorte Normal 2a zu verwenden.

letzte bereits für die Zählung verwendete anschließt; die Auflage einer neuen Gruppe wird jeweils im Justizministerialblatt für das Land Nordrhein-Westfalen bekanntgegeben werden.

5. a) Die Gruppe und die Nummer des verwendeten Ausfertigungsvordrucks sind auf dem Entwurf des Briefes in den Grundakten nachzutragen, sobald die Ausfertigung vollzogen ist. Wird ein Teilbrief hergestellt, so ist in ihm bei der Wiedergabe des bisherigen Briefes (vgl Anlage 4 der Grundbuchverfügung), sofern dieser bereits nach Gruppe und Nummer bezeichnet ist, auch diese Bezeichnung mit aufzuführen.

b) Andere Gerichte und Notare, die einen Teilbrief hergestellt haben, sind verpflichtet, die Gruppe und die Nummer des Teilbriefes sowie den Betrag, auf den er sich bezieht, zu ihren Akten zu vermerken und dem Grundbuchamt, das den Stammbrief ausgestellt hat, mitzuteilen. Das Grundbuchamt hat diese Angaben auf dem Entwurf des Stammbriefs in den Grundakten zu vermerken.

III.

6. a) Bei der Bestellung der Briefvordrucke verwenden die Amtsgerichte die von der Bundesdruckerei in Berlin zur Verfügung gestellten Bestellscheinsätze. Der Bestellscheinsatz ist fünfach im Durchschreibeverfahren auszufüllen und bis zum 30. Juni jeden Jahres dem Oberlandesgerichtspräsidenten zu übersenden. Die Bestellmengen sind in den Akten des Amtsgerichts zu vermerken. Der Oberlandesgerichtspräsident übersendet die ersten 4 Stücke, gesammelt für die Amtsgerichte seines Bezirks, bis zum 20. Juli des Jahres an die Bundesdruckerei. Beizufügen ist eine Zusammenstellung (dreifach) der zu beliefernden Amtsgerichte unter Angabe ihrer Bestellmengen. Das 5. Blatt des Bestellscheinsatzes verbleibt bei dem Oberlandesgeicht.

b) Die Bestellmenge soll so bemessen werden, daß Nachforderungen vermieden werden.

Die Bestellungen sind hundertstückweise vorzunehmen; die kleinste Bestellmenge beträft 100 Stück für jede Gruppe.

Die Bestell- und Lieferungunterlagen sind zu Sammelakten zu nehmen.

7. Die Bundesdruckerei sendet die Vordrucke unmittelbar an die Amtsgerichte und fügt der Lieferung Blatt 3 und 4 des Bestellscheinsatzes bei. Blatt 4 ist unverzüglich mit der Empfangsbestätigung des Amtsgerichts dem Oberlandesgerichtspräsidenten zu übersenden, der die Bezahlung veranlaßt. Blatt 3 verbleibt bei dem Amtsgericht.

8. Den Vordruckbestand hat ein von dem Behördenleiter zu bestimmender Beamter unter sicherem Verschluß zu verwahren. Mit der Wahrnehmung der Aufgabe des Verwahrungsbeamten kann auch ein Angestellter beauftragt werden, der eine Geschäftsstelle für Grundbuchsachen verwaltet. Von dem Verwahrungsbeamten sind die Vordrucke auch zu beziehen, wenn ein anderes Gericht als das Grundbuchamt oder ein Notar ihrer zur Herstellung von Teilbriefen bedarf (§ 61 Abs 1 GBO).

IV.

9. a) Der Verbleib eines jeden Vordrucks muß in einwandfreier Weise nachgewiesen werden können. Die Briefvordrucke dürfen daher nur dem Zugriff des Verwahrungsbeamten (vgl Abschnitt III Nr 8 Satz 1 und 2) zugänglich sein. Sie dürfen insbesondere nicht summarisch an die einzelnen Grundbuchabteilungen abgegeben und dort zum allmählichen Verbrauch aufbewahrt werden.

b) Der Verwahrungsbeamte hat für die Vordruckarten A. B und C je eine Nachweisung zu führen, die nach dem Muster der **Anlage 4** einzurichten ist. Die Nachweisungen sind dauernd aufzubewahren.

10. Empfänger des Vordrucks im Sinne der Spalten 6 und 7 der Ausgabenachweisung (Anlage 4) ist, wenn das Grundbuchamt selbst den Brief erteilt, der Beamte oder Angestellte, dem die Herstellung der Reinschrift des Briefes obliegt. Wird ein Teilbrief von einem anderen Gericht oder von einem Notar hergestellt (vgl Abschnitt III Nr 8 Satz 3), so sind diese als Empfänger zu bezeichnen. In Spalte 5 ist dann ihre Geschäftsnummer anzugeben, und statt der Unterzeichnung in Spalte 7 genügt ein schriftliches Empfangsbekenntnis, das zu Sammelakten zu nehmen ist; in Spalte 7 ist gegebenenfalls auf die Sammelakten zu verweisen.

11. Wird ein Vordruck unverwendbar (zB wegen Beschmutzung, Verschreibens usw.), so ist er an den Verwahrungsbeamten zurückzugeben und von diesem unter Beteiligung eines vom Behördenleiter bestimmten weiteren Beamten alsbald zu vernichten. Die Vernichtung ist in Spalte 8 der Ausgabenachweisung (Anlage 4) hinter dem Aushändigungsvermerk von beiden Beamten zu bescheinigen.

12. Die Nachweisung und die Belege dazu sind jährlich mindestens einmal von dem Behördenleiter oder einem von ihm beauftragten Beamten zu prüfen. Die Prüfung hat sich auch darauf zu erstrecken, ob die Vordrucke unter sicherem Verschluß aufbewahrt werden und ob die nach der Nachweisung nicht verausgabten Vordrucke als Bestand vorhanden sind.

13. Am Schluß eines jeden Kalenderjahres hat der Verwahrungsbeamte zu prüfen, ob der buchmäßige und der tatsächliche Bestand übereinstimmen. Das Ergebnis dieser Prüfung ist in der Nachweisung unter dem Abschluß schriftlich niederzulegen. Der sich ergebende tatsächlche Bestand ist in der Nachweisung über den Eingang für das nächste Kalenderjahr vorzutragen.

V.

14. Der Text von Hypotheken- und Grundschuldbriefen kann in geeigneten Fällen mit Genehmigung des Behördenleiters des Amtsgerichts nach Maßgabe der nachfolgenden Bestimmungen bei einer Justizbehörde im Offsetverfahren gedruckt werden.

15. Steht dem Amtsgericht eine geeignete Offsetdruckmsachine zur Verfügung, so ist der Druck grundsätzlich mit dieser Maschine auszuführen. Ein von dem Behördenleiter zu bestimmende Beamter des Grundbuchamts hat den gesamten Druckvorgang zu überwachen; dieser Beamte ist Empfänger der Briefvordrucke (Spalten 6 und 7 der Ausgabenachweisung) und für ihren Verbleib verantwortlich.

16. In den anderen Fällen ist nach Einholung der Genehmigung (Nr 14) die nach Abschnitt III der RV vom 2. März 1967 (3851 — I B. 14)**) zuständige zentrale Vervielfältigungsstellle mit dem Druck zu beauftragen. Den Druckauftrag erteilt das Grundbuchamt unmittelbar.

In dem Auftrag sind die Stückzahl, die Gruppe und die Nummern der beigefügten Briefvordrucke sowie die gewünschte Auflage anzugeben. Für jede Seite, die in den Briefen zu bedrucken ist, ist eine Druckvorlage in sauberer, tiefschwarzer Maschinenschrift auf weißem Papier herzustellen. Der Druckauftrag, dem die Druckvorlagen sowie die Briefvordrucke in der gewünschten Anzahl mit einigen Überstücken beizufügen sind, ist entweder durch die Post als nachzuweisende Sendung gegen Rückschein (Einschreibebrief, -päckchen), als unversiegeltes Paket mit Wertangabe von 500,— DM nur auf der Paketkarte oder im Einlieferungsbuch des Selbstbuchers oder durch Boten gegen Empfangsbekenntnis an den Leiter der zentralen Vervielfältigungsstelle zu übersenden.

**) idF der RV vom6- Februar 1969 (3851—IB. 14)

17. Der Leiter der zentralen Vervielfältigungsstelle hat die Sendung dahin zu überprüfen, ob die Briefvordrucke vollzählig und ihre Gruppen- und Nummernbezeichnung zutreffend angegeben sind. Bei Unstimmigkeiten hat er sich unverzüglich mit dem auftraggebenden Grundbuchamt in Verbindung zu setzen. Der Leiter der zentralen Vervielfältigungsstelle, der als Empfänger der Briefvordrucke gilt (Spalten 6 und 7 der Ausgabenachweisung), hat für ihre sichere Verwahrung zu sorgen und ist für ihren Verbleib verantwortlich. Er hat den gesamten Druckvorgang zu überwachen und sicherzustellen, daß jeder Mißbrauch ausgeschlossen ist.

18. Nach Erledigung des Druckauftrags sind die Briefvordrucke — einschließlich der unbrauchbar gewordenen oder nicht bedruckten Stücke — als nachzuweisende Sendung gegen Rückschein, als unversiegeltes Paket mit Wertangabe von 500,— DM nur auf der Paketkarte oder im Einlieferungsbuch des Selbstbuchers oder durch Boten gegen Empfangsbekenntnis an das auftraggebende Grundbuchamt zurückzusenden (vgl Nr 16 letzter Satz).

Der Druckauftrag und die zugehörigen Belege sind bei der zentralen Vervielfältigungsstelle zu Sammelakten zu nehmen.

VI.

19. Die vorhandenen Bestände alter Vordrucke sind unter Fortführung der für sie angelegten Nachweisungen aufzubrauchen.

20. Die AV vom 3. April 1967 (3851 — I B. 2) JMBl NRW 97 und die RV vom 6. September 1954 (5412 E — V 1.38, jetzt 5412 — I B. 7) werden aufgehoben.

Gruppe 01 Nr. **Anlage 1**

Deutscher

Hypothekenbrief

über

eingetragen im Grundbuch von

Vordruck A. Ausfertigung eines Hypothekenbriefs, (gemeinschaftlichen Hypothekenbriefs, Teilhypothekenbriefs, Gesamthypothekenbriefs)

Gruppe 02 Nr. **Anlage 2**

Deutscher

Grundschuldbrief

über

eingetragen im Grundbuch von

Vordruck B. Ausfertigung eines Grundschuldbriefs, gemeinschaftlichen Grundschuldbriefs, Teilgrundschuldbriefs, Gesamtgrundschuldbriefs)

Gruppe 03 Nr.

Anlage 3

Deutscher

über

eingetragen im Grundbuch von

Vordruck C. Ausfertigung eines Grundpfandbriefs

Anlage 4

Amtsgericht (Grundbuchamt) ....

NACHWEISUNG

über den Vordruck ....

EINGANG

Lfd. Nr.	Von der Bundesdruckerei erhalten				Bemerkungen
	am	Stück	Gruppe	Nummern	
1	2	3	4	5	6

AUSGABE

Lfd. Nr.	Ausgegeben					Namensunterschrift des Empfängers; Hinweis auf die Quittung	Bemerkungen
	am	den Vordruck		zu Geschäfts-nummer	an		
		Gruppe	Nummer				
1	2	3	4	5	6	7	8

§ 56 Bem 21b

Rheinland-Pfalz

AVJM vom 30. April 1970 JBl 98/16. Juli 1970 JBl 145

Über die zur Ausfertigung der Hypotheken-, Grundschuld- und Rentenschuldbriefe zu verwendenden Vordrucke wird in Ausführung von § 52 Abs 2 der Grundbuchverfügung vom 8. August 1935 RMBl 637 folgendes bestimmt:

I.

1. Für die Ausfertigung der Briefe dürfen nur die als **Anlage 1 bis 3** abgedruckten amtlichen, bundeseinheitlich gestalteten Vordrucke A bis C verwendet werden.

2. Als Muster für den sachlichen Inhalt der Briefe bleiben die Anlagen 3 bis 8 der Grundbuchverfügung maßgebend (vgl. § 52 Abs 1 der Grundbuchverfügung). Die äußere Form der Anlagen zur Grundbuchverfügung hat aus praktischen Gründen, ins-

besondere um den Betrag des Rechts immer an eine ins Auge fallende Stelle bringen zu können, in den amtlichen Briefvordrucken einige Änderungen erfahren. Soweit dies der Fall ist, muß der sachliche Inhalt der Form der Ausfertigungsvordrucke sinngemäß angepaßt und gegebenenfalls handschriftlich oder durch Schreibmaschinenschrift eingefügt werden. Beispielsweise hat ein unter Verwendung des Vordrucks A hergestellter gemeinschaftlicher Hypothekenbrief im Eingang zu lauten: „Deutscher Hypothekenbrief über zusammen 6000 DM, eingetragen im Grundbuch von Mainz, Band 3 Blatt 86 Abteilung III Nr. 1 und 2 mit 5000 und 1000 DM." Bei einem Teilhypothekenbrief (Vordruck A) kommt der Teilbetrag in das schraffierte Feld, nicht der Betrag der ursprünglich ungeteilten Hypothek.

Der Vordruck C ist zunächst für die in den Vordrucken A und B nicht vorgesehenen Fälle bestimmt. Er kann aber auch in anderen Fällen verwendet werden, in denen nach ihrer besonderen Gestaltung die Benutzung der Vordrucke A und B nicht möglich oder nicht zweckmäßig ist. Die für die Ausfüllung der Vordrucke A und B gegebenen Vorschriften sind sinngemäß anzuwenden.

3. Für die Verwendung von Einlage- und Anlagebogen gelten die allgemeinen Bestimmungen über die geschäftliche Behandlung der Grundbuchsachen.

II.

4. Die Ausfertigungsvordrucke werden von der Bundesdruckerei in Berlin hergestellt. Jedes Vordruckstück hat eine Gruppen- und Nummernbezeichnung. Die Gruppen werden durch die 3 Arten der Vordrucke gebildet. Die Gruppe 01 entspricht dem Vordruck A, die Gruppe 02 dem Vordruck B und die Gruppe 03 dem Vordruck C. Innerhalb jeder Gruppe erhalten die Vordrucke für das gesamte Bundesgebiet einschließlich dem Land Berlin fortlaufende Nummern. Kann die Nummernfolge aus technischen oder sonstigen Gründen nicht fortgesetzt werden, so wird für den Vordruck eine neue Gruppe eröffnet, deren Zahl sich an die letzte bereits für die Zählung verwendete anschließt; die Auflage einer neuen Gruppe wird jeweils im Justizblatt für Rheinland-Pfalz bekanntgegeben werden.

5. Die Gruppe und Nummer des verwendeten Ausfertigungsvordrucks ist auf dem Entwurf des Briefes in den Grundakten nachzutragen, sobald die Ausfertigung vollzogen ist. Wird ein Teilbrief hergestellt, so ist in ihm bei der Wiedergabe des bisherigen Briefes (vgl Anlage 4 der Grundbuchverfügung), sofern dieser bereits nach Gruppe und Nummer bezeichnet ist, auch diese Bezeichnung mit anzuführen.

Andere Gerichte und Notare, die einen Teilbrief hergestellt haben, sind verpflichtet, die Gruppe und Nummer des Teilbriefes sowie den Betrag, auf den er sich bezieht, zu ihren Akten zu vermerken und dem Grundbuchamt, das den Stammbrief ausgestellt hat, mitzuteilen. Das Grundbuchamt hat diese Angaben auf dem Entwurf des Stammbriefes in den Grundakten zu vermerken.

III.

6. Für die Bestellungen sind ausschließlich die von der Bundesdruckerei zur Verfügung gestellten Vordrucke „Bestellschein für Vordrucke für Hypotheken- und Grundschuldbriefe für das Geschäftsjahr 19 ..." unter Beachtung der aufgedruckten „Bemerkungen" zu verwenden. Die kleinste Bestellmenge beträgt 100 Stück je Vordrucksorte. Die Amtsgerichte teilen dem zuständigen Oberlandesgerichtspräsidenten bis zum 20. Juni eines jeden Jahres ihren Bedarf an Briefvordrucken für das folgende Jahr mit; dabei ist der Bedarf so zu bemessen, daß Nachbestellungen möglichst vermieden werden. Die Oberlandesgerichtspräsidenten übersenden der Bundesdruckerei bis 20. Juli eines jeden Jahres die gesammelten Bestellscheinsätze (vierfach) und eine Zusammenstellung

(dreifach) der Empfänger mit Angabe der Teilmengen. Die Bundesdruckerei liefert die Vordrucke unmittelbar an die Amtsgerichte und übersendet den Oberlandesgerichtspräsidenten die Gesamtrechnung für ihren Bezirk. Die Amtsgerichte legen die Empfangsbestätigungen dem Oberlandesgerichtspräsidenten unmittelbar vor, der alsdann die Gesamtrechnung zur Zahlung anweist.

Die Bestell- und Lieferunterlagen sind zu den Sammelakten zu nehmen.

7. Den Vordruckbestand hat ein von dem Behördenvorstand zu bestimmender Beamter unter sicherem Verschluß zu verwahren. Mit der Wahrnehmung der Aufgabe des Verwahrungsbeamten kann auch ein Angestellter beauftragt werden, der eine Geschäftsstelle für Grundbuchsachen verwaltet. Von dem Verwahrungsbeamten sind die Vordrucke auch zu beziehen, wenn ein anderes Gericht als das Grundbuchamt oder ein Notar sie zur Herstellung von Teilbriefen benötigt (vgl § 61 Abs 1 GBO).

IV.

8. Der Verbleib eines jeden Vordruckstücks muß in einwandfreier Weise nachgewiesen werden können. Die Briefvordrucke dürfen daher nur dem Verwahrungsbeamten (vgl Abschnitt III Nr 7 Satz 1 und 2) zugänglich sein. Sie dürfen insbesondere nicht insgesamt an die einzelnen Grundbuchabteilungen abgegeben und dort zum allmählichen Verbrauch aufbewahrt werden.

Der Verwahrungsbeamte hat über den Eingang und Verbleib der Vordrucke A bis C je eine Nachweisung nach dem Muster der **Anlage 4** zu führen. Die Nachweisungen sind dauernd aufzubewahren.

9. Empfänger des Vordrucks im Sinne der Spalten 6 und 7 der Ausgabenachweisung ist, wenn das Grundbuchamt selbst den Brief erteilt, der Beamte oder Angestellte, der die Reinschrift des Briefes herstellt. Wird ein Teilbrief von einem anderen Gericht oder von einem Notar hergestellt (vgl Abschnitt III Nr 7 Satz 3), so sind diese Empfänger zu bezeichnen. In Spalte 5 ist in diesem Falle ihre Geschäftsnummer anzugeben, statt der Unterzeichnung in Spalte 7 genügt ein schriftliches Empfangsbekenntnis, das zu den Sammelakten (vgl Abschnitt III Nr 6 Abs 2) zu nehmen ist; in Spalte 7 ist gegebenenfalls auf die Sammelakten zu verweisen.

10. Wird ein Vordruckstück unbrauchbar (zB wegen Beschmutzung, Verschreibens usw), so ist es an den Verwahrungsbeamten zurückzugeben und von diesem unter Beteiligung eines vom Behördenvorstand bestimmten weiteren Beamten alsbald zu vernichten. Die Vernichtung ist in Spalte 8 der Ausgabenachweisung hinter dem Aushändigungsvermerk von beiden Beamten zu bescheinigen.

11. Die Nachweisungen und die Belege dazu sind jährlich einmal unvermutet von dem Behördenvorstand oder einem von ihm bestimmten Beamten zu prüfen. Die Prüfung hat sich auch darauf zu erstrecken, ob die Vordrucke unter sicherem Verschluß aufbewahrt werden und ob die nach der Nachweisung nicht verausgabten Vordrucke als Bestand vorhanden sind.

Am Schluß eines jeden Rechnungsjahres ist durch den geschäftsleitenden Beamten anhand des Abschlusses der Nachweisung zu prüfen, ob der buchmäßige und der tatsächliche Bestand übereinstimmen. Das Ergebnis dieser Prüfung ist in der Nachweisung unter dem Abschluß schriftlich niederzulegen. Der sich ergebende tatsächliche Bestand ist von dem Verwahrungsbeamten in der Nachweisung über dem Eingang für das nächste Jahr vorzutragen.

V.

12. Die Nachweisungen über die bisherigen Vordrucke A bis H (Gruppe 1 bis 8) sind zum 31. Dezember 1970 nach der in Nr 11 Abs 2 vorgeschriebenen Prüfung end-

gültig zu schließen. Der an diesem Tag noch vorhandene Bestand an alten Briefvordrucken ist unter Beachtung der Nr. 10 zu vernichten.

13. Meine AV vom 21. April 1959 (3851 b — I a. 18/59) JBl 115 idF der AV vom 3. Mai 1965 (3851 b — I. 2/65) JBl 94 wird aufgehoben.

Anlage 1: „Vordruck A. Ausfertigung eines Hypothekenbriefs (gemeinschaftlichen Hypothekenbriefs, Teilhypothekenbriefs, Gesamthypothekenbriefs)" **Anlage 1**

Gruppe 01 Nr.

Deutscher

Hypothekenbrief

über

eingetragen im Grundbuch von

Vordruck A. Ausfertigung eines Hypothekenbriefs, eines gemeinschaftlichen Hypothekenbriefs oder eines Teilhypothekenbriefs

---

Anlage 2: „Vordruck B. Ausfertigung eines Grundschuldbriefs (gemeinschaftlichen Grundschuldbriefs, Teilgrundschuldbriefs, Gesamtgrundschuldbriefs)". **Anlage 2**

Gruppe 02 Nr.

Deutscher

Grundschuldbrief

über

eingetragen im Grundbuch von

Vordruck B. Ausfertigung eines Grundschuldbriefs. eines gemeinschaftlichen Grundschuldbriefs oder eines Teilgrundschuldbriefs

---

Gruppe 03 Nr. **Anlage 3**

Deutscher

über

eingetragen im Grundbuch von

Vordruck C. Ausfertigung eines Grundpfandbriefs.

Anlage 4

Amtsgericht (Grundbuchamt) ....

NACHWEISUNG

über den Vordruck ....

EINGANG

Lfd. Nr.	Von der Bundesdruckerei erhalten				Bemerkungen
	am	Stück	Gruppe	Nummern	
1	2	3	4	5	6

AUSGABE

Lfd. Nr.	Ausgegeben					Namensunterschrift des Empfängers; Hinweis auf die Quittung	Bemerkungen
	am	den Vordruck		zu Geschäftsnummer	an		
		Gruppe	Nummer				
1	2	3	4	5	6	7	8

§ 56 Bem 21c

Schleswig-Holstein

AVJM vom 12. Juni 1970 SchlHA 152.

Über die zur Ausfertigung der Hypotheken-, Grundschuld- und Rentenschuldbriefe zu verwendenden Vordrucke wird in Ausführung von § 52 Abs 2 der Allgemeinen Verfügung über die Einrichtung und Führung des Grundbuchs (Grundbuchverfügung) vom 8. August 1935 RMBl 637 folgendes bestimmt:

I.

1. Für die Ausfertigung der Briefe dürfen nur die amtlichen Vordrucke A, B und C nach den besonders mitgeteilten Mustern verwendet werden.

2. a) Als Muster für den sachlichen Inhalt der Briefe sind die Anlagen 3 bis 8 zur Grundbuchverfügung maßgebend (vgl § 52 Abs 1 der Grundbuchverfügung). Die äußere Form der Anlagen zur Grundbuchverfügung hat aus praktischen Gründen in den Briefvordrucken einige Änderungen erfahren. Soweit dies der Fall ist, muß der sachliche Inhalt der Form der Ausfertigungsvordrucke sinngemäß angepaßt und gegebenenfalls maschinenschriftlich eingefügt werden. Beispielsweise hat ein unter Verwendung des Vordrucks A hergestellter gemeinschaftlicher Hypothekenbrief im Eingang zu lauten: „Deutscher Hypothekenbrief über zusammen 6000 DM, eingetragen im Grundbuch von Russee (Amtsgericht Kiel) Band 3 Blatt 86 Abteilung III Nr. 1 und 2 mit 5000 und 1000 DM". Bei einem Teilhypothekenbrief kommt der Teilbetrag in das schraffierte Feld, nicht der Betrag der ursprünglichen ungeteilten Hypothek. Zwischen der schraffierten Betragszeile und den Wörtern „eingetragen im Grundbuch von" ist ein freier

Raum für notwendig werdende Zusätze gelassen (zB bei Teilhypotheken: Teilbetrag der Hypothek von .... Deutsche Mark; bei Gesamtrechten: Gesamthypothek.)

b) Der Vordruck C ist zunächst für die in den Vordrucken A und B nicht vorgesehenen Fälle bestimmt, insbesondere für Briefe über Rentenschulden und Gesamtrentenschulden oder für Teilrentenschuldbriefe. Er kann aber auch in anderen Fällen verwendet werden, in denen nach ihrer besonderen Gestaltung die Benutzung der Vordrucke A und B nicht möglich oder nicht zweckmäßig ist. Die für die Ausfüllung der Vordrucke A und B gegebenen Vorschriften sind sinngemäß anzuwenden.

3. Für die Verwendung von Einlage- und Anlagebogen gelten die allgemeinen Bestimmungen über die geschäftliche Behandlung der Grundbuchsachen (vgl § 36 Abs 2c der AVRJM vom 25. Februar 1936 DJ 350 idF der AVJM vom 24. April 1959 SchlHA 142.

II.

1. Die bundeseinheitlich gestalteten Ausfertigungsvordrucke werden von der Bundesdruckerei in Berlin hergestellt. Jeder Vordruck trägt eine Gruppen- und Nummernbezeichnung. Die Gruppen werden durch die 3 Arten der Vordrucke gebildet. Es entspricht die Gruppe O1 dem Vordruck A, die Gruppe O2 dem Vordruck B und die Gruppe O3 dem Vordruck C. Innerhalb jeder Gruppe erhalten die Vordrucke für das gesamte Bundesgebiet einschließlich dem Land Berlin fortlaufende Nummern. Kann die Nummernfolge aus technischen oder sonstigen Gründen nicht fortgesetzt werden, so wird für den Vordruck eine neue Gruppe eröffnet, deren Zahl sich an die letzte bereits für die Zählung verwendete anschließt; die Auflage einer neuen Gruppe wird jeweils in den Schleswig-Holsteinischen Anzeigen bekanntgegeben werden.

2. a) Die Gruppe und die Nummer des verwendeten Ausfertigungsvordrucks sind auf dem Entwurf des Briefes in den Grundakten nachzutragen, sobald die Ausfertigung vollzogen ist. Wird ein Teilbrief hergestellt, so ist in ihm bei der Wiedergabe des bisherigen Briefes (vgl Anlage 4 bei der Grundbuchverfügung), sofern dieser bereits nach Gruppe und Nummer bezeichnet ist, auch diese Bezeichnung mit aufzuführen.

b) Andere Gerichte und Notare, die einen Teilbrief hergestellt haben, sind verpflichtet, die Gruppe und die Nummer des Teilbriefs sowie den Betrag, auf den er sich bezieht, zu ihren Akten zu vermerken und dem Grundbuchamt, das den Stammbrief aufgestellt hat, mitzuteilen. Das Grundbuchamt hat diese Angaben auf dem Entwurf des Stammbriefs in den Grundakten zu vermerken.

III.

1. a) Bei der Bestellung der Briefvordrucke verwenden die Amtsgeirchte die von der Bundesdruckerei in Berlin zur Verfügung gestellten Bestellscheinsätze. Der Bestellscheinsatz ist 5fach im Durchschreibeverfahren auszufüllen und mir unmittelbar von den Amtsgerichten bis zum 30. Juni jeden Jahres zu übersenden. Die Bestellmengen sind in den Akten des Amtsgerichts zu vermerken.

b) Die Bestellmenge soll so bemessen werden, daß Nachforderungen vermieden werden.

Die Bestellungen sind 100-stückweise vorzunehmen; die kleinste Bestellmenge beträgt 100 Stück für jede Gruppe.

2. Die Bundesdruckerei sendet die Vordrucke unmittelbar an die Amtsgerichte und fügt der Lieferung Blatt 3 und 4 des Bestellscheinsatzes bei. Blatt 4 ist mir von den Amtsgerichten unverzüglich mit der Empfangsbestätigung zu übersenden. Blatt 3 verbleibt bei dem Amtsgericht.

IV.

1. Den Vordruckbestand hat ein von dem Behördenleiter zu bestimmender Beamter oder Angestellter unter sicherem Verschluß zu verwahren. Von dem mit der

Verwahrung beauftragten Beamten oder Angestellten sind die Vordrucke auch zu beziehen, wenn sie von einem anderen Gericht oder einem Notar zur Herstellung von Teilbriefen benötigt werden (§ 61 Abs 1 GBO).

2. Der Verbleib eines jeden Vordrucks muß nachgewiesen werden können. Die Briefvordrucke dürfen daher nur dem Zugriff des mit der Verwahrung beauftragten Beamten oder Angestellten zugünglich sein.

3. Der mit der Verwahrung beauftragte Beamte oder Angestellte hat für die Vordruckarten A, B und C für jedes Kalenderjahr je eine Nachweisung nach dem besonders mitgeteilten Muster zu führen.

Absnitt A der Nachweisung (Bestand und Zugänge) ist als Titelblatt zu führen. Unter lfd Nr 1 ist der Bestand am 1. Januar des betreffenden Jahres vorzutragen. Zugänge (Lieferungen der Bundesdruckerei, Übernahme von Vordrucken anderer Amtsgerichte usw) sind fortlaufend nachzutragen.

Abschnitt B der Nachweisung (Ausgabe) ist dem Titelblatt nachzuhelfen.

Empfänger des Vordrucks ist, wenn das Grundbuchamt selbst den Brief erteilt, der Beamte oder Angestellte, dem die Herstellung der Reinschrift des Briefes obliegt. Wird ein Teilbrief von einem anderen Gericht oder einem Notar hergestellt, so sind diese als Empfänger zu bezeichnen. In Spalte 2 ist dann ihre Geschäftsnummer anzugeben, und statt der Unterzeichnung in Spalte 4 genügt ein schriftliches Empfangsbekenntnis das zu Sammelakten zu nehmen ist; in Spalte 4 ist gegebenenfalls auf die Sammelakten zu verweisen.

Wird ein Vordruck unverwendbar (zB wegen Beschmutzung, Verschreibens usw), so ist er an den mit der Verwahrung beauftragten Beamten oder Angestellten zurückzugeben, der ihn unter Beteiligung eines vom Behördenleiter bestimmten weiteren Beamten unbrauchbar macht. Beide bescheinigen die Vernichtung unterschriftlich in Spalte 5 hinter dem Aushändigungsvermerk.

4. Am Schluß eines jeden Kalenderjahres hat der mit der Verwahrung beauftragte Beamte oder Angestellte die Nachweisung entsprechend dem Muster abzuschließen.

Nach dem Abschluß sind die Nachweisung und die dazugehörigen Belege vom Behördenleiter oder einem von ihm zu beauftragenden Beamten zu prüfen. Die Prüfung ist in Abschnitt A der Nachweisung zu bescheinigen. Über etwaige Beanstandungen ist eine besondere Niederschrift zu fertigen.

V.

1. Diese AV tritt am 15. Juni 1970 in Kraft.

Entgegenstehende Anordnungen, insbesondere die AVRJM vom 20. Juli 1936 DJ 1103 über die Ausfertigung der Hypotheken-, Grundschuld- und Rentenschuldbriefe, werden zum gleichen Zeitpunkt gegenstandslos.

2. Noch vorhandene Bestände der bisherigen Vordrucke sind unter Fortführung der für sie angelegten Nachweisungen zu verbrauchen.

Seite 2402 — **§ 56 Bem 26**

Kosten Zur Änderung der KostVfg § 13 Vorbem 181ff./*ErgVerz*

Seite 2403ff. — **§ 57**

Nicht wesentlicher Inhalt des Hypothekenbriefs

Seite 2405/2406 — **§ 57 Bem 6ff.**

Die den Inhalt des Hypothekenbriefs betreffenden Eintragungen nach § 57 Abs 2 (a) GBO beziehen sich auf alle Eintragungen, die im GB selbst sich befinden, und

Bezugnahmen auf Eintragungsbewilligung und Urkunden erfolgen daher in gleichem Umfange wie sonst bei GBEintragungen. Dies gilt auch bez der Anwendung des § 1115 BGB (dazu *§ 3 Bem 423ff.*). Mit Rücksicht auf die Neufassung der Vorschrift (dazu *§ 57 Bem 8*) könnte insoweit ein Zweifel entstehen, zumal auch § 57 Abs 2 (d) GBO einen spezifizierten Inhalt angibt. Die Nebenleistungen sind auch oft sehr wichtig; es hat daher auch hier (als Soll-Vorschrift allerdings, *§ 57 Bem 23*) ein entsprechender Vermerk auf dem Hypothekenbrief zu erfolgen. Nach § 58 GBO ist die Schuldurkunde mit dem Hypothekenbrief zu verbinden (dazu *§ 58 Bem 2ff.*). Dies enthebt jedoch das GBA nicht der Pflicht zur Einhaltung des § 57 GBO.

Seite 2407 **§ 57 Bem 11**

Wohnungs- und Teileigentum Es ist darauf hinzuweisen, daß dann, wenn zur Ergänzung der Vermerke auf die Eintragungsbewilligung Bezug genommen ist, § 3 Abs 2 WEGVfg (*Anh 66*), ihr Inhalt nicht im Brief wiederzugeben ist, wie daraus folgt, daß in § 6 aaO Satz 2 in Wegfall gekommen ist; dazu *Anh 66* mit *ErgVerz.*

Seite 2407ff. — **§ 57 Bem 13ff.**

Es wird ergänzend verwiesen auf § 57 Bem 6ff./*ErgVerz.*

Seite 2413 — **§ 58 Bem 1**

Verbindung der Schuldurkunde mit dem Hypothekenbrief

Die Vorschrift des § 44 BeurkG (*Anh 63*) bez Verbindung einer Urkunde mit Schnur und Siegel (dazu *Riedel Feil* BeurkG — E 25ff./ErgVerz — § 44 Bem 1ff.) ist hier nicht anwendbar, da § 58 GBO für den Bereich der Hypothekenbriefe usw eine Sondervorschrift enthält.

Seite 2418/2419 — **§ 58 Bem 18**

Die VO über die Ersetzung zerstörter oder abhanden gekommener gerichtlicher oder notarischer (*berichtigt*) **Urkunden** vom 18. Juni 1942 RGBl I 395 ist nur noch insoweit gültig und anwendbar, als nicht §§ 1, 68 BeurkG (*Anh 63*) einschlägig ist; dazu § 123 Bem 1ff./*ErgVerz.*

Seite 2426ff. — **§ 60**

Aushändigung des Hypothekenbriefs

Seite 2430 — **§ 60 Bem 10**

Pfändung Eine Eigentümergrundschuld ist auch dann wirksam gepfändet, wenn das GBA entgegen einer abweichenden Bestimmung nach § 60 Abs 2 GBO den gebildeten Brief freiwillig an den vom Gläubiger beauftragten Gerichtsvollzieher herausgegeben hat und der Pfändungsbeschluß dem Eigentümer zugestellt ist; in diesem Falle kann das GBA den Grundschuldbrief nicht vom Gläubiger zurückfordern, weil durch die vorausgegangene Aushändigung des Briefes ein Pfändungspfandrecht entstanden ist, das dem Gläubiger ein Recht zum Besitz des Briefes gewährt, **OLG Düsseldorf** MDR 1969, 490 = DNotZ 1969, 295 = Rpfleger 1969, 95 = BWNotZ 1969, 113 Ls = OLGZ 1969, 208 = DRspr IV (473) 107c.

Seite 2432ff. — **§ 61**

Teilypothekenbrief

Seite 2438 — **§ 61 Bem 18**

Gericht Die Vorschrift blieb durch das BeurkG (*Anh 63*) unberührt, da nur § 29 GBO geändert wurde; dazu *Riedel-Feil* BeurkG (E 25 ff./*ErgVerz*) § 57 Bem 7. Daher hat sich an der Zuständigkeit gemäß § 61 GBO nichts geändert, **aA** *Horber* GBO § 61 Bem 4(a) bez der Gerichte ohne ausreichende Begründung, da auch hier davon ausgegangen wird, daß das BeurkG die Vorschrift unberührt ließ. Wenn auch Art 141 EGBGB durch § 57 Abs 3 BeurkG (*Anh 63*) aufgehoben wurde, so führte dies nicht zum Wegfall der Zuständigkeit der Gerichte, da § 61 GBO als bundesrechtliche Vorschrift Rechtsgrundlage ist und es daher keiner weiteren Zuständigkeitsvorschrift bedarf. § 58 BeurkG (*Anh 63*) läßt im übrigen Bundesrecht unberührt, also auch die Zuständigkeitsregelung in § 61 GBO.

Seite 2440 — **§ 61 Bem 33**

Verbindung der Schuldurkunde mit dem Teilhypothekenbrief nach § 61 Abs 2 S 3 GBO; dazu *§ 58 Bem 1/ErgVerz*

Seite 2473 ff. — **§ 67**

Erteilung eines neuen Hypothekenbriefs

Seite 2479 ff. — **§ 67 Bem 9**

Vereinfachungsvorschriften bez Erteilung eines neuen Hypotheken-, Grund- und Rentenschuldbriefs bleiben vom BeurkG unberührt, weil es sich um gerichtliche Urkunden handelt; dazu § 123 Bem 1 ff./*ErgVerz.*

Seite 2500 ff. — **§ 71**

Beschwerde

Seite 2502 — **§ 71 V 6 ff.**

Dem Beschwerdeverfahren vorangehende Entscheidungen

Bei Entscheidungen des **UrkBdGeschst** ist der Rpfleger nicht zur Überprüfung befugt, wenn eine Änderung begehrt wird, § 4 Abs 2 Z 3 RpflGnF (*Anh 137*); dazu *Eickelmann-Riedel* RpflG (E 25 ff./*ErgVerz*) § 4 Bem 8, auch *§ 71 Bem 5* mit *ErgVerz.*

Über Erinnerungen gegen Entscheidungen des **Rpflegers** entscheidet der Richter nach Maßgabe des § 11 RpflGnF (*Anh 137*); dazu *§ 71 Bem 6* mit *ErgVerz.*

Für die Regelung in **Baden-Württemberg** ist auf die gesetzlichen Vorbehalte in § 33 Abs 3, §§ 35, 36, 38 Abs 3 RPflGnF (*Anh 137*) hinzuweisen; dazu *Eickmann-Riedel* aaaO Kommentierung zu den angeführten Vorschriften. Art 2 wüAGBGB (*GT 22*) wurde an das RpflG angeglichen; dazu wüAGBGB (GT 22)/*ErgVerz.* Zu erwähnen ist auch der Vorbehalt in § 32 GBMG (*GT 2*).

Seite 2503 ff. — **§ 71 V 11**

Sonstige Rechtsbehelfe

Zum rechtlichen Gehör *Endemann* Tendenzen in der Rspr des BVerfG zum rechtlichen Gehör NJW 1969, 1197, *Söcker* Zum rechtlichen Gehör im Verfahren der freiwilligen Gerichtsbarkeit NJW 1970, 1666.

Die Normenkontrolle bei Verstoß gegen das GG kann der Rpfleger auch herbeiführen, wenn er der Auffassung ist, eine Vorschrift des RpflG sei verfassungswidrig; dazu *Eickmann Riedel* RpflG (E 25ff./*ErgVerz*) § 18 Bem 4. Verletzung des rechtlichen Gehörs begründet nicht eine nicht zulässige Beschwerde, **OLG Düsseldorf** MDR 1970, 934 unter Aufgabe der früher abweichenden Auffassung MDR 1964, 856. Dazu auch *Nachtrag*

Zum Gesetz über das Bundesverfassungsgericht vom 12. März 1951 BGBl I 243 = SaBl 447 in Neufassung mit Stand vom 31. Dezember 1963 BGBl III 1104—1/5. August 1964 BGBl I 593/21. Dezember 1970 BGBl I 1765 = SaBl 1971, 143 *Rupprecht* Änderung des BVerfGG NJW 1971, 169.

Seite 2503 Zeile 17 von oben — *Leibholz-Rinck* GG (*Ergänzung*) Art 103 Bem 1ff.

Seite 2508/2509 — **§ 71 Bem 5**

UrkBdGeschSt Bez Abgrenzung der Tätigkeit gegenüber dem Rpfleger trifft § 26 RpflGnF (*Anh 137*) eine Regelung; dazu *Eickmann-Riedel* RpflG (E 25ff./*ErgVerz*) § 26 Bem 1ff. Der Rpfleger ist bei Erinnerungen nicht zuständig, sondern der Richter. Insofern ist die Rechtslage dieselbe wie früher.

Seite 2509ff. — **§ 71 Bem 6**

Rechtspfleger Die Einlegung von Rechtsmitteln gegen Entscheidungen des Rpflegers richtet sich nach § 11 RpflGnF (*Anh 137*). Die bisherige Regelung in § 10 RpflG 1957 (*Anh 138*) — auch abgedruckt in *§ 71 Bem 6*) — ist infolge der Gesetzesänderung teilweise überholt; zur Rechtsentwicklung *§ 71 Bem 6* sowie *Eickmann-Riedel* RpflG (E 25ff./*ErgVerz*) § 11 Bem 1. Es wurde zwar im wesentlichen an der bisherigen Tendenz des Gesetzes festgehalten. Es bestehen jedoch 2 Unterschiede:

Die frühere sog Eventualbeschwerde ist zur sog Durchgriffsbeschwerde umgestaltet worden, § 11 Abs 2 S 4, 5 RpflGnF (*Anh 137*); dazu *Eickmann-Riedel* aaO Bem 12b.

Der Kreis der Geschäfte, die auch mit der Erinnerung nicht angefochten werden können, ist gegenüber früher erweitert worden, § 11 Abs 5 RpflG (*Anh 137*); dazu *Eickmann-Riedel* aaO Bem 3f.

Die Erinnerung setzt wie andere Rechtsmittel voraus, daß

eine anfechtbare Entscheidung vorliegt,

ein Rechtsschutzbedürfnis gegeben ist,

Beschwer des Erinnerungsführers zu bejahen ist und

der Rechtsbehelf frist- und formgerecht eingelegt ist, soweit es nach einschlägigen Vorschriften erforderlich ist;

dazu *Eickmann-Riedel* aaO Bem 2ff. *Kümmerlein* Zum Verhältnis von § 11 RpflG zu § 766 ZPO Rpfleger 1971, 11.

Was das GBRecht anlangt, so sind gerichtliche Verfügungen, die **nach der GBO wirksam** geworden sind und daher **nicht angefochten** werden können, auch mit Erinnerung nicht anfechtbar, § 11 Abs 4 RpflGnF (*Anh 137*); dazu *Eickmann-Riedel* aaO Ben 3fa. **Befristungen** bestehen nach §§ 89, 105, 110 GBO; dazu *Eickmann-Riedel* aaO Bem 6a.

Der Richter legt die Beschwerde als sog **Durchgriffsbeschwerde** vor, § 11 Abs 2 S 4, 5 RpflGnF (*Anh 137*), wenn

die angefochtene Entscheidung, hätte er sie erlassen, mit Beschwerde anfechtbar wäre und

er die Erinnerung entweder für unzulässig oder für zulässig, aber unbegründet hält;

dazu *Eickmann-Riedel* aaO Bem 12. Der Richter muß, wenn er eine Erinnerung teilweise für begründet hält, hinsichtlich des begründeten Teils selbst über die Erinnerung entscheiden; er darf die Erinnerung nur hinsichtlich des nicht begründeten Teils dem Rechtsmittelgericht vorlegen, **OLG Hamm** Rpfleger 1971, 14.

Bei der unbefristeten Erinnerung ist eine **Abhilfe** seitens des Rpflegers zulässig; dazu *Eickmann-Riedel* aaO Bem 9, auch *Riedel* Der Antrag im Abhilfe- und Beschwerdeverfahren Rpfleger 1969, 149.

Gegen die Zurückweisung des Ablehnungsgesuchs, das sich gegen einen RPfleger richtet, durch den Richter findet Beschwerde statt, **OLG Braunschweig** Rpfleger 1970, 167 = DRspr IV (485) 83 bc bez einer Handelsregistersache.

Seite 2516 **§ 71 Bem 13**

Entscheidungsgründe — Die Auffassung, daß eine angefochtene erstinstanzielle Entscheidung einer Begründung bedarf, kann wohl als hM bezeichnet werden. So hat neuerdings **OLG Düsseldorf** JMBlNRW 1971, 21 ausgesprochen, daß es einen erheblichen Verfahrensmangel darstellt, wenn ein Beschluß, der der Beschwerde unterliegt, keine schriftliche Begründung enthält und diese auch nicht auf Erinnerung oder Beschwerde hin nachgeholt wird; dies gilt auch für die mit der sog Durchgriffserinnerung anfechtbaren Entscheidungen des RPflegers.

Seite 2518 ff. — **§ 71 Bem 18 ff.**

Eintragungen — Gegen die Ablehnung der Erteilung einer vollstreckbaren Ausfertigung einer in den Grundakten befindlichen Urkunde durch das GBA sind die Rechtsmittel nach der GBO gegeben, **BGH** NJW 1967, 1371 = MDR 1967, 827 = WM 1967, 534 = BWNotZ 1967, 214 Ls = DRspr IV (473) 94a. Die Beschwerde gegen die Ablehnung einer auf anfänglicher Unrichtigkeit gestützten GBBerichtigung auf Grund Unrichtigkeitsnachweises mit dem Ziel der Berichtigung ist unzulässig, **OLG Hamm** OLGZ 1969, 303. Dem auf den Nachweis des Nichtbestehens des zu sichernden Anspruchs gestützten Antrags auf Löschung einer Vormerkung im Wege der GBBerichtigung steht nicht entgegen, daß der Antragsteller die Eintragung einer Vormerkung bewilligt hatte oder daß Einwendungen des Vormerkungsberechtigten abgeschnitten werden könnten; gegen die Zurückweisung eines solchen Antrags ist die Beschwerde unbeschränkt zulässig, **KG** NJW 1969, 138 = BWNotZ 1969, 44 Ls. Die erstmalige Geltendmachung des Wiederspruchs mit dem Antrag auf Zurückweisung einer Beschwerde gegen eine Löschungsanordnung (§ 71 Abs 2 S 2 mit § 53 Abs 1 S 2 GBO), die ein anderer Beteiligter erwirkt hatte, genügt nicht, **OLG Stuttgart** Justiz 1969, 136.

Gegen die Versagung der Auskunft ist die Dienstaufsichtsbeschwerde, nicht die Beschwerde nach der GBO zulässig, **BayObLG** BayObLGZ 1967, 347.

Im Beschwerdeverfahren gegen eine Zwischenverfügeng des GBA ist das Beschwerdegericht auf die Entscheidung über die in der Zwischenverfügung geltend gemachten Bedenken beschränkt, auf andere Bedenken kann es nur wegweisend aufmerksam machen, **BayObLG** BayObLGZ 1967, 408 = ObLGZ 1968, 218 Ls.

Seite 2526 ff. — **§ 71 Bem 41 ff.**

Persönliche Beschwerdeberechtigung Im Antragsverfahren nach der GBO deckt sich die Beschwerdeberechtigung mit der Antragsberechtigung; sie muß auch noch im Zeitpunkt der Bewchwerdeentscheidung vorliegen, wobei ein nur wirtschaftliches Interesse nicht genügt, selbst wenn der Beschwerdeführer schuldrechtlich zur Herbeiführung des erstrebten Erfolgs verpflichtet ist, **BayObLg** Rpfleger 1970, 26, wobei offen gelassen wurde, ob die Beschwerdebefugnis aus Gründen des Verfahrensrechts oder des sachlichen Rechts fehlte; zu dieser Frage **BGH** BGHZ 11, 66 (69) = LM § 20 FGG Nr 2 (*Johannsen*), sowie *Keidel* FGG § 20 Bem 3. In dem Beschwerdeverfahren nach § 71 Abs 2 S 2 GBO ist eine Verfahrensgeschäftsführung aus fremdem Recht denkbar, **OLG Zweibrücken** Rpfleger 1968, 88 (*Haegele*) = BWNotZ 1968, 73 Ls. Es wird hiernach die gewillkürte Prozeßstandschaft auf die Beschwerde zugelassen, da das Verfahrensrecht in der GBO nicht abschließend geregelt ist und daher ergänzend die Grundsätze der Verfahren nach FGG und ZPO heranzuziehen sind. Für Streitverfahren ist die Verfahrensgeschäftsführung aus fremden Recht anerkannt, **BayObLG** NJW 1965, 1484 = JZ 1965, 193, *Keidel* FGG § 6 Bem 18 Fußn 4. Beim Berichtigungsanspruch nach § 894 BGB kommt auch in Betracht, daß die Möglichkeit der sog Drittermächtigung mit der Wirkung gegeben ist, daß der Dritte diesen Anspruch im eigenen Namen zugunsten des wahren Berechtigten geltend machen kann, *Staudinger-Seufert* BGB § 894 Bem 29.

Die Mitteilungen der Katasterbehörden an das GBA zwecks Übereinstimmung von Grundbuch und Liegenschaftskataster sind von den GBÄmtern nach den gesetzlichen Bestimmungen durchzuführen, wie aus § 1 AVRJM vom 20. Januar 1940 (*Anh 140*) und §§ 1, 8 AVRJM vom 20. Januar 1940 (*Anh 143*) bzw aus den entsprecnenden Bestimmungen der Länder (*Anh 152ff.* mit *ErgVerz*) hervorgeht. Daher stehen sie Ersuchen nach § 38 GBO im Ergebnis gleich, wenn sie auch keine solchen sind; dazu *Kriegel* AVN 1969, 539/1970, 531, *Schumacher* Zeitschrift des Rhein-Westf Landmesservereins 1907, 6, auch § 38 Bem 2ff./*ErgVerz*. Da jedoch die GBÄmter auf Grund besonderer gesetzlicher Vorschriften handeln und die Mitteilungen der Katasterämter nur Anlaß zu den GBEintragungen sind, haben die Katasterbehörden kein Beschwerderecht gegen die Entscheidungen der GBÄmter; so auch *Kriegel* AVN 1970, 531, *Schumacher* aaO.

Seite 2540/2541 **§ 73 Bem 7**

Erklärung zur Niederschrift Durch das RpflG (*Anh 137*) und das BeurkG (*Anh 63*) ist eine Änderung der Rechtslage nicht eingetreten; dazu *Horber* GBO § 73 Bem 2, 4. Es ist lediglich zu berücksichtigen, daß beim GBA die regelmäßige Zuständigkeit der RPfleger, nicht der Richter hat, da die GBAufgaben dem Rpfleger voll übertragen worden sind; dazu *E 25ff.*, § 1 Bem 77ff./*ErgVerz.*

Seite 2550ff. — **§ 75 Bem 1ff.**

Abhilfe durch das GBA Zur Tätigkeit des RPflegers nach dem neuen RpflG (*Anh 137*) ist auf § 71 Bem 6/*ErgVerz* zu verweisen.

Seite 2561ff. — **§ 77**

Entscheidung über die Beschwerde; dazu auch *Nachtrag*

Seite 2562ff. — **§ 77 Bem 2ff.**

Prüfung durch das Beschwerdegericht Die Beschwerdeinstanz tritt bei der Entscheidung über einen Eintragungsantrag an die Stelle des GBA und hat daher das gesamte Sach- und Rechtsverhältnis nachzuprüfen; die Beschwerdeinstanz ist befugt und verpflichtet, eine Beschwerde zurückzuweisen, wenn dies aus einem anderen Grunde als bei der Vorinstanz erforderlich ist, **BayObLG** Rpfleger 1967, 11 = DNotZ 1967, 512 Ls. Der Grundsatz des rechtlichen Gehörs ist nicht verletzt, wenn die Beschwerdeinstanz bei unveränderter Sach- und Rechtslage eine andere rechtliche Beurteilung vornimmt; sie ist nicht verpflichtet, in ein Rechtsgespräch einzutreten, **BayObLG** Rpfleger 1967, 11. Hierzu auch *Endemann* Tendenzen in der Rspr des BVerfG zum rechtlichen Gehör NJW 1969, 1197

Seite 2576 ff — **§ 78 Bem 1 ff.**

Zulässigkeit der weiteren Beschwerde

Gegen die Entscheidung im Rahmen des **§ 54 BeurkG** (*Anh 63*) ist die weitere Beschwerde nach §§ 27 ff. FGG (*Anh 58*) gegeben, **BayObLG** BayObLGZ 1970,125, wV § 14 Bem 3 ff./*ErgVerz.*

Seite 2578 ff. — **§ 78 Bem 6 ff.**

Gesetzesverletzung LitHinweise *Rupp* Ermessensspielraum und Rechtsstaatlichkeit NJW 1969, 1273

Seite 2589 ff. — **§ 79**

Gericht der weiteren Beschwerde

Seite 2590 ff. — **§ 79 Bem 1**

Grundsatz-Rechtsprechung LitHinweise *Karstendick* Rechtsfindung nach denklogischen Gesetzen NJW 1969, 1751, *Plaßmann* Die Logik der Rechtsfindung Justiz 1963, 327, *Rupp* Ermessensspielraum und Rechtsstaatlichkeit NJW 1969, 1273
Seite 2595 —
Zur Neuregelung des ehelichen Güterstandes von Vertriebenen und Flüchtlingen § 1 Bem 71/*ErgVerz*

Seite 2601/2602 — **§ 79 Bem 11**

Vorlegungsverfahren Es besteht keine Vorlagepflicht nach inhaltlicher Änderung der gesetzlichen Vorschrift, auf der die frühere Entscheidung beruht, **BGH** JZ 1967, 129 = MDR 1967, 752 = BB 1967, 97 = VersR 1165 = WM 1967, 97 = BWNotZ 1967, 83 Ls = DRspr IV (473) 94b.

Seite 2602 ff. — **§ 80**

Einlegung der weiteren Beschwerde und Verfahren

Seite 2604 **§ 80 Bem 4**

Erklärung zur Niederschrift Durch das RpflG (*Anh 137*) und das BeurkG (*Anh 63*) ist eine Änderung der Rechtslage nicht eingetreten; dazu *Horber* GBO § 80 Bem 2, 4; im übrigen wird auf § 73 Bem 7/*ErgVerz* verwiesen.

Seite 2606/2607 **§ 80 Bem 7**

Behörde Die Rheinische Girozentrale und Provinzbank in Düsseldorf ist als Behörde iSd § 80 GBO anzusehen, **OLG Düsseldorf** JMBlNRW 1966, 224 = OLGZ 1966, 489 (auch § 45 Bem 73 ff./*ErgVerz*).

Seite 2607/2608 — **§ 80 Bem 8**

Notar LitHinweise *Jansen* Zur Postulationsfähigkeit der Notare im Verfahren der freiwilligen Gerichtsbarkeit DNotZ 1964, 707

Seite 2611 ff. — **§ 81**

Besetzung der Beschwerdegerichts

Seite 2617 — **§ 81 Bem 9**

Richterablehnung nach § 6 Abs 2 S 2 FGG **BVerfG** NJW 1967, 1123 ua auch DNotZ 1967, 748.

Seite 2621 ff. — **§§ 82 ff.**

Verfahren des GBA in besonderen Fällen

Da das GBWesen dem RPfleger voll übertragen ist (dazu § 1 Bem 77 ff./*ErgVerz*), ist der RPfleger auch für die besonderen Verfahren in GBSachen voll zuständig; dazu *Eickmann-Riedel* RpflG (E 25 ff./*ErgVerz*) § 3 Bem 11.

Seite 2631 ff. — **§ 82a**

Berichtigung von Amts wegen

Seite 2633 — **§ 82a Bem 6**

Ersuchen an das Nachlaßgericht Gegen die Weigerung des Nachlaßgerichts, auf Ersuchen des GBA die Erben des eingetragenen Eigentümers zu ermitteln, kann entsprechend § 159 GVG das OLG angerufen werden, **KG** Rpfleger 1969, 57 = OLGZ 1969, 134 = DRspr IV (480) 89a, (473) 106d.

Seite 2646, 2647 — **§ 87 Bem 2**

Löschung gegenstandsloser Eintragungen Voraussetzungen

Der Nachweis der Gegenstandslosigkeit kann auch durch Bescheinigungen von Vermessungsbehörden oder von öffentlich bestellten Vermessungsingenieuren geführt werden; dazu Mitteilungsblatt des Bundes der öffentlich bestellten Vermessungsingenieure 1970, 23.

Seite 2698 ff. — **§ 116 ff.**

Übergangs- und Schlußbestimmungen

Seite 2698 ff. — **§ 116**

Gesetzesbegriff ua

Seite 2701 — **§ 116 Bem 7**

Zum Begriff Gesetz **BVerfG** NJW 1969, 1843 zum Gesetzesbegriff in § 91 S 1 BVerfGG und Art 93 Abs 1 Z 4 (b) GG: Der Begriff *Gesetze* umfaßt nicht nur Gesetze im förmlichen Sinne, sondern auch RechtsVOen.

Seite 2704 ff.— **§ 117**

Landesrechtliche Vorbehalte

Seite 2706 ff. — **§ 117 Bem 3 ff.**

Fideikommisse LitHinweise *Haegele* Die Beschränkungen im GrstVerkehr (3. Aufl NomosVerlag Baden-Baden 1970) Bem 285 ff.

Nordrhein-Westfalen AVJM vom 3. Januar 1967 JMBlNRW 16 (nicht in der Sammlung JVVNRW) Geschäftliche Behandlung der Fideikommißangelegenheiten § 61 Z 5 BeurkG (*Anh 63*) hat die Vorschriften des Landesrechts unberührt gelassen, nach denen Beurkundungen in Fideikommißsachen, für die ein Kolligialgericht zuständig ist, durch einen beauftragten oder ersuchten Richter erfolgen können; dazu *Riedel-Feil* BeurkG (E 25ff./*ErgVerz*) § 61 Bem 7.

Seite 2713ff. — **§ 117 Bem 18ff.**

Anerbenrecht LitHinweise *Haegele* Wieder einmal: Neues vom alten Erbhofrecht BWNotZ 1969, 321 über noch nicht erledigte einschlägige Fragen

Die einschlägigen Vorschriften sind *Anh 85ff.* abgedruckt, zugleich unter Angabe der späteren Änderungen.

Für Baden-Württemberg ist darauf hinzuweisen, daß

für Baden das Ges, die geschlossenen Hofgüter betreffend (*Anh 86*) §§ 7 und 10,

für Württemberg das Ges über das Anerbenrecht (*Anh 88*) Art 8 und 9

durch das bawüGes vom 30. Juni 1970 GBl 289 = SaBl 1604 geändert wurden. Dies ist bei Anh 86 und 88/*ErgVerz* berücksichtigt.

Für Hessen ist die Landgüterordnung idF vom 13. August 1970 GVBl 548 = SaBl 2009 (Anh 99/*ErgVerz*) nunmehr maßgebend.

Ist bei bestimmten Grundstücken der Hofvermerk länger als 5 Jahre eingetragen, so kann der Amtsrichter nicht von Amts wegen um die Löschung des Hofvermerks ersuchen, wenn diese Grste von vornherein nicht Bestandteil des Hofes gewesen sein sollten, **OLG Düsseldorf** JMBlNRW 1970 233; dazu § 35 Bem 23ff./*ErgVerz.*

Seite 2720ff. — **§ 117 Bem 27ff.**

Wasserrecht Gesetzesänderungen; dazu auch *Nachtrag*

Niedersachsen (S 2722) 24. Mai 1968 BGBl I 503 = SaBl 773, nunmehr in Neufassung vom 1. Dezember 1970 GVBl 458 = SaBl 1971, 39

Saarland (S 2723) 25. Februar 1970 ABl 306, nunmehr in Neufassung vom 25. Februar 1970 ABl 674 = SaBl 1926.

LitHinweise *Haegele* Die Beschränkungen im GrstVerkehr (3. Aufl Nomos Verlag Baden-Baden 1970) Bem 288, 289 Wasser- und Bodenverbände

Ein entschädigungspflichtiger enteignender Eingriff iSd Art 14 GG liegt nicht vor, wenn das vor Jahrzehnten begründete Recht des GrstEigentümmers, die in seinem städtischen Haushalt anfallenden Abwässer unentgeltlich in einen Wasserablauf 3. Ordnung einzuleiten, dadurch gegenstandslos wird, daß die Stadt später die unschädliche Ableitung aller Abwässer und Fäkalien übernimmt und dazu einen Anschluß- und Benutzungszwang einführt, **BGH** NJW 1971, 133.

Seite 2728ff. — **§ 117 Bem 32ff.**

Bergrecht Ehemaliges Preußen Zum preußABG **BGH** NJW 1970, 747: Die Entschädigungsregelung in §§ 148ff. ABG verstößt gegen Art 14 GG, als nicht für eine Schadloshaltung des berggeschädigten GrstEigentümer auch für den Fall Vorsorge getroffen ist, daß der nach § 148 ABG ersatzpflichtige Bewerksbesitzer zahlungsunfähig wird oder der Berggeschädigte aus anderen Gründen seine Ersatzforderung gegen den Bergwerksbesitzer nicht realisieren kann. Soweit unter der Geltung des GG getroffene bergbauliche Maßnahmen Schäden am Oberflächeneigentum verursacht haben, für die der Eigentümer von dem nach § 148 ABG ersatzpflichtigen Bergwerksbesitzer Ersatz nicht verlangen kann, ist der Staat nach Art 14 GG zur Entschädigung verpflichtet; dazu *§ 117 Bem 74ff.* mit *ErgVerz.*

Aus den Gründen:

Die das Verhältnis von Bergwerkseigentum zu Grundeigentum bestimmenden Vorschriften des ABG sind im Lichte des Verfassungsrechts als Inhalt und Schranken des Eigentums regelnde Gesetzesbestimmungen iSd Art 14 Abs 1 S 2 GG zu werten. Denn die gesetzlichen Inhalts- und Schrankenbestimmungen für das Eigentum nach Maßgabe der genannten Verfassungsbestimmung sind nicht beschränkt auf die Bestimmung von Eigentumsinhalt und -schranken im Verhältnis des Eigentümers zur öffentlichen Hand, so daß von ihnen nicht nur dann gesprochen werden kann, wenn es um öffentlich-rechtliche Eigentumsschranken und -beschränkungen geht. Vielmehr gehören zu den gesetzlichen Inhalts- und Schrankenbestimmungen des Eigentums iSd Art 14 GG auch die gesetzlichen Vorschriften, die die Rechtskreise der einzelnen Eigentümer gegeneinander oder die der Eigentümer gegen sonstige Privatpersonen abstecken, wie etwa die nachbarrechtlichen Bestimmungen des bürgerlichen Rechts, die Bestimmungen über den Erwerb und Verlust von Eigentum und sonstigen Sachenrechten und anderes mehr: dazu **BGH** LM Nr 4 zu BayAGBGB und BGHZ 48, 46 (50) = NJW 1967, 1754.

Der einfache Gesetzgeber ist jedoch in der für ihn normierten Regelungsbefugnis nach Art 14 Abs 1 S 2 GG nicht völlig frei. Er ist im Gegenteil nicht nur durch die Substanzgarantie des Art 19 Abs 2 GG gebunden, sondern es ist darüber hinaus selbstverständlich,daß jede gesetzliche Inhalts- und Schrankenbestimmung sowohl die grundlegende Wertentscheidung des GG zugunsten des Privateigentums zu beachten hat, als auch mit allen übrigen Verfassungsnormen in Einklang stehen muß, also insbes dem Gleichheitssatz, dem Grundrecht auf freie Entfaltung der Persönlichkeit und dem Prinzip der Rechts- und Sozialstaatlichkeit, **BVerfG** BVerfGE 14, 263 (278) = NJW 1962, 1667. Darüber hinaus hat der Gesetzgeber den Grundsatz der Verhältnismäßigkeit in dem Sinne zu wahren, daß die das Eigentum bindenden und beschränkenden gesetzlichen Regelungen nicht weitergehen dürfen als der sachliche Grund, der zu der Bindung und Beschränkung führt und sie als solche rechtfertigt, dies erfordert: dazu ua **BVerfG** BVerfGE 21, 73 (86) = NJW 1967, 619 sowie bereits **BGH** BGHZ 6, 270 (279) = NJW 1952, 972.

Durch das BeurkG (*Anh 63*) wurden auch **Beurkundungsvorschriften,** die sich auf den Bergbau beziehen, geändert bzw aufgehoben, und zwar durch § 56 Abs 1, § 57 Abs 19, § 60 Z 1, 14, 16, 28, 42, 51, 53, 66, 67 BeurkG (*Anh 63*); dazu *Riedel-Feil* BeurkG (E 25ff./*ErgVerz*) § 56 Vorbem 2, § 60 Bem 2.

Seite 2738ff. — **§ 117 Bem 47ff.**

Jagd- und Fischreirecht

Seite 2738/2739 — **§ 117 Bem 47**

Jagdrecht Gesetzesänderungen

BJagdG 25. Juni 1969 GBBl I 645 = SaBl 929

Baden-Württemberg 25. Juli 1969 GBl 170/ in Neufassung vom gleichen Tag GBl 175 = SaBl 1970 391

Bremen 25. April 1968 GBl 35

Hessen 27. März 1969 GVBl 588

Nordrhein-Westfalen 29. Juli 1969 GVBl 588

Saarland in Neufassung vom 10. Dezember 1969 ABl 861 = SaBl 1970, 739 unter Aufhebung des Jagdgesetzes vom 8. Mai 1963 mit Änderungen

Schleswig-Holstein 24. März 1970 GVBl 82/in Neufassung vom 19. Mai 1970 GVBl 142 = SaBl 1872.

Seite 2739 ff. — **§ 117 Bem 48 ff.**

Fischereirechte

Baden-Württemberg wü Ges über die Fischerei vom 27. November 1865 RegBl 499/7. Juni 1885 RegBl 227/25. Juli 1969 bawüGBl 153

Braunschweig FischereiG vom 1. Juli 1879 ndsGVBl Sb III 596/19. Dezember 1889 aaO 604

Bremen FischereiG SaBremR 793—a—1/25. April 1968 GBl 35

Niedersachsen FischereiG vom 11. Mai 1916 GVBl Sb III 582; vgl auch *Braunschweig*

Rheinland-Pfalz FischereiG für den Regierungsbezirk Pfalz Änderung durch BeurkG vom 28. August 1969 BGBl 1513 = SaBl 1810

Seite 2740/2741 — **§ 117 Bem 49, 50**

Bayern Die Bek über die Eintragung der Fischereirechte in das GB vom 15. März 1909 ist noch gültige Rechtsnorm, **BayObLG** Rpfleger 1969, 244.

Die erwähnte BekJM vom 15. März 1909 wurde mit Rücksicht auf das BeurkG mit BekJM vom 14. November 1969 JMBl 198 geändert (zu BayBSVJu III Abschn D 1). Hierzu ist darauf hinzuweisen daß

nach § 6 Abs 3 der Notar die Erklärung der Einigung nur entgegennehmen soll, wenn die nach § 313 BGB erforderliche Urkunde vorgelegt wird, — der Vorlegung der Urkunde steht die Aufnahme durch den Notar gleich —, Art 9 FischG, § 925a BGB, und daß

nach §§ 16, 17 nF eine Niederschrift vor dem GBA nicht mehr zulässig ist.

Seite 2742 ff. — **§ 117 Bem 55 ff.**

Zwangs- und Bannrechte, Realgewerbeberechtigungen

Ges über das Apothekenwesen Änderungen vom 25. Juni 1969 BGBl I 645 = SaBl 2929

Seite 2748/2749 — **§ 117 Bem 69, 70**

Erwerbsbeschränkungen Dazu *§ 19 Bem 78ff.* mit *ErgVerz*

Seite 2751 ff. — **§ 117 Bem 74 ff.**

Enteignung LitHinweise *Joachim* Die Kreuzung öffentlicher Straßen durch unterirdische Energieversorgungsleitungen NJW 1968, 1453

Zur Sozialbindung des Eigentums bei Enteignung **BGH** NJW 1970, 747 (dazu § 117 Bem 32 ff./*ErgVerz*):

„Der Bergbau hat unzweifelhaft eine große allgemeine volkswirtschaftliche Bedeutung und das Wohl der Allgemeinheit rechtfertigt nicht nur, sondern gebietet geradezu, der im Allgemeininteresse liegenden Gewinnung und Verwertung der

Bodenschätze und insbesondere auch der Steinkohle bis zu einem gewissen Grad den Vorrang vor den Interessen der von dem Bergbau betroffenen Grundeigentümer einzuräumen. Im Rahmen der Sozialpflichtigkeit allen Eigentums sind deshalb grundsätzlich keine Bedenken dagegen zu erheben, daß das Gesetz das Abbaurecht des Bergwerkseigentümers gegenüber dem Grundeigentum in der Weise abgegrenzt hat, daß der Grundeigentümer — abgesehen von seiner Verpflichtung zur Grundabtretung — die bergbaulichen Einwirkungen, selbst wenn diese Einwirkungen nicht ohne Schädigung des Grundeigentums vorgenommen werden können, dulden muß, dem Bergbau mithin insoweit eine Vorzugsstellung eingeräumt wird. Diese Abgrenzung der beiderseitigen Rechtspositionen zu Lasten des Grundeigentums, die diesem ua den für ihn sonst gemäß § 1004 BGB gegebenen Anspruch auf Unterlassung des sein Grundeigentum schädigenden Bergbaubetriebes nimmt und ihm eine weitgehende Duldungspflicht auferlegt, kann jedoch nur dann als sachgerecht und im Lichte des Art 14 GG erträglich erachtet werden, wenn die tiefgreifende Belastung des Grundeigentums zugunsten des — privaten und mit Gewinnstreben betriebenen — Bergbaus durch eine umfassende Entschädigung des Grundeigentums ausgeglichen wird.

Der Mangel der gesetzlichen Entschädigungsregelung zeigt sich hier, weil vom Gesetz nicht Vorsorge dafür getroffen worden ist, daß der durch den Bergbau an seinem Grundstück geschädigte Eigentümer seine Entschädigungsforderung auch dann realisieren kann, wenn im Zeitpunkt des Schadenseintritts der ersatzpflichtige Bergwerksbesitzer nicht mehr zahlungsfähig oder gar ganz weggefallen ist."

Landesgesetze Gesetzesänderungen

Bayern Gesetz die Zwangsabtretung von Grundeigentum für öffentliche Zwecke betreffend — Änderung vom 23. März 1970 GVBl 97

Ges über die Enteignung aus Gründen des Gemeinwohls — Änderung vom 24. April 1968 GVBl 57

Bremen EnteignungsG — Änderung vom 25. April 1968 GBl 35

Niedersachsen Ges über die Enteignung von Grundeigentum vom 11. April 1874 GVBl Sb III 90; vgl. auch *Oldenburg*

Oldenburg EnteignungsG Nds GVBl Sb III 99

Seite 2755 ff. — **§ 117 Bem 79 ff.**

Bahneinheiten Bahngrundbuch

Hessen Ges über die Bahneinheiten vom 19. August 1895 GVBl II 62—6

RdErlJM vom 19. März 1970 JMBl 371 Einrichtung und Führung der Bahngrundbücher

Die BahnGrBücher werden nach einem amtlichen Muster geführt. Es gilt die GBO, soweit nichts Abweichendes in dem Ges über die Bahneinheiten bestimmt ist. Jedes Blatt besteht aus einem Titel mit Aufschrift und 3 Abteilungen.

Die Aufschrift des Titels enthält den Namen des Amtsgerichts, die Bezeichnung *Bahngrundbuch* sowie die Nummern des Bandes und Blattes und der auf dem GBBlatt eingetragenen Bahneinheiten.

Der Titel gliedert sich in 6 Abschnitte, nämlich die Bezeichnung der Bahn, die Beschreibung des Bahnunternehmens, die Länge der Bahnstrecken (auf eigenem Grund und Boden / auf fremden Grund und Boden / auf eigenem und fremden Grund und Boden), zur Bahneinheit gehörende Fonds, Bestimmungen über das Anteilsverhältnis an Gegenständen, die mehreren Bahnunternehmungen gewidmet sind, und Verzeichnis der zur Bahneinheit gehörenden Grste, deren Widmung für das Bahnunternehmen nicht äußerlich erkennbar ist.

Die 3 Abteilungen entsprechen inhaltlich dem allgemeinen Grundbuch.

Seite 2759 ff. — **§ 117 Bem 89 ff.**

Zusammenlegung von Grundstücken usw

Flurbereinigungsgesetz (S 2759 Zeile 10 von unten) BGBl (*berichtigt*) I 591, Text abgedruckt *Anh 105*, zugleich unter Angabe der späteren Änderungen.

LitHinweise *Haegele* Die Beschränkungen im GrstVerkehr (3. Aufl Nomos Verlag Baden-Baden 1970) Bem 290 ff.

Es ist darauf hinzuweisen, daß durch das FlBG die früheren sich auf Flurbereinigung beziehenden Vorschriften aufgehoben bzw gegenstandslos geworden sind, da sie sich auf die Reichsumlegungsordnung bezogen.

Die Tatsache, daß ein zu versteigerndes Grst im Flurbereinigungsgebiet liegt, bildet kein Hindernis für ein Zwangsversteigerungsverfahren; die vorläufige Besitzeinweisung der am Flurbereinigungsverfahren Beteiligten steht der Zuschlagserteilung nicht entgegen, **OLG Koblenz** Rpfleger 1967, 417.

Seite 2763 ff. — **§ 117 Bem 91 ff.**

Gemeinheitsteilung sowie altrechtliche Dienstbarkeiten und Reallasten

LitHinweise *Riggers* Die Ablösung alter Reallasten in Niedersachsen nach dem Reallastengesetz vom 17. Mai 1967 JurBüro 1968, 353

Ein im GB als Bestandteil eines Anwesens eingetragenes Gemeindenutzungsrecht kann ohne Nachweis seiner rechtlichen Natur auf ein anderes Anwesen umgeschrieben werden, **BayObLG** BayObLGZ 1964, 210 = NJW 1964, 1962.

Zu altrechtlichen Dienstbarkeiten **BGH** DNotZ 1969, 539 = WM 1969, 938 zum Inhalt einer Dienstbarkeit nach gemeinem Recht, die durch Anbau ausgeübt wird, **OLG Zweibrücken** OLGZ 1968, 143 zu einem altrechtlichen Geh- und Fahrtrecht und Inhaltsänderung, **BayObLG** BayObLGZ 1967, 397 = MDR 1968, 324 bez eines Kellerrechts.

§ 61 Abs 1 Z 9 BeurkG (*Anh 63*) hat die Vorschriften des Landesrechts unberührt gelassen, die sich auf Beurkundungen in Gemeinheitsteilungs- und agrarrechtlichen Ablösungsverfahren einschl der Rentenübernahme- und Rentengutsverfahren beziehen; dazu *Riedel-Feil* BeurkG (E 25 ff./*ErgVerz*) § 61 Bem 11, auch § 29 Bem 62/*ErgVerz*.

Seite 2770/2771 — **§ 117 Bem 110**

Nachbarrechtliche Beschränkungen LitHinweise *Korff* Neues Nachbarrecht in Niedersachsen MDR 1968, 195

Nordrhein-Westfalen Nachbarrechtsgesetz (NachbG NW) vom 15. April 1969 GVBl 190 = SaBl 651

Rheinland-Pfalz Nachbarrechtsgesetz vom 15. Juni 1970 GVBl 198 = SaBl 1614

Seite 2778/2779 — **§ 117 Bem 118**

Zuständigkeit für Beurkundung von Rechtsgeschäften nach Art 141 EGBGB entfällt in vollem Umfange infolge Aufhebung durch § 57 Abs 4 Z 2 BeurkG (*Anh 63*);

dazu *Riedel-Feil* BeurkG (E 25 ff./*ErgVerz*) § 57 Bem 5. Dasselbe gilt von Art 142 und 151 EGBGB, die ebenfalls ganz aufgehoben wurden, während Art 143 EGBGB abgeändert wurde; dazu *Riedel-Feil* aaO.

Seite 2774 — **§ 117 Bem 119**

Beurkundung von Grundstücksveräußerungsverträgen nach Art 142 BGB entfällt infolge Aufhebung durch § 57 Abs 4 Z 2 BeurkG (*Anh* 63); dazu § 117 Bem 118/*ErgVerz.*

Seite 2774 2775 — **§ 117 Bem 120, 121**

Erklärung der Auflassung vor anderen Behörden als dem GBA Bei Art 143 EGBGB wurde Abs 1 aaO aufgehoben, während bei Abs 2 die Worte, die sich auf gerichtliche Zuständigkeit bezogen, gestrichen wurden; dazu § 117 Bem 118/*ErgVerz.*

§ 117 Bem 120 entfällt also infolge Aufhebung des Art 143 Abs 1 EGBGB.

§ 117 Bem 121 ist noch teilweise anwendbar. Unberührt bleiben nämlich die landesrechtlichen Vorschriften, nach denen es bei der Auflassung eines Grst der gleichzeitigen Anwesenheit beider Teile nicht bedarf, wenn das Grst durch einen Notar versteigert worden ist und die Auflassung nicht in dem Versteigerungstermin stattfindet; dazu *Palandt* BGB EG Art 143 Bem 2.

Seite 2775 ff. — **§ 117 Bem 122 ff.**

Übergangsvorschriften

Seite 2775 ff. — **§ 117 Bem 123 ff.**

Realgemeinden ua Ges über forstrechtliche Zusammenschlüsse vom 1. September 1969 BGBl I 1543 = SaBl 1831

Hessen **OLG Frankfurt aM** JMBl 1965, 264: § 2 des Ges zur Bereinigung der Rechtsvorschriften über die Nutzungsrechte der Ortsbürger vom 19. Oktober 1962 GVBl 467 betrifft nur solche Nutzungsrechte am Gemeindevermögen, die dem einzelnen kraft öffentlichen Rechts zustehen, dagegen nicht solche auf privatrechtlicher Grundlage.

Bayern Eie Tatsache der Eintragung eines Gemeinderechts im Bestandverzeichnis des GBBlatts für ein bestimmtes Anwesen weist es als radiziertes Recht, damit als nicht wesentlichen Bestandteil des Grst aus, dessen Schicksal es teilt; die aus einer ehemaligen Markgenossenschaft abgeleiteten Nutzungsrechte waren in der Regel mit dem Grund und Boden der alten Haus- und Hofstätten verbunden, bis zum Nachweis eines abweichenden Herkommens ist ihre Radizierung zu vermuten, **BayObLG** BayObLGZ 1970, 21 = Rpfleger 1970, 167 = DRspr IV (473) 109c. Wird ein Grst aufgelassen, mit dem ein radiziertes Gemeinderecht verbunden ist, so bedarf es für dieses keines besonderen Übertragungsaktes, da es von der Auflassung erfaßt wird; hat das GBA in jahrelanger Übung ein eingetragenes Gemeinderecht als radiziertes behandelt, so darf es davon nicht ohne besonderen Anlaß abgehen, **BayObLG** aaO. Werden Gemeindenutzungsrechte nach Art 70 bayGemO von der Gemeinde abgelöst und sämtliche GemeindeGrste, die Gegenstand der Nutzungsrechte waren, zwecks Entschädigung der Nutzungsberechtigten veräußert, so tritt aus diesem Sachverhalt die öffentlichrechtliche Natur der Nutzungsrechte klar zutage; die im Bestandsverzeichnis der berechtigten Anwesen eingetragenen Nutzungsrechte (Gemeinderechte) sind jedenfalls auf Anregung der Eigentümer gemäß § 53 Abs 1 S 2 GBO zu löschen, **BayObLG** Rpfleger 1970, 168 Ls. Bez Kellerrecht auch § 13 Vorbem 41 ff./*ErgVerz*

Seite 2778 — **§ 117 Bem 129**

Echtes Stockwerkseigentum LitHinweise *Haegele* Die Beschränkungen im GrstVerkehr (3. Aufl Nomos Verlag Baden-Baden 1970) Bem 656 Stockwerkseigentum/Vorkaufsrecht in Württemberg Art 228 AGBGB

Seite 2784 ff. — **§ 123**

Wiederherstellung von Grundbüchern und Urkunden

Seite 2784 letzte Zeile —

Im Gesetzestext heißt es: **Grundbücher das** (*berichtigt*) **Verfahren**

Seite 2785 ff. — **§ 123 Bem 1ff.**

Nach § 123 GBO werden die Landesregierungen bzw die von ihnen bestimmten obersten Landesbehörden ermächtigt, durch RechtsVO allgemein oder für bestimmte GBücher das Verfahren zur Wiederherstellung von GBüchern und zum Zwecke der Wiederbeschaffung zerstörter oder abhanden gekommener Urkunden iSd § 10 Abs 1 GBO zu bestimmen. Es besteht hierzu die VO vom 26. Juli 1940 RGBl I 1048 (*Bem 6*) und Landesrecht (*Bem 7ff.*).

Das BeurkG (*Anh 63*) trifft keine Regelung über den Einfluß dieses Gesetzes auf § 123 GBO und die dazu ergangenen landesrechtlichen Vorschriften. Dagegen wird in § 57 Abs 10 BeurkG (*Anh* 63) bestimmt, daß die VO über die Ersetzung zerstörter oder abhanden gekommener gerichtlicher oder notarischer Urkunden vom 18. Juni 1942 RGBl I 395 auf Urkunden, die unter §§ 1, 68 BeurkG (*Anh 63*) fallen, nicht mehr anwendbar ist; dazu *§ 58 Bem 18* mit *ErgVerz*, ferner *Seybold-Hornig* BNotZ (4. Aufl) § 20 Bem 164ff. Auf § 123 GBO und die hiernach erlassenen Vorschriften findet der gleiche Grundsatz des § 57 Abs 10 BeurkG (*Anh 63*) Anwendung; dazu *Riedel-Feil* BeurkG (E 25ff./*ErgVerz*) § 46 Bem 24, 57 Bem 9. Dies folgt aus den Generalklauseln der § 56 Abs 4 und § 59 BeurkG (*Anh 63*); dazu *Riedel-Feil* aaO § 56 Bem 2, § 59 Bem 2. Es bedeutet, daß die Vorschriften über die **Wiederherstellung von GBüchern oder Teilen von solchen** vom BeurkG unberührt bleiben; dazu *Riedel-Feil* aaO § 46 Bem 27. Dagegen ist zur Wiederherstellung von **Urkunden**, die unter **§§ 1, 68 BeurkG** (*Anh 63*) fallen, die Anwendung des § 123 GBO und der dazu gehörenden Vorschriften (*Bem 5ff.*) ausgeschlossen und das BeurkG maßgebend. Insoweit hat also das GBA oder eine landesrechtlich bestimmte Behörde keine Zuständigkeit mehr, Urkunden herzustellen, auch nicht eine Einigung der betroffenen Beteiligten herbeizuführen und zu beurkunden. So beschränkt sich die Anwendbarkeit der erwähnten VO vom 18. Juni 1942 auf Urkunden außerhalb des Anwendungsbereichs des BeurkG, insbes auf gerichtliche Entscheidungen und Vergleiche; dazu *Riedel-Feil* aaO § 46 Bem 24. Die Vorschrift des § 46 BeurkG (Anh *63*) regelt für den Bereich dieses Gesetzes die Frage der Ersetzung der Urschrift von Urkunden iSd §§ 1, 68 BeurkG (*Anh 63*); dazu *Riedel-Feil* aaO § 46 Bem 1ff.

Die Wiederherstellung von **Hypotheken-, Grundschuld- und Rentenschuldbriefen** bleibt, da es sich um gerichtliche Urkunden handelt, vom BeurkG (*Anh 63*) unberührt; dazu *Riedel-Feil* aaO § 46 Bem 26. Die Regelung ist getroffen, in § 26 GBMG (*GT 2*) anstelle des aufgehobenen § 8 VereinfVO; dazu *§ 41 Bem 5*, *§ 67 Bem 9* mit *ErgVerz*. Hierzu ist auch zu verweisen auf die Kraftloserklärung von Hypotheken-, Grundschuld- und Rentenschuldbriefen; dazu *§ 41 Bem 31, 32* mit *ErgVerz*. Ergänzend kommt das Ges über die Kraftloserklärung von Hypotheken-, Grund- und Rentenschuldbriefen in besonderen Fällen vom 18. April 1950 BGBl III 403—8 in Betracht; dazu *Riedel-Feil* aaO § 46 Bem 25, auch § 41 Bem 31, 32/*ErgVerz*.

Anhang *(Anh)*

Seite 2799 ff.

Seite 2861 ff. — **Anh 41 ff.**

Einführung des Loseblatt-Grundbuchs

Übersicht:

2h) Saarland

1a. Einrichtung und Führung des Loseblatt-Grundbuchs bei den saarländischen Amtsgerichten AVJM vom 29. Oktober 1970 — Anh 53a/*ErgVerz*

Seite 2877 — Fußn 1 **Anh 48**

Hessen Einrichtung und Führung des Loseblatt-Grundbuchs

Zum Offsetdruckverfahren RdErlJM vom 8. August 1969 JMBl 1349 Druck von GBEintragungen in das Loseblatt-Grundbuch — abgedruckt unter § 3 Bem 120/*Erg-Verz*

Seite 2889 — Fußn 1 **Anh 51**

Nordrhein-Westfalen Einrichtung und Führung des Loseblatt-Grundbuchs

AVRJM vom 30. März 1965 Ergänzung ua 23. Dezember 1968 (*Berichtigung*) JMBl 1969, 15

Zum Umfang der Einführung des Loseblatt-Grundbuchs auch AVJM vom 16. und 17. Dezember 1969 JMBl 1970, 2 mit Berichtigung zu letzterer AV aaO 80, ferner AVJM vom 16. Februar 1970 JMBlNRW 51 und vom 6. August 1970 aaO 208

Seite 2903 — **Anh 53**

Saarland Kolumnentitel Anh 53 (*berichtigt*)

Anh 53a

1a. Einrichtung und Führung des Loseblatt-Grundbuchs bei den saarländischen Amtsgerichten

AVJM vom 29. Oktober 1970 GMBl 652
Nr 26/1970 (OG)

Auf Grund §§ 2, 6 der Allgemeinen Verfügung über die Einrichtung und Führung des Grundbuches (Grundbuchverfügung) vom 8. August 1935 RMBl 637, zuletzt geändert durch die VO vom 10. Juni 1969 BAnz Nr 105 vom 12. Juni 1969) wird bestimmt:

1.

Einführung des Loseblatt-Grundbuches DIN A 4

(1) Bei den Grundbuchämtern der saarländischen Amtsgerichte wird das Grundbuch in Bänden mit herausnehmbaren Einlagebogen (Loseblatt-Grundbuch) in der Vordruckgröße von 210 × 297 mm (DIN A 4) fortgeführt.

(2) Abs 1 gilt nicht für Berggrundbücher und Grundbücher für Gehöferschaften.

(3) Für die Führung des Loseblatt-Grundbuches gelten die nachfolgenden besonderen Bestimmungen.

2.

Zweck der Einführung des Loseblatt-Grundbuchs

Das Loseblatt-Grundbuch soll die Sicherheit, die die bisherige Form des Grundbuchs bietet, erhalten, zugleich aber auch ermöglichen,

a) alle Eintragungen mittels einer Schreibmaschine vorzunehmen,

b) zugleich mit der Eintragung im Grundbuch auch die Eintragungen im Handblatt und die Benachrichtigung der Beteiligten weitgehend in einem Arbeitsgang vorzunehmen und

c) bei der Anlegung einer Vielzahl von Grundbüchern oder bei der erstmaligen Beschriftung einer Abteilung mehrerer Grundbücher mit weitgehend gleichen Texten (zB bei Wohnungs- und Teileigentumsgrundbüchern) das Offset-Druckverfahren zu nutzen.

3.

Fortführung der bisherigen Grundbücher

(1) Neue Grundbuchblätter sind grundsätzlich unter Verwendung des Vordrucks DIN A 4 anzulegen. Die noch vorhandenen festen Bände ohne oder mit herausnehmbaren Einlagebogen DIN A 3 sind jedoch aufzubrauchen. Ebenso sind in bereits angelegten festen Bänden die noch vorhandenen leeren Blätter zu nutzen, soweit es sich um solche nach dem „Reichsmuster" oder Blätter des Loseblatt-Grundbuches DIN A 3 handelt. Eine Wiedereröffnung geschlossener Blätter des Formats DIN A 3 findet nicht statt,

(2) Die Nummern der Bände und Blätter des Loseblatt-Grundbuchs DIN/A 4 schließen sich unmittelbar an die des bisher zu führenden Grundbuchs an.

4.

Der Grundbuchband

(1) Die Bände des Loseblatt-Grundbuches haben Schraubverschlüsse und 2 Nocken, die bei den einzelnen Bänden in verschiedenem Abstand zueinander angeordnet sind. Sie enthalten ein Titelblatt, die notwendige Zahl von Grundbuchblättern, ein Inhaltsverzeichnis auf der Innenseite der hinteren Einbanddecke und ein Rückenschild.

(2) Die Bände des Loseblatt-Grundbuches können nur mit einem besonderen, für alle Bände gleichen Steckschlüssel geöffnet werden. Den Schlüssel hat der Grundbuchführer sorgfältig unter Verschluß zu halten; er darf den Schlüssel der Schreibkraft, die Eintragungen in das Loseblatt-Grundbuch vorzunehmen hat, für die Dauer der Arbeitszeit zur Verfügung stellen. Ein Ersatzschlüssel befindet sich bei dem Geschäftsleiter des Amtsgerichts.

(3) Jedes Grundbuchblatt weist an der rechten und linken Kante halbkreisförmige Einkerbungen auf, die sich innerhalb der Grundbuchblätter eines Bandes bei richtiger Reihenfolge der Blätter stufenförmig untereinander fortsetzen. Dadurch kann kontrolliert werden, ob der einzelne Grundbuchband vollständig ist.

5.

Anlegung eines Bandes des Loseblatt-Grundbuches

Bei der Anlegung des Grundbuchbandes ist wie folgt zu verfahren:

(1) Es ist an Hand der stufenförmig sich fortsetzenden Kerbleiste (Nr 4 Abs 3) zu prüfen, ob der Band vollständig ist;

(2) auf dem Titelblatt sind das Amtsgericht, der Grundbuchbezirk und beim Vorhandensein mehrerer Bände für denselben Grundbuchbezirk dessen Nummer anzugeben;

(3) auf dem Rückenschild sind der Grundbuchbezirk, gegebenenfalls die Nummer des Bandes und die Nummern der darin enthaltenen Grundbuchblätter zu vermerken. Zur Kennzeichnung der verschiedenen Grundbuchbezirke können für das Rückenschild verschiedenfarbige Kartoneinlagen verwandt werden.

6.

Das Grundbuchblatt

(1) Das Grundbuchblatt besteht aus dem Titelbogen (grau) sowie (bei der Erstausstattung) aus je einem Einlagebogen „Bestandsverzeichnis (weiß)", „Erste Abteilung" (rosa), „Zweite Abteilung" (gelb) und Dritte Abteilung" (grün).

(2) Die Innenseiten des Titelbogens enthalten das Verzeichnis der Einlagebogen. Es ermöglicht, die Vollständigkeit der Einlagebogen zu prüfen.

(3) Die Beschreibung des Grundstücks erfolgt auf der Vorderseite des „Bestandsverzeichnisses" (Sp 1 bis 4); Zu- und Abschreibungen werden auf der Rückseite (Sp 5 bis 8) eingetragen. Die Spalte 3 ist in folgende Unterspalten aufgeteilt:

a/b) Gemarkung, Flurstück

c) Wirtschaftsart und Lage.

In der Unterspalte a/b wird die vermessungstechnische Bezeichnung des Grundstücks unterhalb der Bezeichnung der Gemarkung oder des sonstigen vermessungstechnischen Bezirks eingetragen. Die Eintragung der Liegenschaftsbuchnummer (bisherige Sp c/d) entfällt.

(4) Die Einlagebogen „Zweite Abteilung" und „Dritte Abteilung" enthalten auf der Vorderseite Raum für die Ersteintragungen, auf der Rückseite Raum für die Ein tragung von Veränderungen und Löschungen.

7.

Anlegung eines Grundbuchblattes

Bei der Anlegung eines Grundbuchblattes ist wie folgt zu verfahren:

(1) Auf dem Titelbogen sind Amtsgericht, Grundbuchbezirk, gegebenenfalls Nummer des Bandes und die Nummer des Blattes zu vermerken.

(2) In dem auf der Vorderseite am rechten Rand des Titelbogens befindlichen Blattverzeichnis ist in die Spalte, in der sich die halbkreisförmige Einkerbung befindet, nochmals die Nummer des Grundbuchblattes einzutragen.

(3) In dem Inhaltsverzeichnis zum Grundbuchband (Innenseite des Rückendeckels des Bandes) ist die Anlegung zu vermerken und in der letzten Spalte die Blattnummer einzutragen.

(4) Auf der Innenseite des Titelbogens ist im Verzeichnis der Einlagebogen die Blattnummer eines Einlagebogens des Bestandsverzeichnisses und der Abteilungen I, II und III dann mit Datum und Unterschrift vom Grundbuchführer zu bescheinigen, wenn er auf dem betreffenden Einlagebogen die 1. Eintragung vornimmt.

(5) Zugleich mit der 1. Eintragung ist auf der entsprechenden Seite des Einlagebogens

a) jeweils am oberen Rand das Amtsgericht, der Grundbuchbezirk, gegebenenfalls die Nummer des Bandes und die Nummer des Blattes einzurücken;

b) in das umrandete Feld mit der Aufschrift „Einlagebogen" an der äußeren Ecke die fortlaufende Nummer des Einlagebogens des Bestandsverzeichnisses oder der betreffenden Abteilung, jeweils mit „1" beginnend, einzutragen.

(6) In dem Verzeichnis der Einlagebogen ist die Anlegung des Grundbuchblattes durch die Unterschrift des Rechtspflegers und des Grundbuchführers zu bescheinigen.

8.

Mehrere Einlagebogen derselben Abteilung

Werden für Eintragungen in das Verzeichnis der Einlagebogen oder in das Bestandsverzeichnis oder eine der 3 Abteilungen weitere Einlagebogen benötigt, so sind folgende weitere Bestimmungen zu beachten:

(1) Die Öffnungen für die Nocken sind mit der Lochzange zu stanzen. Zuvor ist der 1. der bereits angelegten Einlagebogen auf dem neuen Blatt genau aufzupassen, die Öffnungen sind mit einem Bleistift anzuzeichnen. Auf sorgfältiges Ausstanzen der Öffnungen für die Nocken ist zu achten, da sonst die Gefahr besteht, daß die weiteren Einlagebogen sich dem Grundbuchband nicht einfügen lassen oder beschädigt werden.

(2) Die rechte Kante des neuen Einlagebogens ist an derselben Stelle wie die bereits vorhandenen Einlagebogen des Grundbuchblattes, in das es eingefügt werden soll, mit der Lochzange halbkreisförmig auszustanzen.

(3) Der Einlagebogen ist gemäß Nr 7 Z 4 zu ergänzen.

9.

Schließung und Wiedereröffnung eines Grundbuchblattes

(1) Die Schließung eines Grundbuchblattes ist auf der Vorderseite des Titelbogens durch den Rechtspfleger und den Grundbuchführer zu bescheinigen; außerdem ist die Schließung im Inhaltsverzeichnis zum Grundbuchband zu vermerken.

(2) Soll ein geschlossenes Grundbuchblatt wiedereröffnet werden, so ist die Vorder- und Rückseite des alten Titelbogens rot zu durchkreuzen und ein neuer Titelbogen vorzuheften. Hierbei ist nach Nr 7 und Nr 8 zu verfahren. Außerdem ist auf dem neu vorgehefteten Titelbogen die Wiedereröffnung des Blattes durch den Rechtspfleger und Grundbuchführer zu bescheinigen und im Inhaltsverzeichnis zum Grundbuchband der Schließungsvermerk zu röten sowie in der vorletzten Spalte die Buchstaben „WE" einzutragen.

10.

Die Eintragungen

(1) Grundbuchblätter dürfen nur zur Vornahme von Eintragungen vorübergehend dem Band entnommen werden. Zur Entnahme ist nur der zuständige Grundbuchführer, sein Vertreter und die Kanzleikraft, die die Eintragung vornimmt, befugt.

(2) Die Eintragungen in das Loseblatt-Grundbuch sind im Archivraum oder in unmittelbarer Nähe des Archivraumes vorzunehmen.

(3) Die Kraft, die das Blatt zwecks Vornahme einer Eintragung dem Band entnommen hat (vgl Abs 1), hat

a) nach Ausführung der Eintragungsarbeiten das Grundbuchblatt sofort wieder in den Band einzufügen,

b) dabei sorgfältig darauf zu achten, daß das Grundbuchblatt vollständig ist und

c) sich an Hand der Kontrollen und Randeinkerbungen zu vergewissern, daß das Grundbuchblatt an der richtigen Stelle wieder eingeordnet ist.

Das Lesen erfolgt aus dem Grundbuchband.

(4) Bei der Anlegung eines Blattes, bei den 1. Eintragungen auf einem Einlagebogen und in allen in Satz 2 und 3 nicht genannten Fällen erfolgt die Eintragung in das Loseblatt-Grundbuch mit der Schreibmaschine. Bei späteren Eintragungen kann

der Behördenvorstand anordnen, daß folgende Eintragungen handschriftlich vorgenommen werden:

a) im Bestandsverzeichnis

aa) Änderungen und Ergänzungen in der Beschreibung des Grundstücks,

bb) Abschreibungsvermerke,

b) in Abt II und III Löschungsvermerke.

Hat der Landgerichtspräsident auf Grund § 21 der Grundbuchverfügung für eine bestimmte, oft wiederkehrende Eintragung, die Benutzung eines Stempels gestattet (vgl LV Nr 46/1959 — JBl Saar 1960, 3), so darf dieser auch im Loseblatt-Grundbuch verwandt werden.

(5) Bei der Anlegung eines Blattes und bei einer 1. Eintragung auf einem Einlagebogen können die Eintragungen auch im Offset-Druckverfahren hergestellt werden. Einlagebogen, die bereits eine Eintragung enthalten, dürfen jedoch nicht in eine Offset-Maschine eingelegt werden. Dies gilt sinngemäß auch bei der Bildung von Grundpfandrechtsbriefen.

(6) Wird bei bereits angelegten Grundbuchblättern die Eintragung einer Vielzahl weiterer Eintragungen erforderlich, die weitgehend gleichlautend sind, so kann zur Beschleunigung der Kanzleiarbeiten das bisherige Grundbuchblatt geschlossen und das Blatt neu angelegt werden.

11.

Das Handblatt

(1) Das Handblatt (§ 24 Abs 4 der Grundbuchverfügung) wird in einem Schnellhefter mit herausnehmbaren Einlageblättern geführt. Die Einlageblätter des Handblattes entsprechen in der Farbe und im Vordruck dem Titelbogen (Vorderseite) und den Einlagebogen des Grundbuchblattes.

(2) Der Titelbogen (Vorderseite) und die Einlageblätter sind in entsprechender Weise wie das Grundbuchblatt zu beschriften. Soweit für die Eintragungen in das Grundbuch die Benutzung der Schreibmaschine vorgeschrieben ist, erfolgen die Eintragungen im Handblatt gleichzeitig im Durchschreibeverfahren.

12.

Eintragungsverfügung

(1) Da die Eintragungen im Handblatt zugleich mit der Eintragung im Grundbuch mit der Schreibmaschine im Wege der Durchschrift erfolgen, ist der Eintragungstext unter Angabe der entsprechenden Spalten des Bestandsverzeichnisses bzw. der Abteilung wörtlich zu verfügen. Der Eintragungstext soll in der Verfügung nicht durch Hinweise aufgeklammerte oder sonst kenntlich gemachte Texte der der Eintragung zugrunde liegenden Urkunde ersetzt werden. Bei der Umschreibung eines Grundbuchblattes darf in der Eintragungsverfügung jedoch auf die Eintragung im Handblatt des bisherigen Grundbuchblattes Bezug genommen werden, wenn hieraus keine Verwirrung für die Schreibkraft zu besorgen ist.

(2) Im Falle der Nr 10 Abs 4 S 2 und 3 verfügt der Richter, Rechtspfleger oder Urkundsbeamte den Eintragungstext im Handblatt handschriftlich oder mittels Stempel. Die Eintragungsverfügung nimmt hierauf Bezug.

(3) Die Eintragungsverfügung ist zu den Grundakten zu nehmen.

(4) Der Behördenvorstand kann anordnen, daß neben dem Handblatt gemäß Nr 11 ein „Verfügungshandblatt" unter Benutzung der Vordrucke, die für das Handblatt zum Reichsmuster vorgesehen waren, angelegt wird. Das „Verfügungshandblatt"

ist als solches zu bezeichnen. Trifft der Behördenvorstand eine solche Anordnung, so kann der Eintragungstext in das Handblatt verfügt werden und in der Eintragungsverfügung hierauf Bezug genommen werden.

13.

Bekanntmachung der Eintragung

Für die Benachrichtigung der Beteiligten von der Eintragung sind die hierfür vorgesehenen Formblätter zu verwenden. Diese werden, sofern es sich nicht um die in Nr 10 Abs 4 S 2 und 3 genannten Fälle handelt, im Wege der Durchschrift zugleich mit der Eintragung im Grundbuch ausgefüllt. Erfolgten die Eintragungen im Grundbuch mittels des Offset-Drucks (Nr 10 Abs 5, 6), so sollen auch die Benachrichtigungen im gleichen Verfahren hergestellt werden.

14.

Schlußvorschriften

(1) Diese AV tritt am 1. November 1970 in Kraft. Soweit bei dem Amtsgericht Saarbrücken für das Siedlungsgebiet Saarbrücken-Eschberg die Benutzung von Grundbüchern im Format DIN A 4 vor diesem Zeitpunkt zugelassen wurde, hat es dabei sein Bewenden.

(2) Die Amtsgerichte melden den Bestand an leeren, noch nicht angelegten Grundbüchern des bisherigen Formats (feste Bände, Loseblattgrundbücher) dem Landgerichtspräsidenten. Der Landgerichtspräsident kann, sofern sich die leeren Bände für die Benutzung bei anderen Grundbuchämtern eignen, anordnen, daß die Bestände auf die einzelnen Grundbuchämter so aufgeteilt werden, daß möglichst alle Grundbuchämter zu etwa der gleichen Zeit mit der Fortführung des Grundbuchs in der Form DIN A 4 beginnen können.

(3) Wegen der Bestellung der Loseblatt-Grundbuchschraubbände DIN A 4, der Einlagebogen und der Vordrucke für das Handblatt, das Verfügungshandblatt und die Benachrichtigungen ergeht besondere Verfügung.

(4) Nr 1 bis 14 der LV Nr. 50/1960 idF der LV Nr. 6 und 20/1961 (JVVS 3851/30. Dezember 1969), sowie die LV Nr 1/65 (JVVS 3851/18. Januar 1965) haben nur noch insoweit Bedeutung als die vor Inkrafttreten dieser AV angelegten Grundbücher weiterzuführen sind. Die AV Nr 11/1966 (JVVS 3851/5. Juli 1966) wird mit Inkrafttreten dieser AV aufgehoben.

Seite 2910 Fußn 1 — **Anh 55**

Schleswig-Holstein Einrichtung und Führung des Loseblatt-Grundbuchs

Zum Umfang der Einführung des Loseblatt-Grundbuchs auch AVJM vom 26. Januar 1970 SchlHA 54

Seite 2915 ff. — **Anh 56, 57**

Aktenordnung

Übersicht (*Ergänzung*)

3. Tagebuch für Grundbuchsachen Übergangsregelung für Hessen, Nordrhein Westfalen und Rheinland-Pfalz — Anh 57 a/*Erg Verz*

Seite 2919 — **Anh 56**

Kolumnentitel **Anh 56** (*ergänzt*)

Seite 2937 — **Anh 57a**

Tagebuch für Grundbuchsachen Übergangsregelung

Hessen

RdErlJM vom 31. Juli 1970 JMBl 581 Führung des Tagebuchs für Grundbuchsachen.

Für die Führung des Tagebuchs für Grundbuchsachen **(Muster 10 AktO)** wird vorbehatlich einer endgültigen Regelung in der Aktenordnung als Übergangsmaßnahme bestimmt:

1. Die laufenden Nummern der Eintragungsverfügungen und Zurückweisungen (Spalten 2 bis 4) können fortlaufend untereinander in Spalte 3 eingetragen werden.

2. Die Spalten 6, 7 und 13 können unausgefüllt bleiben.

3. Die Spalten 12a und 12b sind durch das Beurkundungsgesetz vom 28. August 1869 BGBl I 1513 entbehrlich geworden.

Nordrhein-Westfalen

AVJM vom 7. Dezember 1970 JMBlNRW 1971, 1 Führung des Tagebuchs für Grundbuchsachen.

Für die Führung des Tagebuchs für Grundbuchsachen **(Muster 10 AktO)** wird vorbehaltlich einer endgültigen Regelung in der Aktenordnung als Übergangsregelung bestimmt:

1. Die laufenden Nummern der Eintragungsverfügungen und der Zurückweisungen (Spalte 2 bis 4) können fortlaufend untereinander in Spalte 3 eingetragen werden.
2. Die Spalten 12a und 12b sind durch das Beurkundungsgesetz vom 28. August 1969 BGBl I 1513 gegenstandslos geworden.
3. Soweit Grundbuchgeschäfte gebührenfrei vorgenommen werden, ist in Spalte 13 nicht der Geschäftswert, sondern der Vermerk „gebührenfrei" aufzunehmen.

Rheinland-Pfalz

AVJM vom 12. August 1970 JBl 158 Führung des Tagebuchs für Grundbuchsachen zur AVJM vom 18. August 1964 JBl 195/13. November 1967 JBl 196.

Für die Führung des Tagebuchs für Grundbuchsachen **(Muster 10 AktO)** wird vorbehaltlich einer endgültigen Regelung in der Aktenordnung als Übergangsmaßnahme bestimmt:

1. Die laufenden Nummern der Eintragungsverfügungen und Zurückweisungen (Spalten 2 bis 4) können fortlaufend untereinander in Spalte 3 eingetragen werden.
2. Die Spalten 6, 7 und 13 können unausgefüllt bleiben.
3. Die Spalten 12a und 12b sind durch das Beurkundungsgesetz vom 28. August 1969 BGBl I 1513 entbehrlich geworden.

Seite 2938ff. — **Anh 58**

FGG Änderung durch Art 2 § 5 Ges zur Änderung des RpflG, des BeurkG und zur Umwandlung des Offenbarungseides in eine eidesstattliche Versicherung vom 27. Juni 1970 BGBl I 911 = SaBl 1491, und zwar in §§ 33, 78, 79, 83, 162 und 163 FGG bez der sich auf den Offenbarungseid bezüglichen Stellen.

Seite 2943

§ 33 FGG Abs 2 S 5, 6

... Wird die Sache oder die Person nicht vorgefunden, so kann das Gericht den Verpflichteten anhalten, eine eidesstattliche Versicherung über ihren Verbleib abzugeben. Der § 883 Abs 2 bis 4, der § 900 Abs 1 und die §§ 901, 902, 904 bis 910, ... 913 der Zivilprozeßordnung sind entsprechend anzuwenden.

Aus § 883 ZPOnF ergibt sich, daß die Formulierung der eidesstattlichen Versicherung durch sachentsprechende Änderung an den Einzelfall angeglichen werden kann.

Seite 2945 ff. — **Anh 59**

KostO Änderung durch Art 2 § 11 Ges vom 27. Juni 1970 aaO (Anh 58/*Erg Verz*) und zwar bez § 124 KostO

Seite 2947 —

Eidesstattliche Versicherung (*geändert* bei Inhaltsübersicht)

Seite 2983 ff. — **Anh 60 ff.**

Notarrecht

Seite 2963 —

Übersicht (*Ergänzung*)

3. Dienstordnung für Notare — Anh 62/*Erg Verz*
Landesrechtliche Ergänzungen zur DONotnF
Baden-Württemberg BekJM vom 23. Juni 1970 — Anh 62a/*Erg Verz*
Bayern BekJM vom 9. Juli 1970 — Anh 62b/*Erg Verz*
Hamburg AVJM vom 21. Juli 1970 — Anh 62c/*Erg Verz*
Hessen RdErlJM vom 30. Juni 1970 — Anh 62d/*Erg Verz*
Niedersachsen AVJM vom 23. Juni 1970 — Anh 62e/*Erg Verz*
Nordrhein-Westfalen AVJM vom 9. Juli 1970 — Anh 62f/*Erg Verz*
Rheinland-Pfalz AVJM vom 24. Juni 1970 — Anh 62g/*Erg Verz*
AVJM vom 16. April 1970 — Anh 62h/*Erg Verz*
Saarland AVJM vom 27. Juli 1970 — Anh 62i/*Erg Verz*
Schleswig-Holstein AVJM vom 27. Juli 1970 — Anh 62k/*Erg Verz*

Seite 2984 ff. — **Anh 61**

Bundesnotarordnung zuletzt geändert durch das BeurkG vom 28. August 1969 (*berichtigt*) BGBl I 1513 = SaBl 1810

Seite 2986 —

§ 9 BNotO Abs 2 Zeile 3: ... durch Rechtsverordnung (*berichtigt*)

Seite 2987 —

§ 11 BNotO Abs 3 Zeile 2: ..., in dem (*berichtigt*) er zum Notar ...

§ 12 BNotO Zeile 1: ... von der Landesjustizverwaltung (*berichtigt*) ...

§ 13 BNotO Abs 1 Zeile 1: Nach Aushändigung der Bestallungsurkunde (*berichtigt*)

Ergänzungen und Berichtigungen zu Band III

Seite 2988 —

§ 18 BNotO Abs 2 Zeile 2: so kann der Notar um (*berichtigt*) die Entscheidung ... Es handelt sich um eine sprachliche Richtigstellung des Gesetzestextes.

Seite 2991 —

§ 42 BNotO in Zeile 1 kommt im Wegfall: (*1*)

Satz 2 gilt noch, ist aber praktisch gegenstandslos, da § 511a Abs 4 ZPO aufgehoben ist und § 547 Abs 1 Z 2 ZPO ebenfalls infolge Aufhebung des § 547 Abs 1 aaO nicht mehr anwendbar ist.

Seite 2992 —

§ 45 BNotO Abs 2 Zeile 1: ... gegeben sind (*berichtigt*),

Seite 2994 —

§ 54 BNotO Abs 1 Zeile 1: ... von der Aufsichtsbehörde vorläufig (*berichtigt*) seines Amtes enthoben werden,

Seite 2997 —

§ 66 BNotO Abs 2 Zeile 3: ... Aufgaben erfüllt (*berichtigt*) werden.

Seite 2998 —

§ 92 BNotO (*Ergänzung*) lautet:

Das Recht der Aufsicht steht zu

1. dem Präsidenten des Landgerichts über die Notare und Notariatsassessoren des Landgerichtsbezirks;
2. dem Präsidenten des Oberlandesgerichts über die Notare und Notariatsassessoren des Oberlandesgerichtsbezirks;
3. der Landesjustizverwaltung über sämtliche Notare und Notarassessoren des Landes.

Seite 3000 —

§ 111 BNotO Abs 1 Zeile 2/3: ... in seinen Rechten beeinträchtige (*berichtigt*)

Seite 3001 —

§ 113 BNotO Z I Abs 2 Z 8 Zeile 1: ... der Notarassesoren anstelle (*berichtigt*) der Notarkammer

Seite 3003ff. — **Anh 62**

Dienstordnung für Notare — DONot Neufassung bundeseinheitlich gemäß Beschluß der Landesjustizverwaltungen vom 21. Mai 1970, in Kraft getreten am 1. August 1970; dazu Baden-Württemberg AVJM vom 23. Juni 1970 Justiz 218, Bayern BekJM vom 9. Juli 1970 JMBl 67, Berlin AV vom 21. Juli 1970 ABl 823, Bremen AV vom 10. Juli 1970 ABl 261, Hamburg AVJB vom 21. Juli 1970 JBl 71, Hessen RdErl-JM vom 30. Juni 1970 JMBl 504, Niedersachsen AVJM vom 23. Juni 1970 NdsRpfl 151, Nordrhein-Westfalen AVJM vom 9. Juli 1970 JMBlNRW 177, Rheinland-Pfalz AVJM vom 24. Juni 1970 JBl 115, auch AVJM vom 16. April 1970 JBl 87, Saarland AVJM vom 27. Juli 1970 GMBl 531, Schleswig-Holstein AVJM vom 27. Juli 1970 SchlHA 173

Inhaltsübersicht

1. Abschnitt

Die Amtsführung im allgemeinen

§ 1

Amtliche Unterschrift des Notars

Der Notar hat die Unterschrift, die er bei Amtshandlungen anwendet, in 3facher Fertigung dem Landgerichtspräsidenten einzureichen. Der Vorname braucht in der Regel nicht beigefügt zu werden. Der Notar soll bei der Unterschrift seine Amtseigenschaft angeben.

§ 2

Amtssiegel

(1) Der Notar führt ein Amtssiegel (Prägesiegel und Farbdrucksiegel) mit dem Landeswappen. Die Umschrift enthält den Namen des Notars nebst den Worten

„. . . . . Notar in . . . . . (Ort)". Je 3 Abdrucke des Prägesiegels und des Farbdrucksiegels sind dem Landgerichtspräsidenten einzureichen.

(2) Der Notar hat dafür zu sorgen, daß das Amtssiegel nicht mißbraucht wird.

§ 3

Amtsschild

(1) Der Notar ist berechtigt, am Eingang zu der Geschäftsstelle und an dem Gebäude, in dem sich seine Geschäftsstelle befindet, ein Amtsschild anzubringen. Das Amtsschild enthält das Landeswappen und die Aufschrift „Notar".

(2) Der Notar kann auch Namensschilder anbringen. Hat der Notar kein Amtsschild angebracht, so hat er durch ein Namensschild auf seine Geschäftsstelle hinzuweisen.

§ 4

Bezug von Zeitschriften

(1) Der Notar hat das BGBl I, das Gesetzblatt des Landes, das Bekanntmachungsblatt der Landesjustizverwaltung und das Verkündungsblatt der Bundesnotarkammer zu halten.

(2) Sind mehrere Notare zu gemeinschaftlicher Berufsausübung verbunden, so genügt der gemeinschaftliche Bezug je eines Stücks.

§ 5

Zeit und Ort der Amtsausübung

(1) Der Notar soll seine Geschäftsstelle während der üblichen Geschäftsstunden offenhalten. Außerhalb dieser Zeit soll er Amtsgeschäfte vornehmen, wenn ein Aufschub mit erheblichen Nachteilen für die Beteiligten verbunden wäre.

(2) Der Notar soll die Amtsgeschäfte in der Regel in seiner Geschäftsstelle vornehmen.

§ 6

Verpflichtung der bei dem Notar beschäftigten Personen

Der Notar hat die bei ihm beschäftigten Personen, ausgenommen Notarassessoren (§ 7 BNotO) und Notariatsbeamte (§ 113 BNotO), bei der Einstellung auf die Bestimmungen des § 14 Abs 4 Satz 2 BNotO hinzuweisen und sie durch Handschlag zur Wahrung des Amtsgeheimnisses (§ 18 BNotO) zu verpflichten. Hierüber ist eine Niederschrift anzufertigen, die von dem Notar und dem Verpflichteten zu unterzeichnen und bei den Generalakten des Notars aufzubewahren ist.

2. Abschnitt

Die Bücher und Akten des Notars

§ 7

Die Bücher des Notars

(1) Der Notar hat eine Urkundenrolle nach dem **Muster 2**, ein Verwahrungsbuch nach den **Mustern 3** oder **4** und ein Massenbuch (Massenkartei) nach den **Mustern 5** oder **6** zu führen.

(2) Die Bücher sind aus dauerhaftem Papier in festem Einband herzustellen und von Seite zu Seite mit fortlaufenden Zahlen zu versehen. Auf dem Titelblatt sind der Name des Notars und sein Amtssitz anzugeben. Bevor der Notar die Urkundenrolle und das Verwahrungsbuch in Gebrauch nimmt, stellt er unter Beifügung von Datum,

Unterschrift und Farbdrucksiegel auf dem Titelblatt **(Muster 1)** die Seitenzahl des Buches fest.

(3) Die Urkundenrolle und das Massenbuch (Massenkartei) sind mit einem alphabetischen Namensverzeichnis zu versehen. Der Notar kann statt dessen ein fortlaufendes Namensverzeichnis oder ein gemeinsames Namensverzeichnis für mehrere Bände führen. Das Namensverzeichnis kann auch als Kartei oder als Buch mit herausnehmbaren Einlagebogen geführt werden.

§ 8

Die Urkundenrolle

In die Urkundenrolle **(Muster 2)** sind Beurkundungen in Form einer Niederschrift nach §§ 8, 36, 38 BeurkG und Beurkundungen in Form eines Vermerks nach § 39 BeurkG einzutragen; ausgenommen sind

a) die Erteilung von Ausfertigungen,
b) die Beglaubigung von Abschriften,
c) Wechsel- und Scheckproteste,
d) Vermerke nach § 39 BeurkG, die im Zusammenhang mit einer anderen Beurkundung erteilt und auf die betreffende Urschrift oder eine Ausfertigung oder ein damit zu verbindendes Blatt gesetzt werden; Vermerke, welche die Beglaubigung einer Unterschrift, eines Handzeichens, der Zeichnung einer Firma oder der Zeichnung einer Namensunterschrift enthalten, sind stets in die Urkundenrolle aufzunehmen.

Hat der Notar bei einer Unterschriftsbeglaubigung auch den Entwurf der Urkunde gefertigt, so hat er dies in der Urkundenrolle zu vermerken.

§ 9

Eintragungen

(1) Die Eintragungen sind in ununterbrochener Reihenfolge zu bewirken und für jedes Kalenderjahr mit fortlaufenden Nummern zu versehen.

(2) In Spalte 3 sind die Beteiligten — bei der Beurkundung von Rechtsgeschäften jeder Teil, dessen Erklärung beurkundet wird, — aufzuführen. Wird ein Beteiligter vertreten, so ist nur der Vertretene anzugeben. Ist eine größere Zahl von Personen beteiligt, so genügt eine zusammenfassende Bezeichnung; diese kann auch in das Namensverzeichnis aufgenommen werden, falls sie das Auffinden der Urkunde gewährleistet. Bei Unterschriftsbeglaubigungen und sonstigen Urkunden, die weder in Urschrift noch in Abschrift bei dem Notar verbleiben — ausgenommen Verfügungen von Todes wegen —, kann von der Aufnahme der Beteiligten in das Namensverzeichnis abgesehen werden.

(3) Urkunden, in denen der Inhalt einer in der Urkundensammlung befindlichen Urkunde berichtigt, geändert, ergänzt oder aufgehoben wird, erhalten eine neue Nummer. In Spalte 5 der Urkundenrolle ist jeweils wechselseitig auf die Nummer der anderen Urkunde, z B mit den Worten: „vgl. Nr. ..." zu verweisen. Wird die spätere Urkunde bei der früheren verwahrt (§ 19 Abs 3), so ist bei der späteren Urkunde in Spalte 5 auf die frühere zu verweisen, z B mit den Worten: „verwahrt bei Nr. ...".

(4) Ausschabungen sind unzulässig; Änderungen sollen so vorgenommen werden, daß der ursprüngliche Text erkennbar bleibt.

§ 10

Vermerke auf Urkunden

Auf der Urschrift jeder Urkunde sowie auf jeder Ausfertigung oder Abschrift hat der Notar die Nummer der Urkundenrolle und die Jahreszahl anzugeben.

§ 11

Verwahrung von Wertgegenständen

(1) Geld, Wertpapiere und Kostbarkeiten, die dem Notar zur Aufbewahrung oder zur Ablieferung an Dritte übergeben werden (§ 23 BNotO), sind in das Verwahrungsbuch und in das Massenbuch (Massenkartei) einzutragen Schecks und Sparkassenbücher sind bei der Eintragung ebenso wie Geld zu behandeln.

(2) Die Eintragungspflicht erstreckt sich nicht auf Geldbeträge, die der Notar als Protestbeamter empfangen hat, wenn diese Beträge unverzüglich an den Berechtigten herausgegeben werden. Sie erstreckt sich ferner nicht auf Hypotheken-, Grundschuld- und Rentenschuldbriefe sowie auf Wechsel und Schecks, die der Notar zwecks Erhebung des Protestes erhalten hat.

§ 12

Durchführung der Verwahrung

(1) Wertpapiere und Kostbarkeiten sind sicher und getrennt von anderen Massen zu verwahren. Die laufende Einnahmennummer des Verwahrungsbuches ist anzugeben. Wertpapiere und Kostbarkeiten kann der Notar, falls der Hinterleger nichts anderes verlangt, auch einer Bank in Verwahrung geben. Er ist nicht verpflichtet, die von ihm verwahrten Wertpapiere zu verwalten; hierauf soll er den Hinterleger hinweisen.

(2) Geldbeträge sind einem Bankkonto zuzuführen; derartige Konten sind zum Unterschied von dem Privatkonto als Sonderkonten des Notars für fremde Gelder (Notaranderkonten) einzurichten; für jede Masse muß ein besonderes Anderkonto geführt werden, über das der Notar allein verfügungsberechtigt ist. Die Auswahl der Banken steht, soweit die Beteiligten nichts anderes verlangen, dem Notar zu. Der Notar darf über Beträge des Bankkontos nur verfügen, um sie unverzüglich dem Empfangsberechtigten zuzuführen. Verlangt der Hinterleger schriftlich die gesonderte Aufbewahrung von Geldbeträgen, so sind diese in besonderen Hüllen zu verwahren. Die Zinsen hinterlegter Geldbeträge stehen — nach Abzug der Bankunkosten — dem Beteiligten zu.

(3) Schecks sind unverzüglich einzulösen oder zu verrechnen, soweit sich aus den Anweisungen der Beteiligten nichts anderes ergibt. Der Gegenwert ist nach Abs 2 zu behandeln.

§ 13

Das Verwahrungsbuch und das Massenbuch

(1) Jede Einnahme und jede Ausgabe sind sowohl in das Verwahrungsbuch als auch in das Massenbuch einzutragen. Die Eintragungen sind in beiden Büchern noch am Tage des Eingangs oder der Ausgabe — im Verwahrungsbuch unter einer durch das Kalenderjahr fortlaufenden Nummer — zu bewirken.

(2) Im Verwahrungsbuch **(Muster 3)** werden Wertpapiere nur nach der Gattung und dem Gesamtbetrag bezeichnet. Zins-, Renten- und Gewinnanteilscheine oder Erneuerungsscheine sind kurz zu vermerken. Die Geldbeträge sind in Ziffern einzutragen und aufzurechnen; das Ergebnis einer Seite ist auf die folgende Seite zu übertragen. Zu Beginn eines neuen Kalenderjahres ist der Überschuß der Einnahmen über die Ausgaben vorzutragen; zu diesem Zweck ist das Verwahrungsbuch am Schlusse des Kalenderjahres abzuschließen und der Abschluß von dem Notar unter Angabe von Ort, Tag und Amtsbezeichnung zu unterschreiben. Auf die Eintragung im Massenbuch ist zu verweisen.

(3) In das Massenbuch **(Muster 5)** ist jede Verwahrungsmasse mit den zugehörigen Einnahmen und Ausgaben gesondert unter jährlich laufender Nummer einzutragen. Den Eintragungen, die die gleiche Verwahrungsmasse betreffen, ist die Be-

zeichnung der Masse nebst der laufenden Nummer und der Nummer der Urkundenrolle voranzustellen. Wertpapieie werden nach der Gattung, dem Nennbetrag, der Stückzahl, den Serien und den Nummern eingetragen; Zins-, Renten- und Gewinnanteilscheine oder Erneuerungsscheine sind durch Angabe der Fälligkeitstermine oder Nummern näher zu bezeichnen. Die Geldbeträge sind für die einzelnen Massen gesondert aufzurechnen.

(4) Die Ausgaben müssen durch Belege nachgewiesen werden. Die Belege über die Einnahmen und Ausgaben werden mit der Nummer der Masse bezeichnet und nach § 21 Abs 2 verwahrt. Wird die Empfangsbescheinigung in einer Notariatsverhandlung beurkundet, so ist in der Bemerkungsspalte auf diese Urkunde zu verweisen; auch kann diese Spalte zu Empfangsbescheinigungen benutzt werden. Sind sämtliche zu einer Masse gehörigen Eintragungen im Massenbuch erledigt, so sind sie mit Rotstift durchzustreichen.

(5) Änderungen und Ausschabungen in den Büchern sind unzulässig; Irrtümer sind durch einen von dem Notar zu unterschreibenden Nachtragsvermerk in der entsprechenden Spalte oder in der Bemerkungsspalte unter Angabe des Datums richtigzustellen.

§ 14

Besondere Formen der Führung der Bücher

(1) Urkundenrolle und Verwahrungsbuch können als Buch mit herausnehmbaren Einlageblättern geführt werden. In diesem Fall ist für das Verwahrungsbuch das **Muster 4** zu verwenden. Die Einlageblätter müssen aus dauerhaftem Papier hergestellt und fortlaufend numeriert sein. Voll beschriebene Einlageblätter sind in Schnellheftern oder Aktenordnern abzulegen. Nach Ablauf des Kalenderjahres sind die Einlageblätter unverzüglich mit Schnur und Siegel zu verbinden und fest einzubinden. Der Notar hat dabei die in § 7 Abs 2 Satz 3 vorgeschriebenen Feststellungen zu treffen.

(2) Anstelle des Massenbuchs kann der Notar eine Kartei für die einzelnen Massen (Massenkartei) nach dem **Muster 6** führen. Die Karteiblätter sind mit fortlaufenden Nummern zu versehen und in der Nummernfolge — getrennt nach erledigten und nicht erledigten Massen — aufzubewahren.

(3) Verwahrungsbuch und Massenbuch (Massenkartei) können im Durchschreibeverfahren geführt werden.

§ 15

Kostenregister im Beriech der Notarkasse

Der Notar im Tätigkeitsbereich der Notarkasse führt zur Feststellung der Gebühren, die der Abgabe zur Notarkasse unterliegen, ein Kostenregister, das auch im Durchschreibeverfahren geführt werden kann.

§ 16

Verfügungen von Todes wegen

(1) Über jede Verfügung von Todes wegen, die der Notar dem Amtsgericht abliefert (§ 34 BeurkG, §§ 2253a, 2300 BGB), hat er für seine Urkundensammlung einen Vermerk anzufertigen, der den Namen, Beruf und Wohnort des Erblassers (der Vertragschließenden) — gegebenenfalls auch des 2. Notars oder der Urkundenzeugen — sowie Angaben darüber enthält, in welcher Form (§§ 2232, 2276 BGB) die Verfügung von Todes wegen errichtet worden ist.

Auf das Vermerkblatt sind die Nummer der Urkundenrolle und die nach § 154 Abs 3 KostO zurückzubehaltende Abschrift der Kostenberechnung zu setzen.

Auf Wunsch des Erblassers (der Vertragschließenden) soll der Notar Abschriften der Verfügung von Todes wegen zurückbehalten. Zurückbehaltene Abschriften sind zu beglaubigen. Sie sind zu den Akten des Notars zu nehmen und auf Wunsch dem Beteiligten (den Beteiligten) auszuhändigen.

(2) Im Falle des § 25 Abs 2 Satz 1 BNotO benachrichtigt der Notar das Standesamt oder die Hauptkartei für Testamente gemäß den für die Benachrichtigung durch das Verwahrungsgericht (§ 34 BeurkG, §§ 2258a, 2300 BGB) geltenden Vorschriften und vermerkt dies auf der Urkunde. Bei der Ablieferung gemäß § 25 Abs 2 Satz 2 BNotO hat er eine beglaubigte Abschrift der Urkunde nebst Kostenberechnung zu der Urkundensammlung zu nehmen. Befindet sich ein Erbvertrag seit mehr als 50 Jahren in seiner Verwahrung, so hat er nach §§ 2300a, 2263a BGB zu verfahren und den Erbvertrag gegebenenfalls an das Nachlaßgericht zum Zwecke der Eröffnung abzuliefern.

(3) Der Notar hat über die Erbverträge, die er gemäß § 25 Abs 2 Satz 1 BNotO in Verwahrung nimmt, ein Verzeichnis zu führen. Die Eintragungen sind jahrgangsweise mit laufenden Nummern zu versehen. In das Verzeichnis sind aufzunehmen:

a) die Namen der Erblasser,
b) ihr Geburtsdatum,
c) der Tag der Ausstellung der Urkunde,
d) die Nummer der Urkundenrolle.

Fals der Erbvertrag später in besondere amtliche Verwahrung gebracht oder an das Gericht abgeliefert wird, sind im Verzeichnis dieses Gericht und der Tag der Abgabe zu vermerken. Das Verzeichnis ist als Anlage zur Urkundenrolle zu nehmen und mit dieser aufzubewahren. Anstelle des Verzeichnisses kann der Notar Durchschriften der den Standesämtern und der Hauptkartei für Testamente zu übersendenden Verwahrungsnachrichten in einer Kartei aufbewahren. Die einzelnen Verwahrungsnachrichten sind in zeitlicher Reihenfolge zu ordnen und mit laufenden Nummern zu versehen. Bei der Abgabe der Urkunden gemäß § 51 BNotO sind die Durchschriften der Verwahrungsnachrichten über die noch nicht abgegebenen Erbverträge an die verwahrende Stelle zu übergeben.

(4) Der Notar hat das nach Abs 3 geführte Verzeichnis oder die daselbst bezeichneten Durchschriften am Jahresende auf solche uneröffneten Erbverträge durchzusehen, die wegen Zeitablaufs nach Abs 2 Satz 3 zu behandeln sind.

§ 17

Abschriften von Entwürfen

Hat der Notar eine Urkunde entworfen und Unterschriften oder Handzeichen darunter beglaubigt, so hat er eine beglaubigte Abschrift der Urkunde einschließlich der Kostenberechnung (§ 154 Abs 3 Satz 3 KostO) für seine Urkundensammlung zurückzubehalten, sofern die Urkunde nicht gemäß § 19 Abs 4 mit einer Niederschrift verbunden wird. Auf die Abschrift sind die Vermerke über die Absendung der Anzeige nach § 2 Abs 5 der Grunderwerbsteuer-Durchführungsverordnung vom 30. März 1940 RGBl I 595 oder den entsprechenden landesrechtlichen Bestimmungen sowie nach § 3 Abs 3 der Kapitalverkehrsteuer-Durchführungsverordnung idF vom 20. April 1960 BGBl I 244 zu setzen.

§ 18

Urkunden ohne Niederschrift

Bei Urkunden des Notars, die weder in Urschrift noch in Abschrift bei dem Notar zurückbleiben, insbesondere bei bloßen Unterschriftsbeglaubigungen sowie anderen Zeugnissen und Bescheinigungen, ist ein Vermerkblatt zu der Urkundensammlung zu bringen, das den Namen der Beteiligten, die Nummer der Urkundenrolle und die nach § 154 Abs 3 KostO zurückzubehaltende Abschrift der Kostenberechnung enthält. Dies gilt nicht, wenn gemäß § 19 Abs 4 verfahren wird.

§ 19

Urkundensammlung

(1) Die von dem Notar verwahrten Urschriften (§ 25 Abs 1 BNotO), Ausfertigungen (§ 45 Abs 1 Satz 2 und 3 BeurkG) und beglaubigten Abschriften (§ 17) sowii die Vermerkblätter über hinausgegebene Urkunden (§ 16 Abs 1, § 18) sind nach der Nummernfolge der Urkundenrolle geordnet in einer Urkundensammlung aufzubewahren. Sie können in Schnellheftern, Aktenordnern, Aktenkästen oder festen Umschlägen gesammelt oder in Aktenbände mit festem Umschlag eingeheftet werden.

(2) Auf Urkunden, in denen der Inhalt einer früheren in der Sammlung befindlichen Urkunde berichtigt, geändert, ergänzt oder aufgehoben wird (§ 9 Abs 3 Satz 1), soll bei der Haupturkunde durch einen Vermerk verwiesen werden, wenn die spätere Urkunde nicht mit der früheren gemäß Abs 3 zusammengeheftet wird. Der Vermerk ist in die späteren Ausfertigungen und Abschriften zu übernehmen.

(3) Urkunden der in Abs 2 bezeichneten Art sowie Urkunden, die ihrem Inhalt nach mit anderen in der Urkundensammlung befindlichen Urkunden derart zusammenhängen, daß sie ohne letztere von den Beteiligten in zweckdienlicher Weise nicht verwendet werden können, wie solche über Vertragsannahme-, Auflassungs- oder Genehmigungserklärungen, können bei der Haupturkunde verwahrt werden.

(4) Mit Urkunden, die in der Verwahrung des Notars bleiben (§ 25 Abs 1 BNotO), können, wenn die Beteiligten nichts anderes bestimmen, auch sonstige Urkunden in Urschrift oder beglaubigter Abschrift verbunden werden, die für die Rechtswirksamkeit oder die Durchführung des beurkundeten Rechtsvorganges bedeutsam sind, zB Genehmigungserklärungen, behördliche Beschlüsse und Bescheinigungen, Erbscheine, Eintragungsmitteilungen.

(5) Urkunden, die nach Abs 3 oder 4 miteinander verwahrt oder nach § 12 BeurkG der Niederschrift beigefügt werden, sind anzukleben oder nach § 29 beizuheften. Sie können in die Ausfertigungen und Abschriften der Haupturkunde aufgenommen werden.

§ 20

Wechsel- und Scheckproteste

(1) Die bei der Aufnahme von Wechsel- und Scheckprotesten zurückbehaltenen beglaubigten Abschriften der Protesturkunden und der über den Inhalt des Wechsels, der Wechselabschrift oder des Schecks aufgenommenen Vermerke (Art. 85 Abs 2 des Wechselgesetzes, Art. 55 Abs 3 des Scheckgesetzes) sind mit den zugehörigen Kostenberechnungen (§ 154 Abs 3 Satz 1 KostO) nach der zeitlichen Reihenfolge geordnet in Sammelbänden zu vereinigen; § 19 Abs 1 Satz 2 gilt entsprechend. Die Protestabschriften sind innerhalb eines jeden Bandes mit fortlaufenden Nummern zu versehen. Die Protestabschriften und die Vermerke sind möglichst auf dasselbe Blatt zu setzen.

(2) Die Protestabschriften und die Vermerke können nach 5 Jahren vernichtet werden.

§ 21

Nebenakten

(1) Die nicht zur Urkundensammlung zu nehmenden Schriftstücke, zB Schriftwechsel mit den Beteiligten sowie mit den Gerichten und Behörden, werden, auch so-

weit sie Urkundsgeschäfte des Notars betreffen, in Blattsammlungen für jede einzelne Angelegenheiten oder in Sammelakten aufbewahrt.

(2) Zu den Verwahrungsgeschäften und, soweit dies zur Vorbereitung und Abwicklung des Geschäfts geboten ist, zu den Beurkundungen hat der Notar Blattsammlungen zu führen. Steht ein Verwahrungsgeschäft mit einer Beurkundung im Zusammenhang, so ist eine Blattsammlung ausreichend.

(3) Blattsammlungen und Sammelakten mit Ausnahme nach § 16 Abs 1 Satz 3 zurückbehaltener Abschriften von Verfügungen von Todes wegen und nach § 25 Abs 2 Satz 1 BNotO verwahrter Erbverträge können nach 7 Jahren vernichtet werden.

§ 22

Generalakten

Für Mitteilungen der Aufsichtsbehörden, Prüfungsberichte und andere die Amtstätigkeit im allgemeinen betreffende Vorgänge hat der Notar Generalakten zu führen.

§ 23

Geschäftsübersichten

(1) Der Notar hat nach Abschluß eines jeden Kalenderjahres eine Geschäftsübersicht nach dem **Muster 7** aufzustellen und in 2 Stücken bis zum 15. Januar bei dem Landgerichtspräsidenten einzureichen. Der Landgerichtspräsident läßt dem Notar die erforderlichen Vordrucke zugehen.

(2) Bei der Aufstellung der Übersicht ist folgendes zu beachten:

1. Unter Abschnitt I (Urkundsgeschäfte) sind alle in die Urkundenrolle eingetragenen Beurkundungen sowie die Wechsel- und Scheckproteste aufzunehmen. Jede Urkunde ist nur einmal zu zählen.
2. Urkundenentwürfe sind in die Übersicht (Nr I 1a) nur dann aufzunehmen, wenn der Notar Unterschriften oder Handzeichen darunter beglaubigt hat.
3. Unter Nr I 1c ist die Zahl aller vom Gericht überwiesenen Vermittlungen von Auseinandersetzungen (förmliche Vermittlungsverfahren) aufzunehmen. Die Beurkundung eines Auseinandersetzungsvertrages, dem ein förmliches Verfahren nicht vorausgegangen ist, ist unter Nr I 1d zu zählen.

(3) Ist ein Notar im Laufe des Jahres ausgeschieden oder sein Amtssitz verlegt worden, so ist die Übersicht seiner Geschäfte von der Stelle (Notariatsverweser, Amtsgericht, Notar) aufzustellen, die die Bücher und Akten in Verwahrung genommen hat. Für Notariatsverweser ist die Übersicht besonders aufzustellen; Satz 1 gilt entsprechend.

§ 24

Übersichten über die Verwahrungsgeschäfte

(1) Der Notar hat nach Abschluß eines jeden Kalenderjahres dem Landgerichtspräsidenten eine Übersicht über den Stand seiner Verwahrungsgeschäfte nach dem **Muster 8** bis zum 1. März einzureichen. Der Landgerichtspräsident läßt dem Notar die erforderlichen Vordrucke zugehen.

(2) In der Übersicht ist anzugeben:

1. unter I 1 der Bestand der vom Notar am Jahresschluß verwahrten Geldbeträge;
2. unter I 2 der im Verwahrungsbuch vorgetragene Überschuß der Einnahmen über die Ausgaben;
3. unter I 3 der Bestand der verwahrten Geldbeträge, nach den einzelnen Massen gegliedert;
4. unter II der Bestand der verwahrten Wertpapiere und Kostbarkeiten, nach Massen

gegliedert; die Wertpapiere sind nur nach Gattung und Gesamtbetrag zu bezeichnen, Zinsscheine und dgl. sind kurz zu vermerken.

Bei I 3 und II ist in der Spalte Bemerkungen die Art der Verwahrung genau anzugeben; sind Geldbeträge nicht auf Anderkonten angelegt, so sind die Gründe hierfür kurz mitzuteilen.

(3) Den Übersichten sind die Rechnungsauszüge der Banken, bei denen die verwahrten Geldbeträge angelegt sind, beizufügen. Sind sie dem Notar noch nicht zugegangen, so hat er sie unverzüglich nachzureichen.

(4) Der Notar hat auf der Übersicht zu versichern, daß sie richtig und vollständig ist, und hat sie zu unterschreiben.

(5) Hat der Notar am Schluß des Jahres keine Wertgegenstände in Verwahrung, so erstattet er Fehlanzeige.

3. Abschnitt

Feststellung und Bezeichnung der Beteiligten

§ 25

(1) Der Notar hat bei der Beurkundung von Erklärungen und bei der Beglaubigung von Unterschriften oder Handzeichen sowie der Zeichnung einer Firma oder Namensunterschrift die Person der Beteiligten mit besonderer Sorgfalt festzustellen. Bei der Vorlage eines Ausweises ist seine Gültigkeit, bei der Vorstellung der Beteiligten durch Dritte ist ihre Glaubwürdigkeit zu prüfen. Als Erkennungszeugen sind regelmäßig nur solche Personen geeignet, die der Notar selbst als zuverlässig kennt und die nicht an der den Gegenstand der Amtshandlung bildenden Angelegenheit beteiligt sind oder zu einem Beteiligten in näheren verwandtschaftlichen oder sonstigen dem Notar bekannten Beziehungen stehen.

(2) Bei der Bezeichnung natürlicher Personen sind der Wohnort und die Wohnung, bei verheirateten oder verheiratet gewesenen Frauen ferner ihr Mädchenname beizufügen. In den Fällen, in denen dies zur Vermeidung von Verwechslungen angebracht erscheint, soll der Geburtstag des Beteiligten (der Beteiligten) angegeben werden.

4. Abschnitt

Form und Gestaltung der notariellen Urkunden

§ 26

Herstellung der Urschriften

(1) Urschriften notarieller Urkunden können mit schwarzer oder blauer Tinten- oder Schreibmaschinenschrift hergestellt werden, sofern die verwendeten Tinten oder Farbbänder handelsüblich als urkunden- oder dokumentenecht bezeichnet sind.

(2) Die Verwendung von Kugelschreibern ist zulässig sofern schwarze Pastentinten benutzt werden und die Minen neben einer Herkunftsbezeichnung den Aufdruck „DIN 16554" tragen. Filzschreiber oder ähnliche Schreibgeräte dürfen nicht verwendet werden.

(3) Die Urschriften können auch im Druckverfahren mit Ausnahme des Umdruckverfahrens mit schwarzer oder dunkelblauer Druckfarbe oder unter Verwendung entsprechender Formblätter hergestellt werden.

(4) Bei Unterschriftsbeglaubigung sowie für den Abschlußvermerk in Niederschriften ist der Gebrauch von Stempeln unter Verwendung von haltbarer schwarzer oder dunkelblauer Stempelfarbe zulässig.

(5) Die Aufsichtsbehörden können die Verwendung nach Form oder Inhalt ungeeigneter Formblätter untersagen.

§ 27

Herstellung von Ausfertigungen und beglaubigten Abschriften

(1) Zur Herstellung von Ausfertigungen und beglaubigten Abschriften können auch gut lesbare Durchschläge, Ablichtungen oder im Umdruckverfahren hergestellte Abzüge benutzt werden.

(2) Ablichtungen müssen das Schriftstück in Originalgröße oder nur geringfügig verkleinert wiedergeben und genügend haltbar und fälschungssicher sein. Wärmekopien dürfen nicht verwendet werden.

§ 28

Urkundenpapier

Die Urschriften und Ausfertigungen notarieller Urkunden sind auf festem weißem oder gelblichen Papier in DIN-Format herzustellen.

§ 29

Heften von Urkunden

(1) Jede Urschrift, Ausfertigung oder beglaubigte Abschrift, die mehr als einen Bogen oder ein Blatt umfaßt, ist zu heften; der Heftfaden ist anzusiegeln. Es sollen Heftfäden in den Landesfarben verwendet werden.

(2) In gleicher Weise sind Schriftstücke, die nach § 9 Abs 1 Satz 2, §§ 14, 37 Abs 1 Satz 2 BeurkG der Niederschrift beigefügt worden sind, mit dieser zu verbinden.

§ 30

Lücken und Änderungen in den Urkunden

(1) Es darf nichts ausgeschabt oder sonst unleserlich gemacht werden. Wichtige Zahlen sind in geeigneten Fällen in Ziffern und Buchstaben zu schreiben.

(2) Lücken sind, soweit erforderlich, durch Füllstriche gegen nachträgliche Einschaltungen zu sichern.

(3) Zusätze und sonstige, nicht nur geringfügige Änderungen sollen am Schluße vor den Unterschriften oder am Rande vermerkt und im letzteren Falle von dem Notar besonders unterzeichnet werden. Ist der Niederschrift ein Schriftstück nach § 9 Abs 1 Satz 2, §§ 14, 37 Abs 1 Satz 2 BeurkG beigefügt, so brauchen Änderungen in dem beigefügtem Schriftstück nicht unterzeichnet zu werden, wenn aus der Niederschrift hervorgeht, daß sie genehmigt sind.

(4) Offensichtliche Schreibfehler kann der Notar auch nach Abschluß der Niederschrift durch einen von ihm zu unterschreibenden Nachtragsvermerk richtigstellen. Ergibt sich im übrigen nach Abschluß der Niederschrift die Notwendigkeit einer Änderung oder Berichtigung, so hat der Notar hierüber eine besondere Niederschrift aufzunehmen.

§ 31

Genehmigung oder Bestätigung durch eine Behörde

(1) Bedarf ein Geschäft der Genehmigung oder Bestätigung durch eine Behörde oder hegt der Notar Zweifel über die Notwendigkeit einer solchen Genehmigung oder Bestätigung, so kann der Notar in geeigneten Fällen mit Einverständnis der Beteiligten vor der Beurkundung einen Entwurf der wesentlichen Bestimmungen des Geschäfts der zuständigen Behörde mit der Bitte um Bekanntgabe etwaiger Bedenken vorlegen. Er soll, soweit dies zweckmäßig erscheint, den Beteiligten dieses Verfahren nahelegen.

(2) Der Notar soll die notwendigen Genehmigungen und Bestätigungen möglichst frühzeitig und möglichst gleichzeitig beantragen.

5. Abschnitt

Prüfung der Amtsführung

§ 32

Umfang der Prüfung

(1) Die Amtsführung des Notars wird in der Regel in Abständen von mehreren — höchstens 4 — Jahren und, wenn besondere Gründe vorliegen, auch in der Zwischenzeit geprüft. Bei einem neu bestellten Notar wird die erste Prüfung innerhalb der ersten 2 Jahre seiner Tätigkeit vorgenommen.

(2) Gegenstand der Prüfung ist die ordnungsmäßige Erledigung der Amtsgeschäfte des Notars. Die Prüfung erstreckt sich auch auf die Einrichtung der Geschäftsstelle, auf die Führung und Aufbewahrung der Bücher und Akten, auf die vorschriftsmäßige Verwahrung von Wertgegenständen, auf die rechtzeitige Anzeige des Beginns und der Beendigung von Vertretungen sowie auf das Bestehen der Haftpflichtversicherung. In jedem Falle ist eine größere Anzahl von Urkunden und Nebenakten durchzusehen und dabei auch die Kostenberechnung zu prüfen.

(3) Der Prüfungsbeauftragte berichtet dem Landgerichtspräsidenten über das Ergebnis der Prüfung. Soweit der Bericht Beanstandungen enthält, trifft der Landgerichtspräsident nach Anhörung des Notars die erforderlichen Anordnungen.

(4) Soweit bei dem Notar die Kostenberechnung bereits von einem Beauftragten der Notarkasse geprüft wird, ist eine Prüfung nicht erforderlich.

§ 33

Prüfungsbeauftragte

Die Prüfung wird von dem Landgerichtspräsidenten (§ 92 Nr 1 BNotO) oder einem von ihm beauftragten Richter des Landgerichts regelmäßig in der Geschäftsstelle des Notars vorgenommen. Der Oberlandesgerichtspräsident kann einen oder mehrere Richter bestellen, die im Auftrage der Landgerichtspräsidenten die Notare im gesamten Oberlandesgerichtsbezirk prüfen. Die Prüfung der Kostenberechnungen und der Verwahrungsgeschäfte kann unter Heranziehung eines Kostenbeamten gemäß § 93 Abs 2 Satz 2 BNotO vorgenommen werden.

6. Abschnitt

Notariatsverweser und Notarvertreter

§ 34

(1) Die Bestimmungen dieser Dienstordnung gelten auch für Notariatsverweser und Notarvertreter.

(2) Der Notariatsverweser führt das Amtssiegel (§ 2) mit der Umschrift „Notariatsverweser in ..... (Ort)". Er fügt seiner Unterschrift einen ihn als Notariatsverweser kennzeichnenden Zusatz bei.

(3) Der Beginn und die Beendigung des Verweseramtes oder der Vertretung sind unverzüglich in der Urkundenrolle zu vermerken. Der Vermerk ist mit Datum und Unterschrift zu versehen.

(4) Der Notar, dem ein ständiger Vertreter bestellt ist, hat dem Landgerichtspräsidenten in vierteljährlichen Zusammenstellungen in 2 Stücken Anlaß, Beginn und Beendigung der einzelnen Vertretung anzuzeigen.

(5) In den sonstigen Vertretungsfällen hat der Notar dem Landgerichtspräsidenten unverzüglich die Beendigung der Vertretung anzuzeigen.

Muster 1

Urkundenrolle*

des

Notars... in..

Band __________

Dieser Band umfaßt ohne das Titelblatt .... Seiten.

...., den ....

(Stempel) ...., Notar
(Unterschrift)

* Auf dem Titelblatt des Verwahrungsbuchs tritt an die Stelle des Wortes „Urkundenrolle" das Wort „Verwahrungsbuch".

Muster 2

Jahr 1962 **Urkundenrolle des Notars** .... in .... **Seite 1**

Lfd. Nr.	Tag der Ausstellung der Urkunde	Name, Beruf, Wohnort der Beteiligten	Gegenstand des Geschäfts	Bemerkungen
1	2	3	4	5
1	*2. Januar*	*K., Gärtnereibesitzer in B.;* *H., Angestellter in B.*	*Kaufvertrag und Auflassung*	
2	*2. Januar*	*Erbengemeinschaft nach Friedrich E. in A.*	*Erbauseinandersetzungsvertrag*	*Zustimmungserklärung s. Nr. 5*
3	*3. Januar*	*AL Aktiengesellschaft in B.*	*Hauptversammlung*	
4	*3. Januar*	*AL Aktiengesellschaft in B.*	*Entwurf einer Anmeldung zum Handelsregister und Unterschr.-Begl.*	
5	*4. Januar*	*Schlosser E. u. Frau A. geb. Z. in D.,* *mdj. F. A. in A.*	*Zustimmung zur Erbauseinandersetzung Nr. 2*	*vgl. Nr. 2*
6	*8. Januar*	*A., Gastwirt in B.;* *B., geb. A., Lehrersfrau in A.*	*Unterschriftsbeglaubigung*	
7	*8. Januar*	*K., Gärtnereibesitzer in B.;* *H., Angestellter in B.*	*Nachtrag zum Kaufvertrag Nr. 1*	*verwahrt bei Nr. 1*

* Wird die Urkundenrolle in Buchform geführt, so kann die Überschrift entfallen.

Muster 3

Seite **Verwah- rungsbuch** Seite

Einnahme

Lfd. Nr.	Datum Monat	Datum Tag	Bezeichnung des Hinterlegers	Es sind hinterlegt: Wertpapiere und Kostbarkeiten — Bezeichnung	Es sind hinterlegt: Nenn- oder Schätzungswert DM	Geld DM	Geld Pf	Eintragung im Massenbuch (Nr. des Karteiblatts) Seite	Eintragung im Massenbuch Nr.
1	2		3	4		5		6	
	1962								
1	*Jan.*	*3.*	*H., Werkmeister in B.*	—	—	*5000*	—	*1*	*1*
2	,,	*5.*	*C. Bank in B. für den Werkmeister H da selbst*	*4 v. H. Bundesanleihe mit Erneuerungssch.*	*10000*	—	—	*1*	*1*
3	,,	*8.*	*N., Bauer in Z.*	—	—	*1500*	—	*2*	*2*
4	,,	*10.*	*F., Notar in N.*	—	—	*2000*	*2*	*3*	
5	,,	*16.*	*Derselbe*	*5 v. H. Pfandbriefe d. Dtsch. Hypo-Bank Bremen mit Erneuerungssch.*	*15000*	—	—	*2*	*3*
6	,,	*20.*	*F., Ing. in K.*	—	—	*2500*	—	*3*	*4*
7	,,	*25.*	*Stadtsparkasse in H.*	*Sparkassenbuch Nr. 45675*	—	*900*	—	*3*	*4*
				Übertrag:					

Ausgabe

Lfd. Nr.	Datum Monat	Datum Tag	Bezeichnung des Empfängers	Es sind ausgegeben: Wertpapiere und Kostbarkeiten — Bezeichnung	Es sind ausgegeben: Nenn- oder Schätzungswert DM	Geld DM	Geld Pf	Eintragung im Massenbuch (Nr. des Karteiblatts) Seite	Eintragung im Massenbuch Nr.	Bemerkungen
1	2		2	4		5		6		7
	1962									
1	*Jan.*	*8.*	*H., Rechtsanwalt in K.*	—	—	*1500*	—	*2*	*2*	
2	,,	*11.*	*Amtsgericht in P.*	—	—	*1800*	—	*2*	*3*	
3	,,	*16.*	*Finanzamt in B.*	—	—	*200*	—	*2*	*3*	
4	,,	*17.*	*K., Brauereibesitzer in B.*	*4 v. H. Bundesanleihe mit Erneuerungsscheinen*	*10000*	*3000*	—	*1*	*1*	
5	,,	*17.*	*H., Werkmeister in B.*	—	—	*1500*	—	*1*	*1*	
6	,,	*17.*	*Verrechnung auf Notargebühren*	—	—	*500*	—	*1*	*1*	
				Übertrag:						

Muster 4
Seite 1

Verwahrungsbuch (Loseblattform)

Lfd. Nr.	Datum		Bezeichnung des Hinterlegers oder Empfängers	Wertpapiere und Kostbarkeiten			Geld				Lfd. Nr. des Verw.Buches	Nr. d. Masse	Bemerkungen
	Monat	Tag		Nenn- oder Schätzungswert DM	Einnahme	Ausgabe	Einnahme DM	Einnahme Pf	Ausgabe DM	Ausgabe Pf			
1	2		3	4			5				6	7	8
	1962												
1	Jan.	*3.*	*H. Werkmeister in B.*	—	—	—	5000	—	—	—	1	1	
2	,,	*5.*	*C., Bank in B. für den Werkmeister H. daselbst*	*10000*	*4 v.H. Bundesanleihe mit Erneuerungsscheinen*	—	—	—	—	—	*2*	*1*	
3	,,	*8.*	*N., Bauer in Z.*	—	—	—	*1500*	—	—	—	*3*	*2*	
4	,,	*8.*	*H., Rechtsanwalt in K.*	—	—	—	—	—	*1500*	—	*4*	*2*	
5	,,	*10.*	*F., Notar in N.*	—	—	—	*2000*	—	—	—	*5*	*3*	
6	,,	*11.*	*Amtsgericht in P.*	—	—	—	—	—	*1800*	—	*6*	*3*	
7	,,	*16.*	*Notar F. in N.*	*15000*	*5 v.H. Pfandbriefe der Deutschen Hypothekenbank Bremen mit Erneuerungsscheinen*	—	—	—	—	—	*7*	*3*	
8	,,	*16.*	*Finanzamt in B.*	—	—	—	—	—	—	—	*8*	*3*	
9	,,	*17.*	*K., Brauereibesitzer in B.*	*10000*	—	*4 v.H. Bundesanleihe mit Erneuerungsscheinen*	—	—	*3000*	—	*9*	*1*	
10	,,	*17.*	*H., Werkmeister in B.*	—	—	—	—	—	*1500*	—	*10*	*1*	
11	,,	*17.*	*Verrechnung auf Notargeb.*	—	—	—	—	—	*500*	—	*11*	*1*	
12	,,	*20.*	*F., Ingenieur in K.*	—	—	—	*2500*	—	—	—	*12*	*4*	
13	,,	*25.*	*Stadtsparkasse in H.*	—	*Sparkassenbuch Nr. 45675*	—	*900*	—	—	—	*13*	*4*	
						Übertrag:							

Muster 5

Seite............ **Massen- | buch** Seite............

Einnahme								Ausgabe								
				Es sind hinterlegt								Es sind ausgegeben				
Nummer des Verwahrungsbuches	Datum		Bezeichnung des Hinterlegers	Wertpapiere und Kostbarkeiten	Nenn- oder Schätzungswert	Geld		Nummer des Verwahrungsbuches	Datum		Bezeichnung des Empfängers	Wertpapiere und Kostbarkeiten	Nenn- oder Schätzungswert	Geld		Bemerkungen
	Monat	Tag		Bezeichnung	DM	DM	Pf		Monat	Tag		Bezeichnung	DM	DM	Pf	
1	2		3	4		5		1	2		3	4		5		6
			(Seite 1)								*(Seite 1)*					
1. Werkmeister H. in B., Beleihungsmasse, URNr 1293/61																
	1962								*1962*							
1	*Jan.*	*3.*	*H. Werkm. in B.*	—	—	*5000*	—	*4*	*Jan.*	*17.*	*K., Brauereibesitzer in B.*	*4 v.H. Bundesanl. Ser. A Nr. 4760, 4761, 4762, 4763, 4764, 4765, 4766, 4767, 4768, 4769 zu je 1000 DM mit Ern. Sch. zu diesen Nrn.*	*10000*	*3000*	—	
2	*„*	*5.*	*C. Bank in B. für den Werkm. H. daselbst*	*4 v.H. Bundesanl. Ser. A. Nr. 4760, 4761, 4762, 4763, 4764, 4765, 4766, 4767, 4768, 4769 zu je 1000 DM mit Ern.-Sch. zu diesen Nrn.*	*10000*	—	—									
								5	*„*	*17.*	*H., Werkm. in B.*	—	—	*1500*	—	
								6	*„*	*17.*	*Verr. auf Notargebühren*	—	—	*500*	—	
				Einnahmen		*5000*	—									
				Ausgaben		*5000*	—					*Ausgaben*		*5000*	—	
			(Seite 2)								*(Seite 2)*					
2. Bauer N. in Z., Vergleich vom 4. 12. 1961, URNr. 1210/61																
	1962								*1962*							
3	*Jan.*	*8.*	*Bauer N. in Z.*	—	—	*1500*	—	*1*	*Jan.*	*8.*	*H., Rrechtsanw. in K.*	—	—	*1500*	—	
3. Kaufmann M in H., Nachlaßmasse URNr. 45/62																
	1962								*1962*							
4	*Jan.*	*10.*	*F., Notar in N.*	—	—	*2000*	—	*2*	*Jan.*	*11.*	*AmtsG. in P.*	—	—	*1800*	—	
5	*„*	*16.*	*Derselbe*	*5 v.H. Pfandbr. d. Dt. Hypo-Bk. Bremen Ser. V Nr. 201, 207, 211 zu je 5000 mit Ern.-Sch. zu diesen Nrn.*	*15000*	—	—	*3*	*„*	*16.*	*FinAmt in B.*	—	—	*200*	—	
			(Seite 3)								*(Seite 3)*					
4. Ingenieur F. in K., Kaufgeldmasse, URNr. 86/62																
	1962								*1962*							
6	*Jan.*	*20.*	*F., Ing. in K.*	—	—	*2500*	—									
7	*„*	*25.*	*Stadtspark. in H.*	*Sparkassenbuch Nr. 45675*	—	*900*	—									

Muster 6

Massenbuch (Karteibuch)

URNr.	Massen-Nr.
1293/61	*1*

Werkmeister H. in B., Beleihungsmasse

Blatt............ Seite ....

Lfd. Nr.	Datum Monat	Datum Tag	Bezeichnung des Hinterlegers oder Empfängers	Wertpapiere und Kostbarkeiten: Nenn- oder Schätzungswert DM	Wertpapiere und Kostbarkeiten: Einnahme	Wertpapiere und Kostbarkeiten: Ausgabe	Geld: Einnahme DM	Geld: Einnahme Pf	Geld: Ausgabe DM	Geld: Ausgabe Pf	Lfd. Nr. des Verw. Buches
1	2		3	4			5				6
×	*1962*					*Übertrag:*					×
1	*Jan.*	*3.*	*H., Werkmeister in B.*	—	—	—	*5000*	—	—	—	*1*
2	,,	*5.*	*C. Bank in B. für den Werkmeister H. daselbst*	*10000*	*4 v.H. Bundesanleihe Serie A Nr. 4760, 4761, 4762, 4763, 4764, 4765, 4766, 4767, 4768, 4769 zu je 1000 DM mit Erneuerungsscheinen zu diesen Nummern*	—	—	—	—	—	*2*
3	,,	*17.*	*K., Brauereibesitzer in B.*	*10000*	—	*4 v.H. Bundesanleihe Serie A Nr. 4760, 4761, 4762, 4763, 4764 4765, 4766, 4767, 4768, 4769 zu je 1000 DMmit Erneuerungsscheinen zu diesenNummern*	—	—	*3000*	—	*9*
4	,,	*17.*	*H., Werkmeister in B.*	—	—	—	—	—	*1500*	—	*10*
5	,,	*17.*	*Verrechnung auf Notargeb.*	—	—	—	—	—	*500*	—	*11*
×						*Übertrag:*	*5000*	—	*5000*	—	×

Muster 7

An den

Herrn Landgerichtspräsidenten

in ....

Übersicht

über

Geschäfte des Notars ....

Amtsgerichtsbezirk ....

Amtssitz ....

im Kalenderjahr ....

— in der Zeit vom .... bis ....*)

Die Richtigkeit bescheinigt

..................................., den ....

....

Notar

		Zahl
I. Urkundsgeschäfte		
1. Summe aller Urkundsgeschäfte nach der Urkundenrolle		....
Davon:		
a) Beglaubigungen von Unterschriften oder Handzeichen:		
aa) mit Anfertigung eines Urkundenentwurfs	....	
bb) ohne Anfertigung eines Urkundenentwurfs	....	
b) Verfügungen von Todes wegen	....	
c) Vermittlungen von Auseinandersetzungen	....	
d) Sonstige Beurkundungen	....	
2. Wechsel- und Scheckproteste		....
3. Zusammen		....
II. Verwahrungsgeschäfte		
Zahl der Eintragungen im Verwahrungsbuch:		
a) Einnahmen		....
b) Ausgaben		....

*) Nur auszufüllen, falls der Notar nicht während des ganzen Kalenderjahres im Amte war.

Muster 8

(Seite 1)

Übersicht

über die Verwahrungsgeschäfte des Notars

.... in ....

nach dem Stand vom 31. Dezember 1961

	Betrag DM	Betrag Pf	Bemerkungen
I. Geld			
1. Tatsächlicher Bestand Gesamtbestand	*42500*	—	
2. Überschuß der Einnahmen über die Ausgaben nach Spalte 5 des Verwahrungsbuchs	*42500*	—	
3. Bestand, nach den einzelnen Massen gegliedert *Erbschaftssache A (URNr. 433/61)*.	10500	—	*Anderkto. N Kreditanstalt in N*
Hypothekenumschuldung P (URNr. 440/61). . . .	*12000*	—	*desgl.*
Kaufsache St (URNr. 446/6)	20000	—	*desgl.*
....			
....			
....			
Summe	*42500*	—	

(Seite 2)

	Betrag DM	Betrag Pf	Bemerkungen
II. Wertpapiere und Kostbarkeiten			
Bestand, nach den einzelnen Massen gegliedert *Erbschaftssache A (URNr. 433/61)*			
a) 4 *v.H. Pfandbriefe der Bayer. Vereinsbank München mit Zins- und Erneuerungsscheinen*	*5000*	—	*bei der N. Kreditanstalt in N.*
b) *Sparkassenbuch Nr. A 7832*	*900*	—	*in der Kanzlei*
....			
....			
....			

Beigefügt ist 1 Bankauszug

Ich versichere hiermit die Vollständigkeit und Richtigkeit der vorstehenden Übersicht.

......................., den ....

....

Notar

Landesrechtliches Ergänzungsrecht zur DONotnF

Anh 62 a

Baden-Württemberg

BekJM vom 23. Juni 1970 Justiz 218

1. Die von den Landesjustizverwaltungen am 21. Mai 1970 beschlossene Dienstordnung für Notare wird nachstehend bekanntgegeben und mit Wirkung vom 1. August 1970 in Kraft gesetzt. Zum gleichen Zeitpunkt tritt die Dienstordnung in der bisherigen Fassung AVJM vom 25. August 1961 — 3830 b — I/175 — Justiz 1961, 241 und AVJM vom 15. Dezember 1965 — 3830 b — III/200 — Justiz 1966, außer Kraft.

2. Dazu wird für das Land Baden-Württemberg ergänzend folgendes bestimmt:

a) Zu § 2 DONot

Auf das Gesetz über das Wappen des Landes Baden-Württemberg vom 3. Mai 1954 GBl 69, die Verordnung der Landesregierung über die Führung des Landeswappens vom 2. August 1954 GBl 139 und die AV vom 11. November 1954 Justiz 377 wird verwiesen.

b) Zu § 3 DONot

Form und Ausführung der Amtsschilder richten sich nach der AV betreffend die Amtsschilder der Notare vom 15. November 1955 Justiz 346.

c) Zu § 29 DONot

Es sollen Heftfäden in den Farben schwarz-gold verwendet werden.

3. Die Dienstordnung gilt für die badischen Amtsnotare und die Bezirksnotare nicht. Es ist jedoch beabsichtigt, in einer gesonderten AV die Bestimmungen des 3. und 4. Abschnitts der Dienstordnung auch für die Beurkundungstätigkeit der badischen Amtsnotare und der Bezirknotare — gegebenenfalls mit Änderungen und Ergänzungen — für anwendbar zu erklären. Bis zum Erlaß dieser AV bestehen gegen die entsprechende Anwendung des 3. und 4. Abschnitts durch die badischen Amtsnotare und die Bezirksnotare keine Bedenken (vgl auch den Erlaß vom 9. Januar 1970 — 3830 — III/113).

Anh 62 b

Bayern

BekJM vom 9. Juli 1970 JMBl 67

Die bundeseinheitlich beschlossene Dienstordnung für Notare wird nachstehend bekanntgegeben und mit Wirkung vom 1. August 1970 in Kraft gesetzt.
Dazu wird folgendes bestimmt:

1. a) Zu § 2:

Auf die Verordnung zur Ausführung des Gesetzes über das Wappen des Freistaates Bayern (AVWpG) vom 24. Juli 1964 GVBl 153 und auf die Bekanntmachung zu dieser Verordnung über das Dienstsiegel der Notare vom 15. September 1964 JMBl 122 wird verwiesen.

Als Stempelfarbe ist ausschließlich schwarze ölhaltige, sogenannte Metallstempelfarbe zu benützen.

Die Verwendung von Gummistempeln ist unzulässig.

b) Zu § 3:

Der Notar ist berechtigt, ein Amtsschild mit dem kleinen Staatswappen gemäß Anlage 2 zur Bekanntmachung über die Führung des Wappens des Freistaates Bayern vom 12. Oktober 1950 (BayBS I S 126) anzubringen.

c) Zu § 15:

Der Notar hat ein Kostenregister nach den Mustern 9, 9a oder 9b zu führen. Die Bestimmungen der §§ 7 Abs 2 und 14 Abs 1 der Dienstordnung gelten für die Führung der Kostenregister entsprechend.

Die Spalten I—V des Kostenregisters nach dem Muster 9a stimmen mit den Spalten 1—5 der Urkundenrolle überein. Die Eintragungen können deshalb gleichzeitig in einem Arbeitsgang (Durchschreibeverfahren) vorgenommen werden.

Dem Kostenregister nach dem Muster 9a können im Anschluß an die Spalte XVII weitere Spalten entsprechend den Erfordernissen des Amtes angefügt werden.

Um bei Verwendung des Musters 9a die Übereinstimmung zwischen der Nummer der Urkundenrolle und der Nummer des Kostenregisters zu erhalten, werden die gebührenpflichtigen Geschäfte, die nicht in die Urkundenrolle einzutragen sind, im Kostenregister mit einer Nummer der Urkundenrolle unter Beifügung eines Buchstabens oder einer Bruchzahl geführt. Die Spalten 1—5 der Urkundenrolle sind in diesen Fällen zu durchstreichen.

Urkundenrolle und Kostenregister können auch nach dem anliegenden Muster 9b auf einem Blatt geführt werden. Gebührenpflichtige Geschäfte, die in die Urkundenrolle und in das Kostenregister eingetragen werden, werden jeweils mit der gleichen Nummer in den Spalten Ia und Ib geführt. Gebührenpflichtige Geschäfte, die nicht in die Urkundenrolle einzutragen sind, werden dagegen nur in der Spalte Ib mit der letzten Nummer des Kostenregisters in der Spalte Ib unter Beifügung eines Buchstabens oder einer Bruchzahl geführt. In Spalte V sind ausschließlich Bemerkungen zu den in die Urkundenrolle einzutragenden Geschäften aufzunehmen, während die Spalte XVII für Bemerkungen zum Kostenregister vorgesehen ist. Die Spalten II bis IV können sowohl für Einträge in die Urkundenrolle als auch in das Kostenregister verwendet werden.

Das Kostenregister wird nach der Zeitfolge geführt. Es kann für mehrere Jahre angelegt werden. Jeder Jahrgang wird für sich ordnungsmäßig abgeschlossen.

In das Kostenregister werden alle Gebühren und Auslagen des Notars in Geschäften, für welche die Kostenordnung maßgebend ist, eingetragen.

Die Gebühren und Auslagen werden seitenweise zusammengezählt. Die Summen werden von einer Seite auf die andere übertragen.

d) Zu § 23:

Der Notar hat ein weiteres Stück der Geschäftsübersicht für die Landesnotarkammer dem Landgerichtspräsidenten einzureichen. Auch dafür läßt ihm der Landgerichtspräsident den erforderlichen Vordruck zugehen.

Der Landgerichtspräsident nimmt nach Prüfung und Erledigung etwaiger Ergänzungen oder Berichtigungen eine Ausfertigung zu seinen Akten, sendet eine weitere an die Landesnotarkammer in München und legt die 3. dem Oberlandesgerichtspräsidenten vor, der die Übersichten, geordnet nach den Landgerichtsbezirken, nach Kenntnisnahme jeweils bis spätestens 15. Februar des auf das Berichtsjahr folgenden Jahres dem Staatsministerium der Justiz zuleitet.

e) Zu § 29:

Es sollen Heftfäden in den Farben weiß-blau verwendet werden.

2. Mit dem Inkrafttreten der Dienstordnung für Notare werden folgende Bestimmungen aufgehoben, soweit sie nicht schon früher ihre Geltung verloren haben:
   a) die Bekanntmachung über die Dienstordnung der Notare vom 22. März 1961 JMBl 61, 35
   b) die Bekanntmachungen über die Änderung der Bekanntmachung der Dienstordnung für Notare vom 21. Januar 1964 JMBl 37 und vom 27. November 1969 JMBl 216.

Anh 62 c

Hamburg

AVJB vom 21. Juli 1970 JVBl 71

I.

Die nachstehende von den Landesjustizverwaltungen bundeseinheitlich beschlossene Neufassung der Dienstordnung für Notare wird hiermit bekanntgegeben.

II.

1. § 2 der nachstehenden DONot ist mit der Maßgabe anzuwenden, daß im Amtssiegel das kleine hamburgische Landeswappen erscheint. Die Umschrift enthält den Namen des Notars und das Wort „Notariatssiegel" sowie über dem Landeswappen das Wort „Hamburg".
2. Für die Form und Ausführung des Amtsschiedes gilt die AVJB Nr 5/1953 vom 20. März 1953 JVBl 2 idF der AVJB Nr 24/1970 vom 14. Juli 1970 JVBl 71.

III.

Die Neufassung der DONot wird am 1. August 1970 wirksam. Gleichzeitig wird die DONot idF der AVJB Nr 71/1961 vom 18. April 1961 JVBl 35, geändert durch AVJB Nr 28/1961 vom 24. August 1961 JVBl 81 und Nr 32/1965 vom 23. Dezember 1965 JVBl 1966, 7 unwirksam.

Anh 62 d

Hessen

RdErlJM vom 30. Juni 1970 JMBl 504

Fußn zu § 2:

Die Notare führen als Amtssiegel (Prägesiegel und Farbdrucksiegel) das kleine Landessiegel gemäß § 1 Abs 2, 3, § 3 Abs 1 Buchst d der VO über die Landessiegel vom 29. März 1949 GVBl 38 und gemäß RdErl vom 11. Juni 1949 JMBl 71. Die Unterschrift enthält den Namen des Notars nebst den Worten „. . . . . Notar (Notarin) in . . . . . (Ort)."

Fußn zu § 3:

Form und Ausführung des Amtsschildes richten sich nach der VO des hessIM vom 26. November 1949 GVBl 171. Die Notare führen ausschließlich das Amtsschild der Größe III. Die Aufschrift lautet „Notar" bzw „Notarin" ohne Beifügung des Namens oder Dienstorts. Als Namensschild soll der Notar nur weiße Emailleschilder mit schwarzer Aufschrift verwenden (vgl § 3 Abs 3 der VO vom 26. November 1949 und RdErlJM vom 6. Januar 1950 JMBl 10).

Fußn zu § 23:

In Hessen nur in einem Stück

Fußn zu § 29:

Es sollen Heftfäden rot-weiß verwendet werden.

Anh 62e

Niedersachsen

AVJM vom 23. Juni 1970 NdsRpfl 151

I.

Die folgende von den Landesjustizverwaltungen bundeseinheitlich beschlossene Neufassung der Dienstordnung für Notare setze ich zum 1. August 1970 in Kraft. Zum gleichen Zeitpunkt hebe ich die Dienstordnung in der bisherigen Fassung (AV vom 6. März 1961 NdsRpfl 42 idF der AVen vom 26. März 1963 NdsRpfl 76 unf 30. November 1965 NdsRpfl 265 auf.

II.

1. Wegen der näheren Bestimmungen über das Amtssiegel der Notare (§ 2 der Dienstordnung) verweise ich auf die AV vom 20. Mai 1953 NdsRpfl 98 betr Amtssiegel der Notare und der Schiedsmänner (Vorschr-Verz 3180 Nr 7).
2. Form und Ausführung des Amtsschildes (§ 3 der Dienstordnung) richten sich nach dem Beschluß des Niedersächsischen Landesministeriums vom 23. September 1953 ndsMBl 1954, 397. Die Notare führen ausschließlich das Amtsschild der Größe III (vgl Art III des Beschl). Die Aufschrift lautet: „Notar" ohne Beifügung des Namens. Als Namensschild soll der Notar weiße Schilder mit schwarzer Aufschrift verwenden; der Landgerichtspräsident kann Ausnahmen hiervon zulassen, wenn aus besonderen Gründen eine andere Ausführung des Namensschildes geboten ist.
3. Zum Heften von Urkunden (§ 29 der Dienstordnung) sollen Heftfäden in den Farben Schwarz-Rot-Gold verwendet werden.

Anh 62f

Nordrhein-Westfalen

AVJM vom 9. Juli 1970 JMBlNRW 177

1. Die nachstehende, von den Landesjustizverwaltungen bundeseinheitlich beschlossene Neufassung der Dienstordnung für Notare gebe ich hiermit bekannt.
   Ich setze die Dienstordnung zum 1. August 1970 in Kraft.
2. Für meinen Geschäftsbereich bestimme ich ergänzend:

   a) Zu § 1 DONot:

   In Abweichung von § 1 genügt die Einreichung der Unterschrift, die der Notar bei Amtshandlungen anwendet, in zweifacher Fertigung.

   b) Zu § 2 DONot:

   Der Notar und der Notariatverweser führen das kleine Landessiegel (§ 4 Abs 2 in Verbindung mit § 2 Abs 1 Buchst h der Verordnung über die Führung des Landeswappens vom 16. Mai 1956 — GS NW 140).
   In Abweichung von § 2 Abs 1 Satz 3 sind dem Landgerichtspräsidenten je 2 Abdrucke des Prägesiegels und des Farbdrucksiegels einzureichen.

   c) Zu § 3 DONot:

   Form und Ausführung der Amtsschilder richten sich nach § 8 der Verordnung über die Führung des Landeswappens vom 16. Mai 1956 GS NW 140. Die Aufschrift unter dem Landeswappen (Bezeichnung der Dienststelle im Sinne des § 8 Abs 2 der Verordnung) lautet „Notar" ohne Beifügung des Namens.

In besonderen Fällen können anstelle der Amtsschilder auch Schrifttafeln ohne Wappen verwendet werden. In einem solchen Falle kann der Amtsbezeichnung der Name hinzugefügt werden.

d) Zu §§ 14 und 16 DONot:

Der Notar darf die Führung der Bücher nur zu Beginn eines Kalenderjahres ändern. Das gleiche gilt für den Wechsel zwischen dem Verzeichnis der Erbverträge und der Sammlung von Durchschriften der Verwahrungsnachrichten.

3. Mit dem Ablauf des 31. Juli 1970 werden folgende Bestimmungen aufgehoben:
   a) AV vom 7. März 1961 (3830 — I A 54),
   b) AV vom 30. November 1965 (3830 — I A. 54).

Anh 62g

Rheinland-Pfalz

AVJM vom 24. Juni 1970 JBl 115

1. Die nachstehende, von den Landesjustizverwaltungen bundeseinheitlich beschlossene Neufassung der Dienstordnung für Notare setze ich zum 1. August 1970 in Kraft.
2. Die Notare führen als Amtssiegel das kleine Landessiegel, § 2 der Landesverordnung über die Landessiegel vom 23. Dezember 1949 GVBl 624 – BS 113-1-1. Wegen der Amtsschilder für Notare verweise ich auf Abschnitt II meiner AV vom 22. Januar 1954 (5414 — I. 1/54) JBl 10.
3. Die AV vom 9. März 1961 (3831 — II. 8/61) JBl 37 — idF der AV vom 1. Dezember 1965 (3831 — I. 42/65) JBl 233 — wird mit Ablauf des 31. Juli 1970 aufgehoben.

Anh 62h

AVJM vom 16. April 1970 JBl 87[1])

zu AVJM vom 9. März 1961 JBl 37

Ergänzend zu der am 6. März 1961 von den Landesjustizverwaltungen bundeseinheitlich beschlossenen und seit 1. April 1961 in Kraft befindlichen DONot idF meiner AV vom 1. Dezember 1965 JBl 233 wird bestimmt:

Urkundenrolle und Kostenregister (§ 13 DONot) können nach dem anliegenden **Muster 2a** auf einem Blatt geführt werden. Gebührenpflichtige Geschäfte, die in die Urkundenrolle und in das Kostenregister eingetragen werden, werden jeweils mit der gleichen Nummer in den Spalten 1a und 1b geführt. Gebührenpflichtige Geschäfte, die nicht in die Urkundenrolle einzutragen sind, werden dagegen nur in der Spalte 1b mit der letzten Nummer des Kostenregisters in der Spalte 1b unter Beifügung eines Buchstabens oder einer Bruchzahl geführt. In die Spalte V sind ausschließlich Bemerkungen zu den in die Urkundenrolle einzutragenden Geschäften aufzunehmen, während die Spalte XVII für die Bemerkungen zum Kostenregister vorgesehen ist. Die Spalten II bis IV können sowohl für Einträge in die Urkundenrolle als auch in das Kostenregister verwendet werden.

---

[1]) Die AVJM vom 16. April 1969 gilt weiter, da sie nicht aufgehoben wurde und die Regelung der Neufassung der DONot nicht widerspricht.

Muster 2a (zu § 15)

Jahr.....

Urkundenrolle und Kostenregister des Notars ....

Lfd. Nr.		Tag der Ausstellung der Urk. Tag des Anfalls	Name, Beruf, Wohnort der Beteiligten	Gegenstand des Geschäfts	Bemerkungen (nur für Urkundenrolle)	Wert		Gebühren und Auslagen des Notars						Summe aller Gebühren und Auslagen des Notars	Zahlung	Rechnung gestellt	Tag der Zahlung	Bemerkungen (nur für Kostenregister)
UR-Nr.	Kostenregister							Gebühren		Schreibgebühren	Tagegelder	Auslagen	Umsatzsteuer					
								abgabepflichtig	abgabefrei									
						DM Pf.	DM Pf.	DM Pf.	DM Pf.	DM Pf.	DM Pf.	DM Pf.	DM Pf.	DM Pf.	DM Pf.			
Ia	Ib	II	III	IV	V	VI	VII	VIII		IX	X	XI	XII	XIII	XIV	XV	XVI	XVII

Anh 62i

Saarland

AVJM vom 27. Juli 1970 GMBl 531

1.

Die nachstehende, von den Landesjustizverwaltungen bundeseinheitlich beschlossene Neufassung der Dienstordnung für Notare gebe ich hiermit bekannt.

Ich setze die Neufassung zum 1. August 1970 in Kraft.

2.

Für meinen Geschäftsbereich bestimme ich folgendes:

a) Zu § 1 DONot:
In Abweichung von § 1 genügt die Einreichung der Unterschrift, die der Notar bei Amtshandlungen anwendet, in zweifacher Fertigung.

b) Zu § 2 DONot:
Der Notar und der Notariatsverweser führen das kleine Landessiegel (§ 6 Abs 1 des Gesetzes Nr 119 über die Siegel des Saarlandes vom 30. Juni 1949 ABl 710 in der Fassung des Gesetzes Nr 510 vom 9. Juli 1956 ABl 1213.
In Abweichung von § 2 Abs 1 Satz 3 sind dem Landgerichtspräsidenten je 2 Abdrucke des Prägesiegels und des Farbdrucksiegels einzureichen.

c) Zu § 3 DONot:
Form und Ausführung des Amtsschildes richten sich nach dem Erlaß über die Amtsschilder der Landesbehörden vom 9. September 1959 ABl 1960, 3. Die Notare führen ausschließlich das Amtsschild der Größenklasse IV (vgl § 3 des Erlasses).

d) Zu §§ 7, 19 DONot:
Bücher und Urkunden des Notars sind dauernd aufzubewahren.

e) Zu § 22 DONot:
Es sind aufzubewahren:
1. Erlasse, Verfügungen und Mitteilungen der Aufsichtsbehörden, die die Amtsführung des Notars oder das Notariat im allgemeinen betreffen,
dauernd,
2. Prüfungsberichte, Erlasse, Verfügungen und Mitteilungen der Aufsichtsbehörden, die die Amtsführung des Notars im einzelnen betreffen, 30 Jahre.

f) Zu § 23 DONot:
In Abweichung von § 23 genügt die Vorlage eines Exemplars der Geschäftsübersicht an den Landgerichtspräsidenten.

g) Zu § 25 Abs 2 DONot:
Werden Grundstückskaufverträge oder Auflassungen beurkundet, so wird, soweit es sich bei den Beteiligten um natürliche Personen handelt, in der Regel eine Verwechslungsgefahr anzunehmen sein.

h) Zu § 33 DONot:
§ 33 Satz 2 ist im Saarland gegenstandslos.

3.

Mit dem Ablauf des 31. Juli 1970 wird die LVJM Nr 8/1961 vom 6. März 1961 JBl Saar 55, zuletzt geändert durch LVJM Nr 25/1965 vom 26. November 1965 JBl Saar 1966, 4 aufgehoben.

Anh 62k

Schleswig-Holstein

AVJM vom 27. Juli 1970 SchlHA 173

1. Die folgende von den Landesjustizverwaltungen bundeseinheitlich beschlossene Dienstordnung für Notare setze ich zum 1. September 1970 in Kraft. Zum gleichen Zeitpunkt hebe ich die Dienstordnung in der bisherigen Fassung (AV vom 6. März 1961 SchlHA 75 idF der AV vom 31. Dezember 1965 SchlHA 1 966, 9) auf.

2. Ich bestimme

   a) zu § 2:
   Als Amtssiegel (Prägesiegel und Farbdruckstempel) ist das Landessiegel nach dem Muster 3 der Anlage der VO zur Durchführung des Gesetzes über die Hoheitszeichen des Landes Schleswig-Holstein vom 10. August 1957 GVBl 105 idF der VO vom 20. April 1965 GVBl 29 zu führen.
   Für die Unterschrift dürfen nur die in dem Muster 3 der Anlage der vorbezeichneten VO vom 10. August 1957 festgesetzten Schriftzeichen verwendet werden.
   Die Beschaffung der Amtssiegel obliegt den Notaren.
   Unbrauchbar gewordene Amtssiegel sind zu vernichten, und zwar Farbdruckstempel aus Gummi durch Verbrennen der Gummiplatte, Prägesiegel und Metallstempel durch Abfeilen der Druckplatte. Die Vernichtung unbrauchbar gewordener Amtssiegel ist dem Landgerichtspräsidenten anzuzeigen.

   b) zu § 3:
   Form und Ausführung der Schilder richten sich nach meiner AV vom 20. April 1950 SchlHA 190 idF meiner AV vom 9. Oktober 1950 SchlHA 286.

   c) zu § 29:
   Es sollen Heftfäden in den Farben Blau-Weiß-Rot verwendet werden, AV vom 11. Mai 1950 SchlHA 190.

Seite 3012ff. —

Anh 63

Beurkundungsgesetz SaBl 1810, geändert durch Art 3 Ges zur Änderung des RpflG, des BeurkG und zur Umwandlung des Offenbarungseides in eine eidesstattliche Versicherung vom 27. Juni 1970 BGBl I 911 = SaBl 1491

Seite 3012 —

§ 3 BeurkG Abs 3 Z 1 Zeile 2: der Notar angehört (*berichtigt*)

Seite 3016 —

§ 19 BeurkG Zeile 1: . . . . . dem Kapitalverkehrsteuerrecht (*berichtigt*)

Seite 3021 —

§ 44 BeurkG Überschrift: § 44 (*ergänzt*)

Seite 3024 —

§ 55 BeurkG Z 14 Zeile 1: Handwerksordnung idF (*berichtigt*)

Ergänzungen und Berichtigungen zu Band III

Seite 3024 —

§ 56 BeurkGnF Abs 3 Zeile neu 2 eingefügter Satz 2: § 2356 Abs 2 Satz 1 des Bürgerlichen Gesetzbuchs bleibt unberührt.

Seite 3025 ff. —

§ 57 BeurkG Abs 3 Z 4 (a) Zeile 1: Abs 1 HalbS (*berichtigt*) 2
Abs 11 Zeile 3: folgender HalbS (*berichtigt*)
Abs 16 Z 2 Zeile 1: folgender Abs 2 (*ergänzt*)

Seite 3031 ff.

§ 60 BeurkG Z 3: §§ 6, 7, 60 bis 86, 157 Abs 2, ferner, soweit darnach andere Stellen als Notare zuständig sind, § 175 der badischen Verordnung über die freiwillige Gerichtabarkeit vom 3. Dezember 1926 bad GVBl 301 (*berichtigt*);

Z 17 Zeile 2: ..... SaBremR 400-a-1 (*ergänzt*)
Z 18 Zeile 2: ..... SaBremR 315-c-1 (*ergänzt*)
Z 19 Zeile 2: ..... SaBremR 401-a-1 (*ergänzt*)
Z 20 Zeile 3: ..... SaBremR 401-a-2 (*ergänzt*)
Z 21 Zeile 2: ..... SaBremR 101-a-3 (*ergänzt*)
Z 22 Zeile 2: ..... SaBremR 101-a-1 (*ergänzt*)
Z 23 Zeile 3: ..... SaBremR 240-a-2 (*ergänzt*)
Z 24 Zeile 3: ..... SaBremR 401-a-4 (*ergänzt*)
Z 25 Zeile 3: ..... SaBremR 315-a-1 (*ergänzt*)
Z 27 (a) Zeile 2: ..... verloren haben, (*berichtigt*)
Z 41 Zeile 6: ..... ndsGVBl Sb II 1074: (*berichtigt*)
Z 53 Zeile 4: ..... Gl Nr 750: (*berichtigt*)
Z 56 Zeile 2: ..... berlGVBl Sb I 400-1, ndsGVBl Sb III 221, (*ergänzt*)
Z 57 (c) Zeile 3: ..... ihre Geltung verloren haben, (*berichtigt*)
Z 59 (a) Zeile 1: ..... Auktionatoren darnach (*berichtigt*) zuständig sind

Seite 3037/3038 —

§ 61 BeurkG nF Abs 1 Z 11 Zeile 2 ..... Legalisation; (*geändert*)
Z 12 neu: Vorschriften über Beurkundungen in Kirchenaustrittssachen.
Abs 3 Z 3 Zeile 1: ..... Vorschriften des I. bis IV. (*geändert*)

Seite 3039

§ 68 BeurkG nF Abs 3 neu: (3) § 2256 Abs 1, 2 des Bürgerlichen Gesetzbuchs gilt auch für Testamente, die vor dem Inkrafttreten dieses Gesetzes vor einem Richter errichtet worden sind.

Seite 3064 ff. — **Anh 66**

Wohnungs- und Teileigentum Grundbuchmäßige Behandlung

Seite 3064 —

VfgBMJ über die grundbuchmäßige Behandlung der Wohnungseigentumssachen
vom 1. August 1951 BAnz Nr 152/15. Juli 1959 BAnz Nr 137 = SaBl 862 (*ergänzt*)

Seite 3065 —

§ 3 Abs 2 Zeile 3 in Klammer: (§ 12 WEG) — *berichtigt*

§ 5 (*geändert*)

Bei der Bildung von Hypotheken-, Grundschuld- und Rentenschuldbriefen wird anstelle der nach § 57 Abs 2b der Grundbuchordnung vorgesehenen Angaben der Inhalt der nach § 3 Abs 1a bis c dieser Verfügung eingetragenen Vermerke wiedergegeben.

§ 6 Zeile 1: ..... § 7 Abs 1 oder § (*ergänzt*) 8 Abs 2 WEG .....

§ 9 (*geändert*)

Die nähere Einrichtung der Wohnungs- und Teileigentumsgrundbücher sowie der Wohnungs- und Teilerbbaugrundbücher ergibt sich aus den als **Anlagen 1 bis 3** beigefügten Mustern. Für den Inhalt eines Hypothekenbriefes bei der Aufteilung des belasteten Grundstücks in Wohnungseigentumsrechte unter Anlegung besonderer Wohnungsgrundbücher dient die **Anlage 4** als Muster. Die in den Anlagen befindlichen Probeeintragungen sind als Beispiele nicht Teil dieser Verfügung.

Anlage 4

(Probeeintragungen in einen Hypothekenbrief bei Aufteilung des belasteten Grundstücks in Wohnungseigentumsrechte unter Anlegung von besonderen Wohnungsgrundbüchern)

Muster
(Vorderseite)

Gruppe Nr. .....

Deutscher Hypothekenbrief

über

100 000 Deutsche Mark

eingetragen in dem Grundbuche von Trienach (Amtsgericht Schonberg) Band 3 Blatt 86 Abteilung III Nr 3.

Inhalt der Eintragung:

Nr 3: 100 000 (einhunderttausend) Deutsche Mark Darlehen für die Spar- und Darlehenskasse in Schonberg mit sechseinhalb vom Hundert jährlichen Zinsen. Unter Umständen sind siebeneinhalb vom Hundert jährlich sowie ein einmaliger Zuschlag von höchstens zweieinviertel vom Hundert des ursprünglichen Darlehensbetrages zu zahlen. Unter Bezugnahme auf die in anliegender Schuldurkunde enthaltene Eintragungsbewilligung vom 29. September 1954 eingetragen am 18. Oktober 1954.

Belastetes Grundstück:

Das im Bestandverzeichnis unter Nr 1 verzeichnete, in der Gemarkung Trienach gelegene Wohnhaus mit Garten, Viktoriastraße Nr 18, Flur 1, Flurstück $\frac{512}{43}$, Liegenschaftsbuch Nr 96, Gebäudebuch Nr 38, Größe 6a, 95 qm.

. . . .

(2. Seite)

Eigentümer:

1. Bankbeamter Gottlieb Meyer in Trienach zu $^{23}/_{100}$ Anteilen,
2. Witwe Pauline Scheuer geb. Schulze in Trienach zu $^{27}/_{100}$ Anteilen,
3. Rechtsanwalt Heinrich Müller in Schonberg zu $^{23}/_{100}$ Anteilen,
4. Kaufmann Erich Schmidt in Köln zu $^{27}/_{100}$ Anteilen.

Vorgehende oder gleichstehende Eintragungen:

Zweite Abteilung: keine
Dritte Abteilung: keine

Schonberg, den 18. Oktober 1954.
(Siegel)
Das Amtsgericht, Abt 2
Hofmann Kummer

Für jeden der genannten Miteigentumsanteile an dem Grundstück ist am 27. September 1955 ein Wohnungsgrundbuch angelegt worden; im Bestandsverzeichnis dieser Wohnungsgrundbücher ist jeweils eingetragen, daß der Miteigentumsanteil gemäß den Aufteilungsplan mit dem Sondereigentum an einer bestimmten Wohnung (einschließlich der Nebenräume) verbunden und durch die zu den anderen Miteigentumsanteilen gehörenden Sondereigentumsrechte beschränkt worden ist; wie folgt

. . . .

(3. Seite)

Miteigentum	Wohnungsgrundbuch von Trienach		Wohnungs einschl. Nebenräume	
	Band	Blatt	örtl. Lage der Wohnung	Nr des Aufteilungsplans für Wohnung und Nebenräume
zu a)	4	87	Erdgeschoß rechts	1
zu b)	4	88	Erdgeschoß links	2
zu e)	4	89	1. Stock rechts	3
zu d)	4	90	1. Stock links	4

Jeder Wohnungseigentümer bedarf zur Veräußerung des Wohnungseigentums der Zustimmung der Mehrheit der übrigen Wohnungseigentümer. Im übrigen ist wegen des Gegenstandes und des Inhalts des Sondereigentums auf die Eintragungsbewilligung vom 28. Juli 1955 B3zug genommen.

Die Hypothek ist als Gesamthypothek in die dritte Abteilung unter Nr 1 der vorgenannten Wohnungsgrundbücher übertragen worden. Das Grundbuch von Trienach Band 3 Blatt 86 ist geschlossen worden*).

Schonberg, den 27. September 1955
(Siegel)
Das Amtsgericht, Abt 2
Hofmann Kummer

Bem*): Dieser Satz ist im Falle 6 Satz 2 der Verfügung über die grundbuchmäßige Behandlung der Wohnungseigentumssachen vom 1. August 1951 zu streichen.

Weite 3118ff. — **Anh 85ff.**

Anerben- und Höferecht

Seite 3118 —

Übersicht 4. Hessen

a) Landgüterordnung idF vom 13. August 1970 (*geändert*)

Seite 3120/3121 — **Anh 86**

Baden Gesetz, die geschlossenen Hofgüter betreffend, zuletzt geändert durch Art 3 § 1 Ges zur Ausführung des Ges über die rechtliche Stellung der nichtehelichen Kinder und anderer Bundesgesetze vom 30. Juni 1970 bawüGVBl 289 = SaBl 1604 bez §§ 7, 10.

Seite 3121 —

§ 7 Abs 1 Satz 2 neu: Kinder des Erblassers und deren Abkömmlinge sind nur dann als Anerben berufen, wenn sie nach den Vorschriften des allgemeinen Rechts gesetzliche Erben sind.

Seite 3122ff. — **Anh 88**

Württemberg Ges über das Anerbenrecht, zu letzt geändert durch Art 3 § 2 Ges zur Ausführungsw vom 30. Juni 1970 aaO (Anh 86/*ErgVerz*)

Seitc 3123/3124

Art 6 Abs 1 Satz 2 (*Ergänzung* für *Württemberg-Hohenzollern*)
Das Anerbenrecht kann nicht ausgeschlossen werden.

Seite 3124 —

Art 8 Abs 1 Satz 2 neu: Kinder des Erblassers und deren Abkömmlinge sind nur dann als Anerben berufen, wenn sie nach den Vorschriften des allgemeinen Rechts gesetzliche Erben sind.

Seite 3142ff. — **Anh 99**

Hessen

a) **Landgüterordnung** idF vom 13. August 1970 GVBl 548 = SaBl 2009[1])

§ 1

(1) Landgut im Sinne dieses Gesetzes ist eine in der Landgüterrolle des nach dem Gesetz über das gerichtliche Verfahren in Landwirtschaftssachen zuständigen Gerichts (Landwirtschaftsgerichts) eingetragene Besitzung.

(2) In die Rolle kann jede im Land Hessen belegene, mit einem Wohnhaus versehene Besitzung eingetragen werden, die zum Betriebe der Land- oder Forstwirtschaft bestimmt ist und mindestens die Größe einer Ackernahrung (Abs 3 bis 5) hat.

(3) Als Ackernahrung gilt eine genutzte Landfläche, die notwendig ist, um eine Familie, unabhängig vom Markt und von der allgemeinen Wirtschaftslage, zu ernähren und zu bekleiden sowie den Betrieb aus sich selbst zu erhalten.

---

[1]) Diese Neufassung der Landgüterordnung tritt an die Stelle der Fassung vom 1. Dezember 1947 mit Änderungen *Anh 99*.

(4) Beim Weinbau ist als Ackernahrung eine genutzte Landfläche anzusehen, deren eigene Erzeugung an Trauben zum Unterhalt einer Familie ausreicht.

(5) Beim Gemüse- oder Obstbau ist als Ackernahrung eine genutzte Landfläche anzusehen, die auch bei Umstellung auf die Betriebsarten der Abs 3 oder 4 die dort bestimmten Voraussetzungen erfüllt.

(6) Der Nachweis, daß die Größe einer Ackernahrung vorliegt, wird durch eine Bescheinigung der zuständigen Landwirtschaftlichen Verwaltung in der Kreisstufe geführt. Gegen deren ablehnenden Bescheid kann der Antragsteller innerhalb einer Frist von einem Monat Antrag auf Entscheidung durch das Landwirtschaftsgericht stellen.

§ 2

(1) Ein Landgut soll in die Rolle nur dann eingetragen werden, wenn die Voraussetzungen des § 1 Abs 2 zur Zeit der Eintragung vorhanden sind.

(2) Die Eintragung kann nicht aus dem Grunde angefochten werden, daß diese Voraussetzungen zur Zeit der Eintragung nicht vorhanden gewesen seien.

§ 3

(1) Die Eintragung in die Rolle und die Löschung erfolgen auf Antrag des Eigentümers, der über das Landgut letztwillig verfügen kann.

(2) Steht das Landgut im Miteigentum, so ist der Antrag sämtlicher Miteigentümer erforderlich.

§ 4

(1) Die Eintragung als Landgut hat rechtsbegründende Bedeutung.

(2) Kein bisheriger Erbhof gilt als automatisch in die Landgüterrolle eingetragen, die nach diesem Gesetz angelegt wird. Die Eintragung jedes Grundeigentums, einschließlich bisheriger Erbhöfe, in die Landgüterrolle erfolgt nur auf Antrag des Eigentümers gemäß § 3.

§ 5

(1) In der Rolle erhält jedes Landgut ein eigenes Blatt.

(2) Das Landgut besteht aus den Grundstücken, die auf dem Rollenblatt vermerkt sind. Auf dem Rollenblatt sind alle Grundstücke des Eigentümers zu vermerken, die als solche auf dem Grundbuchblatt eingetragen sind, einschließlich der nach der Eintragung des Landgutes in die Rolle erworbenen und im Grundbuch zugeschriebenen Grundstücke. Die Zuschreibung der letzteren in der Rolle erfolgt von Amts wegen und gebührenfrei.

(3) Bei der Eintragung des Landgutes in die Rolle und bei dem späteren Erwerb von Grundstücken kann der Eigentümer bestimmen, daß einzelne Grundstücke in die Rolle nicht einzutragen sind. Diese sind auf dem Rollenblatt als ausgenommen zu verzeichnen.

(4) In gleicher Weise sind einzelne Grundstücke auf dem Rollenblatt zu verzeichnen, wenn sie auf Antrag des Eigentümers gelöscht werden.

(5) Auf dem Grundbuchblatt ist die Nummer des Rollenblattes gebührenfrei zu vermerken.

§ 6

(1) Wird infolge von Veräußerungen ein Teil eines Landgutes im Grundbuch abgeschrieben, so erhält dieser Teil in der Rolle ein eigenes Blatt, falls die Voraussetzungen des § 1 Abs 2 für ihn zutreffen; hiervon ist der Erwerber zu benachrichtigen. Treffen diese Voraussetzungen nicht zu, so ist mit der Abschreibung im Grundbuch auch die Löschung des veräußerten Teiles in der Rolle zu bewirken.

(2) Die Anlegung des Blattes und die Löschung erfolgen von Amts wegen und gebührenfrei.

§ 7

Liegen die zum Landgute gehörenden Grundstücke in den Bezirken verschiedener Landwirtschaftsgerichte, so haben diese sich in den Fällen der §§ 5 und 6 von den Eintragungen und Löschungen im Grundbuch und in der Rolle gegenseitig von Amts wegen Nachricht zu geben.

§ 8

(1) Die Anträge auf Eintragung oder Löschung in der Rolle werden bei dem Landwirtschaftsgericht unter Anwendung des § 29 der Grundbuchordnung idF der Bekanntmachung vom 5. August 1935 RGBl I 1073[1]) schriftlich eingereicht.

(2) Das Landwirtschaftsgericht hat dem Antragsteller mitzuteilen, daß die Eintragung oder Löschung erfolgt ist.

§ 9

(1) Die Eintragung verliert ihre Wirksamkeit durch die Löschung.

(2) Die Eintragung ist auch für jeden nachfolgenden Eigentümer wirksam, sofern dieser Eigentümer des ganzen Landgutes oder eines den Voraussetzungen des § 1 Abs 2 entsprechenden Teiles ist.

§ 10

(1) Die Einsicht der Rolle ist jedem gestattet, der nach dem Ermessen des Landwirtschaftsgerichts ein rechtliches Interesse daran hat.

(2) Für die Einsicht in die Rolle werden keine Gebühren erhoben.

§ 11

(1) Wird der Eigentümer eines Landgutes von mehreren Nachkommen beerbt, so ist in Ermangelung einer entgegenstehenden letztwilligen Verfügung einer von diesen berechtigt, bei der Erbteilung das Landgut nebst Zubehör nach Maßgabe der §§ 12 bis 23 zu übernehmen.

(2) Dasselbe gilt, wenn bei der Erbteilung neben den Nachkommen der überlebende Ehegatte beteiligt ist.

(3) Die Abfindung der Miterben (§ 16 Abs 1) tritt, auch Dritten gegenüber, an die Stelle des Anteils an der Erbengemeinschaft.

§ 12

Im Sinne dieses Gesetzes sind Zubehör des Landgutes:

1. die mit dem Landgut oder seinen einzelnen Teilen verbundenen Gerechtigkeiten;
2. die auf dem Landgut vorhandenen Gebäude, Anlagen, Holzungen und Bäume;
3. die auf die Rechtsverhältnisse und die Bewirtschaftung des Landgutes bezüglichen, zur Erbmasse gehörigen Bücher und Urkunden;
4. das Gutsinventar; dieses umfaßt:
   a) das auf dem Landgut zu seiner Bewirtschaftung vorhandene Vieh, Acker- und Hausgerät,
   b) den vorhandenen Dünger und
   c) die für die Bewirtschaftung des Landgutes bis zur nächsten Ernte erforderlichen Vorräte an Früchten und sonstigen Erzeugnissen.

---

[1]) § 29 GBOnF 1935 gilt in der abgeänderten Fassung des BeurkG; dazu GT 1/*ErgVerz.*

§ 13

In Ermangelung einer Vereinbarung der Beteiligten über die Person des Gutsübernehmers und über die Bedingungen der Gutsübernahme hat das Landwirtschaftsgericht auf Antrag der Beteiligten oder eines von ihnen sämtliche Beteiligte zu einem Einigungsversuch zu laden und bei diesem möglichst auf die Erhaltung der Einheit und Leistungsfähigkeit des Landgutes hinzuwirken.

§ 14

Wird bei diesem Versuch keine Einigung erzielt, so bestimmt das Landwirtschaftsgericht nach Maßgabe der §§ 11, 12, 15 bis 23 die Person des Gutsübernehmers und die Bedingungen der Übernahme.

§ 15

(1) Bei der Bestimmung des Gutsübernehmers ist für das Landwirtschaftsgericht die dauernde einheitliche Erhaltung des Gutes in der Hand eines der Familienmitglieder maßgebend.

(2) Erachtet hiernach das Landwirtschaftsgericht mehrere der Erben als zur Übernahme des Gutes geeignet, so ist demjenigen der Vorzug zu geben, der nach pflichtgemäßem Ermessen als am besten geeignet erscheint.

(3) Die Bestimmung des Gutsübernehmers unterbleibt:

a) wenn das Landwirtschaftsgericht sich davon überzeugt, daß das Landgut wegen hoher Verschuldung oder sonstiger Gründe in der Familie nicht erhalten werden kann;

b) wenn kein Nachkomme des Eigentümers das Landgut zu den vom Landwirtschaftsgericht festgestellten Bedingungen übernehmen will.

§ 16

(1) Das Landwirtschaftsgericht setzt den bei der Erbteilung an die Stelle des Landgutes nebst Zubehör tretenden Wert desselben fest. Der Wert bestimmt sich nach dem Ertragswert (§ 2049 BGB); als Ertragswert gilt das Fünfundzwanzigfache des jährlichen Reinertrags. Von dem ermittelten Wert sind die Nachlaßverbindlichkeiten abzuziehen, die im Verhältnis der Erben zueinander der Gutsübernehmer allein zu tragen hat, mit Ausnahme jedoch der in § 19 erwähnten. Der hiernach verbleibende Betrag bildet den für die Erbteilung und sonach für die Berechnung der Abfindung der Miterben maßgebenden Wert des Landguts.

(2) Soweit die Beteiligten uneinig sind, ob einzelne Gegenstände zum Gutsinventar gehören, steht dem Landwirtschaftsgericht die Entscheidung zu.

§ 17

(1) Die Nachlaßverbindlichkeiten mit Ausnahme der auf dem Gut ruhenden Hypotheken, Grund- und Rentenschulden und der auf dem Gut ruhenden sonstigen Lasten sind, soweit das außer dem Gut vorhandene Nachlaßvermögen dazu ausreicht, aus diesem zu berichtigen.

(2) Die auf dem Gut ruhenden Lasten sowie diejenigen Nachlaßverbindlichkeiten, die nicht aus dem außer dem Gut vorhandenen Nachlaßvermögen berichtigt werden können, hat im Verhältnis zu seinen Miterben der Gutsübernehmer zu tragen. Er ist verpflichtet, die Miterben von ihnen zu befreien.

§ 18

(1) Zieht der Gutsübernehmer binnen 15 Jahren nach dem Erwerb (§ 20) aus dem Gut oder Teilen des Gutes durch Veräußerung oder auf andere Weise, die den Zwecken der Übernahme fremd ist, erhebliche Gewinne, so hat er, soweit es der Billigkeit entspricht, die Miterben auf Verlangen so zu stellen, wie wenn der in Betracht kommende Gegenstand im Zeitpunkt des Erwerbes verkauft und der Kaufpreis unter den Miterben entsprechend ihren Erbteilen verteilt worden wäre. Ist das Gut im Wege der Erbfolge auf einen anderen übergegangen oder hat der Erwerber das Gut einem anderen im Wege der vorweggenommenen Erbfolge übereignet, so trifft die entsprechende Verpflichtung den anderen hinsichtlich derartiger Gewinne, die er binnen 15 Jahren nach dem in Satz 1 bezeichneten Zeitpunkt aus dem Gut zieht.

(2) Die Ansprüche sind vererblich und übertragbar. Sie verjähren in 2 Jahren nach dem Schluß des Jahres, in dem der Berechtigte von dem Eintritt der Voraussetzungen seines Anspruchs Kenntnis erlangt, ohne Rücksicht auf diese Kenntnis in 5 Jahren nach dem Schluß des Jahres, in dem die Voraussetzungen des Anspruchs erfüllt sind.

§ 19

(1) Der Gutsübernehmer ist verpflichtet, seine Miterben zu erziehen und ihnen bis zum vollendeten 15. Jahre Einsitz und angemessenen Unterhalt zu gewähren. Dieser Anspruch erlischt, wenn ihnen auf Verlangen ihres gesetzlichen Vertreters ihre Abfindung mit 4 vom Hundert verzinst oder ausbezahlt wird. Die Auszahlung kann jedoch vor eingetretener Volljährigkeit oder Verheiratung nur verlangt werden, wenn der Miterbe das Landgut zur Wahl eines anderweitigen Lebensberufes verläßt.

(2) Auch nach vollendetem 15. Jahre behalten die Miterben das Recht des Einsitzes bis zur erlangten Volljährigkeit oder früher eintretenden Verheiratung.

(3) Gebrechlichen und kranken Miterben hat der Gutsübernehmer im Bedürfnisfalle bis zu ihrem Tode, sofern sie nicht die Auszablung ihrer Abfindung verlangen, Einsitz, Kost und Verpflegung zu gewähren. Solange sie von diesem Recht Gebrauch machen, findet eine Verzinsung der Abfindung nicht statt. Haben sie von diesem Rechte bis zu ihrem nach erlangter Volljährigkeit erfolgten Tode Gebrauch gemacht und weder einen erbberechtigten Ehegatten noch Kinder hinterlassen, so erlischt ihr Anspruch auf Abfindung zugunsten des Gutsübernehmers.

(4) Das Landwirtschaftsgericht ist befugt, die in Abs 1 bis 3 bestimmten Verpflichtungen des Gutsübernehmers zu erhöhen oder herabzusetzen.

§ 20

(1) Das Eigentum an den zum Landgut nebst Zubehör gehörenden Sachen sowie die zugehörigen Rechte gehen mit der Rechtskraft der gerichtlichen Entscheidung oder, falls in ihr ein späterer Zeitpunkt bestimmt ist, zu diesem Zeitpunkt auf den Gutsübernehmer über. Der Vorsitzende des Landwirtschaftsgerichts des ersten Rechtszugs ersucht das Grundbuchamt um Eintragung des Erwerbers.

(2) Die Beteiligten können verlangen, daß ihre Ansprüche gegen den Gutsübernehmer (§§ 19, 25) durch Eintragung im Grundbuch sichergestellt werden.

§ 21

(1) Wenn das Landgut sich im Miteigentum der Ehegatten befindet, so verbleibt die Verwaltung dem längstlebenden Ehegatten, und erst bei dessen Tode erfolgt die Bestimmung des Gutsübernehmers.

(2) Der längstlebende Ehegatte ist jedoch befugt, mit Zustimmung der Erben des verstorbenen Ehegatten (§ 13), hilfsweise mit Zustimmung des Landwirtschaftsgerichts, das Landgut schon bei Lebzeiten auf einen der gemeinschaftlichen Nachkommen zu übertragen.

(3) Im übrigen kann das Miteigentum zwischen dem Längstlebenden und den Kindern als Erben des verstorbenen Ehegatten nur mit gegenseitiger Zustimmung oder auf Beschluß des Landwirtschaftsgerichts aufgehoben werden. Hiervon abgesehen können einzelne Erben nur die Auszahlung einer nach Maßgabe der §§ 16 und 17 von dem Landwirtschaftsgericht festzusetzenden Abfindung verlangen.

(4) § 11 Abs 3 findet auch auf den Anteil an der Erbengemeinschaft und die an seine Stelle tretenden Ansprüche des längstlebenden Ehegatten mit der Maßgabe Anwendung, daß vor dem Tode des verstorbenen Ehegatten erworbene Rechte Dritter unberührt bleiben.

§ 22

(1) Steht das Landgut im alleinigen Eigentum eines Ehegatten, so erfolgt nach dessen Tode die Bestimmung des Gutsübernehmers erst dann, wenn dem anderen Ehegatten ein Nießbrauchs- oder Verwaltungsrecht an dem Landgute nicht mehr zusteht. Die Erbengemeinschaft zwischen den Kindern des verstorbenen Ehegatten kann, solange ein Nießbrauchs- oder Verwaltungsrecht des überlebenden Ehegatten besteht, nur mit gegenseitiger Zustimmung und mit Einwilligung des überlebenden Ehegatten aufgehoben werden.

(2) Die Bestimmungen des § 21 Abs 1 und 2 finden auf den Ehegatten, dem das Nießbrauchs- oder Verwaltungsrecht an dem Landgut oder an einem seiner Teile zusteht, entsprechende Anwendung.

§ 23

Hat ein von mehreren Nachkommen beerbter Eigentümer mehrere Landgüter hinterlassen, so hat in Ermangelung einer Vereinbarung der Beteiligten das Landwirtschaftsgericht darüber zu entscheiden,ob und unter welchen Bedingungen die mehreren Landgüter nur von einem Erben oder jedes einzelne Landgut von einem der Erben zu übernehmen sind.

§ 24

Das Recht der Eigentümer, über das Landgut unter Lebenden und von Todes wegen zu verfügen, wird durch dieses Gesetz nicht berührt.

§ 25

(1) Wer über das Landgut letztwillig verfügen kann, ist befugt, in einem Testament oder in einer notariell oder vom Ortsgericht beglaubigten Urkunde die Anwendung der §§ 11 bis 23 auszuschließen, unter den Miterben die Person zu bestimmen, die zur Übernahme des Landgutes oder der mehreren Landgüter berechtigt sein soll, sowie die in § 19 erwähnten Bestimmungen anstelle des Landwirtschaftsgerichts selbst zu treffen.

(2) In gleicher Weise kann vorbehaltlich des Pflichtteilrechtes der Beteiligten bestimmt werden, zu welchem Betrage der Gutswert bei der Erbteilung angerechnet werden, daß und in welcher Höhe der Gutsübernehmer bei der Teilung ein Voraus erhalten oder in einer sonstigen Weise bevorzugt werden soll.

§ 26

(1) Für die Berechnung des Pflichtteils der Miterben, die das Landgut nicht übernehmen, sowie für die Berechnung eines Erbersatzanspruchs ist der auf Antrag des

Pflichtteilsberechtigten oder des Erbersatzberechtigten von dem Landwirtschaftsgericht nach Maßgabe der §§ 14 bis 17 festzusetzende Wert des Landgutes maßgebend.

(2) § 18 gilt für Pflichtteilsberechtigte und für Erbersatzberechtigte sinngemäß.

§ 27

Die in den §§ 11 bis 26 enthaltenen Bestimmungen finden keine Anwendung:

1. wenn die bei der Erbteilung beteiligten Personen nicht allein Eigentümer des Landgutes sind;
2. wenn das Landgut beim Tode des Erblassers infolge von Veränderungen, die nach der Eintragung des Landgutes in die Rolle stattgefunden haben, nach § 1 Abs 2 nicht eintragungsfähig gewesen wäre; jedoch kommt der Mangel eines Wohnhauses zur Zeit des Todes des Erblassers nicht in Betracht, wenn dieser Zustand alsdann noch nicht 2 Jahre gewährt hat.

§ 28

Für jede auf Antrag bewirkte Eintragung oder Löschung in der Rolle einschließlich der darüber dem Eigentümer zu machenden Mitteilung wird 3 der vollen Gebühr des § 32 der Kostenordnung, mindestens aber 3 Deutsche Mark erhoben.

Seite 3293 ff. — **Anh 116**

VO zur beschleunigten Förderung des Baues von Heuerlings- und Werkwohnungen sowie von Eigenheimen für ländliche Arbeiter und Handwerker
Änderung durch § 55 Z 6 BeurkG (*Anh 63*) bez §§ 4, 8

Seite 3294/3295 —

§ 8 (1) Sätze 3 bis 5 kommen in Wegfall, so daß nur noch die Sätze 1, 2 in Geltung sind.

Seite 3302 ff. — **Anh 121**

Lastenausgleichsgesetz in Neufassung vom 1. Oktober 1969 BGBl I 1909 = SaBl 2145/23. Dezember 1970 BGBl I 1870 = SaBl 1971, 195

Seite 3308 —

§§ 111 a bis d LAG abgedruckt unter *GT 2* § 21 S 90/91

Seite 3309/3310 —

§ 116 LAG Abs 1 Z 2 nF Satz 1 neu: zur Durchführung notwendiger außerordentlicher Reparaturen an Gebäuden oder bei Wohnungen zur Erzielung der Mindestausstattung iSd § 40 Abs 1 des 2. Wohnungsbaugesetzes dienenden Gebäuden zum Einbau einer Heizungs- und Warmwasseranlage, zum Umbau von Fenstern und Türen sowie zum Anschluß an die Kanalisation oder die Wasserversorgung und zum Einbau einer Fahrstuhlanlage bei solchen Gebäuden mit mehr als 5 Geschossen

aaO Abs 1 Satz 3 neu: Das Vorrecht erlischt in dem Umfang, in dem die Verpflichtung aus dem Kredit untergeht; für ein Vorrecht, das bereits vor Inkrafttreten des 12. Gesetzes zur Änderung des Gesetzes bewilligt worden ist, gilt dies jedoch nur, wenn das Erlöschen bei der Bewilligung zur Bedingung gemacht war.

aaO Abs 3 neu: Das Vorrecht ist ohne die Beschränkungen des Abs 2 zu bewilligen

1. in den Fällen des Abs 1 Nr 1, wenn die Gebäude oder Gebäudeteile in der Zeit vom 21. Juni 1948 bis zum 31. Dezember 1965 — war der Wiederaufbau (die

Wiederherstellung) vor dem 1. Januar 1966 durch eine Bausperre, eine Veränderungssperre oder eine sonstige der Sicherung behördlicher Planungen oder der Durchführung der Bodenordnung dienende Maßnahme behindert, bis zum Ablauf des 5. Jahres nach Ablauf des Kalenderjahres, in dem diese Hinderungsgründe weggefallen sind — errichtet werden und mehr als 75 vom Hundert der neugewonnenen Nutzfläche auf öffentlich geförderte Wohnungen oder auf steuerbegünstigte Wohnungen im Sinne des jeweils anzuwendenden Wohnungsbaugesetzes entfallen;

2. in den Fällen des Abs 1 Nr 2, wenn dem Grundpfandrecht nur Rechte im Range vorgehen, die zu dem in § 113 Abs 1 Satz 1 genannten Rechten gehören, und der Erlaß wegen ungünstiger Erträgnisse nicht durch § 129 Abs 5 oder 6 ausgeschlossen ist.

Seite 3312 —

§ 122 LAG Abs 3 neu: Abs 2 Satz 1 gilt entsprechend für die Verpflichtung des Vorerben im Verhältnis zum Nacherben und für ähnliche Fälle.

Seite 3313 —

§ 126 LAGnF abgedruckt unter *GT 2* § 21 S 91
§ 128 LAGnF Satz 2 abgedruckt unter *GT 2* § 21 S 91

Seite 3316 —

§ 151 a LAG Vorrecht für Aufbaukredite

§ 116 Abs 3 gilt mit der Maßgabe, daß die in Nr 1 genannte Frist allgemein bis auf weiteres verlängert wird.

Seite 3342ff. — **Anh 129**

Grunderwerbsteuergesetz Landesgesetze nF Fußn 1

Bayern GrEStG idF vom 16. Juni 1969 GVBl 170 = SaBl 1969, 1450
Ges über die Grunderwerbsteuerbefreiung für den sozialen Wohnungsbau — GrEStWG — idF vom 16. Juli 1969 GVBl 176 — SaBl 1456

Berlin GrEStG 1969 idF vom 18. Juli 1969 GVBl 1034 = SaBl 1970, 235

Rheinland-Pfalz GrEStG idF vom 1. Juni 1970 GVBl 166 = SaBl 1731

Saarland GrEStG 1970 idF vom 3. März 1970 ABl 158 = SaBl 995

Seite 3351 —

Steuerrecht (im Kolumentitel *ergänzt*)

Seite 3355 **Anh 135**

Niedersachsen Durchführung des GrEStG

Die AVJM vom 25. August 1955 ist durch die Entscheidung des **BFH** BStBl 1968 III 223 = HFR 1968, 225, wonach auch die Bestellung eines Erbbaurechts grunderwerbsteuerpflichtig ist, inhaltlich überholt; dazu § 20 Bem 101/*ErgVerz.*

Seite 3356ff. — **Anh 137**

Rechtspflegergesetz 1969/1970 SaBl 1974 mit Änderungen durch Art 1 Ges zur Änderung des RpflG, des BeurkG und zur Umwandlung des Offenbarungseides in eine eidesstattliche Versicherung vom 27. Juni 1970 BGBl 911 = SaBl 1491 bez §§ 3, 14, 16, 20, 33, 33a

Seite 3357 —

Übergangsregelung für die Jugendstrafvollstreckung ..... § 33a (*Ergänzung* der Inhaltsübersicht)

Seite 3358 —

§ 3 RpflGnF Zeile 1 entfällt: (1)/*Berichtigung*

Z 1 (b) nF lautet nunmehr: Verfahren zur Abnahme eidesstattlicher Versicherungen in den Fällen des § 163 des Gesetzes über die Angelegenheiten der freiwilligen Gerichtsbarkeit, bei Untersuchung und Verwahrung von Sachen sowie beim Pfandverkauf nach den §§ 164 bis 166 des Gesetzes über die Angelegenheiten der freiwilligen Gerichtsbarkeit.

Seite 3361 ff. —

§ 14 RpflGnF Z 3 (c) nF lautet: die Anfechtung der Vaterschaft durch ein minderjähriges Kind, eines gestorbenen Kindes oder die Anfechtung der Vaterschaft durch das Kind oder die Mutter nach dem Tode des Mannes (Art 12 § 3 Abs 2 des Gesetzes über die rechtliche Stellung der nichtehelichen Kinder vom 19. August 1969 BGBl I 1243),

Die bisherigen Buchst (*c*) bis (*e*) werden nunmehr (*d*) bis (*f*).

Z 4 hat folgende Neufassung: die Anordnung einer vorläufigen Vormundschaft (§ 1906 des Bürgerlichen Gesetzbuchs), eine Gebrechlichkeitspflegschaft (§ 1910 des Bürgerlichen Gesetzbuchs), es sei denn, daß die Gebrechlichkeitspflegschaft zum Zwecke der Geltendmachung eines auf dem öffentlichen Recht beruhenden Rentenanspruchs angeordnet wird, einer Vormundschaft oder einer Pflegschaft über einen Ausländer einschließlich der vorläufigen Maßregeln (Art 23 des Einführungsgesetzes zum bürgerlichen Gesetzbuch) und einer Pflegschaft auf Grund dienstrechtlicher Vorschriften;

Seite 3363/3364 —

§ 16 RpflGnF Z 8 lautet in Neufassung: bei der gerichtlichen Vermittlung der Erbauseinandersetzung (§§ 86 bis 98 des Gesetzes über die Angelegenheiten der freiwilligen Gerichtsbarkeit), die Genehmigungen (§ 97 Abs 2 des Gesetzes über die freiwillige Gerichtsbarkeit), soweit die entsprechenden vormundschaftsgerichtlichen Genehmigungen dem Richter vorbehalten sind,

Seite 3365 ff. —

§ 20 RpflGnF Z 1 lautet in Neufassung: das Mahnverfahren (§§ 688 ff. der Zivilprozeßordnung) einschließlich der Vollstreckbarkeitserklärung des Zahlungsbefehls und ihrer Ablehnung sowie der Verweisung an das Landgericht und der Verweisung an das örtlich zuständige Gericht nach § 6a Abs 3 des Gesetzes betreffend die Abzahlungsgeschäfte im Falle des Widerspruchs, soweit sie nicht auf Grund mündlicher Verhandlung beschlossen werden (§ 697 Abs 2 der Zivilprozeßordnung); jedoch bleibt das Streitverfahren dem Richter vorbehalten;

In **Z 13** entspricht § 49 Abs 2 Z 2 JWGaF dem § 50 Abs 1 Z 2 JWGnF vom 6. August 1970 BGBl I 1197 = SaBl 1756.

Z 17 lautet mit den nachträglichen gesetzlichen Änderungen: die Geschäfte im Zwangsvollstreckungsverfahren nach dem 8. Buch der Zivilprozeßordnung, soweit sie von dem Vollstreckungsgericht, einem von diesem ersuchten Gericht oder in den Fällen der §§ 848, 854, 855, 902 der Zivilprozeßordnung von einem anderen Amtsgericht oder dem Verteilungsgericht (§§ 873 der Zivilprozeßordnung) zu erledigen sind; zu diesen Geschäften zählen auch Vollstreckungsverfahren zur Abnahme eidesstattlicher Versicherungen auf Antrag oder Ersuchen einer Behörde.

Jedoch bleiben dem Richter vorbehalten

a) die Entscheidungen nach § 766 der Zivilprozeßordnung,
b) die Entscheidungen des Vollstreckungsgerichts nach § 26 des Heimkehrergesetzes vom 19. Juni 1950 BGBl 221 idF des Gesetzes vom 30. Oktober 1951 BGBl I 875, 994 und vom 17. August 1953 BGBl I 931,
c) die Entscheidungen des Vollstreckungsgerichts nach §§ 30, 31 des Wohnungsbewirtschaftungsgesetzes.

Seite 3368 —

§ 26 RpflG Zeile 3: ....., § 20 Nr 12 (*berichtigt*)

Seite 3369 —

§ 33 RpflGnF Abs 1 Z 2: ..... binnen 2 Jahren (*abgeändert*) .....

Seite 3378ff. — **Anh 139ff.**

Grundbuch und Liegenschaftskataster

Seite 3378 —

Übersicht 10. Landesrecht

a) Baden-Württemberg
   3. Vermessungsgesetz vom 4. Juli 1961/6. April 1970 (*ergänzt*) — *Anh 154*
b) Bayern (*ergänzt*)
   4. Vermessungs- und Katastergesetz vom 31. Juli 1970 — *Anh 162a*
   Ergänzung: Auszug aus der amtlichen Gesetzesbegründung

Seite 3379 — Kolumnentitel: **Anh 139** V 1 (*ergänzt*)

f) Niedersachsen
   2. Vermessungs- und Katastergesetz vom 8. November 1961/24. Juni 1970 (*ergänzt*) — *Anh 182*
   Erhaltung der Übereinstimmung zwischen dem Grundbuch und dem Liegenschaftskataster AVJM vom 7. Dezember 1970 — Anh 182a/*ErgVerz*

Seite 3401/3402 —

10. **Landesrecht** Anh 152 V 1

Ergänzungen kommen in Betracht bei Baden-Württemberg, Bayern und Niedersachsen; dazu Anh 154, 162a, 182/*ErgVerz.*

Seite 3405ff. — **Anh 154**

Baden-Württemberg

3. **Vermessungsgesetz** vom 4. Juli 1961 GBl 201 = SaBl 2190/6. April 1970 GBl 111

Seite 3409 —

§ 11 (4) Das Landesvermessungsamt (*geändert*) kann auf Antrag zulassen, ...

Seite 3411 —

§ 17 (*geändert*)

(1) Ordnungswidrig handelt, wer vorsätzlich oder fahrlässig

1. den ihm nach § 2 Abs 1 Nr 1 bis 3 obliegenden Pflichten trotz Aufforderung durch die zuständige Vermessungsbehörde nicht nachkommt,
2. unbefugt Vermessungszeichen oder Grenzzeichen unkenntlich macht, beschädigt oder entfernt und nicht unverzüglich die Behebung des Schadens beantragt,
3. unbefugt Grenzen feststellt,
4. unbefugt Steine oder andere Merkmale im Boden oder an Bauwerken mit der Absicht anbringt, Vermessungszeichen oder Grenzzeichen vorzutäuschen,
5. die Ausübung der Befugnisse nach § 14 hindert.

(2) Die Ordnungswidrigkeit und der Versuch einer Ordnungswidrigkeit nach Abs 1 Nr 2 bis 4 können mit einer Geldbuße geahndet werden.

(3) Gegenstände, auf die sich eine Ordnungswidrigkeit nach Abs 1 Nr 4 bezieht, können eingezogen werden.

(4) Verwaltungsbehörde iSd § 36 Abs 1 Nr 1 des Gesetzes über Ordnungswidrigkeiten ist das Landesvermessungsamt Baden-Württemberg.

(5) Die Verfolgung der Ordnungswidrigkeit und des Versuchs einer Ordnungswidrigkeit nach Abs 1 Nr 2 bis 4 verjährt in einem Jahr.

Bem: Fuß 1 bis 4 sind gegenstandslos geworden.

Seite 3432 —

Anh 162a

Bayern

4. Ges über die Landesvermessung und das Liegenschaftskataster

Vermessungs- und Katastergesetz — VermKatG[1])

vom 31. Juli 1970 GVBl 369

Inhaltsübersicht

Erster Teil, Landesvermessung

Zweiter Teil, Liegenschaftskataster

---

[1]) Es ist hinzuweisen auf die vom Bayer Staatsministerium der Finanzen herausgegebene Broschüre (Druck Buchdruckerei Gebr Bremberger München 1970), die das VermKatG mit amtlicher Begründung und einem Vorwort des Ministers enthält. Da die Begründung zum Liegenschaftskataster und zur Beurkundung von besonderem Interesse ist, erfolgt in Ergänzung zu *Anh 162 a* der Abdruck der Ausführungen zu Art 5 bis 11.

Erster Teil

Landesvermessung

Art 1

Das Landesvermessungswerk

(1) Die Landesvermessung hat die Aufgabe, die geodätischen Grundlagen für eine allgemeine Landesaufnahme zu schaffen und zu erhalten, das Landesgebiet aufzunehmen und es in topographischen Karten darzustellen. Die Gesamtheit der Ergebnisse der Landesvermessung bildet das Landesvermessungswerk.

(2) Das Landesvermessungswerk umfaßt das Lagefestpunktfeld, das Höhenfestpunktfeld, das Schwerenetz, die topographische Landesaufnahme und die amtlichen topographischen Kartenwerke. Auf der Grundlage des Landesvermessungswerks werden Übersichtskarten, Umgebungskarten und Sonderkarten hergestellt.

Art 2

Erhaltung des Landesvermessungswerks

Das Landesvermessungswerk wird den Anforderungen der Öffentlichkeit und der Entwicklung der Fachtechnik entsprechend laufend vervollständigt, verbessert und fortgeführt, sowie bei Bedarf erneuert.

Art 3

Mitwirkung bei der Landesvermessung

(1) Alle Behörden haben Unterlagen, die für Zwecke der Landesvermessung verwertet werden können, auf Anfordern zur Einsichtnahme zur Verfügung zu stellen. Für Auslagen, die durch die Vorlage entstehen kann Ersatz gefordert werden, soweit der Ersatzleistung nicht sonstige Vorschriften entgegenstehen.

(2) Abs 1 gilt für natürliche Personen und juristische Personen des Privatrechts entsprechend, wenn die Vorlage von Unterlagen, die für die Landesvermessung von besonderer Bedeutung sind, im Interesse des öffentlichen Wohles erforderlich ist.

Art 4

Öffentlichkeit des Landesvermessungswerks

(1) Ergebnisse der Landesvermessung werden, soweit sie nicht ohnehin veröffentlicht werden, jedem, der ein berechtigtes Interesse darlegt, auf Antrag mitgeteilt. Die oberste Behörde für das staatliche Vermessungs- und Katasterwesen kann das Recht auf Auskunft einschränken, soweit dies Interessen des öffentlichen Wohls erfordern.

(2) Nachweise der Landesvermessung, zB Festpunktübersichten und -beschreibungen, Koordinaten und Höhenangaben, dürfen nur von den staatlichen Vermessungsbehörden oder mit deren Gehemigung vervielfältigt werden. Die Genehmigung ist nicht erforderlich, wenn Behörden mit Hilfe eigener Einrichtungen Vervielfältigungen für den innendienstlichen Gebrauch herstellen.

Zweiter Teil
Liegenschaftskataster

Art 5
Einrichtung des Liegenschaftskatasters

(1) Die Liegenschaften des Staatsgebiets werden in einem Katasterkartenwerk dargestellt und in Katasterbüchern beschrieben. Das Katasterkartenwerk und die Katasterbücher bilden das Liegenschaftskataster. Art und Genauigkeit der Darstellung und Beschreibung sind auf die Anforderungen des Liegenschaftsrechts abgestellt. Die Bedürfnisse von Verwaltung und Wirtschaft werden in angemessener Weise berücksichtigt.

(2) Das Liegenschaftskataster ist amtliches Verzeichnis der Grundstücke im Sinne des § 2 Abs 2 der Grundbuchordnung.

(3) Liegenschaften im Sinne dieses Gesetzes sind die Grundstücke und die Gebäude, auch soweit sie nicht mit dem Grund und Boden fest verbunden sind.

Art 6
Grundlagen

(1) Die Eigentümer der im Grundbuch eingetragenen Grundstücke sowie die Inhaber von Erbbaurechten werden im Liegenschaftskataster grundsätzlich in Übereinstimmung mit dem Grundbuch nachgewiesen. Veränderungen im Eigentum auf Grund öffentlich-rechtlicher Vorschriften sowie privatrechtlicher Vorschriften des Wasserrechts können in das Liegenschaftskataster übernommen werden, bevor das Grundbuch berichtigt ist.

(2) Die Angaben im Liegenschaftskataster über Nutzungsart, Ertragsfähigkeit und Abgrenzung des landwirtschaftlich und des gärtnerisch nutzbaren Bodens werden den rechtskräftig festgestellten Ergebnissen der nach dem Bodenschätzungsgesetz (vom 16. Oktober 1934 BGBl III 610-8 in der jeweils geltenden Fassung) durchgeführten Bodenschätzung entnommen.

(3) Der Nachweis im Liegenschaftskataster über Gestalt, Größe und örtliche Lage der Liegenschaften sowie über die Art und Abgrenzung der nicht unter Abs 2 fallenden Nutzungsarten beruht auf dem Ergebnis von Vermessungen (Katastervermessungen) und örtlichen Erhebungen.

Art 7
Fortführung

Das Liegenschaftskataster wird durch Fortführung auf dem laufenden gehalten. Fehlerhafte Einträge werden von Amts wegen berichtigt.

Art 8
Katastervermessungen

(1) Die Katastervermessungen dienen der Festlegung und Sicherung der Eigentumsgrenzen sowie der Fortführung und Erneuerung des Liegenschaftskatasters. Sie dürfen nur von den nach Art 12 befugten Stellen ausgeführt werden.

(2) Bei den Katastervermessungen zur Fortführung des Liegenschaftskatasters (Fortführungsvermessungen) werden die Veränderungen erfaßt, die am Umfang der Grundstücke, in der Abgrenzung der Nutzungsarten und im Bestand der Gebäude eintreten.

(3) Zu den Veränderungen im Bestand der Gebäude gehören Neubauten, Veränderungen am Umfang des Grundrisses bestehender Gebäude, Abbrüche und Zerstörung von Gebäuden, ferner Änderungen in der Zweckbestimmung von Gebäuden, soweit diese eine Änderung des Katastervortrags zur Folge haben.

(4) Fortführungsvermessungen werden von Amts wegen oder auf Antrag ausgeführt. Den Antrag kann stellen, wer ein berechtigtes Interesse an der Vermessung darlegt.

(5) Ist ein Jahr nach einer Fortführungsvermessung die mit ihr beabsichtigte Rechtsänderung im Grundbuch noch nicht vollzogen, so kann die Vermessung rückgängig gemacht werden.

(6) Bei Grundstücksteilungen, die einer Genehmigung bedürfen, soll eine die rechtliche Teilung vorbereitende Fortführungsvermessung in der Regel erst vorgenommen werden, wenn die Genehmigung durch die Genehmigungsbehörde erteilt oder in Aussicht gestellt ist oder als erteilt gilt.

(7) Zur Erneuerung des Katasterkartenwerks und seiner Grenznachweise werden Katasterneuvermessungen durchgeführt.

(8) Die Katastervermessungen und die zugehörigen Buchnachweise müssen zur Übernahme in das Liegenschaftskataster geeignet sein.

(9) Vermessungen von Privatpersonen oder von Stellen, die nicht nach Art 12 zu Katastervermessungen befugt sind, dürfen für das Liegenschaftskataster nur verwertet werden, wenn die das Kataster führende Behörde die Ergebnisse für geeignet erachtet und ein Bedürfnis für die Übernahme besteht.

Art 9

Beurkundung und Beglaubigung von Anträgen
auf Vereinigung und Teilung von Grundstücken

(1) Die Vorsteher der das Liegenschaftskataster führenden Behörden und die von den Vorstehern beauftragten Beamten dieser Behörden sind befugt, Anträge des Eigentümers auf Vereinigung (§ 890 Abs 1 des Bürgerlichen Gesetzbuchs) oder Teilung von Grundstücken ihres Amtsbezirks öffentlich zu beurkunden oder zu beglaubigen.

(2) Von der Befugnis des Abs. 1 soll nur Gebrauch gemacht werden, wenn die zu vereinigenden Grundstücke örtlich und wirtschaftlich ein einheitliches Grundstück darstellen oder die Teilung erforderlich ist, um örtlich und wirtschaftlich einheitliche undsGrtücke herzustellen.

(3) Auf die Beurkundung und Beglaubigung sind die Vorschriften des Beurkundungsgesetzes vom 28. August 1969 BGBl I 1513 entsprechend anzuwenden. Der von dem Vorsteher der das Kataster führenden Behörde gemäß Abs 1 beauftragte Beamte soll bei der Beurkundung oder Beglaubigung auf den ihm erteilten Auftrag Bezug nehmen.

Art 10

Melde- und Auskunftspflicht

(1) Alle Behörden sind verpflichtet, die das Kataster führenden Behörden bei der Erfassung von Veränderungen an den Liegenschaften zu unterstützen, soweit diese Veränderungen zu einer Fortführung des Liegenschaftskataster Veranlassung geben.

(2) Die Eigentümer und Nutzungsberechtigten der Liegenschaften sind verpflichtet, die für die Fortführung des Liegenschaftskatasters notwendigen Angaben zu machen und, wenn für die Übernahme von Veränderungen in das Liegenschaftskataster eine Vermessung erforderlich ist, die Vermessung durchführen zu lassen.

Art 11

Öffentlichkeit des Liegenschaftskatasters

(1) Jedem, der ein berechtigtes Interesse darlegt, wird Einsicht in die Karten und Bücher des Liegenschaftskatasters gewährt und Auskunft aus dem Liegenschaftskataster erteilt, soweit nicht Interessen des öffentlichen Wohls entgegenstehen.

(2) Auf Antrag werden aus den Katasterbüchern Abschriften erteilt und aus dem Katasterkartenwerk Auszüge erstellt. Die Abschriften werden in jedem Fall, Auszüge aus dem Katasterkartenwerk auf Antrag beglaubigt.

(3) Koordinaten und Festlegungsmaße für Grenzpunkte werden grundsätzlich nicht bekanntgegeben. Die oberste Dienstbehörde kann Ausnahmen zulassen.

(4) Abschriften der Katasterbücher und Auszüge aus dem Katasterkartenwerk dürfen nur von der das Kataster führenden Behörde erstellt und nur mit deren Genehmigung vervielfältigt werden. Den Behörden ist gestattet, für den innendienstlichen Gebrauch einfache Ablichtungen mit Hilfe eigener Einrichtungen herzustellen.

Dritter Teil

Gemeinsame Vorschriften

Art 12

Organisation

(1) Die Landesvermessung, die Aufstellung, Fortführung und Erneuerung des Liegenschaftskatasters sowie die für die Fortführung und Erneuerung des Liegenschaftskatasters erforderlichen Vermessungen sind Aufgaben des Staates.

(2) Oberste Behörde für das staatliche Vermessungs- und Katasterwesen ist das Staatsministerium der Finanzen.

(3) Landeszentralbehörden für den gesamten Bereich der Landesvermessung ist das Bayerische Landesvermessungsamt; es ist dem Staatsministerium der Finanzen unmittelbar nachgeordnet. Neben der Landesvermessung gehören zu den Aufgaben des Landesvermessungsamts die Herausgabe und Erneuerung der Katasterkarten einschließlich der zugehörigen Übersichtskarten sowie die Durchführung von Katasterneuvermessungen einschließlich der Fertigung der für die Fortführung der öffentlichen Bücher erforderlichen Ausweise. Das Staatsministerium der Finanzen kann sonstige Aufgaben aus dem Bereich des Liegenschaftskatasters, die zweckmäßig zentral bearbeitet werden, dem Landesvermessungsamt übertragen.

(4) Die Führung des Liegenschaftskatasters und der Vollzug der Katastervermessungen sind unbeschadet der in den Abs 3, 5, 6 und 7 enthaltenen Sonderregelungen Aufgaben der staatlichen Vermessungsämter. Die Vermessungsämter wirken bei der Erneuerung des Katasterkartenwerks mit. Die Organisation der staatlichen Vermessungsämter und der Bezirksfinanzdirektionen als deren Aufsichtsbehörden wird durch das Staatsministerium der Finanzen geregelt.

(5) Die staatlichen Flurbereinigungsbehörden führen im Rahmen ihrer Dienstaufgaben die Katastervermessung an den in eine Flurbereinigung oder Zusammenlegung einbezogenen Grundstücken selbst aus. Die Ermittlung strittiger Grenzen bleibt den staatlichen Vermessungsbehörden vorbehalten.

(6) Die für den Vermessungsdienst zuständigen Stellen der Deutschen Bundesbahn sind befugt, Katastervermessungen an Liegenschaften vorzunehmen, die zum Vermögen der Deutschen Bundesbahn gehören oder von ihr zum Erwerb vorgesehen sind. Katastervermessungen auf Grundstücken, die zum Erwerb vorgesehen sind, dürfen nur mit Zustimmung des Eigentümers vorgenommen werden.

(7) Das Städtische Vermessungsamt München ist befugt, innerhalb des Stadtgebiets an Liegenschaften, die im Eigentum der Landeshauptstadt stehen oder von ihr zum Erwerb vorgesehen sind, Katastervermessungen auszuführen. Abs 5 Satz 2 und Abs 6 Satz 2 sind anzuwenden.

(8) In das Liegenschaftskataster dürfen nur solche Katastervermessungen übernommen werden, die unter der Verantwortlichkeit eines zum höheren vermessungstechnischen Verwaltungsdienst befähigten Beamten ausgeführt worden sind.

Art 13

Duldungspflichten

(1) Die Eigentümer und Nutzungsberechtigten von Grundstücken und Gebäuden müssen dulden, daß die Personen, die mit den Vermessungen zum Vollzug dieses Gesetzes beauftragt sind, die erforderlichen Arbeiten vornehmen, Vermessungszeichen anbringen und für die Dauer der Arbeiten Beobachtungszeichen und -gerüste errichten, soweit dies für die Vermessungsarbeiten notwendig ist. Vor dem Betreten von Gebäuden und eingefriedeten Grundstücken sind die Eigentümer oder die Nutzungsberechtigten zu verständigen. Wohnungen dürfen nur mit Zustimmung des Inhabers betreten werden.

(2) Die Grundstücks- und Gebäudeeigentümer sowie die sonstigen Berechtigten haben die Vermessungszeichen sowie die Beobachtungszeichen und -gerüste zu schonen und die Vermessungszeichen, soweit sie nicht unterirdisch angebracht sind, erkennbar zu halten. Wer Arbeiten beabsichtigt oder durchführt, die den festen Stand oder die Erkennbarkeit von Vermessungszeichen gefährden, hat die Sicherung oder Versetzung der Vermessungszeichen beim staatlichen Vermessungsamt zu beantragen. Dasselbe gilt auch für Maßnahmen, die die unmittelbare Umgebung von Vermessungszeichen so verändern, daß aus dem Vermessungszeichen eine Gefahrenquelle wird.

(3) Entsteht dem Eigentümer oder einem sonstigen Berechtigten durch eine nach diesem Gesetz zu duldende Maßnahme ein nicht zumutbarer Vermögensschaden, so leistet der Staat hierfür auf Antrag eine angemessene Entschädigung in Geld. Der Staat kann von demjenigen, der die Kosten der Maßnahme trägt, Erstattung der nach Satz 1 geleisteten notwendigen Aufwendungen verlangen. Über den Erstattungsanspruch nach Satz 2 entscheiden im Streitfall die ordentlichen Gerichte.

Art 14

Gebühren und Auslagen

(1) Für Tätigkeiten im Vollzug dieses Gesetzes werden Gebühren und Auslagen nach Maßgabe des Kostengesetzes und der dazu erlassenen Rechtsverordnungen erhoben. Sondervorschriften bleiben unberührt.

(2) Die Gebühren und Auslagen für die Vermessung und katastertechnische Behandlung der Gebäudeveränderungen sowie für die in Verbindung damit notwendig werdenden Grenzfeststellungen schuldet, wer bei Fälligkeit der Gebühr Gebäudeeigentümer ist.

(3) Für die Beurkundung oder Beglaubigung von Anträgen auf Vereinigung oder Teilung von Grundstücken gemäß Art 9 werden Gebühren und Auslagen nicht erhoben.

Art 15

Ordnungswidrigkeiten

(1) Soweit die Tat nicht nach anderen Vorschriften mit Strafe bedroht ist, kann
1. mit Geldbuße bis zu 5000 DM belegt werden, wer vorsätzlich oder fahrlässig unbefugt
   a) Ergebnisse der Landesvermessung vervielfältigt oder veröffentlicht,
   b) Abschriften oder Auszüge aus dem Liegenschaftskataster herstellt oder vervielfältigt,
2. mit Geldbuße belegt werden, wer vorsätzlich oder fahrlässig
   a) unbefugt Vermessungszeichen, Beobachtungszeichen oder Beobachtungsgerüste beschädigt oder entfernt,
   b) Unterlagen, die gemäß Art 3 Abs 2 eingefordert werden, nicht zur Verfügung stellt,
   c) Angaben, zu denen er nach Art 10 Abs 2 verpflichtet ist, verweigert oder unrichtig oder unvollständig macht.

(2) In den Fällen des Abs 1 Nr 1 kann auf Einziehung der durch die Ordnungswidrigkeit gewonnenen oder erlangten Gegenstände erkannt werden.

Art 16

Schlußbestimmungen

(1) Dieses Gesetz tritt am 1. September 1970 in Kraft.

(2) Gleichzeitig treten außer Kraft:

das Gesetz über die Landesvermessung vom 10. Oktober 1950 GVBl 210, BayBS III 606 und

die Verordnung über den Fortführungsvermessungsdienst vom 18. Oktober 1939 GVBl 295, BayBS III 613.

(3) Ferner treten außer Kraft:

Das bayerische Grundsteuergesetz vom 15. August 1828 idF der Bekanntmachung vom 4. November 1970 BayBS III 599,

das Gesetz über die Einmessung der Gebäudeveränderungen vom 26. April 1961 GVBl 133,

das Gesetz über die Beurkundungs- und Beglaubigungsbefugnis der Vermessungsbehörden vom 15. November 1937 BayBS ErgB 162 und

Artikel 134 Abs 1 des Ausführungsgesetzes zum Bürgerlichen Gesetzbuch vom 9. Juni 1899 BayBS III 89.

In Gemeinden und gemeindefreien Gebieten, in denen das Liegenschaftskataster noch nicht angelegt ist, sind diese Vorschriften bis zum Ende der Offenlegung des Liegenschaftskatasters anzuwenden.

Ergänzung

Amtliche Gesetzesbegründung

(Auszug)

II. Teil

Liegenschaftskataster

Zu Artikel 5 Einrichtung des Liegenschaftskatasters

Der Auftrag zur Führung eines Katasters ist im Jahr 1828 im Grundsteuergesetz festgelegt worden. Die Bestimmungen dieses Gesetzes BayBS III 599 sind noch insoweit gültig, als sie die Vermessung und das Kataster betreffen. Die neuen Vorschriften, die die bisherigen ablösen sollen, entsprechen den derzeitigen tatsächlichen Gegebenheiten.

Der Hinweis in Abs 1 auf die Bedürfnisse des Rechtsverkehrs, der Verwaltung und der Wirtschaft soll verhindern, daß das Kataster in einmal festgelegten Formen erstarrt, und soll die Handhabe bieten, das Kataster unter Ausnutzung technischer Neuerungen den jeweils veränderten Forderungen anzupassen. Hierbei wird im besonderen die Möglichkeit, nicht nur für die Rechenarbeiten, sondern auch für die Registerarbeiten des Katasters elektronische Datenverarbeitungsanlagen zu verwenden, im Auge behalten werden müssen.

Zu **Absatz 2** Der Zusammenhang zwischen Kataster und Grundbuch ist durch die Verordnung des Reichsministers der Justiz über die Einführung des Reichskatasters als amtliches Verzeichnis der Grundstücke im Sinne des § 2 Abs 2 der Grundbuchordnung vom 23. Januar 1940 RGBl I 240 gegeben.

Absatz 3 dient der Klarstellung, daß Grundstücke und Gebäude, nicht aber grundstücksgleiche Rechte im Kataster nachgewiesen werden.

Zu Artikel 6 Grundlagen

Die Bestimmungen über die 3 Grundlagen des Liegenschaftskatasters, nämlich Grundbuch, Bodenschätzung und Vermessung, entsprechen der derzeitigen Übung und auch den Regelungen in den anderen Ländern der Bundesrepublik. Sie zeigen die wichtigsten inhaltlichen Unterschiede gegenüber dem alten Grundsteuerkataster auf: Übernahme der Bodenschätzungsergebnisse, wie in § 11 des Bodenschätzungsgesetzes vorgeschrieben, und engere Bindung des Eigentumsnachweises an das Grundbuch.

Zu Artikel 7 Fortführung

Das Liegenschaftskataster kann seinen vielfältigen Aufgaben nur gerecht werden, wenn es mit den tatsächlichen Verhältnissen laufend in Übereinstimmung gehalten wird. Es muß allen Veränderungen raschestens folgen. Auch von Fehlern muß es möglichst freigehalten werden. Der Anspruch auf Berichtigung von nachgewiesenen Eintragungsfehlern unterliegt keiner Verjährung. Dieser Grundsatz war auch für das Grundsteuerkataster im bayerischen Grundsteuergesetz niedergelegt.

Zu Artikel 8 Katastervermessungen

Absatz 1 umreißt den Zweck der Katastervermessungen, wie er schon aus der Bezeichnung abzulesen ist, und bezieht in sie auch die Vermessungen mit ein, die der Ermittlung und Wiederherstellung verdunkelter Eigentumsgrenzen dienen. Die Grenzermittlungen und Grenzwiederherstellungen sind seit jeher den Vermessungsbehörden vorbehalten.

Zu **Absatz 2** In Art 6 Abs 3 ist bereits festgelegt, daß bestimmte Angaben des Katasters auf Vermessungen beruhen. Auch die **Veränderungen,** die die Darstellung der Liegenschaften in den Katasterkarten berühren, müssen mit Messungszahlen genau erfaßt und in die Karten übertragen werden. Schätzungen reichen hierfür nicht aus. Nur in seltenen Fällen genügt der bloße Augenschein, zB wenn die Nutzungsart für ein ganzes Grundstück geändert worden ist. Die Vorschrift bedeutet nicht nur für die Verwaltung einen Auftrag, sondern auch für die Grundeigentümer die in Art 10 Abs 2, 13 und 14 näher umrissene Verpflichtung, die Vermessung durchführen zu lassen und die Kosten zu tragen.

Zu **Absatz 3** Die Definition des Begriffs Veränderungen im Bestand der Gebäude (Gebäudeveränderungen) ist wörtlich dem Art 1 Abs 2 des Gesetzes über die Einmessung der Gebäudeveränderungen entnommen. Die Definition ist für die Klarstellung und Abgrenzung wichtig.

Zu **Absatz 4** Veränderungen an den Liegenschaften werden teils **nach** Eintritt der betreffenden Veränderung, teils **vor** der in Aussicht genommenen Veränderung aufgemessen. **Nach** dem Eintritt der Veränderung werden zB Neubauten erfaßt. Da die Baugenehmigungsbehörden die Vermessungsbehörden regelmäßig von der Vollendung einer baulichen Veränderung unterrichten, braucht dem Eigentümer nicht zugemutet zu werden, die Einmessung förmlich zu beantragen. Die Gebäudeveränderung wird von Amts wegen eingemessen, was jedoch **nicht** etwa besagt, daß keine Gebühren zu bezahlen wären; vgl auch Art 14 Abs 2.

Nur auf Antrag hingegen werden ua Vermessungen durchgeführt, die eine rechtliche Teilung eines Grundstücks vorbereiten. Zur Stellung eines Antrags ist vor allem der Grundeigentümer berechtigt. In vielen Fällen jedoch wird eine Vermessung von einer anderen Person oder Stelle beantragt, Straßenschlußvermessungen zB von dem Baulastträger. Das Vorliegen eines berechtigten privaten oder eines öffentlichen Interesses soll zur Voraussetzung für die Annahme eines Vermessungsantrags gemacht werden, damit sinnlose Anträge abgelehnt werden können. Der Begriff „Darlegung eines berechtigten Interesses" ist den Vorschriften für das Grundbuch entnommen (§ 12 Abs 1 GBO). Er ist durch die Rechtsprechung hinreichend geklärt als Vorbringen von Tatsachen in der Weise, daß die Behörde den überzeugenden Anhalt für die Richtigkeit der Darstellung des Antragstellers erlangt (KGJ 20, 174, BayObLG 28, 309). Die Glaubhaftmachung oder der Nachweis des Interesses kann verlangt werden.

Die Vorschrift folgt der bewährten herkömmlichen Praxis.

Zu **Absatz 5** Übersichtlichkeit und Klarheit von Grundbuch und Kataster erfordern, daß Vermessungen, die eine Rechtsänderung vorbereiten, in angemessener Zeit in das Kataster übernommen werden können. Größere Verzögerungen behindern den Grundstücksverkehr an den betroffenen Grundstücken, verursachen unwirtschaftliche Verwaltungsarbeit und können zu Verwechslungen und Irrtümern Anlaß geben. Eine Frist von einem Jahr kann für gewöhnliche Fälle als angemessen angesehen werden. Bei großen Vermessungen muß mitunter eine sehr viel längere Frist eingeräumt werden.

Zu **Absatz 6** Durch die Bestimmung soll der Antragsteller einer Vermessung davor geschützt werden, die Kosten für eine Vermessung tragen zu müssen, ohne daß die Gewähr besteht, daß auch die entsprechende rechtliche Folge eintreten kann. Die Genehmigungsbehörden haben das Genehmigungsverfahren in der Regel auch bisher schon vor der Vermessung durchgeführt (zB Teilungsgenehmigung nach § 19 BBauG).

Zu **Absatz 7** Die Landesaufnahme hat für die Katasterkarten in den Städten ursprünglich zumeist den Maßstab 1 : 2500 angewandt. Dieser Maßstab ist für Zwecke der Planung vielfach zu klein geworden. Außerdem sind die auf diesen Karten beruhenden Angaben des Katasters über die Grundstücksflächen in den Gebieten mit hohen Grundstückspreisen zu ungenau. Dazu kommt, daß gerade in den Stadtgebieten die Karten durch zahlreiche Nachträge verschlechtert worden sind. Schon bald nach Abschluß der ersten Katastervermessung mußte deshalb damit begonnen werden, größere geschlossene Siedlungsgebiete nach einem genaueren, freilich auch aufwendigeren Verfahren neu zu vermessen und für sie Karten im Maßstab 1 : 1000 herzustellen. Mit der Neuvermessung verbunden ist jeweils eine Abmarkung der Grundstücke (Art 1 Abs 1 Z 1 AbmG) und meist auch die Neuaufstellung der Katasterbücher. Die Anregung zu einer Neuvermessung geht in der Regel von der Gemeinde aus.

Zu **Absatz 8** Bei der heute so vielseitigen technischen, rechtlichen und wirtschaftlichen Bedeutung des Liegenschaftskatasters ist an die Qualität der in das Liegenschaftskataster zu übernehmenden Vermessungen und Buchnachweise ein strenger Maßstab anzulegen. Die Beurteilung der Eignung für die Übernahme in das Liegenschaftskataster obliegt der das Kataster führenden Behörde. Eine ähnliche Vorschrift wie hier findet sich in § 66 Abs 2 des Bundesbaugesetzes für den Umlegungsplan bei städtebaulichen Umlegungen.

Zu **Absatz 9** Katastervermessungen müssen mit Rücksicht auf ihren beurkundenden Charakter den hierfür qualifizierten Behörden (Art 12) vorbehalten bleiben. Die Verwertung geeigneten Karten- und Zahlenmaterials anderer Stellen oder Privatpersonen soll jedoch nicht völlig ausgeschlossen werden. Der Bereich, der für die Nutzung dieser Möglichkeit bleibt, ist freilich eng begrenzt. In Betracht kommt vor allem die Auswertung geeigneter Gebäudeeinmessungen anderer Stellen. Die das Kataster führende Behörde kann bei der Übernahme von Angaben anderer als der zu Katastervermessungen befugten Stellen aus der vollen Verantwortung für die Richtigkeit des Katasters nicht entlassen werden.

Zu Artikel 9 Beurkundung und Beglaubigung von Anträgen auf Vereinigung und Teilung von Grundstücken

Grundflächen, die örtlich und wirtschaftlich eine Einheit bilden, sollen im Liegenschaftskataster zu einem Flurstück (einer Katasterparzelle) zusammengefaßt werden. Dieser Grundsatz ergibt sich aus der Forderung, die Katasterbücher und besonders die Katasterkarten möglichst übersichtlich zu gestalten sowie von Grundbuchführung und Liegenschaftsverwaltung unnötige Erschwernisse fernzuhalten. Außerdem stellt eine rein buchmäßige, in der Örtlichkeit nicht erkennbare Unterteilung eines Grundstücks eine nicht zu unterschätzende Gefahr für die Sicherheit des Liegenschaftsverkehrs dar. Unrichtige und unvollständige Vereinbarungen und Verträge sind die Folge.

Nicht selten werden benachbarte Flurstücke, die bisher rechtlich und wirtschaftlich selbständige Einheiten darstellten, nach einem Kauf oder Zukauf in der Hand des nunmehr gemeinsamen Eigentümers zu einem wirtschaftlichen Zweck verbunden, zB zu einheitlicher landwirtschaftlicher Nutzung oder zur Errichtung eines Bauwerks. Sofern keine rechtlichen Hindernisse wegen verschiedener Belastungsverhältnisse bestehen, sollen in diesen Fällen die aneinandergrenzenden Flurstücke zu einem Flurstück verschmolzen werden. Die Verschmelzung setzt jedoch voraus, daß die im Grundbuch als selbständige Grundstücke eingetragenen Flächen vereinigt werden, weil Grundstücke nur aus ganzen Flurstücken, nicht aus Teilen davon bestehen können. Für die Vereinigung (§ 890 Abs 1 BGB) ist der Antrag und die Bewilligung des Eigentümers in der Form des § 29 Grundbuchordnung erforderlich. In der Regel kann dem Grundeigentümer nicht zugemutet werden, auf die Anregung des die Verschmelzung der Flurstücke betreibenden Vermessungsamts hin einen Notar aufzusuchen, um dort seine Erklärungen beurkunden zu lassen. Viele Fälle, in denen eine Grundstücksvereinigung angezeigt ist, würden wegen dieses Formerfordernisses unerledigt bleiben. Es ist deshalb geboten, die Stellung der Anträge zu erleichtern und den Beamten, die Vermessungen ausführen, die Befugnis zur Beurkundung und Beglaubigung der Anträge zu erteilen. Die Anträge werden in der Regel gelegentlich der Vermessungen an Ort und Stelle aufgenommen.

Die in Rede stehende Befugnis betrifft nur die Vereinigung von Grundstücken (§ 890 Abs 1 BGB) nicht die Zuschreibung als Bestandteil (§ 890 Abs 2 BGB). Die Zuschreibung hat besondere rechtliche Folgen (§ 1131 BGB), die eine Belehrung der Antragsteller erforderlich machen können. Die Tätigkeit der Vermessungsbehörden soll nicht ohne Notwendigkeit auf ihnen fremde Gebiete ausgedehnt werden.

Der Zweck der Vorschrift, durch Vereinigung die Zahl der Grundstücke zu verringern, ist in manchen Fällen nur zu erreichen, wenn in die Verschmelzung auch Teile von Grundstücken einbezogen werden. Die Befugnis der Vermessungsbehörden muß deshalb insoweit die Beurkundung und Beglaubigung von Anträgen auf Teilung mit umfassen. Abs 2 schränkt diese Befugnis auf die Fälle ein, denen die Vorschrift dienen soll. Der Vermessungsbeamte soll zB nicht befugt sein, bei der Zerlegung eines Geländes in Bauplätze auch die Anträge auf rechtliche Teilung zu beurkunden.

Die durch Art 9 erneut zu bestätigende Ermächtigung der Vermessungsbehörden ist bisher durch das Gesetz über die Beurkundungs- und Beglaubigungsbefugnis der Vermessungsbehörden vom 15. November 1937 (verkündet als Reichsgesetz im RGBl I 1937, 1257, als Landesrecht übernommen in die BayBS ErgB 162) gegeben. Das Beurkundungsgesetz vom 28. August 1969 BGBl I 1513 hat diese Vorschrift unberührt gelassen (siehe § 61 Abs 1 Nr 6 des Gesetzes). Da sich die bisherige Regelung in der Praxis bewährt hat, soll sie materiell unverändert in das Gesetz über die Landesvermessung und das Liegenschaftskataster übernommen werden. Die Übernahme dient lediglich der Vorschriftenvereinfachung.

Die im Gesetz über die Beurkundungs- und Beglaubigungsbefugnis der Vermessungsbehörden sowie im Beurkundungsgesetz (§ 61 Abs 1 Nr 6) gewählte Formulierung „die Vorstände der Vermessungsbehörden, die das amtliche Verzeichnis im Sinne des § 2 Abs 2 der Grundbuchordnung führen“, besagt nichts anderes als die in der neuen Fassung vorgesehene Ausdrucksweise „die Vorsteher der das Liegenschaftskataster führenden Behörden“, weil das Liegenschaftskataster amtliches Verzeichnis der Grundstücke im Sinne der Grundbuchordnung ist. Siehe Art 5 Abs 2 und Begründung hierzu.

Zu Artikel 10 Melde- und Auskunftspflicht

Zu **Absatz 1** Das Liegenschaftskataster kann nur dann auf dem laufenden gehalten werden, wenn die Veränderungen dem Vermessungsamt zuverlässig zur Kenntnis gebracht werden. Die erforderlichen Anzeigen werden zum weit überwiegenden Teil von Behörden erstattet:

a) Die Veränderungen im Eigentum der Liegenschaften werden regelmäßig vom Grundbuchamt mitgeteilt (§ 39 Abs 1 der Allgemeinen Verfügung über die Einrichtung und Führung des Grundbuchs — Grundbuchverfügung — vom 8. 8. 1935 RMBl 637); das Verfahren ist in der Bekanntmachung des Staatsministeriums der Justiz vom 28. November 1969 JMBl 211 neu geregelt und vereinfacht worden. Lediglich Eigentumsübergänge an nicht eingetragenen Grundstücken sowie an Gebäuden, die nicht dem Grundeigentümer und auch nicht einem Erbbauberechtigten gehören, müssen anderweitig ermittelt werden.

b) Die Veränderungen an den **Grundstücken** werden zum großen Teil bei den Vermessungen, die auf Antrag ausgeführt werden, von der Vermessungsbehörde aufgenommen. Über die Gebäudeveränderungen erstatten in der Regel die Bauaufsichtsbehörden eine Anzeige, weil sie selbst an der Ergänzung des Katasters in dieser Hinsicht Interesse haben (siehe die Gemeinsame Entschließung der Staatsministerien des Innern und der Finanzen vom 29. Oktober 1962 MABl 632, FMBl 1923). Dasselbe gilt für Änderungen in den Straßennamen und Hausnummern (siehe die Gemeinsame Bekanntmachung über die Eintragung der Änderung von Hausnummern und Straßenbenennungen im Grundbuch und im Kataster vom 7. Januar 1957 StAnz Nr 3, BayBSVFin II 406).

c) Änderungen in den **Ertragsbedingungen** und in der **Nutzungsart** landwirtschaftlich oder gärtnerisch genutzter Grundstücke werden durch Nachschätzungen gemäß § 12 des Bodenschätzungsgesetzes erfaßt; die Ergebnisse der Nachschätzung sind in das Liegenschaftskataster zu übernehmen (§ 12 Abs 2 aaO).

Zu **Absatz 2** In manchen Fällen sind zur Klärung des Sachverhalts Angaben der Eigentümer und Nutzungsberechtigten erforderlich, zB über das Eigentum von Grundstücken, die nicht in das Grundbuch eingetragen sind, oder von Gebäuden, die nicht dem

Grundeigentümer gehören. Eine Verpflichtung zur Vermessung muß vornehmlich wegen der Gebäudeveränderungen und der natürlichen Uferveränderungen an Gewässern festgelegt werden.

Zu Artikel 11 Öffentlichkeit des Liegenschaftskatasters

Zu **Absatz 1** Die Karten und Bücher des Liegenschaftskatasters sind dazu bestimmt, der Öffentlichkeit zu dienen. Daher muß Einsicht in das Liegenschaftskataster gewährt und Auskunft daraus erteilt werden. Für das Grundsteuerkataster ist die Einsicht nach Art 134 Abs 1 AGBGB jedem gestattet. Es muß jedoch verhindert werden können, daß die Behörde mutwillig in Anspruch genommen wird und daß das Kataster aus Neugier und zu Zwecken, die keine Förderung verdienen, eingesehen wird. Die Benutzung des Katasters soll deshalb auf die Personen beschränkt werden, die ein berechtigtes Interesse darlegen. Wegen des Begriffs „Darlegung eines berechtigten Interesses" wird auf die Begründung zu Art 8 Abs 4 verwiesen. Bei Personen, denen ein Recht an dem betreffenden Grundstück zusteht, bei Behörden und Notaren sowie bei ihren Vertretern und Bevollmächtigten wird das Vorliegen eines begründeten Interesses angenommen, ohne daß es im Einzelfall besonders dargelegt wird. Die Einsicht in das Liegenschaftskataster muß versagt werden können, wenn öffentliche Interessen, zB Gründe der öffentlichen Sicherheit oder der Landesverteidigung, es erfordern.

Zu **Absatz 2** Es hat sich bewährt, Abschriften aus den Büchern des Liegenschaftskatasters (Katasterauszüge) nur beglaubigt abzugeben. Die Beglaubigung erfordert keinen nennenswerten Aufwand. Falls Abschriften unbeglaubigt abgegeben würden, müßte die Vermessungsbehörde in gleicher Weise die Gewähr für die Richtigkeit wie bei beglaubigten Abschriften übernehmen. Anders ist dies bei der Abgabe von Auszügen aus dem Katasterkartenwerk. Sie bedürfen nur dann der Beglaubigung, wenn sie als amtlicher Nachweis über Lage und Ausdehnung von Grundstücken dienen sollen; sie müssen in diesem Fall auf ihre Übereinstimmung mit den Vermessungsunterlagen überprüft sein. In den zahlreichen anderen Fällen der Kartenabgabe ist diese Übereinstimmung nicht erforderlich.

Zu **Absatz 3** Eine unsachgemäße Verwertung der Zahlenunterlagen für Grenzpunkte kann zu unrichtigen Schlüssen und zu Irrtümern führen, uU sogar einem Mißbrauch Vorschub leisten. Koordinaten und Festlegungsmaße sollen deshalb dem Fachmann vorbehalten bleiben. Da sie nur für Katastervermessungen von Bedeutung sind, sollen sie grundsätzlich nur den Stellen zugänglich sein, die selbst wieder Katastervermessungen ausführen oder dabei mitwirken.

Zu **Absatz 4** Die Katasterabschriften und Kartenauszüge dienen überwiegend als Unterlagen bei Rechtsgeschäften oder als Nachweise in Verfahren vor Behörden. Es muß deshalb gewährleistet sein, daß die Abschriften und Auszüge zuverlässig sind und dem letzten Stand entsprechen. Bei Katasterunterlagen, die bei anderen Stellen als den Vermessungsbehörden in Verwendung sind (Sekundärkataster), ist in der Regel nicht die Gewähr gegeben, daß alle Veränderungen laufend nachgetragen sind. Falls von solchen Unterlagen Abschriften gefertigt würden, bestünde die Gefahr, daß unrichtige Auskünfte erteilt und veraltete Unterlagen abgegeben würden. Außerdem wendet der Staat für das Liegenschaftskataster erhebliche Mittel auf; er kann deshalb nicht zulassen, daß seine Gebühreneinnahmen dadurch geschmälert werden, daß andere Stellen Katasterunterlagen vervielfältigen (vgl. die Begründung zu Art 4 Abs 2). Die Länder Baden-Württemberg, Hessen, Niedersachsen und Rheinland-Pfalz haben in ihren Vermessungs- und Katastergesetzen ebenfalls ein Vervielfältigungsverbot erlassen (§ 16 des baden-württembergischen Vermessungsgesetzes vom 4. 7. 1961 GesBl 201, § 10 Abs 2 Satz 1 des hessischen Katastergesetzes vom 3. 7. 1956 GVBl 121, § 6 des niedersächsischen Vermessungs- und Katastergesetzes vom 8. 11. 1961 GVBl 319, § 10 Abs 2 Satz 3 des rheinland-pfälzischen Katastergesetzes vom 7. 12. 1959 GVBl 243). Im Falle des hessischen Katastergesetzes hat das Bundesverwaltungsgericht mit Beschluß vom 27. Juni 1962 NJW 1962, 2267 entschieden, daß ein derartiges landesrechtliches Verbot zulässig ist, weil es sich auf andere als urheberrechtliche Gründe stützt und somit nicht in die dem Bund nach Art 73 Nr 9 GG auf dem Gebiet des Urheberrechts vorbehaltene ausschließliche Gesetzgebungskompetenz eingreift.

Die generell oder fallweise genehmigten Ausnahmen sind zu vertreten, weil den an den Unterlagen interessierten Stellen der eingangs dargelegte Sachverhalt bekannt ist.

Seite 3433 ff. / 3436 — **Anh 163**

Bremen Gesetz über die Landesvermessung und das Liegenschaftskataster § 13 Zeile 2: ..... abmarken zu lassen, wenn (*nicht fett — berichtigt*) hierfür ein Bedürfnis .....

Seite 3477 ff. — **Anh 182**

Niedersachsen

2. Gesetz über die Landesvermessung und das Liegenschaftskataster

Vermessungs- und Katastergesetz

vom 8. November 1961 GVBl 319 = SaBl 2216/24. Juni 1970 GVBl 237

Seite 3483/3484 —

§ 26 (geändert)

(1) Ordnungswidrig handelt, wer vorsätzlich oder fahrlässig

1. unbefugt die Ergebnisse der Landesvermessung oder die Nachweise aus dem Liegenschaftskataster vervielfältigt oder veröffentlicht (§ 6),
2. den Pflichten nach § 13 Abs 1 S 1 und 2 trotz Aufforderung nicht nachkommt oder einer Ladung nach § 13 Abs 1 S 3 nicht Folge leistet, obwohl er bei der Aufforderung oder Ladung auf die Folgen der Zuwiderhandlung hingewiesen worden ist,
3. unbefugt eine Abmarkung von Grenzpunkten vornimmt,
4. unbefugt Grenz- oder Vermessungsmerkmale im Sinne dieses Gesetzes sowie die errichteten Sichtzeichen vernichtet, beschädigt, verändert, beseitigt oder deren festen Stand gefährdet; auf Grenz- und Vermessungsmale im Sinne dieses Gesetzes ist § 7 Nr 3 des Feld- und Forstordnungsgesetzes vom 23. Dezember 1958 NdsGVBl Sb 1 498[2]) nicht anzuwenden.

(2) Die Ordnungswidrigkeit kann mit Geldbuße geahndet werden.

(3) Eingezogen werden können bei einer Ordnungswidrigkeit

1. nach Abs 1 Nr 1 die Vervielfältigungen und Veröffentlichungen,
2. nach Abs 1 Nr 3 die Grenzmale,
3. nach Abs 1 Nr 4 die Werkzeuge, die zur Begehung oder Verbreitung der Ordnungswidrigkeit gebraucht worden oder bestimmt gewesen sind.

§ 19 des Gesetzes über Ordnungswidrigkeiten ist anzuwenden.

Bem: Fußn 3 bis 5 sind gegenstandslos geworden.

---

[2]) = SaBl 1959, 77

Anh 182a

Erhaltung der Übereinstimmung zwischen dem Grundbuch und dem Liegenschaftskataster

AVJM vom 7. Dezember 1970 NdsRpfl 971, 11

Auf Grund des § 1 Abs 3 der Grundbuchordnung wird zur Erhaltung der Übereinstimmung zwischen dem Grundbuch und dem Liegenschaftskataster im Einvernehmen mit dem Niedersächsischen Minister des Innern folgendes bestimmt:

I.

Verpflichtung zur Erhaltung der Übereinstimmung zwischen dem Grundbuch und dem Liegenschaftskataster

Die in den Grundbuchern enthaltenen Angaben zur Bezeichnung der Grundstücke und ihrer Größe, die aus dem Liegenschaftskataster entnommen sind, müssen mit dem Liegenschaftskataster in Übereinstimmung gehalten werden.

II.

Mitteilungen des Grundbuchamts über Veränderungen, im Grundbuch an das Katasteramt

1. Das Grundbuchamt teilt dem Katasteramt laufend Veränderungen der grundbuchmäßigen Bezeichnung eines Grundstücks sowie Veränderungen im Bestandsverzeichnis und in der 1. Abteilung des Grundbuchs nach Abschnitt XVIII/1 der Anordnung über Mitteilungen in Zivilsachen (MiZi) durch Übersendung von Veränderungslisten mit. Die Vordrucke für die Veränderungslisten werden dem Grundbuchamt vom Katasteramt geliefert.

Bei Anlegung von Wohnungs-, Teileigentums- oder Wohnerbbaugrundbüchern kann anstelle der Veränderungslisten ein anderer Nachweis treten. Für den Geschäftsablauf ist die Titelseite des Vordrucks „Veränderungsliste" zu verwenden.

Wird das Liegenschaftskataster oder das Grundbuch auf einer Anlage für elektronische Datenverarbeitung geführt, so kann anstelle der Veränderungsliste ein anderer Nachweis treten, in dem die Veränderungen entsprechend bezeichnet sind.

2. Die Nutzungsart und Lagebezeichnung sowie die Fläche brauchen in der Veränderungsliste nicht angegeben zu werden, wenn die Veränderungen sämtliche auf dem Grundbuchblatt eingetragenen Grundstücke betreffen.

Das Grundbuchamt trägt in die Veränderungsliste die Nummer des Liegenschaftsbuchs ein, die im Bestandsverzeichnis des Grundbuchblattes des Erwerbers vermerkt ist. Sind im Bestandsverzeichnis mehrere Nummern des Liegenschaftsbuchs vermerkt, weil das Grundbuchblatt über mehrere, verschiedenen Gemeinden (Gemarkungen) angehörende Grundstück geführt wird, so ist die Nummer des Liegenschaftsbuchs für die betreffende Gemeinde (Gemarkung) einzutragen.

III.

Berichtigung der Durchschriften (Kopien) der Bestandsblätter beim Grundbuchamt

1. Die nach § 6 Abs 4 Satz 2 der Grundbuchverfügung erforderlichen Berichtigungen der bei den Grundakten befindlichen Durchschriften der Bestandsblätter des Liegenschaftsbuchs sind vom Urkundsbeamten der Geschäftsstelle zu unterschreiben und mit Stempel zu versehen.

2. Erhält das Grundbuchamt vom Katasteramt über die Fortführung des Liegenschaftskatasters Forführungsmitteilungen nach Abschnitt V Nr 1, so sind die übersandten Kopien der Bestandsblätter gegen die überholten Bestandsblätter auszutauschen. Bei umfangreicheren Berichtigungen nach Nr 1 kann das Grundbuchamt das Katasteramt um eine berichtigte Kopie des Bestandsblattes des Liegenschaftsbuchs ersuchen, die gegen das überholte Bestandsblatt auszutauschen ist.

3. Soll ein aus mehreren Flurstücken bestehendes Grundstück gemäß § 6 Abs 4 der Grundbuchverfügung gebucht werden, so ist das Katasteramt um eine beglaubigte Durchschrift oder Ablichtung des Bestandsblattes des Liegenschaftsbuchs zu ersuchen.

4. Wird das Liegenschaftskataster auf einer Anlage für elektronische Datenverarbeitung geführt, so sind die vom Katasteramt übersandten Neuausfertigungen der Bestandsblätter (Abschnitt V Nr 5) gegen die überholten Ausfertigungen auszutauschen.

IV.

Übernahme der Veränderungen durch das Katasteramt

1. Das Katasteramt prüft den Inhalt der Veränderungslisten auf die Übereinstimmung mit dem Liegenschaftskataster und teilt dem Grundbuchamt etwaige Abweichungen unter Rücksendung der Veränderungsliste mit. Das Grundbuchamt entscheidet über eine etwaige Berichtigung der Bestandsangaben. Nach Erledigung sendet es die Veränderungslisten unverzüglich an das Katasteramt zurück.

2. Konnte das Grundbuchamt bei der Neuanlegung eines Grundbuchblattes die Nummer des Liegenschaftsbuchs in der Veränderungsliste nicht bezeichnen, weil bisher noch kein Bestandsblatt des Liegenschaftsbuchs angelegt war, so übersendet das Katasteramt dem Grundbuchamt nur eine Durchschrift des neu aufgestellten Bestandsblattes des Liegenschaftsbuchs. Die Durchschrift ist zu den Grundakten des neuen Grundbuchblattes zu nehmen.

3. Das Grundbuchamt teilt in der Bekanntmachung an die Antragsteller, Eigentümer und Berechtigten (§ 55 GBO) in den Fällen, in denen es dem Katasteramt von der Berichtigung des Grundbuchs nach Abschnitt I Nr 1 Mitteilung macht, mit, daß das Liegenschaftskataster entsprechend forgeführt wird und daß das Katasteramt eine besondere Mitteilung hierüber nicht erteilt.

V.

Mitteilungen des Katasteramts über Veränderungen im Liegenschaftskataster an das Grundbuchamt

1. Das Grundbuchamt erhält vom Katasteramt laufend mit einer Fortführungsmitteilung Ablichtungen der fortgeführten Seiten der Bestandsblätter des Liegenschaftsbuchs, wenn durch die Fortführung des Liegenschaftskatasters Angaben betroffen worden sind, die nach § 6 Abs 3a und 5 der Grundbuchverfügung in das Grundbuch zu übernehmen sind oder wenn eine dem Katasteramt bekannt gewordene Änderung der Anschrift (Wohnort, Straße, Hausnummer) vor Berichtigung des Grundbuchs in das Liegenschaftskataster übernommen worden ist.

2. Folgende Veränderungs- und Berichtigungsfälle kommen in Betracht:

a) Veränderungen in der katastertechnischen Bezeichnung der Flurstücke, und zwar im Namen der Gemarkung als Folge einer Namensänderung oder einer Umgemarkung von Flurstücken,

in der Nummer der Flur als Folge einer anderweitigen Numerierung oder einer Umflurung von Flurstücken, in der Nummer des Flurstücks als Folge einer Änderung der geometrischen Form des Flurstücks (durch Zerlegung oder Verschmelzung) oder der Umfangsgrenzen, etwa durch rechtskräftiges Urteil oder kraft Gesetzes (Anlandung oder Abschwemmung),

in der Nummer des Flurstücks als Folge des Übergangs von Flurstücken in eine andere Flur, wenn die Flurstücke neue Nummern erhalten haben,

in der Nummer des Flurstücks als Folge der Berichtigung eines Zeichenfehlers, wenn die Darstellung der Flurkarte mit deren Unterlagen nicht übereingestimmt hat,

in der Nummer des Flurstücks infolge einer Berichtigung der Darstellung in der Flurkarte, die auf eine Ungenauigkeit des Aufnahmeverfahrens zurückzuführen war,

in der Nummer des Flurstücks infolge der Berichtigung eines Aufnahmefehlers, wenn die Grenzen eines Flurstücks, wie sie sich aus dem Nachweis des Liegenschaftskatasters ergeben , nicht dem bei der Aufnahme vorhanden gewesenen örtlichen rechtsmäßigen Besitzstand entsprachen und die Abweichungen in einer fehlerhaften Aufnahme begründet waren,

in der Nummer des Flurstücks als Folge der Beseitigung von Doppelnummern, wenn zwei oder mehr Flurstücke irrtümlich unter der gleichen Nummer nachgewiesen waren;

b) Veränderungen infolge Kennzeichnung einer Flurstücksgrenze als streitige Grenze;

c) Veränderungen in der katastertechnischen Beschreibung der Flurstücke, und zwar

in der Lagebezeichnung (zB infolge einer Straßenumbenennung oder der Berichtigung eines Namens), in der Bezeichnung der Nutzungsart,

in der Flurstücksfläche als Folge einer vorausgegangenen Veränderung in der geometrischen Form des Flurstücks oder einer Berichtigung, wenn für ein Flurstück, das in seinen Umfangsgrenzen unverändert geblieben ist, eine neue Fläche eingeführt worden ist;

d) Veränderungen in der Nummer des Liegenschaftsbuchs, die nicht nach Abschnitt IV Nr 1 und 2 mitgeteilt werden;

e) sonstige Berichtigungen von Schreibfehlern und ähnlichen offenbaren Unrichtigkeiten.

3. Das Katasteramt erläutert Anlaß und Umfang der Fortführung und gibt dabei gegebenenfalls an, aus welchen bisherigen Flurstücken neu gebildete Flurstücke hervorgegangen sind oder welches Flurstück bei einer Verschmelzung an die Stelle der bisherigen Flurstücke getreten ist. Es fügt seiner Mitteilung einen Auszug aus dem Flurkartenwerk bei, wenn es sich um die Berichtigung eines Aufnahmefehlers handelt.

4. Von Fortführungen des Liegenschaftskatasters, bei denen sich ohne Änderung der Flurstücksnummer oder der Fläche lediglich die Lagebezeichnung oder die Nutzungsart verändert haben, kann das Katasteramt das Grunbduchamt — statt durch eine Fortführungsmitteilung nach Nr 1 — durch eine Veränderungsmitteilung nach Vordruck Nr 753 der Vermessungs- und Katasterverwaltung benachrichtigen.

5. Wird das Liegenschaftskataster auf einer Anlage für elektronische Datenverarbeitung geführt, so erhält das Grundbuchamt vom Katasteramt von jedem fortgeführten Bestandsblatt eine Neuausfertigung.

VI.

Übernahme der Veränderungen durch das Grundbuchamt

1. Das Grundbuchamt hat die Bestandsangaben des Grundbuchs auf Grund der vom Katasteramt übersandten Durchschriften (Ablichtungen) der Bestandsblätter des Liegenschaftsbuchs oder der Veränderungsmitteilungen sofort zu berichtigen, sofern sich aus den Nr 2—5 nicht etwas anderes ergibt.

2. Ist die Berichtigung zugleich rechtlicher Art, so entscheidet der Grundbuchrechtspfleger über die Aufnahme in das Bestandsverzeichnis.

3. Handelt es sich um die Berichtigung eines Aufnahmefehlers, so entscheidet der Grundbuchrechtspfleger über die Berichtigung des Bestandsverzeichnisses. Hierbei ist zu prüfen, ob der Übernahme der Berichtigung in das Grundbuch dessen öffentlicher Glaube, ein Eigentumserwerb durch Zuschlag oder ein ähnlicher Rechtsvorgang entgegensteht.

4. Liegt nach der Auffassung des Grundbuchrechtspflegers nicht ein Aufnahmefehler, sondern eine nachträgliche Rechtsänderung vor und ist eine Einigung hierüber mit dem Katasteramt nicht zu erzielen, so hat der Grundbuchrechtspfleger die Übernahme der Berichtigung abzulehnen und die Fortführungsmitteilung mit den Durchschriften (Ablichtungen) der Bestandsblätter an das Katasteramt zurückzusenden, das hierauf die Fortführung des Liegenschaftskatasters rückgängig macht.

5. Kann eine Veränderung oder Berichtigung erst nach Beseitigung von Anständen in das Grundbuch übernommen werden, so hat das Grundbuchamt in Verbindung mit dem Katasteramt die Sache aufzuklären und, soweit erforderlich, die Beteiligten unter Hinweis auf ihr Interesse zur Mitwirkung zu veranlassen.

6. Die Entscheidung über die in das Grundbuch zu übernehmenden Veränderungen und Berichtigungen ist durch eine besondere, zu den Grundakten zu nehmende Verfügung zu treffen. Einer besonderen Verfügung bedarf es nicht, wenn nur die vom Katasteramt nachträglich mitgeteilte Liegenschaftsbuchnummer nachzutragen ist.

7. Die Bestandsangaben sind in der Weise zu berichtigen, daß das Grundstück mit den neuen Angaben unter einer neuen laufenden Nummer eingetragen wird. § 13 Abs 1 der Grundbuchverfügung findet entsprechende Anwendung. Sofern die Übersichtlichkeit des Grundbuchs nicht gefährdet wird, kann die neue Angabe unter oder über der rot zu unterstreichenden bisherigen Angabe eingetragen werden. Soweit die Grundbücher noch nicht nach dem Reichsvordruck geführt sind, gelten die vorstehenden Vorschriften entsprechend.

8. Der Eigentümer (Erbbauberechtigte, Wohnungseigentümer, Teileigentümer) ist von einer Berichtigung des Grundbuchs zu benachrichtigen, wenn diese mit einer Änderung der Flurstücksnummer oder katastertechnischen Beschreibung verbunden ist. In den übrigen Fällen bleibt es dem Grundbuchamt vorbehalten, die Benachrichtigung anzuordnen. In der Benachrichtigung über eine Änderung der katastertechnischen Beschreibung weist das Grundbuchamt den Eigentümer (Erbbauberechtigten, Wohnungseigentümer, Teileigentümer) darauf hin, daß er vom Katasteramt keine besondere Mitteilung über die Fortführung des Liegenschaftskatasters erhält.

VII.

Änderung von Grundbuchbezirken

Soweit im Zuge der Datenverarbeitung der Grundstücksbezirk als Numerierungsbezirk im Liegenschaftskataster verwendet wird, sollen Bezirkseinteilungen nur im Einvernehmen zwischen Grundbuchamt und Katasteramt geändert werden.

VIII.

Aufhebung von Vorschriften

Es werden aufgehoben

1. AVRJM vom 20. Januar 1940 DJ 214 idF der AV vom 1. November 1967 NdsRpfl 250,

2. AVJM vom 14. August 1953 NdsRpfl 154,
3. AVJM vom 16. Januar 1954 NdsRpfl 22,
4. AVJM vom 22. Dezember 1954 NdsRpfl 1955, 5,
5. AVJM vom 16. Januar 1965 NdsRpfl 24

Anh 186 ff.

Rheinland-Pfalz

Es ist ergänzend hinzuweisen auf das LGesetz über die Landesvermessung (Landesvermessungsgesetz — LVermG) vom 23. Mai 1969 GVBl 116 = SaBl 880. Die abgedruckten Gesetze werden dadurch nicht berührt.

Nachtrag

Ergänzungen während des Drucks

Der Stand des Kommentars ist bez Gesetze usw sowie Literatur und Rechtsprechung auf den 1. Januar 1971 abgestellt. Der Verlag hat es dankenswerterweise ermöglicht, daß noch beim Umbruch die erforderlichen Nachträge berücksichtigt werden **konnten. Im folgenden werden daher nur noch einige wenige wichtige Hinweise erforder**lich. Die Ergänzungen sind abgeschlossen zum 1. April 1971.

In dem *ErgVerz* wird jeweils auf den *Nachtrag* verwiesen.

Seite 255 ff. — **§ 1 Bem 9b**

ZRHO Weitere Ergänzungen

Rheinland-Pfalz zur 13. Ergänzungslieferung

AVJM vom 28. Dezember 1970 JBl 1971, 10 (*ErgVerz*) Ergänzung durch AVJM vom 15. März 1971 JBl 70

Schleswig-Holstein zur 13. Ergänzungslieferung

AVJM vom 14. Dezember 1970 SchlHA 1971, 30

Seite 274/275 — **§ 1 Bem 21**

Fristen

Baden-Württemberg Ges über die Sonntage und Feiertage idF vom 28. November 1970 GBl 1971, 1 = SaBl 320

Seite 316 ff. — **§ 1 Bem 74**

Notarrecht-Landesrecht Ergänzungen

Baden-Württemberg Einrichtung eines Bezirksnotariats in Bonlanden BekJM vom 31. Dezember 1970 Justoz 1971m 43

Einrichtung eines Bezirksnotariats in Stuttgart-Stammheim BekJM vom 31. Dezember 1970 Justiz 1971, 43

Umbenennung des Bezirksnotariats Gönningen BekJM vom 13. Januar 1971 Justiz 44.

Sitzverlegung des Bezirksnotariats Mundelsheim BekJM vom 28. Januar 1971 Justiz 74

Seite 339 ff. — **§ 1 Bem 77 ff.**

Rechtspfleger LitHinweise *Mohrbutter-Drischler* Richter- und Rechtspfleger zuständigkeit in Konkurs- und Vergleichsverfahren NJW 1971, 361

Landesrecht

Niedersachsen AVJM vom 25. Februar 1970 NdsRpfl 1971, 55 Niedersächsische Rechtspflegerschule in Hildesheim

AVJM vom 20. Januar 1971 NdsRpfl 30 zur Änderung der Ausbildungsordnung für Kanzleilehrlinge in der Justizverwaltung vom 2. Februar 1957 NdsRpf 23/16. Juli 1970 NdsRpf 172

AVJM vom 2. Februar 1971 NdsRpfl 30 Verbot der Amtsführung

Seite 371/372 — **§ 2 Bem 42**

Schriftverkehr

Nordrhein-Westfalen AVJM vom 11. Januar 1971 JMBlNRW 25 Schriftverkehr mit der Bevölkerung

Behandlung von Postsendungen

Hamburg Richtlinien für die Behandlung von Postsachen AVJB vom 11. November 1970 JVBl 135 unter Aufhebung der AVJB vom 6. September 1967 JVBl 88

Hessen Richtlinien für die Behandlung von Postsachen RdErlJM vom 25. Februar 1971 JMBl 242 unter Aufhebung der RErlJM vom 20. Oktober 1966 JMBl 329, 23. Mai 1967 JMBl 226 und 16. Januar 1968 JMBl 65

Niedersachsen Bezeichnung des zuzustellenden Schriftstücks auf der Zustellungsurkunde AVJM vom 7. Januar 1971 NdsRpfl 30

Nordrhein-Westfalen Richtlinien für die Behandlung von Postsachen AVJM vom 10. März 1971 JMBlNRW 73 unter Aufhebung der AVJM vom 4. August 1966 JMBlNRW 194 und vom 28. Juli 1967 JMBlNRW 189

Rheinland-Pfalz Richtlinien für die Behandlung von Postsachen AVJM vom 26. Februar 1971 JBl 57 (nicht abgedruckt in der Sammlung JVVRPf) zur Abänderung der AVJM vom 2. September 1966 JBl 215/15. Juni 1967 JBl 99

Seite 377 ff. — **§ 2 Bem 56 ff.**

Grundbuchbezirk und Gemeindebezirk

Hessen RdErlJM vom 10. Februar 1971 JMBl 178 Gerichtsorganisation (Aufhebung der Zweigstelle Gudensberg)

Rheinland-Pfalz AVJM vom 30. Dezember 1970 JBl 1971, 15 (nicht in der Sammlung JVVRPfl enthalten) Überleitungsbestimmungen aus Anlaß der Neugliederung der Amtsgerichtsbezirke

Die AVJM bezieht sich auf die LVO vom 30. Dezember 1970 GVBl 19171, 4/BS 14-10-1 zur Durchführung der §§ 1 bis 3 des 10. LGesetzes über die Verwaltungsvereinfachung im Lande Rheinland-Pfalz vom 21. Dezember 1970 GVBl 454/BS 14-10 iVm Gesetz über die Zuständigkeit der Gerichte bei Änderungen der Gerichtseinteilung vom 6. Dezember 1933 RGBl I 1037/BGBl III 300-4.

Es heißt (auszugsweise):

II.

Zur Überleitung der Geschäfte bei den Amtsgerichten, die durch das 10. LGesetz über die Verwaltungsvereinfachung betroffen werden, ergehen folgende weitere Anordnungen:

. . . .

6. Grundbücher

(1) Die aufgehobenen oder in ihrem Bezirk geänderten Amtsgerichte geben die Grundbücher nebst Grundakten, Sammelakten, Verzeichnisse und Karteien an

die in Zukunft zuständigen Gerichte ab. Dabei sind die Vorschriften der Grundbuchverfügung zu beachten.

(2) Die Tagebücher der in ihrem Bezirk geänderten Amtsgerichte (§ 3 des 10. Verwaltungsvereinfachungsgesetzes) verbleiben diesen Gerichten. Die Amtsgerichte Edenkoben, Traben-Trarbach und Zell geben das Tagebuch an ihr Stammgericht ab.

(3) Für die Höferolle und das Berggrundbuch gilt Abs. 1 sinngemäß.

Seite 379/380 — **§ 2 Bem 65**

Gemeindeordnungen, Kreisordnungen, Verfassungen

Bayern Gemeindeordnung für den Freistaat Bayern (GO) idF vom 14. Dezember 1970 GVBl 1971, 13 = SaBl 424

Landkreisordnung für den Freistaat Bayern (LKrO) idF vom 14. Dezember 1970 GVBl 29 = SaBl 466

Hamburg 2. Gesetz zur Änderung der Verfassung der Freien und Hansestadt Hamburg vom 18. Februar 1971 GVBl 21 = SaBl 478

Seite 515ff. — **§ 3 Bem 120**

Loseblattgrundbuch

Nordrhein-Westfalen AVJM vom 23. Dezember 1970 JMBlNRW 1971, 26 Einführung des Loseblatt-Grundbuchs bez GBA Bielefeld unter Aufhebung der Regelung in AVJM vom 30. Oktober 1967 JMBlNRW 266 unter Nr 2

Seite 602ff. — **§ 3 Bem 275ff.**

Bezeichnung im GB

Dazu *Eberle* Ausfüllung einer Gesetzeslücke bei Transsexualismus durch progressive Rechtsfindung oder gesetzliche Fiktion? NJW 1971, 220

Seite 612ff. — **§ 3 Bem 290**

Juristische Personen des öffentlichen Rechts

Nordrhein-Westfalen AVJM vom 11. Februar 1971 JMBlNRW 49 Vermögensverwaltung — Bearbeitung von Grundstücksangelegenheiten zu AVJM vom 15. Oktober 1956 JMBlNRW 242

RdErlFM 26. September 1956 SMBlNW 640 Änderung vom 4. Januar 1971 SMBlNW 640

Seite 933ff. — **§ 8 Bem 39**

Erbbauzins

Zur Anpassung des Erbbauzinses bei Klauseln über Berücksichtigung der Veränderung wirtschaftlicher Verhältnisse **BGH** NJW Heft 9 S II

Seite 1032/1033 — **§ 13 V 20b**

Nachbarrecht

Rheinland-Pfalz Nachbarrechtsgesetz vom 15. Juni 1970 GVBl 198

Schleswig-Holstein Nachbarrechtsgesetz für d8s Land Schleswig-Holstein (NachbGSchlH) vom 24. Februar 1971 GVBl 54 = SaBl 516

Seite 1113ff. — **§ 13 V 133ff.**

Konkursverfahren LitHinweise *Mohrbutter-Drischler* Richter- und Rechtspflegerzuständigkeit in Konkurs- und Vergleichsverfahren NJW 1971, 361

Seite 1144ff. — **§ 13 V 181ff.**

Kosten

Kostenverfügung Saarland AVJM vom 23. Dezember 1970 GMBl 1971, 161 Erlaß betr Einführung der KostVfg in der Finanz-, Sozial- und Verwaltungsgerichtsbarkeit

Justizkassenordnung Baden-Württemberg AVJM vom 30. Dezember 1970 Justiz 1971, 42 Änderung der JKassO Nordrhein-Westfalen AVJM vom 1. März 1971 JMBlNRW 63, 74 Neufassung der JKassO

Behandlung von kleinen Beträgen Rheinland-Pfalz AVJM vom 24. Februar 1971 JBl 57 (nicht in der Sammlung JVVRPf enthalten)

Stundung und Erlaß von Gerichtskosten Schleswig-Holstein GemAV JM und ASVMin vom 5. Januar 1971 SchlHA 47 zur Ergänzung der GemAV vom 13. Januar 1970 SchlHA 52, und zwar von Abschn 1 Z 2 (d/bb) bez Erwerb von Grundstücken nach Maßgabe des Gesetzes über Befreiung von der Grunderwerbsteuer beim Erwerb von Grundstücken zur Verbesserung der Struktur land- und forstwirtschaftlicher Betriebe (GrEAgrG) vom 9. Juni 1958 idF vom 6. April 1970 GVBl 89. Der Nachweis der Anwendung dieses Gesetzes ist durch Vorlage einer Ausfertigung der von der Kreislandwirtschaftsbehörde gemäß § 1 Abs 2 GrEAgrG ausgestellten Zweckdienlichkeitsbescheinigung zu erbringen.

Seite 1277ff. — **§ 18 Bem 40ff.**

Zwischenverfügung Eine Zwischenverfügung, die nur darauf abzielt, daß der Eintragungsantrag zurückgenommen wird, ist unzulässig, **OLG Hamm** DNotZ 1971, 48. Bewilligt der Auflassungsempfänger, ohne als Eigentümer eingetragen zu sein, die Eintragung einer Grundschuld, so ist das GBA nicht zu der Auflage berechtigt, seine Eintragung als Eigentümer herbeizuführen, **BayObLG** NJW 1971, 514.

Seite 1309ff. — **§ 18 Bem 105**

Wirksamkeit der Vollmacht Für den GBVerkehr kann die Vollmacht, die ein später verstorbener Vollmachtgeber zu Lebzeiten erteilt hat, nur dann zum Nachweis der andauernden Vertretungsmacht als ausreichend erachtet werden, wenn sich ihre Rechtsgültigkeit über den Tod hinaus entweder aus der Vollmachtsurkunde selbst ergibt oder wenn in der nach § 29 Abs 1 S 2 GBO erforderlichen Form dargetan ist, daß der Vollmacht ein Rechtsverhältnis zugrunde liegt, das auch nach dem Tode des Vollmachtgebers fortbesteht, **LG Koblenz** DNotZ 1971, 49.

Seite 1317/1318 — **§ 18 Bem 111**

NichtehelG LitHinweise auch DRspr I (167) 190 a—k

Landesrecht Zählkartenerhebung Hamburg Zählkartenerhebung auf dem Gebiet der Zivilsachen mit Ausnahme der Angelegenheiten der freiwilligen Gerichtsbarkeit der Amtsgerichte AVJB vom 7. Dezember 1970 JVBl 149

Seite 1426 ff. — **§ 19 Bem 71, 72**

Eintragungsbewilligung eines Nichtberechtigten Zur Frage, ob in der Auflassungserklärung des Eigentümers dessen Einwilligung zu erblicken ist, daß der Auflassungsempfänger, ohne sich als Eigentüner eintragen zu lassen, die Eintragung eines Grundpfandrechts zugunsten eines Dritten bewilligt, **BayObLG** DNotZ 1971, 45, wobei auf den Einzelfall abzustellen ist; auf eine vom Auflassungsempfänger in der Eintragungsbewilligung abgegebene Vollstreckungsunterwerfungserklärung nach § 794 Abs. 1 Z 5 mit § 800 ZPO findet § 185 BGB keine Anwendung, **BayObLG** aaO.

Seite 1477 ff. — **§ 20 Bem 70**

Gültigkeit der Eintragung Kaufanwartschaftsverträge; dazu *Winkler* Die Formbedürftigkeit von Kaufanwärterverträgen über Grundstücke und Eigentumswohnungen NJW 1971, 401

Seite 1553 ff. — **§ 20 Bem 83c**

Gemeindliche Vorkaufsrechte Zum Vorkaufsrecht der Gemeinde bei einem einheitlich bebauten Grundstück, von dem nur ein Teil im Bebauungsplan als Verkehrsfläche ua festgesetzt ist, **BGH** NJW 1971, 560 = MDR 1971, 285. Hiernach kommt eine Erstreckung des Vorkaufs auf das RestGrst dann in Betracht, wenn der festgesetzte GrstTeil und das RestGrst nicht ohne Nachteil für den Vorkaufspflichtigen getrennt werden können und dieser deshalb die Erstreckung verlangen würde (§ 508 Abs 2 BGB entsprechend).

Seite 1654 — **§ 22 Bem 1**

Grundbuchberichtigung LitHinweise *Vassel Jens*, Das Grundbucheintragungsverfahren und die materielle Richtigkeit des Grundbuchs/Dissertation Marburg 1970

Seite 1704 — **§ 23 Bem 11**

Löschung eines auf Lebenszeit befristeten Rechts-Notwendigkeit der **Bewilligung** Zur Lösung eines für eine bestimmte Person im GB eingetragenen Vorkaufsrechts genügt der Antrag des GrstEigentümers mit der Vorlage der Sterbeurkunde nicht, wenn die Eintragungsbewilligung für das Vorkaufsrecht wegen Vernichtung der Grundakten nicht mehr vorliegt, **AG Bochum** NJW 1971, 289 (**aA** *Burkhardt*, der die Ausführungen MIR § 23 Bem 3 bez Vorkaufsrecht nicht billigt).

Seite 1712/1713 **§ 25 Bem 10**

Rechtsnatur und Wirkungen der Vormerkung LitHinweise *Haegele* Zur Vormerkung nach § 883 BGB, namentlich in Sonderfällen BWNotZ 1971, 1

Seite 1776 ff. — **§ 28 Bem 2 ff.**

Bezeichnung des Grundstücks § 28 S 1 GBO darf nicht förmelnd angewendet werden; die Vorschrift will die Eintragung bei dem richtigen Grundstück sichern. Bei Belastung eines GrstTeils mit einer Vormerkung genügt regelmäßig eine Umschreibung, die seine Lage und Fläche in einer dem Verkehrsbedürfnis entsprechenden Weise ersehen läßt, **OLG Hamm** DNotZ 1971, 48 im Anschluß an **KG** JW 1937, 110. Diese ganz auf die Praxis eingestellte Auffassung hat sich weithin noch nicht durchgesetzt; eine zu formalistische Auffassung erschwert gerade in heutiger Zeit den GBVerkehr.

Seite 1785 ff. **§ 28 Bem 18**

Wertsicherungsklausel Zur Auslegung von Wertsicherungsklauseln **BGH** NJW 1970, 2103/1971, 372 (*Bilda*)

Seite 1792/1793 — **§ 29 Bem 2**

BeurkG Niedersachsen AVJM vom 1. Februar 1971 NdsRpfl 30 Feststellung von Vordrucken, hier Vordruck NS 11:

Durch das Beurkundungsgesetz vom 28. August 1969 BGBl I 1513 ist der Abs 4 des § 2258a BGB aufgehoben worden. Aus diesem Anlaß wird der Vordruck NS 11 Verwahrungsnachricht an das Amtsgericht des Wohnsitzes als gegenstandslos im Vordrucksverzeichnis gestrichen.

Seite 1883 ff. — **§ 29 Bem 81**

Legalisation Baden-Württemberg AVJM vm 31. Dezember 1970 Justiz 43 Beglaubigung und Legalisation von deutschen Urkunden, die zum Gebrauch im Ausland bestmimt sind / Ergänzung zu AVJM vom 25. Mai 1970 Justiz 206

Seite 1905 ff. — **§ 32 Bem 68b**

Öffentlich-rechtliche Anstalten auf Landesebene Bayerische Staatsbank Bek über den Zeitpunkt der Umwandlung der Bayerischen Staatsbank in eine AG vom 18. Dezember 1970 GVBl 682

Seite 2371 ff. — **§ 55 Bem 40 ff.**

Mitteilungen Landesrecht **Finanzämter** — DNotZ 1971, 259

Nordrhein-Westfalen AVJM vom 5. Januar 1971, JMBlNRW 27, 97 Auskunft der Finanzämter über Einheitswerte nach §§ 19, 26, 141 KostO

Seite 2390 — **§ 56 Bem 19**

Hypotheken-, Grund- und Rentenschuldbriefe Vordrucke der **Länder**

Niedersachsen AVJM vom 1. Februar 1971 NdsRpfl 30 Ausfertigung der Hypotheken-, Grundschuld- und Rentenschuldbriefe, wonach die AVJM vom 28. April 1970 NdsRpy 101 (§ 56 Bem 21/2 *ErgVerz*) wie folgt ergänzt wurde:

1. Abschn I Nr 2a erhält am Schluß folgenden neuen Absatz:

   Die Bezeichnung der belasteten Grundstücke ist entsprechend der Eintragung im Bestandsverzeichnis des Grundbuchs wiedergegeben. Hierzu ist in dem Briefvordruck eine Kopfleiste mittels Stempelabdrucks anzubringen, die der **Anlage 5** entspricht.

2. Als **Anlage 5** wird aufgenommen:

Belastete Grundstücke: Anlage 5

Lfd. Nr. der Grundstücke	Gemarkung (Vermessungsbezirk)	Karte		Wirtschaftsart und Lage	Größe		
		Flur	Flurstück		ha	a	qm

Seite 2392ff. — **§ 56 Bem 21**

Niedersachsen § 56 Bem 21/2/*ErgVerz*

AVJM vom 28. April 1970 NdsRpfl 101 — Änderung durch AVJM vom 1. Februar 1971 NdsRpfl 20/§ 56 Bem 19/*Nachtrag*

Seite 2503ff. — **§ 71 V 11**

Sonstige Rechtsbehelfe Normenkontrolle

Nach BVerfG — Beschluß vom 9. Februar 1971 — NJW 1971, 605 erstreckt sich die gesetzliche **Zuständigkeit des Rechtspflegers nicht auf Vorlagen nach Art 100 Abs 1 GG.** Es wird ausgeführt:

„Der Rechtspfleger ist bei der Wahrnehmung der ihm übertragenen Geschäfte nicht als Gericht iSd Art 100 Abs 1 GG anzusehen. ... Dem Rechtspfleger fehlt die volle sachliche Unabhängigkeit in diesem Sinne. Allerdings ist er nach § 9 RpflG bei seinen Entscheidungen nur dem Gesetz unterworfen und entscheidet grundsätzlich selbständig. Diese Selbständigkeit steht jedoch von vornherein unter dem gesetzlichen Vorbehalt, daß sich aus dem RpflG nicht etwas anderes ergibt, § 9 S 2 RpflG. Anderweite Vorschriften enthält insbesondere § 5 RpflG. Darnach muß der Rechtspfleger ihm übertragene Geschäfte unter bestimmten Voraussetzungen dem Richter vorlegen, ua, „wenn sich bei der Bearbeitung der Sache rechtliche Schwierigkeiten ergeben", § 5 Abs 1 Nr 2 RpflG. Diese Voraussetzung ist gegeben, wenn der Rechtspfleger ein Gesetz für verfassungswidrig hält und wenn es sich um die Beurteilung der Frage handelt, ob die nach Art 100 Abs 1 GG und § 80 BVerfGG geforderten Zulässigkeitsvoraussetzungen für eine Vorlage gegeben sind."

Gegen diese Auffassung bestehen erhebliche Bedenken. Die Stellung des Rpflegers wurde im Laufe der Rechtsentwicklung immer mehr verselbständigt; dazu *Eickmann-Riedel* RpflG (E 25ff./*ErgVerz*) § 9 Bem 2ff. Die Frage der Vorlage bei rechtlichen Schwierigkeiten ist nach der hM eine Frage der Subjektivität, da es auf die Kenntnisse und Fähigkeiten des einzelnen Rpflegers ankommt; dazu *Eickmann-Riedel* aaO § 5 Bem 8, auch *Arnold-Meyer-Stolte* RpflG § 5 Bem 5/4/2. Mit dieser Rechtspraxis und Auslegung setzt sich das BVerfG überhaupt nicht auseinander. Die Auffassung, daß die Vorlage nach Art 100 Abs 1 GG in jedem Falle unter § 5 Abs 1 Z 2 RpflG (*Anh* **137**) einzureihen sei, also stets dem Richter vorgelegt werden müsse, ist daher unrichtig. Insofern bedarf die Auslegung des BVerfG einer erneuten Überprüfung bei nächster Gelegenheit, weil sie zu Unrecht von einem objektiven Gesichtspunkt, nicht von der notwendigen subjektiven Auffassung ausgeht. Aus diesen Gründen ist der RPfleger nach wie vor für befugt zu halten, von sich aus um eine Entscheidung des BVerfG oder eines LVerfGerichts nachzusuchen.

Seite 2561ff. — **§ 77**

Entscheidung über die Beschwerde

Das erstinstanzielle Gericht ist an die Entscheidung des Beschwerdegerichts gebunden, auch das Beschwerdegericht, soweit nicht veränderte Sachlage vorliegt, **OLG Hamm** MDR 1970, 1020 = DRspr IV (470) 136a—d.

Seite 2720ff. — **§ 117 Bem 27ff.**

Wasserrecht Landesrecht

Bayern Bayerisches Wassergesetz (BayWG) idF vom 7. Dezember 1970 GVBl 1971, 41 = SaBl 364

Gesetzesregister
(GesReg)

Gesetzesregister

(GesReg)

Die Gesetzesübersicht dient der **Ergänzung des Sachregisters.** Sie umfaßt 2 Teile.

Der **1. Teil** enthält Hinweise **abgedruckte gesetzliche Vorschriften.** Es handelt sich hierbei um Vorschriften, die aus den Inhaltsübersichten zu den beiden Teilen Gesetzestexte (*GT*) und Anhang (*Anh*), nämlich Seite 1ff. und 2799/2800 nebst den zugehörigen Teilübersichten bei den einzelnen Sachgebieten, nicht ohne weiteres ersichtlich sind. Bei den zahlreichen AVRJM ua unter *I 4*, die immer mehr an Bedeutung verlieren, aber wegen des Zusammenhangs mit dem geltenden Recht teilweise noch zu berücksichtigen sind, ist jeweils die Besprechungsstelle mitangegeben.

Der **2. Teil** umfaßt für die wichtigsten Vorschriften des GBRechts Hinweise auf die Stellen, an denen Besprechung erfolgt. Da sich das GBRecht bei der Kommentierung auf das materielle und formelle GBRecht bezieht, wäre eine Übersicht über alle einschlägigen und besprochenen Gesetze zu umfassend. Es erfolgt daher Beschränkung auf besonders erwähnendswerte Vorschriften, wobei hierbei praktische Gesichtspunkte maßgebend sind.

I. Hinweise auf gesetzliche Vorschriften

Datum ua	Abdruckstelle
1. **Bundesrecht, früheres Reichsrecht ua**	Hinweise auf Texte, die nicht in den Teilen *GT* und *Anh* abgedruckt sind
Abgabenordnung	AO
§§ 188, 189 189a bis d	20 (80a)
VO zur **Änderung des Verfahrens in Grundbuchsachen** vom 5. August 1935	
Art 8	GT 1 (1)
Apotheke Ges über das Apothekenwesen	
§§ 26, 27	117 (55)
BBG	
§ 78	11 (43)
BeurkG (*Anh 63*) Änderungen und Ergänzungen	
§§ 3, 19, 44, 55, 56, 57, 60, 61, 68	Anh 63/ErgVerz
BGB	
§ 69	32 (42)
§§ 504 bis 512	Anh 110 Fußn 3 S 3213/3214
§ 839	11 (21)
§ 876	9
§ 879	45 (6)
§ 880	45 (73)
§ 881	45 (52)
§§ 1098 bis 1102	Anh 110 Fußn 3 S 3214
§ 1365	33 (17)
§ 1366	33 (18)

Datum ua	Abdruckstelle
§ 1367	33 (19)
§ 1368	33 (20)
§ 1507	33 (72)
§ 2353	35 (33)
§ 2368	35 (83)
§ 2369	35 (63)
EG	
Art 2, 3, 4	116 (5)
Art 15, 16	33 (3)
Art 32, 55	116 (5)
Art 141 bis 143	1 (76n)
BNotO (*Anh 61*) Änderungen und Ergänzungen	
§§ 9, 11, 12, 13, 18, 42, 45, 54, 66, 92, 111, 113	Anh 61/ErgVerz
§ 21	32 (40)
BodSchätzÜbernErl	
amtliche Vordrucke	2 (193, 195 bis 199)
DONot (*Anh 62*)	
Neufassung bundeseinheitlich	Anh 62/ErgVerz
ergänzendes Landesrecht	Anh 62a-k/ErgVerz
EAbwG (*Anh 106*)	
§ 13	72 (4)
ErbbauVO (*Anh 64*)	(*Anh 64*)
§ 17	55 (26)
FGG (*Anh* 58)	
§ 33 Abs 1 S 5,6	Anh 58/ErgVerz
§ 99	36
GBOaF	
§ 27	27 (1)
§ 29	29 (1), GT 1/ErgVerz
GBOnF	
§ 29	GT 1/ErgVerz
GBOGeschO (*GT 15*) landesrechtliche Änderungen	
§§ 3, 10, 12, 13, 21, 22, 23, 27, 29	GT 15/ErgVerz
§ 30 Abs 1	55 (1)
§ 36 Abs 1	56 (9)
§§ 37, 38, 39, 40	GT 15/ErgVerz
GBMG (*GT 2*)	
§ 26	67
GBVfg (*GT 4ff.*)	
§ 6	GT 4/ErgVerz, § 3 (161ff.)/ErgVerz
§ 13	GR 4/ErgVerz
§ 53 Abs 2	56 (V 3), GT 4/ErgVerz
GenG	
§ 26 Abs 2	32 (50)
GG	
Art 14 Abs 2	7 (6/a)
Art 34	11 (21)
Art 123 Abs 1, Art 125, 126, 128, 129	E (5)
GrEStDVO	
§ 2, 4, 5, 6, 9 mit Anl	20 (80a)
GrUG	
§§ 8a, b	56 (V 11)
HG (*Anh 115*)	
§ 2	4 (57)
HGB	
§ 9 Abs 3, 4	32 (1)
Internationales Recht	
Übereinkommen zur Befreiung ausländischer öffentlicher Urkunden von der Legalisation vom 5. Oktober 1961	29 (81)

Datum ua	**Abdruckstelle**
Übereinkommen über das auf die Form letztwilliger Verfügungen anzuwendenden Recht vom 5. Oktober 1961	35 (64)
VO über die Ausstellung der Apostille vom 23. Februar 1966	29 (81)
Europäisches Übereinkommen zur Befreiung der von diplomatischen oder konsularrischen Vertretern errichteten Urkunden von der Legalisation vom 7. Juni 1968	29 (81)/ErgVerz
KostO (*Anh 59*)	
Änderung	Anh 59/ErgVerz
Kraftloserklärung von Hypothekenbriefen usw in besonderen Fällen	
Ges vom 18. April 1950	67
Änderungsgesetz dazu vom 29. April 1960	67
Ländliche Arbeiter und Handwerker VO vom 10. März 1937 — LAVO (*Anh 116*)	
§ 8 Änderung	Anh 116/ErgVerz
Lastenausgleich-LAG (*Anh 121*)	
§§ 111a bis d	GT 2 (21) S 90/91
§ 116 Änderung	Anh 121/ErgVerz
§ 117	45 (145)
§ 122 Änderung	Anh 121/ErgVerz
§§ 126, 128	GT 2 aaO
§ 151a neu	Anh 121/ErgVerz
5. AbgabenDV-LA § 7	3 (244)
GrUG §§ 8a, b Berlin	56 (V 11)
Mitteilungen in Zivilsachen — MiZi bundeseinheitlich (*§ 55 Bem 1* mit *ErgVerz*) Z XVIII GBSachen	
1. Übereinstimmung mit Liegenschaftskataster	55 (15)
2. Verzicht auf Eigentum	55 (21)
3. subjektiv-dingliche Rechte	55 (8)
4. wiederkehrende Leistungen bei Hypotheken usw	55 (8)
5. Gesamtbelastung	55 (12)
6. Entschuldungsrente	55 (33)
7. ZwVerst und ZwVerw	55 (36)
8. Enteignungsverfahren	55 (27)
9. Umlegungsverfahren	55 (40)
10. Flurbereinigung	55 (20)
11. Erbbaurecht	55 (20)
12. Heimstätte	55 (40)
13. Fideikommiß	55 (35)
14. Schutzforst	55 (35)
15. Bergwerk	55 (40)
Sondervorschriften Bayern	
3. forstgerechte Grundstücke	55 (43)
4. Hypothekengewinnabgabe	55 (43)
5. Enteignungsverfahren	55 (43)
Hessen	
1. Enteignungsverfahren	55 (45)
Maßnahmen auf dem Gebiet des **Notarrechts** (*§ 1 Bem 74*) — Ges vom 16. Februar 1961 NotMG	
Art 7 — aufgehoben 1 (76n)/*ErgVerz*	1 (76n)
Rechtspflegergesetz 1969/1970 — RpflG (*Anh 137*) Änderungen und Ergänzungen	
§§ 3, 14, 16, 20, 26, 33	Anh 137/ErgVerz
Rechtspflegegesetz 1957 (*Anh 138*)	
§ 10 überholt und geändert	71 (6) mit ErgVerz

Datum ua	Abdruckstelle
3. Überleitungsgesetz vom 4. Januar 1952/Berlin	
§§ 11, 13, 14, 15, 18, 19, 20	E (3)
VereinfachungsVO vom 5. Oktober 1942	
§ 7 Z 1 aufgehoben	41 (5) mit ErgVerz
§ 8 aufgehoben	67 (9)
WährG	
§ 3	28 (18)
Wiederherstellung zerstörter oder abhandengekommener Grundbücher und Urkunden	
VO vom 26. Juli 1940	123 (6) mit ErgVerz
ZPO	
§§ 550, 551	78 (6)
§ 554 Abs 3	78 (6) Fußn 1 S 2579
§§ 561, 563	78 (6)
2. **Vorschriften des Bundesministeriums Justiz und der Bundesbank**	
a **Bundesministerium der Justiz**	
Vfg vom 1. August 1951/15. Juli 1959 Behandlung von Wohnungseigentum	
§§ 3, 5, 6, 9 Ergänzungen	Anh 66/Erg Verz
Anlage 4 Muster für Hypothekenbrief	
Erl vom 24. November 1952 Umstellungsgrundschulden	
Z 1 bis 5	45 (153)
Z 6 bis 8	45 (110)
Z 9	3 (233)
Z 10 bis 12	45 (110)
AV vom 24. November / 5. Dezember 1952 Eintragung des GBVermerks	
Z I	45 (153)
Z II	45 (110)
VO zur Änderung der GVfg vom 10. Juni 1969	Anh 44 Fußn 1 S 2864
Bek zum 1. Juli 1970 Nichtehelichenrecht	E 25 ff./Erg Verz
b) **Deutsche Bundesbank**	
Mitt Nr 1018/64 vom 26. August 1964	28 (18)
3. **Landesrecht**	
soweit nicht bereits unter Z 1 und 2 erwähnt	
a) **Baden-Württemberg**	
Baden	
LFGG (*GT 18*) Änderungen	GT 18/ErgVerz
§§ 25, 26	aaO
Ges, die geschlossenen Hofgüter betreffend Anh (*86*)	
§ 7 Änderung	Anh 86/ErgVerz
Württemberg	
AGBGB (*GT 22*) Änderungen	1 (76 m)/ErgVerz
Art 3, 30, 32, 37, 106, 108, bis 114, 116, 118	GT 22/ErgVerz
Art 233	117 (99)
GBVO (*GT 24*)	
§§ 48, 49	GT 24/ErgVerz
GrstRegister nach § 48 GBVO AVJM vom 13. März 1970	3 (203)/ErgVerz

Datum ua	Abdruckstelle
Ges über das Anerbenrecht (*Anh 88*)	
Art 6, 8 Änderung	Anh 88/ErgVerz
Baden-Württemberg	
Vermessungsgesetz vom 4. Juli 1961 *Anh 154*	
§§ 11, 17 geändert	Anh 154/ErgVerz
AVJM vom 22. Juni 1954 Hypothekenbriefe usw *§ 56 Bem 20* aufgehoben	56 (20)/ErgVerz
AVJM vom 29. Januar 1962 Liegenschaftskataster bez Baden	2 (100)
AVJM vom 10. September 1962 Kosten vom 3. Februar 1966	5 (73)
BekJM vom 3. Februar 1966 Übereinkommen über das auf die Form letztwilliger Verfügungen anzuwendende Recht	35 (64)/ErgVerz
AVJM vom 21. Oktober 1966 bez ErlFM vom 21. September 1966 Unbedenklichkeitsbescheinigung	20 (80c)
BekJM vom 4. September 1968 Übereinkommen über das auf die Form letztwilliger Verfügungen anzuwendende Recht	35 (64)/ErgVerz
BekJM vom 23. Juni 1970 DONot	Anh 62a/ErgVerz
AVJM vom 27. Juli 1970 Hypothekenbriefe usw	56/20/ErgVerz
b) **Bayern**	
AGBGB Art 84	117 (99)
Vermessungs- und Katastergesetz vom 31. Juli 1970 neu	
Ergänzung: Gesetzesbegründung (auszugsweise)	Anh 162a/ErgVerz
Geschäftsstellenanweisung für die Geschäftsstellen der Gerichte in Zivilsachen § 238	55 (40ff.)/ErgVerz
BekFM vom 14. Mai 1954 Grundsteuer- und Haussteuerkataster	2 102)
BekJM vom 18. April/31. Oktober 1957 Hypothekenbriefe usw *§ 56 Bem 21* aufgehoben	56 (21)/ErgVerz
BekJM vom 7. Juli 1970 Hypothekenbriefe usw	56 (21) /ErgVerz
BekJM vom 9. Juli 1970 DONot	Anh 62b/ErgVerz
BekJM und Min für Ernährung usw vom 17. August 1970 Flurbereinigung	38 (69ff.)/ErgVerz
c) **Berlin**	
3. **Überleitungsgesetz** §§ 11, 13 bis 15, 18 bis 20	E (3)
GrUG §§ 8a Währungsumstellung	56 (V 11)
WährVO der Kommendanten der amerik, brit und franz Sektoren Berlins	28 (18)
AV vom 27. Oktober 1949 Wiederherstellung von GBüchern	123 (7)
AV des Senators für Justiz vom 31. März 1951 (Aufbaugrundschulden)	
Z I	3 (240)
Z II, III	3 (234)
Z IV	3 (240)
Z V, VI	3 (234)
Z VIa	3 (244)
Z VII	3 (240)
d) **Hamburg**	
AGBGB Art 42a	8 (10b)
AVJB vom 21. Juli 1970 DONot	Anh 62c/ErgVerz
AVJB vom 1. September 1970 Hypothekenbriefe usw	56 (21/o)/ErgVerz
e) **Hessen**	
VO zur Änderung und Ergänzung der VO über die Wiederherstellung zerstörter oder abhanden gekommener Grundbücher und Urkunden vom 25. März 1948	123 (8)

Datum ua	Abdruckstelle
RdErlJM vom 4. Juli 1969 Loseblatt-Grundbuch	Anh 48 Fußn 1 S 2877
RdErlJM vom 8. August 1969 Druck von GBEintragungen in das Loseblatt-Grundbuch	3 (120)/ErgVerz
RdErlFM vom 13. Oktober 1969 BeurkG und Vermessungsbehörden	Anh 167 Fußn 2 S 3453
RdErlJM vom 1. Juni 1970 Hypothekenbriefe usw	56 (21/1)/ErgVerz
RdErlJM vom 30. Juni 1970 DONot	Anh 62d/ErgVerz
RdErlJM vom 31. Juli 1970 Tagebuch in GBSachen	Anh 57a/ErgVerz
Landgüterordnung idF vom 13. August 1970	Anh 99/ErgVerz
RdErlJM vom 31. August 1970 Flurbereinigung	38 (69ff.)/ErgVerz
RdErlJM vom 10. September 1970 GBBezirke	2 (56ff.)/ErgVerz
f) **Niedersachsen;** dazu auch *Nachtrag ErgVerz*	
AVJM vom 17. August 1948 Lageorte von Bomben	2 (115)
AVJM vom 2. August 1952 Übereinstimmung von GB und Lagerbüchern in Braunschweig	2 (115a)
AVJM vom 26. Februar 1953 Umstellungsgrundschulden	3 (233)
AVJM vom 14. August 1953 Übereinstimmung von GB und Liegenschaftskataster in Oldenburg	2 (115b)
Vermessungs- und Katastergesetz vom 8. November 1961/ 24. Juni 1970 § 26 geändert	Anh 182/ErgVerz
GemRdErl vom 12. Oktober 1967 Beantragung von Grundbuchabschriften	12 (3)/ErgVerz
BekJM vom 29. November 1967 Übereinkommen über das auf die Form letztwilliger Verfügungen anzuwendende Recht	35 (64)/ErgVerz
AVJM vom 28. April 1970 Hypothekenbriefe usw	56 (21/2)/ErgVerz
AVJM vom 23. Juni 1970 DONot	Anh 62e/ErgVerz
AVJM vom 24. November 1970 Druck von GBEintragungen in das Loseblatt-Grundbuch	3 (120)/ErgVerz
AVJM vom 7. Dezember 1970 Übereinstimmung von GB und Liegenschaftskataster	Anh 182a/ErgVerz
g) **Nordrhein-Westfalen**	
AVJM vom 29. Januar 1951 Einführung des Liegenschaftskatasters	2(116)
AVJM vom 24. Oktober 1966 Bergwerksgrundbuch	117 (33)
AVJM vom 3. April 1967 Hypothekenbriefe usw *§ 56 Bem 21a* aufgehoben	56 (21a)/ErgVerz
RdErlMfWöA vom 28. November 1969 Beurkundungen durch Vermessungsbehörden	20 (43)/ErgVerz
AVJM vom 25. Mai 1970 Hypothekenbriefe usw	56 (21a)/ErgVerz
AVJM vom 9. Juli 1970 DONot	Anh 62f./ErgVerz
AVJM vom 14. Oktober 1970 Geschäftliche Behandlung der GBSachen	GT 15a/ErgVerz
AVJM vom 7. Dezember 1970 Tagebuch in GBSachen	Anh 57a/ErgVerz
h) **Rheinland-Pfalz;** dazu auch *Nachtrag ErgVerz*	
AV des Oberpräsidenten Rheinland-Hessen Nassau vom 9. Juli und 8. Oktober 1964 Wiederherstellung von Grundbüchern	123 (9)
AVJM vom 19. Februar 1947 Wiederherstellung zerstörter Grundbücher	123 (10)
LVJM vom 1. September 1947 Lageorte von Bomben	2 (117)
BekJM vom 4. April 1963 Löschung von Verfügungsbeschränkungen	20 (87b)/ErgVerz
BekJM vom 7. April 1970 Beurkundungen durch Vermessungsbehörden	20 (43)/ErgVerz
AVJM vom 16. April 1970 DONot	Anh 62h/ErgVerz
AVJM vom 30. April/16. Juni 1970 Hypothekenbriefe usw	56 (21b)/ErgVerz
AVJM vom 15. Juni 1970 Druck des Textes von Grundpfandbriefen	3 (120)/ErgVerz
AVJM vom 24. Juni 1970 DONot	Anh 42g/ErgVerz
AVJM vom 12. August 1970 Tagebuch in GBSachen	Anh 57a/ErgVerz

Datum ua	**Abdruckstelle**
i) **Saarland**	
AVJM vom 25. Februar 1966 Bescheinigung nach BBauG	20 (83 b)/ErgVerz
AVJM vom 27. Juli 1970 DONot	Anh 62 i/ErgVerz
AVJM vom 29. Oktober 1970 Einrichtung und Führung des Loseblatt-Grundbuchs	Anh 53 a/ErgVerz
k) **Schleswig-Holstein**	
RdErlIM vom 10. Februar 1970 Beurkundung durch Vermessungsbehörden	20 (43)/ErgVerz
AVJM vom 12. Juni 1970 Hypothekenbriefe usw	56 (21 c)/ErgVerz
AVJM vom 27. Juli 1970 DONot	Anh 62 k/ErgVerz

Besprechungsstelle	**Abdruckstelle** mit Hinweis einschl GT und Anh	
4. **AVRJM ua zum Grundbuchrecht** — dazu die Übersichten unter E 22, 26 — mit Hinweisen auf besondere Besprechungsstellen		
1934		
AVRJM vom 9. August1934	20 (74)	
AVRJM vom 2. Oktober 1934	2 (9)	
1935		
AVRJM vom 8. August 1935 **GBVfg**	dazu Hinweise im einzelnen in der Übersicht unter *II 4*	GT 4 ff.
AVRJM vom 3. Dezember 1935 Mitteilung bei Entschuldungsbetrieben	55 (33)	
1936		
AVRJM vom 3. Januar 1936	2 (15)	
AVRJM vom 25. Februar 1936		
AVRJM vom 25. Februar 1936 **GBOGeschO**	dazu Hinweise im einzelnen in der Übersicht unter *II 5*	GR 15
AVRJM vom 25. Februar 1936 GBUmschreibung in Württemberg	(3), 3 (117, 146)	Anh 39
AVRJM vom 27. Februar 1936 GBUmschreibung in Preußen	2 (19), 3 (145, 247) 4 (23), 117 (38, 43, 85)	Anh 34
AVRJM vom 2. März 1936 in GBUmschreibung Hessen	3 (141), 4 (23)	Anh 28
BekRJM vom 16. März 1936 Übertragung der Zuständigkeit	1 (55)	Anh 4
AVRJM vom 16. März 1936 Zählung der Geschäfte bei GB-Umschreibung		Anh 16
AVRJM vom 25. März 1936 GBUmschreibung in Preußen	vgl *AVRJM vom 27. Februar 1936*	Anh 35
AVRJM vom 26. März 1936 GBUmschreibung in Bremen, Hamburg, Lübeck	3 (117, 139, 140, 143) 4, (23)	Anh 26
AVRJM vom 30. März 1936 GBUmschreibung in Bayern	3 (137, 257), 4 (17, 23), 117 (34)	Anh 21
AVRJM vom 3. April 1936 GBUmschreibung in Lippe und Schaumburg-Lippe	(142), 4 (23)	Anh 31
AVRJM vom 24. April 1936 Mitteilung in Flurbereinigungsverfahren	55 (49)	
BekRJM vom 27. April 1936 Übertragung von Zuständigkeiten	1 (55)	Anh 5

Besprechungsstelle	**Abdruckstelle** mit Hinweis einschl GT und Anh	
AVRJM vom 19. Mai 1936 GBUmschreibung in Preußen	vgl *AVRJM vom 27. Februar 1936*	Anh 36
AVRJM vom 27. Mai 1936 GBUmschreibung im Saarland	3 (145b)	Anh 38
AVRJM vom 20. Juni 1936 GBUmschreibung in Hessen	3 (141)	Anh 29
AVRJM vom 21. Juni 1936 GB in Einzelheften	3 (118, 120, 418a, 427), 116(15)	Anh 41
AVRJM vom 22. Juni 1936 GBBerichtigungszwang	82 (11)	82 (11)
AVRJM vom 10. Juli 1936 GBUmschreibung in Oldenburg-Birkenfeld	3 (144)	Anh 33
AVRJM vom 20. Juli 1936 Hypothekenbriefe usw	dazu Hinweise im einzelnen in der Übersicht unter *II 6*	GT 16, 17
AVRJM vom 27. Oktober 1936 GBUmschreibung ua	3 (384 unter a)	
AVRJM vom 24. November 1936 Niederschlagung von Kosten bei GBUmschreibung	3 (409)	
AVRJM vom 24. November 1936 GBUmschreibung in Bayern	3 (137) vgl *AVRJM vom 30. März 1936*	Anh 22
1937		
AVRJM vom 8. Januar 1937 Unterbringung des GBA	1 (29b)	Anh 3
AVRJM vom 10. Februar 1937 GBUmschreibung in Bayern	2 (69)	
AVRJM vom 20. Februar 1937 GBUmschreibung in Braunschweig	3 (138, 257), 4 (23)	Anh 24
AVRJM vom 22. Februar 1937 § 7 GB und Liegenschaftskataster in Braunschweig	2 (115a)	2 (115a)
AVRJM vom 5. März 1937 Einheitshypothek	3 (346a)	3 (346a)
AVRJM vom 17. März 1937 Grundpfandrechte bei der Umschreibung — Kosten	3 (410), 57 (24)	3 (410)
AVRJM vom 6. April 1937 Nr 117 Sonderbezeichnung von GBBänden	2 (83), 3 (128)	2 (83)
AVRJM vom 6. April 1937 Nr 132 Kosten bei GrstVereinigung	5 (74)	5 (74)
AVRJM ovm 15. April 1937 Bezeichnung der Grst im Kataster bez Preußen und Saarland	2 (113)	2 (113)
AVRJM vom 24. April 1937 GBUmschreibung in Hessen	vgl *AVRJM vom 20. Juni 1936*	Anh 30
AVRJM vom 26. April 1937 Verweisung auf Akten	10 (14)	
AVRJM vom 27. April 1937 GBUmschreibung in Oldenburg	3 (144), 4 (23)	Anh 32
AVRJM vom 4. Mai 1937 GB in Einzelheften	vgl *AVRJM vom 21. Juni 1936*	Anh 42
AVRJM vom 21. Mai 1937 Änderung von GBBezirken	2 (54, 76, 81)	
AVRJM vom 31. Mai 1937 GBUmschreibung in Düsseldorf	3 (257)	Anh 37
AVRJM vom 29. Juni 1937 GBEinsicht durch Bauschutzvereine	12 (7)	Anh 7
AVRJM vom 5. Juli 1937 GBUmschreibung	3 (257)	Anh 17
AVRJM vom 16. August 1937 GBUmschreibung in Hessen	2 (70)	2 (70)
AVRJM vom 2. November 1937 Übertragung von Zuständigkeiten	2 (69)	Anh 6
AVRJM vom 23. Dezember 1937 zur Änderung des § 30 GBOGeschO (*GT 15*)	48 (47)	
1938		
RdErlRuPrIM vom 13. Januar 1938 Beurkundung durch Vermessungsbehörden	5 (14), 6 (14), 20 (43), 29 (57) mit ErgVerz	Anh 149

Besprechungsstelle	**Abdruckstelle** mit Hinweis einschl GT und Ahn	
AVRJM vom 20. Januar 1938 RPflegerzuständigkeit bei GBUmschreibung	3 (135)	Anh 19
AVRJM vom 10. Februar 1938 Unterbringung des GBA	vgl *AVRJM vom 8. Januar 1937*	Anh 3
AVRJM vom 4. März 1938 Kosten bei GBEintragungen bez Zinssenkung	29 (17)	
AVRJM vom 22. März 1938 Niederschlagung von Kosten bei der GBUmschreibung	3 (409)	
AVRJM vom 27. Mai 1938 Besitzzeugnisse	3 (356, 366b)	3 (366b)
AVRJM vom 23. Juni 1938 Gebührenfreiheit bei GrstVereinigung	5 (73), 7 (80)	5 (73)
Bescheid RJM vom 17. September 1938 Eintragungsantrag des Notars	15 (11, 21)	15 (11)
AVRJM vom 5. Oktober 1938 Ersuchen bei Flurbereinigung	38 (69), 55 (20, 48 49)	
AVRJM vom 17. Oktober 1938 GBUmschreibung in Bremen	3 (117, 139)	Anh 27
AVRJM vom 8. Dezember 1938 Nießbrauchübertragung	13 (V 79)	
1939		
AVRJM vom 8. Februar 1939 Gemeindefreie Grundstücke	2 (80, 81) 55 (33)	2 (81)
AVRJM vom 6. April 1939 Mitteilung bei Entschuldungsbetrieben	55 (33)	
AVRJM vom 22. April 1939 GBBezirke bei Vereinigung von Gemeindebezirken	2 (60, 77, 79)	2 (79)
AVRJM vom 9. Mai 1939 GBBerichtigungszwangsverfahren	82 (7)	
AVRJM vom 12. August 1939 Gebührenfreiheit bei GrstVereinigung	5 (73), 7 (80)	5 (73)
AVRJM vom 4. September 1939 Übertragung von Zuständigkeiten	2 (59, 60, 69, 76, 81 mit Fußn 1 S 389)	
1940		
AVRJM vom 4. Januar 1940 Vordruck bei Vorschußerhebung	überholt, nunmehrige Regelung 13 (V 202)	
AVRJM vom 12. Januar 1940 Deutsche Landesrentenbank	32 (68a)	Anh 9
AVRJM vom 20. Januar 1940 Nr 86 Zurückführung des GB auf das Reichskataster	2 (174ff.) mit ErgVerz	Anh 140 bis 142
AVRJM vom 20. Januar 1940 Nr 87 Erhaltung der Übereinstimmung zwischen GB und Reichskataster	2 (174ff.) mit ErgVerz, 55 (15)	Anh 143, 144
AVRJM vom 23. Januar 1940 Einführung des Reichskatasters	2 (98)	
AVRJM vom 21. Mai 1940 Beistandspflichten im Steuerrecht	20 (80a)	20 (80a)
AVRJM vom 24. Juli 1940 Einführung des Reichskatasters	2 (174ff.)	
ErlRAM vom 30. Juli 1940 Heimstätte	4 (49)	4 (49)
1941		
AVRJM vom 24. Februar 1941 Niederschlagung von Kosten bei GBUmschreibung	3 (409)	
AVRJM vom 28. April 1941 Einführung des Reichskatasters	2 (99)	Anh 145
AVRJM vom 18. Juli 1941 Zuständigkeitswechsel des GBA bei mehreren Grstücken	3 (431, 434, 436, 437)	

Besprechungsstelle	**Abdruckstelle** mit Hinweis einschl GT und Anh	
AVRJM vom 22. August 1951	vgl *AVRJM vom 18. Juli 1941*	
AVRJM vom 18. Oktober 1941 Erhaltung der Übereinstimmung von GB und Liegenschaftskataster in Preußen	2 (114)	2 (114)
AVRJM vom 5. Dezember 1941 Erhaltung der Übereinstimmung von GB und Liegenschaftskataster in Hessen	2 (107)	2 (107)
AVRJM vom 9. Dezember 1941 Gebühren bei Löschung gegenstandsloser Eintragungen	84 (9)	84 (9)
1942		
AVRJM vom 28. Februar 1942 Katasterunterlagen im Versteigerungstermin	38 (24) mit ErgVerz	Anh 151
AVRJM vom 17. März 1942 Kriegsvorschrift bez Entgegennahme eines Antrags durch das GBA	13 (26)	
AVRJM vom 31. Juli 1942 vereinfachtes Aufgebotsverfahren bei Kraftloserklärung von Hypothekenbriefen usw	67 (9)	
AVRJM vom 2. Oktober 1942 Abgeltung der Gebäudeentschuldungssteuer	55 (34)	
AVRJM vom 19. Oktober 1942 Kriegsvorschrift bez Aufbewahrung von GBüchern	3 (131)	
AVRJM vom 15. Dezember 1942 Wiederherstellung von Hypothekenbriefen usw	67 (9)	67 (9)
1943		
AVRJM vom 7. Januar 1943 Kosten bei Wiederherstellung von Hypothekenbriefen usw	67 (9)	
AVRJM vom 1. März 1943 Einstellung der GBUmschreibung	3 (135, 380)	Anh 18
AVRJM vom 16. April 1943	vgl *AVRJM vom 21. Mai 1940*	
AVRJM vom 13. Juli 1943 Mitteilungen an Feuerversicherungsunternehmungen	55 (37)	55 (37)
1944		
AVRJM vom 29. Januar 1944	67 (15), 69 (14) der 5. Aufl., überholt und neue Rechtslage 67 (15), 69 (14)	
AVRJM vom 29. März 1944 Kriegsvorschrift zur Abweichung von der Regelung in § 41 GBO	41 (5) mit ErgVerz	
AVRJM vom 15. Mai 1944 Siegel und Stempe , überholte Vorschrift	1 (5 unter c) der 5. Aufl.), neue Rechtslage 1 (5b)	

II. Hinweise auf wichtige besprochene grundbuchrechtliche Vorschriften

1) VO zur Änderung des Verfahrens in GBSachen — *Anh 1*

Art 1 — Hinweise befinden sich bei den einzelnen Paragraphen der GBO, meist in Bem 1 oder 2

2) **Gesetz über Maßnahmen auf dem Gebiete des Grundbuchwesens** — *GT 2*

3) **VO zur Ausführung der GBO** — *GT 3*

II. Das Grundbuchblatt

III. Die Eintragungen

VII. Die Schließung des Grundbuchblatts

VIII. Die Beseitigung einer Doppelbuchung

IX. Die Bekanntmachung der Eintragungen

X. Grundbucheinsicht und -abschriften

XI. Hypotheken-, Grundschuld- und Rentenschuldbriefe

XII. Das Erbbaugrundbuch

2. Sammelakten, Generalakten

§ 7		2 (33)

II. Grundbücher und Grundakten

1. Grundbücher

		3 (115, 121, 122)
§ 8	I	3 (122)
	II	3 (122)
	III	3 (124)
	IV	3 (122)
	V	3 (124, 125, 129, 372, 378)
§ 9		3 (122)
§ 10		2 (22), 3 (122, 126, 127, 130, 148, 379)
§ 11		3 (122, 148)
§ 12		1 (29b), 2 (9), 3 (131), 12 (19)
§ 13		3 (131), 12 (20)

2. Grundakten

		2 (6ff.)
§ 14		2 (9)
	IV	2 (8)
§ 15		2 (12), 10 (6), 58 (19)
§ 16		2 (9,10), 12 (19), 29 (69)
§ 17		1 (47), 2 (9, 15, 15a), 12 (20)

III. Einzelne Grundbuchgeschäfte

1. Behandlung der Eingänge

§ 18		13 (24)
	II	73 (6)
§ 19		1 (34ff.), 13 (25)
	I	13 (26)
	II a)	13 (33, 35)
	b)	13 (30, 36, 37)
	c)	13 (34)
	III	13 (36), 29 (21)
	VI	13 (27)
§ 20		13 (38), 17 (7)
	I	13 (30, 33)
	II	2 (10. 13 (28, 31), 48 (9, 44)
§ 21		13 (31)
	I	13 (31)
	II	13 (31), 48 (10, 47)
	a)	48 (11ff., 17), 59 (6)
§ 22		1 (36)
	II	13 (31)

2. Eintragungsverfügung

3. Eintragungen

4. Schließung des Grundbuchblatts

5. Bekanntmachungen, Mitteilungen

6. Einsicht in Grundbücher und Grundakten

7. Hypotheken-, Grundschuld- und Rentenschuldbriefe

C. Schlußbestimmungen

6) **Ausfertigung der Hypotheken-, Grundschuld- und Rentenschuldbriefe**

7) **Grundbuch und Kataster**

8) Grundbuch und Wohnungseigentum

12) Baden-Württemberg

a) Baden

aa) Badisches FGG — *GT 18*

bb) Badisches Grundbuchausführungsgesetz — *GT 19*

I. Grundbuchbezirke, Grundbuchämter, Zugeständigkeiten

II. Verfahren in Grundbuchsachen

cc) Badische Grundbuchausführungsverordnung — *GT 20*

dd) Badische Grundbuchvollzugsverordnung — *GT 21*

I. Dienstsiegel

II. Dienstaufsicht

III. Grundbuchtage und Dienststunden

IV. Grundbuchhilfsbeamte und ihre Stellvertreter

Grundstücke

Grundbuch

— Grundbuchhefte —

— Personalformular —

— Realformular —

— Übereinstimmung mit dem Primärkataster —

— Grundakten —

— Einsicht und Abschriften —

III. Grundstücksgeschäfte

— Eintragungsanträge, sonstige Erklärungen, Eintragungsersuchen —

II. Eintragungsfähigkeit §§ 120ff.

III. Eintragungsantrag §§ 124ff.

IV. Abschnitt §§ 159ff.

Das Grundbuch

I. Einleitung §§ 159ff.

II. Grundbuchbezirk §§ 211ff.

IV. Grundbuchblatt §§ 218 ff.

1. Allgemeines §§ 218 ff.

2. Besondere Bestimmungen für die gemeinschaftlichen Grundbuchblätter §§ 222 ff.

3. Einteilung des Grundbuchblatts §§ 229 ff.

. . . .

V. Eintragungen in das Grundbuch §§ 234 ff.

1. Allgemeines §§ 234 ff.

2. Titel §§ 293 ff.

XI. Abschnitt §§ 578ff.

Verkehr der Grundbuchämter mit den Rentenämtern und mit den Messungsbehörden

§§ 578ff.	2 (4, 104)
§ 579	2 (102, 104)
§§ 508—584	GT (29)
§ 581	2 (102)
§ 584	2 (102, 104)

XIII. Abschnitt §§ 591ff.

Das Bergwerks-Grundbuch

§§ 591ff.	2 (4), 117 (33)
§ 591	1 (72a), 2 (62), 3 (357), 117 (34)
§ 592	1 (72a), 117 (34)
§ 593	2 (105)
§§ 594ff.	3 (379, 422)
§ 594	3 (357, 369, 413, 426), 4 (5, 17, 32), 5 (9, 19, 32, 42, 77), 6 (20, 23 unter a), 117 (34)
§§ 595, 596	117 (34)
§ 599	6 (17 unter 2, 20, 23 unter a), 117 (34)

XIV. Abschnitt §§ 600ff.

Übergangsbestimmungen

§ 600	3 (355)
§ 602	3 (137), 4 (23)

Sachregister

Sachregister

Sachregister

Für das Sachregister gelten in Ergänzung zum Abkürzungsverzeichnis noch folgende Besonderheiten:

Paragraphen- und Artikel-Bezeichnung erfolgt nicht.
Anmerkungen werden in Klammer gesetzt; Vorbemerkungen sind besonders bezeichnet, ebenso Seitenzahlen.

Beispiele:

E (45)	=	Einleitung Bemerkung 45	3 (341 ff.)	=	§ 3 Bem 341 und folgende
3 (341)	=	§ 3 Bem 341	13 (Vorbem 4)	=	§13 Vorbem 4

Bei den Verweisungen innerhalb des Sachregisters wird bei Begriffen gleicher Art, die im Interesse der Klarheit aufgegliedert sind, verwiesen durch den Zusatz
usw bedeutet zB

Grundbuch usw = Grundbuch, Grundbuchabschrift, Grundbuchamt, Grundbuchamtsbezirk, Grundbuchaufschluß, Grundbuchauszug und die weiter aufgezählten sich auf das Grundbuch beziehenden Begriffe.

Das Gesetzesregister (*GesReg*) dient als Ergänzung des Sachregisters; dazu *Vorbem zu GesReg*. Es will das Aufsuchen der im Kommentar abgedruckten Gesetze usw erleichtern. Bei wichtigen grundbuchrechtlichen Vorschriften, auch bei dem neuen BeurkG und RpflG, wird auf die zu den Paragraphen gehörigen Erläuterungen hingewiesen, da vielfach die Erläuterung nach dem Paragraphen, nicht nach einem Sachbegriff gesucht wird.

Das Ergänzungsverzeichnis (*ErgVerz*) ergänzt die Erläuterungen des Kommentars einschl der Teile Gesetzestexte (*GT*) und Anhang (*Anh*). Dieses Ergänzungsverzeichnis ist so angelegt, daß es jeweils für die dazugehörige Textstelle angibt, was sich geändert hat oder was ev zu berichtigen ist. In wichtig erscheinenden Punkten wird im Sachregister der Hinweis aufgenommen: *mit ErgVerz* oder . . . . . /*ErgVerz*.

A

E

J

K

L

U

V

Z

FSC
www.fsc.org
MIX
Papier | Fördert
gute Waldnutzung
FSC® C083411

Kolibri 360 GmbH
Ferdinand-Jühlke-Straße 7
99095 Erfurt, Deutschland
produktsicherheit@kolibri360.de